Sparkassenpolitik in Deutschland

Europäische Hochschulschriften
European University Studies
Publications Universitaires Européennes

Reihe XXXI **Politikwissenschaft**
Series XXXI Political Science
Série XXXI Sciences politiques

Band/Volume **627**

Timo Becker

Sparkassenpolitik in Deutschland

Eine politikwissenschaftliche Untersuchung der Deregulierungs- und Privatisierungsdiskussion

PL ACADEMIC RESEARCH

Bibliografische Information der Deutschen Nationalbibliothek
Die Deutsche Nationalbibliothek verzeichnet diese Publikation in der Deutschen Nationalbibliografie; detaillierte bibliografische Daten sind im Internet über http://dnb.d-nb.de abrufbar.

Zugl.: Marburg, Univ., Diss., 2016

D 4
ISSN 0721-3654
ISBN 978-3-631-71664-9 (Print)
E-ISBN 978-3-631-71909-1 (E-Book)
E-ISBN 978-3-631-71910-7 (EPUB)
E-ISBN 978-3-631-71911-4 (MOBI)
DOI 10.3726/b10908

PL Academic Research ist ein Imprint der Peter Lang GmbH.
Peter Lang – Frankfurt am Main · Bern · Bruxelles · New York · Oxford · Warszawa · Wien

Diese Publikation wurde begutachtet.

www.peterlang.com

Vorwort

Die bisher veröffentliche Literatur zur Sparkassenpolitik und zu der hier behandelten zentralen Fragestellung der Deregulierung und Privatisierung öffentlich-rechtlicher Sparkassen beschäftigt sich größtenteils mit rechtlichen, ordnungs- und finanzpolitischen Fragen. Vor diesem Hintergrund verfolgt die vorliegende Untersuchung erstmals das Ziel, aufzuzeigen, wie wichtig es ist, die Diskussion über die Deregulierung und Privatisierung von öffentlich-rechtlichen Sparkassen aus Sicht der Politikwissenschaft zu führen, um damit Transparenz in einem Politikfeld zu schaffen, das bisher kaum erforscht ist.

Die Untersuchung wurde im Oktober 2016 vom Fachbereich Gesellschaftswissenschaften und Philosophie am Institut für Politikwissenschaft der Philipps-Universität Marburg als Dissertation angenommen.

Mein besonderer Dank gilt meinem Doktorvater, Herrn Professor Dr. Theo Schiller, für seine stets fördernde und fordernde Begleitung, seine vielfältigen inhaltlichen und methodischen Ratschläge sowie seine Unterstützung während der gesamten Betreuungszeit.

Des Weiteren bedanke ich mich besonders bei Herrn Professor Dr. Thomas Noetzel für die konstruktive und angenehme Zusammenarbeit und die Übernahme des Zweitgutachtens sowie bei Herrn Professor Dr. Hubert Zimmermann für sein Mitwirken in der Prüfungskommission.

Allerdings wäre ich niemals so weit gekommen, hätten meine Eltern nicht immer an meiner Seite gestanden und mir meine persönliche und berufliche Entwicklung ermöglicht. Dafür bedanke ich mich sehr herzlich bei ihnen. Besonderer Dank gebührt auch meiner Oma für all das Gute, das sie für mich getan hat, und meinem Bruder für seine stets erheiternde Unterstützung. Meiner Ehefrau danke ich von Herzen für ihre liebevolle Unterstützung und die wertvollen Gespräche.

Allen Familienmitgliedern, die mich auf vielfältige Weise auf dem Weg zur Promotion begleitet haben, widme ich zum Dank dafür, dieses Buch.

Timo Becker

Inhaltsverzeichnis

Abbildungsverzeichnis

Abkürzungsverzeichnis

Abs.	Absatz
AEUV	Vertrag über die Arbeitsweise der Europäischen Union
AG	Aktiengesellschaft
AktG	Aktiengesetz
AL	Alternative Liste für Demokratie und Umweltschutz
Amtsbl.	Amtsblatt
Art.	Artikel
Aufl.	Auflage
BayLBG	Bayerisches Landesbank-Gesetz
BbgSpkG	Brandenburgisches Sparkassengesetz
Bd.	Band
BdB	Bundesverband deutscher Banken e. V.
bearb.	bearbeitet
BGB	Bürgerliches Gesetzbuch
BGBl.	Bundesgesetzblatt
BGH	Bundesgerichtshof
BGHZ	Entscheidungssammlung des Bundesgerichtshofes in Zivilsachen
BHO	Bundeshaushaltsordnung
Bill.	Billionen
bspw.	beispielsweise
BT-Drucks.	Bundestagsdrucksache
BVerfG	Bundesverfassungsgericht
BVerfGE	Entscheidungssammlung des Bundesverfassungsgerichts
BVerfGG	Gesetz über das Bundesverfassungsgericht
BVerwG	Bundesverwaltungsgericht
BVerwGE	Entscheidungssammlung des Bundesverwaltungsgerichts
BvR	Aktenzeichen einer Verfassungsbeschwerde vor dem Bundesverfassungsgericht
BW	Baden-Württemberg
BY	Bayern
bzw.	beziehungsweise
CDU	Christlich Demokratische Union Deutschlands
CSU	Christlich-Soziale Union in Bayern e. V.
DDR	Deutsche Demokratische Republik

DGB	Deutscher Gewerkschaftsbund
DIHT	Deutscher Industrie- und Handelstag
Diss.	Dissertation
div.	diverse
DIW	Deutsches Institut für Wirtschaftsforschung
DLT	Deutscher Landkreistag
DM	Deutsche Mark
Drucks.	Drucksache
DSGV	Deutscher Sparkassen- und Giroverband e. V.
DST	Deutscher Städtetag
DStGB	Deutscher Städte- und Gemeindebund e. V.
DVP	Demokratische Volkspartei
DVBl.	Deutsches Verwaltungsblatt
e. V.	eingetragener Verein
ed.	edition
eG	eingetragene Genossenschaft
EG	Europäische Gemeinschaft
EGV	Vertrag zur Gründung der Europäischen Gemeinschaft
erg.	ergänzende
erw.	erweiterte
et al.	und andere
etc.	et cetera
EU	Europäische Union
EuG	Europäisches Gericht erster Instanz
EuGHE II	Gerichtshof der Europäischen Gemeinschaft, Teil II: Rechtsprechung des Gerichts erster Instanz
EUR	Euro
EWG	Europäische Wirtschaftsgemeinschaft
f.	folgende
FAS	Frankfurter Allgemeine Sonntagszeitung
FAZ	Frankfurter Allgemeine Zeitung
FDP	Freie Demokratische Partei
FE	Für Ettlingen e. V. – unabhängige Wählervereinigung
ff.	fortfolgende
FR	Frankfurter Rundschau
FW	Freie Wähler
FWG	Landesverband Freie Wählergruppen Rheinland-Pfalz e. V.
GAL	Grün-Alternative Liste

GBl.	Gesetzblatt
GDP	Gesamtdeutsche Partei
GenG	Genossenschaftsgesetz
ggf.	gegebenenfalls
GmbH	Gesellschaft mit beschränkter Haftung
GO	Gemeindeordnung
GörK	Gesetz über das öffentlich-rechtliche Kreditwesen im Freistaat Sachsen
GroMiKV	Groß- und Millionenkreditverordnung
GVBl.	Gesetz- und Verordnungsblatt
GVOBl.	Gesetz- und Verordnungsblatt
GWB	Gesetz gegen Wettbewerbsbeschränkungen
HB	Freie Hansestadt Bremen
he	hessische(s)
HE	Hessen
HGB	Handelsgesetzbuch
HH	Freie und Hansestadt Hamburg
HMWT	Hessisches Ministerium für Wirtschaft und Technik
Hrsg.	Herausgeber
http	Hypertext Transfer Protocol
i. d. F.	in der Fassung
i. e. S.	im engeren Sinne
i. V. m.	in Verbindung mit
i. w. S.	im weiteren Sinne
inkl.	inklusive
IWF	Internationaler Währungsfonds
Jg.	Jahrgang
KO	Kommunalordnung
KStG	Körperschaftsteuergesetz
KSVG	Kommunalselbstverwaltungsgesetz
KV	Kommunalverfassung
KWG	Gesetz über das Kreditwesen
LBB	Landesbank Berlin AG
LBBW	Landesbank Baden-Württemberg
LBWG	Gesetz über die Landesbank Baden-Württemberg
LHO	Hessische Landeshaushaltsordnung
LSA	Landesregierung Sachsen-Anhalt
LT-Drucks.	Landtagsdrucksache

m. a. W.	mit anderen Worten
Mio.	Millionen
Mrd.	Milliarden
M-V	Mecklenburg-Vorpommern
Nds.	Niedersachsen
No.	number(s)
NPD	Nationaldemokratische Partei Deutschlands
Nr.	Nummer(n)
NRW	Nordrhein-Westfalen
NSpG	Niedersächsisches Sparkassengesetz
o. V.	ohne Verfasserangabe
ÖTV	Gewerkschaft Öffentliche Dienste, Transport und Verkehr
PDS	Partei des Demokratischen Sozialismus
rd.	rund
REP	Die Republikaner
resp.	respektive
RGBl.	Reichsgesetzblatt
RP	Rheinland-Pfalz
Rn.	Randnummer(n)
RSGV	Rheinischer Sparkassen- und Giroverband
RWGV	Rheinisch-Westfälischer Genossenschaftsverband e. V.
S.	Seite(n)
sächs.	sächsische(s)
SED	Sozialistische Einheitspartei Deutschlands
SFG	Sachsen-Finanzgruppe
SGVHT	Sparkassen- und Giroverband Hessen-Thüringen
SGVSH	Sparkassen- und Giroverband für Schleswig-Holstein
SH	Schleswig-Holstein
SSpG	Saarländisches Sparkassengesetz
Sp.	Spalte(n)
SPD	Sozialdemokratische Partei Deutschlands
SpG	Sparkassengesetz
SparkG	Sparkassengesetz
SpkG	Sparkassengesetz
sog.	sogenannte
SVB	Sparkassenverband Bayern
SVBW	Sparkassenverband Baden-Württemberg
SVRP	Sparkassen- und Giroverband Rheinland-Pfalz

SVWL	Sparkassenverband Westfalen-Lippe
u. a.	unter anderem
überarb.	überarbeitet
UmwG	Umwandlungsgesetz
Univ.	Universität
URL	Uniform Resource Locator
USA	United States of America (Vereinigte Staaten von Amerika)
vgl.	vergleiche
VKU	Verband kommunaler Unternehmen e. V.
VÖB	Bundesverband Öffentlicher Banken Deutschlands, VÖB e. V.
Vol.	Volume
vollst.	vollständig
WASG	Arbeit und soziale Gerechtigkeit – Die Wahlalternative
WSGV	Württembergischer Sparkassen- und Giroverband
z. B.	zum Beispiel
zugl.	zugleich

Einleitung

Warum soll ein „vordergründig" juristisches, wirtschaftswissenschaftliches Thema aus einer politikwissenschaftlichen Perspektive untersucht werden und warum birgt das Thema „Deregulierung und Privatisierung" gerade bei Sparkassen eine besondere politische Brisanz? Ihre Bedeutung immer hin wird auch international als hoch eingestuft. So konnte dem *Wall Street Journal* im November 2013 entnommen werden: „Die deutschen Sparkassen mögen nicht zu den größten Kreditinstituten der Welt zählen. Was ihre politische Durchsetzungskraft angeht, so gehören sie mittlerweile allerdings zu den mächtigsten auf dem Globus."[1]

Betrachten wir die vergangenen Jahrzehnte in der Kreditwirtschaft, so kann festgestellt werden, dass für kaum eine andere Branche sich die Rahmenbedingungen derart stark gewandelt haben wie für die deutschen Kreditinstitute.[2] Die Regulatorik, Digitalisierung und Intensivierung des Wettbewerbs stehen hierbei stellvertretend für den Strukturwandel in der Kreditwirtschaft bzw. den Wandel in der Geschäftstätigkeit und dem geschäftlichen Umfeld der Banken.[3] Dieser Strukturwandel zeigt sich bspw. durch den zunehmenden Wettbewerb der jeweiligen Kreditinstitutsgruppen untereinander und einer massiven Veränderung in den Ertragsstrukturen.[4] Dieser tief greifende Wandel führt dazu, dass die traditionellen

---

1 *Steinhauser/Stevens*: Sparkassen, 2013, online.

2 Im Weiteren werden die Begriffe Kreditinstitut und Bank synonym verwendet, wenngleich dies auch aus rechtlicher Sicht nicht präzise, allerdings aus einzelwirtschaftlicher, betriebswirtschaftlicher Sicht in Anbetracht der oft schnellen Modifikationen der normativen Legaldefinitionen des KWG als angemessen erscheint. Vgl. zu dieser Sichtweise *Büschgen/Börner:* Bankbetriebslehre, 2003, S. 8 ff., die eine aufsichtsrechtliche und ökonomische Abgrenzung der Begriffe vornehmen. Ebenso werden die Begriffe Kreditwirtschaft, Kreditgewerbe, Kreditwesen, Bankwesen sowie Banken- und Kreditinstitutsgruppen durchgehend synonym verwendet.

3 Vgl. *Schooner/Taylor:* Global Bank Regulation, 2010; *Mayntz:* Financial Market Regulation, 2012; *Spath/Bauer/Praeg/Vocke:* Bank und Zukunft, 2012, S. 61; *Baxmann:* Bankenregulierung, 2013; *Jessberger:* Auswirkungen von Basel III, 2013; *Bundesverband deutscher Banken:* Digitalisierung der Finanzbranche, 2015; *Mayntz:* Financial Regulation, 2015.

4 Vgl. *Krönung:* Zukunft, 1996, S. 28–29; *Strutz:* Neuausrichtung, 1997, S. 12; *Maranghino-Singer:* Methoden, 1998, S. 239; *Falthauser:* Bankenlandschaft, 2000, S. 108; *Robinson:* Strategic, 2000, S. 42 f.; *Mikdashi:* Financial Intermediation, 2001, S. 249 ff.; *Ashauer:* Wettbewerb, 2005, S. 133 ff.; *Blatter:* Effektivität, 2007, S. 94 ff.; *Schmeisser/Geißler/Schütz:* Finanzdienstleistungsmärkte, 2008, S. 126 ff.; *Bernet:* Zukunft, 2009, S. 8 ff.; *Spath/Bauer/*

Strukturen in der deutschen Kreditwirtschaft überprüft werden müssen und ggf. an die neuen Prämissen anzupassen sind.[5]

Das in seiner Form weltweit einzigartige deutsche Sparkassenwesen steht vor diesem Hintergrund unter enormen Herausforderungen. Die Europäische Kommission hat mit ihrer Entscheidung zur Abschaffung der Haftungsgrundlagen von Gewährträgerhaftung und Anstaltslast im Jahr 2005 erheblichen wirtschaftlichen Druck auf die öffentlich-rechtlichen Kreditinstitute ausgeübt. Die privaten Banken und deren Interessenvertreter fordern eine Deregulierung und Privatisierung in diesem Bereich, während die Landes- und Kommunalpolitiker aufgrund der finanziell angespannten Haushaltslage in ihren Bundesländern und Kommunen in die Versuchung geraten, auf diesem Wege zusätzliche Einnahmen zu generieren.[6]

Allerdings werden die Möglichkeiten der Sparkassen, Gewinne an die kommunalen Haushalte auszuschütten, nicht zuletzt infolge der Verteuerung der Refinanzierung (durch den Wegfall von Gewährträgerhaftung und Anstaltslast) und der stärkeren Notwendigkeit zur Eigenkapitalbildung (wegen gesetzlicher Vorschriften und Auflagen zum Beispiel durch Basel II und III)[7] deutlich reduziert.

Praeg/Vocke: Bank und Zukunft, 2012, S. 14–20. *Strothmann* sprach bereits im Jahr 2000 in diesem Zusammenhang von einem beobachtbaren Hyper-Wettbewerb mit zum Teil scharfen Preiskämpfen, hohen Risiken und mit dem Zwang, über Marktanteilsgewinne zu wachsen und die Kosten zu begrenzen. Vgl. *Strothmann:* Universalbankstrategie, 2000, S. 15.

5 Vgl. *Benölken:* Strategien, 2008, S. 28 ff. sowie *Cecchetti/Kohler/Upper:* Financial Crises, 2009, S. 1 ff. Siehe auch *Nastansky/Strohe:* Ursachen, 2009, S. 1 ff. oder *Plaschnick:* Bank Runs, 2009, S. 9 ff. und *Mentré:* Crise financière, 2009, S. 9 ff. sowie *Spath/Bauer/Praeg/Vocke:* Bank und Zukunft, 2012, S. 64–66. Auf das dynamische komplexe Bankenumfeld und den damit einhergehenden Strukturwandel haben bereits Jahre zuvor folgende Autoren hingewiesenen: *Lehmann:* Strategieformulierung, 1999, S. 305 f.; *Staudte:* Umbruch, 1999, S. 64 f.; *Funke:* Zukunft, 2000, S. 50 ff.; *Marten:* Strategieprozesse, 2000, S. 85 ff.; *Bruckner/Jakob:* Mergers & Acquisitions, 2001, S. 27 ff.; *Dannenberg:* Bankmanagement, 2001, S. 24 ff.; *Pfaff:* Firmenkundengeschäft, 2003, S. 25 ff.; *Übelhör/Warns:* Basel II, 2004, S. 77 ff.; *Assassi/Nesvetailova/Wigan:* Global Finance, 2007, S. 1 ff.; *Brackschulze:* Basel II, 2009, S. 225 ff.; *Schäfer:* Finanzmärkte, 2009, S. 5 ff.; *Boland:* Unternehmensfinanzierung, 2009, S. 165–195.

6 Die Begriffe Kommune, Gemeinde, Gemeinwesen werden durchgehend synonym verwendet.

7 Basel III ist im Jahr 2010 abgeschlossen und ab dem 01.01.2014 in Kraft getreten. Es sieht jedoch diverse Ausnahmeregelungen für Sparkassen und Volksbanken vor. Vgl. *o. V.:* Basel-III-Kapitalregeln – Ausnahmen für Sparkassen, 2014, online. Siehe auch

Hinzu kommt, dass neue Anbieter wie beispielsweise Online-Banken Produkte anbieten, ohne ein kostenintensives Zweigstellennetz vorhalten zu müssen, was wiederum einen erheblichen Wettbewerbsdruck auf die Sparkassen ausübt. Die Sparkassen können jedoch, gebunden durch ihren öffentlichen Auftrag, nicht ausschließlich betriebswirtschaftlich agieren, sondern müssen immer auch die politischen Einflüsse in der Region berücksichtigen.

Die privaten Kreditinstitute sind bereit, Sparkassen an lukrativen Standorten zu übernehmen. Unter anderem könnte dies zu einer Auflösung des Drei-Säulen-Systems – bestehend aus privaten, öffentlich-rechtlichen und genossenschaftlichen Kreditinstituten – der deutschen Kreditwirtschaft führen. Entsprechend finden sich in diesem politischen Prozess vor allem partei- und verbandspolitische Akteure, die solche Übernahmen verhindern wollen. So ist einerseits fraglich, ob die Sparkassen als öffentlich-rechtliche Kreditinstitute in ihrer derzeitigen Struktur und Rechtsform noch zeitgemäß sind, aber auch, was eine Deregulierung und Privatisierung von Sparkassen in den Bundesländern bedeuten würde.

Es gibt gewichtige Argumente, die für den Erhalt der Sparkassen sprechen. Das Regionalprinzip, das die Sparkassen daran hindert, das in der Region erwirtschaftete Kapital in Kredite in anderen Regionen zu investieren, unterstützt indirekt eine ausgeglichene regionale Entwicklung. Es stellt eine flächendeckende finanzielle Infrastruktur sicher. Des Weiteren haben die Sparkassen durch die regionalen Bindungen ein direktes Interesse an ihrer Region und engagieren sich im sozialen, ökologischen und kulturellen Bereich. Auch in der politischen Praxis zeigt sich, dass der öffentliche Auftrag der Sparkassen noch immer eine wichtige Funktion für die kreditwirtschaftliche Versorgung der mittelständischen Wirtschaft, der einkommensschwächeren Haushalte, der Randregionen sowie der strukturschwachen Stadtteile hat.

Die einleitenden Ausführungen verdeutlichen, dass im Sparkassensektor diverse Akteure auf unterschiedlichen Ebenen und mit unterschiedlichen Interessen und Zielen agieren. Um erfolgreich zu sein, ist für sie ein ökonomisches, vor allem aber ein politisches Verständnis der aufgezeigten Problematik unerlässlich.

Neisen/Schulte-Mattler: Neuer Baseler Standard, 2016, S. 9, wo darauf hingewiesen wird, dass „der Baseler Ausschuss empfiehlt […] die neuen Marktrisikoregeln zum 1. Januar 2019 zu implementieren". Für eine Betrachtung des Reformprozesses der Bankenregulierung, auch unter dem Aspekt Basel III, vgl. *Goldbach/Zimmermann:* Reform Process, 2015, S. 139–161.

1 Grundlagen

1.1 Problemstellung und Forschungsgegenstand

Die Frage, ob die Struktur der deutschen Kreditwirtschaft mit ihrem Drei-Säulen-System für Stabilität in Krisenzeiten steht, bildet das Zentrum breiter wissenschaftlicher Debatten. Die Entscheidung für oder gegen Deregulierung bzw. Privatisierung öffentlich-rechtlicher Kreditinstitute ist eine Entscheidung für oder gegen das Drei-Säulen-System der deutschen Kreditwirtschaft. Sie hat damit unmittelbare Auswirkung auf die Stabilität des deutschen Bankensystems.

Generell kann konstatiert werden, dass die Marktordnung des bundesdeutschen Wirtschaftssystems aus zwei Sektoren besteht: einem privatwirtschaftlichen und einem öffentlichen Sektor. In der Ausgestaltung der Kombination zwischen diesen beiden Sektoren besteht zwar eine Vielzahl von Möglichkeiten, jedoch reduziert sich die Deregulierungs- und Privatisierungsdiskussion auf die Ansicht, dass öffentliche Unternehmen nicht mit einer marktwirtschaftlichen Ordnung zu vereinbaren seien.[8]

Die Sparkassen sind weder staatliche Monopolunternehmen noch operieren sie in staatlich geschützten Wirtschaftsbereichen. Sie unterliegen vielmehr in vollem Umfang dem Wettbewerb an den Finanzmärkten und müssen sich an den Bedürfnissen ihrer Kunden orientieren. Die Struktur der Sparkassenorganisation ist dabei von Beginn an durch fünf Merkmale gekennzeichnet: die kommunale Bindung, die Gemeinwohlorientierung, die dezentrale Unternehmensverantwortung, das Regionalprinzip und die Zusammenarbeit im Verbund. Während aber die Sparkassen in den ersten Jahrzehnten nach ihrer Gründung eine sehr eingeschränkte Geschäftstätigkeit ausübten, gelten sie heute aufgrund ihres umfassenden Marktauftritts zu Recht als Universalkreditinstitute.

Eine der herausragenden Reformen war die oben bereits genannte Abschaffung der Haftungsgrundlagen für die öffentlich-rechtlichen Kreditinstitute. Mit diesem Schritt sollten die rechtlichen Rahmenbedingungen – unter denen die privaten Geschäftsbanken, die öffentlich-rechtlichen Kreditinstitute und die

---

8 Im weiteren Verlauf der Untersuchung werden die Begriffe öffentliche Unternehmen und staatliche Unternehmen synonym verwendet. „Als öffentliche Unternehmen gelten solche, die sich in der Trägerschaft öffentlicher Körperschaften, das heißt meistens der Kommunen, aber auch der Länder und des Bundes, befinden." *Machura:* Öffentliche Unternehmen, 2001, S. 96. Als öffentliche Unternehmen gelten demnach auch die öffentlich-rechtlichen Sparkassen.

Genossenschaftsbanken operieren – angeglichen und die aus unterschiedlichen Haftungsbedingungen resultierenden Wettbewerbsverzerrungen überwunden werden. Vertreter unterschiedlichster Herkunft und politischer Couleur fordern weitere tief greifende Veränderungen. Ausgangspunkt ist stets die These, dass das deutsche Bankensystem relativ geringe Renditen erzielt. Dies wird in der Regel mit einer grundlegenden Schwäche des Systems gleichgesetzt, deren Überwindung wiederum scharfe Einschnitte bspw. in Form von Deregulierung und Privatisierung erfordere.

Aber ist das so? Würde die vielfach vorgeschlagene Auflösung des Drei-Säulen-Systems durch eine verstärkte Deregulierung und Privatisierung des öffentlich-rechtlichen Kreditsektors zu einer deutlichen Verbesserung der Renditesituation führen? Wie lässt sich dann die Entwicklung der Sparkassen vor allem in den Jahren 2007 bis 2009 erklären, die gerade in Zeiten einer der weltweit schwierigsten Finanzmarktkrisen infolge der hohen Einlagensicherung immer mehr Kunden gewinnen und gleichzeitig für eine wesentliche Stabilität im deutschen Bankensystem sorgen?

Dass sich mit der öffentlich-rechtlichen Struktur eine Vielzahl von wettbewerblichen, ordnungs- und verfassungspolitischen Herausforderungen stellt, ist offensichtlich. Würde der Sparkassensektor privatisiert, käme es zu erheblichen Veränderungen und zwangsläufig zu Anpassungsprozessen, die nicht von jedem Akteur stillschweigend mitgetragen würden. Das (politische) Konfliktpotenzial ist enorm.

Die Bundesländer können grundsätzlich Einfluss auf ihre Landesbanken und die Kommunen auf ihre Sparkassen nehmen. Dies erfolgt zumeist über personelle Verflechtungen, wobei die Instrumentalisierung unabhängig davon ist, welche Partei bzw. Parteien gerade die Regierung stellen. Am weitesten verbreitet sind solche Einflüsse auf kommunaler Ebene. Vor diesem Hintergrund könnte der Eindruck entstehen, dass die Zeit für Reformanstöße im Sparkassensektor günstig ist. Dazu können bereits die Änderungen einzelner Sparkassengesetze zählen, wonach Sparkassen Gewinne an ihre Gewährträger ausschütten können. Eine gewisse Aufweichung der bestehenden Strukturen liegt außerdem darin, dass in einigen Bundesländern Sparkassen private Anleger in der rechtlichen Gestalt von stillen Gesellschaftern aufnehmen können und es ihnen erlaubt ist, Genussscheine auszugeben.

Insgesamt entsteht der Eindruck, dass die großen politischen Kräfte nicht bereit sind, auf das Instrumentarium der Einflussnahme zu verzichten, das der öffentlich-rechtliche Kreditsektor für sie bereithält. Hingegen zeigt sich auf europäischer Ebene eine stärkere Bereitschaft zu Veränderungen. Für Ökonomen bleibt es häufig unklar, warum bestimmte normativ erwünschte Reformen bzw. Konzepte in der politischen Praxis kaum durchsetzbar sind. Angesichts dessen werden in der vorliegenden Arbeit nicht nur die Akteure, die auf den unterschiedlichen Ebenen agieren, identifiziert, sondern auch deren Interessen, Motive und Ziele untersucht. Es werden u. a. folgende Fragen analysiert: Warum setzen sich Parteien verstärkt für oder gegen eine Deregulierung und Privatisierung öffentlich-rechtlicher Sparkassen ein? Welche Interessen verfolgen die Parteien in diesem politischen Prozess und wie nehmen die Akteure Einfluss auf die Entscheidungen?

Dabei ist wichtig, sich bewusst zu machen, dass die Entscheidung für oder gegen eine Deregulierung und Privatisierung öffentlich-rechtlicher Sparkassen weitreichende Konsequenzen für die gesamte deutsche Kreditwirtschaft haben wird. Das Drei-Säulen-System würde bei verstärkter Deregulierung und Privatisierung sukzessive aufgelöst. Insofern ist zu berücksichtigen, dass solche Überlegungen eine generelle Entscheidung für oder gegen das deutsche Bankensystem implizieren.

1.2 Forschungsstand und Forschungsbedarf

Anders als in der Rechts-, Verwaltungs-, Sozial- und Wirtschaftswissenschaft führt das Thema Sparkassen in der Politikwissenschaft eine Nischenexistenz. Dies macht es unerlässlich, auf die Arbeiten aus anderen Fachrichtungen zurückzugreifen.

So beschäftigt sich die Studie von *Joachim Kohlhof* und *Doreen Wilke* aus dem Jahr 1997 mit dem Thema „Perspektiven zur Privatisierung öffentlich-rechtlicher Sparkassen".[9] Den Anstoß zu dieser Studie gab das IX. Hauptgutachten der Monopolkommission in den Jahren 1990/1991. Ziel der Studie war es, eine Darstellung von Argumenten für oder gegen eine Privatisierung öffentlich-rechtlicher Sparkassen zu erarbeiten und kritisch zu diskutieren. Der Schwerpunkte der Arbeit liegt auf der rechtlichen Ebene.

Im Jahr 2003 untersuchte *Jochen Klein* in „Das Sparkassenwesen in Deutschland und Frankreich" den Sparkassensektor aus juristischer Perspektive. Er konzentriert sich dabei auf die „Entwicklungen, aktuelle Rechtsstrukturen und Möglichkeiten einer Annäherung".[10] *Klein* verfolgte mit dieser rechtsvergleichenden Arbeit insbesondere das Ziel, das französische Sparkassenrecht zu analysieren um darauf aufbauend Erkenntnisse zu gewinnen, ob eine Übertragung

9 Vgl. *Kohlhof/Wilke:* Privatisierung, 1997.
10 Vgl. *Klein:* Sparkassenwesen, 2003.

auf das öffentlich-rechtliche Sparkassenwesen in Deutschland möglich ist. Neben einer historischen Darstellung des französischen und deutschen Sparkassenwesens werden vor allem dessen jeweilige Rechtsstrukturen untersucht.[11] Dabei wird auch – wenngleich in einem sehr geringen Umfang – die Privatisierungsdebatte in einzelnen Bundesländern (Bayern, Baden-Württemberg, Rheinland-Pfalz, Hessen, Sachsen und Hamburg) dargestellt.[12] Im Rahmen allgemeiner Beschreibungen der Privatisierungsdiskussionen konzentriert sich *Klein* auf rechtliche Fragestellungen. Insgesamt findet keine sparkassenpolitische Untersuchung der jeweiligen Privatisierungsvorhaben in den einzelnen Bundesländern statt.

Alexander Scheike befasste sich im Jahr 2004 in seiner Arbeit „Rechtliche Voraussetzungen für die materielle Privatisierung kommunaler Sparkassen – Eine Untersuchung unter besonderer Berücksichtigung der Rechtsform der eingetragenen Genossenschaft" vor allem mit den unterschiedlichen Privatisierungsformen und fokussierte dabei die Organisations- und Vermögensprivatisierung.[13] Das Ziel der rechtswissenschaftlichen Arbeit besteht insbesondere darin, die rechtlichen Voraussetzungen für eine materielle Privatisierung von Sparkassen unter Beibehaltung ihrer Aufgabenstellungen durch Private sowie mögliche Zusammenschlüsse kommunaler Sparkassen mit Kreditgenossenschaften zu untersuchen. Dabei konstatiert *Scheike*, „dass es eher eine Frage des Wollens und nicht eine Frage des Könnens ist, ob kommunale Sparkassen und Kreditgenossenschaften zueinander finden."[14] Eine materielle Privatisierung von Sparkassen unter Berücksichtigung der Rechtsform einer eingetragenen Genossenschaft sei, so sein Fazit, möglich.

Im Jahr 2008 untersuchte *Florian Schorner* in seiner Studie „Die Privatisierung kommunaler Sparkassen und deren aktuelle Entwicklungen im historischen und internationalen Kontext" das Thema aus juristischer Sicht.[15] Der Schwerpunkt liegt hier auf den rechtlichen Rahmenbedingungen einer Privatisierung kommunaler Sparkassen. Zugrunde gelegt werden historische und internationale Entwicklungen, um daraus aktuelle Entwicklungslinien abzuleiten und kritisch zu bewerten. Die Untersuchung gibt einen Überblick über den europarechtlichen Einfluss und das Sparkassenwesen in Großbritannien, Frankreich, Spanien, Italien und Österreich. Es erfolgt eine rechtliche Analyse in bestimmten Bundesländern. *Schorner*

---

11 Vgl. *Klein:* Sparkassenwesen, 2003, S. 26 f.
12 Vgl. *Klein:* Sparkassenwesen, 2003, S. 320–326.
13 Vgl. *Scheike:* Privatisierung, 2004.
14 *Scheike:* Privatisierung, 2004, S. 146.
15 Vgl. *Schorner:* Privatisierung, 2008.

beschäftigt sich auch mit dem Fall des Privatisierungsvorhabens der Sparkasse der Hansestadt Stralsund.[16] Hierbei werden die juristischen Aspekte der Stralsunder Vorgänge geprüft und bewertet, wobei er im Ergebnis konstatiert, dass letztlich „die Privatisierung der Sparkasse der Hansestadt Stralsund [..] auf der politischen Ebene abgewendet" worden sei.[17] Ebenfalls untersuchte er das Konzept der Sachsen-Finanzgruppe. Dabei bilanziert er, dass die Bildung von Stammkapital einen beachtlichen Schritt in Richtung Privatisierung darstellt und dass eine derart weitreichende Möglichkeit zur jedenfalls mittelbaren Beteiligung Privater an Sparkassen in keinem anderen Bundesland – mit Ausnahme der Berliner Sondersituation – gegeben sei.[18] *Schorner* untersucht ebenso die Vorgänge um die Bankgesellschaft Berlin AG und deren Auswirkungen auf die Berliner Sparkasse; dabei stellt er u. a. fest, dass das gewählte Rechtskonstrukt der Beleihung der größte Einschnitt sei, den das Berliner Gesetz für die Sparkassenlandschaft bisher mit sich gebracht habe.[19] Insgesamt konstatiert *Schorner*, dass per Gesetzlage in den Ländern keine Privatisierung von öffentlich-rechtlichen Sparkassen möglich sei.

Die juristische Arbeit von *Fabian A. Quast* mit dem Titel „Private als Sparkassenträger: zur Verfassungskonformität des sog. Berliner Sparkassenmodells" aus dem Jahr 2010 umfasst im Wesentlichen die Analyse des Berliner Sparkassenmodells im Vergleich zu der öffentlich-rechtlichen Sparkassenstruktur in Deutschland und dessen verfassungsrechtliche Bewertung.[20] Anfangs werden die organisatorischen Grundstrukturen kommunaler Sparkassen dargestellt, um dann darauf aufbauend zu untersuchen, ob das Berliner Sparkassenmodell im Einklang mit der Verfassung steht. Hierzu findet u. a. auch eine detaillierte Überprüfung der Vereinbarkeit mit dem Bundes- und Landesverfassungsrecht statt. Zusammenfassend stellt *Quast* fest, dass das Sparkassenmodell in Berlin ein Sonderfall im öffentlich-rechtlichen Kreditsektor sei. Es bestehe eine Teilrechtsfähigkeit, was die Trägerschaft eines privaten Kreditinstituts ermögliche.[21] Der (private) Träger dürfe die erwirtschafteten Überschüsse privatnützig verwenden. Bei der Ergebnisbetrachtung der Arbeit scheint im Weiteren die Feststellung interessant, dass die Berliner Sparkasse weiterhin dem öffentlichen Auftrag dient, obwohl sie sich in der Hand eines privaten Trägers befindet.[22] Für die vorliegende Untersuchung

16 Vgl. hierzu und im Folgenden *Schorner*: Privatisierung, 2008, S. 172–197.
17 *Schorner*: Privatisierung, 2008, S. 182.
18 Vgl. *Schorner*: Privatisierung, 2008, S. 176.
19 Vgl. *Schorner*: Privatisierung, 2008, S. 196.
20 Vgl. *Quast*: Private als Sparkassenträger, 2010.
21 Vgl. *Quast*: Private als Sparkassenträger, 2010, S. 237.
22 Vgl. *Quast*: Private als Sparkassenträger, 2010, S. 238.

kann das Ergebnis wichtig sein, da möglicherweise politische Entscheidungsträger, die gegen Sparkassenprivatisierungen stimmen, mit dem Verlust des öffentlichen Auftrags argumentieren werden.

Im Jahr 2010 betrachtet *Axel Bowmann* ebenfalls aus juristischer Perspektive in seiner Arbeit „Sparkassenprivatisierungsverbot durch den Landessparkassengesetzgeber" die Privatisierungsmöglichkeiten von Sparkassen.[23] *Bowmann* konzentriert sich auf den Verkauf bzw. die Privatisierung der Sparkasse der Hansestadt Stralsund, insbesondere auf die Auseinandersetzungen „zwischen der Stadt Stralsund und dem Land Mecklenburg-Vorpommern über die rechtliche Zulässigkeit eines Verkaufs" dieser Sparkasse.[24] Neben der Sparkassengeschichte und dem Wesen der öffentlich-rechtlichen Sparkassen werden die Rechtsgrundlagen bestimmt und systematisch auf die Privatisierung der kommunalen Sparkasse untersucht. Ähnlich wie *Schorner* beschreibt *Bowmann* im Weiteren das Wettbewerbsumfeld der Sparkassen und berücksichtigt dabei auch die Entwicklung in anderen Ländern wie Großbritannien, Frankreich, Italien und Österreich. Auf dieser Basis werden (rechtliche) Möglichkeiten für eine Sparkassenprivatisierung in Deutschland erarbeitet und die Tendenzen und Möglichkeiten der Privatisierung von öffentlichen Unternehmen im Hinblick auf eine Privatisierung kommunaler Sparkassen erörtert. So wird auch in dieser Studie die Rolle der Sparkassen ausschließlich unter rechtlichen Aspekten untersucht. *Bowmann* führt im einleitenden Kapitel bereits aus, dass es nicht die Aufgabe seiner Arbeit sei, „aufzuzeigen, wie die Verbindung von politischer und wirtschaftlicher Macht den größten Widerstand gegen eine unvoreingenommene Auseinandersetzung mit der Thematik der Sparkassenprivatisierung darstellt."[25] Insgesamt kann festgestellt werden, dass in der Untersuchung von *Bowmann* keine sparkassenpolitischen Fragen und politikwissenschaftlichen Ansätze, Konzepte und Theorien zugrunde gelegt werden, um mit ihnen die Deregulierung und Privatisierung öffentlich-rechtlicher Sparkassen zu erklären.

Mikko Klein untersucht in seiner Arbeit aus dem Jahr 2003 die „Privatisierung der Sparkassen und Landesbanken aus wirtschaftswissenschaftlicher Perspektive" mithilfe der Theorie der Politischen Ökonomie.[26] Dies umfasst eine Darstellung der historischen Anfänge sowie der institutionellen Gegebenheiten und Marktpositionen der Sparkassen und Landesbanken. Dabei bilden der öffentliche Auftrag und das kaufmännische Prinzip den Schwerpunkt des Zielsystems. Darauf

---

23 Vgl. *Bowmann:* Sparkassenprivatisierungsverbot, 2010.

24 *Bowmann:* Sparkassenprivatisierungsverbot, 2010, S. 1.

25 *Bowmann:* Sparkassenprivatisierungsverbot, 2010, S. 2.

26 Vgl. *Klein:* Privatisierung, 2003.

aufbauend wird diskutiert, was Markt und Wettbewerb für die Wirtschaftsbeziehungen zwischen Staat und Individuen fordern.[27] Die Rolle der Sparkassen und Landesbanken wird ausschließlich unter ordnungs-, sozial-, struktur- und wettbewerbspolitischen Aspekten erforscht. Darüber hinaus liegt einer der Schwerpunkte der Arbeit auf der rechtlichen Ebene und deren Rahmenbedienung für marktwirtschaftliches Handeln. *Klein* berücksichtigt jedoch keine sparkassenpolitischen Fragen aus dem historischen Kontext heraus bis heute. Des Weiteren erfolgen keine landesspezifischen Analysen.

Georg A. Handschuh betrachtet in seiner wirtschaftswissenschaftlichen Dissertation „Der öffentliche Auftrag der sächsischen Sparkassen" aus dem Jahr 2010[28] schwerpunktmäßig „die formellen und materiellen Anforderungen [sowie die] Entwicklungen des öffentlichen Auftrags und die damit verbundenen Veränderungen der politischen, gesellschaftlichen und wirtschaftlichen Rahmenbedingungen als [..] Einflussfaktoren" im Freistaat Sachsen.[29] Zunächst wird die historische Sparkassenentwicklung, ausgehend vom Kaiserreich bis heute, dargelegt und erklärt. Im Weiteren folgt eine Darstellung rechtlicher Rahmenbedingungen. Dabei arbeitet *Handschuh* u. a. die nationalen Anforderungen an den öffentlichen Auftrag heraus. Im Ergebnis konstatiert er, dass der öffentliche Auftrag nicht nur für die sächsischen Sparkassen, sondern für alle kommunalen Sparkassen bedeutend und eine bundesweite Präsenz der Sparkassen „als Motor der wirtschaftlichen Entwicklung" in den jeweiligen Regionen weiterhin notwendig sei.[30]

Im Jahr 2010 legte *Christopher J. Dietl* seine wirtschaftswissenschaftliche Dissertation „Das Ende der Anstaltslast und Gewährträgerhaftung – Materielle Privatisierung der öffentlich-rechtlichen Sparkassen und Landesbanken (unter besonderer Berücksichtigung des Holdings- und Stiftungskonzeptes)" vor.[31] Die Arbeit umfasst sechs Teile. Dabei werden u. a. der Sparkassensektor und die bisherigen Reformen im europäischen und deutschen Sparkassenwesen ausführlich untersucht. Ausgehend von einer Benchmark-Analyse europäischer Sparkassensysteme (Italien, Spanien, Frankreich, Österreich, Großbritannien, Schweden) entwickelt *Dietl* ein Konzept zur Rechtsformumwandlung einschließlich der Reorganisation der gesamten S-Finanzgruppe. Fallbeispiele für materielle Privatisierungen öffentlich-rechtlicher Sparkassen werden dargestellt, wie bspw.

27 Vgl. *Klein:* Privatisierung, 2003, S. 22–24.
28 Vgl. *Handschuh:* Der öffentliche Auftrag, 2010.
29 *Handschuh:* Der öffentliche Auftrag, 2010, S. 17.
30 *Handschuh:* Der öffentliche Auftrag, 2010, S. 229.
31 Vgl. *Dietl:* Privatisierung, 2010.

im Fall der Hansestadt Stralsund oder der Sachsen-Finanzgruppe, es erfolgen jedoch keine landesspezifischen politischen Analysen. Für unsere Fragestellung ist jedoch interessant, dass *Dietl* in seiner Arbeit auch auf die Interessenlagen verschiedener Akteursgruppen eingeht.[32] Dabei werden die politischen Akteure auf den Ebenen des Bundes, der Länder und der Kommunen skizziert. Mithilfe der Neuen Politischen Ökonomie (Public Choice Theory) erklärt er das Politikerverhalten und kommt zu dem Ergebnis, dass die Politiker versucht seien, die „Zahl der auf sie entfallenden Wählerstimmen zu maximieren."[33] Nach seiner Auffassung lehnen vor allem Politiker auf kommunaler Ebene eine Privatisierung von öffentlich-rechtlichen Sparkassen ab.[34] Schließlich konstatiert er, dass zu Rechtsformreformen „Realisationshürden durch politische Widerstände und gefestigte Strukturen bestehen."[35] Insgesamt kann festgestellt werden, dass *Dietl* seiner Arbeit keine sparkassenpolitischen Fragen und politikwissenschaftlichen Ansätze, Konzepte und Theorien zugrunde gelegt hat, um damit die Deregulierung und Privatisierung öffentlich-rechtlicher Sparkassen zu erklären.

Martin Braun untersucht in seiner sozialwissenschaftlichen Studie „Die Validierung der Sparkassenidee – Eine sozialgeschichtliche Betrachtung" aus dem Jahr 2011 u. a. die sozialen Unterscheidungsmerkmale bei Sparkassengründungen.[36] Die im Gründungsprozess von Sparkassen gegebenen Voraussetzungen werden detailliert auf ihre heutige Gültigkeit hin überprüft. Darauf aufbauend erfolgt eine Analyse des geschichtlichen wie auch aktuellen soziologischen Hintergrunds. *Braun* stellt in seiner Untersuchung insbesondere fest, dass die Eigenständigkeit der Sparkassen zu bewahren sei und Selbstbestimmung und Größe durchaus ein Wettbewerbsvorteil sein könnten.[37] Auch sieht er einen weiteren Vorteil darin, dass die Sparkassen keine Eigentümer und Begünstigten haben und somit keinen Gewinnbegehrlichkeiten von Investoren unterliegen. Demzufolge können die Institute mit geringeren Margen als andere Kreditinstitute am Markt auftreten. Allerdings führt *Braun* kritisch auf, dass die Einzelindividuen – größtenteils die Verantwortungsträger bei Sparkassen – versucht sein könnten, „ihre eigenen Interessen über jene der Sparkasse zu stellen und mit ihrer individuellen Nutzenmaximierung unter anderem die Vorgaben der Gründungsväter unterlaufen."[38]

32 Vgl. *Dietl:* Privatisierung, 2010, S. 174–177.
33 *Dietl:* Privatisierung, 2010, S. 175.
34 Ob das de facto so zutrifft, wird in dieser Untersuchung geprüft.
35 *Dietl:* Privatisierung, 2010, S. 275.
36 Vgl. *Braun:* Eine sozialgeschichtliche Betrachtung, 2011.
37 Vgl. *Braun:* Eine sozialgeschichtliche Betrachtung, 2011, S. 125.
38 *Braun:* Eine sozialgeschichtliche Betrachtung, 2011, S. 127.

Abschließend konstatiert er, dass die Sparkassen den aktuellen Anforderungen an moderne Unternehmen entsprächen, „sofern sie sich ihrer Wurzeln bewusst sind und dementsprechend agieren […].“[39]

Die sozialwissenschaftliche Untersuchung von *Daniel Seikel* aus dem Jahr 2013 mit dem Titel „Der Kampf um öffentlich-rechtliche Banken. Wie die Europäische Kommission Liberalisierung durchsetzt“ ist am Max-Planck-Institut für Gesellschaftsforschung in Köln zwischen 2008 und 2012 entstanden.[40] Das Ziel der Arbeit ist es, die Analyse eines Einzelfalls durchzuführen. Dabei handelt es sich um den Konflikt zwischen der Haltung Deutschlands und derjenigen der EU-Kommission zu Wettbewerbsvorteilen von Landesbanken und Sparkassen. Der Untersuchungszeitraum liegt zwischen den Jahren 1990 und 2004, wobei die Abschaffung von Anstaltslast und Gewährträgerhaftung, die 2005 in Kraft trat, das wichtige zu erklärende Ereignis der Studie ist.[41] Der Schwerpunkt der Arbeit liegt u. a. auf der Suche nach Mechanismen, die es den kreditwirtschaftlichen Akteuren ermöglichen sollen, die auftretenden Widerstände zu bewältigen. Dafür verwendet *Seikel* die Analysen des akteurszentrierten Institutionalismus und Mehrebenen-Governance-Ansatzes, um den Prozess zu erklären.[42] Für das Forschungsdesign dient die Prozessanalyse als Grundlage. Die Studie ist nicht als ein Hypothesentest konzipiert.

Im Betrachtungszeitraum werden die Akteure mit ihren Interessen und Motiven identifiziert. Es wird herausgearbeitet, dass die EU-Kommission als ein zentraler Akteur bei der Liberalisierung von Sparkassen und Landesbanken auftritt und durch den WestLB-Fall das Wettbewerbsrechts auf bis dato geschützte Bereiche der nationalen Finanzsysteme ausgedehnt wurde.[43] Insgesamt ist die Studie von *Seikel* für die vorliegende Fragestellung interessant, insbesondere da der Ansatz des akteurszentrierten Institutionalismus angewendet wird. Allerdings werden für den Sparkassenbereich lediglich die Positionen des DSGV und RSGV über Experteninterviews dargestellt.[44] Eine kritische Analyse von unterschiedlichen Akteurspositionen sowie sparkassenpolitische Fragen aus dem historischen Kontext heraus bis heute findet nicht statt. Des Weiteren erfolgen keine landesspezifischen Analysen.

---

39 *Braun:* Eine sozialgeschichtliche Betrachtung, 2011, S. 154.

40 Vgl. *Seikel:* Liberalisierung, 2013.

41 Vgl. *Seikel:* Liberalisierung, 2013, S. 32 und 43.

42 Vgl. *Seikel:* Liberalisierung, 2013, S. 39–41.

43 Vgl. *Seikel:* Liberalisierung, 2013, S. 219 f.

44 Vgl. *Seikel:* Liberalisierung, 2013, S. 48.

Ingo Caspari beschäftigte sich 2009 im Rahmen seiner Studie mit den „Positionen zu Privatisierungen. Wissenschaftliche und politische Einstellungen und ihre Bedeutung für das kommunale Handeln".[45] Die interdisziplinäre Arbeit baut auf den Fachrichtungen der Politik-, Verwaltungs- und Wirtschaftswissenschaften auf. *Caspari* verfolgt das Ziel, eine möglichst ideologiefreie Darstellung der Positionen zu Privatisierungen in Deutschland zu präsentieren. Er stellt fest, dass in der kommunalen Praxis eine systematische Operationalisierung der verschiedenen Privatisierungspositionen bis dato noch nicht erfolgt sei. Mit seiner Studie will er diese Lücke schließen. Dazu arbeitet er die Kernaussagen der einzelnen Positionen heraus und operationalisiert sie im kommunalen Kontext, das heißt, er fasst sie in testbare Statements und diskutiert sie mit Experten. Gleichzeitig werden die Unterschiede zwischen theoretischen Beiträgen zum Thema Privatisierung und praxisnahen Abhandlungen mit kommunalem Fokus analysiert und empirische Beispiele aufgeführt. Es zeigt sich, dass diese Ansätze und Theorien für und gegen Privatisierungen sprechen können. Neben ausgereiften Theorien stellen weniger theoretisch ausgearbeitete Ansätze oder gesellschaftliche Leitbilder die Grundlagen der Positionen zur Privatisierungsfragestellung dar. Um die einzelnen Privatisierungspositionen möglichst neutral miteinander vergleichen zu können, stellt *Caspari* sie ungeachtet ihres theoretischen Unterbaus (Theorie, Ansatz oder Leitbild) dar. Es geht ihm darum, zentrale Fragen beantworten wie: Was sind die maßgeblichen Positionen zur Privatisierung und wie sind sie zu bewerten? Welche Einstellungen haben die Wissenschaftler gegenüber diesen Positionen? Welche Einstellung haben die Praktiker gegenüber diesen Positionen und wie beeinflusst diese Einstellung ihre Entscheidungen?

Um diese Fragen zu beantworten und damit die grundsätzlichen Positionen zur Privatisierung und deren Umsetzung in die Praxis zu erforschen, hat *Caspari* ein einheitliches Konstrukt aufgebaut. Diesem liegen Annahmen zugrunde, die er anhand der folgenden Gegenüberstellungen definiert: Theorie versus Praxis, Privatisierung versus Nicht-Privatisierung, Oeconomicus versus Nicht-Oeconomicus und ausgeglichene Cluster als Basis für ausgewogene Entscheidungen. Der Autor trifft die Grundannahme, „dass eine ausgeglichene und damit potenziell richtige Privatisierungsentscheidung den Argumenten aller Cluster Raum gibt und keine Position ausblendet."[46] Zusammenfassend kann festgestellt werden, dass sich die Arbeit – neben dem Bundesland Nordrhein-Westfalen – primär auf die mittleren und kleineren Kommunen in Deutschland konzentriert. Der Autor

45 Vgl. *Caspari:* Privatisierungen, 2009.

46 *Caspari:* Privatisierungen, 2009, S. 18.

weist nach, dass die ökonomische Sichtweise pro Privatisierungen weder in der Theorie noch in der Praxis beherrschend ist. Gerade das letztgenannte Ergebnis ist für die vorliegende Untersuchung im Hinblick auf die Effizienz und Effektivität von Sparkassenprivatisierungen interessant. Die ideologiefreie Betrachtung der Akteure führt zu der notwendigen Transparenz in dem Themenkomplex und ist für diese Arbeit durchaus hilfreich.

Von den auf den vorangehenden Seiten vorgestellten Untersuchungen abgesehen, gibt es eine relativ breite Aufsatzliteratur normativer Natur mit zahlreichen Empfehlungen unter ordnungs-, struktur- und finanzpolitischen sowie rechtlichen Gesichtspunkten. Wie und warum sich die Politik für die Deregulierung und Privatisierung öffentlich-rechtlicher Sparkassen engagieren sollte, wird größtenteils nur aus rechts-, verwaltungs- und wirtschaftswissenschaftlicher Sichtweise analysiert. Wenn auch die genannten Arbeiten einen wichtigen und wertvollen wissenschaftlichen Beitrag leisten, so berücksichtigt keine dieser Arbeiten die politikwissenschaftliche Perspektive.

Policy-analytische Literatur

Die politikwissenschaftliche Forschung behandelt Aspekte der Deregulierung und Privatisierung sowie der Bankenregulierung eher allgemein. Diese allgemeine Darstellung soll den Ausgangspunkt für die vorliegende Untersuchung bieten, um die Deregulierung und Privatisierung im Sparkassenbereich zu erfassen.

Benjamin Gubitz betrachtet im Jahr 2012 in seiner politikwissenschaftlichen Arbeit „Das Ende des Landesbankensektors und der Einfluss von Politik, Management und Sparkassen“ vor allem die politische Ebene, das angestellten Management und die Sparkassen.[47] *Gubitz* identifiziert und rekonstruiert vor allem Situationen und Prozesse, „die für die strategische Entwicklung der Landesbanken als kritisch angesehen werden können“, und untersucht „welche Rolle Politik, Management und Sparkassen im Einzelnen und im Zusammenwirken gespielt haben.“[48] Schwerpunktmäßig werden Akteure analysiert, die in den Instituten für die Steuerung und Kontrolle verantwortlich sind. Das Ziel der Arbeit von *Gubitz* ist insbesondere, die Entwicklung der Landesbanken unter bestimmten Einflussfaktoren nachzuvollziehen. Es werden acht Landesbanken (BayernLB, Helaba, HSH Nordbank, LBB, LBBW, Nord/LB, SachsenLB und WestLB) untersucht. Die

47 Vgl. *Gubitz:* Einfluss von Politik, 2012.
48 *Gubitz:* Einfluss von Politik, 2012, S. 7.

BremerLB, die Landesbank Rheinland-Pfalz und die SaarLB werden nicht berücksichtigt. Der Untersuchungszeitraum beginnt Mitte 2001.[49]

Die Privatisierungsdebatte im öffentlich-rechtlichen Finanzsektor skizziert *Gubitz* in seiner Arbeit nur kurz. Er stellt die gegensätzlichen Positionen einer Sparkassenprivatisierung dar und kommt zu dem Ergebnis, dass „die Debatte über mögliche Privatisierungen [...] schon allein deswegen anhalten [wird], weil auf Seiten der privaten Banken weiterhin ein großes Interesse besteht, die öffentlich-rechtliche Säule aufzubrechen, und sie daher ihrerseits entsprechende Lobbyarbeit fortführen werden."[50] Im Weiteren folgen Ausführungen zu den Herausforderungen des Landesbankensektors. Darauf aufbauend arbeitet *Gubitz* den analytischen Rahmen heraus. Die Forschung zur Corporate Governance dient als Ausgangspunkt zu dessen Bestimmung. Es folgt eine Ergänzung um die Public-Corporate-Governance-Forschung, die mit weiteren Ansätzen (Debt Governance und Ressourcenabhängigkeitsansatz) verbunden wird.[51] Die Arbeit prüft keine politikwissenschaftlichen Theorien auf ihre Gültigkeit. Die verantwortlichen Akteure (Vertreter der politischen Ebene, das Management der Landesbanken und Vertreter der Sparkassen) werden näher betrachtet. Des Weiteren erfolgt eine vergleichende Analyse u. a. der Geschäftspolitik der Landesbanken. Die strategischen Positionierungen der Landesbanken, insbesondere nach der Finanzkrise, werden untersucht. Insgesamt weist der Autor vor allem nach, dass Interessenkonstellationen bestehen und keine Akteursgruppen alleine für Fehlentwicklungen der jeweiligen Landesbanken verantwortlich sind.

Der ideologiefreie Blick auf die Entscheidungsprozesse führt zu Transparenz und Nachvollziehbarkeit in dem Themenkomplex und ist für unsere Fragestellung durchaus hilfreich. So konstatiert *Gubitz*: „Die Rolle der Sparkassen ist von einer solchen Vielfältigkeit und mehreren komplexen internen und externen Konfliktlinien geprägt, die an sich einen eigenständigen analytischen Zugang erforderlich machen würden. Hier bietet sich in jedem Fall ein Anknüpfungspunkt für weitere politikwissenschaftliche Forschungsvorhaben an. [...] Die Geschichte der öffentlichen Banken in Deutschland wird jedoch weiter fortgeschrieben und es bleibt eine politische Aufgabe, die Steuerung und Kontrolle dieser Institute stetig kritisch zu hinterfragen und zu verbessern."[52]

---

49 Vgl. *Gubitz:* Einfluss von Politik, 2012, S. 9.

50 *Gubitz:* Einfluss von Politik, 2012, S. 41.

51 Vgl. *Gubitz:* Einfluss von Politik, 2012, S. 89.

52 *Gubitz:* Einfluss von Politik, 2012, S. 331 f.

Volker Schneider und *Marc Tenbücken* beschäftigten sich in ihrer Arbeit „Der Staat auf dem Rückzug – die Privatisierung öffentlicher Infrastrukturen"[53] aus dem Jahr 2004 mit der Privatisierung staatlicher Unternehmen in 26 OECD-Ländern. Die Forschungsarbeit entstand im Rahmen einer Studie, die in den Jahren 2001 bis 2003 am Lehrstuhl für materielle Staatstheorie an der Universität Konstanz durchgeführt wurde. Im Mittelpunkt der Analyse stehen die Regulierungsbehörden, die die Erfüllung von Bereitstellungspflichten kontrollieren und die Entmonopolisierung ausgewählter Bereiche steuern. *Schneider* und *Tenbücken* analysieren die Entwicklungen aus staatstheoretischer und wirtschaftswissenschaftlicher Sicht. Gegenstand sind Privatisierungsprozesse in Netzwerkinfrastrukturen in den jeweiligen OECD-Ländern. Dabei untersuchen die Autoren u. a., welche Rolle institutionelle, ökonomische und politische Bedingungen im Zuge von Europäisierung und Globalisierung spielen. Das Ziel der Studie besteht darin, die in der sozialwissenschaftlichen Literatur sehr ausführlich diskutierte Transformation von Staatlichkeit am Beispiel der veränderten Position des Staates in den oben definierten Infrastrukturen zu untersuchen. Es wird aufgezeigt, dass die einzelnen Dimensionen – Privatisierung, Liberalisierung und (De-)Regulierung – stark miteinander verbunden sind und aus diesem Grund als „Privatisierungssyndrom" aufgefasst werden sollten.[54]

Zuvor sondieren *Schneider* und *Tenbücken* die Theorienlandschaft, um Erklärungen für ihre Fragestellungen zu erhalten. Sie geben einen strukturellen Überblick über die verschiedenen sozialwissenschaftlichen Ansätze, wobei sie neben wirtschaftswissenschaftlichen und soziologischen Ansätzen vor allem politikwissenschaftliche Theorien und Konzepte darstellen und erläutern. Aus Policy-analytischer Perspektive werden die akteurszentrierten, institutionellen und umweltzentrierten Ansätze kritisch diskutiert und eine Theorienklassifizierung wird vorgenommen (siehe die überblicksartige Darstellung unten). Diese Klassifizierung ist nach Komponenten wie *Akteuren*, *Institutionen* und *Umwelt* und nach Ebenen wie *Politik* und *Ideologie* sowie *Wirtschaft* und *Technik* aufgeteilt:[55]

---

53 Vgl. *Schneider/Tenbücken:* Privatisierung, 2004.

54 Vgl. *Schneider/Tenbücken:* Privatisierung, 2004, S. 19.

55 Vgl. *Schneider/Tenbücken:* Privatisierung, 2004, S. 88.

Komponenten / Ebenen	*Akteure*	*Institutionen*	*Umwelt*
Politik und Ideologie	Parteiendifferenz Machtressourcen	Vetospieler Korporatismus Regimeformen	Netzwerkmacht und coercive liberalism EU-Mitgliedschaft
Wirtschaft und Technik	Rent-seeking	Varieties of Capitalism	Wirtschaftliche Globalisierung Modernisierung und technischer Wandel

Schneider/Tenbücken analysieren die Ansätze insbesondere unter dem Aspekt der Anwendungs- und Aussagefähigkeit zur Erklärung *regulativer Reformen in Netzwerkinfrastrukturen*. Dabei stellen sie fest, dass es grundlegende Unterschiede innerhalb der sozialwissenschaftlichen Theorien gibt, die den Rückzug des Staates zu erfassen und zu erklären versuchen. Sie zeigen, dass keiner von den Ansätzen alleine in der Lage ist, eine Begründung für den Rückzug des Staates sowie die zu beobachtenden nationalen Unterschiede zu liefern. Während die Theorien, die die Rolle der Handlungsumwelt betonen, das *Wann* und *Warum* der globalen Entwicklung erklären könnten, seien die akteurs- und institutionenorientierten Ansätze besser anwendbar, um die *Ursachen* z. B. für die Unterschiede nationaler Entwicklungsmuster zu identifizieren. Bereits zu Beginn weisen *Schneider/Tenbücken* darauf hin, dass diese Ansätze zahlreichen Einschränkungen unterliegen. Ihrer Auffassung nach sind sie „statisch", da sie Entscheidungen von Staaten und Regierungen als zeitlich relativ unabhängige Prozesse betrachten, die durch keine anderen Entscheidungsprozesse oder Faktoren beeinflusst werden. Die Interaktionseffekte, also die Frage, wie sich bspw. der Einfluss von Privatisierungsentscheidungen auf Regierungs- und Interessenkonstellationen auswirkt, würden vollständig vernachlässigt.[56] Letztlich werden aus der Policy-analytischen Sichtweise die akteurszentrierten, die institutionellen und die umweltzentrierten Ansätze mit deren immanenten Theorien (ergebnisorientiert vor allem die Parteiendifferenz- und Vetospielertheorie) angewendet.

Für die vorliegende Untersuchung ist auch die politikwissenschaftliche Studie von *Andreas Busch* aus dem Jahr 2003 zu dem Thema „Staat und Globalisierung – das

56 Die voranstehenden Ausführungen sind von *Schneider/Tenbücken:* Privatisierung, 2004, S. 85–112, 211–220, 238–271 (davon größtenteils S. 85–88, 111, 211–214, 244–246) in Grundzügen übernommen.

Politikfeld Bankenregulierung im internationalen Vergleich" interessant.[57] Sie leistet einen wertvollen Beitrag zu der Diskussion über die Wandlungen von Staatshandeln unter den Bedingungen von Globalisierung. Die staatliche Regulierung des Geschäftsbankensektors wird in vier Länderstudien (USA, Bundesrepublik Deutschland, Großbritannien, Schweiz) dargestellt und analysiert. Als Grundlage dienen historische Entwicklungen sowie bestehende Herausforderungen, Politiknetzwerke und Reformüberlegungen des Politikfeldes. Ausgehend von einem erweiterten politisch-institutionellen Ansatz definiert *Busch* den Forschungsbereich (regulative Politik) und das Politikfeld (Bankenregulierung). Er erklärt, ein Hauptgrund für das Interesse an der regulativen Politik sei, „daß regulative Politik in den letzten Jahrzehnten ältere, eher distributiv bzw. redistributiv orientierte Staatsinterventionen [...] abgelöst hat."[58] Der Bankensektor biete sich für eine politikwissenschaftliche Untersuchung an, da er sowohl politisch als auch volkswirtschaftlich von großer Bedeutung sei.[59] Letztendlich kommt *Busch* zu dem Ergebnis, dass die Bankenregulierung insbesondere durch die Globalisierung und die nationalen Unterschiede der Bankensysteme geprägt sei.

Für unsere Fragestellung sind ebenfalls die Forschungsarbeiten von *Susanne Lütz* sehr ergiebig. *Lütz* untersuchte im Jahr 2002 die *regulative Politik* und stellte u. a. fest, *regulative Politik* werde überwiegend als eine Art staatliche Aufsicht und Kontrolle über private Marktakteure durch (größtenteils) Ge- und Verbote verstanden.[60] In diesem Zusammenhang analysierte *Lütz* 2004 den deutschen Finanzsektor und erörterte Unterschiede zwischen Regulierung und Deregulierung, die für die vorliegende Arbeit von zentraler Bedeutung sind.[61] Bei einer Deregulierung und Privatisierung handelt es sich um die Rücknahme oder die Modifikation von Regulierungen, wie z. B. die Abschaffung staatlicher Interventionen, die Reduzierung der Eingriffsintensität oder anderweitige Ersetzung durch institutionelle Strukturen, die eine Stärkung marktgerechter Mechanismen zur Folge haben.[62] *Lütz* stellt nun fest, dass es – als eine Folge verstärkter Deregulierung im Sparkassenbereich – zu einer größeren Heterogenität an Organisationsformen kommt, die das Spannungsfeld zwischen kollektiver und individueller

57 Vgl. *Busch:* Bankenregulierung, 2003.

58 *Busch:* Bankenregulierung, 2003, S. 33.

59 Vgl. *Busch:* Bankenregulierung, 2003, S. 35.

60 Vgl. *Lütz:* Regulative Politik, 2002, S. 23.

61 Vgl. Lütz: Regulierung, 2004, S. 1–27.

62 Vgl. auch *Ewers:* Deregulierung, 1994, S. 182. Für eine ganzheitliche Betrachtung des Begriffs Deregulierung vgl. *Oberndorfer:* Deregulierung, 1992, S. 11 ff. In der Studie von *Oberndorfer* werden unterschiedliche Sichtweisen der Deregulierung analysiert.

Wettbewerbsfähigkeit ausbalancieren soll.[63] *Siegmund* hat in diesem Zusammenhang bereits im Jahr 1997 darauf hingewiesen, „dass es sich bei einer Privatisierung immer auch um eine Entwicklung hin zu einer Entpolitisierung der Wirtschaft und der Reduzierung staatlicher Interventionen handelt oder m. a. W.: Politische und ökonomische Macht werden durch die Privatisierung getrennt.“[64]

Es ist offenkundig, dass die Kreditwirtschaft starken Regulierungsbestrebungen unterliegt. Somit steht zu vermuten, dass bei *regulativer Politik* andere Schwierigkeiten auftreten als bei Deregulierungen und dass die Akteure im Sparkassenbereich mit anderen Herausforderungen konfrontiert werden als bei Regulierungsvorhaben. Bei der Umsetzung von Regulierungsvorhaben tritt möglicherweise Regulierungswiderstand auf. Folglich ist in der Arbeit die Frage zu beantworten, ob es im öffentlich-rechtlichen Kreditsektor einfacher ist, zu deregulieren als zu regulieren.

Die Studien von *Schneider/Tenbücken*, *Busch* und *Lütz* sind international vergleichend ausgerichtet, sodass erhebliche Varianzen auftreten. Es bestehen bspw. institutionelle Unterschiede zwischen den USA, Großbritannien und Deutschland im Bereich der Staats- und Gesellschaftsstrukturen, Regierungsstile, Rechtstraditionen sowie der Vorgehensweise bei (De-)Regulierungen und Privatisierungen.

Diese Arbeit untersucht die Deregulierung und Privatisierung im Sparkassenbereich in Deutschland und fokussiert sich daher vor allem auf die Ebene der Bundesländer. Damit ist zu erwarten, dass eine weniger komplexe (insbesondere institutionelle) Varianz auftritt. Es ist also zu fragen, ob es bspw. in der Vorgehensweise bei Deregulierungs- und Privatisierungsvorhaben Unterschiede zwischen den Bundesländern gibt. Zu prüfen ist dabei, ob und wieweit die akteurszentrierten, institutionellen und umweltzentrierten Erklärungsansätze (*Schneider/Tenbücken*) für die Untersuchung der Deregulierung und Privatisierung von Sparkassen angewendet werden können. Eine politikwissenschaftliche Arbeit, die sich diesem Themenkomplex widmet, liegt bislang nicht vor.

1.3 Entwicklungen und Strukturen des Politikfeldes

Nunmehr ist das Politikfeld zu konkretisieren. Anders als bei *Susanne Lütz*, die die Regulierung der Finanzmärkte in ihrer Gesamtheit (Banken, Versicherungen

63 Vgl. *Lütz:* Regulierung, 2004, S. 24 f.

64 *Siegmund:* Privatisierungstheorien, 1997, S. 63.

etc.) analysiert,[65] handelt es sich vorliegend um eine Untersuchung der *Deregulierung und Privatisierung im Sparkassenbereich in den Bundesländern.* Konkret bewegen sich damit die Sparkassen in dem Politikfeld Ordnung und Steuerung der Kreditwirtschaft und sind aus politikwissenschaftlicher Perspektive dem Bereich der *regulativen Politik* zuzuordnen. Solch eine Analyse bietet sich an, da dem Sparkassensektor eine besondere (vor allem politische) Rolle innerhalb eines Bundeslandes zukommt. Somit sind die Bundesländer für die Arbeit entscheidend. Entsprechend nehmen die Landesgesetzgebungen eine zentrale Rolle ein. Es wird zu prüfen sein, welche (institutionellen) Möglichkeiten und Grenzen der Sparkassensektor für Deregulierungs- und Privatisierungsvorhaben bereithält. Dafür sind zunächst die relevanten Entwicklungen (Deregulierungs- und Privatisierungsdiskussionen sowie Entscheidungsprozesse) in dem Politikfeld und die grundlegenden Strukturen des Sparkassenbereichs darzustellen.

Seit den 1970er-Jahren, verstärkt dann ab den 1990er-Jahren kam es zu Diskussionen und Entscheidungsprozessen zu der Frage von Deregulierungen und Privatisierungen im Sparkassenbereich, auf die sich die Analysebestrebungen der Arbeit beziehen. Im Rahmen der kontroversen Diskussion über eine mögliche Privatisierung von öffentlich-rechtlichen Sparkassen wurde immer wieder die Frage diskutiert, welche Vorteile eine solche Privatisierung für die öffentlich-rechtlichen Sparkassen haben könnte. Neben dem Ökonom *Wolfgang Stützel*, dessen Gutachten im Jahr 1964 viel Aufsehen erregte,[66] hielten auch Vertreter der Sparkassenorganisation und einzelne Akteure aus dem Bereich der kommunalen Verbände es für vorteilhaft, über einen Wechsel der Rechtsform der öffentlich-rechtlichen Sparkassen nachzudenken. So wurden in den 1970er-Jahren die Deregulierung und Privatisierung sowohl der Sparkassen als auch der Landesbanken in Zusammenhang mit einer Rechtsformänderung analysiert.[67] Diese Untersuchung von *Gerlach* und *Gondring* war von großer Bedeutung, da sie diverse Ansätze über die

65 Zur Finanzmarktregulierung vgl. auch die Studienergebnisse von *Mayntz:* Financial Market Regulation, 2012 sowie *Mayntz:* Financial Regulation, 2015. Für eine Untersuchung der Institutional Change in German Financial Regulation siehe *Handke/Zimmermann:* German Financial Regulation, 2012, S. 119–142. Für eine Betrachtung des Reformprozesses der Bankenregulierung, auch unter dem Aspekt Basel III, vgl. *Goldbach/Zimmermann:* Reform Process, 2015, S. 139–161.

66 Vgl. *Stützel:* Bankpolitik, 1964. *Stützel* forderte entweder eine „Ausdehnung der wichtigsten Privilegien [...] auf alle [oder eine] Übertragung der nicht privilegierungsbedürftigen Geschäfte der Sparkassen auf neue, nicht privilegierte Rechtsträger." *Stützel:* Bankpolitik, 1964, S. 79.

67 Vgl. *Gerlach/Gondring:* Sparkassenpolitik, 1994, S. 137.

wirtschaftlichen und geschäftspolitischen Nachteile einer Rechtsformänderung für öffentlich-rechtliche Sparkassen lieferte.

Wie einleitend aufgeführt, ist eine deutliche Zunahme der politischen Debatte ab den 1990er-Jahren zu beobachten. Die Privatisierungsdiskussion begann verstärkt mit der Vorlage des „IX. Hauptgutachtens der Monopolkommission 1990/1991“ am 2. Juli 1992.[68] Darin erklärte die Monopolkommission, dass es ihr Ziel sei, eine Diskussion über die Privatisierung staatlicher Wirtschaftstätigkeit in den alten Bundesländern in Gang zu setzen. Dabei positionierte sie sich eindeutig für eine materiell-rechtliche Privatisierung der öffentlich-rechtlichen Kreditinstitute.[69]

Seit diesem Zeitpunkt (1990/91) gab es einerseits eine breite Deregulierungs- und Privatisierungsdiskussion, andererseits kam es verstärkt sowohl im partei- als auch im verbandspolitischen Bereich zu Entscheidungsprozessen in mehreren Bundesländern. So forcierte in Hessen die CDU (die von 2003 bis 2008 über eine absolute Mehrheit im Hessischen Landtag verfügte) zusammen mit der FDP im Frühjahr 2007 die *Novellierung des Sparkassengesetzes*, die von erheblicher Kritik begleitet wurde.[70] Die Oppositionsparteien von SPD und GRÜNE appellierten bereits Ende 2006 im Hessischen Landtag an den Wirtschaftsminister *Alois Rhiel* (CDU), die Sparkassennovelle zurückzuziehen.[71] Dabei wurde die Möglichkeit des Verkaufs von Sparkassenanteilen, welche die bewährten Strukturen des Sparkassenwesens infrage stellte, kritisch hinterfragt. Die Grünen äußerten sich wie folgt: „Die Ausweisung des Stammkapitals in horizontaler und vertikaler Richtung bedeutet horizontal, Kommunen, Sparkassen und Zweckverbände können kaufen. Vertikal bedeutet, die Helaba kann kaufen.“[72] Daraufhin entstand eine massive Diskussion unter den Akteuren. Welche Ziele, Motive und Interessen die politischen Akteure verfolgten, wird in der vorliegenden Arbeit noch zu prüfen sein.

In den Jahren 2003/04 sorgte auf kommunaler Ebene der Oberbürgermeister der Hansestadt Stralsund *Harald Lastovka* (CDU) mit dem Vorhaben, *die Sparkasse der Hansestadt Stralsund zu privatisieren* bzw. an eine private Bank zu verkaufen, für großes Aufsehen und löste eine bundesweite Diskussion in der

---

68 Vgl. *Deutscher Bundestag:* Unterrichtung, 1992.

69 Vgl. *Gerlach/Gondring:* Sparkassenpolitik, 1994, S. 155.

70 Vgl. *Möschel:* Wandel, 2010, S. 214 f.

71 Vgl. *Hessischer Landtag:* Plenarprotokoll (16/114), 2006, S. 7892–7907 sowie Plenarprotokoll (16/118), 2006, S. 8210–8215.

72 *Hessischer Landtag:* Plenarprotokoll (16/114), 2006, S. 7905.

Kreditwirtschaft aus.[73] *Lastovka* verfolgte dabei das Ziel, die Erlöse für gemeinnützige Zwecke zu verwenden. Ob dies de facto so zutrifft, gilt es ebenso im Weiteren noch eingehender zu untersuchen.

Wie diese beiden Fallbeispiele verdeutlichen, kam es aufgrund der Diskussionen sowohl auf der Bundesländerebene als auch auf der kommunalen Ebene zu Entscheidungsprozessen, die näher betrachtet werden sollen. Dabei stehen im Sinne einer Policy-analytischen Prüfung die Entscheidungsprozesse im Vordergrund, um somit vor allem die Ziele, Motive und Interessen der beteiligten Akteure nachvollziehbar erklären zu können.

Wichtig für das Verständnis sind die grundlegenden Strukturen des Sparkassenbereichs. Die Sparkassen-Finanzgruppe ist ein komplexes System. Es besteht vor allem aus Sparkassen, Spezialfinanzierern sowie Landesbank-Konzernen und ist durch fünf historisch gewachsene Merkmale gekennzeichnet: kommunale Bindung, Gemeinwohlorientierung, dezentrale Unternehmensverantwortung, Regionalprinzip und Verbundzusammenarbeit.

Die Sparkassen-Finanzgruppe lässt sich grundsätzlich in einen Bankenbereich und einen Verbandsbereich differenzieren. Der Bankenbereich beinhaltet auf lokaler Ebene die Sparkassen und auf regionaler Ebene die Landesbanken. Der Verbandsbereich differenziert sich in die regionalen Sparkassen- und Giroverbände, den Verband freier Sparkassen und den Deutschen Sparkassen- und Giroverband (DSGV). Die regionalen Sparkassen- und Giroverbände sind Körperschaften des öffentlichen Rechts. Pflichtmitglieder sind die Sparkassen und deren Gewährträger. Der DSGV wird von den Regionalverbänden, dem Verband der freien Sparkassen und den Landesbanken getragen. Er vertritt die Interessen der Sparkassen-Finanzgruppe auf nationaler und internationaler Ebene, insbesondere gegenüber der Europäischen Kommission.

Die öffentlich-rechtlichen Sparkassen sind als rechtsfähige juristische Personen in der Sparkassen-Finanzgruppe verselbstständigt und werden von Kommunalkörperschaften getragen.[74] Sie können als „kommunale“ Sparkassen bezeichnet werden.[75] Als Kreditinstitute unterliegen sie nach § 1 KWG der Bankenaufsicht und haben als Kaufleute die handelsrechtlichen Vorschriften des Handelsgesetzbuches zu beachten. Das Recht der Kommunen, Kreise bzw. kommunalen Zweckverbänden, Sparkassen zu errichten, zu vereinigen und aufzulösen, ergibt sich aus

73 Vgl. *Schorner*: Privatisierung, 2008, S. 177.

74 Traditionell handelt es sich bei Kommunalkörperschaften um die Gemeinden, Kreise und Zweckverbände. Es besteht jedoch auch die Möglichkeit, eine Sparkassenholding als Anstalt des öffentlichen Rechts zu gründen.

75 Für die freien Sparkassen gilt dies nicht.

den Bestimmungen der Ländergesetze und auf der Grundlage des Art. 28 GG, der die Verfassungsgarantie der kommunalen Selbstverwaltung beinhaltet und den Gemeinden und Kreisen ausdrücklich erlaubt, „alle Angelegenheiten der örtlichen Gemeinschaft im Rahmen der Gesetze eigenverantwortlich zu regeln".[76] Die freien Sparkassen grenzen sich von den öffentlich-rechtlichen Sparkassen in der Weise ab, dass sie aus historischen Gründen eine private Rechtsform besitzen und ihre Träger Vereine oder Stiftungen sind.

Vor diesem Hintergrund werden in der Arbeit die Akteure auf der kommunalen Ebene, auf der Landes- und Bundesebene sowie auf der europäischen Ebene differenziert. Innerhalb dieser Ebenen zählen zu den wichtigsten Akteuren im Politikfeld: Kommunen und die kommunalen Spitzenverbände; Sparkassen, private- und genossenschaftliche Banken und ihre Verbände; Länder mit ihren jeweiligen Regierungen und deren verantwortlichen Ministern; Bundesregierung mit den verantwortlichen Ministern in der Regierungsmehrheit; Parteien; Gewerkschaften; Europäische Kommission; Europäisches Parlament sowie der Rat der Europäischen Union.[77]

1.4 Forschungsziele, Forschungsfragen und Forschungsansatz

Wie zuvor erwähnt, hat es seit den 1970er-Jahren, verstärkt ab den 1990er-Jahren Diskussionen und Entscheidungsprozesse in Zusammenhang mit Deregulierungen und Privatisierungen im Sparkassenbereich gegeben. *Schorner, Bowmann* und *Caspari* haben bereits darauf hingewiesen, dass erhebliche Konflikte unter den beteiligten Akteuren bei Deregulierungs- und Privatisierungsvorhaben öffentlich-rechtlicher Sparkassen bestehen. Damit sind die **Forschungsziele** der vorliegenden Untersuchung benannt: die politischen Entscheidungen im Bereich der Sparkassenpolitik bei Deregulierungs- und Privatisierungsvorhaben zu analysieren und zu erklären sowie die Komplexität des politischen Konfliktes in diesem Politikfeld nachzuvollziehen. Daraus ergeben sich für die Untersuchung folgende **übergreifende Fragestellungen**:

- Was beinhaltet die Sparkassenpolitik und die damit zentrale Fragestellung der Deregulierung und Privatisierung öffentlich-rechtlicher Sparkassen?
- Welche historischen sparkassenpolitischen Entwicklungen haben zu verstärkten Deregulierungs- und Privatisierungsdiskussionen beigetragen?

---

76 Art. 28 Abs. 2 Satz 1 GG.

77 Die Entscheidungsprozesse auf der *europäischen Ebene* werden nicht explizit untersucht. Sie dienen grundsätzlich als Basis für die Analyse.

- Welche Möglichkeiten, Grenzen und Beurteilungsansätze bestehen in der Deregulierungs- und Privatisierungsdiskussion im Sparkassensektor?
- Wer sind die Akteure in dem zu untersuchenden Politikfeld, die sich im (europäischen) Mehrebenensystem mit dem Themenkomplex befassen?
- Wie gestaltet sich der Policy-Prozess in den Bundesländern?

Im Weiteren werden die Theoriestränge, die in der Politikwissenschaft in den bereits genannten Politikfeldern (Energiewirtschaft, Telekommunikation, Infrastruktur) angewendet wurden, dargestellt, um darauf aufbauend herauszuarbeiten, welche Konzepte, Ansätze und Theorien hinsichtlich ihrer Bedeutung sowie Anwendungs- und Aussagefähigkeit für das Untersuchungsthema als Forschungsansatz und damit als ein theoretisch-analytischer Rahmen verwendet werden können.

1.4.1 Politikfeldanalyse

Die Politikfeldanalyse wird in der politikwissenschaftlichen Forschung als eine Methode bezeichnet, die sich mit den inhaltlichen und sachlichen Fragen der entsprechenden Politiken auseinandersetzt.[78] Sie bezeichnet damit ursprünglich die Analyse von (nationalen) Inhalten der Politik, insbesondere das Regierungshandeln und auch das Handeln oder Unterlassen anderer Institutionen mit gesellschaftlich wirksamer Kompetenz. Innerhalb der Politikwissenschaft ist die Politikfeldanalyse ein neuer und noch kontrovers diskutierter Forschungsansatz. „So wird ihr einerseits Theoriearmut, Ausuferung der Themen und beschränkte Methodenauswahl vorgeworfen, andererseits aber auf den hohen politischen Beratungsbedarf und die Notwendigkeit von schnelleren Entscheidungshilfen in der Politik hingewiesen."[79] Dass die Politikfeldanalyse in der politikwissenschaftlichen Disziplin eine immer größere Rolle einnimmt, zeigen die empirischen Befunde.[80] Untersuchungsgegenstand sind die *politischen Entscheidungen*, die in einem Mehrebenensystem von diversen Akteuren getroffen werden.[81] Für das Mehrebenensystem ist charakteristisch, dass sowohl vertikale als auch horizontale Politikverflechtungen in einem politischen System bestehen. Dabei sind

78 Vgl. *Schubert/Bandelow:* Politikfeldanalyse, 2003, S. 3 sowie *Nowak:* Partizipationsformen, 2008, S. 13. Für einen historischen Überblick vgl. auch *Lerner:* Social sciences, 1973; *Lasswell:* Language politics, 1965 sowie *Schmidt:* Policy-Analyse, 1997.

79 *Furtner:* Energiepolitik, 2007, S. 71.

80 Vgl. *Dose:* Policy-Design, 2008 sowie *Leopold/Stears:* Political theory, 2008; ebenso *Janning/Toens:* Policy-Forschung, 2008 und auch *Beyme:* Politikwissenschaft, 2010.

81 Vgl. *Heinrich:* Varieties of Capitalism und Innovationssysteme, 2011, S. 48.

insbesondere ökonomische Interessenvermittlungen über Organisationen und Verbände von zentraler Bedeutung.[82] Der Schwerpunkt der bisherigen Arbeiten liegt auf den theoriegeleiteten Fragestellungen, wie gesellschaftliche Probleme durch Politik und Verwaltung bearbeitet, verarbeitet und bewältigt werden.[83]

Die Politikfeldanalyse ist jedoch an sich keine ausformulierte Politiktheorie. Vielmehr stellt sie einen generellen analytischen Rahmen zur Verknüpfung von politischen Inhalten, Akteursinteraktionen und Institutionen im Gesamtsystem dar. Die praktische Politik vollzieht sich immer in der komplexen Wechselwirkung zwischen Politikelementen. Gerade Theorien erheben den wissenschaftlichen Anspruch, „analytische Konzepte und Aussagen unterschiedlicher Politikdimensionen miteinander zu kombinieren."[84] Zudem tragen theoretische Annahmen dazu bei, die zu untersuchenden komplexen politikwissenschaftlichen Phänomene auf eine möglichst kleine Gruppe von klar definierten, logisch übereinstimmenden und empirisch überprüfbaren Annahmen zurückzuführen.[85] Daher ist die Politikfeldanalyse darauf angewiesen, Theorien und theoretische Konzepte heranzuziehen, die „die Beschreibung und Erklärung von öffentlichen Politiken und Interaktionszusammenhängen in Politikfeldern leiten."[86]

Wie oben aufgeführt, verwenden *Schneider* und *Tenbücken* als konzeptionelle Grundlage die Politikfeldanalyse. Für die vorliegende Untersuchung bedeutet dies, dass die Politikfeldanalyse mit ihren Erklärungsansätzen darauf abzielt, insbesondere das nationale Handeln in einem Mehrebenensystem, z. B. einer Landesregierung, und die sich daraus ergebenden Wirkungen im Sparkassenbereich zu erklären.[87] Die Akteursstrukturen und -interaktionen werden damit transparent und nachvollziehbar.

Auf dieser konzeptionellen Grundlage haben *Schneider* und *Tenbücken* akteurszentrierte, institutionelle und umweltzentrierte Ansätze mit den jeweils zugeordneten Theorien angewendet. Es dürfte sinnvoll sein, diesem Theoriegerüst

---

82 Vgl. *Lütz:* Politische Regulierung, 2000, S. 259 f. sowie *Kropp:* Politikverflechtung, 2007, S. 13.

83 Vgl. *Nowak:* Partizipationsformen, 2008, S. 15.

84 *Prittwitz:* Politikanalyse, 1994, S. 120.

85 Vgl. *Sabatier:* Theories, 1999, S. 4 f.

86 *Schneider/Janning:* Politikfeldanalyse, 2006, S. 76.

87 Hier ist die Entscheidung der Europäischen Kommission hinsichtlich der Abschaffung der Haftungsgrundlagen für die öffentlich-rechtlichen Kreditinstitute im Jahr 2005 von großer Bedeutung. Auf dieser Grundlage kann die Europäische Kommission als Vetospieler vorkommen. Allerdings werden die Entscheidungsprozesse (auch frühere grundlegende Entscheidungsprozesse) auf europäischer Ebene nicht analysiert.

zu folgen und es für die Analyse fruchtbar zu machen.[88] Da die Untersuchung jedoch innerhalb eines Staates erfolgt und deshalb weniger komplexe (institutionelle) Varianzen auftreten, ist das Theoriegerüst anzupassen.

1.4.2 Akteurszentrierter Ansatz

Das politische Handeln ist aus der Sicht des akteurszentrierten Ansatzes das Ergebnis der Interaktion zwischen strategisch handelnden, aber nur begrenzt rationalen Akteuren, deren Handlungsmöglichkeiten, Wahrnehmungen und Präferenzen weitestgehend durch die Normen desjenigen institutionellen Rahmens bestimmt werden, innerhalb dessen sie tätig werden.[89] „Aus handlungstheoretischer Sicht verfolgen Akteure ihre Interessen resp. erfüllen ihre Aufgaben, indem sie sich am politischen Entscheidungsprozess entsprechend ihren Wertorientierungen, Zielen, Präferenzen und situativen Möglichkeiten beteiligen."[90] Infolgedessen und unter Berücksichtigung der vorhandenen Ressourcen können die Akteure dann unterschiedliche (Konflikt-, Konsens-, Verhandlungs-)Strategien verfolgen. Der akteurszentrierte Ansatz geht demnach konkret auf Ziele, Motive und Mittel von Regierungen, Parteien, Verbänden und internationalen Organisationen ein.[91] Daraus ergeben sich weitere Fragen für die Untersuchung, die zu prüfen sind:

- Wer sind die relevanten Akteure in dem Policy-Prozess?
- Welche Positionierungen nehmen die Akteure in der Deregulierungs- und Privatisierungsdiskussion öffentlich-rechtlicher Sparkassen vor und welche Ziele verfolgen sie dabei?

Die **Parteiendifferenztheorie** gehört zum akteurszentrierten Ansatz. Ihre Kernaussage ist, dass bestimmte staatliche Maßnahmen oder Politiken in großem Maße auf die ideologische und programmatische Ausrichtung der regierenden Parteien zurückzuführen sind. Bei der Parteiendifferenztheorie bildet die Machtverteilung in Legislative und Exekutive den Schwerpunkt. Die Gestaltungsmacht ermöglicht es den politischen Akteuren, ihre Präferenzen bzw. die ihres Klientels in diverse politische Vorhaben umzusetzen.[92] *Hibbs'* Steuerungsoptimismus wird

88 Vgl. *Schneider/Tenbücken:* Privatisierung, 2004, S. 86–110.
89 Vgl. *Scharpf:* Interaktionsformen, 2000, S. 319.
90 *Schubert:* Akteur, 2010, S. 9.
91 In diesem Abschnitt werden wichtige Ansätze von *Bullmann:* Liberalisierungspolitik, 2007, S. 25–37 in Grundzügen übernommen.
92 Vgl. *Hibbs:* Policy parties, 1977, S. 1467 ff. sowie *Hibbs:* Partisan theory, 1992, S. 361 ff. und auch *Schneider/Tenbücken:* Privatisierung, 2004, S. 89 f.

von *Edward R. Tufte*, einem weiteren Vertreter der Theorie, geteilt. *Tufte* betont aber, dass konjunktur- und sozialpolitisch expansive Maßnahmen besonders vor Wahlen auftreten, also dem „politischen Konjunkturzyklus" folgen. Diese Betrachtung impliziert, dass Regierungen nicht nur nach der Umsetzung ihres Regierungsprogramms streben, sondern verstärkt an der Wiederwahl interessiert sind. Darüber hinaus bemerkt *Tufte*, dass sich die Wirkung der unterschiedlichen Parteienpolitik von Regierungen angesichts eines bestehenden sozioökonomischen Anpassungsdrucks reduziert.[93]

Zusammenfassend besagt die Kernaussage dieser Theorie, dass bestimmte staatliche Maßnahmen oder Politiken in hohem Maße auf die ideologische und programmatische Ausrichtung der jeweils regierenden Parteien zurückzuführen sind. Was *regulative Reformen* betrifft, wäre zu erwarten, dass konservativ-liberale Parteien eher zur Privatisierung tendieren, da sie im Allgemeinen marktgerechte Lösungen in der Wirtschaftspolitik befürworten. Bei den sozialdemokratischen Parteien dürfte hingegen davon auszugehen sein, dass sie eher zurückhaltend bei der Privatisierung agieren, da sie dem Markt weniger vertrauen.[94] Mithilfe der Parteiendifferenztheorie können somit Fragen geprüft werden, *ob allgemeine Aussagen wie bspw. die, dass Linksparteien die Deregulierung und Privatisierung öffentlich-rechtlicher Sparkassen ablehnen und konservativ-liberale Parteien diese befürworten, zutreffend sind.*

1.4.3 Institutioneller Ansatz

Der Schwerpunkt des institutionellen Ansatzes liegt auf der Frage, inwieweit institutionelle Begrenzungen des politischen Systems die Handlungsoptionen politischer Akteure begrenzen oder vielmehr bestimmte Problemlösungen erst ermöglichen.[95] „Institutionen werden dabei als formelle und informelle Normen und Regeln verstanden, zu denen neben Verfassungsbestimmungen, Regeln der Entscheidungsfindung und Willensbildung auch die Struktur der Interessenvermittlung eines politischen Systems zählt."[96]

Einen wesentlichen Beitrag für die Erklärung staatlichen Handelns erbringt die **Vetospielertheorie** von *George Tsebelis*, die eine typische Form des

93 Vgl. *Tufte:* Political control, 1978, S. 71 ff.

94 Ob diese Konstellationen auch in der Praxis de facto zutreffen und wissenschaftlich belegbar sind, wird u. a. in der weiteren Untersuchung zu analysieren sein.

95 Vgl. *Bauer/Häge/Schneider:* Vetospieler, 2004, S. 242. Auch dieser Abschnitt stützt sich auf *Bullmann:* Liberalisierungspolitik, 2007, S. 35–37.

96 *Bullmann:* Liberalisierungspolitik, 2007, S. 35.

akteurszentrierten Institutionalismus darstellt.[97] Individuelle oder kollektive Akteure werden als Vetoakteure identifiziert, deren Zustimmung für einen Politikwechsel notwendig ist. Ist die Anzahl der institutionellen und parteipolitischen Vetoakteure hoch, ist es für eine Regierung schwieriger, ihre Ziele in den entsprechenden Gesetzen zu realisieren. Für die Möglichkeit eines Politikwechsels sind aber die Anzahl der Vetospieler resp. Vetopunkte in einer Demokratie nicht alleine ausschlaggebend. Um die Möglichkeiten eines Politikwechsels zu beurteilen, müssen zudem die ideologischen Distanzen der Vetospieler und die Kohäsion innerhalb der Vetospieler berücksichtigt werden. Demnach kann festgestellt werden, „dass je größer die ideologischen Distanzen zwischen und je geringer die Kohäsion innerhalb der Vetospieler ist, desto geringer ist die Chance für einen Politikwechsel."[98] Jedoch wird das strategische Agieren der Vetospieler in der Vetospielertheorie nicht weiter berücksichtigt, lediglich die ideologische Position der kollektiven Akteure wird zur Entscheidungsgrundlage. Durch die Beurteilung der strategischen Intention kann erfasst werden, warum Gesetze von den Vetospielern trotz eines gemeinsamen „Verhandlungsraums" blockiert werden.[99] Hierbei ist kritisch zu bemerken, dass die Differenzierung von potenziellen und tatsächlichen Vetospielern sowie eine nicht präzise Behandlung institutioneller und parteipolitischer Vetospieler (die in der Theorie als gleich gelten) eine Schwäche der Vetospielertheorie darstellen. Denn parteipolitische Vetospieler verhalten sich z. B. unterschiedlich, je nachdem ob sie in der Koalition sind (kooperativ) oder als Opposition einen institutionellen Spieler kontrollieren (kompetitiv).

Aus einer Analyse der Vetospieler lassen sich also Rückschlüsse auf politische Entscheidungsprozesse ziehen. Für die vorliegende Arbeit ist es sinnvoll, innerhalb der parteipolitischen, institutionellen und sonstigen Vetospieler zu differenzieren. Es ist herauszuarbeiten, wer die relevanten Vetospieler im Sparkassenbereich sind und auf welchen Ebenen sie agieren.

Grundsätzlich ist festzustellen, dass auf der europäischen Ebene vor allem die Europäische Kommission, das Europäische Parlament sowie der Rat der Europäischen Union einflussreiche institutionelle Vetospieler und damit wichtige Akteure im zu untersuchenden Politikfeld sind.[100] Die parteipolitischen Vetospieler

---

97 Vgl. *Tsebelis:* Political systems, 1995, S. 289–325 sowie *Tsebelis:* Veto Players, 2002.

98 *Bullmann:* Liberalisierungspolitik, 2007, S. 36.

99 Vgl. *Zohlnhöfer:* Staatstätigkeit, 2003, S. 67 f.

100 Die Europäische Kommission kann angesichts ihrer Entscheidung zur Abschaffung der Haftungsgrundlagen für die öffentlich-rechtlichen Kreditinstitute im Jahr 2005 als Vetospieler angesehen werden. Allerdings werden die Entscheidungsprozesse

im europäischen Parlament gelten als weniger einflussreich. Die European Saving Banks Group wird den sonstigen Vetospielern zugeordnet.

Auf der Bundesebene gelten als entscheidende parteipolitische Vetospieler die Akteure, die in den jeweiligen Legislaturperioden die Regierungskoalition bilden. Die in der Opposition befindlichen Parteien werden als weniger einflussreich betrachtet. Als institutionelle Vetospieler gelten der Bundesrat und das Bundesverfassungsgericht (BVerfG). Zu den sonstigen Vetospielern auf dieser Ebene zählen vor allem die privaten Bankenverbände und der Deutsche Sparkassen- und Giroverband (DSGV).

Auf der Länderebene sind die Regierungsparteien in den jeweiligen Legislaturperioden entscheidende parteipolitische Vetospieler. Die Parteien, die sich in der Opposition befinden, haben hingegen deutlich weniger Einfluss. Institutionelle Vetospieler sind die Landesparlamente,[101] sonstige Vetospieler bspw. die Landesbanken, die regionalen Sparkassenverbände sowie die kommunalen Spitzenverbände.

Wird die kommunale Ebene betrachtet, ist die Systematik der parteipolitischen Vetospieler analog der Bundes- und Landesebene anzuwenden. Kreistage, Stadtparlamente und Gemeinderäte sowie Bürgermeister gelten als institutionelle Vetospieler, denen wichtige Akteursfunktionen zugeordnet werden. Sonstige Vetospieler sind bspw. die Sparkassen bzw. ihre Vorstände und Verwaltungsräte sowie leitende Angestellte und andere Angestellte der Sparkassen.

Allerdings ist festzustellen, dass die rein formelle Konstellation der relevanten Vetospieler für die Erklärung der unterschiedlichen Ergebnisse nicht besonders weit führt, sodass insbesondere die Interessen der Akteure genauer betrachtet werden müssen. Damit wird trotz der vorläufigen Konstanz der Vetospielerzahl noch zu erarbeiten sein, ob es in den politischen Entscheidungsprozessen in den jeweiligen Legislaturperioden eine unterschiedliche Vetospielerkonstellation gegeben hat. Die Frage, *welcher Akteur was, warum und mit welchen Folgen tut und ob eine Lösung gefunden wird*, lässt sich damit beantworten.

Zusammenfassend handelt es sich bei dem institutionellen Ansatz mit seiner immanenten Vetospielertheorie um ein brauchbares Instrument zur Untersuchung des Politikfeldes. Er bildet gleichzeitig eine optimale Ergänzung

(auch frühere grundlegende Entscheidungsprozesse) auf europäischer Ebene nicht analysiert.

101 Da auf der Bundesländerebene regelmäßig Mehrheitsregierungen gebildet werden, bleibt die besondere Rolle der Landesparlamente begrenzt. Anders kann die Konstellation auf der Kommunalebene zwischen direkt gewählten Bürgermeistern und Gemeindevertretungen sein.

zur Parteiendifferenztheorie, da die Vetospielertheorie auch Parteien als „Spieler“ mit in die Analyse einbezieht.

1.4.4 Ansatz der strukturellen Umwelt

Neben den akteursspezifischen und institutionellen theoretischen Ansätzen sind auch Konzepte der strukturellen Umwelt als Erklärungsmöglichkeiten ins Auge zu fassen.[102] Generell kann der Ansatz der strukturellen Umwelt (des strukturellen „Müssens“) auf politischer und ökonomischer Ebene unterschieden werden. Bei der Analyse der Liberalisierung von Infrastruktursektoren wird stets die *Wirkung der ökonomischen Globalisierung und der europäischen Integration* diskutiert. Unter ökonomischer Globalisierung ist die Zunahme der Intensität von wirtschaftlichen Austauschbeziehungen zu verstehen.[103] Somit könnte angenommen werden, dass der Druck, die Liberalisierung in bestimmten Politikfeldern voranzutreiben, umso größer ist, je stärker ein Land in die Weltwirtschaft integriert ist. Auf der politischen Ebene stellt hingegen die *Mitgliedschaft in der Europäischen Union den Umweltfaktor* dar. Damit werden die Reformen im Bereich der Daseinsvorsorge beeinflusst. Da die Europäische Kommission die Binnenmarktprogramme kontrolliert und überwacht, werden die Nationalstaaten zur Umsetzung gedrängt und somit unter Druck gesetzt.[104]

Die Untersuchung ist, wie bereits erwähnt, nicht international vergleichend ausgerichtet, sondern analysiert den Sparkassenbereich in Deutschland und fokussiert daher vor allem die Ebene der Bundesländer. Die globalen Wettbewerbsprozesse außerhalb der europäischen Institutionen wirken jedoch auf die europäischen Staaten ein. In dem Politikfeld ergibt sich ein struktureller Anpassungsdruck, der aus der Umwelt an die Entscheidungsträger (auf Bundes- und Landesebene sowie auf kommunaler Ebene) gerichtet ist. Demnach sind Akteurskonstellationen und -interaktionen im europäischen Mehrebenensystem zu erarbeiten und zu prüfen.[105] Mithilfe des Ansatzes der strukturellen Umwelt (begrenzt auf das europäische Mehrebenensystem) kann erklärt werden, wie die EU auf innenpolitische Entscheidungen, Strukturen und Akteure im Sparkassenbereich Einfluss nimmt. Die europäische Institutionenstruktur wird damit

---

102 Vgl. *Schneider/Tenbücken:* Privatisierung, 2004, S. 103–112.

103 Vgl. *Schneider/Tenbücken:* Privatisierung, 2004, S. 107.

104 Siehe hierzu im einleitenden Kapitel die Ausführungen zur Abschaffung der Gewährträgerhaftung und Anstaltslast sowie Abschnitt 3.5.

105 Wie bereits oben ausgeführt, werden die Entscheidungsprozesse (auch frühere grundlegende Entscheidungsprozesse) auf europäischer Ebene nicht analysiert.

fassbarer. Somit dürfte dieser Ansatz ein angemessenes Instrument für die Analyse des zu untersuchenden Politikfeldes darstellen.

1.4.5 Advocacy-Koalitionsansatz

Im Rahmen der Politikfeldanalyse kann die Anzahl der relevanten Akteure über einen längeren Zeitraum sehr groß werden. Eine sinnvolle Methode u. a. zur Reduzierung der Komplexität des Politikfeldes stellt der Advocacy-Koalitionsansatz dar, der einen analytischen Rahmen für die Zuordnung der Akteurskonstellationen zu geeigneten Advocacy-Koalitionen ermöglicht.[106] Mithilfe des Advocacy-Koalitionsansatzes können Policy-Veränderungen mit Verschiebungen in den Überzeugungssystemen erklärt werden, was für die Untersuchung besonders wichtig ist.

Der Advocacy-Koalitionsansatz ist von *Paul A. Sabatier* (unterstützt von *Hank C. Jenkins-Smith*) in den 1980er-Jahren entwickelt worden. Mit ihm können politische Prozesse in verschiedenen Politikfeldern, die sich über einen längeren Zeitraum erstrecken, erklärt werden. Der Schwerpunkt liegt u. a. auf der Analyse des Policy-Wandels und des Policy-orientierten Lernens im politischen Prozess.[107] Abbildung 1 gibt einen Überblick über die Kernelemente des Advocacy-Koalitionsansatzes. Auf dieser Grundlage ergeben sich konstituierende Aspekte, die im Weiteren dargestellt werden.

---

106 Siehe hierzu auch *Blatter/Janning/Wagemann:* Qualitative Politikanalyse, 2007, S. 20–22 und 30.

107 Vgl. *Sabatier:* Advocacy-Koalitionen, 1993, S. 121 sowie *Sabatier/Weible:* Advocacy Coalition, 2007, S. 193.

Abbildung 1: Kernelemente des Advocacy-Koalitionsansatzes

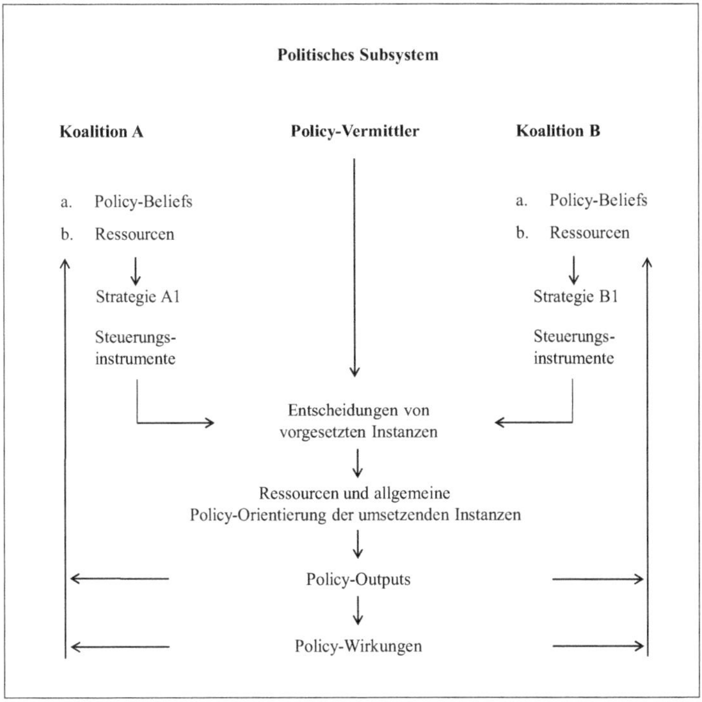

Quelle: *Sabatier/Weible:* Advocacy Coalition, 2007, S. 202.

Das Policy-Subsystem nimmt eine bedeutende Rolle in dem Advocacy-Koalitionsansatz ein. Ein Policy-Subsystem besteht gewöhnlich aus zwei bis vier Advocacy-Koalitionen. Die Advocacy-Koalitionen gruppieren sich jeweils um gemeinsame „belief systems". Diese Überzeugungssysteme (Grundauffassungen) beinhalten „Wertvorstellungen, Annahmen über wichtige Kausalbeziehungen, Perzeptionen von Weltzuständen (einschließlich der Größenordnung von Problemen), eine Auffassung über die Wirksamkeit von Policy-Instrumenten etc."[108] Dabei besteht das Belief-System aus den Kategorien (Kernelementen) Hauptkern, Policy-Kern und sekundäre Aspekte.[109] Abbildung 2 zeigt die grundlegende Struktur des Belief-Systems auf.

108 Vgl. *Sabatier:* Advocacy-Koalition, 1993, S. 123.

109 Vgl. *Sabatier:* Advocacy-Koalition, 1993, S. 133 sowie *Sabatier:* Advocacy Coalition, 1998, S. 103 f. und *Sabatier/Jenkins-Smith:* Advocacy Coalition, 1999, S. 121 f.

Abbildung 2: Struktur des Belief-Systems

	Hauptkern	**Policy-Kern**	**Sekundäre Aspekte**
Charakteristische Merkmale	Fundamentale normative und ontologische Axiome	Fundamentale Policy-Positionen in Bezug auf die grundlegenden Strategien, um Kern-Wertvorstellungen innerhalb des Subsystems zu verwirklichen	Instrumentelle Entscheidungen und Informationssuchprozesse, die notwendig sind für die Durchsetzung des Policy-Kerns
Reichweite	Erstreckt sich über alle Policy-Subsysteme	Innerhalb eines gesamten Subsystems	In der Regel nur ein Teil des Subsystems
Veränderbarkeit	Sehr gering, ähnlich einer religiösen Konfession	Schwierig, sind aber möglich, wenn die Erfahrung schwerwiegende Anomalien zeigt	Verhältnismäßig leicht; dies ist der Gegenstand der meisten administrativen und legislativen Politikgestaltung
Komponenten zur Erklärung	1. Natur der Menschen: (a) von Natur aus schlecht vs. sozial beeinflussbar (b) Teil der Natur vs. Herrschaft über Natur (c) streng an Eigennutz orientiert vs. vertragstheoretisch orientiert 2. Relative Priorität verschiedener höchster Werte: Freiheit, Sicherheit, Macht, Wissen, Gesundheit, Liebe, Schönheit etc. 3. Grundlegende Kriterien der Verteilungsgerechtigkeit: Wessen Wohlfahrt ist entscheidend? Relatives Gewicht der Person selbst, primärer Gruppen, aller Menschen, zukünftiger Generationen, nichtmenschlicher Lebewesen	Fundamentale normative Lehrmeinungen: 1. Orientierung an grundlegenden Werten 2. Identifikation von Gruppen und anderen Einheiten, deren Wohlfahrt am wichtigsten erscheint Grundsätze mit empirischem Gehalt: 3. Grundlegende Bedrohlichkeit des Problems 4. Grundlegende Ursachen des Problems 5. Angemessene Verteilung von Kompetenzen zwischen Markt und Staat 6. Angemessene Verteilung von Kompetenzen zwischen Regierungsebenen	1. Ernsthaftigkeit spezifischer Aspekte des Problems unter spezifischen örtlichen Bedingungen 2. Bedeutung verschiedener Kausalzusammenhänge an verschiedenen Orten im Zeitverlauf 3. Die meisten Entscheidungen, die Verwaltungsregeln betreffen: Haushaltsansätze, Anordnungen in Einzelfällen, Rechtsinterpretationen, Revision von gesetzlichen Vorschriften

	Hauptkern	Policy-Kern	Sekundäre Aspekte
	4. Soziokulturelle Identität (z. B. Ethnizität, Religion, Geschlecht, Beruf)	7. Priorität für verschiedene Policy-Instrumente (z. B. Regulierung, Versicherung, Bildung, direkte Zahlungen, Steuervergünstigungen) 8. Methode der Finanzierung 9. Fähigkeit der Gesellschaft, das Problem zu lösen (z. B. Nullsummen-Spiele vs. Möglichkeit zur Einigung) 10. Partizipation der Öffentlichkeit vs. Experten vs. gewählte Amtsträger 11. Subsystemweite koalitionsabgrenzende Policy-Präferenzen zum Policy-Kern	4. Information über die Leistungen bzw. den Erfolg spezifischer Programme oder Institutionen

Quelle: *Sabatier:* Advocacy-Koalition, 1993, S. 132 sowie *Sabatier/Jenkins-Smith:* Advocacy Coalition, 1999, S. 133.

Innerhalb eines Policy-Subsystems bestehen Interaktionen. So verfolgen die Advocacy-Koalitionen das Ziel, „ihre handlungsleitenden Orientierungen in staatliche Maßnahmen zu übersetzen“[110] oder m. a. W. das Verhalten verschiedener staatlicher Institutionen so zu verändern, dass die Vorstellungen der jeweiligen Advocacy-Koalition im Policy-Kern in den jeweiligen Politikfeldern umgesetzt werden.[111] Dazu werden von den Advocacy-Koalitionen diverse Policy-Strategien angewendet, „deren Ziel eine oder mehrere institutionelle Innovationen [sind und gleichzeitig] den Policy-Zielen“ dienen.[112] Die Policy-Strategien beinhalten unterschiedliche Führungsinstrumente wie bspw. Gesetzesänderungen, die zur Verwirklichung ihrer Überzeugungen notwendig sind.[113]

110 *Sabatier:* Advocacy-Koalition, 1993, S. 131.

111 Vgl. *Sabatier/Jenkins-Smith:* Advocacy Coalition, 1999, S. 122.

112 *Sabatier:* Advocacy-Koalition, 1993, S. 121.

113 Vgl. *Sabatier/Jenkins-Smith:* Advocacy Coalition, 1999, S. 122.

Die Grundauffassungen beeinflussen die Ausrichtung der potenziellen Änderungen, die von den Advocacy-Koalitionen angestrebt werden. Dabei hängt jedoch die Umsetzung der Änderungen von den vorhandenen Ressourcen ab. Innerhalb eines Subsystems gilt eine Advocacy-Koalition als dominierend, wenn eine deutliche Mehrheit von formellen Entscheidungsträgern und Machtinhabern einer Akteursgruppe besteht.[114] Somit ist es von großer Bedeutung, die Ressourcen effizient einzusetzen. Ein häufig auftretendes Ergebnis dieser Strategien ist die gegenseitige Blockade und der Politikstillstand.[115] Dabei ist die Koordination unter den Akteuren konstitutiv für eine Advocacy-Koalition. Eine geringe Koordination ist bereits ausreichend und besteht, wenn Akteure den Einsatz ihrer Ressourcen hinreichend koordinieren, um somit ihre Policy-Strategien umzusetzen. Die Koordination ist notwendig, da eine Abhängigkeit von Ressourcen der Akteure untereinander besteht.

Die Policy-Vermittler versuchen zu vermitteln mit dem Ziel, einen Kompromiss auszuarbeiten. Das Ergebnis dieses Prozesses können Maßnahmen sein, die Policy-Outputs beeinflussen. Unter Berücksichtigung von externen Faktoren können diese Policy-Outputs verschiedene Policy-Wirkungen verursachen.

Die externen Faktoren bestimmen in Teilen die Ressourcen und die Handlungsoptionen der politischen Akteure eines Politikfeldes und beeinflussen somit die Politikgestaltung im jeweiligen Subsystem.[116] *Sabatier* differenziert zwei Arten von externen Faktoren: Zum einen sind es jene Parameter, die über mehrere Jahrzehnte relativ stabil sein können, und zum anderen die externen (System-) Ereignisse, die sich im Laufe der Jahre verändern können.[117] Insbesondere die externen (System-)Ereignisse können die Chancen und Risiken der politischen Akteure in einem Politikfeld beeinflussen und sind somit für Policy-Wandel und Policy-Lernen im Subsystem verantwortlich.

So spielt das Policy-orientierte Lernen innerhalb des Advocacy-Koalitionsansatzes eine bedeutende Rolle. *Sabatier* versteht unter Policy-orientiertem Lernen die „relativ stabile Veränderung des Denkens oder von Verhaltensintentionen [..] die aus Erfahrungen resultieren und die sich mit der Realisierung oder der Veränderung von Policy-Zielen befassen".[118] Es werden zwei Arten von

---

114 Vgl. *Sabatier/Weible:* Advocacy Coalition, 2007, S. 202 f.

115 Vgl. *Sabatier/Jenkins-Smith:* Advocacy Coalition, 1999, S. 143 f.

116 Vgl. *Sabatier:* Advocacy Coalition, 1998, S. 102 und *Sabatier/Jenkins-Smith:* Advocacy Coalition, 1999, S. 120.

117 Vgl. *Sabatier:* Advocacy-Koalition, 1993, S. 123 und 125 f. Siehe hierzu auch Abbildung 1.

118 *Sabatier:* Advocacy-Koalition, 1993, S. 121 f.

Policy-orientiertem Lernen differenziert: zum einen das Lernen innerhalb des koalitionseigenen Belief-Systems und zum anderen das Lernen über die im gegebenen Politikfeld existierenden Belief-Systeme hinaus.[119] Das letztgenannte Lernen ist dem Advocacy-Koalitionsansatz zufolge (weitgehend) nicht möglich, das Lernen innerhalb des koalitionseigenen Überzeugungssystems hingegen schon. Es ist jedoch zu berücksichtigen, dass die Veränderung des Policy-Kerns schwierig ist, „weil dieser weitgehend auf in der Kindheit gelernten Wertvorstellungen basiert, an denen zäh festgehalten wird und die von empirischer Evidenz weitgehend unberührt bleiben. Sekundäre Aspekte können leichter verändert werden, weil sie sowohl [..] der empirischen Widerlegung unterliegen, als auch für das Individuum weniger sichtbar sind."[120]

Das Hauptinteresse des Advocacy-Koalitionsansatzes besteht u. a. auch darin, den Policy-Wandel im politischen Prozess zu erklären. Policy-Wandel innerhalb eines Subsystems kann durch kognitive und nicht kognitive Aktivitäten der Akteure zustande kommen. Der Advocacy-Koalitionsansatz geht grundsätzlich davon aus, dass Veränderungen durch nicht kognitive Störungen verursacht werden.[121]

In diesem Zusammenhang wird zwischen starkem und schwachem Policy-Wandel differenziert. Ein starker Policy-Wandel beinhaltet Veränderungen im Policy-Kern, während ein schwacher Policy-Wandel einen Wandel in den „sekundären Aspekten" darstellt. Zur Unterscheidung von starkem und schwächerem Wandel sind auch die Themen und der Umfang der Veränderungen in den jeweiligen strukturellen Kategorien der Belief-Systeme zu berücksichtigen, die einen großen Einfluss auf die Veränderungen ausüben können.[122] Diverse Untersuchungen von *Sabatier* und *Weible* aus dem Jahr 2007 verdeutlichen, dass ein starker Policy-Wandel geprägt ist durch Katastrophen und ausgehandelte Vereinbarungen, die bei Konflikten zu einer Veränderung der aktuellen Zustände führen können.

Auf der Basis der obigen Erläuterungen kann mit Blick auf die vorliegende Fragestellung festgestellt werden, dass mithilfe des Advocacy-Koalitionsansatzes zentrale Schritte der Untersuchung erfolgen. Neben der oben bereits genannten Möglichkeit, die Komplexität des Politikfeldes zu reduzieren, können vor allem

---

119 Vgl. *Sabatier:* Advocacy-Koalition, 1993, S. 139.

120 *Sabatier:* Advocacy-Koalition, 1993, S. 138.

121 Vgl. *Sabatier:* Advocacy-Koalition, 1993, S. 135 sowie *Sabatier:* Advocacy Coalition, 1998, S. 105. Siehe auch *Sabatier/Jenkins-Smith:* Advocacy Coalition, 1999, S. 123.

122 Vgl. *Sabatier/Jenkins-Smith:* Advocacy Coalition, 1999, S. 147.

langfristige Veränderungen in Politikinhalten sowie Entscheidungen in einem politischen Prozess analysiert werden.

Zusammenfassend handelt es sich bei dem Advocacy-Koalitionsansatz um ein brauchbares Instrument zur Untersuchung des Politikfeldes und gleichzeitig um eine optimale Ergänzung zu den oben beschriebenen forschungsrelevanten Ansätzen und Theorien. Daraus ergeben sich weitere Fragen für die Untersuchung, die zu prüfen sind:

- Welche Rolle nehmen die Akteure auf den unterschiedlichen Ebenen in der Deregulierungs- und Privatisierungsdebatte ein und welche Akteurskoalitionen bestehen?
- Wie verändern sich die Positionierungen und Ziele der Akteure im Laufe der Zeit?

1.4.6 Formulierung der Hypothesen

Bei der Formulierung der Hypothesen ist es von Bedeutung, dass die Ansätze und Theorien kompatibel zueinander sind.

Mithilfe der Parteiendifferenztheorie wird analysiert, ob bestimmte staatliche Maßnahmen oder Politiken in großem Maße auf die ideologische und programmatische Ausrichtung der regierenden Parteien zurückzuführen sind. Somit ist zu prüfen, welche Positionen die Parteien im Policy-Prozess eingenommen haben. Daraus ergibt sich die **erste Hypothese**: *Linksparteien*[123] *bremsen die Deregulierung und Privatisierung öffentlich-rechtlicher Sparkassen und konservativ-liberale Parteien fördern die Deregulierung und Privatisierung öffentlich-rechtlicher Sparkassen.*

Die Kernfrage des institutionellen Ansatzes lautet, inwiefern institutionelle Begrenzungen des politischen Systems die Handlungsoptionen politischer Akteure eingrenzen oder aber auch bestimmte Problemlösungen erst ermöglichen. Um aus der Sichtweise dieses Ansatzes eine Hypothese zu formulieren, ist es wichtig, eine Abgrenzung vorzunehmen, die die Rechtsnatur der Sparkassen betrifft. In der Untersuchung wird zwischen west- und ostdeutschen Bundesländern unterschieden. In den westdeutschen Ländern bestehen seit Jahrzehnten kreditwirtschaftliche Strukturen und Sparkassengesetze; es kann auch von einer „Rechtstradition" für die Sparkassen gesprochen werden. Für die ostdeutschen Länder und deren Sparkassen ist solch eine Rechtstradition (historisch bedingt)

---

123 Die Zuordnung der Grünen ist weniger eindeutig, allerdings können sie von ihrer Entstehung her eher dieser Gruppierung zugerechnet werden.

nicht vorhanden, da die Sparkassengesetze erst ab den 1990er-Jahren formuliert und umgesetzt wurden. Für die Prüfung der Hypothese ist dann entscheidend, ob der Rechtstradition im Kern gefolgt wurde, indem die Sparkassen in ihrer (öffentlich-rechtlichen) Struktur weiterhin bestehen bleiben. Somit lässt sich die **zweite Hypothese** formulieren: *Die Rechtstradition beeinflusst die Struktur der Sparkasse und damit einen möglichen Wandel hin zu einer Privatisierung. Sie bestimmt damit den politischen (Entscheidungs-)Prozess nachhaltig.*

Mithilfe der Vetospielertheorie können die relevanten institutionellen, parteipolitischen und sonstigen Vetospieler, die auf unterschiedlichen Ebenen agieren, analysiert werden. Es bestehen einerseits Akteure, die im Entscheidungsprozess einem Vorhaben zustimmen, und andererseits solche, die ihre Zustimmung verweigern. Neben der Anzahl der Akteure (Vetospieler) ist es wichtig, wer die „entscheidenden" Vetospieler in dem Entscheidungsprozess sind. Dabei ist vor allem die strategische Intention der Vetospieler zu prüfen, um zu verstehen, warum sie bestimmte Entscheidungen trotz eines gemeinsamen „Verhandlungsraums" blockieren. Eine **dritte Hypothese** lautet demnach: *Politische Entscheidungen hängen, über die zentralen Entscheidungsträger hinaus, von weiteren (institutionellen, parteipolitischen, sonstigen) Akteuren ab, die durch den Entzug ihrer Zustimmung (das ‚Veto') diese Entscheidungen verhindern können.*

Der Ansatz der strukturellen Umwelt auf die Sparkassenpolitik im europäischen Mehrebenensystem wird vorliegend nur sehr begrenzt herangezogen. Für die Formulierung der Hypothese ist jedoch wichtig, was sich aus dem Zusammenspiel der europäische Ebene, der Bundes- und Landesebene sowie der kommunale Ebene ergibt.[124] Zwar ist die Untersuchung nicht global (international) vergleichend ausgerichtet, womit weniger Varianzen auftreten werden. Allerdings werden auf europäischer Ebene Entscheidungen getroffen, die einen unmittelbaren Einfluss auf die deutsche Kreditwirtschaft haben. So ist für diese Untersuchung die Entscheidung der Europäischen Kommission zu der Abschaffung der Haftungsgrundlagen für die öffentlich-rechtlichen Kreditinstitute im Jahr 2005 von großer Bedeutung. Für nationale und regionale Akteure ist es wichtig, dass ihre Interessen auf europäischer Ebene nicht nur Gehör finden, sondern bestenfalls in der deutschen Kreditwirtschaft umgesetzt werden. Es entstehen auf unterschiedlichen Ebenen informale Koalitionen und Politikverflechtungen. Für die Formulierung der Hypothese ist es entscheidend, ob auf europäischer Ebene – mittels zahlreicher Beziehungen zu insbesondere nationalen Akteuren – Entscheidungen in dem

124 Die weiteren Ausführungen lehnen sich an *Scharpf:* Mehrebenenpolitik, 1994, S. 19 ff. sowie *Benz:* Politik in Mehrebenensystemen, 2009, S. 62–68 an.

zu untersuchenden Politikfeld beeinflusst werden. Vor diesem Hintergrund ergibt sich aus einer Verknüpfung von Globalisierung (die nur eingeschränkt berücksichtigt wird, aber wegen der globalen Dimension über die Wettbewerbspolitik doch als Grundlage relevant ist) und dem Ansatz der strukturellen Umwelt im europäischen Mehrebenensystem die **vierte Hypothese**: *Die Europäisierung (EU-Kommission) fördert die Deregulierung und Privatisierung öffentlich-rechtlicher Sparkassen.*

Weiter oben wurde der Advocacy-Koalitionsansatz vorgestellt, der innerhalb der Untersuchung eine zentrale Stellung einnimmt. Mit seiner Hilfe kann nicht nur die Komplexität des Politikfeldes reduziert werden, sondern es können vor allem langfristige Veränderungen in den Politikinhalten sowie Entscheidungen in einem politischen Prozess analysiert werden. Eine Besonderheit des Ansatzes besteht auch darin, dass er Hypothesen für drei Kategorien („Advocacy-Koalitionen", „Policy-Wandel", „Policy-Lernen") bereitstellt.[125] Somit bietet der Advocacy-Koalitionsansatz für die Untersuchung erstens das Element der Beschreibung und zweitens eine Hypothesenauswahl, mit der bspw. geprüft werden kann, welche Strukturen in dem Policy-Prozess bestehen und wie ausgeprägt diese Strukturen sind. Für die Analyse stellt sich die Frage, wie der Advocacy-Koalitionsansatz für eine Hypothesenbildung fruchtbar gemacht werden kann.

In der Arbeit werden Diskussionsentwicklungen und Entscheidungsprozesse von Deregulierungen und Privatisierungen im Sparkassenbereich seit den 1970er-Jahren untersucht. Bei den landesspezifischen praktischen Fallbeispielen könnten bspw. große Policy-Wandlungen ausbleiben, wenn Befürworter und Gegner über längere Zeiträume hinweg relativ stabil sind und keine Veränderungen in den Grundauffassungen stattfinden. Es bestünde damit eine stabile Interessenlage bei Befürwortern und Gegnern. Zum Bespiel könnten die Befürworter an einer *schnellen Haushaltskonsolidierung der Kommune* und die Gegner an einer *jährlichen Gewinnausschüttung* interessiert sein. Für die Hypothesenbildung wäre ein möglicher Erklärungsfaktor, dass innerhalb der Advocacy-Koalitionen unterschiedliche Einflüsse auf die Akteure im Policy-Prozess einwirken. Sie müssten gewichtet werden, um damit zu prüfen, welche Akteure bspw. Rentseeking betreiben und was ihre Motive dabei sind. Ob jedoch solche Erkenntnisse im Rahmen einer Hypothesenbildung herausgearbeitet werden könnten, ist eher schwierig. Vor diesem Hintergrund scheinen insgesamt einer Hypothesenbildung aus der Perspektive des Advocacy-Koalitionsansatzes – wie sie in den bisherigen Ausführungen herausgearbeitet wurde – enge (praktische) Grenzen gesetzt. Die

---

125 Vgl. *Sabatier:* Advocacy-Koalition, 1993, S. 130 ff.

Überprüfung der oben formulierten vier Hypothesen ist angesichts der kleinen Fallzahlen von Bundesländern zudem nur begrenzt explorativ möglich.

1.5 Methodisches Vorgehen

Nachdem der Forschungsansatz dargelegt und in Hypothesen differenziert ausformuliert worden ist, stellt sich die Frage nach der Forschungsmethode und ihrer politikwissenschaftlichen Anwendung.[126] Das Politikfeld der Sparkassenpolitik mit der zentralen Fragestellung der Deregulierung und Privatisierung öffentlich-rechtlicher Sparkassen und das aufgeführte Forschungsinteresse bestimmen den methodischen Rahmen der Arbeit. Es handelt sich um eine Untersuchung, die als Forschungsgegenstand keine quantitativ operationalisierten Prozesse, Erkenntnisse oder Entwicklungen hat bzw. zur Verfügung stellt. Interessen, Motive und Ziele von Akteuren lassen sich, wenn überhaupt, nur sehr schwer und mit erheblichen Einschränkungen in der Aussagekraft quantifizieren und statistisch auswerten. Stattdessen kommen hier **qualitative Methoden** infrage.

Für die Arbeit lässt sich die methodische Vorgehensweise grundsätzlich in acht Analyseeinheiten differenzieren:

1. Forschungsrelevante Konzepte, Ansätze und Theorien
2. Begriffsbestimmungen
3. Bedeutung der Sparkassengeschichte für das Politikfeld und Besonderheiten des Sparkassenwesens
4. Rechtliche, ökonomische und politische Beurteilungsansätze von Deregulierung und Privatisierung im Sparkassensektor
5. Historisch-politische Entwicklungen in der Deregulierungs- und Privatisierungsdiskussion der Sparkassen
6. Identifizierung der Akteure und Bestimmung der Advocacy-Koalitionen
7. Positionierungen und Ziele der relevanten Akteure im politischen Prozess unter Berücksichtigung allgemeiner Privatisierungs- und Sparkassenpolitik
8. Landesspezifische Deregulierungs- und Privatisierungsvorgänge im Sparkassensektor

Für welche Analyseeinheiten welche Informationen benötigt werden und aus welchen Quellen die Informationen gewonnen werden können, wird im Weiteren beschrieben. Dabei erfolgt eine Konzentration auf den Kernbereich der Arbeit, nämlich die Untersuchung der landesspezifischen Deregulierungs- und Privatisierungsvorgänge im Sparkassenbereich.

---

126 Zu den Methoden der Politikwissenschaft siehe ausführlich *Westle:* Methoden, 2009.

Mit einer **Prozessanalyse** wird das Ziel verfolgt, die Konflikte und Herausforderungen, die bei einer Deregulierung und Privatisierung im Sparkassensektor auftreten, anhand von Akteurspositionen und -interaktionen unter Berücksichtigung politischer und institutioneller Faktoren in den Bundesländern zu analysieren.[127] Das Erkenntnisinteresse besteht u. a. darin, ob die politischen Entscheidungsprozesse bei der Deregulierung und Privatisierung nach einem einheitlichen Muster verlaufen und welchen Einfluss politische Machtverteilungen innerhalb der Entscheidungsprozesse ausüben bzw. in welcher Intensität die Parteien operieren: Waren eher linksorientierte, liberale oder konservative Parteien dominant?

Somit soll z. B. untersucht werden, ob Regelmäßigkeiten in den Ursache-Wirkungs-Beziehungen auftreten. Im Blick stehen dabei Merkmale, die bei der Prozessanalyse als Standard festgelegt und hier als Variable bezeichnet werden. Die Variablen ermöglichen es, die Prozessanalyse durchzuführen und die daraus resultierenden Ergebnisse vergleichbar zu machen. Vor diesem Hintergrund werden folgende abhängige und unabhängige Variablen für die Prozessanalyse differenziert:

1. Die staatlichen und politischen Entscheidungen und die dahinterstehenden Interessenlagen bilden die abhängige Variable.
2. Relevante Einflussfaktoren auf diese Entscheidungen wie sozialökonomische Faktoren, politische Machtverteilungen, politische Institutionen, rechtliche Rahmenbedingungen wie z. B. der Wegfall der Haftungsgrundlagen etc. können als unabhängige Variable gelten.

Für die Prozessanalyse ist es wichtig, eine gewisse Anzahl landesspezifischer Fallbeispiele, die sich mit der Deregulierung und Privatisierung im Sparkassensektor beschäftigen, zu identifizieren. Somit hat die Auswahl der Bundesländer eine zentrale Bedeutung.

Ausgangspunkt für die Auswahl der Bundesländer waren die beobachtbaren Aktivitäten im Bereich der Deregulierung und Privatisierung im Sparkassensektor seit den 1970er-Jahren. Als ein Kriterium für die Wahl eines Bundeslandes sind die Länder herauszufiltern, die am *stärksten vor allem mit Deregulierungs- und Privatisierungsfragen öffentlich-rechtlicher Sparkassen befasst* waren. Ein weiteres Kriterium ist die *politische Konstellation bzw. die politische Orientierung.* Ebenso wichtig ist, ob *Besonderheiten in den Bundesländern im Umgang mit der*

127 Vgl. *Blatter/Janning/Wagemann:* Qualitative Politikanalyse, 2007, S. 162.

Deregulierungs- und Privatisierungsfrage bestehen. Darüber hinaus ist auch die *Reformaktivität* der Bundesländer in der Deregulierungs- und Privatisierungsdebatte von Bedeutung.

Die Auswertungen der Fälle in den Bundesländern Niedersachsen, Freie Hansestadt Bremen, Thüringen, Sachsen-Anhalt, Brandenburg und Saarland haben ergeben, dass es sich größtenteils um Fusionen und Gesetzesänderungen handelte.[128] Die obigen Kriterien werden zu großen Teilen nicht erfüllt. Vor dem Hintergrund der jeweils geringen Zahl von Akteuren sowie einer generellen Übereinstimmung der parteipolitischen Akteure im Entscheidungsprozess, wären Prozessanalysen in diesen Fällen nicht ergiebig bzw. sinnvoll. In der Arbeit werden ähnliche Fälle untersucht, die allerdings (politisch) komplexer sind. Das achte Kapitel führt jedoch einleitend Fallbeispiele aus Niedersachsen, Bremen und Sachsen-Anhalt exemplarisch auf.

Vor diesem Hintergrund werden Bayern, Baden-Württemberg, Hessen, Rheinland-Pfalz, Nordrhein-Westfalen, Schleswig-Holstein, Mecklenburg-Vorpommern, Sachsen, Berlin und die Freie und Hansestadt Hamburg untersucht. *Es erfolgt eine Kategorisierung in süddeutsche (Bayern, Baden-Württemberg), mitteldeutsche (Hessen, Rheinland-Pfalz, Nordrhein-Westfalen), ostdeutsche (Mecklenburg-Vorpommern, Sachsen, Berlin) und norddeutsche (Hamburg, Schleswig-Holstein) Bundesländer.* Die ausgewählten Bundesländer eignen sich nicht nur deshalb besonders gut für die Untersuchung, weil sie die obigen Kriterien erfüllen, sondern auch, weil sie 78 Prozent der Sparkassen in Deutschland repräsentieren. In der Bundesrepublik gibt es zum Jahresanfang 2016 insgesamt 409 Sparkassen mit einem bilanziellen Volumen von etwa 1,1 Bill. EUR.[129]

Damit sind das inhaltliche Ziel, das Erkenntnisinteresse, die Variablen und die relevanten Bundesländer für die Prozessanalyse bestimmt, und es stellt sich die Frage nach den wichtigsten Elementen der Prozessanalyse. Diese ergeben sich aus den Ausgangslagen der jeweiligen Bundesländer, aus denen die relevanten Fälle, wie z. B. Fusions- oder Privatisierungsvorhaben, die sich im Sparkassensektor abspielen, hervorgehen. Konkret gehören zu den wichtigsten Elementen

---

128 In den vergangenen rund 70 Jahren wurden etwa 300 Fusionen im öffentlich-rechtlichen Kreditsektor umgesetzt. Vgl. *Deutsche Bundesbank:* Monatsberichte ab 1949 bis heute, 2015, online. Siehe hierzu auch *Auerbach*, der aus rechtlicher Perspektive „Fusionen deutscher Kreditinstitute" und deren Erfolg am Beispiel von Sparkassen und Kreditgenossenschaften untersucht. Vgl. *Auerbach:* Fusionen deutscher Kreditinstitute, 2009.

129 Vgl. *Deutscher Sparkassen- und Giroverband:* Sparkassen, 2016, online.

der Prozessanalyse *die Akteure und ihre Interessenkonflikte* sowie *die prozesshafte Austragung dieser Konflikte bei der Deregulierung und Privatisierung im Sparkassenbereich.* Es ist zu berücksichtigen, dass die Ausgangsbedingungen in den Bundesländern (z. B. Finanzierungsdifferenzen, staatswirtschaftliche Traditionen, Privatisierungsfreundlichkeit der Regierungen) unterschiedlich sind. Hierfür scheint es sinnvoll zu sein, die politischen Mehrheitsverhältnisse in den jeweiligen Bundesländern zu skizzieren.

Die politischen Entscheidungsprozesse, die sich aus den Fällen ergeben, werden chronologisch in Untersuchungsphasen eingeteilt und mithilfe des Advocacy-Koalitionsansatzes erklärt. Dabei erfolgt die Identifikationen der beteiligten Akteure und der Kernelemente ihres Belief-Systems, um die Akteure in den entsprechenden Advocacy-Koalitionen (die am Anfang der Arbeit herausgearbeitet werden) zu bündeln. Darauf aufbauend werden die entscheidenden Ressourcen bestimmt, mit denen die Akteure versuchen, ihre jeweilige Policy-Strategie umzusetzen. Bei der Anwendung des Advocacy-Koalitionsansatzes liegt der Fokus auf dem „kleinen" Policy-Wandel. Das Policy-orientierte Lernen wird vernachlässigt.

Zusammenfassend ermöglicht die Prozessanalyse es, die Konflikte und Herausforderungen, die in den Bundesländern auftreten, praxisgerecht zu erfassen und in eine theoriegeleitete, „bilanzierende" Analyse zu überführen. Auf der Grundlage der gewonnenen Erkenntnisse ist es letztendlich auch möglich, bspw. Anhaltspunkte dafür zu gewinnen, ob die Entscheidungsprozesse Auswirkungen auf die zukünftige Politikgestaltung in den Bundesländern haben.

1.5.1 Literaturauswertung und Dokumentenanalyse

Für den Einstieg in die Thematik dienen **Basisinformationen** aus der rechts- und wirtschaftswissenschaftlichen Literatur sowie Dokumente aus diesen wissenschaftlichen Disziplinen. Dabei ist die grundsätzliche Suche nach historischen Entwicklungen, aus denen bspw. erstmalig politische Einflussnahmen von Akteuren im Sparkassensektor erkennbar sind, von zentraler Bedeutung. Darauf aufbauend wird gezielt nach Informationen gesucht, die für eine politikwissenschaftliche Analyse als interessante und prägnante Ausgangspunkte dienen können. Somit entsteht u. a. eine Basis, um das Politikfeld systematisch zu bestimmen und Begriffsabgrenzungen ((De-)Regulierung und Privatisierung) vorzunehmen. Für das Untersuchungsfeld selbst sind die Informationen von *Kohlhof/Wilke, Klein, Schorner, Bowmann* und *Caspari* besonders ergiebig. Im Weiteren erfolgt eine Auswertung der Sekundärliteratur u. a. aus den Bereichen Staats- und

Sozialwissenschaften.[130] Ein Schwerpunkt liegt auf den institutionellen Grenzen und Möglichkeiten einer Deregulierung und Privatisierung im öffentlich-rechtlichen Kreditsektor unter Berücksichtigung der Mehrebenenproblematik (Kommune, Land, Bund, EU).

Da spezielle politikwissenschaftliche Literatur kaum vorhanden ist, müssen weitere Informationen durch eine umfangreiche **Dokumentenanalyse**[131] gewonnen werden.[132] Demzufolge ist auf Policy-relevante Unterlagen wie Grundsatz-, Wahl-, Regierungs- und Aktionsprogramme, Stellungnahmen, Positionspapiere, Parlamentsdebatten, Bundestags- und Landtagsprotokolle, politische Programmentwürfe und -schriften, Presseberichte und -mitteilungen, Publikationen diverser Akteure sowie verabschiedete Gesetzestexte zurückzugreifen, die von zentraler Bedeutung für die Arbeit sind.

Im Mittelpunkt der systematischen Auswertungen stehen zentrale sparkassenpolitische Diskussionen und Vorhaben. Zu Beginn der Dokumentenanalyse werden zwei Kategorien von Informationen und Daten bestimmt: Aussagen, die sich gegen die Deregulierung und Privatisierung öffentlich-rechtlicher Sparkassen wenden, und Aussagen, die dafür sind. Innerhalb dieser Kategorien wird ein besonderes Augenmerk auf die *Akteure* und deren Motive, Interessen, Ziele sowie deren Interaktionen auf den unterschiedlichen Ebenen und deren Einflussmöglichkeiten gelegt. So werden in einem ersten Arbeitsschritt inhaltlich relevante Aussagen herausgefiltert und in einem zweiten Schritt die gewonnenen Erkenntnisse in die beiden genannten Kategorien eingeordnet. Fragen bspw. danach, welche Akteure besonders in den Vordergrund treten oder ob Präzedenzfälle in den Bundesländern bestehen, können damit beantwortet werden.

Die gewonnenen Informationen dienen als Material u. a. für die Bestimmung der Advocacy-Koalitionen. Innerhalb der Koalitionen wird nach gemeinsamen Grundauffassungen gesucht, die als Sinn-, Rationalitäts- und Interaktionsmuster herausgearbeitet werden. Mit dieser Vorgehensweise werden die Kernelemente (Haupt- und Policy-Kerne sowie sekundäre Aspekte) der Advocacy-Koalitionen und ihre Belief-Systeme erkennbar und damit vergleichbarer. Es dürfte bei der Bündelung der Akteure in Advocacy-Koalitionen grundsätzlich sinnvoll sein, Koalitionen aus Verfechtern, Opportunisten, Traditionalisten und wissenschaftlichen Experten zu differenzieren. Auf dieser Informationsgrundlage erfolgt für die Prozessanalyse eine chronologische Zuordnung konkreter landesspezifischer

130 Zum Beispiel *Grabbe:* Verfassungsrechtliche Grenzen, 1979; *Schuppert:* Staatswissenschaft, 2003; *Braun:* Eine sozialgeschichtliche Betrachtung, 2011.

131 Vgl. *Noetzel/Krumm/Westle:* Dokumentenanalyse, 2009, S. 325–334.

132 Siehe auch *Blatter/Janning/Wagemann:* Qualitative Politikanalyse, 2007, S. 75 f.

Deregulierungs- und Privatisierungsvorhaben und der daran beteiligten Akteure. Dazu können zentrale Informationen vor allem aus den Landtagswahlprogrammen der Parteien und den jeweiligen Landtagsprotokollen gewonnen werden. Gerade für die Untersuchung der politischen Entscheidungsprozesse sind die Landtagsprotokolle sehr ergiebig.

1.5.2 Vergleichende Fallauswertungen

Aufbauend auf dieser methodischen Grundlage stellt sich nunmehr die Frage nach den wesentlichen Arbeitsschritten für die Auswertung der Policy-relevanten Deregulierungs- und Privatisierungsdiskussionen und Entscheidungsprozesse auf Bundesländerebene, die für die Prozessanalyse fruchtbar gemacht werden können.

In einem **ersten Arbeitsschritt** werden die Besonderheiten (Diskussionen und Entscheidungsprozesse) in den jeweiligen Bundesländern herausgearbeitet. Diese Vorgehensweise soll Kenntnisse darüber liefern, welche Deregulierungs- und Privatisierungsformen entschieden und umgesetzt wurden. Des Weiteren werden relevante Diskussionen und Entscheidungsprozesse, die auf kommunaler Ebene stattfinden, ausgewertet. Hierbei liegt ein besonderes Augenmerk auf Vorhaben, wie z. B. horizontale Fusionen, mit denen wesentliche Auswirkungen (bspw. Wegfall von Arbeitsplätzen in den Sparkassen) für die Regionen verbunden sind. So könnten sich Sparkassenfusionen – die nicht vom Sparkassenvorstand, sondern von politischen Akteuren initiiert werden – auch auf die wirtschaftliche (Nicht-) Förderung von regionalen (politischen) Projekten auswirken.

Im **zweiten Arbeitsschritt** werden die soeben aufgeführten Inhalte auf erklärende Faktoren für die Hypothesen untersucht und für die jeweiligen Bundesländer bilanziert. In dem Fall der *ersten Hypothese*, die sich aus der Parteiendifferenztheorie ergibt, werden vor allem Parteiprogramme ab den 1970er-Jahren ausgewertet. Hier sind landespolitische Parteiprogramme besonders wichtig. Im Vordergrund steht die gezielte Suche nach konkreten Positionierungen der Parteien, die für die Prüfung der Hypothese von Bedeutung sein könnten. Bei der Prüfung der *zweiten Hypothese*, die sich aus dem institutionellen Ansatz ableitet, scheinen insbesondere verabschiedete Gesetzestexte sehr ergiebig. Der Schwerpunkt der Auswertung liegt dabei auf der Suche nach institutionellen Grenzen und Möglichkeiten einer Deregulierung und Privatisierung im öffentlich-rechtlichen Kreditsektor. Für die Prüfung der *dritten Hypothese*, die auf der Grundlage der Vetospielertheorie formuliert wurde, ist von Relevanz, dass diejenigen Akteure herausgefiltert werden, die im Entscheidungsprozess mit dem Entzug ihrer Zustimmung Vorhaben verhindern könnten. Im Mittelpunkt steht also die Frage, wie ausgeprägt die Machtposition der Akteure ist. Hierfür dürfte die Analyse bspw. von Parlamentsdebatten sowie Landtagsprotokollen sehr ergiebig sein. Hinsichtlich der *vierten Hypothese*, die aus dem Ansatz der strukturellen Umwelt folgt, steht bei der Auswertung des Materials die Frage im Mittelpunkt, welchen Einfluss die Europäisierung (EU-Kommission) auf die Deregulierung und Privatisierung öffentlich-rechtlicher Sparkassen ausübt. Hierzu scheinen z. B. institutionelle Restriktionen, Gesetzesvorhaben oder auch Presseartikel, die den öffentlich-rechtlichen Kreditsektor aus einer europäischen Perspektive beleuchten, von großer Bedeutung. Es könnten Erkenntnisse gewonnen werden, ob diese Vorhaben bzw. Überlegungen die Deregulierung und Privatisierung kommunaler Sparkassen fördern. Möglicherweise ergeben sich daraus auch Einblicke, inwiefern z. B. die Europäische Kommission Einfluss auf den Sparkassensektor nehmen kann.

Auf dieser Grundlage erfolgt in einem **dritten Arbeitsschritt** die Suche nach Fällen, die bedeutende Auswirkungen für den Sparkassenbereich haben (möglicherweise auch überregional). Es geht dabei bspw. um die Frage, wie der Entscheidungsprozess innerhalb des Bundeslandes und/oder der Kommune jeweils beschaffen ist und welche Auswirkungen die Entscheidungen auf den öffentlich-rechtlichen Kreditsektor in Deutschland haben. Bei dieser Auswertung spielt die Suche nach landes- und kommunalpolitischen Akteurskonstellationen und -interaktionen eine wesentliche Rolle. Es werden insbesondere partei- und verbandspolitische Ansichten markiert und gezielt nach deren Wertigkeit innerhalb des Sparkassensektors sowohl in den Diskussionen als auch in den Entscheidungsprozessen ausgewertet. Hierbei ist von Bedeutung, welche Akteure einen maßgeblichen Einfluss auf die Entscheidungen ausüben und welche politischen Interessen sie damit verfolgen.

Vor dem Hintergrund der bisherigen Arbeitsschritte ist es schließlich möglich, die Diskussionen und Entscheidungsprozesse in den Bundesländern miteinander zu vergleichen. Damit können z. B. Fragen geprüft werden, ob süddeutsche Bundesländer im Sparkassenbereich privatisierungsfreundlicher sind als mittel- oder ostdeutsche Bundesländer oder welche Rolle die parteipolitischen Überzeugungen bei Deregulierungs- und Privatisierungsvorhaben spielen. Entsprechend wird es im Rahmen dieser Untersuchung aufschlussreich sein, u. a. festzustellen, welche politischen Kräfte im Sparkassensektor massiven Einfluss auf „vordergründig" betriebswirtschaftliche Entscheidungen nehmen.

Insgesamt ist zu berücksichtigen, dass Berichterstattungen und Publikationen über Deregulierungs- und Privatisierungsvorgänge im Sparkassensektor sowie über Reformüberlegungen und deren Auswirkungen auf das Sparkassenwesen in den Bundesländern nur in einer geringen Zahl vorhanden sind. Es ist also zu vermuten, dass die Untersuchung angesichts der Ähnlichkeiten, Unterschiede und Gemeinsamkeiten in den landesspezifischen Fällen möglicherweise auf Plausibilitätsabwägungen begrenzt bleiben wird.

1.6 Forschungsaufbau der Untersuchung

Die Untersuchung gliedert sich in neun Kapitel. Das vorliegende **erste Kapitel** hat die Grundlagen beschrieben, auf denen die Arbeit aufbaut. Ausgehend von der Problemstellung und dem Forschungsgegenstand ist der aktuelle Forschungsstand herausgearbeitet worden. Auf dieser Basis wurde der Forschungsbedarf abgeleitet und erklärt, um im Anschluss die Entwicklungen und Strukturen des Politikfeldes aufzuzeigen. Es folgte die Herleitung der Forschungsziele und übergreifenden Forschungsfragen sowie des Forschungsansatzes. Dabei wurden u. a. die relevanten Forschungskonzepte, -ansätze und -theorien, die in der Untersuchung Anwendung finden, bestimmt. Im Anschluss daran sind die methodische Vorgehensweise und deren politikwissenschaftliche Anwendung beschrieben und festgelegt sowie die Auswahl der Variablen und Bundesländer dargestellt und erörtert worden.

Das **zweite Kapitel** befasst sich mit Begriffsabgrenzungen. Es dient der begrifflichen Basis für die weitere Untersuchung. Dabei werden die für ein einheitliches Verständnis der Arbeit erforderlichen Definitionen und Abgrenzungen vorgenommen.

Mit dem **dritten Kapitel** werden die historischen Entwicklungslinien der Sparkassen aufgezeigt und darauf aufbauend die Bedeutung der Sparkassengeschichte und die Besonderheiten des Sparkassenwesens erklärt. Neben dem Ziel- und Haftungssystem der Sparkassen gilt die Analyse der Struktur- und Ertragslage des deutschen Bankenmarktes sowie der Stabilität der öffentlich-rechtlichen Sparkassen in dem Drei-Säulen-System in Krisenzeiten (2007 bis 2009).

Im **vierten Kapitel** werden rechtliche, ökonomische und politische Beurteilungsansätze einer Deregulierung und Privatisierung öffentlich-rechtlicher Sparkassen beschrieben, analysiert und in einem Zwischenergebnis bewertet. Neben den rechtlichen Rahmenbedingungen, die bei einer Deregulierung und Privatisierung öffentlich-rechtlicher Sparkassen zu beachten sind, spielen besonders die ökonomischen und politischen Beurteilungsansätze eine bedeutende Rolle. Hierbei werden die Möglichkeiten und Grenzen in diesem Feld untersucht.

Das **fünfte Kapitel** zeigt die ersten politischen Entwicklungslinien in der Deregulierungs- und Privatisierungsdiskussion der Sparkassen auf. Insbesondere die historisch-politische Sichtweise ist dabei von Gewicht. Es wird dargelegt, wie der politische Einfluss über die Jahre zugenommen hat.

Im Anschluss daran werden im **sechsten Kapitel** die einzelnen Akteure, die in dem politischen Prozess einer Deregulierung und Privatisierung öffentlich-rechtlicher Sparkassen auftreten, herausgearbeitet. Es erfolgt eine Identifikation auf unterschiedlichen Ebenen – der europäischen, der Bundes- und Landesebene sowie der kommunalen Ebene – und die Bestimmung der Advocacy-Koalitionen in der Deregulierungs- und Privatisierungsdiskussion öffentlich-rechtlicher Sparkassen. Vor diesem Hintergrund gilt es, im Verlauf der Arbeit zentrale Erkenntnisse abzuleiten. Insbesondere die Bestimmung der Advocacy-Koalitionen vereinfacht die Prozessanalyse der landesspezifischen Deregulierungs- und Privatisierungsvorgänge, die im achten Kapitel erfolgt. Die erarbeiteten Kernaussagen werden in einem Zwischenergebnis bilanziert.

Das **siebte Kapitel** widmet sich den Positionierungen und Zielen der relevanten Akteure auf unterschiedlichen Ebenen im politischen Prozess unter Berücksichtigung allgemeiner Privatisierungs- und Sparkassenpolitik. Dabei wird an die Differenzierung der unterschiedlichen Ebenen angeknüpft.

Das **achte Kapitel** beschäftigt sich mit den politischen Prozessanalysen. Es werden landesspezifische Deregulierungs- und Privatisierungsvorgänge und deren Auswirkungen auf das Sparkassenwesen in Bayern, Baden-Württemberg, Hessen, Rheinland-Pfalz, Nordrhein-Westfalen, Schleswig-Holstein, Mecklenburg-Vorpommern, Sachsen, Berlin und Hamburg untersucht. Dabei wird im Wesentlichen der Modellkonzeption des Advocacy-Koalitionsansatzes gefolgt. Das Forschungsinteresse zielt nicht nur auf die Erklärung der Wirkungen, sondern insbesondere auf die Erklärung der Ursachen ab. Darauf aufbauend werden mithilfe der in dieser Arbeit verwendeten theoretischen Ansätze die Hypothesen anhand der Prozessanalysen geprüft. Im Anschluss daran werden die Erkenntnisse in einer ländervergleichenden Auswertung zusammengefasst und eine Bilanzierung der Erklärungskraft der Theorien vorgenommen.

Das **neunte Kapitel** schließlich bündelt die Ergebnisse der Untersuchung und gibt ein Ausblick.

2 Begriffsabgrenzungen

Die Begriffe *Deregulierung*, *Privatisierung* und *Entstaatlichung* werden in der deutschen Privatisierungsdiskussion oft gleichbedeutend verwendet. Bereits der Begriff Privatisierung bietet jedoch angesichts seiner umfangreichen Gestaltungsformen immer wieder Anlass zu Missverständnissen. Vor diesem Hintergrund sollen zu Beginn dieser Untersuchung zunächst Begriffsabgrenzungen vorgenommen werden, die dann in der Arbeit als definitorische Grundlage dienen.

2.1 Deregulierung

In der Literatur ist keine einheitliche Definition des Begriffs Deregulierung ersichtlich. Zumeist wird er als Gegenbegriff zu Regulierung verwendet. Dabei steht Regulierung „im Deutschen weitgehend synonym für Interventionen aller Art", insbesondere soweit sie die Steuerung einzelner Bereiche wie den Energie-, Verkehrs- und Bankensektor betreffen.[133] In der politischen Diskussion scheint Deregulierung als „ein Schlagwort für ein politisches Programm".[134] Der Begriff wird häufig mit Liberalisierung, Entbürokratisierung, Entstaatlichung und Privatisierung gleichgesetzt. In der vorliegenden Untersuchung ist unter Deregulierung die Abschaffung staatlicher Interventionen, die Reduzierung der Eingriffsintensität oder die anderweitige Ersetzung durch institutionelle Strukturen, die eine Stärkung marktgerechter Mechanismen zur Folge hat, zu verstehen.[135]

Aufgrund der Tatsache, dass der Staat[136] auf vielfältige Weise Einfluss auf das Wirtschaftsgeschehen nimmt, werden zwei Interventionsformen differenziert:[137] zum einen die private Leistungserstellung unter staatlicher Regulierung und

---

133 Vgl. *Issing:* Regulierung, 1987, S. 1. Siehe auch *Neubauer:* Regulierung, 1988, S. 10.

134 Vgl. *Blersch:* Deregulierung, 2007, S. 18 sowie *Dullien/Hardenberg:* Deregulierung in der öffentlichen Debatte, 2009.

135 Vgl. *Ewers:* Deregulierung, 1994, S. 182. Für eine ganzheitliche Betrachtung des Begriffs Deregulierung vgl. *Oberndorfer:* Deregulierung, 1992, S. 11 ff. In der Studie von *Oberndorfer* werden unterschiedliche Sichtweisen der Deregulierung untersucht. Siehe hierzu auch *Blersch:* Deregulierung, 2007.

136 Unter dem Begriff Staat sind in dieser Arbeit grundsätzlich alle formellen und informellen Entscheidungsträger und Institutionen auf Ebene des Bundes, der Länder und der Kommunen gemeint, die das Angebots- und Preisverhalten von öffentlichen oder wirtschaftlichen Unternehmen beeinflussen können.

137 Vgl. *Kirsch:* Deregulierungsdebatte, 1988, S. 38 ff. sowie *Krakowski:* Regulierung, 1988, S. 10 ff.

zum anderen die öffentliche Leistungserstellung durch die Gebietskörperschaft. Damit ist ersichtlich, dass Privatisierung einen Teilaspekt der Entstaatlichung[138] darstellt. Worin bestehen nunmehr die Gemeinsamkeiten der beiden Begriffe? Sowohl bei der Privatisierung als auch bei der Entstaatlichung handelt es sich um einen Prozess und nicht um einen Zustand. Eine weitere zentrale Gemeinsamkeit besteht darin, dass nach der Auffassung von Entstaatlichung und Privatisierung der Anteil des Staates bei der Produktion von Gütern und Dienstleistungen zugunsten des privaten Sektors reduziert werden soll. Demnach ist ein Kernelement der Entstaatlichung die oben genannte Deregulierung.[139]

Zusammenfassend bedeutet dies für die vorliegende Untersuchung, dass bspw. Akteure, die eine Deregulierung von Sparkassen befürworten, folglich auch für verstärkte Fusions- und Kooperationsmöglichkeiten im Sparkassensektor eintreten.

2.2 Privatisierung

Ein ebenso schillernder Begriff ist derjenige der Privatisierung. „Privatisierungen als Ausdruck von Ökonomisierungstendenzen zu betrachten, scheint zunächst naheliegend und evident, muss aber [...] in seiner neuen Qualität beschrieben werden.“[140] Im originären Sinne bedeutet Privatisierung die Übertragung von staatlichen oder kommunalen Eigentumsrechten an private Rechtssubjekte.[141] Dieser Privatisierungsbegriff wurde dahingehend erweitert, dass in der heutigen Privatisierungsdiskussion unter Privatisierung die Überführung öffentlicher Unternehmen in privatrechtliche Rechtsformen oder die Angleichung öffentlichen Wirtschaftens an privatwirtschaftliche Betriebsführungsprinzipien verstanden wird.[142]

Demnach ist unter Privatisierung die Übertragung von bisher öffentlichen Verfügungsrechten an Private zu verstehen. Privatisierung i. w. S. bedeutet, dass alle Entwicklungen zu betrachten sind, die den Einflussbereich öffentlicher Verfügungsrechte über ökonomische Güter zugunsten des Dispositionsspielraumes privater Verfügungsrechte reduzieren, ohne sie abzuschaffen.

---

138 Für einen Überblick über die historische Dimension des Begriffs siehe *Kaschuba:* Staatlichkeit, 1988, S. 7 ff.

139 Vgl. *Kroker:* Deregulierung, 1985, S. 9 ff. sowie *Kämmerer:* Privatisierung, 2001, S. 54 f.

140 *Richter:* Ökonomisierung, 2009, S. 159.

141 Vgl. *Thiemeyer:* Privatisierung, 1986, S. 141 ff. Für einen detaillierten Einblick in den Rechtsbegriff „Privatisierung“ vgl. *Kämmerer:* Privatisierung, 2001.

142 Die folgenden Abschnitte sind in Anlehnung an *Hamer/Gebhardt:* Privatisierungspraxis, 1992, S. 73–107 dargestellt.

Privatisierung i. e. S. heißt, dass eine vollständige Übertragung von staatlichen Verfügungsrechten an private Rechtssubjekte erfolgt.[143]

Bei einem 100-prozentigen Verkauf eines Unternehmens an einen privaten Investor liegt eine Privatisierung i. e. S. vor. In der Praxis kommt es aber vor, dass sich der Verkäufer vertraglich die Bindung an bestimmte Auflagen bzw. Restriktionen zusichern lässt und somit bewusst die Verfügungsrechte des Käufers einschränkt. Dies kann bspw. die Beschäftigungssituation der Mitarbeiter betreffen oder auch das ausdrückliche Verbot eines Verkaufs bestimmter Geschäftsbereiche innerhalb einer bestimmten Frist. In der Praxis kommt daher der Privatisierung i. w. S. eine größere Bedeutung als der Privatisierung i. e. S. zu.[144] Insgesamt kann festgestellt werden, dass es sich bei einer Privatisierung immer auch um eine Entwicklung hin zu einer Entpolitisierung der Wirtschaft und einer Reduzierung staatlicher Interventionen handelt, oder m. a. W.: „Politische und ökonomische Macht werden durch die Privatisierung getrennt."[145]

Sofern die privaten Verfügungsrechte vollständig oder partiell an öffentliche Träger veräußert werden, wird diese Art der Übertragung als Nationalisierung (der Staat übernimmt öffentliche Aufgaben), Sozialisierung (privates Kapital wird zugunsten von staatlichen oder anderen Kollektiven vergesellschaftet) und Verstaatlichung (privates Eigentum wird auf den Staat übertragen) bezeichnet. Liegt der Fokus der Betrachtung auf der kommunalen Ebene, so wird analog zu dem Begriff Nationalisierung auch von Kommunalisierung gesprochen.[146]

2.2.1 Objekte der Privatisierung

Privatisierung ist keine einheitliche Maßnahme, sondern geprägt durch unterschiedliche Vorgehensweisen. Die Basis einer Privatisierung bildet die Übertragung von Verfügungsrechten vom öffentlichen auf den privaten Sektor. Diese Transformation ist allerdings nur gegeben, wenn eine Modifikation eintritt, die den Einfluss des öffentlichen Sektors in finanzieller, rechtlicher oder faktischer Form reduziert.[147]

143 Vgl. *Windisch:* Privatisierung, 1987, S. 8 sowie *Bartel:* Privatisierung, 1990, S. 27, ebenso *Bös:* Privatization, 1991, S. 2.

144 Die Abgrenzung zwischen Privatisierungen im engeren und weiteren Sinne ist in der Theorie folgerichtig und überschneidungsfrei. In der Praxis gestaltet sich diese Differenzierung oftmals schwierig.

145 Vgl. *Siegmund:* Privatisierungstheorien, 1997, S. 63.

146 Vgl. *Eichhorn/Loesch:* Privatisierung, 1989, S. 1303.

147 Für einen detaillierten Überblick über die Ökonomisierung des öffentlichen Sektors siehe *Richter:* Ökonomisierung, 2009, S. 129–214.

Vermögensprivatisierung

In der Literatur wird unter Vermögensprivatisierung die Übertragung sämtlicher Verfügungsrechte über öffentliches Eigentum in den privaten Bereich verstanden. Hierbei wird zwischen formalrechtlicher und materiellrechtlicher Form differenziert.[148] Bei der definitorischen Abgrenzung der Privatisierungsformen wird im Weiteren der Unterteilung von *Hamer/Gebhard* gefolgt. Kommt es zu einer Reduzierung der Verfügungsrechte und damit zu privatwirtschaftlichen Strukturen, so liegt eine formalrechtliche Privatisierung vor; die öffentliche Hand bleibt weiterhin Eigentümer. Somit kann bei einer formalrechtlichen Privatisierung nicht von einer abschließenden Privatisierung gesprochen werden, da die Verfügungsrechte nicht dauerhaft, sondern nur vorübergehend übertragen wurden. Es kommt aber wiederholt vor, dass eine formalrechtliche Privatisierung eine Vorstufe für eine spätere materiellrechtliche Privatisierung darstellt, die sich zu einem bestimmten Zeitpunkt, z. B. aus politischem Interesse heraus, nicht durchsetzen lässt. So stellt der Übergang eines Unternehmens von einer öffentlichen in eine private Rechtsform erst die Prämisse für die Veräußerung dar.[149] Formalrechtliche Privatisierungen sind Privatisierungen i. w. S. und werden – in Anlehnung an *Hamer/Gebhard* – in folgende Formen differenziert:

1. Finanzwirtschaftliche Privatisierung: Hier beteiligt sich der private Sektor an der Finanzierung öffentlicher Aufgaben.
2. Nutzungsrechtliche Privatisierung: Bei dieser Form der Privatisierung räumt die öffentliche Gebietskörperschaft den privaten Unternehmen oder Trägern vertraglich die Nutzung an öffentlichen Vorrechten, Gebäuden oder öffentlichen Einrichtungen ein.
3. Rechtliche Privatisierung: Hier findet eine Umwandlung eines öffentlichrechtlichen Unternehmens in eine privatrechtliche Form, z. B. in eine AG oder GmbH, statt.

Worin besteht nun der wesentliche Unterschied zwischen der formalrechtlichen und der materiellrechtlichen Privatisierung? Im Gegensatz zu der formalrechtlichen werden bei der materiellrechtlichen Privatisierung die Verfügungsrechte über öffentliches Eigentum vollständig oder partiell auf Private übertragen. Somit verändert sich nicht nur der Umfang, sondern auch der Träger der

148 Einige Autoren verwenden stattdessen die synonymen Begriffe materielle oder formelle Privatisierung. Hierzu vgl. *Windisch:* Privatisierung, 1987, S. 15–22.

149 Vgl. *Loesch:* Privatisierung, 1987, S. 49.

Verfügungsrechte. Besteht bereits öffentliches Eigentum, kann dieses partiell (Teilprivatisierung) oder vollständig (Vollprivatisierung) übertragen werden.

Insgesamt ist zu konstatieren, dass bei einer materiellrechtlichen Teilprivatisierung die Privaten ausschließlich Anteile an Verfügungsrechten über Vermögen erhalten, die der Staat vergibt. Bei einer materiellrechtlichen Vollprivatisierung öffentlichen Vermögens behält der Staat keine Verfügungsrechte zurück; das Vermögensobjekt ist zu 100 Prozent in den privaten Sektor übertragen worden. Die zuletzt genannte materiellrechtliche Vollprivatisierung entspricht i. e. S. dem originären Kern des in der Literatur verwendeten Privatisierungsbegriffs.[150]

Aufgabenprivatisierung

Aufgabenprivatisierung bezeichnet alle Privatisierungen, bei denen Verfügungsrechte über öffentlich wahrgenommene Aufgaben in den privaten Bereich übertragen werden.[151] *Hamer* und *Gebhard* differenzieren diese Privatisierungsform in Management- und Produktionsprivatisierungen. Managementprivatisierung bedeutet, dass die Verantwortung und die Aufgabenerledigung bei dem öffentlichen Verband bleiben, der sich allerdings für die Organisation der Durchführung eines privaten Managements bedient. Dies führt dazu, dass der öffentliche Verband keine Einheiten für die Verwaltung und Steuerung zur Verfügung stellen muss. Hingegen werden bei der Produktionsprivatisierung das Management und die Produktion von dem privaten Unternehmen ausgeführt. Hierbei sind zwei Formen zu differenzieren:[152]

1. Die organisatorische Produktionsprivatisierung: Bei dieser Form der Privatisierung bleibt die öffentliche Hand in der Verantwortung für die entsprechenden Aufgaben. Die Durchführung überträgt sie aber an den privaten Sektor. Die öffentliche Hand übernimmt die Kontrolle der Durchführung und interveniert, wenn der private Unternehmer die Aufgabenerledigung nicht mehr gewährleisten kann.
2. Die funktionale Privatisierung: Hierbei wird die Durchführung einer Aufgabe und die ergebnisbezogene Verantwortung für die Aufgabenerfüllung an den privaten Sektor abgegeben. Die funktionale Privatisierung stellt somit das

---

150 Vgl. *Arnim:* Rechtsfragen, 1995, S. 16–23.

151 Dem Begriff der Aufgabenprivatisierung liegen die faktisch vom Staat vollzogenen Tätigkeiten zugrunde. Eine Aufgabenprivatisierung liegt z. B. vor, wenn der Staat eine private Sicherheitsfirma beauftragt, statt sein eigenes Sicherheitspersonal zu beschäftigen. Er hat sich im ordnungspolitischen Sinne damit von einer Staatsaufgabe getrennt.

152 Vgl. *Richter:* Ökonomisierung, 2009, S. 158.

maximale Maß an Aufgabenprivatisierung dar. Der Verantwortungsbereich des Staates wird demnach funktional begrenzt.

2.2.2 Grade der Privatisierung

Wie bereits dargestellt, kann sich das Ausmaß der Übertragung von Vermögen oder Aufgaben vom Staat an Private bei den einzelnen Privatisierungsformen erheblich unterscheiden. Es lassen sich analog zu den Begriffen der Privatisierung i. w. S. bzw. i. e. S. nach *Hamer* und *Gebhard* verschiedene Privatisierungsgrade für die jeweiligen Privatisierungsformen ableiten.[153]

Der stärkste Privatisierungsgrad wird im Bereich der Aufgabenprivatisierung durch eine funktionale Privatisierung erreicht. Hierbei werden Funktionen aus dem öffentlichen Sektor ausgegliedert und an Private übertragen. Da in diesem Fall eine Verkürzung von Aufgaben des Staates erfolgt, verbleibt der Aufgabenbereich im Rahmen der Hoheitsverwaltung bei der öffentlichen Körperschaft. Somit besteht ein Privatisierungsgrad von 0 Prozent.[154] Entsprechend gestalten sich bei der Vermögensprivatisierung die verschiedenen Privatisierungsgrade eher volatil. Sie schwanken zwischen 100 Prozent im Falle der Vollprivatisierung und 0 Prozent im Falle einer sog. Scheinprivatisierung. Scheinprivatisierung bedeutet in diesem Zusammenhang, dass mit der Vermögensverlagerung ein Rückgang der öffentlichen Verfügungsrechte nur nominell, aber nicht real vorliegt.

Bei der Bewertung des Privatisierungsgrades für eine materiellrechtliche Privatisierung kann konstatiert werden, dass die Teilprivatisierung von Vermögen grundsätzlich einen geringeren Privatisierungsgrad als die Vollprivatisierung aufweist. Wird der Privatisierungsgrad bei der formalrechtlichen Privatisierung bewertet, ist festzustellen, dass bei der nutzungsrechtlichen Privatisierung der Grad der Privatisierung höher ist als bei der finanzwirtschaftlichen. Der Grund besteht darin, dass bei der nutzungsrechtlichen Privatisierung ein abschließender Übertrag öffentlicher Vermögensbestandteile an den privaten Sektor erfolgt. Ergo hat im Rahmen der Vermögensprivatisierung (mit Ausnahme der Scheinprivatisierung) die finanzwirtschaftliche Privatisierung den niedrigsten Privatisierungsgrad.

153 Privatisierungen mit einem maximalen Privatisierungsgrad repräsentieren Privatisierungen i. e. S. Siehe hierzu *Hamer/Gebhardt:* Privatisierungspraxis, 1992, S. 81.

154 Vgl. *Pautsch:* Privatisierung, 2003, S. 140 f.

3 Sparkassen

Um zu verstehen, wie verschiedenartig die Regulierungen des Sparkassenwesens in Deutschland sind, ist ein ausreichendes Wissen über die Tradition und die Geschichte der Sparkassen unverzichtbar.[155] Beide haben sowohl auf die ökonomische Position der Sparkassen als auch auf das Sparkassenrecht bis heute einen besonderen Einfluss. Zahlreiche Argumente in der Deregulierungs- und Privatisierungsdiskussion nehmen Bezug auf die historische Entwicklung. Die Geschichte der Sparkassen verdeutlicht „warum das Sparkassenwesen auf den sozialphilosophischen Überbau einer ‚Sparkassenidee'[156] gründen kann, dessen Ursprünge noch vor der Entstehung der ersten Sparkasse auszumachen sind."[157]

3.1 Historische Entwicklungen

Abgesehen von der Antike dürften früheste Vorläufer der heutigen Sparkassen in den oberitalienischen Stadtstaaten im 15. Jahrhundert, in Teilen bereits im 12. Jahrhundert bestanden haben.[158] Auf theoretischer Basis wurde die Sparkassenidee – also das Konstrukt eines öffentlich-rechtlichen Kreditinstituts mit besonderen sozialen Aufgaben – im Jahr 1611 von dem Franzosen *Hugues Delestre* erstmalig erörtert.[159] In diesem Konstrukt sind bereits zentrale Grundzüge des heutigen Sparkassengedankens zu erkennen.[160] Die Fragen, wie die Kosten gleich welcher Geschäftsarten abgesichert werden oder ob und inwieweit die Sparkassen den gemeinnützigen Bereich mit Erträgen aus Tätigkeiten alimentieren dürfen, die ihrem Auftrag und ihrem Wesen eigentlich fremd und risikoträchtig

---

155 In den Abschnitten 3.1, 3.2 und 3.3 werden wichtige Quellen von *Hedrich:* Sparkassen, 1993, S. 25–33 in Grundzügen übernommen.

156 Der Begriff geht im Wesentlichen zurück auf *Josef Hoffmann.* Vgl. *Hoffmann:* Sparkasseneinheit, 1931, S. 10.

157 Vgl. *Hedrich:* Sparkassen, 1993, S. 25.

158 Darunter sind Kreditinstitute zu verstehen, die in Verbindung mit öffentlichen Zwangsanleihen errichtet worden waren („montes") und zu dem Zweck, (vor allem kirchliche) Stiftungsvermögen („montes pietatis") zur Kreditgewährung an Bedürftige zu vergeben. Vgl. *Seidel/Pfitzner:* Sparkassenwesen, 1916, S. 205 f. sowie *Trusen:* Öffentliche Banken, 1975, S. 113 ff., ebenfalls *Ashauer:* Sparkassen-Finanzgruppe, 1991, S. 31.

159 Vgl. *Hedrich:* Sparkassen, 1993, S. 25.

160 Vgl. *Geiger:* Sparkassenorganisation, 1982, S. 118 ff.

sind, spielen in der heutigen Deregulierungs- und Privatisierungsdiskussion eine wesentliche Rolle.[161]

Die systematische Realisierung der in ganz Europa aufkommenden Vorstellung von sozial verpflichteten Banken und damit die eigentliche Sparkassengeschichte[162] wurde in der zweiten Hälfte des 18. Jahrhunderts von Deutschland aus forciert. Für die Gründung der ersten Sparkasse in Deutschland waren vor allem drei Motive entscheidend:

1. der Ausbau des Armenwesens infolge politischer, ökonomischer und sozialer Veränderungen und der daraus resultierenden Verarmung großer Teile der Bevölkerung (Daseinsvorsorge),
2. die Vernachlässigung von Bedürfnissen expliziter Leistungen für ärmere Bevölkerungsgruppen, vor allem aber auch das Wucherzinsproblem der bestehenden Banken (Privatbankiers und Handelshäuser) sowie
3. die „philanthropischen Bestrebungen im Geiste des Liberalismus und der Aufklärung mit dem Ziel der ‚Hilfe zur Selbsthilfe' und der moralischen Erziehung (Pflege des Sparsinns)."[163]

Gerade die privaten aufklärerisch wirkenden „Sozietäten" prägten die Anfänge des Sparkassenwesens im letzten Viertel des 18. Jahrhunderts entscheidend,[164] wovon heute noch die wenigen, aber nicht unbedeutenden in privater Rechtsform betriebenen freien Sparkassen zeugen. Es darf jedoch – vor allem im Hinblick auf das Untersuchungsthema – nicht übersehen werden, dass zum damaligen Zeitpunkt bereits erste Verbindungslinien zu den Kommunen und damit erste Ansätze eines öffentlichen Einflusses auf das Sparkassenwesen bestanden haben. „Für die

161 Vgl. *Kroker:* Deregulierung, 1985, S. 19 ff., ebenso *Kirsch:* Deregulierungsdebatte, 1988, S. 38 ff.

162 Vgl. *Seidel/Pfitzner:* Sparkassenwesen, 1916, S. 205 ff. sowie *Trende:* Sparkassen, 1957, S. 3 ff., ebenfalls *Henze/Schmidt:* Geschichte, 1972, S. 11 ff. und auch *Ashauer:* Sparkassen-Finanzgruppe, 1991, S. 35–64.

163 So stellte z. B. § 94 der Anordnung der Hamburger Anstalt fest, die Ersparungsklasse sei „zum Nutzen geringer fleißiger Personen beiderlei Geschlechts […] errichtet, um ihnen Gelegenheit zu geben, auch bei Kleinigkeiten etwas zurückzulegen und ihren sauer erworbenen Not- und Brautpfennig sicher zu einigen Zinsen belegen zu können, wobei man hoffet, dass sie diese ihnen verschaffte Bequemlichkeit sich zur Aufmunterung gereichen lassen mögen, um durch Fleiß und Sparsamkeit dem Staate nützlich und wichtig zu werden". *Trende:* 1957, S. 30.

164 Vgl. *Stolzenburg:* Sparkassenwesen, 1965, S. 9 f. sowie *Ossenbühl:* 1979, S. 33 ff. und auch *Kopitzsch:* Sparkassenrealität, 1984, S. 123 ff., ebenso *Mura:* Sparkassengeschichte, 1987, S. 26.

Einlagen einiger Sparkassen bürgten die Gemeinden und im Jahr 1778 hatte der Hamburgische Senat eine Zinsgarantie für die Einlagen der ‚Ersparungsklasse' der Allgemeinen Versorgungsanstalt übernommen."[165]

Nachdem in Preußen im Jahr 1808 mit der *Stein'schen* Städteordnung die kommunale Selbstverwaltung eingeführt worden war, nahm der staatliche Einfluss im Sparkassenwesen ab dem Jahr 1816 zu.[166] In den folgenden Jahren wurden viele kommunale Sparkassen gegründet.[167] Gleichzeitig sind ab dem Jahr 1830 auch immer mehr Kreissparkassen hinzugekommen. Seit dieser Zeit beherrscht die Organisationsform der öffentlich-rechtlichen Anstalt das Sparkassenwesen.[168]

„Die grundsätzliche Zuständigkeit des Staates für das Sparkassenwesen erhielt im Jahr 1838 eine gesetzliche Basis, als in Preußen erstmals ein ‚Sparkassenreglement'[169] erlassen wurde."[170] Dieses determinierte maßgeblich die Entwicklung des Sparkassenrechts auch in den anderen deutschen Ländern. „Die kommunalen Sparkassen waren in dieser Zeit unselbstständige Anstalten resp. Abteilungen der Gemeindeverwaltungen", und ausschließlich ihr Vermögen war aus Sicherheitsgründen in besonderen Fonds von dem der Gemeinden zu separieren. Die daraus folgende Entwicklung für die Sparkassen waren durch die zunehmende Unabhängigkeit von den Gemeinden geprägt sowie durch die Erweiterung „ihrer Tätigkeit weit über die originär intendierten, sozial motivierten Fürsorgeaufgaben hinaus."[171]

Während des Ersten Weltkrieges und insbesondere danach ergaben sich für die Sparkassen weitere Geschäftsfelder. Vor dem Hintergrund des enormen öffentlichen Kreditbedarfs durften die Sparkassen nicht nur das Effektenkommissionsgeschäft aufnehmen,[172] „sondern ab dem Jahr 1921 vorübergehend auch alle bankmäßigen Geschäfte betreiben, sofern ihnen dazu die aufsichtsrechtliche Genehmigung erteilt wurde."[173] Dies war außerordentlich wichtig, da sich in der

165 *Hedrich:* Sparkassen, 1993, S. 27. Siehe auch *Berndt:* Sparkassen-Finanzgruppe, 2001, S. 5.

166 Vgl. *Hedrich:* Sparkassen, 1993, S. 28.

167 Die erste Sparkasse einer Gemeinde ist im Jahr 1801 in Göttingen gegründet worden. Vgl. *Ashauser/Mura:* Geschichte, 1982, S. 260.

168 Von den damaligen 281 Sparkassen in Deutschland (ohne Österreich) waren im Jahr 1836 bereits rund zwei Drittel kommunale Einrichtungen. Vgl. *Henze/Schmidt:* Geschichte, 1972, S. 18.

169 Reglement vom 12.12.1838, S. 5 ff.; siehe auch *Röper:* Wettbewerbsfunktion, 1973, S. 26 ff. sowie *Henze/Schmidt:* Geschichte, 1972, S. 26–34.

170 *Hedrich:* Sparkassen, 1993, S. 28.

171 *Hedrich:* Sparkassen, 1993, S. 29.

172 Die Sparkassen wurden u. a. in die Emission der Kriegsanleihen einbezogen.

173 *Hedrich:* Sparkassen, 1993, S. 30.

Inflationszeit die Spartätigkeit massiv reduzierte, während die Kosten extrem anstiegen, sodass gerade die Sparkassen große Herausforderungen zu bewältigten hatten. Erst die Mustersatzung des Jahres 1927 schaffte diese Freiheiten ab, um deren Wiedererlangung sich die Sparkassen erneut bemühten.[174]

Durch das kurzfristige Anschaffungs- und Zwecksparen und vor dem Hintergrund einer zunehmenden Konzentration im Bereich der privaten Kreditbanken übernahmen die Sparkassen bis in die 1930er-Jahre hinein die Versorgung mittelständischer Unternehmen mit Bankdienstleistungen.[175] „Ab dem Jahr 1931 führten dann mehrere Notverordnungen des Reichspräsidenten[176] zur Konsolidierung in der geschäftlichen Expansion der Sparkassen."[177] Dies bedeutete einen großen Schritt auf dem Weg zu einer größeren rechtlichen und ökonomischen Selbstständigkeit der Sparkassen.

Vor dem Hintergrund der Weltwirtschaftskrise Ende der 1920er- und Anfang der 1930er-Jahre sollte vermieden werden, dass das Sparkassenvermögen zur Gemeindefinanzierung herangezogen oder in anderer Weise Schaden nehmen würde.[178] In entsprechenden Normen der Länder waren die reichsrechtlichen Verordnungen zu berücksichtigen.[179] Diese sahen insbesondere „die Umwandlung der Sparkassen in selbständige, rechtsfähige Anstalten des öffentlichen Rechts vor. Den Sparkassen wurde das Eigentum an dem bisherigen ‚Sparkassen-Sondervermögen' der Gemeinden übertragen und ein alleinverantwortliches, unabhängiges Kollegialorgan mit Geschäftsführungs-, Vertretungs- und Überwachungsaufgaben (Vorstand oder Verwaltungsrat) an die Spitze gestellt. Zugleich erhielt die unbeschränkte Gewährträgerhaftung der Errichtungskörperschaft für die Verbindlichkeiten ‚ihrer' Sparkassen erstmals eine gesetzliche Grundlage."[180]

Die Sparkassen wurden während der nationalsozialistischen Herrschaft durch das Kreditwesengesetz von 1934 der allgemeinen Bankenaufsicht (neben

174 Vgl. *Hedrich:* Sparkassen, 1993, S. 30. Grundsätzlich gilt im Geschäftsrecht der Sparkassen das damals eingeführte „Enumerationsprinzip", dem zufolge alle zulässigen Geschäftsarten abschließend aufgezählt sind. Siehe hierzu auch *Lütke-Uhlenbrock:* Sparkassen, 2006, S. 16 f.

175 Vgl. *Hedrich:* Sparkassen, 1993, S. 30.

176 Vgl. die vier Verordnungen vom 05.08.1931, S. 249; 06.08.1931, S. 431; 06.10.1931, S. 537, 554; 08.12.1931, S. 699, 716.

177 *Hedrich:* Sparkassen, 1993, S. 30.

178 Vgl. *Hedrich:* Sparkassen, 1993, S. 31.

179 Vgl. *Hedrich:* Sparkassen, 1993, S. 31.

180 *Hedrich:* Sparkassen, 1993, S. 31. Die badischen Sparkassen waren allerdings seit dem Jahr 1880 selbstständige Anstalten mit eigener Personalhoheit. Vgl. *Dülp:* Organverfassung, 1982, S. 266 ff. sowie *Schlierbach:* Sparkassenrecht, 2003, S. 21–40.

der weiter bestehenden Landesaufsicht) unterstellt.[181] Infolge der Instrumentalisierung für die Zwecke der nationalistischen Diktatur erfolgte erst mit der Währungsreform im Jahr 1948 die Stabilisierung des Sparkassenwesens. Damit gelang es den Sparkassen in der Bundesrepublik Deutschland, sukzessive ihr Geschäft weiter auszubauen, und die quantitative Ausweitung der Bilanzsummen wie der Zweigstellennetze ging mit einem qualitativen Wachstum der Geschäftsfelder einher. Bereits seit Ende der 1950er-Jahre nahmen die Sparkassen bargeldlose Lohn- und Gehaltszahlungen vor und intensivierten damit die Kundenbindung. In engem Zusammenhang damit forcierten sie den Ausbau der elektronischen Datenverarbeitung. In zahlreichen Novellierungen der Landessparkassengesetze und Ausnahmeregelungen wurde der Versuch unternommen, den gewandelten Kundenansprüchen, insbesondere im Wertpapier- und im Auslandsgeschäft, Rechnung zu tragen. Neben der Personalhoheit wurde auch die „Organzweiteilung" in Vorstand und Verwaltungsrat eingeführt.[182] In den Jahren 1967 bis 1982 verloren die Sparkassen dann wesentliche Steuerprivilegien. Dies wurde mit der Tatsache begründet, dass sie sich in ihrer Tätigkeit immer deutlicher den privaten Kreditinstituten angenähert hätten.[183]

Die beschriebenen Entwicklungen finden ihren vorläufigen Abschluss in der heutigen Stellung der Sparkassenorganisation innerhalb der Kreditwirtschaft in Deutschland.[184] Bevor jedoch die Sparkassenorganisation ausführlich dargestellt wird, ist nach den Erkenntnissen zu fragen, die sich für das Thema der Arbeit aus der oben skizzierten Sparkassengeschichte gewinnen lassen.

---

181 Reichsgesetz über das Kreditwesen vom 05.12.1934, S. 1203 ff. Vgl. *Hedrich:* Sparkassen, 1993, S. 31.

182 Vgl. *Hedrich:* Sparkassen, 1993, S. 31.

183 Vgl. *Deutscher Bundestag:* Wettbewerbsenquête, 1968, S. 127 ff., ebenso *Oebbecke:* Eigenkapitalausstattung, 1980, S. 37–41. Die Diskussion über die Steuerprivilegien der Sparkassen wurde bereits seit dem Anfang des 20. Jahrhunderts geführt und stellt damit – wie teils aber behauptet wird – keine Neuheit dar.

184 Vgl. *Ullrich:* Sparkassenorganisation, 1991, S. 7 ff. sowie *Wittmann:* Verbundorganisation, 2006, S. 57 ff.

3.2 Bedeutung und Charakteristika der historischen Entwicklungen

Vor dem Hintergrund der oben beschriebenen historischen Entwicklungen der Sparkassen lassen sich zwei wesentliche Schlussfolgerungen festhalten, die für die kommenden Erläuterungen von Bedeutung sind:[185]

1. Die Sparkassen stehen seit jeher im Wettbewerb mit anderen Kreditinstituten.
2. Die Entwicklung der Sparkassen ist dadurch gekennzeichnet, dass sie ihre Geschäftstätigkeit stetig ausgeweitet haben. Demnach kann konstatiert werden, dass sie weitgehend „verselbständigte Anstalten mit privatwirtschaftlichen Zügen“[186] sind.

Für die institutionelle Analyse lassen sich aus der Sparkassengeschichte verschiedene Hauptfaktoren erkennen, die für das heutige Sparkassenwesen von Bedeutung sind:

1. die Änderungen der ökonomischen und sozialen Rahmenbedingungen, die auch immer zu einer Gefahr der Sparkassen führten und entsprechenden gesetzgeberischen Handlungsbedarf hervorriefen, sowie
2. die Kritik an dem Widerspruch „zwischen formal überwiegend gemeinnützigem, faktisch dagegen eher erwerbswirtschaftlichem Charakter der Sparkassen“.[187]

Die Geschichte der Sparkassen bildet die Grundlage für die institutionellen Rahmendaten. Deren Berücksichtigung wird in der vorliegenden Untersuchung dazu dienen, die Positionen und Argumente nicht nur besser in den geschichtlichen Kontext einordnen, sondern insbesondere deren Wertig- und Haltbarkeit beurteilen zu können, „denn gerade im Sparkassenwesen werden zahlreiche Regulierungen mehr oder weniger explizit mit historischen Zusammenhängen begründet“.[188]

Unter Berücksichtigung der Geschichte der Sparkassen wird aber auch deutlich, dass die Deregulierungs- und Privatisierungsdiskussion „gewissermaßen nur die ‚Spitze des Eisberges‘ einer sehr viel älteren Diskussion bildet. Sie erhält weiterhin eine besondere Bedeutung durch den Umstand, dass die Sparkassen [...] vor einer rechtlichen und ökonomischen Grenze stehen, die den Wesensunterschied zwischen ihnen und den privatwirtschaftlichen Kreditinstituten

185 Vgl. *Hedrich:* Sparkassen, 1993, S. 32.
186 *Clausen:* Gemeinden, 1964, S. 21.
187 *Hedrich:* Sparkassen, 1993, S. 33. Siehe hierzu ebenso *Thies:* Sparkassen, 1972, S. 4 ff.
188 *Hedrich:* Sparkassen, 1993, S. 33.

ausmacht."[189] Diese rechtlichen und ökonomischen Grenzen gilt es in der vorliegenden Untersuchung herauszuarbeiten. Im Folgenden wird die Situation der Sparkassen-Finanzgruppe in Deutschland in den Blick genommen.

3.3 Sparkassen-Finanzgruppe

Die Sparkassen-Finanzgruppe ist mit etwa 600 Unternehmen und einem zusammengefassten Geschäftsvolumen von rund 3.300 Mrd. EUR die größte Kreditinstitutsgruppe in Deutschland und Europa. Zu ihr gehören die 409 Sparkassen, 7 Landesbank-Konzerne (inkl. DekaBank), 9 Landesbausparkassen (LBS), 11 Erstversicherergruppen der Sparkassen sowie zahlreiche Kapitalbeteiligungsgesellschaften und Spezialkreditinstitute.[190] Zugleich sichern die Institute der Sparkassen-Finanzgruppe mit ihrer flächendeckenden Präsenz den kreditwirtschaftlichen Wettbewerb.[191] Hinzu kommen international die „Europäische Sparkassenvereinigung"[192] auf EU-Ebene und das „Weltinstitut der Sparkassen"[193]. Neben den öffentlich-rechtlichen Sparkassen zählen auch die freien Sparkassen zur Sparkassen-Finanzgruppe, da sie neben ihrer Mitgliedschaft im Verband der Deutschen Freien Öffentlichen Sparkassen e. V. auch den regionalen Sparkassen- und Giroverbänden und damit auch dem Deutschen Sparkassen- und Giroverband e. V. angehören.[194]

---

189 *Hedrich:* Sparkassen, 1993, S. 33.

190 Vgl. *Deutscher Sparkassen- und Giroverband:* Organisation, 2016, online.

191 Vgl. hierzu auch *Drost/Osman:* Sparkassen-Finanzgruppe, 2010, S. 38.

192 Die Europäische Sparkassenvereinigung wurde im Jahr 1963 gegründet. Im Jahr 1988 wurde der Name modifiziert in European Savings Banks Group. Sie ist ein internationaler gemeinnütziger Verband belgischen Rechts mit Sitz in Brüssel und vertritt die gemeinsamen Interessen der Sparkassen, ihrer Zentralinstitute und Einrichtungen in den EU-Mitgliedstaaten gegenüber den Instituten der EU. Vgl. *European Savings Banks Group:* ESBG Members, 2010, online.

193 Das im Jahr 1924 gegründete Internationale Institut der Sparkassen ist eine Vereinigung nach dem Schweizer Recht. Im Jahr 1994 wurde das Internationale Institut der Sparkassen aufgelöst und am 09.06.1994 in Brüssel das „World Sparkasse Institute – European Savings Banks Group" mit einem gemeinsamen Sekretariat gegründet. Es dient als Kommunikations- und Informationszentrum für die Sparkassen in aller Welt. Vgl. *World Savings Banks Institute:* History, 2010, online.

194 Vgl. *Deutscher Sparkassen- und Giroverband:* Sparkassen-Finanzgruppe, 2016, online.

3.3.1 Öffentlich-rechtliche Sparkassen

Das KWG definiert in § 1 Abs. 1 Kreditinstitute als „Unternehmen, die Bankgeschäfte gewerbsmäßig oder in einem Umfang betreiben, der einen in kaufmännischer Weise eingerichteten Geschäftsbetrieb erfordert".[195] In der Literatur wird der Begriff dagegen häufig enger definiert. So ist für *Mühlhaupt* „der Bankbetrieb ein Mehrleistungsbetrieb, der gewerbsmäßig Leistungen des Geld-, Kredit- und Kapitalverkehrs erbringt".[196] Diese Definition trägt dem umfangreichen Leistungsprogramm von Banken Rechnung. *Deppe* versteht unter einem Bankbetrieb ein „einzelwirtschaftliches, zielgerichtetes, sozio-technisches Subsystem der Tauschwirtschaft in Form der Geldwirtschaft, das Produktionsfaktoren bzw. deren Nutzung gegen monetäre Leistungen (Entgelte) beschafft, durch Kombination dieser Produktionsfaktoren bzw. deren Nutzung Marktleistungen in Form monetärer Problemlösungen für den Zahlungs-, Kredit- und Kapitalverkehr zur Erstellung anbietet, um durch Absatz dieser Leistungen die übergeordnete Zielsetzung des Bankbetriebes zu realisieren".[197]

Unabhängig von der gewählten Definition zählen auch die öffentlich-rechtlichen Sparkassen zu den Kreditinstituten. Die Sparkassengesetze definieren Sparkassen als „rechtsfähige Anstalten des öffentlichen Rechts",[198] die als kommunale Wirtschaftsunternehmen öffentliche Aufgaben wahrnehmen.[199] Sparkassen haben demnach eine sehr enge Bindung zu ihren kommunalen Gewährträgern, arbeiten aber trotz personeller Verflechtungen unabhängig.[200] Die in den Sparkassengesetzen enthaltenen geschäftspolitischen Restriktionen der öffentlich-rechtlichen

195 Zu den sog. Bankgeschäften zählen nach § 1 Abs. 1 Nr. 1 bis 12 KWG u. a. das Einlagen-, Pfandbrief-, Kredit-, Diskont-, Finanzkommissions-, Depot-, Garantie-, Reisescheck- und Emissionsgeschäft.

196 *Mülhaupt:* Banken, 1980, S. 20.

197 Vgl. *Deppe:* Bankbetriebslehre, 1978, S. 9. Siehe dazu auch *Deppe:* Bankbetriebliches Wachstum, 1969, S. 16.

198 Vgl. *Weber:* Entwicklung, 1985, S. 5 ff. sowie *Wolff/Bachof/Stober:* Verwaltungsrecht, 2004, S. 353 ff. und 411 f.

199 Vgl. § 1 i. V. m. § 6 Abs. 1 SpG BW; Art. 3 i. V. m. Art. 2 Abs. 1 SpkG BY; § 1 Abs. 1 i. V. m. § 2 Abs. 1 BbgSpkG; § 1 i. V. m. § 3 Abs. 1 und Abs. 2 SpkG HB; § 1 i. V. m. § 2 SparkG HE; § 1 Abs. 1 i. V. m. § 2 Abs. 1 SpkG M-V; § 3 i. V. m. § 4 Abs. 1 NSpG; § 2 i. V. m. § 3 Abs. 1 und Abs. 2 SpkG NRW; § 1 Abs. 1 i. V. m. § 2 Abs. 1 und Abs. 2 SpkG RP; § 1 Abs. 1 i. V. m. § 2 Abs. 1 und Abs. 2 SSpG; § 1 Abs. 1 i. V. m. § 2 Abs. 1 GörK; § 1 Abs. 2 i. V. m. § 2 Abs. 1 SpkG-LSA; § 1 Abs. 1 i. V. m. Abs. 2 SparkG SH; § 1 Abs. 1 i. V. m. § 2 Abs. 1 ThürSpkG; die Freie und Hansestadt Hamburg hat kein Sparkassengesetz.

200 Vgl. §§ 14, 22 SpkG M-V.

Sparkassen gelten grundsätzlich nicht für die darüber hinaus existierenden freien Sparkassen.[201] Dennoch verfolgen auch die freien Sparkassen im Allgemeinen freiwillig durch autonome Satzungen sowie Vereinbarungen mit den Sparkassen- und Giroverbänden die gleichen gemeinnützigen Ziele wie kommunale Sparkassen und zählen damit auch zur Sparkassen-Finanzgruppe.[202]

Neben den Sparkassengesetzen der einzelnen Bundesländer enthalten auch bundesrechtliche Vorschriften Hinweise auf den Sparkassenbegriff. Der § 1807 Abs. 1 Nr. 5 BGB erklärt inländische öffentliche Sparkassen als geeignet für die Anlage von Mündelgeld, und nach dem § 1 HGB zählen Sparkassen zu den Kaufleuten. Weiterhin gehören Sparkassen zu den Kreditinstituten nach § 1 Abs. 1 KWG, da sie Bankgeschäfte gewerbsmäßig oder in einem Umfang betreiben, der einen in kaufmännischer Weise eingerichteten Geschäftsbetrieb erfordert. Welche Unternehmen die Bezeichnung „Sparkasse“ in ihrer Firma verwenden dürfen, ist im § 40 Abs. 1 KWG festgelegt. Danach beschränkt sich der Begriff im Wesentlichen auf öffentlich-rechtliche Sparkassen und andere Unternehmen, die bisher befugt waren, eine solche Bezeichnung zu führen. Seit der mit Wirkung vom 1. Juli 1998 erfolgten Aufhebung des § 36 HGB a. F.,[203] der gewerbliche Unternehmen von Gebietskörperschaften von der Eintragungspflicht befreit hat, müssen sich auch Sparkassen in das Handelsregister eintragen lassen.

Öffentlich-rechtliche Sparkassen sind demnach Universalkreditinstitute, die als rechtsfähige, mündelsichere Anstalten des öffentlichen Rechts geführt werden, die die Kaufmannseigenschaft besitzen und als kommunale Wirtschaftsunternehmen öffentliche Aufgaben erfüllen.[204] Wesentliche Kennzeichen der öffentlich-rechtlichen Sparkassen sind neben der kommunalen Bindung und dem öffentlichen Auftrag auch bestimmte geschäftspolitische Beschränkungen wie das Regionalprinzip, welches das Geschäftsgebiet der Sparkasse grundsätzlich auf das

201 Vgl. *Schlierbach:* Sparkassenrecht, 2003, S. 314. Lediglich in Schleswig-Holstein fallen die freien Sparkassen unter die Sparkassengesetzgebung. Vgl. §§ 33 bis 35 SparkG SH.

202 Vgl. *Mählmann:* Freie Sparkassen, 1982, S. 141 ff. sowie *Hafke:* Sparkassen, 1988, S. 174 ff., ebenso *Lützenkirchen:* Unterschiede, 1989, S. 222 f. Im Weiteren siehe dazu auch Abschnitt 3.3.2.

203 Vgl. Artikel 3 des Gesetzes zur Neuregelung des Kaufmanns- und Firmenrechts und zur Änderung anderer handels- und gesellschaftsrechtlicher Vorschriften (Handelsrechtsformgesetz): BGBl. I, 22.06.1998, S. 1474. Bereits bestehende Sparkassen hatten sich bis zum 31.03.2000 anzumelden. Vgl. *Baumbach/Hopt:* Handelsgesetzbuch, 2003, S. 1349.

204 Weitere Definitionen siehe bei *Claussen:* Sparkassen, 1990, S. 23 sowie *Schlierbach:* Sparkassenrecht, 2003, S. 40 f.

Gebiet des Gewährträgers eingrenzt.[205] Dies bezieht sich besonders auf den Aufbau von weiteren Zweigstellen und die Vergabe von Krediten. Hingegen können die Sparkassen Einlagen auch von Personen entgegennehmen, die ihren Wohnsitz außerhalb des eigenen Geschäftsgebietes haben.[206]

3.3.2 Freie Sparkassen

Ursprünglich wurden Sparkassen häufig auch auf Initiative von Bürgern in privater Rechtsform gegründet. Nach dem Ersten Weltkrieg bestanden noch etwa 100 freie Sparkassen. In Deutschland existieren fünf freie Sparkassen, die als Aktiengesellschaften geführt werden: Bordesholmer Sparkasse AG, Die Sparkasse Bremen AG, Sparkasse zu Lübeck AG, Sparkasse Mittelholstein AG und Hamburger Sparkasse AG. Die ehemaligen freien Sparkassen – Sparkasse Westholstein und Frankfurter Sparkasse – werden heute als Anstalten des öffentlichen Rechts betrieben, und die Spar- und Leihkasse zu Bredstedt ist Anfang 2013 in der Nord-Ostsee Sparkasse aufgegangen.[207] Aufgrund ihrer Unternehmensverfassung ergeben sich für die freien Sparkassen einige Besonderheiten. Sie sind nicht kommunal gebundene Sparkassen, woraus folgt, dass sie nicht im Besitz oder unter der Kontrolle einer öffentlichen Gebietskörperschaft stehen. Für die freien Sparkassen bestehen weder Anstaltslast noch Gewährträgerhaftung. Gleichzeitig besitzen die sparkassenspezifischen Geschäftsbeschränkungen, wie das Regional- und Enumerationsprinzip, bei den freien Sparkassen keine Geltung.[208]

Das Bundesverwaltungsgericht (BVerwG) hatte in der Vergangenheit bereits konstatiert, dass die Filialeröffnung freier Sparkassen im Geschäftsgebiet einer öffentlich-rechtlichen Sparkasse keinem Genehmigungsvorbehalt durch eine Rechtsaufsichtsbehörde unterliegt.[209] Wenn die freien Sparkassen ihr Geschäftsgebiet dennoch nicht ausweiten möchten, basiert dieses Vorgehen auf freiwilliger Selbstbeschränkung und ist keine Folge rechtlicher Restriktionen. Sobald aber die freien Sparkassen ihr Geschäftsgebiet auf öffentlich-rechtliche Sparkassen ausgedehnt haben bzw. ausdehnen oder eine Kapitalbeteiligung durch eine

---

205 Für einen historischen Überblick über die traditionellen Geschäftsbeschränkungen vgl. *Schmitt-Wellbrock:* Freie Sparkassen, 1979, S. 61 ff. Andere Geschäftsbeschränkungen betreffen z. B. den Erwerb von Beteiligungen, das Wertpapier- und Devisengeschäft sowie Höchstkreditgrenzen.

206 Vgl. *Schlierbach:* Sparkassenrecht, 2003, S. 132–144.

207 Vgl. *Verband Deutscher Freier Öffentlicher Sparkassen:* Mitglieder, 2015, online.

208 Vgl. *Schmitt-Wellbrock:* Freie Sparkassen, 1979, S. 88 ff. sowie *Pautsch:* Privatisierung, 2003, S. 20–25.

209 Vgl. BVerwG vom 14.02.1984, S. 11–24.

Sparkassengesetzesänderung forcieren wollen, führt dieses Verhalten zu massiven Auseinandersetzungen, wie sie in Abschnitt 8.4.1 am Beispiel der größten deutschen Sparkasse, der Hamburger Sparkasse AG, analysiert und bewertet werden.

Unabhängig von diesen Differenzen sind die freien Sparkassen umfassend in die Sparkassenorganisation integriert, da sie sich – wenn auch auf einer anderen rechtlichen Grundlage – geschäftspolitisch ähnlich verhalten wie die öffentlich-rechtlichen Sparkassen.[210] Aus diesem Grund ist es den freien Sparkassen gestattet, das in der Regel rotfarbige Sparkassen-Erkennungszeichen und den Firmenzusatz „Sparkasse" zu nutzen.[211]

3.4 Zielsystem der Sparkassen

In dem vorherigen Abschnitt wurde neben der Darstellung der Sparkassen-Finanzgruppe bereits deutlich, welches Konfliktpotenzial zwischen den Akteuren besteht und dass es bei der Frage einer Rechtsformänderung einer Sparkasse um bedeutende politische Interessen geht. Um im Weiteren die Deregulierungs- und Privatisierungsdiskussion und die sich daraus ergebenden Vorhaben erklären zu können, muss das Zielsystem der Sparkassen näher betrachtet werden.[212] Dieses gilt es im Folgenden – unter Zuhilfenahme des theoretischen Rahmens nach *Edmund Heinen* und *Günter Sieben* – herauszuarbeiten.[213]

Grundsätzlich ist das Bestimmen relevanter Ziele die Ausgangsbasis für die Entscheidungsfindung. Ob die Entscheidungen politischer oder wirtschaftlicher Natur sind, ist in diesem Zusammenhang nicht von Bedeutung. Auf dieser Grundlage lassen sich dann im folgenden Ziele als Beurteilungskriterien definieren. Es können effiziente Handlungsalternativen identifiziert und transparent dargestellt werden.[214] Eine wichtige Prämisse für die Identifikation der Ziele ist, dass diese messbar sind.[215]

Laut *Heinen* bestehen die relevanten Bezugsgrößen eines Zielsystems aus der Zielgröße, dem Zielniveau und dem Zielbezug.[216] Dabei beschreibt die Zielgröße,

---

210 Der Verband der Deutschen Freien Öffentlichen Sparkassen e. V. ist der Dachverband der freien Sparkassen in Deutschland.

211 § 40 Abs. 1 Nr. 2 KWG.

212 Für eine detaillierte Betrachtung des Zielsystems der Sparkassen vgl. *Güde:* Geschäftspolitik der Sparkassen, 1995, S. 17–70.

213 Vgl. *Heinen:* Zielsystem, 1976, S. 59–89.

214 Vgl. *Adam:* Ziele, 1996, S. 99.

215 Vgl. *Adam:* Ziele, 1996, S. 100 f.

216 Vgl. *Heinen:* Zielsystem, 1976, S. 59–89.

welches zukünftige Ziel verfolgt werden soll. Das Zielniveau bestimmt, in welchem Umfang die Erreichung der Ziele angestrebt wird. Hingegen spielt bei der Bestimmung des Zielbezugs die zeitliche Komponente eine bedeutende Rolle. Der Zielbezug kann demnach auf einen Zeitpunkt oder einen Zeitraum ausgerichtet sein. *Sieben* hingegen differenziert nach Ergebnisdefinition und Präferenzen. Die Präferenzen werden nochmals unterteilt in Höhen-, Zeit-, Sicherheits- und Artenpräferenz.[217] Die Ergebnisdefinitionen bestimmen die Themen für die Entscheider, und auf der Grundlage der Präferenzen erfolgt die Charakterisierung. Demnach kann konstatiert werden, dass das Zielsystem nach *Sieben* den Ansatz von *Heinen* um den Aspekt der Sicherheits- und Artenpräferenz ergänzt. Die Sicherheitspräferenz berücksichtigt diverse subjektive Einstellungen im Vergleich zu nicht sicheren Handlungskonsequenzen. Dagegen werden durch die Artenpräferenzen unterschiedliche Sachverhalte in ihrer Prägung durch subjektive Einstellungen beschrieben. Nun ist das Handeln in Sparkassen nicht durch die Verfolgung eines einzigen Zieles determiniert; die Praxis verdeutlicht, dass mehrere Ziele parallel zu verfolgen sind. In solch einem Zielsystem kommt den Beziehungen zwischen den Zielen eine wesentliche Bedeutung zu.[218] Eine Herausforderung ergibt sich dabei insbesondere bei Zielkonflikten.[219]

Wer bestimmt in öffentlich-rechtlichen Sparkassen die Ziele? Diese Aufgabe kommt grundsätzlich dem Verwaltungsrat zu. Er beeinflusst damit maßgeblich die Zielformulierung.[220] Die Ermächtigung dafür erhält er aus den Sparkassengesetzen. Vor diesem Hintergrund wird die Geschäftspolitik durch den Verwaltungsrat geprägt.[221] Bei anderen Kreditinstituten ist der Vorstand für die Zielsetzung verantwortlich. Aus diesem Grund ist der Einfluss auf die Geschäftspolitik des Verwaltungsrats einer öffentlich-rechtlichen Sparkasse größer als bspw. bei dem Aufsichtsrat einer privaten Bank, der die Geschäftsführung zu überwachen hat.[222]

217 Vgl. *Sieben:* Bewertung, 1968, S. 1 ff. Siehe auch *Sieben/Schildbach:* Entscheidungstheorie, 1994, S. 23–30.

218 Vgl. *Hauschildt:* Zielsysteme, 1980, Sp. 2420.

219 Vgl. *Adam:* Ziele, 1996, S. 106 f.

220 Vgl. *Mülhaupt/Dolff:* Sparkassenbetrieb, 1981, S. 680 f.

221 Vgl. § 12 Abs. 1 SpG BW; Art. 5 Abs. 3 Satz 2 SpkG BY; § 8 Abs. 1 BbgSpkG; § 12 Abs. 1 SpkG HB; § 8 Abs. 1 SpkG M-V; § 16 Abs. 4 Nr. 2 NSpG; § 14 Abs. 1 SpkG NRW; § 8 Abs. 1 SpkG RP; § 8 Abs. 1 SpkG-LSA; § 10 Abs. 1 Satz 2 SparkG SH; § 8 Abs. 1 Satz 2 ThürSpkG. Diese Regelung ist in den Sparkassengesetzen von Hessen und dem Saarland nicht enthalten.

222 Vgl. § 111 Abs. 1 AktG. Die Anforderungen an die Verwaltungsräte haben sich u. a. auch aufgrund der Finanz- und Wirtschaftskrise in den Jahren 2007 bis 2009 massiv

Mit Blick auf das Zielsystem sind bei öffentlich-rechtlichen Kreditinstituten generell Auftragsziele von Sicherungszielen zu differenzieren.[223] Dabei kommt den Auftragszielen seit jeher eher ein politischer bzw. ideologischer Charakter zu, der sich aus dem originären Auftrag der Sparkassen ableiten lässt. Dagegen beinhalten die Sicherungsziele den Bestand, also die Existenz der öffentlich-rechtlichen Sparkasse auf der Basis ökonomischer Größen und gewährleisten damit die Erfüllung der Auftragsziele. Auftragsziele sind demnach wesentlich durch gesetzliche Vorgaben, wie die Sparkassengesetze und den öffentlichen Auftrag, bestimmt. Insgesamt kann konstatiert werden, dass die Zielkonflikte zwischen der Erfüllung des öffentlichen Auftrags und dem Gewinnstreben von besonderem Interesse sind.[224]

3.5 Haftungssystem der Sparkassen

Neben dem Zielsystem der öffentlich-rechtlichen Sparkassen ist auch deren Haftungssystem von besonderem Interesse. Im Jahr 2005 sind die staatlichen Haftungsgarantien für die öffentlich-rechtlichen Kreditinstitute – die Gewährträgerhaftung und Anstaltslast[225] –aufgelöst worden. Dabei beinhaltete die Gewährträgerhaftung, dass der Gewährträger für Verbindlichkeiten der öffentlich-rechtlichen Kreditinstitute haftete, während der Anstaltsträger laut Anstaltslast verpflichtet war, seine Anstalt zur Erfüllung ihrer Aufgaben instand zu halten.[226]

Eine Beschwerde des Bundesverbands deutscher Banken (BdB) vom 23. März 1993, die bei der EU-Kommission eingereicht wurde, bildete den Ausgangspunkt des Konflikts. Dabei wurde das Haftungssystem der öffentlich-rechtlichen Kreditinstitute in Deutschland massiv kritisiert.[227] Der Grund dafür war, dass die Wohnungsbauförderungsanstalt des Landes Nordrhein-Westfalen an die WestLB übertragen wurde. Daraufhin erhielt das Land ein Entgelt in Höhe von 0,6 Prozent der Jahresgewinne der WestLB. Die Beteiligung des Landes an der

---

verändert. Eine ausführliche Beschreibung dazu siehe bei *Hartwig:* Verwaltungsräte, 2009, S. 9 ff.

223 Vgl. *Mülhaupt/Dolff:* Sparkassenbetrieb, 1981, S. 682–690.

224 Vgl. *Adam:* Ziele, 1996, S. 109–112.

225 Vgl. *Wehber:* Gewährträgerhaftung, 2005, S. 752–755.

226 Vgl. *Friesen:* Haftungszusagen, 1998, S. 42 f. sowie *Schlierbach:* Sparkassenrecht, 2003, S. 144–155, ebenso *Bundesverband Öffentlicher Banken Deutschlands:* Garantien, 2002, online.

227 Vgl. EuGH, 2003, S. 435 ff. sowie Richtlinie 93/6 EWG des Rates vom 15.03.1993 über die angemessene Eigenkapitalausstattung von Wertpapierfirmen und Kreditinstituten, 1993, S. 27.

WestLB wurde hingegen nicht erhöht.[228] In ihrer Entscheidung vom 8. Juli 1999 äußerte die EU-Kommission die Auffassung, die Übertragung sei als rechtswidrige staatliche Beihilfe einzuordnen, und forderte damit eine vollständige Rückzahlung.[229] Hauptgrund für diese grundlegende Entscheidung war, dass das Entgelt für die Gegenleistung als nicht angemessen gesehen wurde. Die damalige rot-grüne Bundesregierung mit Bundeskanzler *Gerhard Schröder* (SPD), die rot-grüne Landesregierung von Nordrhein-Westfalen mit *Wolfgang Clement* (SPD) als Ministerpräsidenten und die WestLB legten gegen diese Entscheidung der EU-Kommission Widerspruch ein.[230] Ohne an dieser Stelle die Interessen und Motive der Akteure wie der Bundesrepublik Deutschland, des Landes Nordrhein-Westfalen sowie des BdB eingehender untersuchen zu können, ist bereits erkennbar, welche politische Brisanz dieses Thema hat.

Dass eine nicht zulässige Beihilfe vorlag, bestätigte der EU-Gerichtshof am 6. März 2003 und erklärte damit die Entscheidung der EU-Kommission vor dem Hintergrund unzureichender Begründungen (wegen der Höhe eines angemessenen Zinssatzes) für nichtig, sodass das Verfahren erneut bewertet werden musste.[231] Die deutschen Landesbanken strebten daraufhin einen Konsens mit der EU-Kommission über den Umfang der an die Bundesländer zurückzuzahlenden Beihilfen an und setzten diesen um. Jedoch bestand weiterhin Uneinigkeit über den Zeitpunkt, zu dem die 4,3 Mrd. EUR, wie von den Bundesländern in Aussicht gestellt, rekapitalisiert werden durften.[232]

Der Europäische Bankenverband klagte ebenfalls im Dezember 1999 bei der EU-Kommission. Er war der Ansicht, dass es sich bei den Haftungsinstrumenten der öffentlich-rechtlichen Kreditinstitute in Deutschland um eine rechtswidrige staatliche Beihilfe handle.[233] Vor diesem Hintergrund und der massiven politischen Einflussnahme wurde binnen weniger Monate (Juli 2001 bis Februar 2002) eine Einigung bzw. Vereinbarung zwischen der EU-Kommission, der rot-grünen Bundesregierung und den öffentlich-rechtlichen Kreditinstituten erzielt. Diese Einigung sah die Abschaffung der Gewährträgerhaftung und die Modifizierung

---

228 Vgl. *Neuberger/Schindler:* Öffentlicher Auftrag, 2001, S. 102.
229 Vgl. *Pautsch:* Privatisierung, 2003, S. 43 ff.
230 Vgl. *Hofmann:* Bankensektor, 2006, S. 11 f.
231 Vgl. EuGH, 2003, S. 435 ff.
232 Vgl. *Mai:* Landesbanken-Streit, 2005, S. 20.
233 Vgl. *Berndt:* Sparkassen-Finanzgruppe, 2001, S. 15 sowie *Pautsch:* Privatisierung, 2003, S. 43 ff.

der Anstaltslast bis zum 18. Juli 2005 vor.[234] Die Sparkassengesetze wurden entsprechend geändert, sodass die Haftung der Träger ab dem 19. Juli 2005 der in der Einigung mit der EU-Kommission festgelegten Ausgestaltung entsprach.[235]

Die Abschaffung der Haftungsgarantien hatte sowohl einen unmittelbaren Einfluss auf die Landesbanken als auch auf die Sparkassen. Die Landesbanken konnten nämlich noch zuvor mit den staatlichen Haftungsgarantien ein „optimiertes" Rating erzielen, womit deren Refinanzierungskosten gegenüber privaten Kreditinstituten deutlich geringer waren.[236] Nunmehr war davon auszugehen, dass die Refinanzierungskosten der Landesbanken weiter steigen würden, obwohl die

---

234 Vgl. *Bundesregierung:* Einigung, 2002, online. Anstaltslast und Gewährträgerhaftung galten für alle Verbindlichkeiten bis zum 18.07.2005. Für Verbindlichkeiten, die bis zum 18.07.2001 eingegangen wurden, gilt die Gewährträgerhaftung unbegrenzt bis zum Ende der Laufzeit. Für während der vierjährigen Übergangszeit vom 19.07.2001 bis zum 18.07.2005 vereinbarte Verbindlichkeiten gilt die Gewährträgerhaftung unter der Bedingung, dass deren Laufzeit nicht über den 31.12.2015 hinausgeht. Siehe auch *Pautsch:* Privatisierung, 2003, S. 105–109.

235 Vgl. Viertes Gesetz zur Änderung des Gesetzes über die Errichtung der Landesbank Berlin – Girozentrale vom 19.09.2002, S. 286; Gesetz zur Änderung sparkassenrechtlicher Vorschriften in Baden-Württemberg vom 22.10.2002, S. 386; Gesetz zur Änderung des Sparkassengesetzes in Bayern vom 25.07.2002, S. 324; Gesetz zur Änderung des Brandenburgischen Sparkassengesetzes vom 10.07.2002, S. 57; Gesetz zur Änderung des Sparkassengesetzes für öffentliche Sparkassen im Land Bremen und des Gesetzes zur Ausführung der Zivilprozessordnung, der Insolvenzordnung und des Zwangsversteigerungsgesetzes vom 28.05.2002, S. 131; Gesetz zu dem Staatsvertrag zur Änderung des Staatsvertrages über die Bildung einer gemeinsamen Sparkassenorganisation Hessen-Thüringen, zur Änderung des Hessischen Sparkassengesetzes und zur Änderung des Gesetzes über die Vereinigung der Stadtsparkasse Frankfurt am Main mit der Frankfurter Sparkasse von 1822 (Polytechnische Gesellschaft) vom 18.06.2002, S. 260; Zweites Gesetz zur Änderung des Sparkassengesetzes des Landes Mecklenburg-Vorpommern vom 30.04.2002, S. 688; Gesetz zur Neuordnung des öffentlichen Sparkassenwesens in Niedersachsen vom 21.11.2002, S. 730; Gesetz zur Neuregelung der Rechtsverhältnisse der öffentlich-rechtlichen Kreditinstitute in Nordrhein-Westfalen vom 02.07.2002, S. 284; Siebtes Landesgesetz zur Änderung des Sparkassengesetzes in Rheinland-Pfalz vom 27.06.2002, S. 304; Gesetz zur Neuordnung des öffentlich-rechtlichen Kreditwesens im Saarland vom 27.11.2002, in: Amtsbl., S. 2502; Gesetz über das öffentlich-rechtliche Kreditwesen im Freistaat Sachsen vom 13.12.2002, S. 333; Zweites Gesetz zur Änderung des Sparkassengesetzes des Landes Sachsen-Anhalt vom 18.12.2002, S. 447; Gesetz zur Änderung des Sparkassengesetzes für das Land Schleswig-Holstein vom 12.12.2002, S. 254; Erstes Gesetz zur Änderung des Thüringer Sparkassengesetzes vom 03.12.2002, S. 416.

236 Vgl. *Neuberger/Schindler:* Öffentlicher Auftrag, 2001, S. 108–110.

Landesbanken bereits ihr Eigenkapital erhöht hatten.[237] Im Sparkassensektor wurde wieder einmal die Sinnhaftigkeit der Aufrechterhaltung des Regionalprinzips infrage gestellt.[238] Die öffentlich-rechtlichen Sparkassen wurden gezwungen, ihre bestehenden Sicherungssysteme auszubauen.

Letztendlich verlangen die beschriebenen Haftungsänderungen von den öffentlich-rechtlichen Kreditinstituten insgesamt einen größeren Ausbau ihrer Institutssicherung.[239] Somit werden die öffentlich-rechtlichen Kreditinstitute zukünftig höhere, risikogerechtere Gebühren für die freiwillige Einlagensicherung zahlen müssen.

3.6 Struktur und Ertragslage des deutschen Bankenmarkts

Unter Berücksichtigung der vorstehenden Ausführungen ist eine zumindest skizzenhafte Darstellung der Struktur und Ertragslage des deutschen Bankenmarktes unerlässlich, da es sich bei dem zu untersuchenden Thema um das Politikfeld Steuerung und Ordnung der Kreditwirtschaft handelt und demzufolge ein Verständnis vorhanden sein muss, welche Bedeutung und damit welche Auswirkungen eine Deregulierung und Privatisierung auf den Bankensektor haben.

Eine Studie des Internationale Währungsfonds (IWF) aus dem Jahr 2004 zu den Entwicklungsperspektiven der Kreditwirtschaft in der EU kommt zu dem Ergebnis, dass deutsche Banken im Vergleich zu Kreditinstituten in anderen Ländern weniger profitabel sind und ihre Gewinne in den letzten Jahren relativ gesehen stärker gesunken sind. Die Ursachen dafür liegen nach Ansicht des IWF in der geringeren Mobilisierung von Einkünften sowie der Unfähigkeit, die

---

237 Vgl. *Hofmann:* Bankensektor, 2006, S. 11–13 und 20 f. sowie *Noack/Schrooten:* Landesbanken, 2009, S. 5 ff., ebenso *Engels:* Landesbanken, 2010, S. 70 f.

238 Vgl. *Nierhaus/Stern:* Regionalprinzip, 1992, S. 247–249 sowie *Deutsches Institut für Wirtschaftsforschung:* Gutachten, 2004, S. 19. Dass die Frage nach der Sinnhaftigkeit berechtigt ist, zeigt das Vorgehen der Sparkassen in Baden-Württemberg. Bereits im Jahr 1989 haben die badischen und elsässischen Sparkassen ein Abkommen hinsichtlich einer länderübergreifenden Zusammenarbeit getroffen. Nach Auffassung der Sparkassen in Baden-Württemberg blieb aber das Regionalprinzip bestehen, da keine Konkurrenz bestehen sollte, sondern eine „partnerschaftliche Zusammenarbeit zum Nutzen der Kunden". Vgl. *o. V.:* Kooperation, 1989, S. 9.

239 Vgl. *Wiesel:* Sparkassen, 2002, S. 296. Siehe auch *Deutsches Institut für Wirtschaftsforschung:* Gutachten, 2004, S. 48 und 59–63.

Provisionserträge zu steigern, um sinkende Zinserträge auszugleichen.[240] Seit Mitte der 2000er-Jahre bis zum Jahresanfang 2016 hat sich an diesen Kernaussagen nichts Wesentliches geändert. Der BdB führt die Schwierigkeiten auf strukturelle Mängel im deutschen Bankensystem zurück.[241]

Die Struktur des deutschen Bankenmarkts ist gekennzeichnet durch das bereits vorgestellte Drei-Säulen-System und wird in den beiden nachstehenden Abbildungen sichtbar.[242] Aus Abbildung 3 ist die Anzahl der Kreditinstitute des privaten, des öffentlich-rechtlichen und des genossenschaftlichen Sektors zu erkennen. Dabei repräsentieren die Kreditbanken (bestehend aus Groß-, Regional- und Wertpapierhandelsbanken sowie sonstigen Kreditbanken) den privaten Sektor, die Landesbanken und Sparkassen den öffentlich-rechtlichen Sektor und die kreditgenossenschaftlichen Institute den genossenschaftlichen Sektor. Abbildung 4 veranschaulicht die Anzahl der Zweigstellen der ausgewählten Kreditinstitute.

Abbildung 3: Anzahl von Kreditinstituten in Deutschland

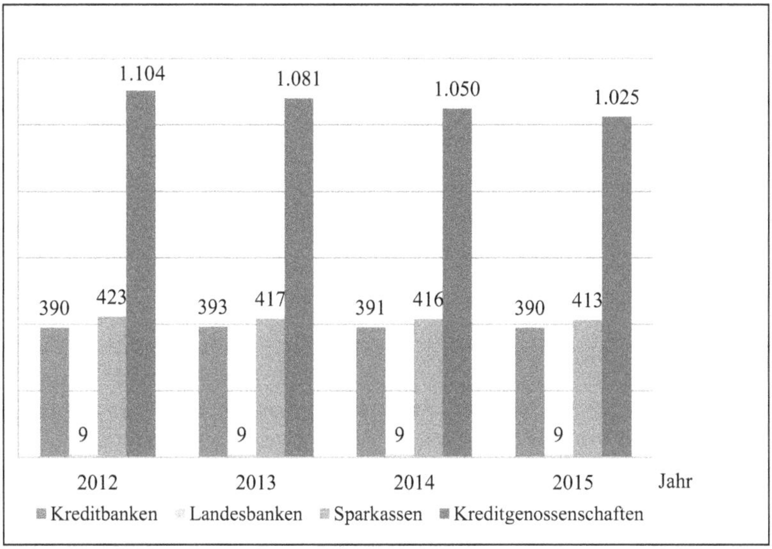

Quelle: *Deutsche Bundesbank:* Bankstellenstatistik 2015, Anlage 1, S. 1.

240 Vgl. *Brunner/Decressin/Hardy/Kudela:* Banking System, 2004, S. 1 ff. sowie *Krahnen/Schmidt:* Financial System, 2004, S. 71–105 und auch *Bundesverband Deutscher Banken:* Bankengewerbe, 2009, S. 3 ff.

241 Vgl. Abschnitt 7.2.

242 Die verwendeten Daten in den Abbildungen 3 und 4 beruhen auf der aktuellen Definition der Bankengruppen nach der Bankenstatistik der Deutschen Bundesbank (Stand: März 2016).

Abbildung 4: Anzahl von Zweigstellen in Deutschland

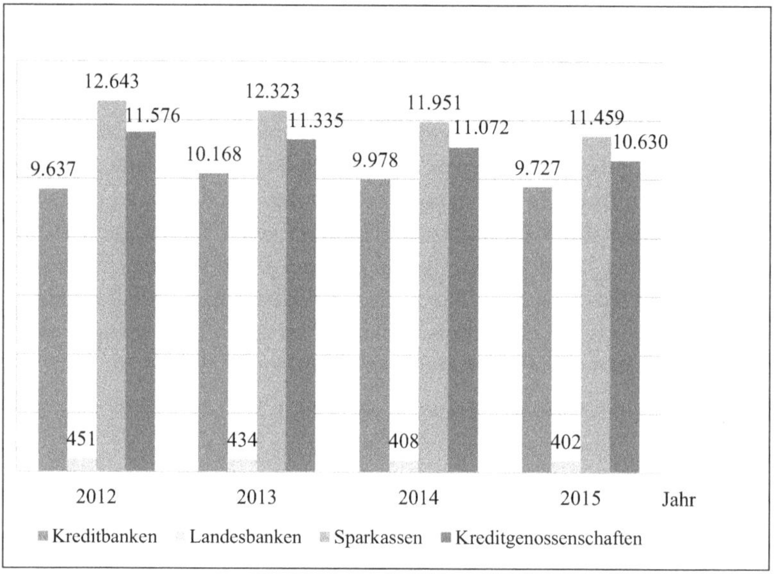

Quelle: *Deutsche Bundesbank:* Bankstellenstatistik 2015, Anlage 2.

3.6.1 Deutscher Bankenmarkt

Die Finanz- und Wirtschaftskrise in den Jahren 2007 bis 2009 ist in ihrer Dimension und Gefährlichkeit die bedeutendste seit der Weltwirtschaftskrise Ende der 1920er- und Anfang der 1930er-Jahre.[243] Im Jahr 2008 war die Ertragskraft der deutschen Kreditinstitute deutlich von den Auswirkungen dieser Krise betroffen,[244] wobei die Ertragsentwicklung – wie die folgenden Abbildungen 5 und 6 zeigen – bei den verschiedenen Bankengruppen sehr unterschiedlich

243 Vgl. Hagedorn: Subprime-Krise, 2007, S. 20–26 sowie *Burhop:* Banking Crises, 2009, S. 73 ff., ebenso *Schnabel:* Financial Crises, 2009, S. 89 ff. und auch *Andersen:* Weltwirtschaftskrise, 2010, S. 7.

244 Vgl. *Weber/Brehe:* Subprime-Krise, 2009, S. 96 ff. sowie *Cecchetti/Kohler/Upper:* Financial Crises, 2009, S. 1 ff. Siehe auch *Nastansky/Strohe:* Ursachen, 2009, S. 1 ff. sowie *Plaschnick:* Bank Runs, 2009, S. 9 ff., ebenfalls *Mentré:* Crise financière, 2009, S. 9 ff. und auch *Romeike:* Subprime-Krise, 2010, S. 13 ff.

verlief.[245] Insbesondere die Großbanken, Landesbanken, Realkreditinstitute sowie die Banken mit Sonderaufgaben waren betroffen. Im Gegensatz dazu konnten die Sparkassen, Kreditgenossenschaften und die Regionalbanken ein positives, wenn auch zum Teil deutlich reduzierteres Ergebnis vor Steuern ausweisen. Die deutschen Banken mussten besonders im Eigenhandel drastische Verluste ausweisen. Zusätzlich waren ein erheblich gestiegener Bewertungsaufwand sowie ungewöhnlich hohe Belastungen aus dem Finanzanlagengeschäft zu verzeichnen. Wenngleich die deutschen Banken per saldo substanzielle Erträge aus der Auflösung von Rücklagen erwirtschafteten, so wurde erstmals ein Bilanzverlust ausgewiesen, der sich aber auf wenige Bankengruppen konzentrierte.

Abbildung 5: Bewertungsergebnis nach Bankengruppen

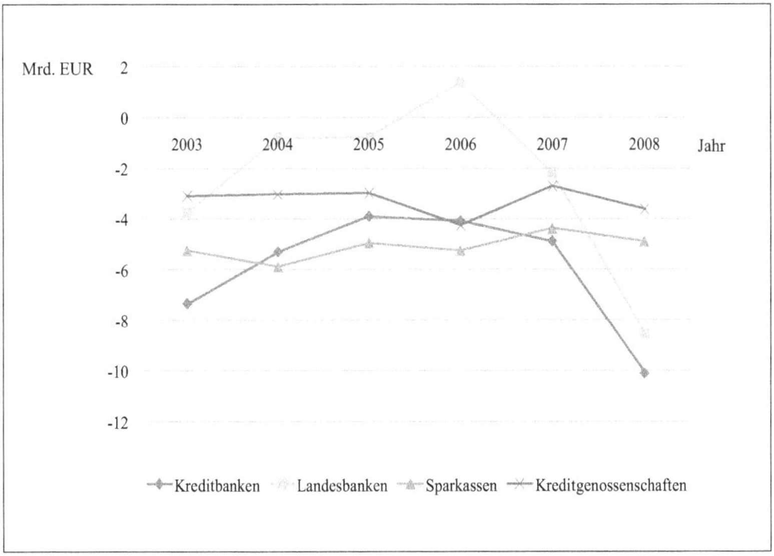

Quelle: In Anlehnung an *Deutsche Bundesbank:* Monatsbericht September 2009.

245 Die weiteren Ausführungen und Abbildungen sind an den Monatsbericht der Deutschen Bundesbank vom September 2009 zur Ertragsentwicklung der deutschen Kreditinstitute im Jahr 2008 sowie an das Gutachten von *Noack/Schrooten* angelehnt und teils wörtlich übernommen. Vgl. *Deutsche Bundesbank:* Kreditinstitute, 2009, S. 37–66 und *Noack/Schrooten:* Landesbanken, 2009, S. 5 ff. Für eine ausführliche Analyse zur gesamtwirtschaftlichen Entwicklung in Deutschland vgl. *Sachverständigenrat zur Begutachtung der gesamtwirtschaftlichen Entwicklung:* Zukunft, 2009, S. 31 ff.

Abbildung 6: Jahresüberschuss und -fehlbetrag nach Bankengruppen

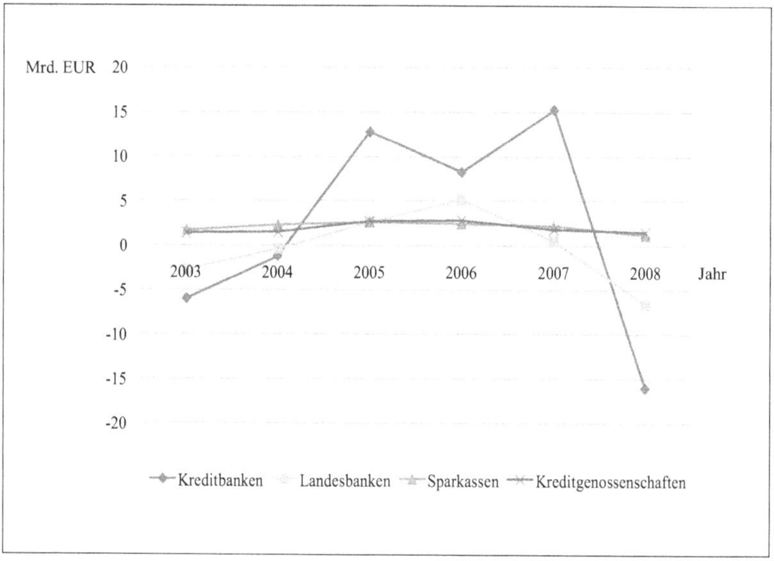

Quelle: In Anlehnung an *Deutsche Bundesbank:* Monatsbericht September 2009.

Die Jahresüberschüsse lassen vermuten, dass die Ergebnisse der Sparkassen im Vergleich zu denen der Kreditbanken relativ unabhängig von vielen der bereits genannten strukturellen Veränderungen sind. Ursache dafür sind sparkassenspezifische Besonderheiten wie der öffentliche Auftrag und das Regionalprinzip.[246]

Es lässt sich also aus dem bislang Beschriebenen deutlich erkennen, dass sich die Privatisierungsforderungen mit der Ertragsentwicklung der Sparkassen nicht begründen lassen. Die strukturellen Veränderungen können eine neue strategische Ausrichtung der Kreditinstitute erforderlich machen. Neben Kostenreduzierungen durch Reorganisation und Rationalisierung sowie Konzentration auf die Kernkompetenzen könnte der Aufbau neuer Geschäftsfelder ebenso dazugehören wie Fusionen und Kooperationen. Allerdings sind in Deutschland bis dato Fusionen aufgrund der unterschiedlichen Rechtsformen nur innerhalb

246 Vgl. Abschnitt 3.5. Für eine detaillierte Betrachtung des öffentlichen Auftrags vgl. auch *Handschuh:* Der öffentliche Auftrag, 2010.

einzelner Kreditinstitutssektoren umsetzbar. Ausländische Interessenten können demnach nur private Banken erwerben.[247]

3.6.2 Sonderfall: Bankenmarkt Ost

Zum besseren Verständnis der Struktur des deutschen Bankenmarktes muss der Bankenmarkt in den neuen Bundesländern näher betrachtet werden. Die Tätigkeiten der Banken und Sparkassen in der DDR waren in der Vergangenheit durch eine strenge, gesetzlich fixierte Aufgabenbegrenzung sowie die Einbeziehung in das planwirtschaftliche System der Zentralverwaltungswirtschaft gekennzeichnet. Die Kreditinstitute waren Teil des planwirtschaftlich organisierten sozialistischen Staates. Bis zur Wiedervereinigung im Jahr 1990 bestand das Bankensystem in der ehemaligen DDR zwar nicht formal, aber de facto als Einbanksystem.[248]

Die Stadt- und Kreissparkassen waren als Einrichtungen der Räte der Städte und Kreise volkseigene Kreditinstitute, die für die Betreuung der Bürger in allen monetären Angelegenheiten zuständig waren. Daneben konnten aber auch Konten von privaten Handwerkern und Gewerbetreibenden bei den Sparkassen geführt werden. Die Zielsetzung der Sparkassentätigkeit bestand in der Sammlung von Spareinlagen.[249] Die Sparkassen in der DDR dienten damit als Geldbeschaffungsinstrument für das Finanzministerium.[250]

Mit der Wiedervereinigung wurde das planwirtschaftliche Bankensystem der neuen Bundesländer an das bundesdeutsche, marktwirtschaftlich orientierte Bankensystem angeglichen. Die vorrangige Aufgabe bestand darin, das originäre DDR-Bankensystem zu dezentralisieren, die Dominanz der Staatsbank zu beseitigen, die Einzelinstitute zu verselbstständigen und damit einen wettbewerbsfähigen marktwirtschaftlichen Bankenmarkt zu konstruieren.[251]

Im Rahmen des Restrukturierungsprozesses wurde am 20. März 1990 ein „Sparkassenverband DDR" gegründet, aus dem am 1. Januar 1991 der „Ostdeutsche Sparkassen- und Giroverband (OSGV)" hervorging. Mit dem Staatsvertrag trat zum 1. Juli 1990 das Sparkassengesetz in Kraft, das das bis dahin gültige Statut

247 Vgl. *Niggemeyer:* Sparkassenfusionen, 2006, S. 31 ff. sowie *Hofmann:* Bankensektor, 2006, S. 99–104.

248 Vgl. *Büschgen:* Bankbetriebslehre, 1994, S. 41. Siehe auch *Güde:* Geschäftspolitik der Sparkassen, 1995, S. 52–54.

249 Vgl. *Gunkel:* Bankenwettbewerb, 1996, S. 172–174.

250 Vgl. *Mayer:* Bankmanagement, 1998, S. 28–30.

251 Vgl. *Deutscher Sparkassen- und Giroverband:* Wandel, 1992, S. 77–79.

der Sparkassen der DDR ablöste. Grundsätzlich wurden mit diesem Gesetz die wesentlichen Regelungen des westdeutschen Sparkassengesetzes übernommen. Mit der Errichtung des Sparkassenverbandes sollte für die Sparkassen in den neuen Bundesländern die Möglichkeit eröffnet werden, sich von den planwirtschaftlichen Grundlagen und der Einflussnahme der Staatsbank zu trennen. Es galt, die marktorientierte Ausrichtung der Sparkassen voranzutreiben.[252]

Wie viele andere Bankengruppen stehen auch die ostdeutschen Sparkassen unter großem Veränderungsdruck. Der „Bankenmarkt Ost" spielt gemessen an seinen Geschäftsvolumina bundesweit eine eher untergeordnete Rolle. Ein Grund dafür ist seine hohe Korrelation mit der gesamtwirtschaftlichen Entwicklung in Ostdeutschland. So existiert bspw. ein enger Zusammenhang zwischen Arbeitslosigkeit und Einlagenbildung.[253] Darüber hinaus schlägt sich die schwierige wirtschaftliche Lage vieler Firmen in geringer Liquidität, geringem Einlagenbestand und nachlassender Kreditnachfrage nieder. Weitere Indizien für die nachlassende Attraktivität und hohe Risikoimmanenz des Bankenmarkts Ost sind der sukzessive Rückzug von Marktteilnehmern und zahlreiche Bankfusionen, die bedingt durch Sanierungsfälle eingeleitet werden mussten. So führen auch strukturelle Gründe zu weiteren Konzentrationsprozessen. Denn angesichts des relativ dichten Filialnetzes und der im Vergleich zu den westdeutschen Banken, die gleichfalls über Effizienzprobleme klagen, ungünstigen Privatkunden- bzw. Firmenkundenkennzahlen pro Bankstelle ist zu vermuten, dass die „Flurbereinigungen" am Bankenmarkt Ost noch nicht beendet sind.

Die Zahl der ostdeutschen Sparkassen hat sich seit dem Jahr 1990 auf 45 Institute zum Ende des Jahres 2013 reduziert.[254] Die Sparkassen betreiben im Rahmen ihrer ordnungspolitischen Vorgaben und Statuten eine strikt regional orientierte und daher sehr marktnahe Geschäftspolitik. Basis ihrer Standortplanung waren nach der Wende die Gebäude der ehemaligen DDR-Sparkassen sowie die Vielzahl der dort betreuten Privat- und kleineren Gewerbekunden. Begünstigt durch die Währungsumstellung, das sicherheitsorientierte Kundenverhalten und ihren hohen Bekanntheitsgrad konnte die Marktposition der Sparkassen in den östlichen Bundesländern seit der Wende kontinuierlich auf einem hohen Niveau stabilisiert werden.[255]

Durch ihre erfolgreiche Geschäftstätigkeit haben sich die Sparkassen nach der Wende weitgehend positiv entwickelt. Dafür ist das Privatkundengeschäft, dessen

252 Vgl. *Deutscher Sparkassen- und Giroverband:* Wandel, 1992, S. 78–85.

253 Vgl. *Mayer:* Bankmanagement, 1998, S. 30–34.

254 Vgl. *Ostdeutscher Sparkassenverband:* Mitgliedssparkassen, 2013, online.

255 Vgl. *Stiele:* Bankensektor, 2008, S. 117 f.

Marktanteile historisch bedingt zum Teil mehr als 70 Prozent ausmachen, verantwortlich.[256] Die ostdeutschen Sparkassen treten zwar unter dem gleichen Markennamen wie die westdeutschen Sparkassen auf und vertreiben auch die gleichen Produkte, jedoch resultieren aus der historischen Entwicklung einige wesentliche Unterschiede zu den westdeutschen Instituten, die auch die zukünftige strategische Ausrichtung und die Marktbearbeitung beeinflussen. Dazu zählen:[257]

- unverändert überdurchschnittlich hohe Marktanteile im Privatkundengeschäft
- eher defizitäres Firmenkundengeschäft, bedingt durch zu hohe Bearbeitungs- und Risikokosten sowie Quersubventionierung
- höhere Dynamik des Fusionsprozesses bis 1997, der sich nach einem zeitweisen Abschluss aber wieder beschleunigt
- im Durchschnitt geringeres Bilanzvolumen
- vergleichsweise gute Ertragslage und Aufwands-Ertrags-Relation
- leistungsfähiges Vertriebsnetz, bedingt durch veränderten Kundenbedarf und eine neue resp. modernisierte Gebäudesubstanz im Gefolge der Neustrukturierung der Vertriebswege (Firmenkunden-, Gewerbe- und Vermögensanlagen-Center)
- hoher Automatisierungsgrad des Services (Einsatz elektronischer Vertriebswege, Automatisierung von Zweigstellen)
- einheitlicher Auftritt in der Öffentlichkeit (virtuelle Geschäftsstelle im Internet etc.)

Die Betriebsgrößen der Sparkassen haben sich infolge zahlreicher Fusionen (Kreisgebietsreformen) sukzessive erhöht, sind aber nach Meinung von Experten immer noch zu gering und für zunehmende Kostenprobleme verantwortlich. Damit wird deutlich, dass trotz der bereits erzielten Senkung der Aufwands-Ertrags-Relation die Forderung nach einem strengen Kostenmanagement und einer Optimierung der Geschäftsprozesse eine große Bedeutung für die Sparkassenpolitik in Ostdeutschland hat. Neben weiteren Fusionen werden aus diesem Grund verstärkt Kooperationen diskutiert. Dies betrifft besonders die Abwicklung von Bankleistungen bzw. alle Backoffice-Leistungen. Aktuelle Informationen lassen vermuten, dass die ostdeutschen Sparkassen bei der Bewältigung der künftigen Herausforderungen auf dem richtigen Weg sind. Die weitere Entwicklung der ostdeutschen Sparkassen bleibt abzuwarten.

256 Vgl. *Stiele:* Bankensektor, 2008, S. 118–122.

257 Vgl. *Stiele:* Bankensektor, 2008, S. 118–127 sowie *Holtmann:* Sparkassen, 2011, S. 880–882.

3.7 Sparkassen als Stabilitätsfaktor des Drei-Säulen-Systems in Krisenzeiten

Es wurde bereits deutlich, dass das risikobehaftete Geschäft einiger Kreditinstitute an Bedeutung gewinnt. Bei dieser Art von Geschäften handelt es sich um lukrative Engagements, die sich entsprechend in den Gewinnen der Banken niederschlagen. Eine Folge war die weltweite Finanz- und Wirtschaftskrise 2007 bis Ende 2009. Allerdings waren nicht alle Kreditinstitute im deutschen Bankensystem von dieser Finanzmarktkrise in gleichem Maße betroffen. Vor diesem Hintergrund gilt es zu zeigen, dass nicht nur das deutsche Drei-Säulen-System für Stabilität in unruhiger Zeit sorgt, sondern insbesondere die Sparkassen sich als Stabilitätsfaktor in Krisenzeiten erweisen.

Über die Sinnhaftigkeit des weltweit einmaligen Drei-Säulen-Systems des deutschen Bankenmarktes wurde in den vergangenen Jahren kontrovers diskutiert. Für die einen ist das Drei-Säulen-System der Stabilitätsgarant in der Kreditwirtschaft, für die anderen ist es der Hemmschuh für das Entstehen von Banken, die auch im internationalen Maßstab wettbewerbsfähig sind. Einerseits hat dieses System dazu beigetragen, dass unterschiedliche Kundengruppen auf hohem Niveau und flächendeckend mit Finanzdienstleistungen versorgt werden. Andererseits besteht die Gefahr, dass die deutsche Kreditwirtschaft bei Erhalt dieses Systems international ins Hintertreffen gerät – so geben die privaten Banken zu bedenken.

Insgesamt kann konstatiert werden, dass seit der Finanzmarktkrise im Juli 2007 das deutsche Universalbanksystem mit seinen drei Säulen sich als stabil und insbesondere der Sparkassensektor sich als ein Anker auf rauer See erwiesen hat.[258] Auch nach der Meinung des ehemaligen Bundesbankpräsidenten *Axel Weber* „hat sich die Drei-Säulen-Struktur des deutschen Bankensektors im Verlauf der globalen Finanzkrise insgesamt als robust erwiesen. Vor allem die auf das regionale Kreditgeschäft fokussierten Aktivitäten der Sparkassen und Genossenschaftsbanken haben diese vor den Auswirkungen der Finanzkrise geschützt".[259]

Die privaten Banken waren von der Krise am meisten betroffen und schneiden damit am schlechtesten ab. Hierbei handelt es sich einerseits um die börsennotierten Kreditinstitute inkl. der Großbanken wie z. B. Deutsche Bank AG und Commerzbank AG, andererseits um Regionalbanken sowie Spezialbanken wie IKB und HRE. Zur Säule der privaten Banken gehören aber auch die deutlich kleineren Privatbanken in Familienbesitz wie z. B. Sal. Oppenheim (von 1789 bis zur Notübernahme durch die Deutsche Bank AG im Jahr 2009 im Besitz der Familie

258 Vgl. *Schmidt:* Banken, 2011, S. 25.

259 Zitiert nach *o. V.:* Drei-Säulen-System, 2009, online.

Oppenheim[260]). Der Deutschen Bank AG kommt eine Sonderrolle zu, weil sie im Vergleich zu anderen deutschen Privatbanken früher und intensiver in das globale Investment-Banking involviert war. Infolge dieser herausgehobenen Position hatte die Deutsche Bank AG einen Informations- und Kompetenzvorsprung, der es ihr erlaubte, sich aus gefährlich werdenden Teilmärkten zurückzuziehen, indem sie ihre riskanten Wertpapiere kurzfristig an andere Kreditinstitute wie z. B. die IKB weiterverkaufte. Als Weltmarktführer im Devisenhandel und wichtiger Entwickler und Händler von Derivaten (z. B. CDOs, CDS etc.) kann die Deutsche Bank AG zwar als ein Mitverursacher der Finanzmarktkrise angesehen werden, war aber finanziell unverhältnismäßig wenig von Verlusten betroffen. Die anderen privaten Institute wurden von der Krise weit mehr in Mitleidenschaft gezogen, und ohne die Hilfe der öffentlichen Hand wären sie zusammengebrochen.

Erhebliche Auswirkung hatte die Finanzmarktkrise auch auf fast alle Landesbanken – von wenigen Ausnahmen wie der Landesbank Hessen-Thüringen Girozentrale (Helaba) abgesehen –, die bis Mai 2008 insgesamt 16 Mrd. EUR abschreiben mussten – weit mehr als die anderen Bankengruppen. Dabei musste die SachsenLB von der LBBW übernommen werden, um einen Zusammenbruch abzuwenden.[261] Bei der WestLB und BayernLB waren Garantien der jeweiligen Bundesländer in Höhe von zusammen mehr als 10 Mrd. EUR für den Fortbestand der Institute erforderlich.[262] Diese hohen Verluste der Landesbanken sind ein Indikator für wachsende Probleme im Geschäftsmodell dieser Institute und zeigen den Bedarf an umfassenden Reformen.

Führende Politiker dachten im Herbst 2010 über die Zusammenlegungen der WestLB und BayernLB zur Stärkung des deutschen Banksystems nach.[263] Überlagert wurde diese Diskussion von länderspezifischen Argumenten für oder gegen eine potenzielle Fusion.[264] Wie effizient und effektiv solch eine Fusion unter den oben genannten Bedingungen wäre, sei dahingestellt, dass beide Landesbanken (insbesondere die WestLB, die von der Europäischen Kommission mit entsprechenden Auflagen versehen wurde) eine „Konsolidierungskur“ benötigen, war aber unbestritten.

Das genaue Gegenteil dieser Vorgehensweisen bei den Landesbanken bilden die Sparkassen, die sich kaum an riskanten Finanzgeschäften beteiligten und in der

260 Vgl. *o. V.*: Übernahme, 2009, online.
261 Vgl. *o. V.*: Übernahme, 2007, online.
262 Vgl. *o. V.*: BayernLB, 2010, online.
263 Vgl. *Drost/Köhler/Ludwig*: Landesbanken, 2010, online.
264 Vgl. *Mußler/Peitsmeier*: Fusion, 2010, online.

Krise als Stabilitätsfaktor der deutschen Kreditwirtschaft erwiesen haben.[265] Und auch der Verbund der Genossenschaftsbanken hat sich, abgesehen von einigen Verlusten ihres Zentralinstituts DZ Bank AG, in der Krise ebenfalls gut bewährt.[266]

Vor diesem Hintergrund kann konstatiert werden, dass die Sparkassen und Genossenschaftsbanken im Gegensatz zu den privaten Geschäfts- und den öffentlich-rechtlichen Landesbanken nur geringfügig in die riskanten Geschäfte involviert waren und sich stattdessen auf ihr originäres Geschäft konzentriert haben. Die Sparkassen und Genossenschaftsbanken verfolgen eine andere Strategie als die privaten Banken, und es ist vor allem das Geschäftsmodell, das sie verbindet. Sie müssen nicht um jeden Preis jedem kurzlebigen riskanten Finanzmarkttrend folgen und können sich auf ein solides, gesamtwirtschaftlich notwendiges Bankgeschäft konzentrieren. Das zeigt sich auch in ihrer Struktur. Sparkassen, Volks- und Raiffeisenbanken sind eher kleinteilig strukturiert und in hohem Maße regional verankert. Dazu gehören einerseits die kommunale oder regionale Eigentümer- bzw. Trägerschaft und andererseits die Vernetzungen mit Stakeholdern wie lokalen Industrie-, Handels- und Handwerkskammern, mit Sport- und Wohltätigkeitsvereinen, mit vor Ort relevanten Akteuren bspw. aus Gewerkschaften. Sparkassen sowie Volks- und Raiffeisenbanken sind in ihre lokale Umgebungsgesellschaft integriert. Dazu passt, dass diese beiden Institutsgruppen einem strikten Regionalprinzip folgen.

---

265 Vgl. *Holtmann:* Sparkassen, 2011, S. 880 f. Eine Ausnahme hierbei bildet die Sparkasse KölnBonn, die im Zuge der Finanzkrise eine Kapitalspritze in der Höhe von 650 Mio. EUR in Form von Genussscheinen und einer stillen Einlage (für die die Investoren eine Vergütung, aber keine Stimmrechte bekamen) erhalten hat. Allerdings war diese Kapitalzufuhr nicht ganz unstrittig, sodass die EU-Kommission im November 2009 eine Untersuchung einleitete, „um nach den EU-Beihilfevorschriften zu prüfen, ob die geplanten Maßnahmen mit dem Binnenmarkt vereinbar sind. In Anbetracht des ab Ende 2008 völlig ausgetrockneten Marktes für Hybridkapitalanleihen hatte die Kommission Zweifel, dass die Vergütungen für die beiden Rekapitalisierungsinstrumente hoch genug waren. Gleichzeitig forderte die Kommission die Sparkasse KölnBonn auf, einen Umstrukturierungsplan vorzulegen, um prüfen zu können, ob die Sparkasse in der Lage sein würde, auch ohne staatliche Unterstützung langfristig rentabel zu wirtschaften." *Ludwig:* Sparkasse, 2010, online. Am 29.09.2010 stimmte die EU-Kommission den Plänen zur Umstrukturierung der Sparkasse KölnBonn schließlich zu.

266 Vgl. *o. V.:* Volksbanken, 2009, online sowie *o. V.:* DZ Bank, 2009, online und auch *Dohms:* Das Volksbank-Geheimnis, 2016, S. 100–104.

4 Möglichkeiten, Grenzen und Beurteilungsansätze von Deregulierung und Privatisierung im Sparkassensektor

Um die Situation der Sparkassen in Deutschland bewerten zu können, ist es unverzichtbar, sich einen Überblick über die rechtlichen, ökonomischen und politischen Gegebenheiten der Deregulierung und Privatisierung zu erarbeiten. Vor dem Hintergrund der aktuellen ökonomischen und politischen Situation sind es vor allem rechtliche Rahmenbedingungen, die den Handlungsspielraum der Akteure begrenzen.

Angesichts der Zielsetzung der vorliegenden Arbeit kann es allerdings nicht die Aufgabe dieses Kapitels sein, eine detaillierte Darstellung bspw. der rechtlichen Rahmenbedingungen des Sparkassensektors zu geben. Das ist schon deshalb nicht möglich, weil das Sparkassenrecht zum großen Teil Landesrecht ist. Dies führt einerseits dazu, dass die verschiedenen sparkassenrechtlichen Normen der Länder zwar im Kern ähnlich sind und zum Teil sogar übereinstimmen, im Detail aber deutlich voneinander abweichen können. Zum anderen hat die landesrechtliche Verankerung zur Folge, dass das Sparkassenrecht weit mehr als viele andere bankrechtliche Regelungsmaterien ständigen und zahlreichen Modifikationen unterworfen ist.

Bei dem hier angestrebten problemorientierten Überblick müssen die Schwerpunkte auf jenen Regelungen und Ansätzen liegen, die sich in besonderer Weise auf die Frage nach einer Deregulierung und Privatisierung öffentlich-rechtlicher Sparkassen auswirken oder diese behindern. Entsprechend wird mit diesem Kapitel das Ziel verfolgt, die vielfältigen Abhängigkeiten und Zusammenhänge, die für die politische Diskussion einer Deregulierung und Privatisierung öffentlich-rechtlicher Sparkassen von Bedeutung sind, darzustellen.

Wie bereits zum Anfang dieser Arbeit ausgeführt, konzentriert sich *Florian Schorner* in seiner Studie im Jahr 2008 auf die rechtlichen Rahmenbedingungen einer Privatisierung kommunaler Sparkassen.[267] Dabei hat *Schorner* historische und internationale Entwicklungen zugrunde gelegt, um daraus aktuelle Entwicklungslinien abzuleiten und kritisch zu bewerten. Zudem bietet er einen Überblick über den europarechtlichen Einfluss auf das Sparkassenwesen. Für die vorliegende Untersuchung sind die Rechtsgrundlagen sowie die Wesensmerkmale

267 Vgl. *Schorner*: Privatisierung, 2008.

kommunaler Sparkassen von großer Bedeutung. Dabei wird in Teilen den Erklärungen von *Schorner* gefolgt.

4.1 Rechtliche Rahmenbedingungen

Für die Bestimmung des Privatisierungspotenzials ist es von großer Bedeutung, nach welchen rechtlichen Grundlagen sich Zulässigkeit und Umfang öffentlicher Leistungen in unserer Rechtsordnung determinieren lassen. Dabei handelt es sich vor allem um verfassungs- und haushaltsrechtliche Fragestellungen. Insbesondere die Frage nach den Grenzen der Privatisierung wird kritisch diskutiert.[268]

4.1.1 Verfassungsrechtlicher Rahmen

Eine wichtige Rolle nimmt der durch die Verfassung gesetzte Rahmen ein, da er sowohl die Regierung als auch den Gesetzgeber bindet und von diesen nicht ohne Weiteres geändert werden kann.[269] Dabei gestaltet es sich schwierig, aus dem Grundgesetz wirtschaftspolitische Aussagen oder Regelungen für die Wirtschaftstätigkeit (öffentlich versus privat) zu entnehmen. Die wirtschaftspolitische Neutralität des Grundgesetzes führt dazu, dass der Gesetzgeber seine Wirtschaftspolitik verfolgen kann.[270] Allerdings setzen die verfassungsrechtlichen Grundsätze einer freien Gestaltung der Wirtschaftstätigkeit durch den Gesetzgeber und die Verwaltung Grenze.[271]

In den folgenden Ausführungen wird untersucht, ob und inwieweit sich aus der Verfassung Handlungsgrenzen oder Privatisierungsverbote für den öffentlich-rechtlichen Kreditsektor ableiten lassen. Die Analyse ist von Bedeutung, da ansonsten Fehlschlüsse für den Sparkassensektor gezogen werden könnten.[272] Für mögliche rechtliche Restriktionen einer Privatisierung kommen insbesondere die nachfolgenden Artikel der Verfassung in Betracht:

---

268 Für eine ausführliche Darstellung der rechtlichen Grenzen der Privatisierung öffentlicher Aufgaben siehe *Grabbe:* Verfassungsrechtliche Grenzen, 1979 sowie *Gromoll:* Privatisierung, 1982 und *Hedrich:* Sparkassen, 1993, S. 252–291. Zu Rechtsfragen der Privatisierung siehe *Ehlers:* Privatrechtsform, 1984, S. 23 ff. sowie *Schuppert:* Staatswissenschaft, 2003, S. 337–342.

269 Vgl. *Schorner:* Privatisierung, 2008, S. 131–133. Siehe dazu auch *Püttner:* Verwaltungslehre, 2007, S. 18 ff.

270 Vgl. *Hauser:* Kommunen, 2004, S. 20 und *Püttner:* Verwaltungslehre, 2007, S. 18 ff.

271 Vgl. *Henneke:* Verfassung und Organisation, 2010, S. 45.

272 Vgl. *Völmicke:* Privatisierung, 1996, S. 60.

- Art. 15 GG Sozialisierung
- Art. 20 GG Sozialstaatsprinzip
- Art. 20 GG Rechtsstaatsprinzip
- Art. 20 GG Demokratieprinzip
- Art. 28 GG Selbstverwaltungsgarantie
- Art. 33 GG Gleichstellung als Staatsbürger – Öffentlicher Dienst

4.1.2 Sozialisierung und Sozialstaatsprinzip

Art. 15 GG enthält lediglich eine Ermächtigung des Staates zur Sozialisierung.[273] Hieraus ergibt sich aber kein Verbot der Privatisierung. „Art. 15 GG schafft nur die Möglichkeit, nicht aber die Verpflichtung zur Sozialisierung. Umgekehrt verbietet die Verfassung auch nicht, erwerbswirtschaftliche Unternehmen des Bundes zu veräußern und zu reprivatisieren."[274] In welchem Umfang der Staat davon Gebrauch macht, ist letztendlich eine politische Entscheidung. Die Regelung stellt folglich keine Privatisierungsschranke dar.[275]

Das in Art. 20 GG verankerte Sozialstaatsprinzip[276] verpflichtet den Staat zur Herstellung und Erhaltung sozialer Gerechtigkeit und sozialer Sicherheit.[277] Durch die Norm wird allerdings nur ein Versorgungsstandard für die Bevölkerung festgeschrieben. Dies betrifft die Bereitstellung lebensnotwendiger Bereiche, wie bspw. Krankenhäuser oder die Abfallentsorgung. Die Art der Bereitstellung regelt Art 20 GG dagegen nicht.[278] Folglich hat der Staat generell die Möglichkeit, benötigte Güter und Dienste entsprechend eigenständig herzustellen oder sich Dritter zu bedienen.[279] Eine Verpflichtung zur eigenen Bereitstellung besteht nur dann, wenn

---

273 Vgl. *Detterbeck:* Öffentliches Recht, 2000, Rn. 854 ff. sowie *Stein/Frank:* Staatsrecht, 2004, § 42 III 5 und auch *Maurer:* Staatsfunktionen, 2005, § 8 Rn. 93 ff.

274 *Zippelius/Würtenberger:* Staatsrecht, 2005, § 31 IV 2.

275 Vgl. *Arnim:* Rechtsfragen, 1995, S. 25 ff. sowie *Püttner:* Verwaltungslehre, 2007, S. 45 ff.

276 Für weiter gehende Informationen zum Sozialstaatsprinzip siehe *Maurer*: Staatsfunktionen, 2005, § 8 Rn. 95.

277 Vgl. *Schorner:* Privatisierung, 2008, S. 145 f. Eine ausführliche Gegenüberstellung von Privatisierung versus Sozialstaatsprinzip siehe bei *Gromoll:* Privatisierung, 1982, S. 203 ff.

278 Vgl. *Badura:* Staatsrecht, 2003, S. 301 ff. sowie *Stein/Frank:* Staatsrecht, 2004, § 21 II, III.

279 Vgl. *Arnim:* Rechtsfragen, 1995, S. 28 ff., ebenso *Zippelius/Würtenberger:* Staatsrecht, 2005, § 13 I 3.

der Standard durch Private nicht gesichert ist. Demzufolge lässt sich aus dem Sozialstaatsprinzip kein Verbot der Privatisierung öffentlicher Aufgaben begründen.

4.1.3 Rechtsstaats- und Demokratieprinzip

Das Rechtsstaatsprinzip[280] ist im Grundgesetz nicht explizit an einer Stelle aufzufinden, sondern eher in einer Vielzahl von Artikeln enthalten.[281] Die wesentlichen rechtsstaatlichen Grundsätze enthält aber Art. 20 GG, der in Abs. 2 den Grundsatz der Gewaltenteilung und die Bindung der Exekutive und der Judikative an Gesetz und Recht regelt.

Für die Beantwortung der Frage, ob die Privatisierung öffentlicher Aufgaben mit dem Rechtsstaatsprinzip vereinbar ist, ist vor allem der Gesetzesvorbehalt von Bedeutung.[282] Dieser verpflichtet die öffentliche Verwaltung, im Rahmen gesetzlicher Regelungen vorzugehen und von rechtsfremdem Verhalten abzusehen.[283]

Nach herrschender Meinung unterliegen vorwiegend die Maßnahmen der Eingriffsverwaltung dem Gesetzesvorbehalt, da auf diesem Gebiet die Wahrnehmung öffentlicher Aufgaben mit hoheitlichen Eingriffen in die Freiheit und in das Eigentum des Einzelnen verbunden ist. Nach dem Rechtsstaatsprinzip muss die Ausübung hoheitlicher Befugnisse frei von individuellen Interessen erfolgen.[284] Dieser Grundsatz ist auch nach einer Privatisierung zu berücksichtigen, und der Staat hat entsprechend weiterhin dafür zu sorgen, dass der Gesetzesvollzug uneigennützig, unparteiisch und sachlich erfolgt sowie der Haftungsrückgriff des Einzelnen bei Missbrauch der Staatsgewalt möglich ist.[285] Daraus folgt, dass funktionale Privatisierungen im Bereich der Eingriffsverwaltung nicht zulässig sind, da dann den Gebietskörperschaften keinerlei Kontroll- und Einwirkungsmöglichkeiten verbleiben.[286] Dagegen lässt sich aus dem Rechtsstaatsprinzip kein Verbot für eine formalrechtliche oder auch materiellrechtliche Privatisierung im Bereich der Eingriffsverwaltung ableiten. Die Leistungsverwaltung gilt auch unter Berücksichtigung des Rechtsstaatsprinzips grundsätzlich als privatisierungsfähig.[287]

---

280 Zu einer detaillierten Begriffsdefinition vgl. *Badura:* Staatsrecht, 2003, S. 311 ff. und auch *Maurer:* Staatsfunktionen, 2005, § 5 Rn. 5.

281 Vgl. *Arndt/Rudolf:* Öffentliches Recht, 2007, S. 24 ff.

282 Vgl. *Detterbeck:* Öffentliches Recht, 2000, Rn. 18 ff.

283 Vgl. *Arnim:* Rechtsfragen, 1995, S. 29.

284 Vgl. *Gromoll:* Privatisierung, 1982, S. 171.

285 Vgl. *Detterbeck:* Öffentliches Recht, 2000, Rn. 18 ff.

286 Vgl. *Gromoll:* Privatisierung, 1982, S. 146.

287 Vgl. *Gromoll:* Privatisierung, 1982, S. 146. Siehe auch *Völmicke:* Privatisierung, 1996, S. 66.

Nach dem Demokratieprinzip muss alle Staatsgewalt demokratisch legitimiert sein.[288] Dieser Grundsatz schließt aber eine Übertragung öffentlicher Aufgaben an Private nicht aus.[289] Insbesondere bei der Daseinsvorsorge kann die Privatisierung mit dem Demokratieprinzip vereinbar sein. Schranken ergeben sich auch hier wieder für den Bereich der hoheitlichen Verwaltung.[290]

4.1.4 Selbstverwaltungsgarantie

Das in Art. 28 GG verankerte Recht zur Selbstverwaltung der Gemeinden stellt im Wesentlichen auf deren finanzielle Eigenverantwortung ab.[291] Die Formulierung in Art. 28 Abs. 2 Satz 2 GG macht die Garantie dieses Rechts deutlich. Die normative Verankerung der Selbstverwaltungsgarantie im organisatorischen Teil des Grundgesetzes sowie ihre gesonderte prozessuale Sicherung über die kommunale Verfassungsbeschwerde (Art. 93 Abs. 1 Nr. 4b GG, § 91 BVerfGG) lassen deutlich erkennen,[292] dass Art. 28 Abs. 2 GG kein Grundrecht der einzelnen Gemeinden auf Selbstverwaltung enthält.[293] Dagegen gewährleistet die Vorschrift die kommunale Selbstverwaltung als Einrichtung, folglich ist sie institutionell garantiert.[294]

Der Schwerpunkt der institutionellen Garantie des Art. 28 Abs. 2 GG liegt im Bereich der objektiven Rechtsinstitutionsgarantie.[295] Nach Art. 28 Abs. 2 Satz 1 GG ist den Gemeinden in allen Angelegenheiten der örtlichen Gemeinschaft die Befugnis zur eigenverantwortlichen Führung dieser Geschäfte gewährleistet.[296] In keiner Weise ist die Garantie des kommunalen Handlungs- und Entfaltungsspielraums aber eine absolute. In Art. 28 Abs. 2 GG und den entsprechenden Landesverfassungen wird das Recht nur im Rahmen der Gesetze gewährleistet. Der Vorbehalt des Gesetzes bezieht sich sowohl auf die Art und Weise der Aufgabenerledigung

---

288 Für eine detaillierte Erklärung des Demokratieprinzips vgl. *Detterbeck:* Öffentliches Recht, 2000, Rn. 100 ff. sowie *Stein/Frank:* Staatsrecht, 2004, § 8 II.

289 Vgl. *Schorner:* Privatisierung, 2008, S. 146.

290 Vgl. *Arndt/Rudolf:* Öffentliches Recht, 2007, S. 37 ff.

291 Für ausführliche Erklärungen zu der kommunalen Selbstverwaltungsgarantie vgl. *Henneke:* Verfassung und Organisation, 2010, S. 45–64.

292 Vgl. *Detterbeck:* Öffentliches Recht, 2000, Rn. 1014 ff.

293 Vgl. *Schorner:* Privatisierung, 2008, S. 146 f.

294 Vgl. *Arnim:* Rechtsfragen, 1995, S. 47–53.

295 Vgl. *Schorner:* Privatisierung, 2008, S. 137 f.

296 Vgl. *Schorner:* Privatisierung, 2008, S. 144 f.

als auch auf deren Umfang. Allerdings darf der Gesetzgeber nicht unbeschränkt in den Kreis der Selbstverwaltungsangelegenheiten eingreifen.[297]

Neben dem sich aus dem Rechtsstaatsprinzip ergebenden Übermaßverbot findet der gesetzgeberische Zugriff vor allem seine Grenze am Wesensgehalt kommunaler Selbstverwaltung. Eingriffe sind hier nur durch ein verfassungsänderndes Gesetz oder zur Herstellung der praktischen Übereinstimmung mit gegenläufigen Verfassungsoptionen möglich. Dies ergibt sich bereits aus der Wirkungsweise institutioneller Garantien. Entsprechend gehört die kreditwirtschaftliche Betätigung der Kommunen zu den wesentlichen Bestandteilen kommunaler Selbstverwaltung gemäß Art. 28 Abs. 2 GG, wenn sie sich als Gegenstück der sozialstaatlichen Pflichtenstellung der Gemeinden erweist und entsprechend dem Bereich gemeindlicher Sozialwirtschaft zugeordnet wird.[298] Insbesondere die monetäre Betreuung der Bevölkerung in der Region als Kernbereich der einfachgesetzlich normierten Sparkassenaufgaben verdeutlicht, dass die kreditwirtschaftliche Betätigung der Gemeinden in breitem Umfang sozialwirtschaftlich ausgerichtet ist. Daran ändert auch nichts, dass die Sparkassen im Laufe ihrer Entwicklung eine gewisse rechtliche und organisatorische Verselbstständigung erlangt haben. Die öffentlichen Aufgaben, die von den Sparkassen wahrgenommen werden, bleiben solche der örtlichen Gemeinschaft. Eine gesetzgeberische Entkommunalisierung der öffentlich-rechtlichen Sparkassen fände somit ihre Grenze in dem Kernbereich kommunaler Selbstverwaltung.[299]

4.1.5 Gleichstellung als Staatsbürger – Öffentlicher Dienst

Nach Art. 33 Abs. 4 GG ist die Ausübung hoheitsrechtlicher Befugnisse als ständige Aufgabe in der Regel Angehörigen des öffentlichen Dienstes zu übertragen, die in einem öffentlich-rechtlichen Dienst- und Treueverhältnis stehen. Da nur juristische Personen des öffentlichen Rechts die sog. Dienstherrenfähigkeit besitzen, privatrechtlich verfasste Unternehmen dagegen allein private Anstellungsverträge schließen können, ließe sich dem durch Art. 33 Abs. 4 GG bezeichneten Funktionsvorbehalt der Grundsatz entnehmen, dass die Ausübung hoheitsrechtlicher Befugnisse in der Regel in Form einer öffentlich-rechtlichen Organisation zu bewältigen ist.[300]

---

297 Vgl. *Arnim:* Rechtsfragen, 1995, S. 47–53.

298 Siehe dazu auch *Rechlin:* Kommunen, 2004, S. 23 ff.

299 Vgl. *Grabbe:* Verfassungsrechtliche Grenzen, 1979, S. 79–90.

300 Vgl. *Arnim:* Rechtsfragen, 1995, S. 41 ff. Die Voraussetzung für eine Übertragung dieser Forderung auf das Sparkassenwesen ist, dass es sich bei der kreditwirtschaftlichen

Andererseits sieht aber bereits der Wortlaut des Art. 33 Abs. 4 GG Ausnahmen vor und lässt die Wahrnehmung hoheitsrechtlicher Befugnisse durch Nichtbeamte zu, sofern nur das Regel-Ausnahme-Verhältnis zugunsten der Beamten gewahrt bleibt und ein sachlicher Grund für die Ausnahme gegeben ist. Darüber hinaus steht gemäß Art. 33 Abs. 5 GG das Recht des öffentlichen Dienstes unter dem Vorbehalt, dass die hergebrachten Grundsätze des Berufsbeamtentums berücksichtigt werden. Insoweit dürfte zu bedenken sein, dass es in der Verwaltung Teilbereiche gibt, die traditionell von Beamten und von Angestellten gleichermaßen wahrgenommen werden.[301]

Demnach lassen sich aus dem verfassungsrechtlichen Funktionsvorbehalt für Beamte – zumindest für den hier untersuchten Bereich – keine Einschränkungen des kommunalen Organisationsermessens ableiten.

4.1.6 Gemeinwohlgebot und Subsidiaritätsprinzip

Nach der Rechtsprechung des Bundesverfassungsgerichts widersprechen Maßnahmen, die zur Erreichung eines legitimen öffentlichen Zwecks ungeeignet, nicht erforderlich oder nicht proportional sind, dem sog. Gemeinwohlgebot.[302] Eine ausschließlich erwerbswirtschaftlich begründete Tätigkeit der öffentlichen Hand ist daher unzulässig. Für einige Bereiche lässt sich deshalb aus dem Gemeinwohlgebot ein Privatisierungsgebot ableiten.

Ein Grundgedanke ist auch, dass Aufgaben innerhalb eines Gemeinwesens immer von der kleinstmöglichen Einheit wahrgenommen werden sollen.[303] Der Staat darf folglich nur subsidiär tätig werden. Das Subsidiaritätsprinzip hat mit Ausnahme des Art. 23 GG nicht unmittelbar Eingang in die Verfassung gefunden. Ob es einen aus der Verfassung ableitbaren Grundsatz darstellt, der die

---

Betätigung der Kommunen um die Ausübung „hoheitsrechtlicher Befugnisse" handelt. Dies ist allerdings problematisch. Denn über die Bestimmung des Begriffs der „hoheitsrechtlichen Befugnisse" konnte bisher keine übereinstimmende Meinung erzielt werden. Während der Funktionsvorbehalt des Art. 33 Abs. 4 GG zum Teil allein auf die Eingriffsverwaltung resp. auf das Handeln in öffentlich-rechtlicher Rechtsform bezogen wird, stimmt die überwiegende Mehrheit für eine funktionale Auslegung. Danach würde die Leistungsverwaltung entsprechend miterfasst werden. Vgl. hierzu *Ehlers:* Privatrechtsform, 1984, S. 121 f. Siehe auch *Kraft:* Verwaltungsgesellschaftsrecht, 1982, S. 105 ff.

301 Vgl. *Ehlers:* Privatrechtsform, 1984, S. 121–123 sowie *Arnim:* Rechtsfragen, 1995, S. 41 ff.

302 Vgl. *Schorner:* Privatisierung, 2008, S. 52.

303 Vgl. *Schorner:* Privatisierung, 2008, S. 53.

wirtschaftliche Betätigung des Staates beschränkt, wird kontrovers diskutiert.[304] Somit kann daraus kein Privatisierungsgebot und keine Privatisierungspflicht abgeleitet werden.[305]

4.1.7 Gesetzliche Vorschriften auf Bundesländerebene

Die Gemeindeordnungen oder Kommunalverfassungen der Bundesländer enthalten ebenfalls relevante Normen und Prinzipien für die Frage der Privatisierung. So regeln sie bspw. die Voraussetzungen für die Zulässigkeit wirtschaftlicher Unternehmen.[306] Im Allgemeinen werden unter wirtschaftlichen kommunalen Unternehmen solche Einrichtungen und Anlagen verstanden, die auch von einem privaten Unternehmen mit dem Ziel der Gewinnerzielung betrieben werden können.[307] Sparkassen zählen insofern zu den kommunalen Wirtschaftsunternehmen. Das Kommunalrecht wird allerdings nicht auf die öffentlich-rechtlichen Sparkassen angewendet. Die Gemeindeordnungen verweisen mit Blick auf die kommunalen Sparkassen auf besondere Vorschriften, die Sparkassengesetze.[308] Den Kommunen ist demnach – mit Ausnahme der öffentlich-rechtlichen Sparkassen – das Betreiben von Bankgeschäften untersagt.[309] Insofern könnte besonders für eine materiell-rechtliche Teilprivatisierung eine Modifikation der Gemeindeordnungen und Kommunalverfassungen der Bundesländer notwendig sein. Ausgehend von der Annahme, dass die Vorschrift den materiellrechtlichen Gegensatz zwischen Banken und Sparkassen zugrunde legt, erfordert eine formalrechtliche Privatisierung ohne gleichzeitige Änderung der Geschäftspolitik der Sparkassen dagegen keine Änderung der Gemeindeordnungen und Kommunalverfassungen.[310]

---

304 Vgl. *Schorner:* Privatisierung, 2008, S. 58–60.

305 Vgl. *Zippelius/Würtenberger:* Staatsrecht, 2005, § 10 II 3c.

306 Vgl. § 102 GO BW; Art. 87 GO BY; § 100 GO BB, § 121 GO HE; § 68 KV M-V; § 108 GO NI; § 107 GO NRW; § 85 GO RP; § 108 KSVG SL; § 97 GO SN; § 116 GO ST; § 101 GO SH; § 71 KO TH.

307 Vgl. *Popitz:* Finanzausgleich, 1932, S. 49 sowie *Arnim:* Rechtsfragen, 1995, S. 127. Für eine kritische Betrachtung zu dieser Definition vgl. *Kämmerer:* Privatisierung, 2001, S. 240 ff.

308 Vgl. *Weides:* Kommunalrecht, 1984, S. 44 ff. sowie *Arnim:* Rechtsfragen, 1995, S. 129, ebenso *Pautsch:* Privatisierung, 2003, S. 117 f. und *Laudenbach:* Sparkassen, 1994, S. 211 ff. sowie *Schorner:* Privatisierung, 2008, S. 133.

309 Vgl. § 102 Abs. 4 GO BW; Art. 87 Abs. 4 GO BY; § 101 Abs. 5 GO BB; § 121 Abs. 4 GO HE; § 68 Abs. 3 KV M-V; § 108 Abs. 5 GO NI; § 107 Abs. 7 GO NRW; § 85 Abs. 4 GO RP; § 108 Abs. 3 KSVG SL; § 97 Abs. 4 GO SN; § 116 Abs. 5 GO ST; § 101 Abs. 6 GO SH; § 71 Abs. 3 KO TH.

310 Vgl. *Claussen:* Sparkassen, 1990, S. 189.

In den Sparkassengesetzen finden sich keine einer Privatisierung entgegenstehenden Vorschriften. Eine Transformation der öffentlich-rechtlichen Sparkassen gemäß § 301 Abs. 2 UmwG in Verbindung mit § 191 Abs. 1 Nr. 6 UmwG in eine private Rechtsform ist aber nur dann möglich, wenn der Gesetzgeber einen solchen Formwechsel vorsieht oder zulässt. Prinzipiell könnte dann nach § 301 Abs. 1 UmwG eine Anstalt des öffentlichen Rechts nur in die Rechtsform einer Kapitalgesellschaft umgewandelt werden, es sei denn, der Gesetzgeber bestimmt etwas anderes. Daher ist – auf der Basis der heutigen Gesetzeslage – ein Verkauf öffentlich-rechtlicher Sparkassen an private Investoren rechtlich nicht möglich, da die Sparkassengesetze eine Privatisierung nicht ausweisen bzw. regeln.[311] Allerdings ermöglicht bspw. das Sparkassengesetz in Rheinland-Pfalz die Übertragung von Anteilen am Stammkapital an andere Sparkassen und Errichtungsträger.[312] Darüber hinaus sind in den Sparkassengesetzen nur die Vereinigung und die Auflösung öffentlich-rechtlicher Sparkassen vorgesehen.[313]

Aufgrund der rechtlichen Unzulässigkeit einer Veräußerung von öffentlich-rechtlichen Sparkassen wurde als Privatisierungsvariante verstärkt die Vermögensübertragung durch Asset Deals diskutiert, m. a. W. der Verkauf aller einzelnen Vermögenswerte im Rahmen der Auflösung einer Sparkasse.[314] Einer solchen Auflösung muss das zuständige Ministerium als Aufsichtsbehörde zustimmen. Es hat somit das Recht zu prüfen, ob der Beschluss der Vertretungskörperschaft des Gewährträgers über die Auflösung ordnungsgemäß zustande gekommen ist. Die Hansestadt Stralsund wollte im Jahr 2003 auf dem Weg der Veräußerung der Vermögenswerte und der anschließenden Auflösung die kommunale Sparkasse privatisieren.[315] Um diesem Vorhaben eine deutliche Absage zu erteilen, modifizierte Mecklenburg-Vorpommern das Sparkassengesetz dahingehend, dass die Auflösung einer Sparkasse nur dann umgesetzt werden kann, wenn keine Fusion möglich ist.[316] Gleichzeitig ist der Verkauf von Vermögenswerten vor Erteilung der

---

311 Vgl. *Püttner:* Rechtliche Rahmenbedingungen, 1988, S. 260 ff. sowie *Kämmerer:* Privatisierung, 2001, S. 274. Siehe auch *Witte/Rafiopoor:* Privatisierung, 2003, S. 1890, ebenso *Semler/Stengel:* Umwandlungsgesetz, 2003, S. 2336 f. und 2340 f.

312 Vgl. § 3 Abs. 4 SpkG RP. Errichtungsträger sind nach § 1 Abs. 1 SpkG RP kommunale Gebietskörperschaften oder Zweckverbände.

313 Vgl. *Koch:* Finanzkrise, 2004, S. 578 f.

314 Vgl. *Scheike:* Privatisierung, 2004, S. 75 f.

315 Vgl. *Wanner:* Sparkassen-Streit, 2003, S. 19.

316 Vgl. Drittes Gesetz zur Änderung des Sparkassengesetzes des Landes Mecklenburg-Vorpommern vom 04.03.2004, S. 98 sowie § 29 Abs. 1 SpkG M-V.

Genehmigung zur Auflösung der Sparkasse verboten.[317] Eine Fusion von Sparkassen kann aber von der Sparkassenbehörde dem Finanzministerium empfohlen und nach Ablauf einer Frist auch herbeigeführt werden, sodass der Entscheidungsspielraum für die Vertretung der Gewährträger massiv eingeschränkt wird.

Um eine Privatisierung von öffentlich-rechtlichen Sparkassen zukünftig zu ermöglichen, wäre demnach eine entsprechende Änderung der Sparkassengesetze durch die Bundesländer erforderlich.[318] Aufgrund der Selbstverwaltungsgarantie des Art. 28 Abs. 2 GG kann lediglich eine formalrechtliche Privatisierung gesetzlich vorgeschrieben werden. Einen gesetzlichen Zwang zu einer materiellrechtlichen Privatisierung darf es nicht geben.[319] Die Sparkassengesetze könnten aber die Option zur Privatisierung enthalten und somit materiellrechtliche Privatisierungen der Kommunen ermöglichen.[320] Denkbar ist auch, dass ein solches Gesetz den Inhalt der Satzungen bspw. von Sparkassen-AGs und somit die künftige Geschäftspolitik beeinflusst.[321] Nach dem Kreditwesengesetz dürfen nur bestimmte Institute die Bezeichnung „Sparkasse" führen.[322] Dazu gehören:

> „1. öffentlich-rechtliche Sparkassen, die eine Erlaubnis nach § 32 besitzen;
> 2. andere Unternehmen, die bei Inkrafttreten dieses Gesetzes eine solche Bezeichnung nach den bisherigen Vorschriften befugt geführt haben;
> 3. Unternehmen, die durch Umwandlung der in Nummer 2 bezeichneten Unternehmen neu gegründet werden, solange sie auf Grund ihrer Satzung besondere Merkmale, insbesondere eine am Gemeinwohl orientierte Aufgabenstellung und eine Beschränkung der wesentlichen Geschäftstätigkeit auf den Wirtschaftsraum, in dem das Unternehmen seinen Sitz hat, in dem Umfang wie vor der Umwandlung aufweisen."[323]

Wäre eine Anwendung des § 40 Abs. 1 Nr. 3 KWG in Verbindung mit § 40 Abs. 1 Nr. 2 KWG auch auf eine Umwandlung von öffentlich-rechtlichen Sparkassen möglich, so wäre eine Beibehaltung der Bezeichnung „Sparkasse" nach einer formalrechtlichen Privatisierung realisierbar.[324] Allerdings wird die Anwendbarkeit dieser Vorschrift auf die Umwandlung einer öffentlich-rechtlichen Sparkasse

317 Vgl. § 29 Abs. 2 SpkG M-V.
318 Vgl. *Witte/Rafiopoor:* Privatisierung, 2003, S. 1890.
319 Eine andere Meinung vertritt *Arnim:* Rechtsfragen, 1995, S. 50.
320 Vgl. *Wiesel:* Sparkassen, 2002, S. 296 f.
321 Vgl. *Kurze:* Eigenkapitalausstattung, 1977, S. 221 f.
322 Vgl. *Schorner:* Privatisierung, 2008, S. 40.
323 § 40 Abs. 1 KWG.
324 Vgl. *Claussen:* Sparkassen, 1990, S. 207.

in eine private Rechtsform allgemein angezweifelt.[325] Bereits eine formalrechtliche Privatisierung würde demnach den Verlust der Bezeichnung „Sparkasse“ nach sich ziehen. Folglich wäre ein wirtschaftlicher Schaden für das betreffende Kreditinstitut denkbar.[326] Von daher stellt § 40 Abs. 1 Nr. 2 und 3 KWG eine Barriere für die Privatisierung von Sparkassen dar.[327]

4.1.8 Europarechtliche Gesichtspunkte

Nach der Untersuchung der gesetzlichen Vorschriften in Deutschland mit Blick auf die Zulässigkeit von Privatisierungen stellt sich die Frage, ob die gesetzlichen Regelungen in Deutschland im Einklang mit dem EU-Recht stehen.[328] Der Vertrag über die Arbeitsweise der EU ist, was die Eigentumsordnung in den Mitgliedstaaten betrifft, neutral.[329] Den Mitgliedstaaten ist es folglich freigestellt, sich wirtschaftlich zu betätigen, da der Vertrag kein Verbot hinsichtlich der Existenz öffentlicher Unternehmen enthält. Dies ergibt sich einerseits aus der Regelung des Art. 106 AEUV[330], der von der Existenz öffentlicher Unternehmen ausgeht, andererseits aus Art. 345 AEUV[331], der die Eigentumsordnung in den Mitgliedstaaten explizit unberührt lässt. Aus dem AEUV können sich allerdings dann Schranken für die wirtschaftliche Betätigung der öffentlichen Hand ergeben, wenn die Tätigkeit gegen die Wettbewerbsordnung der Gemeinschaft verstößt. Der Vertrag bestimmt den Grundsatz der Gleichbehandlung öffentlicher und privater Unternehmen. Dadurch kommt auch die ordnungspolitische Grundentscheidung des Vertrags zum Ausdruck. Es soll verhindert werden, dass

325 Vgl. *Fischer:* Bezeichnung, 2004, S. 1120.

326 Vgl. *Koch:* Sparkassen, 2004, S. 579 sowie *Bundesverband deutscher Banken:* Banken, 2004, S. 79.

327 Vgl. *Bundesverband deutscher Banken:* Banken, 2004, S. 79. Eine andere Auffassung vertritt *Fischer:* Bezeichnung, 2004, S. 1121 f.

328 Zu den europarechtlichen Vorgaben siehe auch *Schorner:* Privatisierung, 2008, S. 148–152.

329 Vgl. *Schorner:* Privatisierung, 2008, S. 149. Vgl. auch *Püttner:* Rechtliche Rahmenbedingungen, 1988, S. 261. Der Vertrag zur Gründung der Europäischen Gemeinschaft (EGV) ist mit Inkrafttreten des Lissabon-Vertrags zum 1. Dezember 2009 in „Vertrag über die Arbeitsweise der Europäischen Union (AEUV)“ umbenannt worden und hat eine neue Artikelabfolge erhalten.

330 Früher Art. 86 EGV.

331 Früher Art. 295 EGV.

der Einfluss der öffentlichen Hand auf die Unternehmen z. B. zu versteckten Wettbewerbsverzerrungen führt.[332]

Die EU-Kommission stellt die Einhaltung dieser Grundsätze sicher. Dabei stehen ihr die Rechtsakte nach Art. 106 Abs. 3 AEUV[333] und das Vertragsverletzungsverfahren gemäß Art. 258 AEUV[334] zur Verfügung. Fraglich ist allerdings, ob diese Normen einen privatisierungsfördernden Effekt haben oder die Privatisierung öffentlicher Unternehmen vorantreiben. Der Regelungsgehalt des Art. 345 AEUV garantiert den Bestand der nationalen Eigentumsordnungen in den Mitgliedstaaten.[335]

Der Begriff der Eigentumsordnung umfasst die Gesamtheit aller Eigentumspositionen sowie die Regelungen über Enteignung und Privatisierung. Art. 345 AEUV räumt den Mitgliedstaaten das Recht ein, Unternehmen zu verstaatlichen oder zu privatisieren, enthält allerdings auch ein Gleichbehandlungsgebot, das gewährleisten soll, dass private und öffentliche Eigentümer gleichbehandelt werden.[336]

Weitere Normen, welche die Privatisierung beeinflussen können, sind Art. 106 AEUV (Behandlung öffentlicher Unternehmen) und Art. 107 AEUV[337] (Kontrolle von Beihilfen an öffentliche Unternehmen). Das Vorhandensein einer „privatisierungsförderlichen" Tendenz des EU-Rechts wird in der Literatur zunehmend bejaht.[338] Art. 106 AEUV gehört zu den Wettbewerbsregelungen der Europäischen Gemeinschaft. Das Ziel dieser Norm ist der Abbau wettbewerbsrechtlicher Privilegien. Sie ordnet dabei die Anwendung der Vertragsvorschriften auch für öffentliche Unternehmen an und verfolgt die Gleichstellung öffentlicher und privater Unternehmen.[339] Der Europäische Gerichtshof übt hier eine strenge Kontrolle aus. Die Vorschriften der Art. 106 Abs. 1 und Art. 102 AEUV[340] gelten bereits bei einer potenziellen Gefahr einer Wettbewerbsverletzung des öffentlichen Unternehmens, ein tatsächlicher Verstoß ist nicht erforderlich.[341] Voraussetzung für die

---

332 Vgl. *Arndt/Rudolf:* Öffentliches Recht, 2007, S. 139 ff.

333 Früher Art. 86 Abs. 3 EGV.

334 Früher Art. 226 EGV.

335 Vgl. *Hauser:* Kommunen, 2004, S. 16.

336 Vgl. *Böhmann:* Privatisierungsdruck, 2001, S. 143.

337 Früher Art. 87 EGV.

338 Vgl. *Bauer:* Privatisierung, 1995, S. 245 ff. Ob das de facto in der Praxis zutrifft, wird ausführlich im achten Kapitel untersucht.

339 Vgl. *Hauser:* Kommunen, 2004, S. 16.

340 Früher Art. 82 EGV.

341 Vgl. *Böhmann:* Privatisierungsdruck, 2001, S. 157.

Anwendung des Art. 102 AEUV ist allerdings ein grenzüberschreitender Bezug. Somit fallen Unternehmen, deren Tätigkeit sich auf einen lokalen Bereich beschränkt, nicht in den Anwendungsbereich der Norm.

Eine weitere Norm, von der ein gewisser Privatisierungsdruck ausgehen könnte, ist Art. 107 AEUV. Gemäß dieser Vorschrift werden sowohl Beihilfen als auch Finanzhilfen an öffentliche Unternehmen kontrolliert.[342] Die Prüfung erfolgt durch einen sog. Investorentest.[343] Er soll eine dem Verbot des Art. 107 Abs. 1 AEUV unterworfene Beihilfe von einer unternehmerischen Investition abgrenzen. Sollen Sanktionen für Mitgliedstaaten vermieden werden, so ist es gemäß den von der Kommission vorgenommenen Bewertungen ratsam, Private an der Investition zu beteiligen bzw. Unternehmensteile zu veräußern. Mit dem Investorentest entsteht somit ein faktischer Privatisierungsdruck.[344]

Insgesamt betrachtet übt das EU-Recht somit einen gewissen Privatisierungsdruck auf die öffentliche Hand aus.[345] Allerdings kann keine allgemeine Verpflichtung zur Privatisierung staatlicher Unternehmen aus den europäischen Verträgen abgeleitet werden.

Die EU-Kommission untersuchte in der Vergangenheit, ob der Schutz der Bezeichnung „Sparkasse“ gemäß § 40 KWG gegen die Niederlassungsfreiheit und die Kapitalverkehrsfreiheit in der EU verstößt. Sie stellte fest, dass auch zukünftig in Deutschland – abgesehen von den historischen Fällen der freien Sparkassen – nur öffentlich-rechtliche Kreditinstitute die Bezeichnung „Sparkasse“ verwenden dürfen. Somit existiert mit § 40 Abs. 1 Nr. 1 KWG eine eindeutige Regelung. Damit stellt die EU-Kommission die Gemeinwohlorientierung der Sparkassen nicht infrage, sondern bestätigt, dass Deutschland dies so regeln kann.[346]

Für zukünftige Überlegungen ist maßgeblich, dass die Wirtschaftsverfassung der EU gemäß Art. 345 AEUV ebenso wie das Grundgesetz neutral ist in dem Sinne, dass sie sich nicht ausschließlich für eine Wirtschaftsrechtsordnung entscheidet. Dennoch soll die Wirtschaftspolitik nach Art. 119 Abs. 1 AEUV „dem Grundsatz einer offenen Marktwirtschaft mit freiem Wettbewerb“ verpflichtet sein.[347] Der Vertrag über die Arbeitsweise der EU lässt den öffentlichen Sektor zu. Somit besteht zwischen dem öffentlichen und dem privaten Sektor ein harter

---

342 Vgl. *Preißinger:* Öffentliche Unternehmen, 1990, S. 87 ff. sowie *Schäfer:* Europäisches Gemeinschaftsrecht, 2004, S. 84 ff.

343 Vgl. *Neuberger/Schindler:* Öffentlicher Auftrag, 2001, S. 103 ff.

344 Vgl. *Böhmann:* Privatisierungsdruck, 2001, S. 226.

345 Vgl. *Böhmann:* Privatisierungsdruck, 2001, S. 267.

346 Vgl. *Deutscher Sparkassen- und Giroverband:* Fakten, 2006, S. 4.

347 Früher Art. 4 Abs. 1 EGV.

Wettbewerb. Die EU-Kommission kann demnach keine Privatisierung der Sparkasse verlangen. Dies bedeutet aber keinen Bestandsschutz für diejenigen Gestaltungselemente, die nicht mit den Prinzipien des Vertrages über die Arbeitsweise der Europäischen Union vereinbar sind.[348]

4.2 Ökonomische Beurteilungsansätze

4.2.1 Gesamtwirtschaftliche Argumente

Im Rahmen der ordnungspolitischen Diskussion der Privatisierung handelt es um die Frage, inwieweit die Privatisierung mit dem ordnungspolitischen Leitbild der Sozialen Marktwirtschaft in Einklang gebracht wird. Ziel der Sozialen Marktwirtschaft ist es, auf der Basis einer funktionsfähigen Wettbewerbsordnung das freie Engagement mit einer sicheren sozialen fortschrittlichen Entwicklung zu verbinden.[349] Die beiden Extreme in der Privatisierungsdiskussion bilden auf der einen Seite die Befürworter der liberalen Ordnungspolitik und auf der anderen Seite die sozialistischen Vertreter.

Nach der Ansicht der Vertreter der liberalen Sichtweise stellt die Ausdehnung staatlichen Handelns eine Fehlentwicklung dar. Der Staat besitze ausschließlich eine substitutive Berechtigung für solche Tätigkeiten, die private Unternehmer ebenso gut erfüllen können. Hieraus wird im System der Sozialen Marktwirtschaft gefolgert, dass es grundsätzlich einen ordnungspolitischen Vorrang der individuellen Verfügung über Güter im Sinne des Privateigentums gegenüber den kollektiven Formen von Staatseigentum und öffentlicher Verwaltungswirtschaft gibt. Jede staatliche Intervention, insbesondere die Etablierung öffentlicher Unternehmen, bedarf folglich einer gesonderten Legitimation. Die Vertreter der liberalen Sichtweise berufen sich somit auf die Subsidiaritätstheorie, die von einer aus der Marktordnung begründeten Subsidiarität öffentlicher Produktion ausgeht.[350] Im Gegensatz zu der liberalen Sichtweise fordern die sozialistischen Vertreter den prinzipiellen Vorrang staatlicher Leistungserstellung. Öffentliche Unternehmen werden als unentbehrliche Instrumente angesehen, um öffentliche Aufgaben wahrzunehmen und die Ziele einer sozialen Marktwirtschaft zu verwirklichen. Aus Sicht der Sozialen Marktwirtschaft wiederum

---

348 Vgl. *Klein:* Privatisierung, 2003, S. 95. Ausführliche Erklärungen zur Vereinbarkeit des Regionalprinzips mit dem Vertrag über die Arbeitsweise der Europäischen Union und des Enumerationsprinzips mit dem Vertrag über die Arbeitsweise der Europäischen Union finden sich bei *Purbach:* Sparkassen, 1994, S. 79–109 und 121–128.

349 Vgl. *Czada/Tolksdorf/Yenal:* Wirtschaftspolitik, 1987, S. 14–19.

350 Vgl. *Hamer/Gebhardt:* Privatisierungspraxis, 1992, S. 16.

ist eine Privatisierung geboten, wenn die Leistungen entsprechend effektiv von den Privaten erfüllt werden können.

4.2.1.1 Öffentlich-rechtliche Sparkassen im Wettbewerb

Die Bedeutung des Wettbewerbs steht in engem Zusammenhang mit der Frage der Deregulierung und Privatisierung der öffentlich-rechtlichen Sparkassen. Der Literatur ist zu entnehmen, dass in der Kreditwirtschaft ein besonderer Wettbewerb besteht. Sowohl die währungs- und kreditpolitische Bedeutung als auch die funktionellen Besonderheiten des Kreditwesens stehen dabei im Vordergrund.[351] Unter Berücksichtigung der gesamtwirtschaftlichen Bedeutung besteht ein starkes staatliches Interesse an der Stabilität der Kreditwirtschaft. Vertrauensverluste der Anleger können zu Bankenzusammenbrüchen und damit zu großen gesamtwirtschaftliche Schäden führen.[352] So stellt *Cirsten Witt* in ihrer Untersuchung 2006 zutreffend fest, dass „aus diesem Grund [..] ein unbeschränkter

351 Vgl. *Griesel:* Bankbetriebslehre, 1978, S. 595. In diesem Abschnitt werden auch wichtige Quellen von *Witt:* Sparkassen, 2006, S. 67 in Grundzügen übernommen.

352 Dieser Effekt wird auch als Dominoeffekt bezeichnet. Vgl. zu diesem und dazu synonym gebrauchten Begriffen *Körnert:* Banksystem, 1998, S. 73 ff. sowie *Körnert:* Regulierungsansätze, 2000, S. 1 ff. Welche massiven Folgen sich aus Bankenzusammenbrüchen ergeben, lässt sich anhand der Finanz- und Wirtschaftskrise in den Jahren 2007 bis 2009 verdeutlichen. „Als erste deutsche Bank gesteht die IKB Deutsche Industriebank AG am 30.07.2007 Fehlspekulationen auf dem US-Immobilienmarkt ein. [...] Am 28.08.2007 steht die Landesbank Sachsen kurz vor dem Zusammenbruch. [...] Am 15.09.2008 wird der ‚Schwarze Montag' eingeläutet: Die Investmentbank Lehmann Brothers – im Jahr 1850 gegründet – meldet Insolvenz an. [...] Ende September 2008 steht die Hypo Real Estate (HRE) kurz vor der Insolvenz und muss durch einen massiven Staatseingriff gerettet werden. [...] Am 05.10.2008 übernimmt die Bundesregierung eine Komplettgarantie für private Einlagen. Die Garantie gilt für jedes Kreditinstitut und für jeden Sparer eines Kreditinstituts, das Teil der deutschen Einlagensicherung ist. [...] Im Dezember 2008 muss die Commerzbank AG wegen der in diesem Monat offensichtlich gewordenen höheren Kreditrisiken der Dresdner Bank AG den staatlichen Sonderfonds Finanzmarktstabilisierung (SoFFin) in Anspruch nehmen. [...] Am 18.02.2009 billigt das Kabinett das sog. Rettungsübernahmegesetz und stellt damit die Weichen für eine Enteignung angeschlagener Banken im äußersten Notfall. Mit ihm soll die Grundlage für eine Rettung der angeschlagenen HRE geschaffen werden." *Romeike:* Subprime-Krise, S. 13–57. Siehe auch *Deutsche Bundesbank:* Chronik, 2009, S. 107–111 und *Engels:* Landesbanken, 2010, S. 23–43. Zu den Auswirkungen auf die Ertragssituation der Kreditinstitute vgl. Abschnitt 3.6.

kreditwirtschaftlicher Wettbewerb abgelehnt [wird], der im Extremfall die Insolvenz einzelner Kreditinstitute zur Folge haben könnte."[353]

In der vorliegenden Untersuchung steht nunmehr die Frage im Vordergrund, ob durch die Existenz der Sparkassen der Wettbewerb zwischen den Kreditinstituten (sektorenübergreifend) intensiver ist und ob Wettbewerbsverzerrungen bestehen. In der Literatur wird im Allgemeinen auf einen Gruppenwettbewerb verwiesen.[354] Das vorrangige Ziel der privaten Kreditinstitute ist die Gewinnmaximierung, das Ziel der Sparkassen hingegen die Gemeinnützigkeit, und das der Genossenschaftsbanken besteht darin, die Interessen ihrer Mitglieder zu fördern. Vor diesem Hintergrund soll „ein gleichberechtigtes Verhalten verhindert und somit der Wettbewerb aufrechterhalten" werden.[355] Wie bereits in Abschnitt 3.4 beschrieben, ist aber auch für die Sparkassen die Gewinnerzielung ein wesentlicher Bestandteil des Zielsystems. Heutzutage lässt sich feststellen, dass das Zielsystem und die Geschäftspolitik der drei Kreditinstitutsgruppen sich deutlich angepasst haben. Somit sind wettbewerbspolitische Folgerungen aus dem Konzept des Gruppenwettbewerbs kritisch zu betrachten.[356]

In der Vergangenheit standen insbesondere Wettbewerbsverzerrungen des Bankenmarkts durch staatliche Haftungsgarantien (Gewährträgerhaftung und Anstaltslast) vor allem bei öffentlich-rechtlichen Kreditinstituten im Mittelpunkt der Deregulierungs- und Privatisierungsdiskussion.[357] Mit der Abschaffung der Haftungsgarantien hat diese Diskussion an Bedeutung verloren.[358] Es wurden

---

353 *Witt:* Sparkassen, 2006, S. 67.

354 Vgl. *Seifert:* Bankwesen, 1984, S. 143, ebenso *Gröschel:* Privatisierung, 1992, S. 519 ff. sowie *Fischer:* Privatisierung, 1992, S. 567. Siehe auch *Gesellschaft für öffentliche Wirtschaft:* Privatisierungsdiskussion, 1998, S. 18. Eine kritische Darstellung zum Begriff des Gruppenwettbewerbs siehe *Cox:* Sparkassen, 1994, S. 252. In diesem Abschnitt werden wichtige Quellen von *Witt:* Sparkassen, 2006, S. 69–71 in Grundzügen übernommen.

355 Vgl. *Karl-Bräuer-Institut:* Sparkassen, 1994, S. 70 sowie *Güde:* Geschäftspolitik der Sparkassen, 1995, S. 39–41.

356 Diese Auffassung bestätigen *Seifert:* Bankwesen, 1984, S. 149–157 sowie *Möschel:* Sparkassen, 1993, S. 98, ebenso *Karl-Bräuer-Institut:* Sparkassen, 1994, S. 90 und auch *Klein:* Privatisierung, 2003, S. 112. Eine andere Auffassung vertreten *Cox:* Sparkassen, 1994, S. 262 sowie *Gesellschaft für öffentliche Wirtschaft:* Privatisierungsdogma, 1994, S. 1 ff. und auch *Gesellschaft für öffentliche Wirtschaft:* Privatisierungsdiskussion, 1998, S. 29.

357 Vgl. *Loesch:* Privatisierung, 1987, S. 95 und *Engels:* Landesbanken, 2010, S. 38–43.

358 Vgl. *Monopolkommission:* Hauptgutachten, 2000, S. 91 sowie *Klein:* Privatisierung, 2003, S. 124–127.

seit dem Jahr 1967 schrittweise die Steuerprivilegien der öffentlich-rechtlichen Kreditinstitute zurückgeführt, sodass heute eine steuerliche Gleichbehandlung bei den Kreditinstituten besteht.[359] Eine Unterstützung des Gruppenwettbewerbs durch den Staat wird von Privatisierungsbefürwortern wie bspw. dem BdB auch deshalb infrage gestellt, weil dadurch die nicht vorhandenen „Übernahmemöglichkeit der Sparkassen zu einer Sperrung des Marktzugangs vor allem für ausländische Konkurrenten und zur Behinderung von Außenseitern führen soll."[360] Hier ist indes zu konstatieren, dass eine private Rechtsform allein eine notwendige, aber keine hinreichende Bedingung für Übernahmen ist. Die Zurückhaltung ausländischer Banken, sich in Deutschland zu engagieren, hat ihre Ursachen eher in der verhältnismäßig niedrigen Rendite, die wiederum auf einen starken Wettbewerb und hohe Steuerbelastungen zurückzuführen ist.[361] Zudem beeinträchtigen die Sparkassen den Markteintritt potenzieller (ausländischer) Konkurrenten nicht, wenngleich durch das Regionalprinzip und die damit einhergehende eingeschränkte Niederlassungsfreiheit eine Restriktion für andere (ausländische) Kreditinstitute besteht.[362] Allerdings ist infolge des Regionalprinzips die Kreditvergabe auf das Geschäftsgebiet des Trägers beschränkt. Es lassen sich keine Wettbewerbsverzerrungen nachweisen, die sich aus der Existenz der öffentlich-rechtlichen Sparkassen ergeben. Entsprechend können mit dem Argument der Wettbewerbsbeeinträchtigung keine Privatisierungsforderungen begründet werden.

Es wird auch die Frage gestellt, ob die Existenz der vielen kleinen Sparkassen zu einer ausreichend großen Anzahl an Anbietern führt und insofern eine schädliche Konzentration und Marktmacht verhindert, was wiederum wettbewerbssichernd wirken kann.[363] Im Umkehrschluss könnte demnach eine Privatisierung von Sparkassen zu einer stärkeren Konzentration und gleichzeitig zu weniger Wettbewerb führen. Um eine unverhältnismäßige Konzentration

---

359 Vgl. *Witt:* Sparkassen, 2006, S. 71.

360 Vgl. *Witt:* Sparkassen, 2006, S. 71.

361 Vgl. *Steiner:* Bankenmarkt, 1994, S. 109–112.

362 Vgl. *Steiner:* Bankenmarkt, 1994, S. 112 f. sowie *Cox:* Sparkassen, 1994, S. 255 und auch *Gesellschaft für öffentliche Wirtschaft:* Privatisierungsdiskussion, 1998, S. 19 f. Das deutsche Regionalprinzip verstößt nicht gegen die Niederlassungsfreiheit des Art. 43 EGV und Art. 18 Abs. 1 der Zweiten Richtlinie 89/646 EWG des Rates vom 15.12.1989 zur Koordinierung der Rechts- und Verwaltungsvorschriften über die Aufnahme und Ausübung der Tätigkeit der Kreditinstitute und zur Änderung der Richtlinie 77/780 EWG, 1989, S. 1.

363 Vgl. *Karl-Bräuer-Institut:* Sparkassen, 1994, S. 76.

zu verhindern, sind nach § 39 GWB Zusammenschlüsse vor dem Vollzug dem Bundeskartellamt anzuzeigen. Das Bundeskartellamt hat einen Zusammenschluss zu untersagen, wenn „zu erwarten ist, dass er eine marktbeherrschende Stellung begründet oder verstärkt[, es sei denn], dass durch den Zusammenschluss auch Verbesserungen der Wettbewerbsbedingungen eintreten und dass die Verbesserungen die Nachteile der Marktbeherrschung überwiegen."[364] Als Zusammenschluss im Sinne des GWB gilt dabei nicht nur der vollständige Erwerb eines Unternehmens, sondern z. B. bereits der „Erwerb von Anteilen an einem anderen Unternehmen, wenn die Anteile allein oder zusammen mit sonstigen, dem Unternehmen bereits gehörenden Anteilen a) 50 vom Hundert oder b) 25 vom Hundert des Kapitals oder der Stimmrechte des anderen Unternehmens erreichen."[365]

So könnten Übernahmen von Sparkassen durch private Banken oder Fusionen von Kreditinstituten aus den unterschiedlichen Kreditsektoren, zu einem Anstieg der Konzentration im Bankenmarkt führen. Zweigstellen, vor allem in strukturschwachen Regionen, könnten geschlossen und die Finanzierung des Mittelstandes vor Ort als Bestandteil des öffentlichen Auftrags gefährdet werden. Dass der Zusammenschluss von privatisierten Sparkassen untereinander sowie mit privaten Kreditbanken oder der Erwerb von Sparkassenanteilen zu einer marktbeherrschenden Stellung und damit zu einer Untersagung durch das Bundeskartellamt führt, erwarten aber selbst die Privatisierungskritiker nicht.[366] Insbesondere ist eine wettbewerbsverzerrende Wirkung durch eine formalrechtliche Privatisierung einer Sparkasse nicht zu erwarten, da die Anteile nicht in den Besitz privater Kreditinstitute gelangen und damit eine stärkere Konzentration infolge von Zusammenschlüssen zwischen Sparkassen und privaten Kreditinstituten zunächst ausgeschlossen ist. Die Vereinbarung einer Mehrheitsbeteiligung der Kommune nach einer materiellrechtlichen Privatisierung könnte die Übernahme der Sparkasse durch private Kreditinstitute und damit möglicherweise verbundene Zusammenschlüsse sowie einen Anstieg der Konzentration im Bankensektor ebenso vermeiden.

Eine massive Konzentration im Zusammenhang mit der Privatisierung von Sparkassen wäre insbesondere auch dann nicht zu erwarten, wenn der Anteilserwerb breit gestreut wird. Außerdem ziehen Konzentrationsprozesse nicht zwangsläufig Wettbewerbsverminderungen nach sich, da infolge von Fusionen im

---

364 Vgl. § 36 Abs. 1 GWB.

365 Vgl. § 37 Abs. 1 Nr. 3 GWB.

366 Vgl. *Fischer:* Sparkassen, 1992, S. 570 sowie *Karl-Bräuer-Institut:* Sparkassen, 1994, S. 78 und auch *Steiner:* Bankenmarkt, 1994, S. 108.

Allgemeinen auch leistungs- und wettbewerbsfähigere Unternehmen entstehen.[367] Eine Übernahme von Sparkassen durch Großbanken als Folge einer vollständigen Privatisierung könnte hingegen einen unerwünschten Konzentrationsanstieg und Wettbewerbseinschränkungen verursachen, welche die kreditwirtschaftliche Versorgung – insbesondere in strukturschwachen Regionen – verschlechtern könnte.[368] Dabei ist auch die Gefahr zu berücksichtigen, dass nicht nur deutsche Großbanken öffentlich-rechtliche Sparkassen erwerben könnten, sondern auch andere Finanzdienstleistungsunternehmen oder ausländische Kreditinstitute.[369] Die Anzahl der Zweigstellen vor allem in ländlichen, strukturschwachen Regionen würde sich voraussichtlich in allen oben aufgeführten Fällen deutlich reduzieren.[370] Demzufolge ist zumindest in ländlichen Gebieten eine monopolartige Stellung von Genossenschaftsbanken infolge der Privatisierung von Sparkassen denkbar.[371] Abgesehen von möglichen Konzentrationstendenzen entstünde durch die Privatisierung zunächst eine Vielzahl privater Kreditinstitute, sodass die damit verbundene Aufhebung des Sparkassenverbunds auch eine stärkere Konkurrenz dieser Kreditinstitute untereinander erwarten lässt,[372] die zurzeit durch das Regionalprinzip eingeschränkt wird.[373] Umgekehrt sind die Sparkassen im Verbund leistungs- und konkurrenzfähiger; insofern wären durch die Privatisierung wiederum Wettbewerbsverschlechterungen denkbar.

Obwohl die Sparkassen einen wirksamen Wettbewerb durchaus fördern können,[374] lässt sich ihre Existenz nicht mit einer wettbewerbssichernden Funktion

367 Vgl. *Griesel:* Bankbetriebslehre, 1978, S. 590 sowie *Hamer/Gebhard:* Privatisierungspraxis, 1992, S. 17. Siehe auch *Möschel:* Privatisierung, 1993, S. 98 und *Karl-Bräuer-Institut:* Sparkassen, 1994, S. 82 f.

368 Vgl. *Karl-Bräuer-Institut:* Sparkassen, 1994, S. 79 sowie *Steiner:* Bankenmarkt, 1994, S. 116–118, ebenfalls *Cox:* Sparkassen, 1994, S. 249 ff. Hierzu auch *Gesellschaft für öffentliche Wirtschaft:* Privatisierungsdiskussion, 1998, S. 29 und *Klein:* Privatisierung, 2003, S. 115.

369 Vgl. *Steiner:* Bankenmarkt, 1994, S. 112–116.

370 Vgl. *Steiner:* Bankenmarkt, 1994, S. 123 f., ebenfalls *Gesellschaft für öffentliche Wirtschaft:* Privatisierungsdiskussion, 1998, S. 29.

371 Vgl. *Gröschel:* Privatisierung, 1992, S. 525.

372 Dazu äußert sich kritisch *Steiner:* Bankenmarkt, 1994, S. 142 ff., der die Auffassung vertritt, dass der Sparkassenverbund ein Garant in der deutschen Kreditwirtschaft und im internationalen Wettbewerb darstellt.

373 Vgl. *Gröschel:* Privatisierung, 1992, S. 525, ebenfalls *Steiner:* Bankenmarkt, 1994, S. 37 und auch *Karl-Bräuer-Institut:* Sparkassen, 1994, S. 89 f.

374 Vgl. *Steiner:* Bankenmarkt, 1994, S. 136.

begründen.[375] Die Sicherung eines funktionsfähigen Wettbewerbs ist die Aufgabe des Wettbewerbsrechts. Der Bestand der Sparkassen lässt sich folglich nur durch die Erfüllung des im Gesetz festgelegten öffentlichen Auftrags erklären.

4.2.1.2 Bedeutung des öffentlichen Auftrags

Die Erfüllung des öffentlichen Auftrags ist in den jeweiligen Sparkassengesetzen der Bundesländer vorgeschrieben.[376] Um sich die Begrifflichkeit des „öffentlichen Auftrags" deutlich zu machen, sollte stets die gesellschaftliche und wirtschaftliche Situation berücksichtigt werden. Dabei handelt es sich um eine politische Zielvorgabe, die den einzelnen Trägern und ihren Sparkassen in der geschäftspolitischen Umsetzung überlassen ist. In der Literatur werden unter dem öffentlichen Auftrag der Sparkassen folgende Funktionen zusammengefasst:[377]

- Gewährleistungsfunktion
- Förderfunktion
- Hausbankfunktion
- Struktursicherungsfunktion
- Wettbewerbssicherungsfunktion

Erstens stellt sich hier die Frage, welche Bedeutung diese Funktionen für die Deregulierungs- und Privatisierungsdebatte haben, zweitens, worin sich die Sparkassen von privaten Kreditinstituten unterscheiden, und drittens, wie sich mit diesen Funktionen die Existenz der öffentlich-rechtlichen Sparkassen begründen lässt.

Die **Gewährleistungsfunktion** der Sparkassen beinhaltet, dass eine flächendeckende Versorgung aller Bevölkerungsschichten mit Bankdienstleistungen sichergestellt wird.[378] Dabei unterstellt sie, dass die privaten Kreditinstitute keine Grundversorgung der Bevölkerung mit Finanzdienstleistungen gewährleisten. Bei dieser Argumentation ist aber zu berücksichtigen, dass generell alle deutschen Universalbanken die gesamte Produktpalette der Bankdienstleistungen

375 Vgl. *Klein:* Privatisierung, 2003, S. 116.

376 Vgl. § 6 Abs. 1 SpG BW; Art. 2 Abs. 1 SpkG BY; § 2 Abs. 1 BbgSpkG; § 3 Abs. 1 und Abs. 2 SpkG HB; § 2 SparkG HE; § 2 Abs. 1 SpkG M-V; § 4 Abs. 1 NSpG; § 3 Abs. 1 und Abs. 2 SpkG NRW; § 2 Abs. 1 und Abs. 2 SpkG RP; § 2 Abs. 1 und Abs. 2 SSpG; § 2 Abs. 1 GörK; § 2 Abs. 1 SpkG-LSA; § 2 SparkG SH; § 2 Abs. 1 ThürSpkG.

377 Vgl. *Schorner:* Privatisierung, 2008, S. 48–52; siehe auch *Brackschulze:* Basel II, 2009, S. 119 ff.

378 Vgl. *Witt:* Sparkassen, 2006, S. 75 und *Schorner:* Privatisierung, 2008, S. 50 f.

anbieten.[379] Die Besonderheit besteht darin, dass im Gegensatz zu den privaten Kreditinstituten die Sparkassen in einigen Bundesländern durch den Kontrahierungszwang gesetzlich dazu verpflichtet sind, die an sie herangetragenen Geschäfte abzuschließen. Diese gesetzliche Vorgabe bezieht sich insbesondere auf die Verpflichtung, ein Girokonto einzurichten und Spareinlagen entgegenzunehmen. Dabei wird den Sparkassen aber auch eine Zumutbarkeitsgrenze eingeräumt.[380] Darüber hinaus kann festgestellt werden, dass sich die Sparkassen in der Vergangenheit wesentlich stärker im Kreditgeschäft mit den kleinen und mittleren Unternehmen engagiert haben als die privaten Banken.[381] Ob sich die öffentlich-rechtlichen Sparkassen nach einer Privatisierung weiterhin auf solche Kundengruppen konzentrieren würden, dürfte von der Privatisierungsform und der damit verbundenen zukünftigen Unternehmensstrategie abhängen.[382] Vor diesem Hintergrund und angesichts der bereits erarbeiteten Erkenntnisse liefert die Gewährleistungsfunktion keine ausreichende Begründung für die Existenz der öffentlich-rechtlichen Sparkassen in der deutschen Kreditwirtschaft.

Bei der **Förderfunktion** steht die Erziehungs- und Aufklärungsaufgabe im Vordergrund. Sie beinhaltet die Förderung des Sparsinns und der Vermögensbildung durch öffentlich-rechtliche Sparkassen.[383] Die Förderfunktion geht damit über die kreditwirtschaftliche Versorgung der Bevölkerung hinaus. Im Rahmen der Deregulierungs- und Privatisierungsdiskussion stellt sich somit zum einen die Frage, inwieweit diese Funktion sozialpolitisch noch notwendig ist, und zum anderen, ob sie durch öffentlich-rechtliche Kreditinstitute erfüllt werden muss. Es besteht kein Zweifel an der Sparfähigkeit und -willigkeit der deutschen Bevölkerung. Aufklärungsangebote an Kinder und Jugendliche mit Blick auf die Bildung privater Ersparnisse können ebenso die Schulen umsetzen. Die Kreditinstitute haben allerdings ein originäres Interesse an derartigen Aufklärungsangeboten und bieten somit auch eigenständig diverse Möglichkeiten und Hilfestellungen im Umgang

379 Vgl. BVerfG vom 15.06.1983, S. 239 f. sowie BVerfG vom 14.04.1987, S. 199. In Bezug auf das Passivgeschäft vgl. *Karl-Bräuer-Institut:* Sparkassen, 1994, S. 25–29.

380 Vgl. *Schlierbach:* Sparkassenrecht, 2003, S. 120–124. Siehe auch § 1 i. V. m. § 4 BbgSpkVO; § 5 SpkVO M-V; § 5 SpkVO NRW; § 5 SächsSpkVO; § 5 SpkVO LSA; § 12 ThürSpkVO.

381 Von einer Analyse der Kreditvergabe an kleine und mittlere Unternehmen in Deutschland soll hier abgesehen werden, da eine solche Untersuchung angesichts ihres Umfanges ein eigenes Forschungsprojekt begründen würde.

382 Vgl. *Moormann/Hillesheimer/Metzler/Zahn:* Wertschöpfungsmanagement, 2006, S. 59 ff.

383 Vgl. *Schorner:* Privatisierung, 2008, S. 49.

mit den privaten Ersparnissen an. Es lässt sich daraus jedoch kein öffentlicher Auftrag für die öffentlich-rechtlichen Sparkassen ableiten.[384]

Grundsätzlich wird als **Hausbankfunktion** die Aufgabe der Sparkasse bezeichnet, die kreditwirtschaftliche Versorgung der öffentlichen Hand sicherzustellen. Dazu gehören u. a. der allgemeine Zahlungsverkehr, die Möglichkeit zur Anlage von Geldern, die Durchführung von Förderprogrammen und die Bereitstellung von Kommunalkrediten zur Erfüllung gemeinwohlorientierter kommunaler Aufgaben.[385] Darunter sind aber keine Sonderkonditionen zu verstehen, die die Sparkassen ihren Gewährträgern einräumen.[386] Es ist jedoch festzustellen, dass die privaten Banken verstärkt Hausbankfunktionen wahrnehmen. Insofern ist eine flächendeckende kreditwirtschaftliche Versorgung der Bevölkerung gewährleistet.

Die **Struktursicherungsfunktion** besteht darin, dass die Existenz öffentlich-rechtlicher Sparkassen zu einer ausgewogenen räumlichen Wirtschaftsstruktur in allen Regionen führen soll.[387] Es besteht eine enge Verbindung mit der Gewährleistungsfunktion, wobei die Struktursicherungsfunktion weniger auf die Verpflichtung des Staates gegenüber dem Einzelnen abzielt als vielmehr auf eine räumliche Anpassung der wirtschaftlichen Verhältnisse. Die Struktursicherungsfunktion unterstellt damit, dass private Kreditinstitute in Randregionen, in denen kein lukratives Geschäft generiert werden kann, nicht aktiv auftreten, hingegen Sparkassen infolge des Regionalprinzips diese Randregionen bedienen müssen.[388] Teilweise ziehen sich aber auch öffentlich-rechtliche Sparkassen aus der Region zurück, indem sie nicht rentable Zweigstellen schließen.[389]

Die vorstehenden Erklärungen machen bereits deutlich, dass es bei der Diskussion über die Deregulierung- und Privatisierung öffentlich-rechtlicher Sparkassen nicht ausschließlich um ökonomische Überlegungen geht, sondern vielmehr um politische Interessen. Das Gewicht wirtschaftlicher Überlegungen

---

384 Vgl. *Witt:* Sparkassen, 2006, S. 78 f. sowie *Möschel:* Wandel, 2010, S. 215 f.

385 Vgl. *Schorner:* Privatisierung, 2008, S. 51.

386 Vgl. *Möschel:* Privatisierung, 1993, S. 97. Allerdings ist die Monopolkommission weiterhin der Auffassung, dass es sich bei der Geschäftsbeziehung zwischen der öffentlichen Hand und ihren Banken um eine „besondere [politische] Geschäftsbeziehung" handelt. Vgl. *Monopolkommission:* Hauptgutachten, 2000, S. 79.

387 Vgl. *Schorner:* Privatisierung, 2008, S. 51.

388 Vgl. *Witt:* Sparkassen, 2006, S. 81.

389 Für eine kritische Betrachtung zur Effizienz von Fusionsprozessen vgl. *Keßler:* Sparkassenfusionen, 1996, S. 121 ff. sowie *Marjanović:* Fusionen, 2006, S. 81 ff. und *Bresler:* Sparkassen, 2007, S. 7 ff.

für die Beibehaltung der kommunalen Verankerung öffentlich-rechtlicher Sparkassen hat massiv abgenommen. An dieser Stelle soll zudem eine Erkenntnis, die aus der Analyse der landesspezifischen Deregulierungs- und Privatisierungsvorhaben im achten Kapitel gewonnen wurde, vorweggenommen werden: dass die strategische Positionierung der Sparkasse in der Region für die Kommune und die regionale Bevölkerung von großer Bedeutung ist. Es kann demnach nicht davon ausgegangen werden, dass bei der Privatisierung einer Sparkasse diese sich aus der Region zurückziehen wird. In diesem Zusammenhang stellt auch *Witt* zutreffend fest, dass „die Struktursicherungsfunktion der Sparkassen auch die Aufgabe [hat], kulturelle und soziale Belange der Region zu fördern, durch ihre Existenz auch in strukturschwachen Gebieten für qualifizierte Arbeits- und Ausbildungsplätze zu sorgen sowie zum lokalen Steueraufkommen beizutragen."[390]

Insgesamt ist somit festzuhalten, dass sich mit der Wahrnehmung des öffentlichen Auftrags im Rahmen der Struktursicherungsfunktion die Existenz der öffentlich-rechtlichen Sparkassen weiterhin erklären lässt. Eine solche Existenzberechtigung der Sparkassen schließt aber eine Privatisierung zumindest einzelner öffentlich-rechtlicher Sparkassen bspw. in Ballungsgebieten nicht aus. Des Weiteren bestehen Möglichkeiten, die Struktursicherungsfunktion des öffentlichen Auftrags ohne den Bestand der Sparkassen sicherzustellen. Dies bedeutet, dass unter bestimmten rechtlichen Prämissen der Privatisierung von Sparkassen aus ordnungspolitischer Sicht nichts entgegensteht.

Die sog. **Wettbewerbssicherungsfunktion** schließlich wurde erst in den vergangenen Jahren als eine Teilfunktion des öffentlichen Auftrags anerkannt und dient vor allem der Stärkung eines funktionsfähigen Wettbewerbs im Kreditsektor.[391] Sie ist bereits im vorherigen Abschnitt beschrieben worden, was zu dem Ergebnis geführt hat, dass sich mit der Wettbewerbsfunktion die Existenz der öffentlich-rechtlichen Sparkassen nicht begründen lässt.

4.2.2 Betriebswirtschaftliche Argumente

4.2.2.1 Positionierung der Geschäftspolitik

Sparkassen unterstehen zum einen der Aufsicht der Bundesanstalt für Finanzdienstleistungsaufsicht und sind zum anderen an die landesrechtlichen Sparkassengesetze gebunden. Zu den Sparkassenaufsichtsbehörden gehören die jeweiligen Finanzministerien, die Innenministerien und die Ministerien für

390 Vgl. *Witt*: Sparkassen, 2006, S. 82.

391 Vgl. *Witt*: Sparkassen, 2006, S. 76 sowie *Dietl*: Privatisierung, 2010, S. 47.

Wirtschaft.[392] In ausgewählten Landesgesetzen wird zwischen einer Aufsichtsbehörde und einer obersten Aufsichtsbehörde unterschieden. Dabei ist das zuständige Regierungspräsidium die Rechtsaufsichtsbehörde der Sparkassen, während das Finanzministerium, das Innenministerium und das Ministerium für Wirtschaft die obersten Rechtsaufsichtsbehörden darstellen.[393] Die Sparkassenaufsichtsbehörden haben generell die Aufgabe, die Rechtmäßigkeit der Geschäftsführung zu gewährleisten, wobei spezielle Geschäfte einem Genehmigungsvorbehalt der Sparkassenaufsichtsbehörde unterliegen.[394]

Im Laufe der Jahre hat sich die Geschäftspolitik der öffentlich-rechtlichen Sparkassen der Geschäftspolitik der privaten Banken angepasst hat.[395] Dennoch lassen sich diverse Unterschiede feststellen. Hierbei ist zu berücksichtigen, dass die Geschäftstätigkeit immer auch den öffentlichen Auftrag der Sparkassen berücksichtigen muss. Des Weiteren sind die Sparkassen an das Regionalprinzip gebunden. Damit wird der Geschäftsbereich einer Sparkasse auf das Gebiet des jeweiligen Trägers eingegrenzt. Dies wiederum zeigt, dass die Akteure der jeweiligen Träger einen politischen Einfluss auf die Geschäftspolitik der Sparkassen ausüben können.[396] Demzufolge ist zu erwarten, dass mit der Privatisierung einer öffentlich-rechtlichen Sparkasse die Geschäftspolitik entsprechend angepasst wird.

Bei einer formalrechtlichen Privatisierung ist jedoch von einer Beibehaltung der grundsätzlichen Unternehmensstrategie auszugehen, da hier die kommunale Bindung der Sparkasse an ihren Träger weiterhin vorhanden ist. Eine solche Bindung ließe sich bspw. in der Satzung der Sparkassen-AG festlegen.[397] Somit könnte die Geschäftspolitik der öffentlich-rechtlichen Sparkasse weitergeführt werden, wobei die Einflussnahme der Kommune nur unter Berücksichtigung des Gesellschaftsrechts möglich wäre.[398] Vor diesem Hintergrund ist es denkbar,

392 Vgl. Art. 13 Abs. 1 SpkG BY; § 30 BbgSpkG; § 24 SpkG HB; § 30 SpkG M-V; § 25 NSpG; § 30 SpkG NRW; § 28 Abs. 1 SpkG RP; § 29 Abs. 1 SSpG; § 30 GörK; § 40 Abs. 1 SparkG SH; § 24 Abs. 1 ThürSpkG.

393 Vgl. § 49 Abs. 1 SpG BW; § 20 Abs. 1 SparkG HE; § 30 SpkG-LSA. In Teilen von *Witt:* Sparkassen, 2006, S. 83 übernommen.

394 Vgl. § 48 Abs. 2 SpG BW; Art. 13 Abs. 2 SpkG BY; § 31 Abs. 1 BbgSpkG; § 25 Abs. 1 SpkG HB; § 20 Abs. 3 SparkG HE; § 31 Abs. 1 SpkG M-V; § 25 Abs. 1 NSpG; § 31 Abs. 1 SpkG NRW; § 27 SpkG RP; § 30 Abs. 1 SSpG; § 31 Abs. 1 GörK; § 31 Abs. 1 SpkG-LSA; § 40 Abs. 2 SparkG SH; § 24 Abs. 2 ThürSpkG.

395 Vgl. BVerfG vom 15.06.1983, S. 240 f. sowie *Seifert:* Bankwesen, 1984, S. 165.

396 Vgl. *Witt:* Sparkassen, 2006, S. 84.

397 Vgl. § 2, § 23 Abs. 3 Nr. 2, § 179 AktG.

398 Vgl. *Witt:* Sparkassen, 2006, S. 84 f.

dass der Vorstand einer privatisierten Sparkasse über einen größeren Handlungsspielraum bei der Gestaltung der Geschäftspolitik verfügt und diesen zur Umsetzung seiner Interessen entsprechend nutzt.

Im Gegensatz zu einer formalrechtlichen Privatisierung sind bei einer materiellrechtlichen Privatisierung die Vorstellungen der privaten Investoren zu berücksichtigen, die der Gemeinwohlorientierung der Sparkasse entgegenstehen können. Denn private Kreditinstitute müssen ihren Stakeholdern möglichst hohe Gewinne ausschütten, da diese den Kreditinstituten sonst kein Eigenkapital zur Verfügung stellen.[399] Somit liegt der Fokus auf lukrativen Geschäftsfeldern. Für den Sparkassenvorstand bedeutet dies, dass er sich bei einer Minderheitsbeteiligung privater Investoren wesentlich stärker am Gewinnziel orientieren muss und weniger am öffentlichen Auftrag. Er könnte gezwungen sein, nicht rentable Zweigstellen zu schließen. Steht hingegen die Erfüllung des öffentlichen Auftrags im Mittelpunkt der Geschäftspolitik, so werden Stakeholder die daraus resultierenden geringeren Ausschüttungen nur dann akzeptieren, wenn ihnen im Gegenzug ein adäquater Abschlag bei den Preisen der Anteile gewährt wird.

Soll die Erfüllung des öffentlichen Auftrags bei einer materiellrechtlichen Privatisierung bestehen bleiben, so ist dies in die Satzung mit aufzunehmen. Hierbei sind die Interessen der privaten Investoren wie auch die der Kommune zu berücksichtigen. Mit einer Satzungsänderung kann insofern Einfluss auf die Geschäftspolitik der Sparkasse genommen werden. Für die Kommune besteht aber auch im Rahmen eines Beherrschungsvertrags nach § 291 Abs. 1 AktG die Möglichkeit, Einfluss auf die Geschäftspolitik der Sparkasse zu nehmen. Voraussetzung dafür ist ein Beschluss der Hauptversammlung mit mindestens einer Dreiviertelmehrheit.[400] Hierbei ist allerdings zu berücksichtigen, dass die Frage, ob eine juristische Person des öffentlichen Rechts überhaupt als Unternehmer im Sinne des Aktiengesetzes angesehen werden kann und insofern als beherrschendes Unternehmen am Markt auftreten darf, nicht eindeutig zu beantworten ist.

Bei einer materiellrechtlichen Vollprivatisierung hat die Kommune keine Möglichkeit, auf die Geschäftspolitik der Sparkassen Einfluss zunehmen. Der Gesetzgeber könnte allerdings durch eine entsprechende Vorschrift bestimmen, dass die Erfüllung von öffentlichen Aufgaben in der Satzung festgelegt wird.[401]

Die Privatisierung einer Sparkasse könnte zu einem größeren Gestaltungsspielraum bei der Geschäftspolitik führen. Bei einem Wegfall des bestehenden

399 Vgl. *Witt:* Sparkassen, 2006, S. 85.

400 Vgl. § 293 Abs. 1 AktG.

401 Vgl. *Witt:* Sparkassen, 2006, S. 85 f.

Regionalprinzips ist ein Verdrängungswettbewerb der Sparkassen untereinander durchaus denkbar.[402] Gleichzeitig könnte durch eine materiellrechtliche Privatisierung einer Sparkasse der Sparkassenverbund infrage gestellt und damit in seinen Grundstrukturen massiv beschädigt werden, was unter Umständen zu einer Auflösung führen würde.[403] Darüber hinaus besteht auch die Möglichkeit, dass öffentlich-rechtliche Sparkassen von privaten Kreditinstituten gekauft werden und somit den Verbund verlassen.[404] Da sich nunmehr ein größerer Gestaltungsspielraum für die Sparkasse in ihrer Geschäftspolitik ergäbe, könnten Fehlallokationen bspw. bei der Kreditvergabe an bestimmte Kundengruppen entstehen, was wiederum die Kunden wahrnehmen würden. Es ist davon auszugehen, dass eine Privatisierung keinen Einfluss auf die Preisgestaltung haben wird. Derzeit lässt sich beobachten, dass die privaten Kreditinstitute und insbesondere die Direktbanken mit kostenfreien Girokontomodellen werben und die Sparkassen weiterhin an ihren Girokontoführungsgebühren festhalten.

4.2.2.2 Bedeutung des Eigenkapitals

Wie bereits ausgeführt, existieren bei Kreditinstituten aufgrund ihrer gesamtwirtschaftlichen Bedeutung und ihrer Besonderheiten spezielle staatliche Regulierungsvorschriften, die sich insbesondere auf das Eigenkapital beziehen. Nach dem KWG müssen die Kreditinstitute „im Interesse der Erfüllung ihrer Verpflichtungen gegenüber ihren Gläubigern, insbesondere zur Sicherheit der ihnen anvertrauten Vermögenswerte, angemessene Eigenmittel haben".[405] Darüber hinaus gilt für die Sparkassen, dass neben den aufsichtsrechtlichen Regelungen des KWG auch die Vorschriften der Sparkassengesetze zu beachten sind. Das haftende Eigenkapital ist dabei von großer Bedeutung. So bestehen für Kreditinstitute grundsätzlich zwei Möglichkeiten, ihr haftendes Eigenkapital zu erhöhen: zum einen durch die aktive Aufnahme von Gesellschaftern oder die Erhöhung ihrer Kapitalanteile und zum anderen durch Selbstfinanzierung.[406]

Im Falle der Sparkassen lässt sich die erste Möglichkeit nur begrenzt umsetzen. Wird einmal von den rechtlichen Restriktionen abgesehen, sind die öffentlichen Eigentümer vor dem Hintergrund ihrer finanziellen Situation nicht in der Lage, den Instituten sog. Dotationskapital zuzuführen, weder aus vorhandenen

---

402 Vgl. *Beuthien:* Strukturwandel, 2004, S. 1469 f.

403 Vgl. *Hofmann:* Bankensektor, 2006, S. 113 f. und 122 f.

404 Vgl. *Steiner:* Bankenmarkt, 1994, S. 155 sowie *Schulz:* Verbundstrategie, 2004, S. 89 ff.

405 § 10 Abs. 1 Satz 1 KWG.

406 Vgl. *Schorner:* Privatisierung, 2008, S. 39.

Haushaltsmitteln noch durch eine zusätzliche Kreditaufnahme. Ergo können die Sparkassen ihr Eigenkapital im Wesentlichen nur durch Rücklagenbildung erhöhen.[407] Die in den jeweiligen Bundesländern bestehenden Sparkassengesetze begrenzen die Höhe der potenziellen Abführung des Jahresüberschusses an die Gewährträger.[408] Der verbleibende Jahresüberschuss ist dann der Sicherheitsrücklage zuzuführen. Dadurch wird eine ausreichende Höhe der Rücklagen gewährleistet.[409]

Unabhängig von der Erhöhung der Rücklagen durch Zuführung des Jahresüberschusses oder eines Teils des Jahresüberschusses (Rücklagenzuführungen bestehen nach dem Aktiengesetz auch für private Kreditinstitute) steht den Sparkassen „in der Regel lediglich die Aufnahme stiller Gesellschafter gemäß § 10 Abs. 4 KWG, die Gewährung von Genussrechten gemäß § 10 Abs. 5a KWG sowie das Eingehen nachrangiger Verbindlichkeiten nach § 10 Abs. 5a KWG zur Erhöhung ihres haftenden Eigenkapitals zur Verfügung. Die Aufnahme von stillen Vermögenseinlagen, die gemäß § 10 Abs. 2a Nr. 8 KWG zum Kernkapital zählen, ist in den einzelnen Bundesländern an unterschiedliche Bedingungen geknüpft."[410] So sind private Mitwirkungsrechte stiller Gesellschafter bspw. in Bayern, Mecklenburg-Vorpommern, Brandenburg, Sachsen, Sachsen-Anhalt und Thüringen nicht möglich.[411] Zum Beispiel in Hessen und Rheinland-Pfalz können stille Gesellschafter hingegen über Mitwirkungsrechte in den Sparkassen verfügen.[412] Die Höhe dieser Einlagen darf aber auch in diesen Ländern nicht mehr als 49 Prozent des haftenden Eigenkapitals betragen.[413]

Darüber hinaus dürfen stille Einlagen in Nordrhein-Westfalen, Schleswig-Holstein und Brandenburg ausschließlich von bestimmten juristischen Personen des öffentlichen Rechts oder von Gesellschaften des privaten Rechts aufgenommen werden.[414] Hierbei ist bspw. in Baden-Württemberg erforderlich,

407 Vgl. *Witt:* Sparkassen, 2006, S. 90.

408 Vgl. *Witt:* Sparkassen, 2006, S. 90. Vgl. § 31 SpG BW; § 21 SpkO BY; § 27 BbgSpkG; § 23 SpkG HB; § 16 SparkG HE; § 27 SpkG M-V; § 24 NSpG; § 28 SpkG NRW; § 20 SpkG RP; § 25 SSpG; § 27 GörK; § 27 SpkG-LSA; § 28 SparkG SH; § 21 ThürSpkG.

409 Vgl. *Witt:* Sparkassen, 2006, S. 90.

410 *Witt:* Sparkassen, 2006, S. 91.

411 Vgl. § 6 Abs. 3 SpkO BY; § 3 Abs. 4 BbgSpkG; § 3 Abs. 4 SpkG M-V; § 3 Abs. 3 GörK; § 3 Abs. 3 SpkG-LSA; § 4 ThürSpkG. Auch in Teilen von *Witt:* Sparkassen, 2006, S. 91 übernommen.

412 Vgl. § 22 SparkG HE; §§ 21, 21a SpkG RP.

413 Vgl. *Witt:* Sparkassen, 2006, S. 91.

414 Vgl. § 29 Abs. 1 SpkG NRW; § 10 Abs. 2 Nr. 13 SparkG SH; § 3 Abs. 3 Satz 2 BbgSpkG.

dass bei einer Aufnahme von Vermögenseinlagen stiller Gesellschafter die Zustimmung der Vertretungskörperschaft des Gewährträgers vorliegt, sofern es sich nicht um den Gewährträger oder eine unter das entsprechende Sparkassengesetz fallende juristische Person des öffentlich Rechts, die Landesbank Baden-Württemberg oder eine Gesellschaft des privaten Rechts, an welcher eine der vorstehenden Institutionen mittelbar oder unmittelbar beteiligt ist, handelt.[415]

In Nordrhein-Westfalen gestaltet sich das Vorgehen anders. Hier bedarf es einer Zustimmung der Aufsichtsbehörde im Einvernehmen mit dem Innenministerium, falls der stille Gesellschafter keine Gewährträger ist.[416] In Niedersachsen ist generell eine Zustimmung des Trägers zur Aufnahme stiller Einlagen erforderlich.[417] Im Gegensatz zu den stillen Einlagen, die als Kernkapital unbegrenzt als haftendes Eigenkapital anerkannt werden, ist die Anerkennung von Genussrechtskapital[418] und nachrangigen Verbindlichkeiten als Ergänzungskapital nicht unbeschränkt möglich. Die Aufnahme von Genussrechtskapital ist durch die Sparkassengesetze in allen Bundesländern zugelassen und in § 10 Abs. 2b Nr. 4 KWG geregelt.[419] In Bayern und Schleswig-Holstein dürfen den Genussrechtsgläubigern keine Mitwirkungs- und Kontrollrechte und auch keine Ansprüche am Liquidationsvermögen eingeräumt werden.[420] Die Bundesländer Mecklenburg-Vorpommern, Brandenburg, Sachsen, Sachsen-Anhalt und Thüringen gewähren ebenfalls keine Mitwirkungsrechte.[421] In Hessen kann den Sparkassen per Satzung die Möglichkeit eingeräumt werden, „vom Träger, von der Aufsicht des Landes unterstehenden Körperschaften, Anstalten und Stiftungen des öffentlichen Rechts sowie von natürlichen und juristischen Personen und Personengesellschaften des privaten Rechts Genussrechtskapital nach Maßgabe des § 10 Abs. 5 des Gesetzes über das Kreditwesen aufzunehmen.[422] In Rheinland-Pfalz besteht für die Sparkassen die Möglichkeit, Stammkapital durch Einlagen

---

415 Vgl. § 32 SpG BW; § 26 SSpG.

416 Vgl. § 29 Abs. 1 SpkG NRW.

417 Vgl. § 16 Abs. 4 Nr. 3 NSpG.

418 Gesetzlich ist der Begriff der Genussrechte nicht geregelt. Der Bundesgerichtshof charakterisierte Genussrechte als reine Gläubigerrechte schuldrechtlicher Art, die Forderungsrechte, aber keine Mitgliedschaftsrechte begründen. Vgl. hierzu BGH, 1992, S. 309 f., hier in Anlehnung an *Witt:* Sparkassen, 2006, S. 92 übernommen.

419 Vgl. § 6 Abs. 2 SpG BW; § 21 Abs. 1 SparkG HE; § 16 Abs. 4 Nr. 3 NSpG; § 29 Abs. 2 SpkG NRW; § 2 Abs. 5 SpkG RP; § 3 Abs. 1 SSpG.

420 Vgl. § 6 Abs. 2 SpkO BY; § 10 Abs. 2 Nr. 14 SparkG SH.

421 Vgl. § 3 Abs. 4 SpkG M-V; § 3 Abs. 3 BbgSpkG; § 3 Abs. 3 GörK; § 3 Abs. 3 SpkG-LSA; § 4 ThürSpkG.

422 Vgl. § 21 Abs. 1 SparkG HE.

oder durch die Umwandlung von Rücklagen zu bilden. Auf dieses Stammkapital können nach einer Rücklagenzuführung von mindestens einem Drittel des Jahresüberschusses in angemessenem Umfang Ausschüttungen erfolgen.[423] Sogar die Übertragung von Anteilen am Stammkapital an Sparkassen sowie an kommunale Gebietskörperschaften oder Zweckverbände ist in Rheinland-Pfalz unter bestimmten Voraussetzungen möglich.[424]

Eine Besonderheit stellt die Sachsen-Finanzgruppe dar, die durch das Gesetz über das öffentlich-rechtliche Kreditwesen im Freistaat Sachsen vom 13. Dezember 2002 entstanden ist.[425] Als Körperschaft des öffentlichen Rechts verfügt die Sachsen-Finanzgruppe ebenfalls über eigenes Stammkapital.[426] Anteilseigner können sowohl der Freistaat Sachsen als auch die Landkreise, kreisfreie Städte und von ihnen gebildete Zweckverbände sein. Bis zu 49 Prozent des Stammkapitals dürfen auch von anderen juristischen Personen des öffentlichen und privaten Rechts gehalten werden.[427] Ein Zugriff auf das Vermögen der Sparkassen durch die Träger ist demnach in Rheinland-Pfalz und Sachsen unabhängig von einer Auflösung möglich.[428]

Vor dem Hintergrund der genannten Alternativen zur Steigerung der aufsichtsrechtlichen Eigenmittel der Sparkassen besteht auch die Möglichkeit einer Beteiligung stiller Gesellschafter. Diese Form kann auch als Teilprivatisierung einer Sparkasse angesehen werden. Dabei ist aber eine Öffnung der kommunalen Bindung, in deren Folge der öffentliche Auftrag und das Regionalprinzip infrage gestellt werden könnte, nicht zu befürchten. Es wäre sogar denkbar, dass durch eine Beteiligung der Bürger an ihrer Sparkasse eine stärkere Bürgernähe entsteht. Demzufolge müsste die Geschäftspolitik verstärkt an den Interessen der privaten Investoren ausgerichtet werden. Eigenkapitalerhöhungen wären nach einer materiellrechtlichen Teilprivatisierung auch durch Zuführungen von außen bspw. durch die Aufnahme neuer Gesellschafter möglich. Bei einer Vollprivatisierung von Sparkassen würden für die Sparkassen bei den Eigenkapitalanforderungen bzw. -erhöhungen die gleichen Bedingungen wie für die privaten Banken bestehen. Somit würden die Sparkassen nach der Vollprivatisierung die gleichen Möglichkeiten der Eigenkapitalbeschaffung wie die privaten Banken erhalten.

---

423 Vgl. § 3 Abs. 3 SpkG RP i. V. m. § 20 Abs. 1 SpkG RP.

424 Vgl. § 3 Abs. 4 SpkG RP.

425 Vgl. GörK vom 13.12.2002, S. 333.

426 Vgl. § 49 GörK i. V. m. § 53 GörK. In Teilen auch von *Witt:* Sparkassen, 2006, S. 93 übernommen.

427 Vgl. § 53 Abs. 1 GörK.

428 Vgl. *Witt:* Sparkassen, 2006, S. 93.

4.2.3 Kommunalwirtschaftliche Argumente

4.2.3.1 Eigentümer

In der Deregulierungs- und Privatisierungsdiskussion öffentlich-rechtlicher Sparkassen stellt sich regelmäßig die Frage, wer denn eigentlich der Eigentümer einer öffentlich-rechtlichen Sparkasse ist. Für eine Privatisierung von Sparkassen ist diese Frage unter zwei Aspekten von großer Bedeutung. Erstens sollte Transparenz darüber bestehen, wer über eine Privatisierung einer Sparkasse abschließend entscheiden darf, und zweitens sollte bekannt sein, wer im Falle einer Privatisierung den Privatisierungserlös erhält.

Aus juristischer Perspektive gehören die Anstalten des öffentlichen Rechts sich selbst. Demnach sind die Eigentümer der Sparkassen rechtlich die Kommunen und wirtschaftlich – vor dem Hintergrund der öffentlich-rechtlichen Struktur – die Einwohner der Kommunen und die Träger.[429] Insofern sind die Sparkassen selbst eigentumsfähig und erhalten damit die Fähigkeit, eigenes Anstaltsvermögen zu besitzen.[430] Aus ökonomischer Sicht und „in Anlehnung an den in der Rechtswissenschaft üblichen Sprachgebrauch lassen sich vier Gruppen von Verfügungsrechten (Property Rights) unterscheiden, nämlich:

„1. Rechte, welche die Art der Nutzung eines Gutes betreffen (Usus); beispielsweise das Recht, ein Gut zu gebrauchen und den Rest der Welt vom Gebrauch auszuschließen.
2. Rechte, formale oder materielle Veränderung an einem Gut vorzunehmen (Ab Usus).
3. Rechte der Aneignung von Gewinnen und Verlusten, die durch die Nutzung des Gutes entstehen (sogenannte Fruchtziehungsrechte, Usus Fructus).
4. Rechte zur vollständigen oder teilweisen Veräußerung oder Übertragung des Gutes an Dritte (etwa durch Verkauf, Vermietung, Verpachtung oder Verschenken).“[431]

Eine Spezifizierung des Eigentums lässt sich nicht immer eindeutig bestimmen, da die einzelnen Rechte nicht immer detailliert vorliegen. Es wird jedoch das Argument angeführt, dass die Sparkassen den Bürgern der Gebietskörperschaft des Trägers gehörten und die Kommunen allein ihre Träger seien. Die Begründung besteht darin, dass die öffentliche Hand den Sparkassen kein Kapital

---

429 Vgl. *Auerbach:* Kreditinstitute, 2009, S. 55.
430 Vgl. *Schorner:* Privatisierung, 2008, S. 135.
431 *Fritsch/Wein/Ewers:* Wirtschaftspolitik, 1999, S. 8.

zugeführt habe. Dagegen hätten die Sparkassen ihr Eigenkapital aus Gewinnen selbst erwirtschaftet. In Verbindung mit dem historischen Gründungszweck der Sparkassen dient dieses Argument auch als Begründung für die in den Sparkassengesetzen enthaltene Vorschrift, dass Überschüsse infolge der Auflösung einer Sparkasse unmittelbar gemeinnützigen Zwecken im Gebiet des Trägers zuzuführen sind und nicht in den öffentlichen Haushalt eingestellt werden dürfen.[432]

Diese Vorschrift ist allerdings nicht als abschließend zu interpretieren. Vielmehr wird eine Prüfung hinsichtlich der Berechtigung gefordert und hervorgehoben, dass eine solche Regelung bei Bedarf vom Gesetzgeber auch modifiziert werden kann. Das Argument, dass bspw. die Kommunen den Sparkassen kein Eigenkapital zugeführt haben, ist zudem keine ausreichende Begründung, dass Auflösungserlöse nicht dem kommunalen Haushalt zufließen dürfen. Die Träger haben zugunsten der Erfüllung des öffentlichen Auftrags auf regelmäßige Gewinnausschüttungen vollständig oder partiell verzichtet; ihnen stehen aus diesem Grund auch Ansprüche auf das durch Rücklagenzuführungen thesaurierte Kapital zu. Die Kommunen besitzen aufgrund der Anstaltslast und verschiedener Einflussrechte eine eigentümerähnliche Stellung. Eigentümerähnliche Einflussmöglichkeiten haben die Träger bspw. hinsichtlich der Errichtung, der Fusion und der Auflösung von Sparkassen sowie der Besetzung von Sparkassenorganen. Insofern kann von einem eigentümerähnlichen Verhältnis zwischen der Trägerkommune und der Sparkasse ausgegangen werden. Wenn die Kommunen die gesetzliche Möglichkeit haben, über eine Privatisierung ihrer Sparkassen zu entscheiden, könnten sie auch den Privatisierungserlös erhalten.[433] Auch die Annahme, dass die Sparkasse den Bürgern der entsprechenden Kommunen gehört, ist unproblematisch, weil „die Vertretungsorgane einer Gemeinde die Interessenvertretung der Bürger dieser Kommune sind und sich somit grundsätzlich weder das Entscheidungsgremium noch die Verwendung des Privatisierungserlöses verändern. […] Wie sich die Einflussmöglichkeiten der Kommune auf die Sparkasse verändern, ist von der gewählten Privatisierungsform abhängig.“[434]

So kann sich die Kommune im Falle einer formalrechtlichen oder materiellrechtlichen Privatisierung mit einer zukünftigen Beteiligung von mehr als 50 Prozent weitgehende Einflussmöglichkeiten sichern, während ihre Rechte bei einer Beteiligung von weniger als 50 Prozent den üblichen Rechten der Inhaber von Minderheitsbeteiligungen entsprechen. Allerdings könnte eine Herausforderung bei

432 Vgl. *Witt:* Sparkassen, 2006, S. 110.
433 Vgl. *Witt:* Sparkassen, 2006, S. 110 f.
434 *Witt:* Sparkassen, 2006, S. 111.

der Aufrechterhaltung des öffentlichen Auftrags der Sparkassen bestehen, wenn private Investoren sich nur in einem geringen Maße beteiligen. Dabei stehen im allgemeinen Gewinnziele im Vordergrund. Sind die Gewinne der privaten Investoren bspw. durch die in der Satzung einer privatisierten Sparkasse festgelegte Erfüllung eines öffentlichen Auftrags geringer, ließe sich dies durch einen entsprechenden Abschlag auf den Anteilspreis ausgleichen. Auch die Auswirkungen der Abschaffung von Gewährträgerhaftung und Anstaltslast auf die Haftung der Kommunen für ihre Sparkasse sowie die Einlagensicherungssysteme der öffentlich-rechtlichen Sparkassen, die bereits in den bisherigen Kapiteln beschrieben wurden, müssen an dieser Stelle wieder aufgegriffen werden. Somit stellt sich die Frage, welche Konsequenzen eine Privatisierung für die Haftung der Kommune für die jeweilige Sparkasse hätte. Da sich die Haftung der Kommune für ihre Sparkasse nach der Entscheidung der EU-Kommission zukünftig nicht von einer marktwirtschaftlichen Eigentümerbeziehung unterscheiden soll, könnten die Veränderungen bei der Haftung denen im Falle einer privatrechtlichen Unternehmensveräußerung oder einer Veräußerung von Unternehmensanteilen entsprechen und davon abhängen, ob das bisherige Unternehmen fortgeführt wird oder nicht.[435]

4.2.3.2 Entlastung der Länder und Kommunen

Die politischen Akteure verwenden in der Privatisierungsdiskussion öffentlich-rechtlicher Sparkassen gerne das Argument, dass sich die öffentlichen Haushalte in einer angespannten finanziellen Situation befänden.[436] Wird unter dieser Voraussetzung eine Privatisierung angestrebt, besteht das Ziel der politischen Akteure zumeist darin, den öffentlichen Haushalt zu konsolidieren. Tatsächlich befinden sich die öffentlichen Haushalte und die Kommunen in Deutschland trotz intensiver Bemühungen in einer angespannten finanziellen Situation.[437]

---

435 Vgl. *Witt:* Sparkassen, 2006, S. 111 f.

436 Vgl. *Ehlers:* Kommunalwirtschaft, 1998, S. 497 sowie *Jorde:* Transferbegleitung, 1999, S. 2162 und *Steffen:* Kommunen, 2001, S. 44 ff.

437 Vgl. *Caspari:* Privatisierungen, 2009, S. 1 ff. Dazu bemerkt das Statistische Bundesamt: „Nach […] [damaligen] Ergebnissen des Statistischen Bundesamtes stieg die Verschuldung der öffentlichen Haushalte bis zum Jahresende 2009 um 112,7 Mrd. EUR oder 7,1 %. Dies war der zweitgrößte absolute Schuldenzuwachs gegenüber dem Vorjahr seit Bestehen der Bundesrepublik Deutschland. Insgesamt erreichte die Verschuldung der öffentlichen Haushalte (Kernhaushalte des Bundes, der Länder, der Gemeinden und Gemeindeverbände und ihre jeweiligen Extrahaushalte) in Deutschland zum Jahresende 2009 eine Gesamtbelastung von 1.692 Mrd. EUR.

So verbuchten „die Gemeinden und Gemeindeverbände [...] in den ersten drei Quartalen 2009 ein kassenmäßiges Finanzierungsdefizit in Höhe von 6,7 Milliarden Euro. [...] Im entsprechenden Zeitraum des Vorjahres hatte sich noch ein Finanzierungsüberschuss von 5,6 Milliarden Euro ergeben. Die Einnahmen der Kommunen betrugen in den ersten drei Quartalen des Jahres 2009 119,4 Milliarden Euro und damit 3,6 % weniger als im entsprechenden Vorjahreszeitraum. Die kassenmäßigen Ausgaben stiegen dagegen um 6,6 % auf 126,1 Milliarden Euro."[438] Nur drei Jahre später erzielten die Gemeinden und Gemeindeverbände „Einnahmen in Höhe von 197,8 Milliarden Euro – ein Anstieg von 3,2 % gegenüber dem Vorjahr. Die Ausgaben erhöhten sich hingegen nur leicht um 1,2 % auf 196,9 Milliarden Euro."[439] Somit erwirtschafteten die Kommunen im Jahr 2012 einen Überschuss von 0,9 Milliarden Euro. Hierbei ist jedoch zu berücksichtigen, dass die „Entwicklung der kommunalen Einnahmen der Kern- und Extrahaushalte [...] besonders durch die Zunahme der Steuereinnahmen (netto) um 6,6 % gegenüber dem Vorjahr auf 74,4 Milliarden Euro bestimmt [wurden]. Dieser Zuwachs ist auf die günstige gesamtwirtschaftliche Entwicklung zurückzuführen."[440]

Wird nunmehr das Verhältnis zwischen der Entwicklung der kommunalen Einnahmen und den Ausgaben analysiert, nimmt die Verschuldung und somit die zu leistenden Zins- und Tilgungszahlungen der Kommunen jährlich zu. Ein Großteil der kommunalen Ausgaben resultiert aus der Erfüllung von Pflichtaufgaben.[441] Diese Ausgaben sollen zukünftig reduziert werden. Die Haushalte über Steuererhöhungen zu konsolidieren, erscheint aber politisch nicht durchsetzbar. Entsprechend suchen die Kommunen nach weiteren Einnahmequellen. Der Verkauf von öffentlichen Unternehmen ist dabei eine Möglichkeit. Einige Autoren sind der Auffassung, dass zusätzlich die Möglichkeit besteht, nicht benötigtes Eigenkapital zurückzuzahlen.[442] Hierbei sollen der aufsichtsrechtliche

---

In den öffentlichen Schulden sind zum einen Kreditmarktschulden in Höhe von 1.633 Mrd. EUR enthalten, die die öffentlichen Haushalte zur Deckung des zwischen Einnahmen und Ausgaben bestehenden Defizits eingeplant hatten. Außerdem wurden zur Überbrückung einer vorübergehenden Kassenanspannung im Laufe des Jahres 2009 kurzfristige Kassenkredite in Höhe von 59,1 Mrd. EUR aufgenommen." *Statistisches Bundesamt Deutschland:* Schulden, 2010, online.

438 Vgl. *Statistisches Bundesamt Deutschland:* Kommunen, 2009, online.

439 Vgl. *Statistisches Bundesamt Deutschland:* Überschuss, 2013, online.

440 Vgl. *Statistisches Bundesamt Deutschland:* Überschuss, 2013, online.

441 Vgl. *Zimmermann:* Kommunalfinanzen, 2009, S. 61 ff. sowie *Rehm/Matern-Rehm:* Kommunalfinanzen, 2010, S. 160 ff.

442 Vgl. *Witt:* Sparkassen, 2006, S. 113.

Solvabilitätskoeffizient und insbesondere die Kernkapitalquote als Maßstab des Rückzahlungspotenzials dienen. Ein solcher Solvabilitätskoeffizient bedeutet, dass unsichere Vermögenswerte ausreichend durch Eigenkapital unterlegt sind. Gleichzeitig sinkt bei einem hohen Eigenkapitalanteil durch den Leverageeffekt[443] aber auch die Eigenkapitalrendite.[444] Anteilseigner sind folglich daran interessiert, dass der Solvabilitätskoeffizient nicht größer ist als der vom Kapitalmarkt für eine nachhaltig erfolgreiche Geschäftspolitik geforderte.[445] Für die Festlegung einer angemessenen Kernkapitalquote von Sparkassen werden die Kernkapitalquoten privater Kreditinstitute zugrunde gelegt. Sparkassen können allerdings – abgesehen von Einlagen stiller Gesellschafter – kein Kernkapital von außen beschaffen, sondern sind im Wesentlichen auf die Bildung von Rücklagen durch die Thesaurierung von Gewinnen angewiesen.[446]

Vor diesem Hintergrund ist eine Absenkung des über Jahre aufgebauten Kernkapitals vor allem angesichts der gestiegenen Eigenkapitalanforderungen fraglich, zumal diese Reduzierung den Geschäftsumfang und damit mögliche Expansionsüberlegungen der Sparkassen begrenzt. Gleichzeitig stellt sich, ähnlich wie im Zusammenhang mit einem Privatisierungserlös, die Frage nach der Zulässigkeit einer Vermögensübertragung an die Träger der Sparkasse, die im Folgenden bejaht wird. Bei einer formalrechtlichen Privatisierung würde die Kommune keine Privatisierungserlöse erzielen. Es ist aber denkbar, dass höhere laufende Ausschüttungen der privatisierten Sparkassen direkt an die Kommune fließen, vorausgesetzt, dass die Umwandlung in eine private Rechtsform die Effizienz der Sparkasse erhöhen würde.[447] Wenn es sich um eine materiellrechtliche Privatisierung handelt, könnte die Trägerkommune einen Privatisierungserlös durch den Verkauf von Anteilen an den Sparkassen erzielen. Gemessen an dem Umfang der veräußerten Anteile würde die Kommune allerdings gleichzeitig auf die laufenden Einnahmen aus den künftigen Gewinnen der Sparkasse verzichten. Insofern stellt sich die Frage, ob die Privatisierung ihrer Sparkasse

443 Vgl. *Zimmermann/Henke/Broer:* Finanzwissenschaft, 2009, S. 419 ff.

444 Vgl. *Witt:* Sparkassen, 2006, S. 113 sowie *Zimmermann:* Kommunalfinanzen, 2009, S. 61 ff., ebenso *Rehm/Matern-Rehm:* Kommunalfinanzen, 2010, S. 160 ff.

445 Mit dem europäischen Projekt Solvency II wird das europäische Solvabilitätssystem den modernen Aufsichtserfordernissen angepasst werden. Die Solvency-II-Rahmenrichtlinie ist am 10.11.2009 verabschiedet worden und bis spätestens 31.10.2012 umzusetzen. Vgl. *Europäische Kommission:* Solvabilität II-Richtlinie, 2009, online.

446 Vgl. *Schorner:* Privatisierung, 2008, S. 39.

447 Vgl. *Witt:* Sparkassen, 2006, S. 113.

für die jeweils betrachtete Kommune aus finanzieller Sicht von Vorteil ist. Dies hängt u. a. von vier Kernpunkten ab:[448]

1. der Privatisierungsform,
2. dem Umfang der erwarteten Ausschüttungen, welche die Sparkasse unter Beibehaltung des Status quo zukünftig an die Kommune zahlen würde,
3. den zukünftigen Ausschüttungen der privatisierten Sparkasse und
4. der erwarteten Höhe des einmaligen Erlöses, den die Kommune durch eine Privatisierung de facto realisieren könnte.

Im Entscheidungsprozess ist die allgemeine finanzielle Situation der Kommune zu berücksichtigen. Tendenziell werden Privatisierungsbestrebungen eher in hoch verschuldeten Kommunen stattfinden, um so die zukünftig anfallende Zinslast zu reduzieren. Dabei ist allerdings zu berücksichtigen, dass der privatisierten Sparkasse die Anwendung des internationalen Steuerrechts zur Verfügung steht, was sich wiederum negativ auf die Haushaltskonsolidierung auswirken könnte.[449] Die Höhe des Privatisierungserlöses, den die Kommune de facto realisieren könnte, ist in der Regel das Ergebnis eines Verhandlungsprozesses und kann nicht im Voraus festgelegt werden. Insgesamt ist zu konstatieren, dass die politischen Akteure an einem möglichst ausgeglichenen Haushalt interessiert sind. Ihr Interesse besteht darin, zukünftige Vorhaben im eigenen Land umzusetzen, um damit im Vergleich mit anderen Ländern wettbewerbsfähiger und attraktiver zu sein.

4.3 Politische Beurteilungsansätze

Zu den ökonomischen Motiven regulierender Eingriffe des Staates in die Wirtschaftsprozesse ist im Laufe der Zeit eine Vielzahl politischer und vor allem sozialer Begründungen hinzugekommen. Sie haben ihren Ursprung darin, dass sich das Leitbild des wirtschaftlich weitestgehend zurückhaltenden Staates frühliberaler Prägung inzwischen zu dem vielseitig zuständigen, fürsorgenden Sozialstaat gewandelt hat. Die Rechtswissenschaft hat in diesem Zusammenhang den Terminus der Daseinsvorsorge geprägt. Darunter lassen sich auch die bereits angesprochenen Motive der Versorgungssicherheit der Bürger und des Verbraucherschutzes subsumieren.[450]

448 Vgl. *Witt:* Sparkassen, 2006, S. 113 f.
449 Vgl. *Witt:* Sparkassen, 2006, S. 114.
450 Vgl. *Strube/Fandel:* Verbraucherschutz, 2010, S. 1 ff.

4.3.1 Effizienzbezogene Argumentation

Sobald die öffentliche Leistungserstellung mit der privaten Leistungserstellung verglichen wird, werden diverse Argumente vorgebracht, warum dieser Vergleich im Voraus nicht sinnvoll erscheint. So wird bemerkt, dass privatisierte Unternehmen den gewonnenen Handlungsspielraum dazu nutzen könnten, ihr Leistungsangebot zu verschlechtern, indem sie die Preise erhöhen, die Produktqualität und Versorgungsdichte herabsetzen oder ggf. auch den Wettbewerb durch Maßnahmen aller Art behindern. Nicht zuletzt könne sich die Situation der Arbeitnehmer verschlechtern, sodass etwas für effizient gehalten werde, „was in Wirklichkeit Sozialdumping ist".[451] Solche Nachteile der Deregulierung sollten als (soziale) Kosten berücksichtigt werden. Diese Argumentationskette findet ihren Abschluss in der Forderung, Deregulierungen und Privatisierungen seien nur dann zu befürworten bzw. zulässig, wenn sich auch unter Berücksichtigung aller Kriterien der genannten Art ex ante ein sozialer Nutzen bestimmen lasse. Es sei zudem nicht sicher, dass privatisierte Unternehmen Effizienzvorteile, sollten diese bestehen, auch de facto durch Angebotsverbesserungen an die Arbeitnehmer weitergäben.

Diese Einwände sind durchaus berechtigt. So ist es ratsam, die Folgewirkungen geplanter Deregulierungen rechtzeitig zu evaluieren und daraus die notwendigen Konsequenzen für das Deregulierungsvorhaben zu ziehen. Insbesondere ist zu beachten, dass auf dem zu deregulierenden Markt die Kräfte des Wettbewerbs so wirken können, dass die Vorteile der Deregulierung de facto langfristig zum Tragen kommen. Eine detaillierte Prognose scheint aber wegen der Unbestimmtheit des Wettbewerbsprozesses ebenso unmöglich wie die Bewertung der Kosten-Nutzen-Effekte. Zudem wird bei solcher Argumentation häufig vernachlässigt, dass es im Rahmen von Deregulierungs- und Privatisierungsvorhaben grundsätzlich darum geht, tatsächlich öffentliche von nur (noch) vermeintlich öffentlichen Aufgaben zu trennen. Erst dann ist zu verifizieren, ob und inwieweit Private nicht auch die weiterhin als öffentlich eingestuften Leistungen dauerhaft und in angemessener Qualität anbieten können. Bei einem geeigneten Verfahren und bei der Auswahl geeigneter Deregulierungs- und Privatisierungsformen und -instrumenten sind Deregulierungen und Privatisierungen auch dort vorstellbar, wo sie unter den genannten Kriterien zunächst nicht möglich erscheinen.

Die Forderung, bei Privatisierungsvorhaben z. B. eine mögliche Verschlechterung der sozialen Anspruchsrechte der Mitarbeiter als „Kosten" in die Diskussion einzubeziehen, verweist auf das Phänomen, dass gerade im Bereich öffentlicher Wirtschaftstätigkeit und Regulierung primäre Auftragsziele wie die

---

451 Vgl. *Loesch:* Privatisierung, 1987, S. 106 sowie *Machura:* Politik, 2005, S. 163.

flächendeckende Versorgung mit bestimmten Gütern oder Leistungen zu kostendeckenden Preisen mit weniger bestimmbaren Sekundärzielen, etwa einer Vorbildfunktion im Sozial- und Arbeitsrecht, verknüpft werden oder dies in der Diskussion zumindest vorgegeben wird.[452] Dies wird deutlich, wenn bemerkt wird, häufig sei „schon die Technik der Aufgabenerfüllung ein Teil der zu verfolgenden Ziele“, denn es könne durchaus dazu kommen, „daß nach Prüfung der Zieladäquanz eine Form der Aufgabenerfüllung gewählt wird, die höhere Kosten verursacht als eine andere, weil die teurere das Ziel umfassender erreichen will“.[453] Würden die hier angeführten Ziele explizit als Organisationsziel z. B. in der Satzung offengelegt, wären sie einer Überprüfung etwa in der parlamentarischen Diskussion zugänglich und könnten – nicht zuletzt bei der Bewilligung von Subventionen oder Kapitalzuweisungen der öffentlichen Hand – berücksichtigt werden. Geschieht dies aber nicht, so steht zumindest zu vermuten, dass sie eher aus taktischen Gründen vorgebracht werden, um einerseits schwer verifizierbare Ziele zu erhalten – dies wurde bereits in Zusammenhang mit der betriebswirtschaftlichen Effizienz erwogen – und andererseits die gewählte (öffentliche) Organisationsform gegen Privatisierungsüberlegungen für unantastbar zu erklären. Befürchtungen eines drohenden Sozialdumpings oder einer Verschlechterung der Wettbewerbsverhältnisse können insofern eher als Hinweis auf Regulierungsdefizite in anderen Politikbereichen aufgefasst werden. Diese aber ließen sich gerade im Zuge des Deregulierungsvorhabens transparent und durch eine geeignete begleitende (Re-)Regulierung etwa im Wettbewerbs- oder Sozialrecht ausgleichen.

4.3.2 Beschäftigungsbezogene Argumentation

Arbeitnehmervertreter lehnen die Privatisierung öffentlich-rechtlicher Sparkassen größtenteils unter dem Hinweis ab, dass eine Privatisierung zu erheblichen Verschlechterungen der Arbeitsbedingungen führe. Folgendes Zitat eines den Gewerkschaften nahestehenden Autors, *von Loesch*, macht diesen Standpunkt deutlich: „Bei Privatisierungen ergeben sich für die meisten Beschäftigten [...] Verschlechterungen, wenn sie in ein privates Unternehmen überwechseln. Das kann bis zu einem Drittel weniger Lohn ergeben, verbunden mit dem Wegfall vieler Sicherungen wie z. B. Rationalisierungsschutzbestimmungen. Wenn öffentliche Haushalte durch die Privatisierung öffentlicher Dienstleistungen Ausgaben einsparen, dann in erster Linie auf Kosten der Beschäftigten. [...] Es versteht sich von selbst, dass die Gewerkschaften gegen den Abbau öffentlicher

452 Vgl. *Machura:* Politik, 2005, S. 163–165.
453 Vgl. *Thiel:* Staat, 1975, S. 556.

Unternehmen und öffentlicher Dienstverhältnisse plädieren."[454] Die Auffassung des Autors ist demzufolge, dass sich die Beschäftigungsbedingungen für einen Großteil der Arbeitnehmer in privatisierten öffentlich-rechtlichen Sparkassen in der Regel verschlechtern werden, wenn sie sich denen in privaten Kreditinstituten anpassen.[455] Folglich sind die Gewerkschaften generell gegen eine solche Privatisierung.[456] Im weiteren Verlauf der Arbeit wird diese Positionierung der Gewerkschaften noch aufzugreifen sein, und es wird analysiert, warum sie diese Position so vehement vertreten.

Privatisierungsbefürworter entgegnen dem, dass eine Privatisierung sich nicht gegen irgendjemanden richte, sondern im Interesse aller Beteiligten liege, da statt sozialer Nachteile sogar größere soziale Gerechtigkeit entstehe, indem Geschäftsbereiche, in denen es bisher keinen Zwang zur Leistung gegeben habe, jetzt marktwirtschaftlichen Leistungs- und damit auch Leistungsertragsgrundlagen unterstellt würden. Was die Gewerkschaften als soziale Errungenschaft öffentlichen Unternehmensbesitzes darstellen, wird vor allem aus der liberalen Sichtweise massiv kritisiert:[457]

- Die hohe Beschäftigung der öffentlich-rechtlichen Sparkassen führe dazu, dass ineffiziente Geschäftsbereiche von effizienteren Geschäftsbereichen subventioniert und nur dadurch aufrechterhalten würden. Diese verdeckte Subventionierung werde durch die Haftungsstruktur der öffentlich-rechtlichen Sparkassen ermöglicht. Die Kosten dafür trage letztlich der Steuerzahler.
- In privaten Kreditinstituten könne ein starker Gewerkschaftseinfluss ein sozialpolitisch wichtiges Gegengewicht darstellen. Bei öffentlich-rechtlichen Sparkassen, die in Eigentümerstruktur und Kontrolle ohnehin der politischen Steuerung unterlägen, werde kapitalistische Willkür tendenziell geringer ausgeprägt sein. Das habe „in Verbindung mit der politischen Macht der Gewerkschaften sogar zur Gefahr der gewerkschaftlichen Willkür in den öffentlich-rechtlichen Sparkassen geführt".[458]

---

454 *Loesch:* Privatisierung, 1987, S. 33 f. Zur Positionierung der Gewerkschaft zum Themenkomplex vgl. Abschnitt 7.4.

455 Zu beobachten ist aber auch das gegenteilige Phänomen, nämlich dass Arbeitnehmer, die überdurchschnittliche Leistungen erbringen, vom Rahmen des öffentlich-rechtlichen „Sparkassengehaltssystems" befreit und entsprechend leistungsadäquat entlohnt werden.

456 *Windisch:* Privatisierung, 1987, S. 33. Siehe auch *Bös:* Privatization, 1991, S. 3.

457 Vgl. *Hamer/Gebhardt:* Privatisierungspraxis, 1992, S. 21 f.

458 *Hamer/Gebhardt:* Privatisierungspraxis, 1992, S. 22.

Wie bereits in der vorliegenden Untersuchung deutlich wurde, verhalten sich die politischen Akteure streng nach ihren Interessen. Das Verhalten der Gewerkschaften entspricht ebenfalls diesem Vorgehen. Dies ist zu berücksichtigen, wenn in den kommenden Kapiteln die Akteure im politischen Prozess analysiert werden.

Aus gesamtwirtschaftlicher Perspektive ist nach dem bislang Gesagten zu konstatieren, dass die Arbeitnehmer in öffentlich-rechtlichen Sparkassen Zusatzrenten in Form von Privilegien realisieren, die anderen Arbeitnehmern nicht zustehen. Die Privatisierungsbefürworter *Hamer/Gebhardt* kommen zu der pointierten Einschätzung: „Insofern ist der angebliche Sozialvorteil öffentlicher Unternehmen in Wirklichkeit eine Ausbeutung […] aller Bürger entweder über Monopolpreise, über Zwangsgebühren (Rundfunk) oder über die aus Steuermitteln notwendige Defizitabdeckung […] zugunsten einer Minderheit. Wenn man also ‚sozial' nicht als Einzelvorteil versteht, sondern als Gemeinwohl, ist der nicht aus speziellen Hoheits- oder Marktordnungsgründen unterhaltene öffentliche Unternehmensbesitz per Saldo eher gemeinschaftsschädlich als gemeinnützig."[459]

Ist die Beschäftigung in öffentlich-rechtlichen Sparkassen für Arbeitnehmer demnach mit Privilegien und einem im Vergleich zu privaten Kreditinstituten geringeren Leistungsdruck verbunden, so ändern sich diese Bedingungen im Zuge einer Privatisierung.[460] Die Privatisierung öffentlich-rechtlicher Sparkassen wird von ihren Kritikern nicht nur mit einem Absenken des sozialen Niveaus der Beschäftigungsverhältnisse in Verbindung gebracht, sondern oftmals auch mit einem massiven Abbau von Arbeitsplätzen. Letztlich können durch Privatisierungen deutliche Einschnitte im sozialen und finanziellen Bereich bei den in öffentlich-rechtlichen Sparkassen beschäftigten Arbeitnehmern entstehen.

4.4 Zwischenergebnis

Vor dem Hintergrund der bislang gewonnenen Erkenntnisse stellt sich die grundsätzliche Frage, inwiefern institutionelle Begrenzungen des politischen Systems die Handlungsoptionen politischer Akteure beschränken. Da sie für die vorliegende Arbeit von großer Wichtigkeit ist, soll an dieser Stelle nur diese Kernfrage mithilfe der herausgearbeiteten institutionellen- und strukturellen Ansätze beantwortet werden.

Der institutionelle Ansatz besagt, dass Institutionen als formelle und informelle Regeln zu verstehen sind, zu denen neben Verfassungsbestimmungen Regeln der Entscheidungsfindung und Willensbildung sowie die Struktur der

459 *Hamer/Gebhardt:* Privatisierungspraxis, 1992, S. 23.

460 Vgl. *Mendner/Sauerborn/Möller*: Privatisierung, 1983, S. 40 ff.

Interessenvermittlung eines politischen Systems zählen. Aufbauend auf der bereits erarbeiteten Institutionenstruktur lassen sich aus der obigen Analyse folgende Erkenntnisse ableiten. Obwohl einzelne einfachgesetzliche Vorschriften – wie die Sparkassengesetze – einer Privatisierung entgegenstehen, lassen sich aus dem Verfassungsrecht vor allem mit Blick auf autonome Privatisierungen generell keine grundsätzlichen Hindernisse ableiten. Insofern wäre eine Änderung der gesetzlichen Regelungen, die einer Privatisierung von öffentlich-rechtlichen Sparkassen entgegenstehen, verfassungsrechtlich zulässig. Inwiefern sich die Geschäftspolitik einer öffentlich-rechtlichen Sparkasse nach einer Privatisierung verändern würde, hängt jedoch von der Privatisierungsform ab. Grundsätzlich ist von einem größeren Gestaltungsspielraum der Akteure auszugehen, da die Einschränkungen der Sparkassengesetze die privaten Banken nicht betreffen. Dennoch kann die Kommune bei einer formalrechtlichen Privatisierung oder in Zusammenhang mit einer materiellrechtlichen Privatisierung, in deren Folge die Kommune im Besitz einer Mehrheitsbeteiligung bleibt, die Fortführung der bisherigen Geschäftspolitik durchsetzen. Die Beteiligung privater Investoren bedeutet aber auch, dass deren Interessen in der Geschäftspolitik Berücksichtigung finden müssen. Bei einer vollständigen Privatisierung würden diese Interessen im Vordergrund stehen. Im Falle einer formalrechtlichen Privatisierung können lediglich die rechtlichen Voraussetzungen für zusätzliche Möglichkeiten der Eigenkapitalbeschaffung geschaffen werden, die dann bei einer materiellrechtlichen Privatisierung de facto genutzt werden könnten. Da Art und Umfang der Geschäftstätigkeit von Kreditinstituten von der Höhe des haftenden Eigenkapitals abhängen, stünden den Sparkassen somit (nach einer materiellrechtlichen Privatisierung) zusätzliche Alternativen zur Verfügung.

Der Ansatz der strukturellen Umwelt sieht die nationalen Anpassungszwänge eher in der globalen wirtschaftlichen Umwelt begründet. Aus dieser Sicht wird angenommen, dass der Einfluss der EU über die Jahre zunehmen wird. Es wird davon ausgegangen, dass der globale wirtschaftliche Anpassungsdruck, die Entgrenzung von Märkten und der ständige Standortwettbewerb sowie der Effizienzdruck für weitere Deregulierungs- und Privatisierungsvorhaben im öffentlich-rechtlichen Sparkassensektor verantwortlich sein werden. Dies wird mit einem weiteren Ansatz der strukturellen Umwelt, dem Europäisierungsansatz, der eine langfristige Angleichung der Verwaltungs- und Politikstrukturen in den Mitgliedstaaten der EU vorsieht, kombiniert. Daraus ergeben sich folgende Erkenntnisse.

Die europäischen Normen sind mit dem Ziel eingeführt worden, die wettbewerbsrechtlichen Privilegien abzubauen. Sie gelten bereits bei einer potenziellen Gefahr einer Wettbewerbsverletzung öffentlicher Unternehmen, wobei allerdings ein grenzüberschreitender Bezug vorausgesetzt wird. Somit fallen Unternehmen, deren Tätigkeitsfeld auf lokale Bereiche beschränkt ist, nicht in den Anwendungsbereich der Norm. Es hat sich aber auch gezeigt, dass das EU-Recht einen deutlich spürbaren Privatisierungsdruck auf den öffentlichen Sektor ausübt, wenngleich (noch) keine allgemeine Verpflichtung zur Privatisierung staatlicher Unternehmen aus den europäischen Verträgen abgeleitet werden kann. Der Vertrag über die Arbeitsweise der EU lässt den öffentlichen Sektor zu, unterwirft ihn allerdings ebenso dem Wettbewerb wie den privaten Sektor. Vor diesem Hintergrund wird regelmäßig die Existenzberechtigung der öffentlich-rechtlichen Sparkassen infrage gestellt. Während eine Intensivierung des Wettbewerbs im Kreditsektor den Erhalt von öffentlich-rechtlichen Sparkassen nicht zu begründen vermag, ließe sich mit der Struktursicherungsfunktion als Bestandteil des öffentlichen Auftrags deren Existenz rechtfertigen. Diese grundsätzlich durch die Erfüllung eines öffentlichen Auftrags gegebene Existenzberechtigung der öffentlich-rechtlichen Sparkassen bedeutet aber nicht, dass sie nicht privatisiert werden dürfen.

Insgesamt können somit die Vermutungen der strukturellen Ansätze bestätigt werden, dass der Einfluss der EU zunimmt. Der globale wirtschaftliche Anpassungsdruck, die Entgrenzung von Märkten und der ständige Standortwettbewerb sowie der Effizienzdruck führen zu verstärkten Deregulierungs- und Privatisierungsbestrebungen im öffentlich-rechtlichen Sparkassensektor. Es findet bereits eine Angleichung der Verwaltungs- und Politikstrukturen in den EU-Mitgliedstaaten statt.

Somit kann konstatiert werden, dass die Akteure, die an dem politischen Prozess der Deregulierung und Privatisierung öffentlich-rechtlicher Sparkassen teilnehmen, über diverse Handlungsoptionen im Rahmen der beschriebenen Institutionen verfügen. Gleichzeitig sind Entscheidungsregeln für die Steuerung und Koordination dieser Interaktionen festgelegt. Die Akteursstrategien und -entscheidungen werden demzufolge durch institutionelle Restriktionen und soziale Normen beeinflusst, die Beschränkungen wie auch Möglichkeiten für ihre Handlungen schaffen.

5 Politische Entwicklungslinien in der Deregulierungs- und Privatisierungsdiskussion der Sparkassen

Ist es, wie im dritten Kapitel dargelegt, von großer Bedeutung, sich mit der Geschichte der Sparkassen zu beschäftigen, um daraus ein Verständnis für die Gesamtzusammenhänge der vorliegenden Arbeit zu gewinnen, so gilt dies ebenso für die politischen Entwicklungslinien in der Deregulierungs- und Privatisierungsdiskussion der Sparkassen.[461] Ziel dieses Kapitels ist es daher, die anfänglich politische Einflussnahme herauszuarbeiten. Das ist zwingend erforderlich, um die weiteren Schritte der Untersuchung im Gesamtkontext einordnen und inhaltlich nachvollziehen zu können.

5.1 Historische Entwicklungen

5.1.1 Apothekenurteil

„Es war die Rechtsprechung, die bemerkenswerterweise die erste Tür zur Liberalisierung des Bankenwettbewerbs in der Bundesrepublik aufstieß: In Gestalt eines Urteils des Bundesverfassungsgerichts von Juli 1958, das die Bedürfnisprüfung für die Begründung von Apotheken als gesetzwidrig erklärte. Damit war dem im Kreditwesengesetz niedergelegten Genehmigungsvorbehalt für die Errichtung neuer Bank- und Sparkassengeschäftsstellen, weil ebenfalls gegen das Gebot der Gewerbefreiheit verstoßend, der verfassungsmäßige Boden entzogen."[462] Das genannte Urteil hatte tatsächlich eine bedeutende Funktion für die Kreditwirtschaft, die sich schlagartig ausdehnte.

5.1.2 Stützel-Gutachten

Der Wirtschaftswissenschaftler *Wolfgang Stützel* ging davon aus, dass Sparkassen Steuerprivilegien haben und dass möglicherweise auch noch andere geldwerte Vorteile ihre Arbeit erleichtern.[463] *Stützel* forderte entweder eine „Ausdehnung der wichtigsten Privilegien [...] auf alle [oder eine] Übertragung der nicht

---

461 In diesem Kapitel werden wichtige Quellen von *Gerlach/Gondring:* Sparkassenpolitik, 1994, S. 128–162 in Grundzügen übernommen.

462 *Reimann:* Öffentliche Banken, 1992, S. 192.

463 Vgl. *Stützel:* Bankpolitik, 1964, S. 59 und 72.

privilegierungsbedürftigen Geschäfte der Sparkassen auf neue, nicht privilegierte Rechtsträger."[464] In der deutschen Sparkassenlandschaft löste die Forderung heftige Reaktionen aus. Unter der Überschrift „Ein Flurbereinigungsgutachten, auf dem Rücken der Sparkassen" setzte sich im Jahr 1964 *Josef Hoffmann* als Hauptgeschäftsführer des Deutschen Sparkassen- und Giroverbandes (DSGV) in der Zeitschrift „Sparkasse" mit *Stützel* auseinander.[465] *Hoffmann* analysierte das Gutachten von *Stützel* und verwies dabei auf einen Bruch in der Argumentation: „Aus den vermeintlichen Startvorteilen der Sparkassen lässt sich nach Abzug des Verbrauchs durch interne Unwirtschaftlichkeit noch nicht der Betrag konstatieren, der zur Kundenwerbung auf offenen Teilmärkten sowie zu einer Eigenkapitalexpansion, die über die anderer Institute hinausgeht, verwendet werden kann."[466]

Im Jahr 1968 zeigte sich aber, dass die Sorgen von *Hoffmann* zumindest partiell unbegründet waren. „Die Bundesregierung kam dem Auftrag des Bundestages [...] [am] 18.11.1968 nach, und zwar durch die Veröffentlichung ihres Berichtes ‚Über die Untersuchung der Wettbewerbsverschiebung im Kreditgewerbe und über eine Einlagensicherung', auch Wettbewerbs-Enquête genannt. Gewissermaßen im Vorgriff darauf, wenn auch in erster Linie finanzpolitisch motiviert, wurde im Rahmen des 2. Steueränderungsgesetzes die Steuerlast der Sparkassen nahezu verdreifacht. [...] Zu weiteren Anpassungen an die Besteuerung der privaten Kreditwirtschaft kam es in den 1970/80er-Jahren."[467]

5.1.3 Grundlegende Fragen der Kreditwirtschaft

Ende der 1960er-Jahre änderten sich in der Bundesrepublik Deutschland durch den politischen Wechsel der Bundesregierung auch die Betrachtungsweisen in der kreditwirtschaftlichen Diskussion.[468] Wurde früher der öffentlich-rechtliche Kreditsektor mit einer gewissen Vorsicht betrachtet, stand nun die Frage der „Macht der Banken" im Mittelpunkt vieler Diskussionen, und die Sparkassen sowie die Landesbanken-Girozentralen wurden in ihrer Funktion als Wettbewerbskorrektiv stark attackiert.[469] In der politischen Diskussion wurde die Frage

---

464 *Stützel:* Bankpolitik, 1964, S. 79.

465 Vgl. *Hoffmann:* Flurbereinigungsgutachten, 1964, S. 295–304.

466 *Hoffmann:* Flurbereinigungsgutachten, 1964, S. 297.

467 *Reimann:* Öffentliche Banken, 1992, S. 194 f.

468 Vgl. *Pohl:* Sparkassenorganisation, 2000, S. 34–38 sowie *Schulz:* Sparkassen, 2001, S. 93 f.

469 Vgl. *Gerlach/Gondring:* Sparkassenpolitik, 1994, S. 133 f. sowie *Hofmann:* Bankensektor, 2006, S. 113.

gestellt, ob das in seinen Grundzügen Anfang der 1960er-Jahre konzipierte KWG noch den gewandelten Verhältnissen gerecht werde.[470]

Im November 1974 beauftragte das Bundesfinanzministerium eine Studienkommission zu dem Thema „Grundsatzfragen der Kreditwirtschaft", die struktur- und gesellschaftspolitische Stellung der Kreditinstitute in der Bundesrepublik Deutschland zu prüfen.[471] Die Arbeit der Kommission begann im Jahr 1975. Die ersten Ergebnisse konnten Mitte 1979 vorgestellt werden. Die Frage der Eigenkapitalausstattung von Kreditinstituten wurde untersucht und damit verbunden die Beteiligung privater Kreditinstitute an öffentlich-rechtlichen Sparkassen geprüft. Dabei wies die Studienkommission auf potenzielle Folgen einer solchen Entwicklung hin.[472] Eine umfassende Neuordnung erfolgte dann durch die ab dem Jahr 1993 zu beachtenden Eigenkapitalanforderungen, die sich aus den EG-Normen ergaben.[473]

5.1.4 Grundsatzfragen innerhalb des Verbunds der Sparkassenorganisation

Zum Ende des Jahres 1972 wurde der Arbeitskreis „Verbund" gebildet, um die Grundlagen der geschäfts- und ordnungspolitischen Gegebenheiten innerhalb der Sparkassenorganisation zu analysieren. Nach etwa einem Jahr fasste ein Verbundbericht die Ergebnisse zusammen.[474] Neben den Liquiditätsfragen beschäftigte sich der Arbeitskreis „mit der Gestaltung der horizontalen und vertikalen Arbeitsteilung im Einlagen- und Kreditgeschäft sowie mit der Bedeutung von Beteiligungen und Tochtergesellschaften von Sparkassen und Landesbanken/Girozentralen im Hinblick auf die [..] Arbeitsteilung sowie mit Blick auf die Geschäftsbeschränkungen".[475]

5.1.5 Rechtsformen der öffentlich-rechtlichen Kreditinstitute

Im Rahmen der kontroversen Diskussion über eine mögliche Privatisierung von öffentlich-rechtlichen Sparkassen wurde immer wieder die Frage diskutiert,

---

470 Vgl. *Hedrich:* Sparkassen, 1993, S. 72–82 sowie *Gerlach/Gondring:* Sparkassenpolitik, 1994, S. 134.

471 Vgl. *Studienkommission:* Kreditwirtschaft, 1979, S. 3 ff.

472 Vgl. *Gerlach/Gondring:* Sparkassenpolitik, 1994, S. 134 f. sowie *Studienkommission:* Kreditwirtschaft, 1979, S. 379.

473 Vgl. *Gerlach/Gondring:* Sparkassenpolitik, 1994, S. 135.

474 Vgl. *Hessischer Sparkassen- und Giroverband:* Sparkassenpolitik, 1988, S. 23 ff.

475 Vgl. *Gerlach/Gondring:* Sparkassenpolitik, 1994, S. 136.

welche Vorteile eine solche Privatisierung für die öffentlich-rechtlichen Sparkassen haben könnte. Neben dem liberalen Ökonomen *Wolfgang Stützel* hielten auch Angehörige der Sparkassenorganisation und einzelne Vertreter oder Gremien aus dem Bereich der kommunalen Verbände es für vorteilhaft, über einen Wechsel der Rechtsform der öffentlich-rechtlichen Sparkassen nachzudenken. In den 1970er-Jahren „wurde in der deutschen Sparkassenorganisation das Thema mit einer Untersuchung über die Rechtsform der kommunalen Sparkassen und Landesbanken/Girozentralen grundsätzlich" analysiert.[476] Diese Untersuchung war von großer Bedeutung, da sie diverse Ansätze über die wirtschaftlichen und geschäftspolitischen Nachteile einer Rechtsformänderung für öffentlich-rechtliche Sparkassen lieferte. Dabei wurde herausgearbeitet, dass der Verlust von Anstaltslast und Gewährträgerhaftung keine Entlastung der Kommunen zur Folge hätte, „da zumindest faktisch auch weiterhin die Einstandspflicht für die Sparkassen bestehen bleibt".[477] Laut dieser Untersuchung drohte der Verlust wichtiger Einheiten der Sparkasse nach der Umwandlung in eine private Rechtsform. Des Weiteren müsste die Geschäftspolitik entsprechend angepasst werden, was zur Folge hätte, dass sich Geschäftsbeschränkungen und Aufgabenorientierung nicht mehr länger aufrechterhalten lassen könnten. Die daraus resultierende Satzungsbeschränkung könnte von der Kommunalaufsicht nicht mehr angemessen kontrolliert werden.[478]

5.2 Sparkassenrecht als ordnungspolitische Weichenstellung

Seit dem Jahr 1990 wurde das Sparkassenrecht in einigen Bundesländern geändert. Hierbei kommt bestimmten Modifikationen eine grundsätzliche Bedeutung zu. Im Folgen wird ein Überblick über die eingetretenen grundsätzlichen Änderungen gegeben, denen eine wesentliche Bedeutung für die Bewertung des Deregulierungs- und Privatisierungspotenzials in den ausgewählten Bundesländern zukommt.[479] So gab es im Jahr der Wiedervereinigung eine wichtige Änderung in *Hessen*:

> „Seit dem Jahr 1990 lässt das Sparkassengesetz für das Land *Hessen* stille Beteiligungen an Sparkassen zu. Den hessischen Sparkassen kann in der Satzung gestattet werden, von natürlichen und juristischen Personen des privaten Rechts stille Einlagen

476 Vgl. *Gerlach/Gondring:* Sparkassenpolitik, 1994, S. 137.

477 Vgl. *Gerlach/Gondring:* Sparkassenpolitik, 1994, S. 138.

478 Vgl. *Gerlach/Gondring:* Sparkassenpolitik, 1994, S. 138. Siehe hierzu auch *Kirchhof/Henneke:* Entwicklungsperspektiven, 2000, S. 15 f. und 63–75.

479 Vgl. *Schorner:* Privatisierung, 2008, S. 163 ff.

entgegenzunehmen. Der Gesamtbetrag solcher stillen Einlagen ist auf 49 % des haftenden Eigenkapitals beschränkt."[480]

Der Landtag von *Baden-Württemberg*[481] beschloss im Jahr 1991 das Gesetz zur Änderung des Sparkassengesetzes für Baden-Württemberg.[482] „Von besonderer Bedeutung in Baden-Württemberg war die durch die Novellierung des Sparkassengesetzes vorgenommene Modifizierung des Enumerationsprinzips. [...] Vor dem Hintergrund der Anfang der 1990er-Jahre zur Umsetzung der Solvabilitätskoeffizientenrichtlinie für Kreditinstitute in nationales Recht anstehenden KWG-Novelle wurde den Sparkassen in Baden-Württemberg die Möglichkeit der Aufnahme von Vermögenseinlagen stiller Gesellschafter im Sinne des KWG eingeräumt. [...] Die Neufassung des Sparkassengesetzes regelte ferner, dass die Sparkassen Wirtschaftsunternehmen mit der Aufgabe sind, vorrangig in ihrem Geschäftsgebiet die Versorgung mit geld- und kreditwirtschaftlichen Leistungen sicherzustellen."[483]

Für *Rheinland-Pfalz* wurden im Jahr 1994 folgende Gesetzesänderungen beschlossen: „1. Eine Modifizierung des Enumerationsprinzips zum Universalprinzip mit der Möglichkeit, im Verordnungswege besonders risikoreiche Geschäfte zu verbieten und 2. die Möglichkeit zur Aufnahme stiller Gesellschafter bis zu 40 % bei Privaten, denen dann auch Sitz und Stimme im Verwaltungsrat bis zu höchstens 25 % der Sitze zustehen sollen, 3. eine Neuformulierung des öffentlichen Auftrags, unter Einbeziehung der Verpflichtung, durch Beratung zur Vermeidung und Lösung von Überschuldungsfällen mitzuwirken.

Auch *Nordrhein-Westfalen* hat im Jahr 1994 ein neues Sparkassengesetz erhalten. Die Sparkassen wurden als ‚Wirtschaftsunternehmen der Kommunen' definiert. Neben ihren traditionellen Aufgaben wurde ihnen [...] zusätzlich auferlegt, sich an der Finanzierung der Schuldnerberatung zu beteiligen. Jedem Ansatz zur Privatisierung der Sparkassen erteilte der Gesetzgeber im bevölkerungsreichsten Bundesland eine klare Absage. Das Enumerationsprinzip im Geschäftsrecht wurde substituiert durch ein ‚eingeschränktes Universalprinzip'."[484]

Wie bereits weiter oben beschrieben, waren die Sparkassen der *Deutschen Demokratischen Republik* (DDR) zwar formell Einrichtungen der Räte der Kreise und Städte, de facto aber abhängige Außenstellen der Staatsbank.[485] Ein zweistufiges

480 *Gerlach/Gondring:* Sparkassenpolitik, 1994, S. 151 f.
481 Hervorhebung durch den Autor.
482 Vgl. *Gerlach/Gondring:* Sparkassenpolitik, 1994, S. 152.
483 *Gerlach/Gondring:* Sparkassenpolitik, 1994, S. 152.
484 *Gerlach/Gondring:* Sparkassenpolitik, 1994, S. 154.
485 Vgl. *Deutsches Institut für Wirtschaftsforschung:* DDR-Wirtschaft, 1984, S. 110–112.

Bankensystem wurde durch eine Bankenreform zum 1. April 1990 eingeführt. Seit diesem Zeitpunkt arbeiteten die Sparkassen unabhängig von der Staatsbank. Den Rechtsrahmen für den Aufbau eines dezentralen kommunalen Sparkassenwesens bildete das Sparkassengesetz, dass am 1. Juli 1990 in Kraft trat und nach dem Einigungsvertrag zwischen der Bundesrepublik Deutschland und der Deutschen Demokratischen Republik als (einheitliches) Landesrecht weiterhin Bestand hat.[486] Vorbild war die Sparkassenorganisation der westlichen Bundesländer. Im Unterschied zum westdeutschen Sparkassenrecht können in den neuen Bundesländern nur kreisfreie Städte, Landkreise und aus diesen gebildete Zweckverbände, nicht aber kreisangehörige Gemeinden Sparkassen errichten. Das Regionalprinzip ist im Hinblick auf die Werbung, die Errichtung von Geschäftsstellen und die Kreditvergabe deutlicher als in den Sparkassengesetzen der westlichen Bundesländer gesetzlich konkretisiert. Außerdem sieht das Gesetz ausdrücklich die Zusammenarbeit mit Gemeinschaftsunternehmen der deutschen Sparkassenorganisation vor.[487]

„In den neuen Bundesländern lag im Jahr 1993 ein gemeinsamer Diskussionsentwurf für ein neues Sparkassengesetz der Länder *Brandenburg, Mecklenburg-Vorpommern, Sachsen und Sachsen-Anhalt* vor. Als Neuerung wurde u. a. die Eröffnung der Möglichkeit vorgesehen, Genußrechtskapital, nachrangiges Haftkapital und stille Einlagen aufzunehmen. Diese Wege der Eigenkapitalbeschaffung sollten allerdings nur dann eröffnet werden, wenn den Eigentümern dieser Gelder Mitwirkungsrechte in den Organen der Sparkassen nicht eingeräumt werden."[488] Das Sparkassengesetz hat zwar als Landesrecht weiterhin Bestand, kann aber von jedem Bundesland für sein Gebiet neu festgesetzt werden.

Die Deregulierungs- und Privatisierungsdebatte über ein neues Sparkassenrecht in den Bundesländern fand nur innerhalb bestimmter Fachkreise statt. Zu diesem Zeitpunkt hielten sich die politischen Akteure auf der Bundesebene bewusst zurück, da Sparkassenrecht Landesrecht ist. In den drauffolgenden Jahren entwickelte sich dann aber die Diskussion über eine Deregulierung und Privatisierung öffentlich-rechtlicher Sparkassen zu einem deutlich politischeren Thema.[489]

---

486 Vgl. *Deutscher Sparkassen und Giroverband:* Wandel, 1992, S. 77 f.

487 Vgl. *Deutscher Sparkassen und Giroverband:* Wandel, 1992, S. 79–85.

488 *Gerlach/Gondring:* Sparkassenpolitik, 1994, S. 154.

489 Vgl. *Gerlach/Gondring:* Sparkassenpolitik, 1994, S. 154 f. In dem weiteren Verlauf der Arbeit werden die dargestellten Diskussionsansätze in Zusammenhang mit den jeweiligen Bundesländern nochmals aufgegriffen.

5.3 Zunahme der politischen Einflussnahme in der öffentlichen Wahrnehmung

Der Deutsche Sparkassen- und Giroverband (DSGV) bezeichnete 1991 das öffentlich-rechtliche, kommunal gebundene Sparkassenwesen als unverzichtbaren Bestandteil der deutschen Kreditwirtschaft. Damit reagierte der DSGV auf eine damals eher unvermutet entstehende Diskussion um die Deregulierung und Privatisierung von Sparkassen. Nach diversen öffentlichen Debatten gab es im ersten Halbjahr 1992 zunächst eine Reihe verschiedener Veröffentlichungen, in denen eine Privatisierung der Sparkassen gefordert wurde.[490]

Die FDP griff, aufbauend auf dem sog. *Karry*-Thesenpapier aus dem Jahr 1976,[491] den Gedanken einer Bürgerbeteiligung an Sparkassen noch einmal auf und bekräftigte Anfang der 1990er-Jahre ihre Privatisierungsforderungen, indem sie sich für eine „Verringerung der wirtschaftlichen Betätigung der Gemeinden" einsetzte.[492] Die Partei forderte neben dem Bund und den Ländern auch die Gemeinden auf, ihre Beteiligungen an Unternehmen zu veräußern. „Gemeinden sollten sich nicht wirtschaftlich betätigen, wenn private Unternehmen die Aufgaben übernehmen können. In allen Bereichen der Gemeinden ist daher laufend zu prüfen, inwieweit Aufgaben, die bisher von den Gemeinden wahrgenommen wurden, privatisiert oder in andere Trägerschaft überführt werden können."[493]

Die Privatisierungsdiskussion begann verstärkt mit Vorlage des „IX. Hauptgutachtens der Monopolkommission 1990/1991" am 2. Juli 1992.[494] Darin erklärte die Monopolkommission, dass es ihr Ziel sei, eine Diskussion über die Privatisierung staatlicher Wirtschaftstätigkeit in den alten Bundesländern in Gang zu setzen, und führt konkret auf: „Die Monopolkommission sieht [...] keine Gründe mehr für das Betreiben des allgemeinen Bankgeschäfts – im Unterschied zu spezifischen öffentlichen Förderaufträgen wie etwa bei der Kreditanstalt für Wiederaufbau – durch die öffentliche Hand. Dies betrifft den gesamten Sparkassensektor einschließlich Landesbanken. Sollte es hier nach einer Privatisierung zu Konzentrationsbestrebungen in Richtung Einheitsunternehmen kommen, so bietet die Zusammenschlusskontrolle nach §§ 23 ff. GWB

490 Vgl. *Hahn:* Banken, 1992, S. 267 f. sowie *Hahn:* Privatisierungsdiskussion, 1992, S. 517.

491 Vgl. *Karry:* Banken, 1976, S. 6 f.

492 *Freie Demokratische Partei:* Leitlinien, 1993, S. 5.

493 *Freie Demokratische Partei:* Leitlinien, 1993, S. 5.

494 Vgl. *Deutscher Bundestag:* Unterrichtung, 1992, S. 3–494.

jede Handhabe, Marktentwicklung zu begrenzen, soweit sie gegen ein wettbewerbsbestimmtes öffentliches Interesse verstoßen."[495]

Nicht nur der DSGV widersprach diesen Ausführungen der Monopolkommission umgehend, auch der Städte- und Gemeindebund erarbeitete eine Stellungnahme und erklärte für die von ihm vertretenen kreisangehörigen Städte und Gemeinden, dass die öffentlich-rechtliche Struktur des Sparkassenwesens aus folgenden Gründen unverrückbar sei:

> „1. Die öffentliche Rechtsform der Sparkassen ist [...] Grundlage für Dezentralität, intensiven Wettbewerb, hohen Leistungsstandard und breite Versorgung von Wirtschaft und Bevölkerung mit Finanzdienstleistungen.
> 2. Eine materielle Privatisierung würde den Sparkassensektor als eigenständigen Wettbewerbsfaktor beseitigen. Regionalprinzip und Aufgabenorientierung lassen sich in privater Rechtsform nicht aufrechterhalten.
> [...]
> 5. Die aus einer Privatisierung gewonnenen Verkaufserlöse öffentlich-rechtlicher Kreditinstitute würden sehr schnell in den Haushalten für andere Zwecke untergehen [...].
> 6. Schließlich muss mit Entschiedenheit zurückgewiesen werden, dass die Sparkassen heute steuerliche Privilegien genießen.
> 7. Als Fazit aller Überlegungen ist deshalb festzuhalten, dass die Privatisierung der Sparkassen nicht nur zu einer empfindlichen Störung des Wettbewerbs in der Kreditwirtschaft führen, sondern auch eine Beeinträchtigung der Bankenstruktur und einer funktionierenden breiten Versorgung von Wirtschaft und Bevölkerung mit Bankdienstleistungen bedeuten würde."[496]

Auf dem Sparkassentag im Jahr 1992 positionierte sich der DSGV in einer Erklärung deutlich für die Erhaltung der öffentlichen Rechtsform der Sparkassen und Landesbanken. Neben dem Bekenntnis zum lokalen und regionalen Kreditinstitut in öffentlicher Rechtsform befürwortete er allerdings auch eine begrenzte Konzentration und Kooperation mit anderen öffentlich-rechtlichen Sparkassen.[497] Auch der Verband der öffentlichen Banken schloss sich in seinem Jahresbericht 1992 der DSGV-Erklärung an. So stellte er fest: „Gerne wird von den Privatisierungsbefürwortern übersehen, dass sich die dezentrale und föderale Struktur der öffentlichen Kreditwirtschaft stets konzentrationsmindernd ausgewirkt hat [...]."[498]

---

495 *Deutscher Bundestag:* Unterrichtung, 1992, S. 26.

496 *Deutscher Städte- und Gemeindebund:* Pressemitteilung, 1992.

497 Vgl. *Deutscher Sparkassen- und Giroverband:* Stabilität, 1992, S. 192 f.

498 *Bundesverband Öffentlicher Banken Deutschlands:* Jahresbericht, 1993, S. 11.

„Diese Argumentationen änderten allerdings nichts daran, dass die Privatisierungsdiskussion weiter an Intensität zunahm und eine Dichte erreichte, die bisher ohne Vorbild war:[499]

- Der Sachverständigenrat zur Begutachtung der gesamtwirtschaftlichen Entwicklung verwies in seinem Jahresgutachten 1992 auf ein ‚gewaltiges Privatisierungspotenzial' bei Banken und Versicherungen.[500]
- Von einer speziellen Mittelstandsförderung durch die Sparkassen – Teil ihres öffentlichen Auftrags – kann nach Auffassung der CDU/CSU-Mittelstandsvereinigung beim besten Willen keine Rede sein.
- Der Bundesverband Junger Unternehmer (BJU) forderte in einem ‚Sparkassen-Leitfaden' die Privatisierung der Sparkassen und übersendete diesen Leitfaden allen Ministerpräsidenten.
- Das Frankfurter Institut für wirtschaftspolitische Forschung e. V., Bad Homburg, (Kronberger Kreis) forderte in seinem Gutachten ‚Privatisierung auch im Westen' die Privatisierung der Sparkassen.[501]
- Der Präsident des Institutes für Weltwirtschaft [...] *Horst Siebert* konstatierte [...]: ‚Es gibt kein einziges vertretbares ökonomisches Argument, warum eine Sparkasse in der Hand einer Stadt oder eines Kreises sein muss.'[502]
  [...]
- Der Vorsitzende des Wirtschaftsrates der CDU, *Dieter Murmann*, bezeichnete den Staatsbesitz an Banken, Sparkassen und Versicherungen als nicht hinnehmbar.
- Wenn die Forderungen nach Privatisierung von öffentlich-rechtlichen Sparkassen und Landesbanken nicht abreißen, wirkt sich dies über kurz oder lang auch auf die öffentliche Meinung aus, die Privatisierung der Sparkassen wird zum ‚Dauerbrenner' und damit zur self fulfilling prophecy."[503]

---

499 Vgl. *Kroker:* Deregulierung, 1985, S. 9 ff.; *Siebert:* Sparkassen, 1993, S. 2; *o. V.:* Wettbewerb, 1993, S. 11; *o. V.:* Beteiligungen, 1993, S. 4; *Ropp:* CDU, 1993, S. 2; *Cox:* Sparkassen, 1994, S. 235 ff.

500 Vgl. *Sachverständigenrat zur Begutachtung der gesamtwirtschaftlichen Entwicklung:* Wachstumsorientierung, 1992, S. 208.

501 Vgl. *Frankfurter Institut für wirtschaftspolitische Forschung e. V.:* Privatisierung, 1993, S. 4 ff. sowie *Cox:* Sparkassen, 1994, S. 235.

502 *Siebert:* Sparkassen, 1993, S. 2.

503 *Gerlach/Gondring:* Sparkassenpolitik, 1994, S. 160–162. Der zitierte Text wurde um die Fußnoten erweitert.

Die Folgen dieser Diskussionen waren nunmehr erkennbar: So wurde z. B. berichtet, dass der Stadtverband der CDU in Köln damit kalkulierte, aus dem Verkauf der dortigen Stadtsparkasse einen Erlös von etwa 1 Mrd. DM zu erzielen, was zu Zinseinsparungen für die Stadtkasse von rund 85 Mio. DM pro Jahr führen könnte.[504] Darüber hinaus wurde auf dem CDU-Parteitag im Jahr 1994 das neue Grundsatzprogramm „Freiheit in Verantwortung“ der Partei beschlossen.[505] In ihm äußerte sich die CDU eindeutig zum Thema Privatisierung. So heißt es: „In den alten Bundesländern sind industrielle Beteiligungen und sonstige privatwirtschaftliche Unternehmen der öffentlichen Hand konsequent zu privatisieren.“[506] Unter Berücksichtigung dieser vorstehenden Überlegungen bzw. Positionierungen haben „die Fraktionen der CDU/CSU und der FDP im Februar 1994 im Bundestag einen Gesetzentwurf eingebracht, mit dem die Privatisierung von öffentlichen Unternehmen und Aufgaben verstärkt werden soll. Mit dieser Gesetzesinitiative soll der Druck gegenüber den Ländern und Gemeinden erhöht werden, sich von Beteiligungsbesitz zu trennen und öffentliche Aufgabe vermehrt durch Private durchführen zu lassen.“[507]

Im Jahr 1999 legten der Bundesverband deutscher Banken und die Europäische Bankenvereinigung bei der EU-Kommission Beschwerde gegen den durch Anstaltslast und Gewährträgerhaftung gegebenen Sonderstatus der Sparkassen ein, weil sie darin eine nach dem EU-Recht unzulässige öffentliche Subvention und eine Wettbewerbsverzerrung gegenüber den privaten Konkurrenten sahen.[508] Die Kommission übernahm diese Argumentation in wesentlichen Punkten und forderte die Bundesregierung auf, zur Vermeidung eines Verfahrens vor dem Europäischen Gerichtshof die beanstandeten Regelungen zu verändern.

Im Juli 2001 kam es zu einer Einigung zwischen Kommission, Bundesregierung und der Sparkassen-Finanzgruppe. Ihr wesentlicher Inhalt bestand darin, dass die Gewährträgerhaftung nach einer Übergangsfrist von vier Jahren im Juli 2005 ersatzlos abgeschafft und die Anstaltslast so umgestaltet werde, dass sie einer privatwirtschaftlichen Rechtsbeziehung entspreche. Ausgenommen hiervon waren bis zu diesem Datum eingegangene Kreditengagements, die bis zum Jahr 2015 dem Verbraucherschutz der Gewährträgerhaftung unterlagen. Nach dem Ende der Übergangsfrist sollten demnach auch Sparkassen und Landesbanken

---

504 Vgl. *Gerlach/Gondring:* Sparkassenpolitik, 1994, S. 161 f. Siehe hierzu auch *Möschel:* Wandel, 2010, S. 183 f.

505 Vgl. *Christlich Demokratische Union Deutschlands:* Freiheit, 1994, S. 1–76.

506 *Christlich Demokratische Union Deutschlands:* Freiheit, 1994, S. 36 f.

507 *Gerlach/Gondring:* Sparkassenpolitik, 1994, S. 162.

508 Vgl. *Donges/Eekhoff/Möschel/Neumann/Sievert:* Privatisierung, 2001, S. 60 f.

wie private Unternehmen zahlungsunfähig werden und in Konkurs gehen können. Diese Neuregelung wurde im Laufe des Jahres 2002 durch Änderung der Landessparkassengesetze bereits umgesetzt. Grundlage war dabei die in einer „Verständigung" mit der EU-Kommission erzielte Übereinkunft, dass eine Änderung am öffentlich-rechtlichen Status der Sparkassen nicht erforderlich sei. Auch der öffentliche Auftrag und die Gemeinwohlorientierung können grundsätzlich beibehalten und mit öffentlichen Mitteln unterstützt werden. Allerdings darf diese Unterstützung nun nicht mehr die Form pauschaler Gewährträgerhaftung annehmen, und sie muss prinzipiell auch privaten Banken zugänglich sein.[509]

Der wesentliche Handlungsbedarf, der durch die Einigung für die Sparkassen als ökonomische Einheit entstanden ist, läuft darauf hinaus, dass sie zusätzliche Mittel zum Aufbau eines Sicherungssystems erwirtschaften müssen, das an die Stelle der bisherigen öffentlichen Haftung tritt. Die durch die EU erzwungene Neuregelung könnte also den Anstoß für einen grundlegenden Umbau der Bankenstruktur geben, der die traditionelle (dreigliedrige) Struktur des Bankensystems schwächen und langfristig abschaffen würde. Tendenzen zur Privatisierung, die es auch schon früher gab, haben sich dadurch verstärkt:[510]

- Schon in den 1990er-Jahren haben Sparkassen ihre Kapitalbasis durch die Aufnahme stiller (privater) Teilhaber (Kapitalgeber ohne Stimmrecht, die am Gewinn partizipieren) und die Ausgabe von Genussrechten an Private erweitert.
- Als Reaktion auf den Druck der EU hat das Land Nordrhein-Westfalen eine Teilprivatisierung der WestLB durch die Bündelung ihrer wettbewerblichen Aktivitäten in der neuen WestLB AG durchgeführt, die als privatrechtliche Tochtergesellschaft der öffentlichen und in öffentlichem Auftrag agierenden Landesbank Nordrhein-Westfalen geführt wird.
- Im Februar 2003 beschlossen die Regierungen der Länder Hamburg und Schleswig-Holstein, ihre Landesbanken rückwirkend zum 1. Januar 2003 zur HSH Nordbank AG zu fusionieren.
- Die saarländische Regierung plante, die dortigen Sparkassen durch Gesetzesänderung grundsätzlich in Aktiengesellschaften umzuwandeln.

---

509 Vgl. *Sachverständigenrat zur Begutachtung der gesamtwirtschaftlichen Entwicklung:* Inland, 2004, S. 287 sowie *Lederer:* Privatisierung, 2006, S. 1–3 und auch *Hofmann:* Bankensektor, 2006, S. 11 f.

510 Vgl. *Lütz:* Regulierung, 2004, S. 7 ff. sowie *Sachverständigenrat zur Begutachtung der gesamtwirtschaftlichen Entwicklung:* Inland, 2004, S. 297 f. und auch *Möschel:* Wandel, 2010, S. 212–215.

- Im November 2003 wurden Überlegungen des Verwaltungsrats der Sparkasse der Hansestadt Stralsund bekannt, diese zu verkaufen. Nach damaligen Medienberichten standen als Kaufinteressenten drei ausländische Banken sowie die Deutsche Bank AG und die Commerzbank AG bereit. Das Finanzministerium Mecklenburg-Vorpommerns untersagte das Vorhaben.

So wurde Mitte des Jahres 2006 mit der HSH Nordbank AG erstmalig eine Landesbank teilprivatisiert. Rechtlich war dies möglich, da die HSH Nordbank zuvor bereits in eine Aktiengesellschaft umgewandelt worden war. Die WestLB, deren Besitzer das Land Nordrhein-Westfalen und die NRW-Sparkassen sind, verkaufte ihren HSH-Nordbank-Anteil an eine Investorengruppe um den Finanzinvestor *Christopher J. Flowers*. Weder der Sparkassenverband in Schleswig-Holstein noch die Länder Hamburg und Schleswig-Holstein haben von ihrem Vorkaufsrecht Gebrauch gemacht.[511] Damit wird deutlich, dass auch innerhalb des Lagers der öffentlich-rechtlichen Kreditinstitute eine ablehnende Haltung gegenüber (Teil-)Privatisierungen nicht einvernehmlich ist.

In den Ländern Hessen und Nordrhein-Westfalen waren weitere Novellierungen der Landessparkassengesetze in der Diskussion. Im Kern sollte die Bildung von Sparkassen-Stammkapital ermöglicht werden, was bisher ausschließlich in Rheinland-Pfalz möglich gewesen war.[512] Damit wird die Logik der bisherigen Organisationsform „Anstalt öffentlichen Rechts" durchkreuzt, die keine Eigentumstitel des Trägers vorsieht. Es werden Eigentumstitel geschaffen, die prinzipiell handelbar sind. Der Hessische Landtag beschloss Ende März 2007 mit den Stimmen von CDU und FDP eine entsprechende Novellierung des Landessparkassengesetzes. Darin wird die Stammkapitalbildung ermöglicht, aber die Handelbarkeit im Wesentlichen auf Verkäufe innerhalb des öffentlich-rechtlichen Bankensektors beschränkt.[513] Der nordrhein-westfälische Finanzminister *Helmut Linssen* (CDU) legte im Mai 2007 den Referentenentwurf für die Novellierung des dortigen Sparkassengesetzes vor. Auch hier war die Möglichkeit zur Bildung von Stammkapital – genannt Trägerkapital – vorgesehen, das aber nicht handelbar sein soll. In beiden Ländern protestierten diverse Akteure, so z. B. die regionalen Sparkassenverbände sowie kommunale Spitzenverbände, gegen die Gesetzesänderungen.[514]

---

511 Vgl. *Hofmann:* Bankensektor, 2006, S. 54–63.

512 Vgl. *Möschel:* Wandel, 2010, S. 213–215.

513 Vgl. *Möschel:* Wandel, 2010, S. 214 f.

514 Vgl. *Luttmer:* Sparkassenrecht, 2005, S. 4 sowie *o. V.:* Sparkassengesetz, 2006, S. 1, ebenso *o. V.:* WestLB-HSH-Anteil, 2006, S. 11 und auch *o. V.:* Reformgesetz, 2007,

Anhand dieser knapp skizzierten Fälle lässt sich bereits erkennen, dass die politische Einflussnahme seit den 1990er-Jahren stark zugenommen hat. Im Verlauf der Arbeit werden weitere zentrale landespolitische Deregulierungs- und Privatisierungsvorhaben aufgezeigt, die im achten Kapitel ausführlich untersucht werden.

S. 4. Eine ausführliche Analyse hierzu (Gesetzesnovellen in den jeweiligen Bundesländern) erfolgt im achten Kapitel.

6 Identifikation der Akteure und Bestimmung der Advocacy-Koalitionen in der Deregulierungs- und Privatisierungsdiskussion öffentlich-rechtlicher Sparkassen

Entscheidungen in der Deregulierungs- und Privatisierungsdiskussion öffentlich-rechtlicher Sparkassen kommen durch das Zusammenspiel unterschiedlicher Akteure auf unterschiedlichen Ebenen zustande. Diese Akteursstrukturen spielen dem hier vertretenen Theorieansatz zufolge eine wichtige Rolle. Somit besteht das Ziel dieses Kapitels darin, eine der grundlegenden Forschungsfragen zu beantworten: Welche Akteure sind auf welchen Ebenen in den politischen Prozess von Deregulierungs- und Privatisierungsvorhaben öffentlich-rechtlicher Sparkassen eingebunden?

Für die Beantwortung dieser Frage werden in einem ersten Schritt die Akteure in ihrer Gesamtheit auf der europäischen Ebene, der Bundes- und Landesebene sowie der kommunalen Ebene identifiziert. In einem zweiten Schritt wird *Sabatiers* Modellkonzeption zugrunde gelegt und die Advocacy-Koalitionen werden bestimmt. Vor diesem Hintergrund lassen sich dann im Verlauf der Arbeit zentrale Erkenntnisse ableiten. Insbesondere die Bestimmung der Advocacy-Koalitionen vereinfacht die Prozessanalysen der landesspezifischen Deregulierungs- und Privatisierungsvorgänge im achten Kapitel. Darüber hinaus lassen sich weitere Forschungsfragen beantworten, z. B. wer die relevanten Vetospieler in dem zu untersuchenden Politikfeld sind oder welcher Zusammenhang zwischen den institutionellen Rahmenbedingungen und den Akteuren besteht.

6.1 Identifikation der Akteure

Für die Identifizierung der Akteure wird der Advocacy-Koalitionsansatz angewendet. Von zentraler Bedeutung sind dabei die verschiedenen Subsystemdefinitionen, die *Sabatier* aufführt. Akteure sind all diejenigen, die zum Subsystem zählen. Im Jahr 1998 definiert *Sabatier*: „A subsystem is a group of people interacting regularly over periods of a decade or more to influence policy formulation and implementation within a given policy area/domain."[515] Somit kann festgestellt werden, dass Akteure im Rahmen der hier bearbeiteten Fragestellung

515 *Sabatier*: Advocacy Coalition, 1998, S. 111.

all diejenigen sind, die Politikformulierung und Politikimplementierung im Bereich Deregulierung und Privatisierung öffentlich-rechtlicher Sparkassen regelmäßig seit mindestens zehn Jahren zu beeinflussen versuchen. Dabei sind auch Interessengruppen, „die den interessierenden Policy-Prozess als ein zentrales Policy-Thema“ betrachten, von großer Bedeutung.[516] Als Akteure in einem Policy-Subsystem kommen sowohl individuelle als auch kollektive und korporative Akteure infrage.

Eine Studie von *Sabatier* und *Brasher* verdeutlicht das Vorgehen der Identifikation der Akteure. Bei der Suche nach relevanten Akteuren geht *Sabatier* sehr pragmatisch vor. Er identifiziert sie durch die Lektüre diverser Lokalnachrichten und zählt diese auf.[517] *Jenkins-Smith* und *St. Clair* arbeiten die Akteure heraus, indem sie Anhörungsprotokolle aus dem Kongress und Repräsentantenhaus sichten.[518] Was zunächst plausibel und nachvollziehbar erscheint, führt jedoch dazu, dass möglicherweise nicht alle Akteure identifiziert wurden. Insgesamt wird deutlich, dass es bei der Akteursidentifikation keinen zwingend, methodisch richtigen Weg gibt, aber eine Reihe von Lösungsvorschlägen vorliegt. *Görlitz* und *Burth* formulieren es so: „Eine derartige Identifikation ist keine logische, sondern eine pragmatische Vorgehensweise; wer als Akteur in Frage kommt, beantworten Plausibilitätsgesichtspunkte.“[519]

Basierend auf diesen Ausführungen, hat somit die Akteursidentifizierung in der vorliegenden Untersuchung die Kriterien Plausibilität und Nachvollziehbarkeit zu erfüllen. Im Weitern dient die „Liste von Akteursformen“ von *Prittwitz* als Grundlage.[520] Die Akteure werden entlang der Kategorien „Politische Funktionsträger“, „Politische Parteien“,[521] „Verbände“,[522] „wissenschaftliche Experten“[523] sowie „andere Gruppen“ identifiziert.[524] Innerhalb der Kategorien werden die europäische Ebene, die Bundes- und Landesebene sowie die kommunale Ebene differenziert. Diese Vorgehensweise entspricht dem Anspruch der vorliegenden Untersuchung, den Advocacy-Koalitionsansatz in seiner Struktur plausibel auf das Politikfeld der

516 Vgl. *Sabatier:* Advocacy Coalition, 1998, S. 111–114.
517 Vgl. *Sabatier/Brasher:* Coalitions, 1993, S. 182 f.
518 Vgl. *Jenkins-Smith/Clair:* Politics, 1993, S. 153.
519 *Görlitz/Burth:* Politische Steuerung, 1998, S. 57.
520 Vgl. *Prittwitz:* Politikfeldanalyse, 1994, S. 14 f.
521 Im weiteren Verlauf der Arbeit eigenständig modifiziert in die Kategorie „Parteien“.
522 Im weiteren Verlauf der Arbeit eigenständig ergänzt um die Kategorie „Kreditinstitute“.
523 Im weiteren Verlauf der Arbeit eigenständig modifiziert in die Kategorie „Wissenschaftliche Institute“.
524 Vgl. *Prittwitz:* Politikfeldanalyse, 1994, S. 14 f.

Sparkassenpolitik und die dabei behandelte Fragestellung der Deregulierung und Privatisierung öffentlich-rechtlicher Sparkassen anzuwenden.

6.1.1 Politische Funktionsträger

Europäische Ebene

An erster Stelle ist die **Europäische Kommission** zu nennen. Aufgrund des Initiativrechts bei der supranationalen Gesetzgebung hat die Europäische Kommission entscheidenden Einfluss auf die Ausgestaltung aller EU-Policies. Sie kontrolliert die Phase des Agenda-Settings aller EU-Policy-Prozesse und ist somit ein bedeutender Akteur bei der Deregulierung und Privatisierung öffentlich-rechtlicher Sparkassen.

Ein weiterer Akteur ist das **Europäische Parlament**. Es beeinflusst das Policy-Making in dem zu untersuchenden Politikfeld. Mit der gesetzgeberischen Kompetenz, nimmt es unmittelbar Einfluss auf die konkrete Ausgestaltung einzelner Policies. Da die **Fraktionen im Europäischen Parlament** in den vergangenen Jahren koordinierter und stärker EU-politisch agieren und weniger nationalstaatliche Interessen vertreten, sind sie der Vollständigkeit halber ebenso aufgeführt. Sie versuchen Rechtssetzungsverfahren der EU gemäß ihren Policy-Präferenzen zu beeinflussen. Von den Fraktionen der Legislaturperiode 2009–2014 sind die Fraktion der Europäischen Volkspartei (**EVP**), die Fraktion der Progressiven Allianz der Sozialisten und Demokraten im Europäischen Parlament (**S&D**), die Fraktion der Allianz der Liberalen und Demokraten für Europa (**ALDE**), die Fraktion der Grünen/Europäische Freie Allianz (**Grüne/EFA**), die Europäischen Konservativen und Reformisten (**ECR**), die Vereinte Europäische Linke/Nordische Grüne Linke (**GUE/NGL**) sowie die Fraktion Europa und Freiheit der Demokratie (**EFD**) als Akteure zu identifizieren.

Der **Rat der Europäischen Union** ist ebenfalls zu nennen. Er repräsentiert die Regierungen der EU-Mitgliedstaaten und kann Einfluss auf das zu untersuchende Politikfeld ausüben, da er Entscheidungsbefugnis in der EU besitzt. Ein weiterer Akteur auf dieser Ebene ist der **Europäische Gerichtshof** (EuGH). Neben seiner Kernfunktion – die derjenigen entspricht, welche die Verfassungsgerichte in demokratischen Systemen innehaben – beeinflusst der EuGH u. a. materielle Gemeinschaftspolitiken.

Bundesebene

Auf der Bundesebene sind die **Bundesregierung**, der **Bundestag** und der **Bundesrat** von Bedeutung. Der Bundesregierung kommt bei der Anpassung des

Kreditwesengesetzes (KWG) eine zentrale Funktion zu. Damit kann sie Einfluss auf die gesamte Kreditwirtschaft ausüben. Der Bundestag beschließt dann ggf. die entsprechenden Anpassungen. Die Länder können im Bundesrat ihre Interessen bei der Gesetzgebung und Verwaltung des Bundes sowie in Angelegenheiten der Europäischen Union einbringen. Darüber hinaus bedürfen Gesetzesänderungen auf Bundesebene der Zustimmung des Bundesrats. Das **Bundesverfassungsgericht** (BVerfG) ist ebenfalls als Akteur aufzuführen. Es kann maßgeblichen Einfluss ausüben und Gesetze, die bspw. im Bundesrat beschlossen werden, wieder außer Kraft setzen, sofern sie verfassungswidrig sind.

Landesebene

Da Sparkassenrecht Landesrecht ist, wird die Entscheidung für oder gegen eine Privatisierung öffentlich-rechtlicher Sparkassen von den Ländern mit ihren jeweiligen **Regierungen** getroffen. Den Landespolitikern und damit den **Landesparlamenten** kommt in ihrer gesetzgebenden Rolle eine zentrale Funktion zu. Die Sparkassengesetze der Länder legen fest, dass Sparkassen Anstalten öffentlichen Rechts sind und von einem Kreis resp. einer Stadt getragen werden.

Kommunalebene

Auf der kommunalen Ebene ist der **Kreistag** als ein Akteur zu nennen. Als Entscheidungsorgan kann er über grundlegende Angelegenheiten des Landkreises bestimmen. Die Beschlussfassung des Kreistages ist auf die eigenen und übertragenen Aufgaben des Landkreises begrenzt. Wichtige Akteure sind auch die **Gemeindevertretungen** (in **Städten Stadtverordnetenversammlung** genannt). Im Falle von autonomen Privatisierungen entscheidet die **Gemeindevertretung** (hierbei nimmt der **Bürgermeister** eine führende Akteursrolle ein) über eine Umwandlung der Rechtsform öffentlicher Unternehmen.[525] Bei **Städten** kommt dem **Bürgermeister bzw. Oberbürgermeister** (je nach Größe der Stadt) und der **Stadtverordnetenversammlung** eine wichtige Akteursfunktion zu. Die Beschlüsse der Gemeindevertretung einer Kommune werden, soweit das Gesetz

---

525 Vgl. § 39 Abs. 2 Nr. 12 GO BW; Art. 32 Abs. 2 Nr. 7 GO BY; § 35 Abs. 2 Nr. 27 GO BB; § 51 Nr. 12 GO HE; § 22 Abs. 3 Nr. 10 KV M-V; § 40 Abs. 1 Nr. 10 GO NI; § 41 Abs. 1 Nr. m GO NRW; § 32 Abs. 2 Nr. 15 GO RP; § 35 Nr. 19 KSVG SL; § 41 Abs. 2 Nr. 11 GO SN; § 44 Abs. 3 Nr. 9 GO ST; § 28 Nr. 17 GO SH; § 26 Abs. 2 Nr. 11 KO TH. Im Wesentlichen enthalten sind hier die Regelungen der Landkreisordnungen der Länder und der Gemeindeordnungen der einzelnen Bundesländer.

nichts anderes festlegt, mit einfacher Stimmenmehrheit gefasst.[526] Die **Zweckverbände** sind ebenso wichtige Akteure. Ist ein Zweckverband Träger der Sparkasse, regelt die Zweckverbandssatzung die Beschlussfassung.[527]

6.1.2 Parteien

Bundes-, Landes- und Kommunalebene

Die **Parteien** gelten als wichtige Akteure in dem zu analysierenden Politikfeld. Je nachdem in welcher Ausgangslage sie sich befinden (Regierungskoalition bzw. Opposition), üben sie einen starken oder weniger starken Einfluss auf die Deregulierung und Privatisierung öffentlich-rechtlicher Sparkassen aus. Als wichtige Parteien gelten in dem politischen Prozess die Christlich Demokratische Union Deutschlands (**CDU**), die Christlich-Soziale Union in Bayern e. V. (**CSU**), die Sozialdemokratische Partei Deutschlands (**SPD**), **BÜNDNIS 90/DIE GRÜNEN**, die Freie Demokratische Partei (**FDP**)[528] und die Partei des demokratischen Sozialismus (PDS; heute: **DIE LINKE**)[529].

6.1.3 Kreditinstitute und Verbände

Europäische Ebene

Auf der europäischen Ebene tritt der europäische Sparkassenverband (**European Saving Banks Group**) als Lobbyist für die Sparkassen in Europa auf. Dieser Akteur verfügt über einen eher begrenzten Einfluss.

526 Vgl. § 37 Abs. 6 GO BW; Art. 51 Abs. 1 GO BY; § 47 Abs. 1 GO BB; § 54 Abs. 1 GO HE; § 31 Abs. 1 KV M-V; § 47 Abs. 1 GO NI; § 50 Abs. 1 GO NRW; § 40 Abs. 1 GO RP; § 45 Abs. 1 KSVG SL; § 39 Abs. 6 GO SN; § 54 Abs. 2 GO ST; § 39 Abs. 1 GO SH; § 39 Abs. 1 KO TH. Im Wesentlichen enthalten sind hier die Regelungen der Landkreisordnungen der Länder und der Gemeindeordnungen der einzelnen Bundesländer.

527 Vgl. *Endlein:* Zweckverband, 1999, S. 16.

528 In den Jahren von 1968 bis 2001 lautete die Abkürzung der Freien Demokratischen Partei „F.D.P.". Seit dem Jahr 2001 ist die Abkürzung in „FDP" geändert worden. Im Folgenden wird aufgrund der besseren Lesbarkeit die Abkürzung FDP verwendet.

529 DIE LINKE entstand am 16.06.2007 aus einer Fusion der WASG, einer Vereinigung aus einem abgespaltenen SPD-Flügel und SPD-kritischen linken Gewerkschaftern, mit der PDS.

Bundesebene

Die **privaten Banken und ihre Verbände** wie der Bundesverband deutscher Banken e. V. (BdB) gelten als wichtige Akteure in der Deregulierungs- und Privatisierungsdiskussion. Die Sparkassen und Landesbanken bündeln ihre Interessen in dem **Deutschen Sparkassen- und Giroverband e. V.** (**DSGV**). Der DSGV beeinflusst sowohl die Sparkassen- als auch die Landesbankenpolitik. Auch die **Genossenschaftlichen Banken und ihre Verbände** nehmen aktiv an der Debatte zur Deregulierung und Privatisierung öffentlich-rechtlicher Sparkassen teil. Hierzu zählen der Bundesverband Öffentlicher Banken Deutschlands e. V. (**VÖB**) sowie der Bundesverband der Deutschen Volks- und Raiffeisenbanken e. V. (**BVR**). Ihr Einfluss ist im Verhältnis zu den beiden vorherigen „Lagern" geringer, aber immer noch groß genug, um wichtige Entscheidungen mitzugestalten.

Die **Arbeitnehmervertretungen** verfügen als Akteure über einen großen Einfluss in der Deregulierungs- und Privatisierungsdiskussion. Dabei ist an erster Stelle die Vereinte Dienstleistungsgewerkschaft (**ver.di**), die eine Mitgliedsgewerkschaft im Deutschen Gewerkschaftsbund (**DGB**) ist, zu nennen. Die **kommunalen Spitzenverbände** wie der Deutsche Städtetag (**DST**), der Deutsche Landkreistag (**DLT**) und der Deutsche Städte- und Gemeindebund (**DStGB**) haben die Möglichkeit, großen Einfluss auf die Deregulierungs- und Privatisierungsdiskussion zu nehmen. Sie gelten daher als wichtige Akteure in diesem Zusammenhang. Ebenso kann der **VKU Verband kommunaler Unternehmen e. V.**, der sich für die kommunalen mittelständischen Unternehmen engagiert, als Akteur identifiziert werden.

Weitere **Verbände**, die im Folgenden aufgeführt werden, nehmen an der Deregulierungs- und Privatisierungsdiskussion teil, jedoch ist deren Einfluss sehr begrenzt:

- Bund der Steuerzahler
- Bundesverband der Deutschen Industrie
- Deutscher Industrie- und Handelstag
- Industrie- und Handelskammern
- Arbeitsgemeinschaft Selbstständiger Unternehmer e. V. sowie das für die ASU tätige Unternehmerinstitut e. V.
- Zentralverband des Deutschen Handwerks

Landesebene

Auf Länderebene treten **Landesbanken** sowie die **regionalen Sparkassenverbände** als wichtige Akteure auf. Die Landesbanken unterstützen die Sparkassen mit Produkten und Dienstleistungen, die Sparkassenverbände beraten sie bei ihrer strategischen Positionierung und bei der Geschäftspolitik.

Kommunalebene

Die **kommunalen Sparkassen** sind die Hauptakteure in der Deregulierungs- und Privatisierungsdiskussion. Ihr Interesse besteht in der Erhaltung der öffentlich-rechtlichen Struktur.

6.1.4 Wissenschaftliche Institute

Ebenso nehmen **wissenschaftliche Institute** an der Deregulierungs- und Privatisierungsdiskussion teil. Mit ihren Forschungsarbeiten unterstützen sie andere Akteure in der Argumentation. In dem zu untersuchenden Politikfeld sind folgenden Institute identifiziert worden:

- Wissenschaftlicher Beirat des Bundesministeriums für Finanzen
- Wissenschaftlicher Beirat des Bundesministeriums für Wirtschaft
- Wirtschafts- und Sozialwissenschaftliches Forschungsinstitut in der Hans-Böckler-Stiftung
- Karl-Bräuer-Institut
- Deutsches Institut für Wirtschaftsforschung e. V. (DIW Berlin)
- Institut der Deutschen Wirtschaft Köln
- Gesellschaft für öffentliche Wirtschaft e. V.
- Frankfurter Institut für wirtschaftspolitische Forschung (Kronberger Kreis)
- Mittelstandsinstitut Niedersachsen

6.1.5 Andere Gruppen

Die in diesem Abschnitt aufgeführten **Akteure sind ausschließlich auf kommunaler Ebene** aktiv. Dabei ist insbesondere der **Verwaltungsrat** einer Sparkasse von Bedeutung. Innerhalb des Verwaltungsrats kommt es zu Interessenverflechtungen, zeitweise auch zu Interessenkonflikten unterschiedlicher Akteure. Er ist für die Bestimmung der Richtlinien der Geschäftspolitik und für die Überwachung der Geschäftsführung der Sparkasse verantwortlich.[530] Vor der Beschlussfassung des Trägers über die Auflösung der Sparkasse, über Vereinbarungen hinsichtlich einer Vereinigung von Sparkassen und über den Erlass oder die Änderung der Satzung ist er anzuhören.[531] Dabei besteht aufgrund der personellen

530 Vgl. § 8 Abs. 1 SpkG M-V.

531 Vgl. § 8 Abs. 4 SpkG M-V.

Verflechtungen ein relativ großer Einfluss des Verwaltungsrates auf Entscheidungen der Gemeindevertretung. Darüber hinaus beruft der Verwaltungsrat den Sparkassenvorstand. Der Vorsitzende des Verwaltungsrats als oberstes Organ der Sparkasse ist der Leiter der Verwaltung des Trägers. Üblicherweise handelt es sich bei ihm um den Landrat oder den Bürgermeister.

Der Akteur in der Region ist der **Sparkassenvorstand**, der die Sparkasse führt. Er ist allerdings von dem als Aufsichtsratsorgan fungierenden Verwaltungsrat abhängig. Ebenso sind die **leitenden Angestellten** als Akteure aufzuführen. So haben bspw. die Direktoren über die Aufsichtsgremien der Sparkassen immer wieder Kontakt zu den Kommunalpolitikern. Die **Angestellten** von Sparkassen bilden die Gruppe, die am stärksten von einer möglichen Privatisierung betroffen wäre. Deren Folgen würden sich aber auch auf die **Sparkassenkunden** auswirken. Diese sind jedoch durch das Regionalprinzip größtenteils als besondere Gruppe der **Wähler** anzusehen. Die Wähler als **stimmberechtigte Bürger** können per Bürger- oder Volksentscheid direkten Einfluss ausüben, sie sind somit wichtige Akteure im politischen Prozess.

6.2 Advocacy-Koalitionen

Die bisherigen Ausführungen haben mit der Akteursidentifikation einen zentralen Schritt für die vorliegende Untersuchung geleistet. Der in der Modellkonzeption des Advocacy-Koalitionsansatzes nächste Schritt ist die Bestimmung der Advocacy-Koalitionen. Die Identifikation der Advocacy-Koalitionen sehen *Görlitz* und *Burth* dabei „sowohl am Ende eines pragmatischen als auch eines operationalen Suchverfahrens, weil Koalitionen durch gemeinsame belief-systems konstituiert werden, das heißt durch werthafte, kognitive und soziale Orientierungen, die sich beispielsweise als Sinn-, Rationalitäts- oder Interaktionsmuster kennzeichnen lassen."[532] Solche „Muster" gilt es im Weiteren zu erarbeiten.

Für diese Untersuchung bestehen grundsätzlich **zwei Oppositionen im Politikfeld**, entlang derer unterschiedliche Advocacy-Koalitionen postuliert werden. Zum einen gibt es **eine Opposition** zwischen Akteursgruppen, die dem öffentlich-rechtlichen Kreditsektor Wettbewerbsverzerrungen vorwerfen und somit für eine Deregulierung und Privatisierung öffentlich-rechtlicher Sparkassen eintreten, und Akteursgruppen, die für den Erhalt des öffentlich-rechtlichen Kreditsektors stimmen und damit die öffentlich-rechtlichen Sparkassen auf kommunaler Ebene erhalten wollen. Zum anderen findet sich **eine Opposition**

532 *Görlitz/Burth:* Politische Steuerung, 1998, S. 57.

zwischen Akteuren, welche die EU-Politikerzeugung präferieren, und anderen Akteuren, die eine Kompetenzabgabe des öffentlich-rechtlichen Kreditsektors an die EU ablehnen und die weiterhin nationalstaatlich agieren wollen.

Es werden vier unterschiedliche Advocacy-Koalitionen im Politikfeld festgelegt. Diese unterscheiden sich anhand ihrer Positionen zu den soeben aufgeführten Konfliktlinien innerhalb der Oppositionen und lassen sich durch die Merkmalskombinationen „**Befürwortung**" oder „**Ablehnung**" der Deregulierung und Privatisierung öffentlich-rechtlicher Sparkassen kennzeichnen. Folgende Advocacy-Koalitionen dienen als Strukturierungshilfe, mit der die Sinn-, Rationalitäts- und Interaktionsmuster im Politikfeld gruppiert werden: „**Verfechter**", „**Opportunisten**", „**Traditionalisten**" und „**Wissenschaftliche Experten**". Das Ziel besteht darin, die Grundauffassungen besser erkennbar zu machen. Die „Sinn- und Rationalitätsmuster" sollen bereits die Konturen der Belief-Systeme erkennbar machen. Die Darstellung orientiert sich an den Advocacy-Koalitionen, aus deren Muster die oben genannten Merkmale hervorgehen.

6.2.1 Verfechter

Die Verfechter-Koalition ist für die Auflösung des Drei-Säulen-Systems der deutschen Kreditwirtschaft. Diese Positionierung ist das zentrale Sinnmuster dieser Advocacy-Koalition. Somit wird das Thema Deregulierung und Privatisierung öffentlich-rechtlicher Sparkassen von dieser Koalition stark forciert. Dabei besteht ein großes Interesse der beteiligten Akteure am Wegfall der öffentlich-rechtlichen Säule.

Aus der Perspektive dieser Akteure steht die deutsche Kreditwirtschaft unter einem starken Konkurrenzdruck. Daher ist sei wichtig, den deutschen Bankenmarkt in dem öffentlich-rechtlichen Sektor zu deregulieren. Die Zielvorstellungen sind dabei, dass die öffentlich-rechtlichen Sparkassen vollständig privatisiert werden. Da das Thema grenzüberschreitend ist, also unterschiedliche Ebenen betroffen sind, werden auch die Arena der Auseinandersetzung auf europäischer Ebene und die darin agierenden Akteure als wichtige politische Ansatzpunkte gesehen. In diesem Sinne bestärken die Akteure der Verfechter-Koalition die EU-Politik zur Deregulierung und Privatisierung öffentlich-rechtlicher Kreditinstitute.

Die betriebswirtschaftlichen Gründe, die für eine Privatisierung öffentlich-rechtlicher Sparkassen sprechen, bilden für diese Akteure die Rationalität. Was die Interaktionsmustern, also die für die postulierte Advocacy-Koalition „Verfechter" typischen sozialen Aktionsmuster betrifft, kann konstatiert werden, dass anfangs ausschließlich auf gesetzgeberischer Ebene und nur in Fachkreisen agiert wurde. Seit der Abschaffung der Haftungsgarantien (Gewährträgerhaftung und

Anstaltslast) auf Druck der EU-Kommission im Jahr 2005 wird jedoch verstärkt versucht, „Verbündete" zu gewinnen.

6.2.2 Opportunisten

Eines der zentralen Sinnmuster der Opportunisten lautet, dass die Erhaltung der kommunalen Sparkassen nur so lange wichtig ist, wie diese einen Nutzen bringen. Dieser Nutzen kann u. a. darin bestehen, dass die Sparkassen jährlich Gewinne an die Kommunen ausschütten und somit die Haushaltsdefizite reduziert werden können. Die Haushalte in den Ländern könnten allerdings auch durch den Verkauf von Sparkassen an andere Kreditinstitute entlastet werden. Sparkassen in strukturschwachen Regionen könnten fusionieren oder kooperieren.

Diesen Akteuren ist es wichtig, im Verwaltungsrat einer Sparkasse mitzuwirken. Finanzielle Anreize sowie eine „gehobenere Machtposition" entsprechen der hier vorherrschenden Rationalität. Interaktionsmuster ergeben sich vorrangig auf Landes- und kommunaler Ebene unter den Parteien und „anderen Gruppen".

6.2.3 Traditionalisten

Die obigen Sinn- und Rationalitätsmuster werden von den Akteuren, die zu der Advocacy-Koalition der „Traditionalisten" gehören, nicht geteilt. Die „Traditionalisten" lehnen eine Deregulierung und Privatisierung von öffentlich-rechtlichen Sparkassen ab. Diese Haltung ist ihr zentrales Sinnmuster, dem eine große Skepsis gegenüber der EU entspricht. Sie betonen nationale Souveränität, die Erhaltung des deutschen Drei-Säulen-Systems und die Berücksichtigung landesspezifischer Gegebenheiten bei Deregulierungs- und Privatisierungsvorhaben sowie der Besonderheiten in der Aufgabe von Sparkassen, die auf eine Jahrhunderte bestehende Tradition zurückblicken. Diese Akteure halten ist für wichtig, dass die Deregulierungs- und Privatisierungsvorhaben im Sparkassensektor ausschließlich auf Landesebene entschieden werden.

Seit dem Wegfall der Haftungsgarantien im Jahr 2005 besteht die Befürchtung, dass die EU zukünftig verstärkt Einfluss nehmen könnte. Somit könnten Gesetzesänderungen auf europäischer Ebene unmittelbare Auswirkungen auf die Landesgesetze und somit auf die Sparkassenpolitik haben. Dem entspricht eine ablehnende Haltung der entsprechenden EU-Policy im Rahmen dieses Rationalitätsmusters. Die Interaktionen der „Traditionalisten" konzentrieren sich sehr stark auf die Verbandsebene.

6.2.4 Wissenschaftliche Experten

Das Sinnmuster der wissenschaftlichen Experten gibt sich in dem Versuch zu erkennen, durch wissenschaftliche Untersuchungen, Gutachten sowie Positionspapiere gezielt Einfluss auf Deregulierungs- und Privatisierungsvorhaben zu nehmen. Je nachdem wie sich diese Akteure positionieren, ob für oder gegen eine Deregulierung und Privatisierung, werden sie von anderen Akteuren zur Argumentationsunterstützung beratend hinzugezogen. Die Reputation, die mit entsprechenden wissenschaftlichen Arbeiten erlangt wird, und die Möglichkeit, Entscheidungen entsprechend zu beeinflussen, bilden die Rationalität. Diese Advocacy-Koalition agiert in Fachkreisen verstärkt auf Bundesebene.[533]

6.3 Zwischenergebnis

Die Transparenz der Akteursstruktur ist für die vorliegende Arbeit von großer Bedeutung. Entsprechend wichtig ist es, dass in einem ersten Schritt alle relevanten Akteure identifiziert worden sind, die im politischen Prozess von Deregulierungs- und Privatisierungsvorhaben öffentlich-rechtlicher Sparkassen wichtig sind. Es wurde deutlich, dass es sich um eine Vielzahl von Akteuren in einem komplexen Politikfeld handelt, die an der Deregulierungs- und Privatisierungsdebatte teilnehmen.

In einem zweiten Schritt wurden Advocacy-Koalitionen gebildet. Bei der Systematisierung war von Bedeutung, ob sie eine Deregulierung und Privatisierung befürworten oder ablehnen. Entlang der Merkmalskombinationen „Befürwortung" oder „Ablehnung" wurden die entsprechenden Advocacy-Koalitionen bestimmt. Innerhalb dieser Advocacy-Koalitionen wurden Sinn-, Rationalitäts- und Interaktionsmuster herausgearbeitet. Diese Muster verdeutlichen bereits die Belief-Systeme und werden weiter unten im achten Kapitel für die Prozessanalysen herangezogen. Darüber hinaus wird die Prüfung der Hypothesen vereinfacht.

Sofern es sich um die Anwendung des institutionellen Ansatzes mit seiner immanenten Vetospielertheorie handelt, hat dieses Kapitel dazu beigetragen, Erkenntnisse darüber zu erhalten, wer die Vetospieler sind und in welcher Anzahl sie auf der europäischen Ebene, der Bundes- und Landesebene sowie der kommunalen Ebene auftreten.

533 Bei der Analyse der Bundesländer spielt die Wissenschaftliche-Experten-Koalition keine herausgehobene Rolle. Sie verfügt über keinen unmittelbaren Einfluss im Policy-Prozess, wird aber der Vollständigkeit halber in den Fallanalysen mit aufgeführt.

Die Frage aus dem vierten Kapitel, wie die institutionellen Rahmenbedingungen mit den relevanten Akteuren zusammenhängen, kann hiermit beantwortet werden. Die hat Analyse gezeigt, dass es sich um eine Vielzahl von Akteuren auf unterschiedlichen Ebenen handelt. Die Intention aller Akteure ist es, primär ihre Interessen und Ziele mit den jeweiligen Institutionen zumeist der eigenen Ebene zu erreichen. Allerdings finden auf den unterschiedlichen Ebenen Interaktionen zwischen den Akteuren statt, sodass sich Akteurskoalitionen bilden, die gemeinsame Interessen verfolgen und ihre Ziele durchzusetzen versuchen. Die Prozessanalyse der landesspezifischen Deregulierungs- und Privatisierungsvorhaben wird diese Zusammenhänge verdeutlichen.

7 Positionierungen und Ziele der relevanten Akteure im politischen Prozess unter Berücksichtigung allgemeiner Privatisierungs- und Sparkassenpolitik

Mit der Identifikation und Charakterisierung der relevanten Akteure stellt sich die Frage, wie sie sich auf den unterschiedlichen Ebenen im politischen Prozess zur Entscheidung der Frage nach einer Deregulierung und Privatisierung öffentlich-rechtlicher Sparkassen positionieren. Hier gilt es, auch die Privatisierungspolitik im Allgemeinen im Auge zu behalten. Im Folgenden wird so eine weitere grundlegende Forschungsfrage im Rahmen des Gesamtkonzeptes beantwortet, nämlich welche Ziele die Akteure auf unterschiedlichen Ebenen in den politischen Prozessen verfolgen.

Die Analyse der europäischen Ebene zielt auf die rechtlichen Gegebenheiten. Auf der Bundesebene werden die Politik der verschiedenen Bundesregierungen sowie die Positionierungen der kreditwirtschaftlichen Spitzenverbände und wissenschaftlichen Einrichtungen untersucht. Die Analyse der Landesebene erfolgt eher verkürzt, da im folgenden Kapitel die konkreten landesspezifischen Deregulierungs- und Privatisierungsvorgänge untersucht werden; auf dieser Ebene bildet daher die Privatisierung im Allgemeinen einen Schwerpunkt. Mit Blick auf die kommunale Ebene werden die Positionen der kommunalen Spitzenverbände analysiert. Des Weiteren erfolgt eine Untersuchung der Positionierungen der Gewerkschaften. Diese werden dabei als politische Verbände betrachtet und aus diesem Grund in der vorliegenden Arbeit vor den parteipolitischen Positionen aufgeführt. Bei der Analyse der parteipolitischen Programme liegt der Fokus auf den Bundesparteien.

Für die Recherche dieses Kapitels wurde vor allem auf politische Programmentwürfe[534] (insbesondere Grundsatz-, Wahl- und Aktionsprogramme),

---

534 Hinweis zur Erklärung der Begrifflichkeiten: „In der politikwissenschaftlichen Literatur werden zumeist drei Typen von politischen Programmen unterschieden: Grundsatzprogramme, Wahlprogramme und Aktionsprogramme. Grundsatzprogramme bezeichnen solche Programmaussagen, in denen die politischen Prinzipien und die langfristige Orientierung der jeweiligen Parteien festgeschrieben sind. Wahlprogramme beinhalten die Aussagen der Parteien zu den Wahlen, konkrete Forderungen, mit denen die Parteien im Wahlkampf um die Stimmen der Wähler werben. Diese Aussagen sind zeitlich auf die nächste Legislaturperiode gerichtet.

Policy-relevante Stellungnahmen, Bundestags- und Landtagsprotokolle, Presseberichte und Publikationen sowie auf verabschiedete Gesetzestexte zurückgegriffen. Da die Sparkassenpolitik grundsätzlich von der Landespolitik geprägt wird, erfolgt die Analyse der parteipolitischen Programme in den jeweiligen Bundesländern größtenteils auf der Basis der Landtagswahlprogramme.

7.1 Europäische Ebene

Die Ebene des Europarechts ist zeitweise als für die Privatisierungsfrage irrelevant angesehen und aus der Betrachtung ausgeklammert worden.[535] Der Grund dafür ist, dass die EU durch Art. 345 AEUV[536] zur Neutralität gegenüber der Eigentumsordnung der Mitgliedstaaten und damit – wie allgemein abgeleitet wird – auch gegenüber dem staatlichen Eigentum an Unternehmen und der staatlichen Wirtschaftsbetätigung verpflichtet ist. Ihr Primärrecht hindert die Gemeinschaft deshalb, den Mitgliedstaaten und damit auch den Kommunen unmittelbare Verpflichtungen zu (Vermögens-)Privatisierungen aufzuerlegen.

Dennoch sind von der EU wesentliche Deregulierungs- und daraus mittelbar folgend auch Privatisierungsimpulse in Richtung der Mitgliedstaaten ausgegangen. Dass die staatliche und auch kommunale Daseinsvorsorge stärker in den Einzugsbereich solcher gemeinschaftsrechtlichen Deregulierungsvorhaben geraten ist, lässt sich insbesondere darauf zurückführen, dass das Gemeinschaftsziel der Herstellung eines Binnenmarkts formuliert wurde. Programmatisch entwickelt wurde es in dem „Weißbuch der Kommission über die Vollendung des Binnenmarkts vom 14. Juni 1985", das einleitend als Prämisse für die Vollendung des Binnenmarkts die Notwendigkeit sieht, „dass die Mitgliedstaaten alle Art von Schranken abschaffen, ihre Regeln harmonisieren, ihre Rechtsvorschriften [...] angleichen", um anschließend ein umfangreiches Rechtsetzungsprogramm zu entwerfen.[537] In das geltende Primärrecht der EU wurde das Binnenmarktkonzept durch die Einheitliche Europäische Akte vom 10. Februar 1986 umgesetzt. Sie verankerte in dem heutigen Art. 26 AEUV[538] das – bis zum 31. Dezember 1992 zu erreichende – Ziel eines Binnenmarkts als eines Raums „ohne Binnengrenzen,

---

Aktionsprogramme schließlich beinhalten die Zielvorstellungen und Lösungswege für einen bestimmten politischen Bereich. Sie sind stärker operativ angelegt." *Freiberger:* Programmatik, 2002, S. 30.

535 Vgl. *Püttner:* Rechtliche Rahmenbedingungen, 1988, S. 257.

536 Früher Art. 295 EGV.

537 Vgl. *Europäische Kommission:* Binnenmarkt, 1985, S. 4 und insbesondere S. 25 ff.

538 Früher Art. 14 EGV.

in dem der freie Verkehr von Waren, Personen, Dienstleistungen und Kapital gemäß den Bestimmungen dieses Vertrages gewährleistet ist".[539] Damit zusammenhängend hat die EU-Kommission etwa seit Mitte der 1980er-Jahre konkrete Bemühungen um die Deregulierung insbesondere von Dienstleistungssektoren unternommen, wobei ihre ersten Betätigungsfelder der Rundfunk, die Telekommunikation und Energieversorgung waren.

Insbesondere in den 1990er-Jahren nahm das Engagement der EU in Deregulierungs- und Privatisierungsfragen deutlich zu. Dabei bestand ein großes Interesse an der deutschen Kreditwirtschaft. Deutlich wurde die Positionierung der EU-Kommission in der Auseinandersetzung um die Staatshaftung der öffentlich-rechtlichen Kreditinstitute im Jahr 2005. Die Sparkassengesetze wurden angepasst, sodass die Haftung der Träger seit dem 19. Juli 2005 der in der Verständigung mit der EU-Kommission geforderten Ausgestaltung entspricht.[540] Damit hat die Kommission die Debatte zur Deregulierung der öffentlich-rechtlichen Sparkassen über die Sparkassengesetze mit beeinflusst. Allerdings kann sie – wie oben beschrieben – rechtlich (noch) keine Privatisierung der Sparkassen verlangen.

Die Politikwissenschaftlerin *Christina Deckwirth* beschreibt 2008 in einem Artikel („Europa drängt auf Privatisierung"), dass die EU eine entscheidende Rolle „bei der Liberalisierung und Privatisierung von Einrichtungen der öffentlichen Daseinsvorsorge spielt".[541] Das Ziel der EU-Kommission besteht vor diesem Hintergrund darin, die Deregulierung und Privatisierung öffentlich-rechtlicher Kreditinstitute in Deutschland voranzutreiben.[542]

Insgesamt kann festgestellt werden, dass zum Jahresanfang 2016 auf europäischer Ebene eine Konzentration auf die Themen „Regulierung des Finanzdienstleistungssektors" und „Bankenunion" stattgefunden hat und hier verstärkte Diskussionen geführt werden. Daraus ergeben sich interessante Fragen für die Zukunft, z. B. wie sich politische Strukturen auf europäischer Ebene entwickeln und welchen Einfluss die politischen Akteure innerhalb dieser (neuen) Strukturen auf das europäische Bankensystem ausüben. Im Rahmen der vorliegenden Arbeit können diese Fragen jedoch nicht beantwortet werden.

---

539 Art. 26 Abs. 2 AEUV.

540 Vgl. hierzu auch die Untersuchung von *Seikel:* Liberalisierung, 2013. *Seikel* untersucht in seiner Arbeit, wie die EU-Kommission mithilfe des Wettbewerbsrechts die Liberalisierung der öffentlich-rechtlichen Kreditinstitute erzwungen hat.

541 Vgl. *Deckwirth:* Europa drängt auf Privatisierung, 2008, online. *Deckwirth* untersuchte in ihrer Dissertation die Liberalisierung und Globalisierung des europäischen Dienstleistungssektors. Vgl. *Deckwirth:* Vom Binnenmarkt zum Weltmarkt, 2008.

542 Ob dies der Praxis entspricht, wird im achten Kapitel untersucht.

7.2 Bundesebene

Auf der Ebene des Bundes hat es bereits in den Jahren 1959 bis 1965 eine erste Phase der (Vermögens-)Privatisierung gegeben, als der Bund durch die Ausgabe von Volksaktien (Teil-)Privatisierungen der Preussag AG, der Volkswagen AG und der VEBA AG vornahm.[543] Eine zweite, tiefer greifende Privatisierungsphase begann in den 1980er-Jahren.[544] Dies wurde bereits 1975 durch die Privatisierungsforderungen in einem Gutachten des Wissenschaftlichen Beirats beim Bundesministerium der Finanzen deutlich, der die Verschuldung der öffentlichen Haushalte durch die als effizienter eingeschätzte private Erbringung öffentlicher Leistungen zurückführen wollte.[545] Das Bundesfinanzministerium vermied es damals in seiner Stellungnahme zu dem Gutachten des Wissenschaftlichen Beirats, auf das Problem insgesamt einzugehen. Es konstatierte ausschließlich, die Auffassung des Beirats zu teilen, dass „Maßnahmen auf der Ausgabenseite für die notwendige deutliche Begrenzung des mittelfristigen Finanzierungsdefizits im Prinzip Vorrang genießen sollten".[546]

Die Privatisierung war jedoch ein primäres Ziel der Politik. Mit dem Regierungswechsel 1982 rückte das Thema verstärkt in den Vordergrund.[547] In den Jahren 1985 und 1990 wurden „Gesamtkonzepte für die Privatisierungs- und Beteiligungspolitik des Bundes" vorgelegt.[548] Darin waren die Privatisierungsbestrebungen eher allgemein und ordnungspolitisch dargestellt: „In der Sozialen Marktwirtschaft gebührt grundsätzlich privater Initiative und privatem Eigentum Vorrang vor staatlicher Zuständigkeit und staatlichem Eigentum (Subsidiaritätsprinzip). Privates Eigentum und privatwirtschaftliche, durch Markt und Wettbewerb gesteuerte und kontrollierte unternehmerische Tätigkeit gewährleisten am besten wirtschaftliche Freiheit, ökonomische Effizienz und Anpassung an sich verändernde Marktverhältnisse und damit Wohlstand und soziale Sicherheit für die Bürger."[549]

Im Laufe der Zeit ist dann die öffentliche Aufgabenwahrnehmung und Unternehmenstätigkeit der Länder und Kommunen in den Fokus des Bundes geraten.

---

543 Vgl. *Loesch:* Privatisierung, 1987, S. 25 f. sowie *Loesch:* Vermögenspolitik, 1988, S. 127, ebenso *Himmelmann:* Privatisierungsdiskussion, 1988, S. 107 ff.

544 Vgl. *Himmelmann:* Privatisierungsdiskussion, 1988, S. 107 ff.

545 Vgl. *Bundesministerium der Finanzen:* Stellungnahme, 1975, S. 1007 f.

546 *Bundesministerium der Finanzen:* Stellungnahme, 1975, S. 863.

547 Vgl. *Kraft/Obermann:* Privatisierungen, 1990, S. 71–73.

548 Vgl. *Bundesregierung:* Beteiligungspolitik, 1985, S. 281; siehe auch *Bundesregierung:* Privatisierungspolitik, 1990, S. 1489.

549 *Bundesregierung:* Privatisierungspolitik, 1990, S. 1489 f.

In einigen Stellungnahmen wiesen Bundesregierung und Koalitionsfraktionen immer wieder darauf hin, dass das größte Privatisierungspotenzial nach den erfolgten Privatisierungen auf Bundesebene bei den Ländern und Kommunen liege. Insbesondere wurden die Bereiche des Nahverkehrs, der Energiewirtschaft und der Sparkassen genannt.[550] Seinen an die anderen Gebietskörperschaften gerichteten Privatisierungsaufforderungen versuchte der Bund auch rechtlichen Nachdruck zu verleihen, vor allem durch die Änderungen für einzelne Gebiete der Daseinsvorsorge mit dem Ziel der Deregulierung und Privatisierung.[551] Erstmals bezog sich die Privatisierungspolitik des Bundes auch auf das staatliche Kreditwesen. Der Bericht über die Neuordnung der Kreditinstitute des Bundes aus dem Jahr 1986 empfahl eine Verminderung der Bundesbeteiligung an der Deutschen Pfandbriefbank AG (Depfa), der Deutschen Bau- und Bodenbank (DBB), der Deutschen Siedlungs- und Landesrentenbank (DSL) und der Deutschen Verkehrskreditbank (DVKB). Bei anderen Kreditinstituten sah er hingegen ein wichtiges Bundesinteresse, das eine konstante Kapitalbeteiligung erforderte. Die DSL blieb trotz der Privatisierungspläne des Vorstands wegen koalitionsinterner Konflikte zunächst ausgeklammert, lediglich die rechtlichen Prämissen für die Privatisierung wurden geschaffen. Nach der Beseitigung von banken- und steuerrechtlichen Hindernissen, welche die Privatisierung des staatlichen Bankwesens verzögert hatten, privatisierte die schwarz-gelbe Koalition 1988 die DVKB und wandelte die Depfa zum 1. Januar 1989 in ein privatrechtliches Kreditinstitut um.[552]

Die Fiskalpolitik der christlich-liberalen Regierungskoalition nach dem Jahr 1990 war dominiert von der Aufgabe, die deutsche Vereinigung zu finanzieren. Im November 1990 verabschiedete die Regierungskoalition das „Gesamtkonzept für die Privatisierungs- und Beteiligungspolitik des Bundes“, später untermauert durch die Koalitionsvereinbarung zwischen CDU/CSU und FDP.[553] Im Gesamtkonzept bestätigte die Koalition die Grundlinien ihrer bisherigen Privatisierungspolitik und bekräftigte ihre Absicht, sie im alten Bundesgebiet entsprechend fortzuführen. Die materiellrechtlichen Privatisierungen der Koalition erstreckten

---

550 Vgl. *Himmelmann:* Privatisierungsdiskussion, 1988, S. 116–119.

551 Vgl. *Deutscher Bundestag:* Unterrichtung, 1972, S. 3–494.

552 Vgl. *o. V.:* Koalitionsbeschlüsse, 1988, S. 1 ff.

553 Vgl. *Bundesregierung:* Beteiligungspolitik, 1985, S. 281 sowie *Bundesregierung:* Privatisierungspolitik, 1990, S. 1489 und auch *Eichel:* Bund, 2000, S. 274–277. Wie bereits in der Arbeit dargestellt, wurde dieses Gesamtkonzept der Privatisierungs- und Beteiligungspolitik erstmals im Jahr 1985 vom Bundeskabinett verabschiedet. Es diente bis zum Jahr 1998 als Grundlage für alle wichtigen privatisierungs- und beteiligungspolitischen Entscheidungen.

sich in den Jahren 1991 und 1992 auf kleinere Bundesbeteiligungen mit Sonderaufgaben, z. B. bei der Depfa und der Berliner Industriebank, auf Bankbeteiligungen des Bundes sowie auf in Bundeseigentum verbliebene Industrieunternehmen.[554]

Dass aus den finanzpolitischen Anpassungsbemühungen resultierende Gesetz zur Umsetzung des Spar-, Konsolidierungs- und Wachstumsprogramms beschloss eine „informelle Große Koalition" im Dezember 1993 (im April 1991 hatte die Regierungskoalition die Bundesratsmehrheit verloren).[555] Es entlastete substanziell den Haushalt für das Jahr 1994 und veränderte zudem den rechtlichen Rahmen der Privatisierungspolitik in der Bundesrepublik. Das Gesetz fügte u. a. in die BHO die obligatorische Privatisierungsprüfung staatlicher Aufgaben und öffentlichen Zwecken dienender wirtschaftlicher Tätigkeiten ein. Die Regierungskoalition versuchte nunmehr, den Privatisierungswiderstand der Kommunen und partiell der Länder durch einen „bundesrechtlichen Privatisierungszwang" zu brechen.[556] Zudem beseitigte der Bundesgesetzgeber einfachrechtliche Privatisierungshindernisse.

Mit der Privatisierungsaktivität der Länder und Kommunen zeigte sich die Bundesregierung unzufrieden. Sie konnte aber Privatisierungen nicht unmittelbar und allgemein vorschreiben. Um ihre privatisierungspolitischen Vorstellungen auf die Länder und Kommunen zu übertragen und auf diese Weise die vertikale Fragmentierung der Entscheidungsprozesse zu kompensieren, strebte die Regierungskoalition die Änderung des Haushaltsrechts an. So sollten durch die Novellierung des Haushaltsgrundsätzegesetzes die Länder veranlasst werden, die Rechtspflicht zur Privatisierungsprüfung zu übernehmen. Hierbei wurde die Koalition ein weiteres Mal in ihren Privatisierungsbemühungen vom Verfassungsgericht eingeholt: Der Bundesrat, in dem die SPD-geführten Länder seit April 1991 die Mehrheit stellten, trat erneut als Vetospieler auf: Die Länderkammer sprach dem Bund die erforderliche Gesetzgebungskompetenz ab und brachte den Gesetzesvorstoß zu Fall.

Nach 1998 steuerte die rot-grüne Koalition in der Finanzpolitik um und revidierte mehrere wirtschaftspolitische Entscheidungen der Vorgängerregierung. In der Privatisierungspolitik kam es dagegen nach 1998 zu keinem Politikwechsel.[557] In der Privatisierungsfrage war die Geschlossenheit der SPD vergleichsweise hoch. Gleiches galt für die Oppositionsparteien. Für die große Konkurrenz der parteilichen Vetospieler und die hohe Kohäsion gab es mehrere Ursachen. So wurde bspw.

554 Vgl. *Freiberger:* Programmatik, 2002, S. 188–190.

555 Vgl. *Schmidt:* Public policy, 1996, S. 155 ff.

556 Vgl. *Helm:* Privatisierung, 1999, S. 41.

557 Vgl. *Bischoff/Detje:* Strategie, 1999, S. 25 ff. sowie *Zohlnhöfer:* Wirtschaftspolitik, 2001, S. 253 ff., ebenso *Zohlnhöfer:* Finanzpolitik, 2003, S. 197–214.

die Privatisierungspolitik weiterhin durch die ökonomischen Folgen des Binnenmarkts und die europäische Liberalisierungspolitik gefördert.[558]

Die Regierungskoalition setzte den Privatisierungskurs fort, wenngleich sich unter Bundesfinanzminister *Oskar Lafontaine* (SPD) eine Akzentverschiebung in der Zielsetzung der Veräußerungen bemerkbar machte. Die Privatisierungen waren demnach kein Selbstzweck, die Stärkung der Wettbewerbsfähigkeit der Unternehmen sowie die Sicherung und Schaffung von Arbeitsplätzen sollten Vorrang vor fiskalischen Interessen haben.[559] Die rot-grüne Regierung zeichnete nach der Wahl in ihrer Koalitionsvereinbarung vom Oktober 1998 das „Leitbild vom aktivierenden Staat", welches das Kabinett im Dezember 1999 mit dem Beschluss „Moderner Staat - Moderne Verwaltung" bestätigte.[560] Danach setzte sich die rot-grüne Regierungskoalition vom Konzept des „schlanken Staates" der schwarz-gelben Vorgängerregierung ab.[561] Hierbei ist von besonderer Bedeutung, dass sich die rot-grüne Bundesregierung in ihrer Koalitionsvereinbarung für den Fortbestand der öffentlich-rechtlichen Kreditinstitute ausgesprochen hatte.[562]

Der überraschende Wechsel des Bundesfinanzministers *Lafontaine* im März 1999 resultierte in einem finanzpolitischen Kurswechsel. Finanzminister *Hans Eichel* (SPD) forcierte die Konsolidierungspolitik der rot-grünen Koalition und legte im Juni 1999 ein Sparpaket vor. Für die Privatisierungspolitik bedeutete der personelle Wechsel und die finanzpolitische Korrektur eine Akzentverschiebung in der Zielsetzung.[563]

Für die schwarz-rote Regierung (2005–2009) mit Bundeskanzlerin *Angela Merkel* (CDU), zeigt sich eine vergleichsweise zurückhaltende Haltung zur Deregulierung und Privatisierung öffentlich-rechtlicher Sparkassen.

Das gilt ebenso für die darauffolgende schwarz-gelbe Bundesregierung, wobei sich die Haltung zur Deregulierung und Privatisierung öffentlich-rechtlicher Sparkassen, nunmehr deutlicher kennzeichnen lässt. Bundeskanzlerin *Angela Merkel* (CDU) sprach sich im Mai 2009 auf der 35. ordentlichen Hauptversammlung des Deutschen Städtetages deutlich für den Erhalt der Sparkassen aus,[564] ebenso auf der Veranstaltung „Mitteldeutsche Wirtschaft im Dialog" im

558 Vgl. *Zohlnhöfer:* Finanzpolitik, 2003, S. 197–214.

559 Vgl. *Bischoff/Detje:* Strategie, 1999, S. 25 ff. sowie *Zohlnhöfer:* Finanzpolitik, 2003, S. 197–214.

560 Vgl. *Bischoff/Detje:* Strategie, 1999, S. 35 f.

561 Vgl. *Bischoff/Detje:* Strategie, 1999, S. 35 f.

562 Vgl. *Horn:* Sparkassen, 1999, S. 187.

563 Vgl. *Zohlnhöfer:* Finanzpolitik, 2003, S. 197–204.

564 Vgl. *Bundesregierung:* Deutscher Städtetag, 2009, S. 5.

Juli 2009, wo sich *Merkel* zu dem Drei-Säulen-System in Deutschland bekannte.[565] Im Mai 2012 äußerte sie sich ganz in diesem Sinne bei einer Veranstaltungen des DSGV und bezeichnete die Sparkassen als einen stabilisierenden Faktor in der Kreditwirtschaft.[566] Zuletzt positionierte sich *Merkel* anlässlich des 24. Deutschen Sparkassentags Ende April 2013 eindeutig für die Erhaltung der Sparkassen.[567] Sie lobte in ihrer Rede „das Geschäftsmodell der deutschen Sparkassen" und führte aus: „Das System der deutschen Sparkassen muss auch auf europäischer Ebene berücksichtigt werden."[568]

Somit ist zu konstatieren, dass die Konsolidierung der Staatsfinanzen, die Kräftigung des Kapitalmarkts und die Schaffung effizienterer Strukturen in der öffentlich-rechtlichen Kreditwirtschaft und Verwaltung seit den 1990er-Jahren verstärkt in den Mittelpunkt der Politik gerückt ist.[569] Dabei gilt es, auch die großen Herausforderungen, die sich mit der Finanz- und Wirtschaftskrise in den Jahren 2007 bis 2009 ergeben haben und die immer noch bestehen, zu bewältigen.

Neben der soeben dargestellten Privatisierungspolitik der jeweiligen Bundesregierungen sind auch die Positionen der kreditwirtschaftlichen Spitzenverbände zu analysieren. Zu diesen zählt u. a. der **Bundesverband deutscher Banken (BdB)**. Er ist der mächtigste und einflussreichste Befürworter einer Privatisierung der öffentlich-rechtlichen Kreditinstitute in Deutschland. Im BdB sind zum Jahresanfang 2016 mehr als 200 Kreditinstitute und 11 Landesverbände organisiert.[570] Das Spektrum reicht dabei von international agierenden Geschäftsbanken, die in Summe alle Bereiche des Bankdienstleistungssektors abdecken, bis zu kleinen Privatbankiers, deren Schwerpunkt das Investmentbanking und die Vermögensverwaltung ist. Zwischen den Großkonzernen, die allesamt in der Rechtsform einer Aktiengesellschaft agieren, bestehen Verbindungen und Verflechtungen, die in den zurückliegenden Jahren einige Veränderungen erfuhren. So wurde bspw. die Dresdner Bank vom Versicherungskonzern Allianz SE an die Commerzbank AG veräußert, und die HypoVereinsbank AG gehört zur italienischen Großbank Unicredit Italiano. Die Kreditinstitute stehen miteinander im

565 Vgl. *Bundesregierung:* Wirtschaft, 2009, S. 4.

566 Vgl. *Deutscher Sparkassen- und Giroverband:* Pressemitteilung, 2012.

567 Vgl. *Deutscher Sparkassen- und Giroverband:* Rede, 2013, online.

568 *Deutscher Sparkassen- und Giroverband:* Rede, 2013, online.

569 Vgl. *Heise:* Ökonomie, 2009, S. 137–157. *Heise* befasst sich in seinem Beitrag „Makroökonomische Weichenstellungen nach der Krise. Ökonomie für Wirtschaft und Gesellschaft" mit der „AGENDA 2010-Politik der letzten beiden Bundesregierungen mit sozialdemokratischer Beteiligung".

570 Vgl. *Bundesverband deutscher Banken:* Aufbau, 2016, online.

Wettbewerb, sind aber über den Bundesverband deutscher Banken organisiert und betreiben über diesen auch eine Einlagensicherung, die über das gesetzliche Mindestmaß hinausgeht. Gerät eine Bank in Schieflage, treten somit andere Kreditinstitute ein und sichern die Rückzahlung der Spareinlagen. Die Haftung des Sicherungsfonds ist allerdings nicht rechtsverbindlich. Im BdB sind auch die Zweigniederlassungen von Auslandsbanken mit Tätigkeiten auf dem deutschen Markt organisiert. Weiterhin sind Kreditinstitute mit Sonderaufgaben, bspw. die Ausfuhrkreditgesellschaft, Mitglied des Verbands.[571]

Bezogen auf die Deregulierungs- und Privatisierungsdiskussion haben die verschiedenen Positionen zwischen dem BdB und dem DSGV zu einer langen Historie von Auseinandersetzungen geführt. Der BdB hat erreicht, dass die Staatshaftung für die Landesbanken und Sparkassen im Jahr 2005 auf Druck der EU-Kommission abgeschafft wurde. Er hat sich stets dafür eingesetzt, dass private Banken Sparkassen kaufen dürfen. So positionierte sich der Verband am 5. September 2008 zur Novellierung des NRW-Sparkassengesetzes in einer Stellungnahme wie folgt: „Die im Gesetzentwurf enthaltenen Änderungsvorschläge führen zu keiner Öffnung der Grenzen des öffentlichen Bankensektors. Die Schaffung eines international konkurrenzfähigen Bankensystems in Deutschland wird dadurch weiterhin blockiert."[572] Des Weiteren bemerkte der BdB, dass „das Festhalten an überholten Strukturen im Gesetzentwurf [..] durch die traditionelle Definition angeblicher sparkassentypischer Merkmale wie öffentlicher Auftrag, öffentlich-rechtliche Rechtsform und Regionalprinzip deutlich" werde. Der Bankenverband vertrat dabei die Auffassung, dass „für eine nachhaltige volkswirtschaftliche Entwicklung [..] die Festschreibung dieser Merkmale nicht mehr notwendig" sei, „sondern sogar hinderlich". „Die Festlegung auf die öffentlich-rechtliche Rechtsform ist [..] nicht mehr zeitgemäß. Ein Blick über die Landesgrenzen zeigt deutlich: Sparkassen können auch in privater Rechtsform erfolgreich agieren. Andere europäische Länder haben durch politische Reformen vergleichbare Strukturen seit den 1990er-Jahren überwunden: in Schweden durch die Fusion der Sparkassen und Genossenschaftsbanken und ihre anschließende Privatisierung durch Börseneinführung; in Italien zunächst mit der Umwandlung der Sparkassen in eine private Rechtsform und der Übertragung der gemeinwohlorientierten Aufgaben auf Stiftungen mit anschließender Pflicht zur

---

571 Vgl. *Bundesverband deutscher Banken:* Verband, 2010, online.

572 *Bundesverband deutscher Banken:* Bankenmarktreformen, 2008, online. Die im Folgenden wörtlich zitierten Positionen des BdB sind aus der Stellungnahme des BdB „Bankenmarktreformen – Novellierung des NRW-Sparkassengesetzes" zu entnehmen, die aus der genannten Quelle hervorgehen.

Veräußerung der Sparkassenbeteiligung; in Frankreich durch die Umwandlung der Sparkassen in Genossenschaften, deren Spitzeninstitut jetzt an die Börse gehen soll. Das deutsche Modell der öffentlich-rechtlichen Sparkasse in kommunaler Trägerschaft bildet im internationalen Vergleich mittlerweile eine Ausnahme."

Seit diesem Zeitraum sind bis zum Jahresanfang 2016 keine weiteren Ausführungen des Verbands erschienen, die zu relevanten Erkenntnissen führen. Der BdB positionierte sich lediglich im Mai 2014 im Rahmen zukünftiger *Regulierungen* gegen nationale Lösungswege und forderte eine starke Einbindung der relevanten Akteure auf europäischer Ebene.[573] Er wies ebenfalls ausdrücklich in seiner Stellungnahme vom 11. September 2014 zum XX. Hauptgutachten 2012/2013 der Monopolkommission „Eine Wettbewerbsordnung für die Finanzmärkte"[574] darauf hin, dass die privaten Banken „die rechtliche und wettbewerbliche Bewertung der Monopolkommission [teilen] und [..] die Empfehlung der Monopolkommission [unterstützen], die sparkassengesetzliche Verankerung des Regionalprinzips abzuschaffen".[575]

Vor dem Hintergrund der bisherigen Ausführungen wird die Positionierung des Verbands deutlich. Er verfolgt das Ziel, die öffentlich-rechtlichen Kreditinstitute zu privatisieren und damit das Drei-Säulen-System in der deutschen Kreditwirtschaft abzuschaffen.

Der **Deutsche Sparkassen- und Giroverband (DSGV)** ist der Dachverband der deutschen Sparkassenorganisation und gehört ebenfalls zu den kreditwirtschaftlichen Spitzenverbänden. Er ist ein auf freiwilliger Grundlage beruhender rechtsfähiger Verein mit Sitz in Berlin. Getragen wird er von den regionalen Sparkassen- und Giroverbänden sowie den Landesbanken-Girozentralen. Der Zweck des Verbands ist entsprechend der Satzung die Wahrnehmung der gemeinsamen Interessen seiner Mitglieder und der angeschlossenen Sparkassen.

---

573 Vgl. *Bundesverband deutscher Banken:* Wer stabile Banken will, muss mehr Europa wollen, 2014, online.

574 Vgl. *Monopolkommission:* Hauptgutachten, 2014. Die Monopolkommission erklärte u. a. in dem XX. Hauptgutachten 2012/2013, ihr Ziel sei es, „die Öffnung der Sparkassengruppe für mögliche Privatisierungen fortzusetzen". Dabei plädiert sie für eine materiellrechtliche Privatisierung der öffentlich-rechtlichen Kreditinstitute und führt aus: „Die Monopolkommission begrüßt die Initiativen, die es zur Öffnung der Sparkassenfinanzgruppe für private Investoren in den Jahren vor der Finanzkrise gegeben hat. [...] Sie nimmt die gegen eine weitere Öffnung vorgebrachten Bedenken der Politik ernst, hält im Ergebnis aber eine stärkere Öffnung der Sparkassengruppe für erforderlich, um eine wirtschaftlich effizientere Durchsetzung von Gemeinwohlinteressen zu ermöglichen." *Monopolkommission:* Hauptgutachten, 2014, S. 707 und 710.

575 Vgl. *Bundesverband deutscher Banken:* Stellungnahme, 2014, S. 11.

Für den Sparkassentag 1995 in Hannover verfasste die Sparkassenorganisation eine Erklärung, in der sie sich für die Beibehaltung des Drei-Säulen-Systems aussprach und zu der regionalen Präsenz der öffentlich-rechtlichen Kreditinstitute bekannte.[576] So positionierte sich die Sparkassenorganisation wie folgt: „Die institutionelle Verankerung von Sparkassen und Landesbanken in den Regionen sichert den Kommunen durch ihre Finanzdienstleistungen Investitionen, Arbeits- und Ausbildungsplätze und Steuerzahlungen. Sparkassen und Landesbanken sind geborene Partner der Kommunen und sehen sich nach ihrem Selbstverständnis gefordert, den Kommunen verstärkt zur Seite zu stehen."[577]

Darüber hinaus wurde Stellung hinsichtlich der europäischen Integration bezogen: „Die Sparkassenidee ist eine europäische Idee. Verankerung in den Regionen, keine Ausgrenzungen von Kundengruppen, Schwerpunkte der Tätigkeit bei mittelständischen Unternehmen und Kommunen, wirtschaftliche Geschäftsführung mit sozialer Verantwortung und Bereitschaft zur geschäftlichen Zusammenarbeit sind die Grundlagen eines gemeinsamen Selbstverständnisses der Mitglieder der Europäischen Sparkassenvereinigung. Zusammen mit der Europäischen Sparkassenvereinigung unterstützt die Deutsche Sparkassenorganisation die europäische Integration und die Schaffung einer Europäischen Wirtschafts- und Währungsunion als Stabilitätsgemeinschaft. Gemeinsam treten sie für eine europäische Integration ein, die den Menschen Identität und kulturelle Tradition beläßt. Deshalb muß die Integration zweifelsfrei auf dem Subsidiaritätsprinzip aufgebaut sein. Sparkassen mit ihren typischen regionalen Verankerungen sind Garanten für Subsidiarität."[578]

Dass es auch innerhalb des DSGV zu unterschiedlichen Auffassungen kommt, zeigt die Positionierung des Verbands der Deutschen Freien Öffentlichen Sparkassen (dieser Verband ist ein außerordentliches Mitglied des DSGV). Dieser forderte im September 1997 öffentlich die Eindämmung staatlicher Regulierungstätigkeit und setzte sich damit für mehr Wettbewerb in der Kreditwirtschaft ein.[579] Die Reaktion des DSGV erfolgte auf dem Sparkassentag in Leipzig 1998, auf dem Leitlinien verfasst wurden, die sich gegen die Deregulierung und Privatisierung öffentlich-rechtlicher Kreditinstitute in Deutschland richteten.[580] So wurde konstatiert: „Wir unterstützen die Bankpolitik von Bund, Länder und Gemeinden, die

576 Vgl. *Deutscher Sparkassen- und Giroverband:* Region, 1995, S. 225–232.
577 *Deutscher Sparkassen- und Giroverband:* Region, 1995, S. 229.
578 *Deutscher Sparkassen- und Giroverband:* Region, 1995, S. 230.
579 Vgl. *o. V.:* Regulierungsflut, 1997, S. 30.
580 Vgl. *o. V.:* Leitlinien, 1998, S. 281–283.

auf das dreigliedrige deutsche Bankensystem setzt.“[581] Insbesondere die „Berliner Erklärung“ vom 7. November 2005 hob die Vorstellungen von der Zukunft noch einmal deutlich hervor: „Die Grundprinzipien sind dabei unverändert das Regionalprinzip, das Subsidiaritätsprinzip und die öffentlich-rechtliche Organisationsform mit kommunaler Verantwortung.“[582]

Eine Sichtung der veröffentlichten Informationen und Daten der darauffolgenden Jahre erbrachte keine neuen Erkenntnisse zu dem Arbeitsthema. So nahm der DSGV lediglich im Februar 2013 ein Gutachten des Zentrums für Europäische Wirtschaftsforschung zum Thema „Risikoübernahme im Bankensektor – Unterscheiden sich Sparkassen und Genossenschaftsbanken von Geschäftsbanken?“ als Anlass, nochmals seine Position zur Erhaltung des Sparkassensektors zu bekräftigen.[583] Und anlässlich der Europawahl 2014 bekräftigte der Dachverband im Rahmen der allgemeinen Bankenregulierungsdiskussion, dass „deutlicher als bisher […] zwischen den unterschiedlichen Risikoprofilen verschiedener Geschäftsmodelle differenziert werden [muss]“.[584] Der DSGV befürchtet eine unfaire Behandlung seiner Institute gegenüber den privaten Kreditinstituten und verweist auf die Besonderheiten der Sparkassen-Finanzgruppe, die es bei Diskussionen auf europäischer Ebene zu berücksichtigen gelte. „Eine wirksame Bankenregulierung muss zuallererst diejenigen Bankengruppen erfassen, deren Umfang, Geschäftsmodell oder Kapitalmarktverflechtung große und systemische Risiken bergen.“[585]

Insgesamt kann somit konstatiert werden, dass der DSGV die Interessen der öffentlich-rechtlichen Sparkassen und ihrer regionalen Verbände grundsätzlich vertritt und in der Öffentlichkeit deutliche Kritik an Deregulierungs- und Privatisierungsvorhaben übt.

Schließlich gehört der **Bundesverband Öffentlicher Banken (VÖB)** zu den kreditwirtschaftlichen Spitzenverbänden. Er nahm in seinem Verbandsbericht 1984 gegen die Privatisierung öffentlicher Banken Stellung, nachdem er sich schon im Jahr 1983 gegen die Forderung von Vertretern der Regierungsparteien nach einer

581 *o. V.:* Leitlinien, 1998, S. 283.

582 *Mittler:* Sparkassen, S. 7 sowie *Deutscher Sparkassen- und Giroverband:* Verbundzusammenarbeit, 2005, online.

583 Vgl. *Deutscher Sparkassen- und Giroverband:* ZEW-Gutachten, 2013, online.

584 *Deutscher Sparkassen- und Giroverband:* Positionsbestimmungen der Sparkassen und Landesbanken, 2014, S. 7.

585 *Deutscher Sparkassen- und Giroverband:* Positionsbestimmungen der Sparkassen und Landesbanken, 2014, S. 7.

Vollprivatisierung öffentlicher Banken gewendet hatte.[586] Der VÖB wies darauf hin, dass öffentliche Banken und soziale Marktwirtschaft sich nicht ausschlössen. „Im Gegenteil, soziale Marktwirtschaft eröffnet geradezu ein Korrekturpotenzial des Staates, um Strömungen oder ein Versagen der Wettbewerbsmechanismen zu korrigieren. Zur Aufrechterhaltung der Funktionsfähigkeit des Wettbewerbs gäbe es die Wahl zwischen Normen einerseits und einer Marktverfassung in der Weise, daß sich die Unternehmen aus sich heraus in gewünschter Art verhalten andererseits. Öffentliche Banken sollten Instrumente des zweiten liberalen Weges bleiben. Sie allein könnten durch ihren Wettbewerb die privaten Banken veranlassen, sich ähnlich oder ebenso wie die öffentlichen Banken zu verhalten."[587] Zu den Herausforderungen der öffentlichen Banken führte der Bericht aus: „Anders als in manchen westlichen Industriestaaten sind die öffentlichen Banken in der Bundesrepublik Deutschland nicht Ergebnis einer Verstaatlichung privater Banken, sondern haben eine originäre, über 200 Jahre alte Geschichte, während der sie ein wesentlicher, organisch gewachsener Bestandteil des deutschen Kreditgewerbes geworden sind. Die Existenz öffentlicher Banken in der Bundesrepublik gewährleistet eine Auflockerung und partielle Dezentralisierung der deutschen Bankenlandschaft; sie sichert ein hohes Maß an Wettbewerb und ermöglicht eine bessere Förderung der Wirtschaftsstruktur einzelner Regionen oder bestimmter Branchen."[588] Das Universalbankensystem sei ohne den öffentlichen Bankensektor nicht wirkungsvoll denkbar.[589] „Die unerläßliche Begrenzung wirtschaftlicher Macht und maßgeblicher Einflussmöglichkeiten ließe sich andernfalls nur über eine staatliche Regulierung des Kreditapparates durchsetzen."[590] Hinzu komme, „dass öffentliche Banken neben ihren traditionellen Geschäftstätigkeiten auf den Wettbewerbsmärkten (Investitionsfinanzierung in dem öffentlichen Bereich, im Wohnungsbau, in der Industrie sowie im Ausland) ihre Aufgabenerfüllung auch

---

586 Vgl. *Bundesverband Öffentlicher Banken Deutschlands:* Verbandsbericht, (veröffentlicht) 1985. Die weiteren Ausführungen sind an diesen Verbandsbericht (S. 7–11) angelehnt.

587 *Bundesverband Öffentlicher Banken Deutschlands:* Verbandsbericht, (veröffentlicht) 1985, S. 7.

588 *Bundesverband Öffentlicher Banken Deutschlands:* Verbandsbericht, (veröffentlicht) 1985, S. 7.

589 Siehe hierzu auch *Priewasser*: Bankbetriebslehre, 2001, S. 18 f. und 144.

590 *Bundesverband Öffentlicher Banken Deutschlands:* Verbandsbericht, (veröffentlicht) 1985, S. 7.

und gerade in der Form betreiben, dass sie Maßnahmen der staatlichen Struktur- und allgemeinen Wirtschaftspolitik finanziell umsetzen."[591]

Eigenartigerweise finden sich seit den 1980er-Jahren bis zum Jahresanfang 2016 keine Stellungnahmen seitens des Verbands mehr, die zu relevanten Erkenntnissen führen. Der VÖB positionierte sich lediglich zusammen mit anderen Verbänden im November 2014 im Rahmen eines Positionspapiers dahingehend, dass vor allem eine inkonsistente Finanzmarktregulierung zukünftiges Wachstum gefährden könnte.[592] In den Ausführungen erfolgte eine Konzentration auf Regulierungsvorhaben; Positionierungen zu dem Untersuchungsthema waren nicht ersichtlich.

Die kommunalen Spitzenverbände positionieren sich ebenfalls in der Deregulierungs- und Privatisierungsdiskussion öffentlich-rechtlicher Sparkassen. Zu ihnen gehören der **Deutsche Städtetag (DST)**, der **Deutsche Landkreistag (DLT)** und der **Deutsche Städte- und Gemeindebund (DStGB)**. Die Verbände vertreten auf Bundesebene die Interessen der Landkreise, Städte und Gemeinden.

Die wichtigsten Äußerungen aus dem kommunalen Bereich sind den Beschlüssen und Stellungnahmen des Präsidiums bzw. Hauptausschusses des **Deutschen Städtetages** zu entnehmen. Der DST, der mit Vertretern von Parteien besetzt ist, hat im Jahr 1976 einen detaillierten Bericht zur Privatisierung erarbeitet und einstimmig beschlossen.[593] In diesem Bericht werden auch die wesentlichen Positionierungen von anderen kommunalen Spitzenverbänden dargestellt.[594] So wird bspw. das Ansinnen abgelehnt, kommunale Aufgaben, die in der Vergangenheit von einem Regie- resp. Eigenbetrieb erfüllt wurden, einer privatrechtlichen Organisationsform (AG, GmbH), an der die betreffende Kommune mehrheitlich beteiligt ist, zu übertragen. Der Deutsche Städtetag war darüber hinaus der Ansicht, dass die formal-rechtliche Privatisierung zu keinen haushaltsmäßigen Entlastungen führen würde. Dagegen seien Aufgaben der Leistungsverwaltung privatisierungsfähig.[595] Der DST vertrat des Weiteren die Auffassung, dass Privatisierungen

591 *Bundesverband Öffentlicher Banken Deutschlands:* Verbandsbericht, (veröffentlicht) 1985, S. 8.

592 Vgl. *Bundesverband Öffentlicher Banken Deutschlands:* Regulierungsvorhaben, 2014, S. 4.

593 Die weiteren Ausführungen sind in Anlehnung an die Studie des Deutschen Städtetags dargestellt; vgl. hierzu *Deutscher Städtetag:* Privatisierung, 1976, S. 1 ff. Siehe auch *Schleberger:* Privatisierung, 1976, S. 121.

594 Vgl. *Schmitt-Vockenhausen:* Stellungnahme, 1975, S. 249 sowie *Deutscher Landkreistag:* Beurteilung, 1976, S. 321.

595 *Deutscher Städtetag:* Privatisierung, 1976, S. 44.

in einem begrenzten Rahmen durchführbar seien. Würden Trägerschaft und Verantwortung bei der öffentlichen Hand verbleiben, könnte die Durchführung von Aufgaben an Privatfirmen vergeben werden. Konkrete Beispiele wurden hier allerdings nicht genannt.[596]

Insgesamt zeigt sich, dass der Deutsche Städtetag keine Empfehlungen zur generellen Durchführung oder Ablehnung von Privatisierungen in der Vergangenheit ausgesprochen hat. Die Entscheidung über eine potenzielle Privatisierung sollte im Einzelfall getroffen werden, in der sich die jeweilige Stadt befinde. Vor einer endgültigen Festlegung einer Aufgabenübertragung an private Firmen sei u. a. zu prüfen, ob ein flächendeckendes und qualitätsgleiches Leistungsangebot dauerhaft beibehalten werden könne. Der Deutsche Städtetag sprach sich hierbei deutlich gegen eine privatwirtschaftliche Monopolbildung aus. Seine Haltung bestätigte größtenteils die ablehnende Haltung gegenüber einer Privatisierung. So äußerten sich die Präsidenten der kommunalen Spitzenverbände – Oberbürgermeister *Christian Ude* (DST), Landrat *Hans Jörg Duppré* (DLT) und Bürgermeister *Roland Schäfer* (DStGB) – im Jahr 2006 wie folgt: „Die Sparkassen sind die Finanzinstitute für den Mittelstand, sie versorgen wirtschaftlich schwache Haushalte und sie sind Instrumente der Regionalpolitik. Sie sichern Arbeitsplätze und sind bedeutende Investoren und Gewerbesteuerzahler. Sie orientieren sich nicht wie Privatbanken an den materiellen Interessen ihrer Eigentümer."[597] Der Deutsche Städtetag bezog auch 2007 eindeutig Position gegen eine Privatisierung öffentlich-rechtlicher Kreditinstitute und vertrat die Auffassung, das Geschäftsmodell dieser Kreditinstitutsgruppe sei für den Großteil der Bevölkerung das beste.[598]

Insbesondere nach der Finanzkrise (2007 bis 2009) bekräftigte der DST in mehreren Beschlüssen und Stellungnahmen seine Position. Er „steht zu der Verpflichtung der Sparkassen. […] Für die Städte, Landkreise und Gemeinden hat der Schutz der Sparkassen Vorrang […]", entsprechend sei „die rechtliche und wirtschaftliche Selbstständigkeit der kommunalen Sparkassen zwingend zu erhalten."[599] Im Rahmen der massiven Zunahme von Regulierungsvorschlägen, die sich als Konsequenz aus der Finanzkrise ergaben, meldete sich der DST ebenfalls zu Wort und gab zu bedenken: „Auch wenn zu Recht gegenwärtig die bankenaufsichtliche Regulierung überprüft wird und auf allen Ebenen über die

596 Vgl. *Grabbe:* Verfassungsrechtliche Grenzen, 1979, S. 191 f.

597 *Deutscher Städtetag:* Sparkassen, 2006, online.

598 Vgl. *Deutscher Städtetag:* Beschluss, 2007, online.

599 Vgl. *Deutscher Städtetag:* Entschließungen, 2009, online sowie *Deutscher Städtetag:* Beschluss, 2009, online und *Deutscher Städtetag:* Beschluss, 2011, online.

notwendigen Konsequenzen aus der Finanz- und Bankenkrise nachgedacht wird, darf das Kind nicht mit dem Bade ausgeschüttet werden. Es muss vermieden werden, dass gerade diejenigen Institute im Zuge der diversen Regulierungsvorhaben geschwächt werden, die sich in der Finanzmarktkrise als Hort der Stabilität und Liquidität erwiesen haben."[600] Zur Jahresmitte 2013 erklärte der Oberbürgermeister der Stadt Nürnberg *Ulrich Maly* (SPD), Präsident des Deutschen Städtetages (2013–2015): „Gerade den deutschen Sparkassen kam eine stabilisierende Wirkung für die Volkswirtschaft in der Finanzmarktkrise zu."[601]

Werden die Positionen und Forderungen der führenden Vertreter des Deutschen Städtetages aus den 1970er-Jahren mit den soeben dargelegten Aussagen verglichen, zeigt sich, dass sich die Ansichten über Jahrzehnte nicht wesentlich verändert haben. Immer noch wird empfohlen, die öffentlich-rechtliche Struktur der kommunalen Sparkassen strikt beizubehalten.

Die Praxis ist allerdings zu erkennen, dass die Bereitschaft zu einer (Teil-) Privatisierung bei vielen öffentlich-rechtlichen Sparkassen besteht und dass auch in vielen anderen Fällen auf die in der damaligen Studie des Deutschen Städtetages genannten Bedingungen bei Privatisierungen, nicht eingegangen wird. Dies bestätigt, dass nicht von einer einheitlichen Abwehrhaltung der zum kommunalen Bereich zählenden Entscheidungs- und Verwaltungseinheiten ausgegangen werden kann. Die Realität verdeutlicht ein weit differenzierteres Verhaltensbild der Städte, Landkreise und Gemeinden.

Zu den kommunalen Spitzenverbänden zählt auch der **Deutsche Landkreistag**. Er hat sich in den Sparkassenorganisationen, vor allem auch beim Deutschen Sparkassen- und Giroverband (DSGV), immer wieder mit Nachdruck dafür eingesetzt, die Sparkassen als kommunale Einrichtungen zu bewahren. Die Versuche anderer Akteure, die Vorteile des Sparkassenrechts abzubauen, haben dazu geführt, dass die Sparkassen ohne ihre Bindung an die Kommunen isoliert werden und auch das allgemeine Vertrauen sowie ihre gemeinnützige Aufgabe gefährdet sein könnten. Im DSGV haben der Deutsche Landkreistag wie auch die anderen kommunalen Spitzenverbände eine gesicherte Position. Der DLT wirkt im Vorstand mit und hat auch sonst Einfluss in den anderen Organen. In der Praxis haben sich in den letzten Jahrzehnten die öffentlich-rechtlichen Sparkassen im personellen Sektor immer weiter aus den früheren Bindungen gelöst. Das stark gewachsene Geschäftsvolumen und die Konkurrenz der Kreditinstitute ließen die

---

600 Vgl. *Deutscher Städtetag:* Beitrag, 2011, online.

601 *Deutscher Städtetag:* Sparkassen, 2013, online.

Vergütungen im Sparkassenbereich deutlich über die vergleichbaren Vergütungen im öffentlichen Dienst ansteigen.

Mit Blick auf den **Deutschen Städte- und Gemeindebunds** kann festgestellt werden, dass er sich eindeutig für den Erhalt der kommunalen Sparkassen einsetzt. Der Hauptgeschäftsführer *Gerd Landsberg* sprach sich im November 2008 gegen vertikale Fusionen im öffentlich-rechtlichen Kreditsektor aus: „Vertikale Fusionen beschädigen das erfolgreiche Geschäftsmodell der kommunalen Sparkassen. Auch zukünftig darf nicht Landesbank drin sein, wo Sparkasse draufsteht."[602] Insofern sollte das Geschäftsmodell der Landesbanken in erster Linie dazu dienen, die kommunalen Sparkassen in ihrer Geschäftstätigkeit zu unterstützen.[603]

Der **VKU Verband kommunaler Unternehmen e. V.**, der **Landkreistag von Nordrhein-Westfalen** und die **Gesellschaft für öffentliche Wirtschaft und Gemeinwirtschaft** sind bereits in der Vergangenheit massiv gegen die Argumentation der Deregulierungs- und Privatisierungsbefürworter aufgetreten.[604] Diese verteidigten deutlich ihre Ansprüche gegenüber öffentlichen Unternehmen.

Auch die **Wissenschaft** nimmt in der hier betrachteten Frage eine Akteursposition ein. In den 1970er- und 1980er-Jahren gab es zahlreiche Wissenschaftler, die sich mit dem Thema der Deregulierung und Privatisierung öffentlich-rechtlicher Sparkassen befassten.[605] Die Privatisierungsdiskussion ist dabei insbesondere von den folgenden Gutachten ausgelöst worden. So verfasste der **Wissenschaftliche Beirat beim Bundesministerium der Finanzen** 1975 ein Gutachten „Zur Lage und Entwicklung der Staatsfinanzen in der Bundesrepublik Deutschland".[606] Darauf folgend behandelte der **Wissenschaftliche Beirat des Bundesministeriums für Wirtschaft** in seinem Gutachten „Kosten und Preise öffentlicher Unternehmen" ein in Teilen verwandtes Thema.[607] Der **Sachverständigenrat zur Begutachtung der gesamtwirtschaftlichen Entwicklung** positionierte sich ebenfalls

602 *Deutscher Städte- und Gemeindebund:* Pressemitteilung, 2008.

603 Vgl. *Deutscher Städte- und Gemeindebund:* Pressemitteilung, 2008.

604 Vgl. *VKU Verband kommunaler Unternehmen:* Privatisierung, 1975, S. 3 sowie *Landkreistag Nordrhein-Westfalen:* Kommunalbereich, 1976, S. 4 und auch *Gesellschaft für öffentliche Wirtschaft und Gemeinwirtschaft:* Privatisierung, 1976, S. 11.

605 Vgl. *Kaltefleiter:* Produktivität, 1975, S. 42–48.

606 Vgl. *Wissenschaftlicher Beirat beim Bundesministerium der Finanzen:* Gutachten, 1975.

607 Vgl. *Wissenschaftlicher Beirat beim Bundesministerium für Wirtschaft:* Stellungnahme, 1976.

mit einem Gutachten bereits im Jahr 1975,[608] während zudem der **Wissenschaftliche Beirat der Gesellschaft für öffentliche Wirtschaft und Gemeinwirtschaft** in den Jahren zwischen 1960 und 1985 sowie das aus Wissenschaftlern bestehende **Frankfurter Institut für wirtschaftspolitische Forschung**, auch *Kronberger Kreis* genannt, Stellung bezogen.[609]

Das Gutachten des Wissenschaftlichen Beirats beim Bundesministerium der Finanzen empfahl größtenteils die Verlagerung bisher öffentlich angebotener Leistungen auf den privaten Bereich. Der Wissenschaftliche Beirat des Bundesministeriums für Wirtschaft forderte verstärkte Kostentransparenz und empfahl vor allem, die Kosten nach Möglichkeit dort ausgleichen zu lassen, wo sie auftraten. Der Sachverständigenrat schlug den Verkauf öffentlicher Erwerbsunternehmen vor, um mehr Mittel für öffentliche Investitionen bereitstellen zu können. Insgesamt forderten aber alle nur pauschale Privatisierungsmaßnahmen und differenzierten nicht in Bundes-, Länder- und Kommunalunternehmen.

Der Wissenschaftliche Beirat der Gesellschaft für öffentliche Wirtschaft und Gemeinwirtschaft wandte sich in seinem Gutachten aus dem Jahr 1985 gegen die Einseitigkeit der Privatisierungsargumente. Den Gründen gegen öffentliche Wirtschaftlichkeit stellte er solche gegenüber, die für die Erfüllung öffentlicher Aufgaben durch öffentliche Unternehmen sprachen. Öffentliche Unternehmen seien ein integraler Bestandteil der gemischten Wirtschaftsordnung der Bundesrepublik Deutschland und dazu bestimmt, öffentliche Aufgaben zu erfüllen. Ihre Privatisierung könne nur in Betracht kommen, wenn langfristig eine öffentliche Aufgabe nicht mehr gegeben sei, insbesondere wenn ein bisher im öffentlichen Interesse erbrachtes Leistungsangebot obsolet geworden sei und nationale Interessen durch die Privatisierung nicht beeinträchtigt würden. Öffentliche Unternehmen böten bessere Voraussetzung zur Durchsetzung und Kontrolle einer Aufgabenerfüllung im öffentlichen Interesse als gesetzliche Regulierungen gegenüber privaten Unternehmen; sie ließen sich wirksamer als diese für die Ziele der öffentlichen Gebietskörperschaften einsetzen. Sie stellten m. a. W. in einer Vielzahl von Fällen geeignete Instrumente dar, um öffentliche Aufgaben nicht behördenmäßig, sondern mit unternehmerischen Mitteln zu erfüllen. Öffentliche Unternehmen seien zu einem effizienten Wirtschaften verpflichtet, und dieser Aufgabe könnten sie in der Regel auch nachkommen. Die Effizienz ihres

608 Vgl. *Sachverständigenrat zur Begutachtung der gesamtwirtschaftlichen Entwicklung:* Aufschwung, 1975.

609 Vgl. *Wissenschaftlicher Beirat der Gesellschaft für öffentliche Wirtschaft:* Stellungnahme, 1961/62, S. 145–148 sowie *Kroker:* Deregulierung, 1985, S. 26 ff. und *Donges/Eekhoff/Möschel/Neumann/Sievert (Kronberger Kreis):* Privatisierung, 2001.

Wirtschaftens bemesse sich dabei aber vor allem am Grad der Erfüllung der ihnen gestellten öffentlichen Aufgaben und nicht allein an der Gewinnmaxime. Wenn privatisiert werden solle, müssten in Einzelanalysen insbesondere auch die langfristigen Auswirkungen untersucht werden.

Der Wissenschaftliche Beirat der Gesellschaft für öffentliche Wirtschaft und Gemeinwirtschaft sprach sich zudem dafür aus, bei Privatisierungen möglichst einen überparteilichen Konsens anzustreben, um späteren Wiederverstaatlichungen vorzubeugen. Er wies darauf hin, dass es in der Bundesrepublik Deutschland im Gegensatz zu einigen westlichen Nachbarländern keine Verstaatlichung gegeben habe. Der Spielraum für Privatisierung sei hier deshalb sehr viel geringer als bei diesen. Deswegen könne von den Privatisierungen öffentlicher Unternehmen kein entscheidender Beitrag zur Konsolidierung der öffentlichen Haushalte erwartet werden.

In den darauffolgenden Jahren gab es nur sehr wenig einschlägige Ausarbeitungen für die vorliegende Untersuchung. Hingegen sind im Jahr 2004 vom DIW Berlin und im Jahr 2008 vom Sachverständigenrat zur Begutachtung der gesamtwirtschaftlichen Entwicklung interessante Analysen veröffentlicht worden, die die Positionierung der beiden Akteure transparent macht.

Anlässlich anhaltender Diskussionen um die Sparkasse Hansestadt Stralsund beauftragte das Bundesministerium für Finanzen das **DIW Berlin – Deutsches Institut für Wirtschaftsforschung** im Jahr 2004, ein Gutachten über den deutschen Finanzmarkt und deren Reformbedürftigkeit zu erstellen. Das DIW Berlin bescheinigte dem deutschen Bankensystem eine hohe Stabilität und Stressresistenz. Allerdings wird auch deutlich dargestellt, dass die historisch gewachsenen Strukturen sich nicht verändert hätten und ein „Reformbedarf in Deutschland unverkennbar ist".[610] In angrenzenden Nachbarländern seien umfassende Reformen, begleitet von einem starken Konsolidierungsprozess, durchgesetzt worden, die eine deutliche Rentabilitätssteigerung der Institute zur Folge gehabt hätten. Es wird allerdings versucht klarzustellen, dass eine Privatisierung nicht das alleinige Allheilmittel sei, um Rendite zu steigern, und durchaus weitere Möglichkeiten der Reformierung gegeben seien. „Möglich ist auch eine reine Rechtsformtransformation (zum Beispiel der Übergang auf eine Aktiengesellschaft in staatlichen Händen) oder eine Teilprivatisierung."[611] Seither sind bis zum Jahresanfang 2016 keine weiteren Stellungnahmen erschienen, die zu relevanten Erkenntnissen führen würden. Lediglich 2014 hat das DIW einen Bericht

610 Vgl. *Deutsches Institut für Wirtschaftsforschung:* Gutachten, 2004, S. 76.
611 *Deutsches Institut für Wirtschaftsforschung:* Gutachten, 2004, S. 79.

veröffentlicht, in dem die Autoren u. a. die regulatorischen und institutionellen Änderungen seit Beginn der Finanzmarktkrise (2007 bis 2009) analysieren.[612] Dabei wird insgesamt festgestellt, dass die institutionellen und regulatorischen Neuerungen in Europa einen grundsätzlichen Fortschritt darstellen und „künftig zur Stabilität des europäischen Bankensystems beitragen" werden.[613]

Der **Sachverständigenrat zur Begutachtung der gesamtwirtschaftlichen Entwicklung** veröffentlichte im Auftrag der Bundesregierung im Jahr 2008 eine Expertise mit dem Titel „Das deutsche Finanzsystem. Effizienz steigern – Stabilität erhöhen".[614] Darin wird eine Neuordnung der öffentlich-rechtlichen Kreditinstitute gefordert.[615] Der Sachverständigenrat entwickelt hier Leitlinien für eine Reform der öffentlich-rechtlichen Säule. Es gelte, „den für das durchaus bewährte Geschäftsmodell der Sparkassen erforderlichen Verbundcharakter nicht zu gefährden, wohl aber den öffentlichen Auftrag zu klären und auf seine Berechtigung zu überprüfen sowie vom operativen Bankgeschäft zu trennen. […] Das Regionalprinzip beizubehalten, den politischen Einfluss der öffentlichen Eigentümer auf das Bankgeschäft aber möglichst zurückzudrängen und auf dem Wege der Umwandlung in Aktiengesellschaften die Veräußerbarkeit von Anteilen an Sparkassen in einem das Verbundprinzip nicht in Frage stellenden Rahmen grundsätzlich zu ermöglichen. Konkret schlägt der Sachverständigenrat mit Blick auf die Sparkassen vor, diese von Anstalten öffentlichen Rechts in Aktiengesellschaften umzuwandeln und analog zum Vorgehen in Italien das Eigentum an Stiftungen zu übertragen, denen künftig die Wahrnehmung des öffentlichen Auftrags obliegt. […] Da die Sparkassen regelmäßig schon beträchtliche Anteile an den Landesbanken halten, können die Sparkassen den durch die Privatisierung beschleunigten Prozess der Spezialisierung und Fusionierung unter den Landesbanken in ausreichendem Umfang mitgestalten, um beispielsweise die für die Funktionsfähigkeit des Verbunds wichtige Beibehaltung eines Zentralinstituts sicherzustellen. Welche Richtung dieser Prozess im Ergebnis nehmen wird, ist mit der Privatisierung dem politischen Kalkül weitgehend entzogen und den Marktkräften überlassen."[616]

---

612 Vgl. *Bremus/Lambert:* Bankenregulierung, 2014, S. 614–625.

613 *Bremus/Lambert:* Bankenregulierung, 2014, S. 623.

614 Vgl. *Sachverständigenrat zur Begutachtung der gesamtwirtschaftlichen Entwicklung:* Finanzsystem, 2008.

615 Vgl. *Sachverständigenrat zur Begutachtung der gesamtwirtschaftlichen Entwicklung:* Finanzsystem, 2008, S. 8.

616 *Sachverständigenrat zur Begutachtung der gesamtwirtschaftlichen Entwicklung*: Finanzsystem, 2008, S. 8–9.

Von ganz besonderem Interesse erscheint der Vergleich mit Italien. Ob das weltweit anerkannteste und stabilste Bankensystem, das deutsche Bankensystem, aufgegeben werden soll nach einem „Vorbild“ Italiens, sei an dieser Stelle (mit großen Bedenken) dahingestellt.[617] Interessant ist aber auch der Hinweis, mit der Privatisierung sei die weitere Ausgestaltung der Reformen dem politischen Kalkül entzogen und den Marktkräften überlassen. Hier könnte vermutet werden, dass die Studie des Sachverständigenrates, die von der damaligen CDU/SPD-Bundesregierung (Große Koalition 2005–2009) beauftragt worden ist, im Sinne der politischen Ausrichtung der Bundesregierung verfasst wurde. Insgesamt ist festzustellen, dass sich der Sachverständigenrat verglichen mit den bisherigen Veröffentlichungen wissenschaftlicher Institute mit einer bemerkenswerten Deutlichkeit zu der Frage nach einer Deregulierung und Privatisierung von öffentlich-rechtlichen Kreditinstituten äußerte.

7.3 Landes- und kommunale Ebene

Auf der Landesebene hat die Privatisierungsdiskussion im Wesentlichen erst in den 1970er-Jahren begonnen. Dies gilt für die Privatisierung eigener Unternehmen, wo bereits die Ausgangslage sehr unterschiedlich war und das Privatisierungsziel politisch verschieden gewichtet wurde. Den Ländern stand hierfür das Gemeindewirtschaftsrecht als allgemeines Instrument zur Verfügung. Während vor allem in den Stadtstaaten Berlin und der Freien und Hansestadt Hamburg verschiedene Privatisierungen bereits durchgeführt und nach massiven Protesten größtenteils von Gewerkschaften zum Teil wieder eingeschränkt worden waren, befanden sich andere Länder tendenziell noch in der Phase der Prüfung von Privatisierungsmöglichkeiten.[618]

Sehr schnell reagierte Rheinland-Pfalz, wo infolge einer Anfrage der CDU-Landtagsfraktion im Herbst 1975 der Innenminister *Heinz Schwarz* (CDU) eine detaillierte Liste von Bereichen erarbeitete, für die bereits in der Vergangenheit eine privatwirtschaftliche Organisationsform gefunden worden war, sowie solcher Bereiche, die noch privatisiert werden könnten.[619] Ein Kriterienkatalog für

---

617 Zum Jahresanfang 2016 befinden sich die italienischen Banken in einer Krise. Davon sind in besonderem Maße die Regional- und Lokalbanken betroffen. Einzelne Sparkassen müssen durch staatliche Subventionen gestützt werden. Vgl. *o. V.:* Bankenkrise in Italien, 2016, S. 21.

618 Vgl. *Freie und Hansestadt Hamburg:* Untersuchung, 1974, S. 6 ff. sowie *Hackbarth:* Privatisieren, 1975, S. 2–4, ebenso *Ziebandt:* Privatunternehmer, 1975, S. 6–9.

619 Vgl. *Landtag von Rheinland-Pfalz:* Entstaatlichung, 1976, S. 5.

Entkommunalisierungen wurde dagegen in Bayern zusammengestellt.[620] Hier hatte das Innenministerium einen ersten umfangreichen Bericht zusammengefasst, der im Ergebnis der CSU nur beschränkte Unterstützung zusicherte.[621]

Insgesamt scheint es, dass mit wenigen Ausnahmen die deutschen Bundesländer bisher nicht mit den Privatisierungsaktivitäten des Bundes in der Kreditwirtschaft mitgehalten haben.[622] Die Bundesregierung appellierte daher Anfang der 1990er-Jahre „an Länder und Gemeinden, ihren umfangreichen Beteiligungsbesitz an großen Industrieunternehmen, bei Stromversorgungsunternehmen, bei Banken und im Versicherungsgewerbe ebenfalls zu privatisieren".[623] Sie beklagte, die Länder und Gemeinden seien „dem Bemühen des Bundes, die unternehmerische Tätigkeit des Staates soweit wie möglich zu reduzieren, [...] nicht gefolgt".[624] Entsprechend versuchte die Bundesregierung, die Länder und Gemeinden durch Gesetzesänderungen zu mehr Privatisierungsaktivitäten zu verpflichten.

7.4 Gewerkschaften

Als weiterer wichtiger Akteur wurden die Gewerkschaften identifiziert. In diesem Abschnitt werden die wesentlichen Aussagen und Forderungen, die vom **Deutschen Gewerkschaftsbund (DGB)** seit seiner Gründung zu Fragen der öffentlichen Unternehmen in den verschiedenen Grundsatzprogrammen getroffen oder erhoben worden sind, herausgearbeitet. Des Weiteren wird die Interessenlage der Gewerkschaften (die in der kommenden Darlegung insgesamt betrachtet werden) mit Blick auf den hier untersuchten Themenkomplex erklärt. Die Ausführungen sollen Erkenntnisse darüber liefern, welche Voraussetzungen den gewerkschaftlichen Überlegungen zugrunde liegen, denen es darum geht, die bei weiter fortschreitender Privatisierung zu befürchtende Auflösung des Sozial- und Rechtsstaatsprinzips zu verhindern. Allerdings kann dies nicht umfassend erfolgen, sondern muss sich hier auf die wichtigsten Problemtendenzen beschränken.

7.4.1 Politischer Verband

Als politischer Verband ist es nach der Definition von *Neumann* Aufgabe der Gewerkschaften, den politischen Prozess zu beeinflussen: „Dieser Versuch erstreckt sich auf alle drei Staatsfunktionen, auf die Gesetzgebung, auf die Verwaltung und

620 *o. V.:* Verstaatlichung, 1976, S. 3.
621 *o. V.:* Reprivatisierung, 1975, S. 2.
622 Ob dies der Praxis entspricht, wird im achten Kapitel untersucht.
623 Vgl. *Deutscher Bundestag:* Bericht, 1993, S. 52.
624 Vgl. *Deutscher Bundestag:* Bericht, 1993, S. 52.

auf die Rechtsprechung. Zur Erfüllung dieser Zwecke verwenden die Gewerkschaften teils direkte Methoden, durch unmittelbare Teilnahme an Gesetzgebung, Verwaltung und Rechtsprechung, durch Verhandlung mit Staatsbehörden wie auch durch den politischen Streik gegen den Staatsapparat. Ebenso oft verwenden sie indirekt Mittel, um ihr Ziel zu erreichen, insbesondere dadurch, dass sie die Hilfe einer politischen Partei und einer Parlamentsfraktion in Anspruch nehmen."[625]

Die deutschen Gewerkschaften waren eine lange Zeit in das politische System der Bundesrepublik Deutschland eingebunden. Den Schlüssel für diese enge Einbindung bildete vor allem das vergleichsweise enge Verhältnis zur SPD und partiell zur CDU-CSU, über das der Zugang zur Regierung und die Einbeziehung in das politische und ökonomische Bündnis gewährleistet waren. Nunmehr ist seit einigen Jahren eine zunehmende Entfremdung zwischen Gewerkschaften und Parteien zu beobachten, die vermutlich auch starke Auswirkungen auf das traditionelle Modell des deutschen Korporatismus und die Rolle der Gewerkschaften innerhalb des Systems haben wird. Zu diesem „Entfremdungsprozess" bezog der damalige Bundespräsident *Richard von Weizsäcker* (CDU) im Jahr 1986 wie folgt Stellung: „Politisch neutral können Gewerkschaften nicht sein; denn allzu viel, was Arbeitnehmer betrifft, wird politisch entschieden. Dennoch müssen sie parteipolitisch ungebunden und unabhängig sein und bleiben; andernfalls würde die Einheitsgewerkschaft ihre eigene Grundlage zerstören."[626]

7.4.2 Verhältnis zu den Parteien

In der wissenschaftlichen und politischen Debatte wird schon seit vielen Jahren eine zunehmende Distanzierung zwischen Gewerkschaften und der SPD in Deutschland konstatiert.[627] Zugleich wird darauf hingewiesen, dass sich in diesem Verhältnis einander abwechselnde Phasen größerer Übereinstimmung und Perioden angespannter, konfliktreicher Beziehungen zueinander konstatieren lassen, sodass keinesfalls von einer „linearen Erosionsentwicklung" gesprochen werden könne.[628] Insgesamt wird in der Literatur die Auffassung vertreten, dass trotz einer nicht zu bestreitenden Auseinanderentwicklung nach wie vor ein

625 *Neumann:* Gewerkschaften, 1978, S. 151.
626 *Weizsäcker:* Solidarität, 1986, S. 324.
627 Vgl. *Heimann:* Sozialdemokratie, 1993, S. 165 f.
628 Vgl. *Soell/Kempter:* Arbeiterbewegung, 2000, S. 27 ff.

breiter inhaltlicher Konsens zwischen SPD und Gewerkschaften bestehe.[629] Die DGB-Gewerkschaften seien „programmatisch, wahlsoziologisch und personell eng mit der SPD verflochten".[630] Eine Gefahr der Erosion bestehe trotz wiederkehrender Konflikte nicht.[631]

Da die Gemeinsamkeiten der wirtschafts-, finanz- und sozialpolitischen Konzeptionen der CDU und CSU oder der FDP mit denen der Gewerkschaften geringer sind als bei SPD und GRÜNEN, gibt es für die Gewerkschaften weder eine inhaltliche noch eine strategische Alternative zur Zusammenarbeit mit der SPD.[632] Allerdings muss darauf hingewiesen werden, dass im Jahr 2005 Funktionäre aus den Gewerkschaften zu den treibenden Kräften derjenigen zählten, die die WASG[633] gründeten. Die Gewerkschaften erhofften sich von dieser Neugründung, dass „der Raum, den SPD und GRÜNE durch ihre Orientierung in Richtung Mitte freigemacht haben, neu besetzt werden könne und somit perspektivisch ein neuer parlamentarischer Ansprechpartner für die Gewerkschaften entstehen könne", der angesichts der knappen parlamentarischen Mehrheitsverhältnissen politischen Druck auf die SPD ausüben sollte.[634]

7.4.3 Positionierung

Einen wesentlichen Handlungskomplex in den ordnungs- und planungspolitischen Vorstellungen des DGB-Gründungskongresses aus dem Jahr 1949 bildeten die Schlüsselindustrien Bergbau, Eisen und Stahl, Großchemie, Energiewirtschaft, Verkehrseinrichtungen und Kreditinstitute. Hierbei handelte es sich um die Frage, nach welchen Gestaltungskriterien und Entscheidungskompetenzen die Produktionen ablaufen sollten. Da der Staat kraft seiner Eigentümerfunktion in wichtigen Branchen bereits umfangreiche Entscheidungs- und Gestaltungsmöglichkeiten

---

629 Vgl. *Armingeon:* Entwicklung, 1988, S. 1 ff. sowie *Schneider:* SPD und Gewerkschaften, 1994, S. 1 ff.

630 Vgl. *Armingeon:* Entwicklung, 1988, S. 130.

631 Vgl. *Armingeon:* Entwicklung, 1988, S. 130 f.

632 Vgl. *Schneider:* SPD und Gewerkschaften, 1994, S. 57. Eine konträre Auffassung hierzu vertritt *Zeuner*, der einen Bruch der Beziehungen beider Akteure im Jahr 1999 ausmacht. Vgl. *Zeuner:* Arbeiterbewegung, S. 131 ff.

633 Heute DIE LINKE. Die Partei DIE LINKE entstand am 16.06.2007 aus einer Fusion der WASG, einer Vereinigung aus einem abgespaltenen SPD-Flügel und SPD-kritischen linken Gewerkschaftern, mit der PDS.

634 Vgl. *Schroeder:* Sozialdemokratie, 2005, S. 57.

besaß, sollten zusätzlich die Schlüsselindustrien in Gemeineigentum überführt werden.[635]

Die Gewerkschaften unterschieden damals bei der Überführung in Gemeineigentum zum einen die Verstaatlichung (diese sollte nur in Ausnahmefällen erfolgen) und zum anderen die Bildung besonderer Körperschaften der wirtschaftlichen Selbstverwaltung. Letztere sollten den Normalfall darstellen. Für den DGB-Gründungsprozess war es wichtig, dass den Gewerkschaften in allen Aufsichts- und Verwaltungsorganen ein maßgeblicher Einfluss eingeräumt wurde. Nur schien es ihnen möglich, die privatwirtschaftliche Ausnutzung dieser Schlüsselpositionen zu verhindern.[636]

Wie Inhalt und Formulierungen der Aussagen des DGB-Gründungskongresses aus dem Jahr 1949 verdeutlichen, war die wirtschaftspolitische Ausrichtung der damaligen Delegierten von den vorangegangenen Phasen der Nachkriegszeit, der Naziherrschaft, aber auch von den Erfahrungen der Weimarer Zeit vor 1933 geprägt. Die wirtschaftspolitischen Grundsätze des DGB aus dem Jahr 1949 galten formal bis zur Verabschiedung des neuen Grundsatzprogramms im Jahr 1963. In diesem wurden die öffentlichen Unternehmen als Lenkungs- und Steuerungsmittel der Wirtschaft klassifiziert. Am deutlichsten kam diese Auffassung in dem Abschnitt „Öffentliche und freie Gemeinwirtschaft" zur Geltung. Dabei waren mit der Bezeichnung „öffentliche Gemeinwirtschaft" die in öffentlicher Hand befindlichen Unternehmen gemeint. Unter „freier Gemeinwirtschaft" wurden nicht gänzlich erwerbswirtschaftlich betriebene Unternehmen, die sich nicht in öffentlicher Hand befanden, verstanden. Die Gewerkschaften sprachen sich für die Erhaltung und Ausweitung des öffentlichen Besitzes an wirtschaftlichen Unternehmen und dessen Weiterentwicklung zu einem sinnvollen System öffentlicher und öffentlich gebundener Unternehmen aus, womit sie sich deutlich positionierten.[637]

Im Jahr 1981 wurde ein neues Grundsatzprogramm verabschiedet. Auch in diesem neuen Programm, das in seinem wirtschaftspolitischen Teil nicht formell zwischen Zielen und Mitteln der Wirtschaftspolitik differenziert, werden unterschiedliche Forderungen zu öffentlichen und gemeinwirtschaftlichen Unternehmen erhoben und entsprechende Aussagen getroffen.[638] Wie bereits in

635 Vgl. *Deutscher Gewerkschaftsbund*: Grundsätze, 1949, S. 318 ff. sowie *Leminsky/Otto:* Deutscher Gewerkschaftsbund, 1984, S. 248 ff.

636 Vgl. *Deutscher Gewerkschaftsbund*: Grundsätze, 1949, S. 321 ff.

637 Vgl. *Deutscher Gewerkschaftsbund*: Grundsatzprogramm, 1963, S. 91 ff. sowie *Weisser:* Gewerkschaftsunternehmen, 1973, S. 58 ff.

638 Vgl. *Deutscher Gewerkschaftsbund*: Grundsatzprogramm 1981, S. 1 ff.

der Beschlussfassung aus dem Jahr 1963 ist auch hier dem Komplex der öffentlichen und gemeinwirtschaftlichen Unternehmen ein eigener Abschnitt „Öffentliche und freie Gemeinwirtschaft" gewidmet.[639] Das neue Programm hat dabei größtenteils den Text des alten Grundsatzprogramms übernommen. Besonders wurde herausgestellt, dass „die Sicherung und der Ausbau sozialstaatlicher Leistungen und leistungsfähige öffentliche Einrichtungen die Sicherheit, Freiheit und Selbstbestimmung der Arbeitnehmer" erhöhen. Auffallend an dem neuen Text ist die Hervorhebung, dass öffentliche Unternehmen wegen ihrer Verpflichtung auf gesellschaftliche Ziele und Aufgaben nicht ausschließlich an ihrer Rentabilität gemessen werden dürften. Als Reflex auf gegensätzliche gesellschafts- und ordnungspolitische Vorstellungen, die insbesondere 1975 von konservativ-liberaler Seite gegen staatliches Handeln aktiv vorgebracht wurden,[640] ist die explizite Festlegung zu interpretieren, wonach die Privatisierung öffentlicher Unternehmen mit sozialstaatlichen Grundsätzen unvereinbar sei.[641]

Insgesamt kann konstatiert werden, dass sich die originären Aussagen des DGB-Grundsatzprogramms aus dem Jahr 1981 zur öffentlichen Wirtschaft gegenüber seinen vorherigen Programmen nicht wesentlich modifiziert hat. Es ist aber erstmals ein deutlicher Vorbehalt gegenüber Privatisierungsabsichten festgeschrieben worden. Wie die Ausführungen über die programmatischen Forderungen des DGB zu Wesen und Aufgaben der öffentlichen Unternehmen gezeigt haben, wird diesen eine große Vielzahl ordnungs-, prozess- und gesellschaftspolitischer Ziele zugeschrieben. Die öffentliche Wirtschaft oder Teile davon sollten u. a. den Vorrang volkswirtschaftlicher Gesichtspunkte gegenüber regionalen, fachlichen, privatwirtschaftlichen und sonstigen Sonderinteressen gewährleisten sowie monopolistisch durchsetzte Märkte durch ihre Präsenz regulieren. Die Ansätze, welche die gewerkschaftliche Programmatik mit Blick auf öffentliche Unternehmen formulierte, sind damit deutlich.

In vielen Kongressbeschlüssen und sonstigen Aussagen von Einzelgewerkschaften zeigte sich in ähnlicher Form, dass die Gewerkschaften sozialstaatliche Grundsätze nicht mit einer Privatisierung öffentlicher Unternehmen für vereinbar ansahen.[642] So sprach sich bspw. die Vereinte Dienstleistungsgewerkschaft (ver.di), in der u. a. sowohl die Gewerkschaft Handel, Banken und Versicherungen als auch die Deutsche Angestellten Gewerkschaft zusammengefasst worden

---

639 Vgl. *Deutscher Gewerkschaftsbund*: Grundsatzprogramm 1981, S. 13.

640 Vgl. *Tofaute:* Privatisierung, 1976, S. 370 ff.

641 Vgl. *Pletsch:* DGB, 1998, S. 265 ff.

642 Vgl. *ver.di – Vereinte Dienstleistungsgewerkschaft:* Sparkasse, 2010, online.

waren,[643] im Jahr 2006 gegen die geplante Gesetzesänderung zur Novellierung des hessischen Sparkassengesetzes aus. Sie befürchtete, dass durch diese Gesetzesänderung das Drei-Säulen-System der deutschen Kreditwirtschaft gefährdet werde.[644] „Durch die Bildung von handelbarem Stammkapital bei Sparkassen werde der Weg in die Privatisierung eingeleitet, betonte ver.di-Bundesvorstandsmitglied *Uwe Foullong*. Damit wären zigtausend Arbeitsplätze und das flächendeckende Filialnetz in Gefahr. Die Sparkassen seien wie kaum eine andere Bank in den Regionen verwurzelt und agierten sehr nah an den Kunden. Damit unterstützten sie auch die Strukturentwicklung in den Regionen. Mit dem dreigliedrigen Bankensystem bestehe in Deutschland ein intensiver Wettbewerb, der ein in Europa vergleichsweise hohes Beschäftigungsniveau und niedrige Preise erzeuge. Eine Privatisierung würde den Wettbewerb einschränken, weil nur wenige Banken übrig blieben. Negative Folgen der Privatisierung von Sparkassen könne man im benachbarten europäischen Ausland deutlich erkennen."[645]

Ebenso massiv kritisierte *Uwe Foullong* am 17. Juni 2008 das Gutachten des Sachverständigenrats für die Bundesregierung, das eine Privatisierung von Sparkassen und Landesbanken forderte. „Die geforderte Umwandlung der Sparkassen in Aktiengesellschaften und eine Privatisierung der Landesbanken würden zu einer Zerstörung der wesentlichen Stabilisatoren des deutschen Finanzsystems führen."[646] Damit sprechen sich die Gewerkschaften deutlich gegen eine Privatisierung der öffentlich-rechtlichen Sparkassen in Deutschland aus.

7.4.4 Gewerkschaften versus Privatisierung

Die Aufgabe der gesamten gewerkschaftlichen Organisation besteht vorrangig darin, die Interessen der Arbeitnehmer sowohl innerhalb als auch außerhalb des öffentlichen Dienstes wahrzunehmen.[647] Jede Maßnahme, die die Arbeits- und Lebensbedingungen der Beschäftigten modifiziert, berührt auch die gewerkschaftliche Arbeit, insbesondere wenn diese Maßnahmen potenziell negative

643 Im März 2001 fusionierte die ÖTV gemeinsam mit der Deutschen Angestelltengewerkschaft (DAG), der IG Medien, der Deutschen Postgewerkschaft (DPG) und der Gewerkschaft Handel, Banken und Versicherungen (HBV) zur Vereinten Dienstleistungsgewerkschaft ver.di. Siehe dazu *ver.di – Vereinte Dienstleistungsgewerkschaft*: Gründung, 2010, online, ebenso *Dörre/Riexinger/Wendl/Wild:* Gewerkschaft, 1999, S. 1–53.

644 Vgl. *ver.di – Vereinte Dienstleistungsgewerkschaft:* Novellierung, 2006, online.

645 *ver.di – Vereinte Dienstleistungsgewerkschaft:* Novellierung, 2006, online.

646 *ver.di – Vereinte Dienstleistungsgewerkschaft:* Forderungen, 2008, online.

647 Vgl. *Kruber*: Gewerkschaften, 2008, S. 166–168.

Auswirkungen mit sich bringen könnten, wie es bei Privatisierungen – nach Ansichten der Gewerkschaften – der Fall ist. Die Gewerkschaftskritiker sind hingegen der Auffassung, dass die Arbeitnehmerorganisationen in erster Linie um ihre Funktionärsmacht und weniger um die Interessen ihrer Mitglieder fürchteten. Entsprechend wird der Versuch unternommen, zum einen die Gewerkschaften als Organisation und deren Mitglieder, zum anderen die Beschäftigten der öffentlich-rechtlichen Sparkassen und die der privaten Kreditinstitute auseinanderzudividieren.

Der Widerstand der Gewerkschaften gegen die Privatisierung öffentlich-rechtlicher Sparkassen leitet sich tatsächlich nicht nur aus sozialpolitischen Überlegungen ab. Es sollte auch berücksichtigt werden, dass bei einer Privatisierung ein Teil der Gewerkschaftsorganisation und damit auch die gesamte Stärke der Gewerkschaftsorganisation geschwächt würde. Des Weiteren ist zu bedenken, dass eine Einschränkung der Tarifautonomie im öffentlich-rechtlichen Bereich dazu führt, dass auch den Gewerkschaften des privaten Sektors ein deutlich begrenzterer Rahmen zur Verfügung steht. Der öffentliche Dienst ist, was die Entwicklung der Arbeitsbedingungen in der Praxis betrifft, in den letzten Jahren vielfach zu einem Vorbild für andere Gewerkschaften geworden. Die Rechte der Beschäftigten im öffentlichen Dienst entstammen zum Teil einer Zeit, als ihre Einkommen deutlich geringer waren als die der Beschäftigten in der Privatwirtschaft. Diese Einkommensunterschiede bestehen heute nicht mehr im gleichen Umfang. So gibt es etwa öffentlich-rechtliche Kreditinstitute, die ein 13. und 14. Monatsgehalt sowie zusätzlich allen Beschäftigten einen an die Gesamtentwicklung des Institutes geknüpften Bonus zahlen. Gleichzeitig gibt es aber private Kreditinstitute, die bspw. weder ein 13. noch ein 14. Monatsgehalt zahlen. Aufgrund der schwierigen Arbeitsmarktsituation in der Kreditwirtschaft bekommen zudem Kündigungsschutz oder Verdienstsicherung insbesondere für ältere Arbeitnehmer eine besondere Bedeutung.[648] Die Gewerkschaften sind gerade vor diesem Hintergrund der Ansicht, dass die Vorbildfunktion des öffentlichen Dienstes auch weiterhin erhalten und ausgebaut werden muss.

7.5 Parteipolitische Positionen im zeitlichen Wandel

Privatisierungsbefürworter und -kritiker öffentlich-rechtlicher Sparkassen lassen sich in allen im Bundes- und Landtagen vertretenen Parteien finden, allerdings mit einer sehr unterschiedlichen Gewichtung.[649] In den folgenden Abschnitten sollen

648 Vgl. *Creutzburg:* Ver.di, 2010, online sowie *Creutzburg:* Banken, 2010, online.
649 Siehe dazu auch *o. V.:* Staat, 1975, S. 12 ff.

die bundes- und landespolitischen Auffassungen bzw. Positionierungen der Parteien im Hinblick auf die Sparkassenpolitik und die damit einhergehende zentrale Fragestellung der Deregulierung und Privatisierung öffentlich-rechtlicher Sparkassen dargestellt und analysiert werden. Dabei werden stellvertretend für eine Vielzahl von Grundsatz-, Wahl- und Aktionsprogrammen, Beschlüssen und Stellungnahmen ausschließlich solche Policy-relevanten Dokumente aufgeführt und untersucht, die für die vorliegende Untersuchung wertvoll erscheinen und somit einen wichtigen Erklärungsbeitrag – insbesondere für das achte Kapitel – liefern. Gleichzeitig ist zu berücksichtigen, dass programmatische Positionierungen der Parteien für den hier untersuchten Themenkomplex nur in einem sehr begrenzten Umfang vorhanden sind.

In einem ersten Schritt werden die generellen Deregulierungs- und Privatisierungsansichten der politischen Akteure ausgewertet, um dann in einem zweiten Schritt die wesentlichen Aussagen, die für die vorliegende Untersuchung ergiebig sind, herauszufiltern und entsprechend zu analysieren. Darüber hinaus lässt sich verfolgen, inwieweit sich die Parteien in ihrer Programmatik den wirtschaftlichen Zyklen anpassen. Dieser Aspekt kann jedoch im Rahmen der vorliegenden Untersuchung allenfalls angedeutet, jedoch nicht weiter analysiert werden.

7.5.1 CDU und CSU

Das Thema Privatisierung hat seit jeher Tradition in den Unionsparteien. In einer öffentlichen Aktion verlangten sie bereits Anfang der 1950er-Jahre die Privatisierung von erwerbswirtschaftlichen Unternehmungen und Beteiligungen des Staates an nicht öffentlichen Unternehmen. Die CDU beschloss auf ihrem Parteitag 1957 zum Zwecke einer breiteren Streuung des Produktivvermögens die Ausgabe von Volksaktien.[650] Diesen Beschluss konnte die regierende Union in einigen Fällen auch realisieren. Dabei handelte es sich insbesondere um die (Teil-) Privatisierungen der Preußischen Bergwerks- und Hütten AG (Preussag AG), des Volkswagenwerks sowie der Vereinigten Elektrizitäts- und Bergwerks AG (VEBA), die zwischen den Jahren 1959 und 1961 stattgefunden haben.[651] Weitere Bemühungen, um auch andere Bundesunternehmen zur privatisieren, konnten aufgrund der unterschiedlichen Vorstellungen der damaligen Regierungsparteien CDU-CSU und DP (1957–1961) nicht umgesetzt werden. Insbesondere

650 Vgl. *Hirche:* Volksaktie, 1961, S. 12.

651 Vgl. *Höhnen:* Vermögenspolitische Gesetze, 1968, S. 69 ff. sowie *Konrad:* Privatisierung, 1968, S. 41 ff.

in Fragen der strukturellen Organisation der Bundesunternehmen wie auch der Privatisierung generell fanden die Koalitionspartner keine Einigung.

Um den Privatisierungsabsichten mehr Gewicht zu verleihen, wurden sie sowohl im vermögenspolitischen Grundsatzprogramm der CDU von Hamburg[652] als auch in der vom Bundesvorstand der CDU auf dem 23. Bundesparteitag 1975 in Mannheim abgegebenen „Mannheimer Erklärung" nochmals bestätigt.[653] Ebenso positionierte sich die CSU in ihrem Grundsatzprogramm vom 14. März 1976 auf dem Parteitag in München deutlich für die Eingrenzung von staatlichen Aufgaben. Sie sprach sich für eine Privatisierung öffentlicher Unternehmen in ausgewählten Bereichen aus.[654]

Neben der Forderung einer generellen Einschränkung der wirtschaftlichen Tätigkeit der öffentlichen Hand schlug der Entwurf des kommunalpolitischen Grundsatzprogramms von CDU und CSU zum Zwecke einer breiteren Vermögensbildung u. a. vor, „den Grund und den Boden wo immer möglich zu privatisieren und reprivatisieren" sowie „die Bürger an kommunalen Einrichtungen und Betrieben zu beteiligen".[655] Die Gemeinden dürften nicht durch eigene Betriebe produzieren, was in eigenverantwortlicher und risikobereiter Initiative von privaten Unternehmen geleistet werden könne. Daher wurde der Vorschlag unterbreitet, die unternehmerische Initiative der Privaten anzuregen und die Wirtschaftstätigkeit der Kommunen zu beschränken. Dabei ging es vorwiegend um Hilfsbetriebe und Gebührenhaushalte sowie um öffentliche Verkehrs-, Versorgungs-, Entsorgungs- und Kreditinstitute.[656]

Am deutlichsten werden die Privatisierungsüberlegungen von CDU und CSU aus der Studie des CDU-CSU-Bundesfachausschusses Innenpolitik im Jahr 1976.[657] Der Ausschuss war der Auffassung, es sei die Reduzierung der von der öffentlichen Verwaltung wahrgenommenen Aufgaben durch ihre Übertragung auf Privatpersonen oder nicht staatliche Institutionen „im besonderen Maße angezeigt angesichts der gerade in den letzten Jahren verfolgten Tendenz, bei der geringsten Schwierigkeit, dem kleinsten Mißstand oder der leisesten Gefahr für das Gedeihen irgendeiner gesellschaftlichen Gruppe nach dem Staat zu rufen".[658]

652 Vgl. *Christlich Demokratische Union Deutschlands:* Beschlüsse, 1973, S. 16 ff.

653 *Christlich Demokratische Union Deutschlands:* Mannheimer Erklärung, 1975, S. 30. Siehe auch *Kunz/Maier/Stammen:* Programme, 1979, S. 110–126.

654 Vgl. *Reinartz:* Partei Programme, 1978, S. 97 und 114.

655 *Bretschneider/Göbel:* Grundsatzprogramme, 1976, S. 17.

656 Vgl. *Bretschneider/Göbel:* Grundsatzprogramme, 1976, S. 17.

657 Vgl. *o. V.:* Privatisiert, 1976, S. 2.

658 Vgl. *Winkler:* Entstaatlichung, 1976, S. 27.

Eine derartige Aufgabenreduzierung durch Einschaltung Dritter sei allerdings nur denkbar, wenn es sich dabei nicht um sog. hoheitliche Aufgaben handelt, deren Wahrnehmung den staatlichen Instanzen überlassen bleiben solle. Darüber hinaus sollten Aufgaben, deren Erfüllung sicher notwendig sei, aber mangels entsprechender Einrichtungen oder wegen eines fehlenden (finanziellen) Anreizes von niemandem außerhalb der öffentlichen Verwaltung wahrgenommen werde, ausgeschlossen werden. Ansonsten sei aber die Erledigung bisher öffentlich wahrgenommener Aufgaben durch Private kostengünstiger, haushaltsentlastender und gesamtwirtschaftlich vernünftig, wobei Quantität und Qualität solcher Aufgaben sich nicht verschlechtern dürften.[659]

Die Position zur Privatisierungsfrage wurde innerhalb der Union jedoch nicht einheitlich beantwortet. Manche Politiker, wie der Oberbürgermeister von Landshut *Josef Deimer* (CSU) oder der bayerische Arbeitsminister *Fritz Pirkl* (CSU), lehnten diese Privatisierungsforderungen, die weder Aufgabenstellungen noch Lösungsfragen näher präzisierten, ab.[660] Eine Ausgliederung von öffentlichen Aufgaben kam ihrer Meinung nach nur für einen im Voraus eindeutig definierten Bereich infrage. Des Weiteren lehnten die CDU-Sozialausschüsse jede einseitige Privatisierung von Teilen des öffentlichen Dienstes ab.[661] Sie begründeten dies mit der Befürchtung, dies könnte dazu führen, dass lukrative Bereiche in private Hand überführt, rentabilitätsschwache Objekte aber der öffentlichen Hand überlassen würden.[662] Diese gegensätzlichen Positionen innerhalb der Union belegen, dass nicht selten Differenzen zwischen Programmatik und Realität bestehen.

CDU und CSU waren jedoch unabhängig von der wissenschaftlichen Diskussion prinzipiell bemüht, das Thema Privatisierung wieder politisch zu vertreten.[663] In der CDU gingen die Diskussionen größtenteils von der niedersächsischen Wirtschaftsministerin *Birgit Breuel* aus und betrafen, anders als in den 1950er-Jahren, das unternehmerische Wirtschaften der Kommunen.[664] Das war bereits zuvor im kommunalpolitischen Grundsatzprogramm der Union im Jahr 1976 deutlich geworden.[665]

659 Vgl. *Winkler:* Entstaatlichung, 1976, S. 27 ff.

660 Vgl. *Pirkl:* Privatisierung, 1976, S. 169 f. sowie *Deimer:* Öffentlicher Dienst, 1977, S. 3 ff.

661 Vgl. *o. V.:* Mitbestimmung, 1976, S. 3.

662 Vgl. *o. V.:* Mitbestimmung, 1976, S. 3.

663 Vgl. *Beyer/Brinckmann:* Kommunalverwaltung, 1990, S. 28–30.

664 Vgl. *Der Niedersächsische Minister für Wirtschaft und Verkehr:* Privatisierung, 1979, S. 1 ff.

665 Vgl. *Bretschneider/Göbel:* Grundsatzprogramme, 1976, S. 15–24.

In den 1980er-Jahren zeigte sich dann das Bestreben der Union, Privatisierungsforderungen zu „entpolitisieren", indem haushaltswirtschaftliche und finanzpolitische Gesichtspunkte in den Vordergrund gestellt wurden. Das Beteiligungsvermögen sollte haushaltsschonend umgeschichtet werden. Zuschüsse an öffentliche Betriebe seien einzusparen und Bundesbeteiligungen zu verkaufen, um den Erlös bei anderen Bundesbeteiligungen einzusetzen. Die Entpolitisierung sollte auch organisatorisch abgesichert werden. Es wurde vorgeschlagen, keine Bundestagsabgeordneten mehr in die Aufsichtsräte von Beteiligungen zu entsenden und, wie dies bereits *Helmut Schmidt* (SPD) als Bundesfinanzminister in die Berufungsrichtlinie aufgenommen hatte, keine Vorstandsposten unter politischen Gesichtspunkten zu besetzen.[666]

Hinter dieser Privatisierungsdiskussion standen das Institut der Deutschen Wirtschaft Köln, der Bund der Steuerzahler sowie der CDU nahestehende mittelständische Gruppen.[667] Die Diskussion erfolgte unter den Überschriften: Entstaatlichung, Entbürokratisierung und Privatisierung öffentlicher Aufgaben.[668] Die zentrale These lautete, dass viele von öffentlichen Händen betriebene wirtschaftliche Tätigkeiten von Privaten besser betrieben werden könnten. Dass die Genannten selbst hinter den Forderungen standen, zeigte sich an der Tatsache, dass nicht vorgeschlagen wurde, die Bereiche zu privatisieren, die am stärksten das kritische Interesse der Bürger auf sich zogen, wie z. B. die Bereiche der Hoheitsverwaltung, sondern nur solche, die bisher kaum ein Bürger beanstandet hatte. Die Bereiche der Hoheitsverwaltung wurden sogar von den Befürwortern der Privatisierung kategorisch von jeder Privatisierung ausgenommen. Des Weiteren veröffentlichte der stellvertretende CSU-Vorsitzender *Werner Dollinger* in der „Zeitschrift für öffentliche und gemeinwirtschaftliche Unternehmen" das wohl einzige geschlossene Konzept einer Bundespartei mit Blick auf öffentliche Unternehmen.[669] *Dollinger* wies darauf hin, dass bei Bund, Ländern, Landkreisen und Kommunen im Falle von Beteiligungen nach dem Haushaltsrecht ein wichtiges Interesse vorliegen müsse, dem auf andere Weise nicht entsprochen werden könne. Diese gelte auch für vorhandene Beteiligungen. Er forderte, den öffentlichen Auftrag der Beteiligungsunternehmen in regelmäßigen Abständen zu prüfen. Wenn er dem Parlament gegenüber nicht stichhaltig begründet werden könne,

---

666 Vgl. *Knauss:* Privatisierungspolitik, 1988, S. 6 ff., ebenso *Knauss:* Privatisierung, 1990, S. 1 ff.

667 Vgl. *Tofaute:* Privatisierung, 1976, S. 375 ff. sowie *Bund der Steuerzahler:* Entstaatlichung, 1976, S. 19. Siehe auch *Fuest/Kroker:* Privatisierung, 1981.

668 Vgl. *Grossekettler:* Deregulierung, 1993, S. 2–53.

669 Vgl. *Dollinger:* Beteiligungspolitik, 1980, S. 457–464.

müssten entsprechende Privatisierungsmaßnahmen eingeleitet werden. Ziel, so erklärte *Dollinger*, müsse eine – zukunftsbezogene und haushaltsschonende – Politik der Umschichtung von Beteiligungen sein. Mit dieser Konzeption suchte *Dollinger* offenkundig dem stetigen Aufgabenwandel auch bei der öffentlichen Hand Rechnung tragen. Diesem Konzept folgte die Union in der Regierungsverantwortung nach dem Jahr 1982 in wesentlichen Punkten.

Die CDU-CSU-geführte Bundesregierung begann nach ihrer Wiederwahl in der Legislaturperiode 1983 bis 1987 auf Bundesebene ein umfangreiches Privatisierungsprogramm.[670] In den Bundesländern, in denen die Unionsparteien in der Regierungsverantwortung waren, wurden dagegen nur wenige Veräußerungen von Unternehmensbeteiligungen bekannt. Hier zeigt sich, dass Landesinteressen sich aus regionalpolitischen Gründen durchaus vom Bundesinteresse unterscheiden können.

Das CDU-CSU-Wahlprogramm „Weiter so, Deutschland für eine gute Zukunft" zur Bundestagswahl 1987 behandelte das Thema Deregulierung und Privatisierung öffentlich-rechtlicher Kreditinstitute nicht.[671] Nach der gewonnenen Bundestagswahl hieß es in der Koalitionsvereinbarung zwischen CDU/CSU und FDP, dass die „Privatisierungs- und Teilprivatisierungspolitik" fortgesetzt werde.[672] Im CDU-Grundsatzprogramm „Freiheit und Verantwortung", das im Jahr 1994 beschlossen wurde, gab es dann wieder Hinweise, die die bisherige Haltung der CDU zum Thema Deregulierung und Privatisierung öffentlich-rechtlicher Kreditinstitute bestätigten.[673] Demnach trat die CDU in den neuen Bundesländern dafür ein, den gesamten Bereich der Wirtschaft möglichst weitgehend zu privatisieren. Entsprechend seien in den alten Bundesländern „industrielle Beteiligungen und sonstige privatwirtschaftliche Unternehmen der öffentlichen Hand konsequent zu privatisieren", wobei darauf hingewiesen wurde, dass für den Bereich Banken wettbewerbsrechtliche Sonderregelungen zu beachten seien.[674] Darüber hinaus war die CDU weiterhin der Auffassung, dass „privatwirtschaftliche, durch den Markt und Wettbewerb gesteuerte und kontrollierte unternehmerische Tätigkeit [...] am besten wirtschaftliche Freiheit, ökonomische

670 Vgl. *Christlich Demokratische Union Deutschlands:* Leitsätze, 1984, S. 216 sowie *Zolleis:* CDU, 2008, S. 229 f.

671 Vgl. *Christlich-Soziale Union:* Wahlprogramm, 1987, S. 1–66 sowie *Freiberger, T.:* Programmatik, 2002, S. 130.

672 Vgl. *Freiberger:* Programmatik, 2002, S. 132.

673 Vgl. *Christlich Demokratische Union Deutschlands:* Freiheit, 1994.

674 Vgl. *Christlich Demokratische Union Deutschlands:* Freiheit, 1994, S. 36 f.

Effizienz und Anpassung an sich verändernde Marktverhältnisse" gewährleiste.[675] Die CDU führte weiter aus, dass wo immer möglich „öffentliche Aufgaben durch Private und freie Träger erfüllt werden" sollten.[676] Somit bestätigte die CDU, dass sie in einzelnen Fällen unter bestimmten Prämissen die Privatisierung öffentlich-rechtlicher Sparkassen befürwortete.

Aus dem CDU-CSU-Regierungsprogramm zur Bundestagswahl 2002 „Leistung und Sicherheit – Zeit für Taten."[677] ist zu erkennen, dass sich die Parteien zum Thema Deregulierung und Privatisierung insgesamt zurückhaltend und wenig konkret äußerten: „Wir wollen verlässliche, klare und verständliche Rechtsvorschriften wo nötig, Deregulierung wo nötig. Weniger und einfachere Gesetze, damit Initiative und Unternehmergeist nicht in Bürokratie ersticken. Zur Stärkung von Eigenverantwortung und Eigeninitiative wollen wir Subsidiarität und Privatisierung, also einen Rückzug staatlicher Tätigkeit."[678] Auf die Privatisierungsdiskussion der öffentlich-rechtlichen Sparkassen wurde dabei jedoch kein Bezug genommen.

Auch in dem CDU-Grundsatzprogramm 2007 findet sich keine eindeutige Positionierung zur Deregulierung und Privatisierung öffentlich-rechtlicher Sparkassen.[679] Allerdings sprach sich die CDU hier deutlich für mehr Freiheit und Wettbewerb aus. Die Märkte sollten weiter geöffnet werden. Die CDU wolle „staatliche Subventionen begrenzen und abbauen sowie weiterhin Wirtschaftsbetriebe mit staatlicher Beteiligung privatisieren". So solle auch auf kommunaler Ebene die öffentliche Hand nur dann tätig werden, „wenn eine Leistung nicht ebenso gut oder besser durch Private erbracht werden kann".[680]

Im CDU-CSU-Bundestagswahlprogramm 2009 ist ebenso keine Positionierung der Parteien zu dem Themenkomplex Sparkassenpolitik ersichtlich.[681] Da die öffentliche Hand bei der Aufgabenerfüllung an ihre Grenzen stoße, wurde

---

675 Vgl. *Christlich Demokratische Union Deutschlands:* Freiheit, 1994, S. 37.

676 Vgl. *Christlich Demokratische Union Deutschlands:* Freiheit, 1994, S. 52.

677 Die Titel von Wahl- und Parteiprogrammen schließen im Unterschied zu anderen Schriften häufig mit einem Satzzeichen, oft auch einem Punkt. Damit sollen die Wähler offensichtlich appellativ angesprochen oder der Stand*punkt* der Partei betont werden. Vorliegend werden diese Punkte im Sinne einer präzisen Angabe wiedergegeben, auch wenn sie dem syntaktischen Zusammenhang der übergeordneten Sätze nicht entsprechen.

678 *Christlich Demokratische Union Deutschlands:* Regierungsprogramm, 2002, S. 16.

679 Vgl. *Christlich Demokratische Union Deutschlands:* Grundsatzprogramm, 2007.

680 Vgl. *Christlich Demokratische Union Deutschlands:* Grundsatzprogramm, 2007, S. 55.

681 Vgl. *Christlich Demokratische Union Deutschlands:* Regierungsprogramm, 2009.

jedoch gefordert, „im Sinne der Nachhaltigkeit rentable Möglichkeiten der privaten Finanzierung intensiver als bisher" zu nutzen.[682] Die Parteien weisen jedoch darauf hin, dass „eine vollständige Privatisierung nicht grundsätzlich die beste Lösung" sei.[683]

Demgegenüber ist in dem CDU-CSU-Regierungsprogramm 2013–2017 „Gemeinsam erfolgreich für Deutschland." wieder eine klare Positionierung von CDU/CSU zu erkennen. Hier heißt es: „Unsere Bankenstruktur mit Genossenschaftsbanken, Privatbanken und Sparkassen hat sich insbesondere in der Finanzmarktkrise als stabil erwiesen. Wir wollen diese Struktur erhalten und stärken. Denn sie sichert nicht nur die Finanzierung des Mittelstands, sondern stellt den Menschen auch vielfältige Bankangebote für ihren Alltag vor Ort zur Verfügung."[684]

Wie oben erläutert, ist davon auszugehen, dass CDU und CSU auf landespolitischer Ebene den bundespolitischen Auffassungen im Grundsatz folgen werden. Sofern sich die Parteien in den zu untersuchenden Bundesländern zu der Sparkassenpolitik und der damit einhergehenden zentralen Fragestellung der Deregulierung und Privatisierung öffentlich-rechtlicher Sparkassen geäußert haben, findet im Folgenden eine Art „Bilanzierung" von Stellungnahmen statt. Die landespolitischen Programme werden u. a. in den Zeiträumen untersucht, in denen die späteren Prozessanalysen (Kapitel 8) erfolgen.

Baden-Württemberg

Die CDU in Baden-Württemberg positionierte sich in ihrem Programm zu der Landtagswahl 1980 „Aus Liebe zum Land." unter der Teilüberschrift „Weniger Staat" wie folgt: Mit einer „CDU-geführten Landesregierung [sollen] Teilbereiche der Politik auf ihre Effizienz hin kontrolliert" werden.[685] Dabei steht die konsequente Rückführung von Staatstätigkeiten im Vordergrund. Es ist bereits erkennbar, dass die CDU in Baden-Württemberg verstärkt für Deregulierung und Privatisierung bestimmter Teilbereiche, wie z. B. die Privatisierung landeseigener Wohnungen, eintritt. Diese Argumentationslinie verfolgte die CDU auch in dem Landtagswahlprogramm 1984 „Kraftvoll in die Zukunft.". Nach Auffassung der Partei war die „Rückführung des Staates auf seine eigentlichen Aufgaben" zwingend erforderlich.[686] Dabei sollten die unternehmerischen Tätigkeiten

682 *Christlich Demokratische Union Deutschlands:* Regierungsprogramm, 2009, S. 69.
683 *Christlich Demokratische Union Deutschlands:* Regierungsprogramm, 2009, S. 69.
684 *Christlich Demokratische Union Deutschlands:* Regierungsprogramm, 2013, S. 30.
685 *Christlich Demokratische Union Baden-Württemberg:* Wahlplattform, 1980, S. 45.
686 *Christlich Demokratische Union Baden-Württemberg:* Wahlplattform, 1984, S. 31.

der öffentlichen Hand auf das Notwendigste reduziert werden.[687] Wie in den vorherigen Landtagswahlprogrammen, so ließen sich auch in den beiden Programmen zu den Landtagswahlen 1988 „Unser Land in guter Hand." und 1992 (ohne Titel) keine klaren Stellungnahmen zu dem hier untersuchten Themenkomplex ausmachen.[688] 1996 bekannte sich die CDU im Regierungsprogramm zu den Landtagswahlen „Aufbruch in die Zukunft." zur Landesbank, „die den Bankenplatz Baden-Württemberg und die Bankenlandschaft im ganzen Land stärkt und nicht schwächt oder zerstört".[689] Weitere Ausführungen und Konkretisierungen fanden indes nicht statt.

Mit dem Regierungsprogramm 2001–2004 „Erfolgskurs Süd." gab es dann erstmals eine konkrete Positionierung der baden-württembergischen CDU: „Wir treten für den Erhalt der flächendeckenden Versorgung der Bevölkerung mit Finanzdienstleistungen und den Erhalt der mittelstands- und kundennahen Landesbank, Sparkassen sowie der Genossenschaftsbanken ein."[690] Auf dem 45. Landesparteitag 2002 in Sindelfingen folgte die CDU dieser Argumentationslinie und führte ihre Auffassung unter der Teilüberschrift „Finanzdienstleistungen im ländlichen Raum und Kreditversorgung des Mittelstandes" wie folgt auf: „Die enge Bindung der Sparkassen zu den Kommunen als für sie verantwortliche Träger muss erhalten bleiben. [...] Diesem öffentlichen Auftrag der Daseinsvorsorge entspricht die öffentliche Rechtsform der Sparkassen. Die CDU Baden-Württemberg spricht sich daher gegen Überlegungen zur Privatisierung und Veräußerbarkeit der Sparkassen aus. Die CDU Baden-Württemberg plädiert für die Beibehaltung der dreigliedrigen Bankenstruktur in Deutschland [...]."[691]

In ihrem Regierungsprogramm „Chancen ergreifen. Wohlstand sichern." im Jahr 2011 spricht die CDU von einer Sicherung der „Daseinsvorsorge in den Dörfern", wozu das Angebot von Bankdienstleistungen gehöre.[692] Im Weiteren konkretisiert die Partei, dass „sich das stabile deutsche Dreisäulenmodell im Bankensektor [in der Krise] bewährt hat. Es darf nicht angetastet werden. Gleichzeitig muss die europäische Finanzarchitektur mit Augenmaß und ohne

687 Vgl. *Christlich Demokratische Union Baden-Württemberg:* Wahlplattform, 1984, S. 31.
688 Vgl. *Christlich Demokratische Union Baden-Württemberg:* Wahlplattform, 1988 und 1992.
689 *Christlich Demokratische Union Baden-Württemberg:* Wahlplattform, 1995, S. 9.
690 *Christlich Demokratische Union Baden-Württemberg:* Beschluss, 2001, S. 28.
691 *Christlich Demokratische Union Baden-Württemberg:* Beschluss, 2002, S. 10.
692 Vgl. *Christlich Demokratische Union Baden-Württemberg:* Regierungsprogramm, 2011, S. 81.

nationale Alleingänge fortentwickelt werden."[693] Das Regierungsprogramm 2016–2021 „Gemeinsam. Zukunft. Schaffen." knüpfte an das vorangehende Regierungsprogramm von 2011 an: Die CDU positionierte sich eindeutig für den Erhalt des bestehenden Bankensystems aus „öffentlichen, genossenschaftlichen und privaten Banken."[694] Das Drei-Säulen-System sei beizubehalten, und „deshalb müssen in Brüssel die Besonderheiten und Stärken des genossenschaftlichen und öffentlichen Bankensektors wirksamer vermittelt werden."[695]

Bayern

Für die CSU in Bayern kann festgestellt werden, dass aus den Wahl-, Regierungs- und Aktionsprogrammen zu den Landtagswahlen keine wesentlichen Positionierungen erkennbar sind.[696] In dem Grundsatzprogramm 2007 „Chancen für alle! In Freiheit Verantwortung gemeinsam Zukunft gestalten." werden die Begriffe „Banken" oder „Sparkassen" zwar nicht verwendet,[697] allerdings lässt sich eine Erklärung zu der Aufgabe der Kreditwirtschaft finden. So führt die bayerische CSU aus: „Wir wollen die mittelständische Unternehmensfinanzierung verbessern und die betrieblichen Investitionen für Innovationen und Arbeitsplätze fördern. Neben der Aufgabe der Kreditwirtschaft, den Mittelstand mit Krediten zu versorgen, ist es Aufgabe der Politik, gerade kleinere und mittlere Unternehmen, Existenzgründer und innovative Betriebe mit Finanzierungsmitteln, Eigenkapitalhilfen, Risikokapital oder Bürgschaften zu unterstützen."[698]

Im Regierungsprogramm 2013–2018 „Der Bayernplan." zur Landtagswahl 2013 äußert sich die CSU unter der Teilüberschrift „Europäische Bankenaufsicht nur für Großbanken" lediglich wie folgt: „Wir wollen, dass sich eine europäische Bankenaufsicht auf grenzüberschreitend tätige und systemrelevante Großbanken beschränkt. Vor allem unsere Sparkassen und Genossenschaftsbanken brauchen keine Kontrolle durch eine europäische Behörde."[699] Daraus lässt sich

---

693 Vgl. *Christlich Demokratische Union Baden-Württemberg:* Regierungsprogramm, 2011, S. 101.

694 Vgl. *Christlich Demokratische Union Baden-Württemberg:* Regierungsprogramm, (beschlossen) 2015, S. 49.

695 Vgl. *Christlich Demokratische Union Baden-Württemberg:* Regierungsprogramm, (beschlossen) 2015, S. 147.

696 Vgl. *Christlich-Soziale Union Bayern:* Aktionsprogramm, 1978; Positionen, 1986; Programme 1982, 1990, 1994, 1998 sowie Regierungsprogramme 2003 und 2008.

697 Vgl. *Christlich-Soziale Union Bayern:* Grundsatzprogramm 2007.

698 *Christlich-Soziale Union Bayern:* Grundsatzprogramm 2007, S. 69.

699 *Christlich-Soziale Union Bayern:* Regierungsprogramm, 2013, S. 23.

jedoch keine Aussage ableiten, wie sich die CSU zu dem Thema Sparkassenpolitik und der Fragestellung der Deregulierung und Privatisierung öffentlich-rechtlicher Sparkassen in Bayern positioniert.

Hessen

In Hessen bezog die CDU in ihrem Programm zur Landtagswahl 1974 „CDU besser für Hessen!" zur Sparkassenpolitik und zu der hier zentralen Fragestellung keine Stellung.[700] Recht allgemein tat sie dies dann aber mit dem Landtagswahlprogramm 1978 „Für die Liberale Erneuerung Hessens.": „Soziale Marktwirtschaft beruht auf Privateigentum, steht im Gegensatz zur sozialistischen Einengung freiheitlicher Rechte, zur Vergesellschaftung von Produktionsmitteln und zu kontrollierten Wirtschaftsformen."[701] Diese Argumentationslinie verfolgte die Partei auch in dem Programm zur Landtagswahl 1982 „Damit es wieder aufwärts geht.", wo sie sich für den „Abbau der staatlichen Bürokratie und [die] Privatisierung öffentlicher Leistungen, wo dies kostengünstiger und für den Verbraucher vorteilhafter ist", einsetzte.[702] Das Gleiche tat sie in dem Landtagswahlprogramm ein Jahr später (1983), wo der Wortlaut vollständig aus dem vorherigen Programm (1982) übernommen wurde.[703] Stellungnahmen bzw. Positionierungen zu der Sparkassenpolitik im Besonderen waren jedoch aus den zuvor genannten Landtagswahlprogrammen nicht ersichtlich. Ebenso lassen sich den Programmen zu den Landtagswahlen 1987 (ohne Titel) und 1991 „Mit uns bleibt Hessen Spitze!" keine Äußerungen zu dem hier zu untersuchenden Themenkomplex entnehmen.[704]

Mit dem Regierungsprogramm zur Landtagswahl 1995 „Hessen braucht eine bessere Regierung." folgte die CDU ihrer „traditionellen" Auffassung, nämlich öffentliche Aufgaben zu privatisieren.[705] Dieser Argumentation folgte auch das Programm zu der Landtagswahl 1999 „1999 – Neuzeit für Hessen.".[706] In beiden Programmen waren weiterhin keine konkreten Äußerungen zu der Sparkassenpolitik zu finden. Erstmals seit dem Jahr 1974 tauchte das Wort „Deregulierung" – wenn auch nur in einem allgemeinen Kontext – bei der hessischen CDU dann

---

700 Vgl. *Christlich Demokratische Union Hessen:* Programm, 1974.
701 *Christlich Demokratische Union Hessen:* Programm, 1978, S. 21.
702 Vgl. *Christlich Demokratische Union Hessen:* Programm, 1982, S. 1.
703 Vgl. *Christlich Demokratische Union Hessen:* Programm, 1983, S. 1a.
704 Vgl. *Christlich Demokratische Union Hessen:* Programm, 1987 und Wahlplattform, 1991.
705 Vgl. *Christlich Demokratische Union Hessen:* Programm, (beschlossen) 1994, siehe 5. Abschnittspunkt.
706 Vgl. *Christlich Demokratische Union Hessen:* Programm, 1999.

in dem Landtagswahlprogramm 2003 „Hessen auf dem Weg zur Nr. 1“ auf.[707] So forderte die CDU eine verstärkte Deregulierung, um den unternehmerischen Handlungsspielraum stärker zu fördern.[708] Positionierungen zur Deregulierung und Privatisierung öffentlich-rechtlicher Sparkassen blieben weiter aus.

Dem Regierungsprogramm 2008 bis 2013 „Mutig. Modern. Menschlich.“ lassen sich erstmalig konkrete Äußerungen der hessischen CDU entnehmen. So befürwortete die Partei das Drei-Säulen-System in der deutschen Kreditwirtschaft. „Die Leistungsfähigkeit und die regionale Verwurzelung der Sparkassen in Hessen gerade im Hinblick auf ihre internationale Wettbewerbsfähigkeit [gilt es zu] stärken. [...] Wir bekennen uns zur Dreigliedrigkeit des Finanzsystems und damit zur öffentlich-rechtlichen Säule mit den Sparkassen vor Ort und der Landesbank mit ihrer Sparkassenzentralbank- und Kommunalbankfunktion.“[709]

Diese Argumentation behielt die CDU in ihrem Programm zur Landtagswahl 2013 „Gemeinsam auf dem Weg – Ideen für die Zukunft Hessens.“ bei. So setzte sich die hessische CDU weiterhin für den „Erhalt des Drei-Säulen-Modells im Bankensystem und damit [den] Erhalt der Sparkassen als regionale Finanzinstitute mit deren in Europa einzigartigem Einlagensicherungssystem“ ein.[710] Darüber hinaus lehnte die Partei „eine vergemeinschaftete Einlagensicherung für notleidende Banken im Ausland ab.“[711] Die Partei führte konkret aus, dass „Rücklagen von Sparkassen und Genossenschaftsbanken zur Sicherung von Guthaben heimischer Sparer und Anleger [..] nicht angetastet werden [dürfen].“[712]

Rheinland-Pfalz

In Rheinland-Pfalz äußerte sich die CDU in dem Programm für die Landtagswahl 1983 ausschließlich zu dem Thema Privatisierung im Allgemeinen, und dies nur in einem sehr geringen Umfang.[713] Stellungnahmen zur Sparkassenpolitik und der hier behandelten zentralen Fragestellung der Deregulierung und Privatisierung öffentlich-rechtlicher Sparkassen sind, wie auch in den darauffolgenden

707 Vgl. *Christlich Demokratische Union Hessen:* Landtagswahlprogramm, 2003, S. 51.
708 Vgl. *Christlich Demokratische Union Hessen:* Landtagswahlprogramm, 2003, S. 51.
709 *Christlich Demokratische Union Hessen:* Landtagswahlprogramm, (beschlossen) 2007, S. 58.
710 Vgl. *Christlich Demokratische Union Hessen:* Programm, 2013, S. 36.
711 Vgl. *Christlich Demokratische Union Hessen:* Programm, 2013, S. 36.
712 Vgl. *Christlich Demokratische Union Hessen:* Programm, 2013, S. 36.
713 Vgl. *Christlich Demokratische Union Rheinland-Pfalz:* Programm, 1983, S. 57.

Landtagswahlprogrammen 1987 „Gewinnen wir die Zukunft. Für alle." und 1991 „Wir machen Zukunft. Mit Erfahrung." nicht ersichtlich.[714]

Auch in dem Regierungsprogramm der CDU Rheinland-Pfalz für die Jahre 1996 bis 2001 „Unser Land muß Spitze werden." folgte die Partei ihrer bisherigen Auffassung zu dem Thema Privatisierung (im Allgemeinen) und äußerte sich wie folgt: „Wir wollen keinen Staat, der alles regelt. Deshalb wollen wir einen neuen Schub zur Privatisierung. Ein großer Teil staatlicher Aufgabenerfüllung könnte besser und kostengünstiger im privatwirtschaftlichen Bereich erledigt werden [...]."[715] Erkenntnisse zur Positionierung in der Sparkassenpolitik lassen sich hier aber nicht gewinnen, ebenso wenig aus dem „Zukunftsprogramm", das im Jahr 2000 von der CDU in Rheinland-Pfalz verabschiedet wurde, oder dem Regierungsprogramm 2006–2011 „Mit ganzem Herzen Rheinland-Pfalz!".[716]

Das Zukunftsprogramm 2011 „Mein Bürgervertrag mit Rheinland-Pfalz." formulierte die haushaltspolitischen Leitlinien CDU. Die Partei folgte ihrer jahrzehntelangen „Privatisierungstradition" und argumentierte, dass „alle Landesbeteiligungen [..] auf ihre Notwendigkeit hin zu überprüfen sind und unter Berücksichtigung der Marktsituation ggf. zu veräußern" seien.[717] Allerdings sind auch in dieser programmatischen Darstellung keine Stellungnahmen zu dem hier untersuchten Themenkomplex zu finden. Ebenso wenig finden sich in dem Regierungsprogramm 2016 „Regieren. 100 % Einsatz für Rheinland-Pfalz. 100 % für unsere Heimat. 100 % besser." Positionen zur Sparkassenpolitik und zu der hier zentralen Fragestellung.[718]

Nordrhein-Westfalen

Die CDU in Nordrhein-Westfalen traf in ihrem Programm zur Landtagswahl 2000 „Zukunft geht auch menschlich!" keine Aussage zu der Sparkassenpolitik und der Frage der Deregulierung und Privatisierung öffentlich-rechtlicher Sparkassen.[719] So finden sich auch in ihrem Zukunftsprogramm 2005 „Mehr Arbeit. Mehr Bildung. Weniger Staat." keine expliziten Äußerungen zu hier untersuchten Themenkomplex. Die CDU bemerkt lediglich in Zusammenhang mit der kommunalen

714 Vgl. *Christlich Demokratische Union Rheinland-Pfalz:* Programm, 1987 sowie Wahlaussagen, 1991.

715 *Christlich Demokratische Union Rheinland-Pfalz:* Programm, 1996, S. 49.

716 Vgl. *Christlich Demokratische Union Rheinland-Pfalz:* Zukunftsprogramm, 2000 und Regierungsprogramm 2006.

717 Vgl. *Christlich Demokratische Union Rheinland-Pfalz:* Zukunftsprogramm, 2011, S. 11.

718 Vgl. *Christlich Demokratische Union Rheinland-Pfalz:* Regierungsprogramm 2016.

719 Vgl. *Christlich Demokratische Union Nordrhein-Westfalen:* Programm, 2000.

Selbstverwaltung: „Wir setzen uns für eine Erneuerung der kommunalen Selbstverantwortung ein. Die Regelungsflut durch EU, Bund und Land schränkt die kommunale Selbstverwaltung immer weiter ein. [...] Wir wollen den kommunalen Handlungsspielraum durch den Abbau staatlicher Aufgaben, Verpflichtungen und Standards erweitern, damit die Kommunen bei der Bereitstellung ihrer Leistungen für die Bürger und Bürgerinnen die örtlichen Bedingungen und die Bedürfnisse der Menschen vor Ort wieder berücksichtigen können."[720] Daraus lässt sich allerdings nicht ableiten, ob die CDU die Erhaltung öffentlich-rechtlicher Sparkassen befürwortet. Es kann lediglich eine Tendenz zu einer verstärkten Befürwortung von Privatsierungen im Rahmen der kommunalen Selbstverantwortung festgestellt werden. So lassen sich auch aus dem Wahlprogramm für die Landtagswahlen im Jahr 2010 „Neue Sicherheit und Solidarität" keine Positionen zur Sparkassenpolitik erkennen.[721]

Mecklenburg-Vorpommern

Die CDU in Mecklenburg-Vorpommern hat in den Wahlprogrammen zu den Landtagswahlen in den Jahren 1994 bis 2006 die Sparkassenpolitik nicht weiter behandelt.[722] Auf dem 23. Landesparteitag am 8. November 2008 wurden „12 Leitsätze zur christdemokratischen Kommunalpolitik" formuliert, aus denen aber ebenfalls keine Positionierungen zu dem hier untersuchten Themenkomplex hervorgehen.[723] Lediglich im Wahlprogramm 2011 „Klar und entschlossen" spricht die mecklenburgische CDU davon, dass „gerade kleine Unternehmen und Existenzgründer [..] ein ortsnahes Bankensystem [brauchen]. Wir sehen Sparkassen sowie Volks- und Raiffeisenbanken deshalb als unverzichtbar an."[724]

Sachsen

Aus den Programmen der sächsischen Union zu den Landtagswahlen 1999 „Kurz und knapp." und 2004 „Gemeinsam für Sachsen!" sind keine Erkenntnisse zu

---

720 *Christlich Demokratische Union Nordrhein-Westfalen:* Zukunftsprogramm, 2005, S. 44.

721 Vgl. *Christlich Demokratische Union Nordrhein-Westfalen:* Regierungsprogramm, 2010.

722 Vgl. *Christlich Demokratische Union Mecklenburg-Vorpommern:* Wahlprogramme, 1994, 1998, 2002 und 2006.

723 Vgl. *Christlich Demokratische Union Mecklenburg-Vorpommern:* Leitsätze, 2008.

724 Vgl. *Christlich Demokratische Union Mecklenburg-Vorpommern:* Wahlprogramm, 2011, S. 9.

gewinnen, die für die Untersuchung von Relevanz sind.[725] Bei der Analyse eines Arbeitsprogramms der sächsischen Union aus dem Jahr 2004 zeigen sich jedoch konkrete Stellungnahmen zu der Neuordnung der öffentlich-rechtlichen Kreditinstitute in Sachsen. Die CDU verfolgte mit der gesetzlichen Neuordnung der öffentlich-rechtlichen Kreditinstitute das Ziel, „die Position der sächsischen Sparkassen vor dem Hintergrund des bestehenden und sich weiter verschärfenden Wettbewerb zu stärken".[726] „Die angestrebte Verbundlösung bündelt die Kräfte der Sparkassen und der Landesbank und kann so zu einer dauerhaften Erhöhung der Leistungsfähigkeit der Sparkassen beitragen. Die Neuordnung der öffentlich-rechtlichen Bankenstruktur wird dem Standort Sachsen, seiner Wirtschaft, seinen Kommunen und den Bürgern weitere Vorteile bringen. Diesen Punkten trägt das Gesetz Rechnung. Die Verbandssparkassen werden ihre Aufgabe als Investor und Arbeitgeber vor Ort noch umfassender als bisher wahrnehmen können. Das Gesetz stärkt den Einfluß der Landkreise und kreisfreien Städte als Gewährträger und politische Verantwortliche."[727] So führt die Partei im Weiteren unter der Teilüberschrift „Wahrnehmung von Wirklichkeit – Stärkung der Sparkassen" auf: „Hierdurch [durch die Verabschiedung des Sparkassengesetzes des Freistaates Sachsen] wird es uns gelingen, auch in der Zukunft wettbewerbsfähige Sparkassen in Sachsen zu haben und das derzeitige Niveau dieser Sparkassen zu erhöhen. [...] Die internationale Konkurrenz wird nicht weniger. Deshalb wird diese neue Sparkassenorganisation auf der Grundlage unseres Gesetzes diesem Konkurrenzdruck widerstehen [...]."[728]

Erst Jahre später äußerte sich die sächsische CDU auf ihrem 22. Landesparteitag am 24. Mai 2008 in Zwickau in einem „Strategiepapier für die Zukunft des Ländlichen Raumes: Sachsen. Hier wird was." wieder zu den Kreditinstituten im eigenen Land. Darin positionierte sich die Partei unter der Teilüberschrift „Unternehmensfinanzierung weiterhin sichern" wie folgt: „Ohne die Bereitstellung moderner Finanzdienstleistungen lässt sich unternehmerisches Handeln auch im Ländlichen Raum künftig kaum mehr sicherstellen. Die klein- und mittelständische Wirtschaft ist auf verlässliche Hausbanken in ihrer Nähe besonders angewiesen. Deshalb bekennt sich die CDU zur Bedeutung regional verankerter Kreditinstitute, wie Genossenschaftsbanken und Sparkassen, die moderne Finanzinfrastruktur bereitstellen und intensiven Wettbewerb zugunsten der Kunden auch im Ländlichen Raum gewährleisten. Diese Finanzinfrastruktur

---

725 Vgl. *Christlich Demokratische Union Sachsen:* Programme 1999 und 2004.

726 Vgl. *Christlich Demokratische Union Sachsen:* Arbeitsprogramm, 2004, S. 75.

727 *Christlich Demokratische Union Sachsen:* Arbeitsprogramm, 2004, S. 75.

728 *Christlich Demokratische Union Sachsen:* Arbeitsprogramm, 2004, S. 77.

garantiert zudem, dass neben dem Mittelstand alle Bevölkerungsgruppen Zugang zu umfassender Finanzierungs- und Beratungskompetenz erhalten. Der Ländliche Raum insgesamt erhält so gleichwertige Entwicklungschancen und Integration in eine dynamische Wirtschaftsentwicklung."[729]

In dem Regierungsprogramm 2009–2014 „Vertrag für Sachsen. Wissen, wo's lang geht." sind wiederum keine relevanten Positionierungen der sächsischen Union erkennbar.[730]

Berlin

In dem Programm zur Wahl zum Abgeordnetenhaus von Berlin 1989 „Jede Menge Zukunft." sprach sich die CDU für eine starke Mittelstandsförderung und die konsequente Reduzierung staatlicher Maßnahmen aus.[731] Dieser Argumentationslinie folgte die Berliner CDU in dem Wahlprogramm zum Abgeordnetenhaus 1990 „Jetzt geht's ums Ganze.", wo sie den Wortlaut des Programms von 1989) vollständig übernimmt.[732] Was den hier zu untersuchenden Themenkomplex der Sparkassenpolitik betrifft, lassen sich beiden Programmen keine Aussagen entnehmen. Dies trifft auch für die Wahlprogramme 1995 „Zukunft Berlin." und 1999 „100 Punkte für das neue Berlin." zu.[733]

Hingegen präsentiert das Programm für die Wahl zum Berliner Abgeordnetenhaus 2001 „Volles Programm für Wirtschaft, Jobs und Sicherheit." konkrete Stellungnahmen zu den damaligen Herausforderungen bei der Bankgesellschaft. So schreibt die Partei: „Die Chancen des Bankenplatzes Berlin sind bei der Sanierung der Bankgesellschaft zu berücksichtigen. Die Sanierung der Bankgesellschaft muss nach strategischen Gesichtspunkten erfolgen. Die CDU präferiert angesichts der sich ändernden Rahmenbedingungen für den öffentlichen Sparkassen- und Landesbankensektor die zumindest mehrheitliche Privatisierung der Bankgesellschaft. Das operative Geschäft muss von Berlin aus gesteuert werden. Auch der steuerrechtliche Sitz muss in Berlin verbleiben. Die CDU wird sich allen Lösungen widersetzen, die um eines kurzfristigen finanziellen Effektes willen langfristige Chancen vereiteln, Landesvermögen verschleudern oder Arbeitsplätze exportieren. Verfehlungen, die zur Schieflage der Bankgesellschaft geführt

---

729 *Christlich Demokratische Union Sachsen:* Strategiepapier, 2008, S. 5.

730 Vgl. *Christlich Demokratische Union Sachsen:* Regierungsprogramm, 2009.

731 Vgl. *Christlich Demokratische Union Berlin:* Programm, 1989, S. 9.

732 Vgl. *Christlich Demokratische Union Berlin:* Programm, 1990, S. 10.

733 Vgl. *Christlich Demokratische Union Berlin:* Wahlplattform, 1995 und Wahlprogramm, 1999.

haben, sind vollständig aufzuklären und mit aller Härte zu verfolgen."[734] Gleichzeitig folgte die Berliner CDU ihren bisherigen Grundauffassungen, nämlich die landeseigenen Betriebe (weiterhin) konsequent zu modernisieren und für den europäischen Wettbewerb zu rüsten.[735]

Aus den beiden folgenden Wahlprogrammen zu den Wahlen des Berliner Abgeordnetenhauses 2006 „Berlin kann mehr." und 2011 „Das muss sich ändern." konnten keine Positionierungen der Berliner CDU gewonnen werden.[736]

Hansestadt Hamburg

Die Hamburger CDU legte in den Wahl- und Regierungsprogrammen zu den Bürgerschaftswahlen in den Jahren 2004 bis 2011 keine Stellungnahmen zur Sparkassenpolitik nieder.[737] Das Gleiche gilt auch für das Grundsatzprogramm 2012 „Stark - frei - gerecht. Für ein lebenswertes Hamburg".[738] Für die Hansestadt Hamburg ist dies jedoch nicht verwunderlich, da Hamburg eine Sonderstellung in der Sparkassenpolitik einnimmt. Wie bereits in Abschnitt 3.3.1 erläutert, gibt es in der Hansestadt Hamburg kein Sparkassengesetz.

Zusammenfassend ist zu konstatieren, dass die beiden Unionsparteien ihre Argumentationslinien über die Jahre nicht wesentlich modifiziert haben. Beide haben sich in ihren Positionierungen den wirtschaftlichen Rahmenbedingungen angepasst. Zeitweise tritt das Thema Deregulierung und Privatisierung in den Vordergrund der öffentlichen Diskussion und übt damit auch einen wesentlichen Einfluss auf die Diskussion in der Kreditwirtschaft aus, zeitweise bleibt es im Hintergrund. Es lässt sich aber eine weitgehende Konstanz und grundsätzliche Einigkeit in den bundes- und landespolitischen Auffassungen zur Sparkassenpolitik beider Parteien erkennen. Ob diese Auffassungen de facto in der Praxis gelebt und so auch umgesetzt wurden, wird im achten Kapitel ausführlich untersucht.

---

734 *Christlich Demokratische Union Berlin:* Wahlprogramm, 2001, S. 6.

735 Vgl. *Christlich Demokratische Union Berlin:* Wahlprogramm, 2001, S. 5.

736 Vgl. *Christlich Demokratische Union Berlin:* Wahlprogramme 2006 und 2011.

737 Vgl. *Christlich Demokratische Union Hamburg:* Wahlprogramme, 2004 und 2011 sowie Regierungsprogramm, 2008.

738 Vgl. *Christlich Demokratische Union Hamburg:* Grundsatzprogramm, 2012.

7.5.2 FDP

Die FDP „vertritt am deutlichsten von allen Parteien die Wirtschaftsinteressen".[739] Als traditionell wirtschaftsfreundliche Partei hat sie seit jeher gegenüber dem Staat eine distanziertere Haltung eingenommen.[740] Dies spiegelt sich auch in ihrer Haltung zur Privatisierungsfrage bei den öffentlich-rechtlichen Sparkassen wider.[741] Allerdings kommt es auch bei der FDP zu Konflikten infolge unterschiedlicher Auffassungen zur Sparkassenpolitik.

Die Vorstellungen der Befürworter lassen sich am deutlichsten durch den FDP-Bundesfachausschuss für Wirtschaft (oberstes Experten-Gremium der Partei) und den damaligen wirtschaftspolitischen Sprecher der FDP-Bundestagsfraktion *Otto Graf Lambsdorff* aufzeigen. Der Bundesfachausschuss für Wirtschaft war grundsätzlich der Auffassung, dass aus einer Reihe von Gründen (Verwaltungsdenken, Vernachlässigung des Leistungsprinzips etc.) die öffentliche Hand zu kostenintensiv sei. Darüber hinaus war nach seinem „liberalen Staatsverständnis" das Mitwirken der öffentlichen Hand am Wirtschaftsgeschehen als direkt beteiligter Wirtschaftsunternehmer nicht wünschenswert.[742] Um diesen Zustand zu modifizieren, waren kurz- und langfristige Zielsetzungen anzustreben, die eine Stärkung der privatwirtschaftlichen Positionen zulasten des Staates beinhalten. Kurzfristig sollten für öffentliche Unternehmen bestimmte Regeln festgelegt werden, z. B. dass grundsätzlich kostendeckende Gebühren und Tarife verlangt würden; Ausnahmen bedürften einer besonderen politischen Rechtfertigung. Nulltarife wurden abgelehnt. Ferner sollten öffentliche Wirtschaftsmonopole keinen Gewinn mehr erzielen dürfen. „Wenn sich ein öffentliches Unternehmen überhaupt in Konkurrenz zu privaten Unternehmen bestätigt, dann muß es demgegenüber eine angemessene Gewinnmarge einkalkulieren."[743] Eine langfristige Zielsetzung war die Privatisierung öffentlicher Wirtschaftstätigkeit. Als privatisierungsfähig galten z. B. Beteiligungen der öffentlichen Hand auf Bundes-, Länder- und Gemeindeebene. Vorab sollte geprüft werden, ob die hoheitlichen Funktionen, mit denen diese Monopolstellungen seinerzeit begründet wurden, de facto substituierbar waren.

739 Vgl. *Schiller*: FDP-Forschung, 1993, S. 119.
740 Vgl. *Greven et al.*: Sozialstaat, 1980, S. 161–169.
741 Vgl. *Verheugen:* Programm der Liberalen, 1979, S. 43–54.
742 Vgl. *o. V.*: Unternehmer Staat, 1975, S. 22.
743 *o. V.*: Unternehmer Staat, 1975, S. 22.

Diese Überlegungen des FDP-Wirtschaftsflügels machte sich ein Teil der Gesamtpartei zu eigen.[744] Allerdings gab es hierzu auch kritische Stimmen, die vor einer zu großen Erwartungshaltung und vor negativen Konsequenzen der Privatisierung warnten resp. Privatisierungen nur in Ausnahmefällen zulassen wollten oder vollständig ablehnen.[745]

Im Rahmen einer Bürgerbeteiligung erarbeitete die FDP einen Vorschlag für den Bereich der öffentlich-rechtlichen Sparkassen und der Landesbanken.[746] Unter Bezugnahme auf die nicht ausreichende Eigenkapitalausstattung der Sparkassen sprach sie sich dafür aus, dass die Sparkassen Risikokapitaleinlagen nur bis zur Hälfte ihres Eigenkapitals aufnehmen sollten. Die Risikokapitaleinlage sollte der private Sektor aufbringen, der – über einen Treuhänderbeirat oder einen bürgerschaftlichen Trägerverein – entsprechend im Verwaltungsrat des betroffenen Kreditinstituts vertreten sein müsste.

Damit wurden erstmalig in Deutschland die öffentlich-rechtlichen Sparkassen aus parteipolitischer Sichtweise bzw. von parteipolitischen Akteuren attackiert. Die öffentlich-rechtlichen Sparkassen und deren Verbandsvertreter lehnten die Überlegung kategorisch ab, obwohl der damalige Sparkassenpräsident *Helmut Geiger* intern schon ähnliche Überlegungen angestellt haben soll wie *Otto Graf Lambsdorff* (FDP).[747] Hier zeigt sich der interne Interessenkonflikt in den Argumentationen mancher Befürworter. So distanzierte sich der Vorstandsvorsitzende der WestLB/Girozentrale *Ludwig Poullain* deutlich von der *Lambsdorff'schen* Teilprivatisierung des Sparkassenwesens,[748] zeigte aber bei einer anderen Gelegenheit Interesse dafür, „ernsthaft zu prüfen, welche öffentlichen Leistungen, Wohlfahrtseinrichtungen und Infrastrukturinvestitionen durch den privaten Sektor bereitgestellt werden könnten".[749]

Die FDP verfolgte ihre Argumentationslinie stetig weiter. So auch in dem Wahlprogramm „Es ist Ihre Wahl" zur Bundestagswahl 1998, in dem sie sich hinsichtlich der Deregulierung und Privatisierung öffentlich-rechtlicher Kreditinstitute wie folgt positionierte:

---

744 Vgl. *Graf Lambsdorff:* Marktwirtschaft, 1975, S. 445 f. sowie *Graf Lambsdorff:* Entstaatlichung, 1975, S. 14.

745 Vgl. *Schuchard:* Reizwort, 1975, S. 1 ff., ebenso *Hirsch:* Herausforderung, 1976, S. 10 f. sowie *Deutsche Jungdemokraten:* Reform, 1976, S. 85 f.

746 Vgl. *o. V.:* Freie Demokratische Partei, 1976, S. 3.

747 Vgl. *o. V.:* Sparkassen-Reform, 1976, S. 25 f.

748 Vgl. *o. V.:* Teilprivatisierung, 1976, S. 16.

749 Vgl. *Poullain:* Staatstätigkeit, 1976, S. 13.

„Wir brauchen mehr Privatisierung:

- Der Staat ist der schlechtere Unternehmer. Deshalb sind mit Ausnahme von eng definierten Hoheitsaufgaben öffentliche Dienstleistungen grundsätzlich zu privatisieren. Dabei ist das Ausweichen in eine private Rechtsform noch keine ausreichende echte Privatisierung. […]
- Die Privatisierung auf Länder- und kommunaler Ebene muß verstärkt werden. Dazu gehört auch die Privatisierung der Landesbanken."[750]

In ihrem Bundestagswahlprogramm 2002 „Bürgerprogramm 2002" bekräftigte die FDP nochmals ihre Ansichten: „Nachdem die EU für Landesbanken und kommunale Sparkassen ab spätestens 2005 die Beendigung der unbeschränkten Haftung der sie tragenden Gebietskörperschaft verfügt und deren Anstaltslast eingeschränkt hat, fordert die FDP schon jetzt die grundsätzliche Neuordnung des Sektors. Die Landesbanken sind insgesamt zu privatisieren und damit für den Wettbewerb mit privaten und genossenschaftlichen Banken zu öffnen. Die kommunalen Sparkassen, ein notwendiger Teil ländlicher Infrastruktur, sind zu ‚Bürgersparkassen' fortzuentwickeln."[751]

Im Jahr 2005 sprach sich die FDP in ihrem Bundestagswahlprogramm „Arbeit hat Vorfahrt. Deutschlandprogramm 2005" deutlich für die konsequente Privatisierung von Bundesbeteiligungen aus. „Vorrangig sind solche Unternehmen zu privatisieren, die im Wettbewerb zur Privatwirtschaft stehen. […] Ferner muß der politische Einfluß im Bankensektor reduziert werden. Das vergrößert die Chancen des Bankensektors Deutschland. Privatisierungserlöse sind ganz überwiegend der Altschuldentilgung zuzuführen."[752] „Wo eine echte Privatisierung nicht möglich ist will die FDP Effizienzsteigerungen durch […] die Zusammenarbeit der öffentlichen und privaten Hand" verstärken.[753]

In ihrem Bundestagswahlprogramm 2009 „Die Mitte stärken. Deutschlandprogramm der Freien Demokratischen Partei" bestätigte die FDP ein weiteres Mal – trotz Wirtschafts- und Finanzmarktkrise – ihre Haltung zur Deregulierung und Privatisierung in der Kreditwirtschaft: „Die massive Staatsbeteiligung, vor allem im Finanzsektor, kann nur durch die Vertrauenskrise in der Weltwirtschaft begründet werden. Sobald sich die wirtschaftlichen Bedingungen wieder verbessert haben, muss mit dem Ausstieg des Staates bei Wirtschaftsunternehmen und Finanzinstituten begonnen werden. […] Daher sollte die Regierung einen Re-Privatisierungsrat einsetzen. Der Re-Privatisierungsrat entwirft eine

---

750 *Freie Demokratische Partei:* Wahlprogramm, 1998, S. 63.

751 *Freie Demokratische Partei:* Bürgerprogramm, 2002, S. 15.

752 *Freie Demokratische Partei:* Deutschlandprogramm, 2005, S. 16 f.

753 *Freie Demokratische Partei:* Deutschlandprogramm, 2005, S. 20.

Zeitablaufplanung, die Flexibilitätspuffer enthalten sollte und somit die Lage an den Kapitalmärkten berücksichtigen kann. Solange der Staat sich an Unternehmen des Finanzsektors beteiligt, hat er Steuermittel zurückhaltend einzusetzen, Wettbewerbsverzerrungen zu vermeiden und seine Auflagen so auszugestalten, dass dadurch keine unverantwortliche Risikopolitik in den Banken verursacht wird.“[754]

Dem Bürgerprogramm 2013 „Damit Deutschland stark bleibt.“ für die Bundestagswahl am 22. September 2013 sind folgende Positionierungen der FDP zu entnehmen: „Das deutsche Universalbankensystem mit seinen drei Säulen – Privatbanken, Genossenschaftsinstitute und Sparkassen – hat sich dabei gerade in der Krise bewährt, weil Universalbanken ihre Risiken auf mehrere Vermögensklassen verteilen können und deswegen in der Krise mehr Möglichkeiten haben Liquidität zu generieren als Spezialbanken. Wir wollen dieses System stärken und dort, wo es Fehlentwicklungen gegeben hat, durch ein neues Ordnungsrecht nachsteuern.“[755] Des Weiteren führt die Partei auf, dass „der Wettbewerb verschiedener Bankensysteme und verschiedener Geschäftsmodelle ebenso erhalten bleiben [sollen] wie regionale oder grenzüberschreitende Branchenstrukturen. Dazu gehören insbesondere die in Deutschland bewährten Systeme der Sparkassen, Genossenschaftsbanken und Bausparkassen“.[756]

Auffällig ist, dass die FDP eindeutig und „weitgehend“ politisch konkret zu dem Thema Deregulierung und Privatisierung öffentlich-rechtlicher Sparkassen Stellung bezogen hat. So ist zu vermuten, dass die FDP auf landespolitischer Ebene den bundespolitischen Ansichten gefolgt ist. Sofern sich also die FDP in den zu untersuchenden Bundesländern zur Sparkassenpolitik und zu der damit einhergehenden zentralen Fragestellung der Deregulierung und Privatisierung öffentlich-rechtlicher Sparkassen geäußert hat, findet im Folgenden eine Art „Bilanzierung“ von Stellungnahmen statt. Die landespolitischen Programme werden grundsätzlich in den Zeiträumen untersucht, in denen die späteren Prozessanalysen (Kapitel 8) erfolgen.

Baden-Württemberg

Die FDP in Baden-Württemberg ging in ihrem Wahlprogramm zu der Landtagswahl 1980 „Leitlinien liberaler Landespolitik in Baden-Württemberg“ und dem Landtagswahlprogramm 1984 „Mehr Freiheit – weniger Staat!“ nicht auf

754 *Freie Demokratische Partei:* Deutschlandprogramm, 2009, S. 9 f.
755 *Freie Demokratische Partei:* Bürgerprogramm, 2013, S. 13.
756 Vgl. *Freie Demokratische Partei:* Bürgerprogramm, 2013, S. 20.

die Sparkassenpolitik ein.[757] Mit dem Wahlprogramm zur Landtagswahl 1988 „Merkmale liberaler Landespolitik." äußerte sie sich jedoch unter der Teilüberschrift „Privatisierung von Staatstätigkeiten" wie folgt: „Die F.D.P. erneuert ihre vielfältigen Initiativen zur Privatisierung von Staatsbeteiligungen mit dem Ziel der Entflechtung von Staat und Wirtschaft. [...] Deshalb hat die F.D.P. auch die von der Landesregierung geplante Bankenfusion auf öffentlich-rechtlicher Basis abgelehnt und stattdessen privatwirtschaftliche Lösungen favorisiert. Dies gilt auch für den Zufluß privaten Kapitals zu Landesgirokasse und Sparkassen."[758] Dieser Argumentation folgt die FDP auch in dem Wahlprogramm zur Landtagswahl 1992 „Liberale Politik für Baden-Württemberg.". Unter der Teilüberschrift „Privatisierung staatlicher Leistungen und öffentlicher Unternehmen" führt sie auf: „Die F.D.P. fordert die weitere Privatisierung von Landesbeteiligungen an Industrieunternehmen und Banken."[759]

Zur Landtagswahl 1996 sprach die FDP bereits im Vorwort des Wahlprogramms „Zukunft gewinnen – Beschäftigung schaffen." davon, dass „Landesbeteiligungen an Banken [...] endlich privatisiert werden" sollten.[760] Unter der Teilüberschrift „Deregulieren, privatisieren und die Landesverwaltung schlank machen" hieß es weiter: „Die baden-württembergische Bankenlandschaft ist privatwirtschaftlich neu zu ordnen; dabei sind Einzelinteressen der beteiligten Institute zurückzudrängen."[761] Auch in dem Regierungsprogramm 2001–2006 führte die Partei aus, dass „das bewährte dreigliedrige Bankwesen mit privaten Banken, Genossenschaftsbanken und öffentlich-rechtlichen Sparkassen [zu] erhalten, zugleich aber die Rahmenbedingungen für eine Möglichkeit zur freiwilligen Privatisierung" geschaffen werden sollten.[762] Dem FDP-Kommunalwahlprogramm 2004 (ohne Titel) lassen sich hingegen keine Aussagen zur Sparkassenpolitik und der

757 Vgl. *Freie Demokratische Partei Baden-Württemberg:* Wahlprogramme, (beschlossen) 1979 sowie (beschlossen) 1983.

758 *Freie Demokratische Partei Baden-Württemberg:* Wahlprogramm, (beschlossen) 1987, S. 15.

759 *Freie Demokratische Partei Baden-Württemberg:* Wahlprogramm, (beschlossen) 1991, S. 12.

760 Vgl. *Freie Demokratische Partei Baden-Württemberg:* Wahlprogramm, (Vorwort) 1996, S. 1.

761 *Freie Demokratische Partei Baden-Württemberg:* Wahlprogramm, 1996, S. 3.

762 Vgl. *Freie Demokratische Partei Baden-Württemberg:* Regierungsprogramm, 2001, S. 39.

hier behandelten zentralen Fragestellung der Deregulierung und Privatisierung öffentlich-rechtlicher Sparkassen entnehmen.[763]

Die bisherige Argumentationslinie wurde 2011 mit dem Regierungsprogramm „Vorn bleiben. Erfolgsmodell Baden-Württemberg." verlassen. Die Partei sprach sich nun „für ein funktionierendes 3-gliedriges Bankensystem mit mittelständisch geprägten Banken und Sparkassen sowie Bausparkassen und Volksbanken" aus.[764] Damit wurden die bisherigen jahrelangen Forderungen nach verstärkter Privatisierung aufgeweicht. In dem Wahlprogramm zur Landtagswahl 2016 „Der nächste Schritt für unser Land." finden sich keine Stellungnahmen zum Kreditsektor.[765]

Bayern

Für Bayern zeigt sich, dass die FDP in den Wahlprogrammen zu den Landtagswahlen 1982 „Freiheit erhalten – Zukunft gestalten" und 1986 „Schwerpunkte liberaler Landespolitik." keine Stellung zu unserer Fragestellung bezog.[766] In dem Landtagswahlprogramm 1990 (ohne Titel) äußerte sie sich lediglich zugunsten einer „Privatisierung wirtschaftlicher Einrichtungen der öffentlichen Hand durch die Veräußerung von direkten und indirekten Beteiligungen des Freistaats an Wirtschaftsunternehmen (zur Zeit 800; etwa am Bayernwerk, der Bayerischen Vereinsbank, dem Bayerischen Schulbuchverlag)".[767] Dem FDP-Wahlprogramm zur Landtagswahl 1994 „Bayern braucht den Wandel. Bayern braucht Liberale." sind ebenfalls keine Stellungnahmen zu der Sparkassenpolitik und der hier zentralen Fragestellung der Deregulierung und Privatisierung öffentlich-rechtlicher Sparkassen zu entnehmen.[768]

Dies änderte sich mit dem Wahlprogramm zur Landtagswahl 1998 „Wir machen Zukunft.", in dem die FDP sich eindeutig positionierte: „Gerade bei öffentlichen Banken, Sparkassen und Versicherungen ergeben sich Wettbewerbsverzerrungen zu Lasten privater Unternehmen und ihrer Arbeitnehmer. [...] Der Marktanteil der öffentlichen Sparkassen am Bankgeschäft in Deutschland beträgt 40 %. Hier konkurrieren staatliche Unternehmen in einem an sich funktionierenden Sektor

---

763 Vgl. *Freie Demokratische Partei Baden-Württemberg:* Kommunalwahlprogramm, 2004.

764 *Freie Demokratische Partei Baden-Württemberg:* Regierungsprogramm, 2011, S. 89.

765 Vgl. *Freie Demokratische Partei Baden-Württemberg:* Wahlprogramm, (beschlossen) 2015.

766 Vgl. *Freie Demokratische Partei Bayern:* Wahlplattform, 1982 sowie Wahlprogramm, 1986.

767 Vgl. *Freie Demokratische Partei Bayern:* Wahlprogramm, 1990, 14.

768 Vgl. *Freie Demokratische Partei Bayern:* Wahlprogramm, 1994.

in sonst unbekannt hohem Ausmaß mit privaten Unternehmen. Der Nachteil: Durch die personelle und sachliche Verflechtung von Politik und Bankgeschäft im Bereich der öffentlichen Banken (= Sparkassen) kommt es zu Wettbewerbsverzerrungen. Die öffentlich-rechtlichen Sparkassen verbessern ihre Kreditwürdigkeit durch eine – kostenlose – Gewährträgerhaftung der jeweiligen Kommunen bzw. kommunalen Zweckverbände (Anstaltslast). So können sie sich am Kapitalmarkt günstiger als Privatbanken refinanzieren. Zusätzlich haben Landesbanken Zugang zu Vermögenswerten, die durch Steuern finanziert wurden (vgl. Übernahme der staatlichen Wohnungsbauförderungsanstalt in Nordrhein-Westfalen durch die WestLB)."[769]

Bei der Analyse des Landtagswahlprogramms 2003 „Liberales Programm zur bayerischen Landtagswahl 2003." zeigt sich, dass Passagen aus dem vorherigen Wahlprogramm teils im Wortlaut übernommen wurden. So hieß es erneut: „Gerade bei öffentlichen Banken, Sparkassen und Versicherungen ergeben sich Wettbewerbsverzerrungen zu Lasten privater Unternehmen und ihren Arbeitnehmern. Der Marktanteil der öffentlichen Banken am Bankgeschäft in Deutschland beträgt 40 %. Hier konkurrieren öffentliche Unternehmen in einem sonst unbekannt hohen Ausmaß mit privaten Unternehmen. Der Nachteil: Durch die personelle und sachliche Verflechtung von Politik und Bankgeschäft im Bereich der öffentlichen Banken kommt es zu Wettbewerbsverzerrungen."[770] Die FDP forderte „eine vollständige Privatisierung der Bayerischen Landesbank und eine Rückführung der LFA-Förderbank Bayern auf Mittelstandsförderung". Darüber hinaus sprach sich die Partei dafür aus, „das bayerische Sparkassengesetz [..] dahingehend zu ändern, dass Sparkassen für privates Kapital geöffnet werden".[771]

Hier fällt auf, dass die Darstellung der Marktanteile nicht exakt aufgeführt ist, wodurch es zu Irritationen kommt. Die FDP spricht in dem Wahlprogramm zur Landtagswahl 1998 von einem Marktanteil der „öffentlichen *Sparkassen*" am Bankgeschäft, 2003 dann von einem Marktanteil der „öffentlichen *Banken*" am Bankgeschäft, wobei sie jeweils einen Marktanteil von 40 Prozent nennt. Richtig ist, dass sich die Marktanteile der „öffentlichen Banken", also der Landesbanken und Sparkassen zusammen, in diesem Zeitraum nicht nur verändert haben, sondern dass auch der Marktanteil der „öffentlichen Banken" von 40 Prozent nicht zutreffend berechnet wurde. Gemessen an der Bilanzsumme betrug er 1998 35,9 Prozent (Landesbanken: 18,2 %; Sparkassen: 17,7 %) und 2003 36,3 Prozent

769 *Freie Demokratische Partei Bayern:* Wahlprogramm, 1998, S. 15 f.
770 *Freie Demokratische Partei Bayern:* Wahlprogramm, 2003, S. 5.
771 *Freie Demokratische Partei Bayern:* Wahlprogramm, 2003, S. 5.

(Landesbanken: 20,8 %; Sparkassen: 15,5 %).[772] Demzufolge belief sich der Marktanteil der „öffentlichen Sparkassen" am Bankgeschäft im Jahr 1998 auf lediglich 17,7 Prozent statt auf die von der FDP angegebenen 40 Prozent. Gemessen an der soeben dargestellten Marktanteilsberechnung war der Vorwurf der „Wettbewerbsverzerrung" durch „öffentliche Sparkassen" unbegründet.

Die FDP blieb in ihrem Kommunalwahlprogramm 2008 „Die Zukunft beginnt daheim." ihrer grundsätzlichen Argumentationslinie treu: „Die Kommunen sollen [..] die alleinige Entscheidungsfreiheit über ihre Belange erhalten und behalten. Deshalb treten wir z. B. für die Möglichkeit der Privatisierung von Sparkassen durch eine Kommune ein, ohne dies grundsätzlich zu fordern."[773] Im Landtagswahlprogramm 2008 „Der deutlichste Kontrast zu Schwarz" bezieht sich die FDP nicht explizit auf die Sparkassenpolitik, stellt aber fest: „Die bayerische FDP will: die Bayerische Landesbank privatisieren; [...] einer Fusion mit einer anderen Landesbank nur zustimmen, wenn dies dem Ziel der Privatisierung dient [...]."[774] Aus dem Wahlprogramm zur bayerischen Landtagswahl 2013 „Bayerns treibende Kraft." geht deutlich hervor, dass sich die Partei für „das Drei-Säulen-Bankmodell aus Privatbanken, Genossenschaftsbanken und Sparkassen" einsetzt,[775] hat doch das Drei-Säulen-Bankmodell „für den Aufschwung nach der Krise eine entscheidende Rolle gespielt".[776] Darüber hinaus ist die Positionierung zur BayernLB sehr interessant: „Die FDP hat bereits 1994 als erste Fraktion des Bayerischen Landtags die Privatisierung der BayernLB gefordert. Die Entwicklung in den letzten Jahren hat gezeigt, dass dies der einzig gangbare und nachhaltige Ausweg aus der gegenwärtigen Krisensituation der BayernLB war und ist. Ein wichtiger Schritt in diese Richtung war die Entpolitisierung der BayernLB [...]."[777]

Hessen

In Hessen ging das FDP-Programm zur Landtagswahl 1974 „Ziele eines vernünftigen Fortschritts" nicht auf die Frage der Deregulierung und Privatisierung

772 Vgl. *Bundesverband deutscher Banken:* Marktanteile, 2008, S. 2 f. Der Marktanteil per Juni 2013 beträgt nach eigener Berechnung für die öffentlichen Banken 28,6 % (Landesbanken: 14,8 %; Sparkassen: 13,8 %). Die Basis für die Berechnung war der *Monatsbericht August 2013* der Deutschen Bundesbank. Vgl. *Deutsche Bundesbank:* Monatsbericht August 2013, S. 104.

773 *Freie Demokratische Partei Bayern:* Programm, 2008, S. 12.

774 *Freie Demokratische Partei Bayern:* Landtagswahlprogramm, 2009, S. 8.

775 *Freie Demokratische Partei Bayern:* Wahlprogramm, 2013, S. 18.

776 *Freie Demokratische Partei Bayern:* Wahlprogramm, 2013, S. 18.

777 *Freie Demokratische Partei Bayern:* Wahlprogramm, 2013, S. 18.

im Bankensektor ein.[778] Zur Landtagswahl 1978 führt die FDP in ihrem Wahlprogramm (ohne Titel) unter „Punkt VII. Bürger an Sparkassen beteiligen" auf: „Den Bürgern soll eine Beteiligung am Kapital von öffentlichen Sparkassen ermöglicht werden. Die Kapitaleinlage ist mit einem Mitwirkungsrecht am Verwaltungsrat zu verbinden. Dafür sind die rechtlichen Voraussetzungen zu schaffen. Auf diesem Weg können die Sparkassen nach außen geöffnet werden, und es ließe sich der politische Einfluß auf Geschäftsführung und -kontrolle auf ein vernünftiges Maß vermindern."[779]

In den Wahlprogrammen zu den Landtagswahlen der darauffolgenden Jahre (1982 bis 1999) lassen sich keine verwertbaren Aussagen finden.[780] In dem zur Landtagswahl 2003 (ohne Titel) schrieb die FDP jedoch unter der Teilüberschrift „Sparkassen" nun recht detailliert: „Nach dem Wegfall von Gewährträgerhaftung und Anstaltslast bei den öffentlich-rechtlichen Kreditinstituten werden sich deren Kosten für die Refinanzierung erhöhen. Deshalb werden Kostensenkungen und Erlössteigerungen auf verschiedenen Feldern gesucht und dies in einer Zeit, in der bei einigen hessischen Sparkassen die wirtschaftliche Lage bereits sehr angespannt ist. Die Landesregierung wird Bemühungen der Sparkassen, die Ertragslage zu verbessern, positiv begleiten. In der nächsten Legislaturperiode soll das Hessische Sparkassengesetz geändert werden. Die Novellierung soll folgenden Eckpunkten folgen: Die Sparkassen müssen auch zukünftig ihren immer wichtiger werdenden Beitrag zur Finanzierung des Mittelstandes leisten können. Die Ertragslage der Sparkassen muss gestärkt werden. Hierfür sollen in Abstimmung mit den Sparkassen geeignete Modelle auf den Weg gebracht werden. Als solche kommen u. a. stärkere Kooperationen, Fusionen zwischen Sparkassen oder Holding-Lösungen für die Zusammenarbeit von Sparkassen in Betracht. Die für die Realisierung erforderlichen rechtlichen Rahmenbedingungen werden vom Gesetzgeber geschaffen. Ob von den Gestaltungsmöglichkeiten Gebrauch gemacht wird, liegt in der Entscheidungskompetenz der Träger.

Zur Straffung der Strukturen und zur Erschließung von Kosteneinsparungspotentialen sind absehbar weitere Fusionen auf Sparkassenebene notwendig. Die Sparkassen, insbesondere aber ihre Träger, müssen sich auf die eingetretenen Veränderungen und Erfordernisse, z. B. die wirtschaftlichen Verflechtungen in einer Region und die regionale Bündelung der Kräfte, einstellen und erforderliche Zusammenschlüsse, in horizontaler oder vertikaler Struktur, vollziehen. Um die

778 Vgl. *Freie Demokratische Partei Hessen:* Wahlprogramm, 1974.

779 *Freie Demokratische Partei Hessen:* Wahlprogramm, 1978, S. 8.

780 Vgl. *Freie Demokratische Partei Hessen:* Wahlprogramme, 1982, 1983, 1991, (beschlossen) 1994, (beschlossen) 1998 und Wahlaufruf, 1987.

Sparkassen leistungs- und wettbewerbsfähig zu halten, benötigen sie genügend Eigenkapital. Deshalb ist die von der FDP in das Hessische Sparkassengesetz eingeführte bürgerschaftliche Beteiligung Privater bis zu 49 Prozent an den kommunalen Sparkassen von den Vorständen und Verwaltungsräten stärker als bisher zu nutzen. Eine attraktive Verzinsung und die Einräumung von Stimmrechten sind unabdingbar. Die Bürgersparkasse bietet die Möglichkeit, unabhängigen Sachverstand in die Wirtschaft zu holen, die Chance, parteipolitischen Einfluss zu reduzieren und die Entflechtung von Politik- und Bankinteressen voranzutreiben. Das Sparkassengesetz sollte auch die Möglichkeit bieten, Kooperationen zwischen Sparkassen und Genossenschaftsbanken insbesondere im ländlichen Raum voranzutreiben und zu einer kostengünstigen Grundversorgung der Bevölkerung mit Finanzdienstleistungen zu gelangen."[781]

In dem FDP-Programm zur Landtagswahl 2008 „Hessen stärker machen." nimmt die Partei erneut konkret Stellung zur Sparkassenpolitik: „Zur Straffung der Strukturen und zur Erschließung von Kosteneinsparungspotentialen sind absehbar weitere Fusionen auf Sparkassenebene notwendig. [...] Um die Sparkassen leistungs- und wettbewerbsfähig zu halten, benötigen sie genügend Eigenkapital. Deshalb ist die von der FDP in das Hessische Sparkassengesetz eingeführte bürgerschaftliche Beteiligung Privater bis zu 49 Prozent an den kommunalen Sparkassen von den Vorständen und Verwaltungsräten stärker als bisher zu nutzen. Die Bürgersparkasse bietet die Möglichkeit, unabhängigen Sachverstand in die Wirtschaft zu holen, sowie die Chance, parteipolitischen Einfluss zu reduzieren und die Entflechtung von Politik- und Bankinteressen voranzutreiben."[782]

Auch in ihrem Landtagswahlprogramm 2009 „Unser Wort gilt!" äußerte sich die FDP sehr ausführlich: „Der Wettbewerb wird auch dazu führen, dass sich über die drei Gruppen, Privatbanken, Sparkassen sowie Volks- und Raiffeisenbanken hinweg, Kooperationen finden werden. Insbesondere im ländlichen Raum können an geeigneten Standorten Kooperationen zwischen Sparkassen und Genossenschaftsbanken die Möglichkeit bieten, auch künftig eine Grundversorgung der Bevölkerung mit Finanzdienstleistungen sicherzustellen. Die Sparkassen müssen auch zukünftig ihren immer wichtiger werdenden Beitrag zur Finanzierung des Mittelstandes leisten können. Die Ertragslage der Sparkassen muss gestärkt werden. Hierfür wurden in Abstimmung mit den Sparkassen geeignete Optionen auf den Weg gebracht. Als solche wurden in der vergangenen Legislaturperiode im

---

781 *Freie Demokratische Partei Hessen:* Wahlprogramm, 2003, S. 41 f.

782 *Freie Demokratische Partei Hessen:* Programm zur Landtagswahl, (beschlossen) 2007, S. 10.

Hessischen Sparkassengesetz auf Initiative der FDP-Landtagsfraktion […] Fusionen zwischen Sparkassen oder Holding-Lösungen für die Zusammenarbeit von Sparkassen sowie zwischen Sparkassen und Landesbank geregelt. Ob von den Gestaltungsmöglichkeiten Gebrauch gemacht wird, liegt in der Entscheidungskompetenz der Träger. Die Liberalen werden diesen Prozess weiterhin positiv begleiten. […] Den Kommunen sollte auch die Möglichkeit eingeräumt werden, ihrer kommunalen Verantwortung für das Gemeinwohl durch eine stärkere Rolle als Eigentümer der Sparkassen entsprechen zu können."[783]

Dagegen findet sich in dem Programm zur Landtagswahl 2013 „Bildung, Wirtschaft, Gerechtigkeit – Wir schaffen Chancen!"[784] keine Positionierung zur Sparkassenpolitik. Die Partei weist lediglich daraufhin, „dass: zentrale Aufgaben des Finanzsystems weiterhin in ausreichender Form durch die Banken wahrgenommen werden können und nicht einem bürokratischen Regulierungseifer – gerade als Folge der Finanzkrise – zum Opfer fallen."[785] Die FDP erklärt im Weiteren, „dass: die Besonderheiten der Formen nationaler Wirtschaftsfinanzierung, wie das deutsche Drei-Säulen-System, auch in globalen und europäisch ausgerichteten Gesetzesvorhaben ausreichende Berücksichtigung finden".[786] Damit ist davon auszugehen, dass sich die FDP Hessen für die Erhaltung des Drei-Säulen-Systems in der Kreditwirtschaft und folglich für die Erhaltung der kommunalen Sparkassen einsetzen wird.

Rheinland-Pfalz

In den FDP-Landtagswahlprogrammen in Rheinland-Pfalz in den Jahren 1975 bis 1987 sowie 1996 und 2001 wird nichts zur Sparkassenpolitik gesagt.[787] Dagegen heißt es in dem Wahlprogramm zur Landtagswahl 1991 (ohne Titel) unter der Teilüberschrift „Privatisierung und Entstaatlichung": „Die F.D.P. hält es dessen ungeachtet für erforderlich, diese Politik in der kommenden Legislaturperiode mit Nachdruck fortzusetzen. Dies gilt für den Abbau von Beteiligungen des Landes an privaten Unternehmen, für die Öffnung der Sparkassen zugunsten privaten Kapitals […]."[788]

---

783 *Freie Demokratische Partei Hessen:* Wahlprogramm, 2009, S. 11 f.

784 Vgl. *Freie Demokratische Partei Hessen:* Programm zur Landtagswahl, 2013.

785 *Freie Demokratische Partei Hessen:* Programm zur Landtagswahl, 2013, S. 55.

786 *Freie Demokratische Partei Hessen:* Programm zur Landtagswahl, 2013, S. 55.

787 Vgl. *Freie Demokratische Partei Rheinland-Pfalz:* Wahlprogramme, 1975, 1983, 1987, 1996 und 2001.

788 *Freie Demokratische Partei Rheinland-Pfalz:* Wahlprogramm, 1991, S. 7 f.

In ihrem Landtagswahlprogramm 2006 „Programm der FDP Rheinland-Pfalz zur Landtagswahl 2006" äußerte sich die FDP lediglich zum Thema Basel II: „Basel II zielte auf international agierende Banken. Der internationale Vergleich zeigt, dass Deutschland ein weiteres Mal international geltende Bestimmung übertrieben scharf und zum Nachteil der eigenen Wirtschaft umsetzt. Der Blick in die USA zeigt, dass dort aufgrund der amerikanischen Basel II Regelung nur 20 Großbanken betroffen sein werden. In Europa beziehungsweise in Deutschland sollen jedoch alle Banken, unabhängig von deren Größe, den verschärften Prüfungs- und Ratingbestimmungen unterzogen werden. Die FDP lehnt dies ab und fordert eine strukturgerechte Behandlung von regionalen Bankeninstituten und Großbanken. Dabei könnte eine gute Eigenkapitalausstattung der kleineren Banken von den verschärften Prüfungs- und Ratingbestimmungen befreiend wirken."[789] Zur Sparkassenpolitik findet sich hingegen keine Aussage. Auch dem Kommunalwahlprogramm 2009 „Stark vor Ort" lässt sich hierzu nichts entnehmen.[790] Dies trifft auch auf die Programme zu den Landtagswahlen 2011 und 2016 zu.[791]

Nordrhein-Westfalen

Die FDP in Nordrhein-Westfalen hat in ihren Wahlprogrammen zu den Landtagswahlen in den Jahren 1970 bis 2012 keine wesentlichen Äußerungen zur Sparkassenpolitik getätigt.[792]

Mecklenburg-Vorpommern

Aus den FDP-Programmen zu den Landtagswahlen in Mecklenburg-Vorpommern in den Jahren 1990 bis 2002 finden sich keine Positionierungen zur Frage der Deregulierung und Privatisierung von Sparkassen.[793] Dies ändert sich mit dem FDP-Programm (ohne Titel) zur Landtagswahl 2006. Unter der Teilüberschrift „Kapitalmarkt" heißt es: „Wir treten für eine Flexibilisierung des Kapitalmarktes ein. Sparkassen sind, genauso wie die genossenschaftlich geführten Banken,

789 *Freie Demokratische Partei Rheinland-Pfalz:* Wahlprogramm 2006, S. 15.

790 Vgl. *Freie Demokratische Partei Rheinland-Pfalz:* Programm, 2009.

791 Vgl. *Freie Demokratische Partei Rheinland-Pfalz:* Programm, (beschlossen) 2010, (beschlossen) 2015.

792 Vgl. *Freie Demokratische Partei Nordrhein-Westfalen:* Wahlplattform, 1970 und 1975; Wahlprogramme, 1980, 1985, 1990, 1995, (beschlossen) 1999, (beschlossen) 2004 sowie Programm, 2010 und auch Wahlaufruf, 2012.

793 Vgl. *Freie Demokratische Partei Mecklenburg-Vorpommern:* Wahlprogramme, 1990, 1994, 1998 und 2002.

unverzichtbar für Deutschland, ganz besonders für Mecklenburg-Vorpommern. Sie sind unser Partner und bieten eine flächendeckende Versorgung mit einer umfassenden Produktpalette moderner kreditwirtschaftlicher Leistungen für alle Bevölkerungsgruppen sowie unseren Mittelstand. Sparkassen erfüllen mit ihrem nachhaltigen Förderengagement in allen gesellschaftlichen Bereichen wichtige Aufgaben für die regionale Gemeinschaft, zu deren Erfüllung wegen leerer Kassen zumeist keine Mittel mehr zur Verfügung gestellt werden können. Sie unterstützen unsere Städte und Gemeinden durch ihre Arbeit direkt oder indirekt. Vor allem aber sind Sparkassen der erste Anlaufpunkt für lokale Finanzierungsinteressen und Kreditprüfungen. Sie sorgen für eine bedarfsgerechte Kreditversorgung in Mecklenburg-Vorpommern."[794]

In dem FDP-Wahlprogramm zur Landtagswahl 2011 „Fortschritt beschleunigen, Bürgerfreiheit schützen, Sicherheit ausbauen." zeigt sich eine eher „abgeschwächte" Haltung. So schreibt die Partei: „Sparkassen sind, genauso wie die privat und genossenschaftlich geführten Banken, unverzichtbar für Mecklenburg-Vorpommern. Die FDP steht zur Dreisäulenstruktur im deutschen Bankensystem."[795]

Sachsen

Den sächsischen FDP-Landtagswahlprogrammen in den Jahren 1990 bis 2004 lassen sich keine verwertbaren Aussagen entnehmen.[796] Hingegen positioniert sich die Partei in dem Landtagswahlprogramm 2009 „Für ein starkes und freiheitliches Sachsen." in ihrer gewohnten privatwirtschaftlichen Argumentationslinie: „Den Kommunen soll zudem möglich werden, ein Neuverschuldungsverbot in ihre Hauptsatzungen aufzunehmen, das nur mit 2/3-Mehrheit geändert werden darf. Dazu sind die Gemeinde- und Landkreisordnung zu ändern. Den Kommunen soll es ebenfalls erlaubt werden, privates Beteiligungskapital an Sparkassen zuzulassen."[797]

---

794 *Freie Demokratische Partei Mecklenburg-Vorpommern:* Programm, 2006, S. 21.
795 *Freie Demokratische Partei Mecklenburg-Vorpommern:* Programm, 2011, S. 16.
796 Vgl. *Freie Demokratische Partei Sachsen:* Wahlprogramme, 1990, 1994 und 2004.
797 *Freie Demokratische Partei Sachsen:* Landtagswahlprogramm, (beschlossen) 2008, S. 54.

Berlin

In den Wahlprogrammen zu den Abgeordnetenhauswahlen von Berlin in den Jahren 1975 bis 2011 lassen sich keine Aussagen zu unserer Thematik finden.[798] Lediglich in dem FDP-Wahlprogramm zur Abgeordnetenhauswahl 1989 „F.D.P. – die treibende Kraft." äußert sich die Partei.[799] So ist unter der Teilüberschrift „Privatisierung von Staatstätigkeiten" zu lesen: „Der öffentliche Sektor ist überdimensioniert. Überall dort, wo Dienstleistungen durch Private für den Bürger langfristig schneller, billiger und besser erbracht werden können, müssen die Regeln unserer sozialen Marktwirtschaft Anwendung finden. [...] die Reduzierung der Anteile des Landes Berlin an der Berliner Bank, die von der F.D.P. durchgesetzt wurden, können nur erste Schritte sein."[800]

Hansestadt Hamburg

Bei der Hamburger FDP können keine Erkenntnisse aus den Wahlprogrammen zu den Bürgerschaftswahlen in den Jahren 2001 bis 2011 gewonnen werden.[801]

Insgesamt zeigt sich, dass eine Konstanz und grundsätzliche Einigkeit in den bundes- und landespolitischen Auffassungen der FDP zur Sparkassenpolitik besteht. Die FDP ist der Auffassung, dass im Fall einer Privatisierung einer öffentlich-rechtlichen Sparkasse die Haushalte entlastet werden und sich die Übernahme des Investitions-, Finanz- und Betriebsrisikos durch die künftigen privaten Eigentümer positiv auf die Haushaltssituation auswirkt. Darüber hinaus wird u. a. deutlich, dass im Bereich der Deregulierung und Privatisierung öffentlich-rechtlicher Sparkassen eine in weiten Teilen programmatische Übereinstimmung mit der CDU-CSU vorhanden ist. Ob die Auffassungen der FDP sowie die größtenteils programmatische Übereinstimmung mit der CDU-CSU de facto in der Praxis gelebt worden sind, gilt es im achten Kapitel zu untersuchen.

---

798 Vgl. *Freie Demokratische Partei Berlin:* Wahlaussagen, (beschlossen) 1974 und (beschlossen) 1978 sowie Wahlprogramme, 1981, (beschlossen) 1984, 1990, 1995, 1999, 2001, 2006 und 2011.

799 Vgl. *Freie Demokratische Partei Berlin:* Wahlprogramm, (beschlossen) 1988.

800 Vgl. *Freie Demokratische Partei Berlin:* Wahlprogramm, 1989, S. 13.

801 Vgl. *Freie Demokratische Partei Hamburg:* Wahlprogramme, 2001, 2004, 2008 und 2011. Wie bereits in Abschnitt 3.3.1 aufgeführt, gibt es in der Hansestadt Hamburg kein Sparkassengesetz. Vor diesem Hintergrund ist das Ergebnis der Analyse nicht verwunderlich.

7.5.3 SPD

Mit der Großen Koalition im Jahr 1966 und in noch stärkerem Maße mit dem Übergang zur sozial-liberalen Koalition änderte sich das politische Umfeld für die öffentlichen Unternehmen.[802] Die SPD im „Godesberger Programm" von 1959 und der DGB im Grundsatzprogramm von 1963 hatten ausdrücklich „die Erhaltung des öffentlichen Besitzes an wirtschaftlichen Unternehmen und seine Weiterentwicklung zu einem sinnvollen System öffentlicher und gebundener Unternehmen" gefordert.[803] „Die sozialdemokratisch und gewerkschaftlich orientierte Wirtschaftspolitik und -wissenschaft war vollständig damit beschäftigt, den Keynesianismus aufzuarbeiten, um auf seiner Grundlage Alternativen zum neoliberalen Ansatz zu entwickeln. Zudem war die Keimzellentheorie des wirtschaftsdemokratischen Ansatzes der 1920er-Jahre endgültig aufgegeben worden und damit eine weit reichende sozialistische Perspektive."[804] Die SPD ist demzufolge – im Gegensatz zu CDU, CSU und FDP – den Privatisierungskritikern zuzuordnen. So hat sich die Partei von Anfang an gegen Privatisierungsmaßnahmen ausgesprochen. Stellvertretend für eine Vielzahl anderer Beschlüsse und Stellungnahmen seien im Weiteren der Beschluss des Bundesparteitages der SPD im Herbst 1975 in Mannheim und der Beschluss des Parteivorstandes vom 31. Mai 1976 aufgeführt.[805]

Während der Bundesparteitag eine Privatisierung der im Eigentum des Bundes und der Länder befindlichen Unternehmen kategorisch ablehnte und stattdessen „für die dauernde Erhaltung und Steigerung der Leistungsfähigkeit öffentlicher Unternehmen" plädierte, setzte sich der Parteivorstand detailliert mit den Privatisierungsforderungen der CDU/CSU und deren Konsequenzen auseinander, um sich dann deutlich von ihnen zu distanzieren.[806] Trotz dieser Aussagen waren in der SPD diverse Tendenzen erkennbar, bestimmte bisher von Beschäftigten des öffentlichen Dienstes ausgeführte Tätigkeiten durch Beschäftigte aus der Privatwirtschaft vornehmen zu lassen. So sprach sich z. B. der Bremer Bürgermeister, zugleich Präsident des Deutschen Städtetages und des Verbands kommunaler Unternehmen, *Hans Koschnik* (SPD), zwar ausdrücklich gegen eine Privatisierung

---

802 Vgl. *Scherf:* Wirtschaftspolitik, 1986, S. 16 ff.

803 *Ambrosius:* Staat, 1984, S. 110.

804 *Ambrosius:* Staat, 1984, S. 110.

805 Vgl. *Sozialdemokratische Partei Deutschlands:* Beschlüsse, 1975, S. 46 sowie *Sozialdemokratische Partei Deutschlands:* Privatisierung, 1976, S. 1 ff., ebenso *Sozialdemokratische Partei Deutschlands:* Dokumente, 1976, S. 1–40. Siehe auch *Greven et al.:* Sozialstaat, 1980, S. 170–184.

806 Vgl. *Loesch:* Vermögenspolitik, 1988, 152 f.

kommunaler Betriebe aus. „Die Interessenten zielen in Wahrheit vielmehr nur auf Versorgungsunternehmen, insbesondere auf die Elektrizitätswerke der Städte hin. Man wünscht also eine Privatisierung der Gewinne bei gleichzeitiger Kommunalisierung der Verluste."[807] Jedoch sind diese Ansichten in den Kriterien des Deutschen Städtetages zur Privatisierung, dem *Koschnik* präsidierte, nicht so eindeutig wiederholt worden.[808]

In den Reihen der SPD kam die vorhandene Privatisierungsbereitschaft in einigen Vorhaben zum Ausdruck, indem Kommunalparlamente unter maßgebender sozialdemokratischer Beteiligung z. B. die Privatisierung von kommunalen Hilfstätigkeiten beschlossen, ohne dabei auf die von *Koschnik* (SPD) und dem SPD-Parteivorstand genannten Bedingungen Rücksicht zu nehmen. Dies führte in einigen Fällen zu Diskussionen zwischen den betroffenen Beschäftigten bzw. deren Gewerkschaften und der SPD. Andererseits gibt es auch Beispiele dafür, dass diese Empfehlungen eingehalten oder nachträglich anerkannt wurden. In Frankfurt bspw. waren 1976 sogar die Koalitionsgespräche zwischen SPD und FDP u. a. wegen mangelnder Übereinstimmung in der Privatisierungsfrage gescheitert.[809]

Die SPD begann erst 1986 das Thema Bundesunternehmen im Sinne eines engagierten Widerstandes gegen die Veräußerung von Anteilsrechten des Bundes aufzugreifen. Auf dem SPD-Parteitag 1986 in Nürnberg positionierte sich die SPD dahingehend,[810] dass sie sich für mehr Wettbewerb im Banken- und Versicherungsmarkt aussprach, um damit die Macht und den Einfluss der Banken und Versicherungen auf die Wirtschaft zurückzudrängen. Die Banken und Versicherungen sollten deshalb dem Gesetz gegen Wettbewerbsbeschränkungen uneingeschränkt unterworfen werden. Die SPD wollte die Leistungsfähigkeit der gemeinwirtschaftlichen und öffentlichen Unternehmen auch weiterhin stärken.

In dem SPD-Regierungsprogramm 1987–1990 „Zukunft für alle – arbeiten für soziale Gerechtigkeit und Frieden" beschränkt sich die SPD aber in den „Weichenstellungen für einen wirtschaftlichen Aufbruch" auf die Ankündigung:[811] „Wir werden der Verschleuderung des Bundesvermögens Einhalt gebieten."[812] Der Versuch einer Anti-Privatisierungskampagne der SPD ging nicht auf die haushaltsrechtliche

---

807 *Koschnik:* Profit, 1976, S. 8.

808 Vgl. *o. V.:* Bürger, 1976, S. 168 sowie *Deutscher Städtetag:* Privatisierung, 1976, S. 28 ff.

809 Vgl. *o. V.:* Römerkoalition, 1976, S. 1.

810 Vgl. *Fischer:* Konzeption, 1990, S. 63–67.

811 Vgl. *Sozialdemokratische Partei Deutschlands:* Regierungsprogramm, (beschlossen) 1986, S. 1.

812 *Sozialdemokratische Partei Deutschlands:* Regierungsprogramm, (beschlossen) 1986, S. 11.

Verpflichtung der Regierung ein, das wichtige Bundesinteresse an einer Bundesbeteiligung zu rechtfertigen. Sie berücksichtigte damit nicht, dass der Deutsche Bundestag in der Amtszeit einer sozial-liberal-geführten Koalition wichtige Beschlüsse gefasst hatte, die es u. a. ermöglichten, die Voraussetzungen für die Beteiligungen des Bundes an privatrechtlichen Unternehmen gemäß § 65 BHO ständig zu prüfen. Die Debatte über die Zukunft der gewerkschaftlichen Unternehmen und die Verringerung dieser Beteiligungen hielt die SPD nicht davon ab, öffentlich gegen die Privatisierung von Aktien aus Bundesbesitz einzutreten. Ihr Widerstand gegenüber der (haushaltsrechtlich gebotenen) Beteiligungspolitik des Bundes bei gleichzeitiger Zurückhaltung gegenüber der gewerkschaftlichen Beteiligungspolitik erweckte den Eindruck der Einseitigkeit. Für die Wirtschaftspresse hatte die Anti-Privatisierungskampagne der SPD dadurch erheblich an Glaubwürdigkeit verloren.[813]

In dem „Berliner" Grundsatzprogramm 1989 positionierte sich die SPD für die öffentlichen und gemeinwirtschaftlichen Unternehmen. Es wurde davon gesprochen, dass kommunale Unternehmen nicht allein Gewinninteressen verpflichtet seien und aus diesem Grund die gesellschaftlichen Bedürfnisse am wirksamsten erfüllen könnten. Voraussetzung dafür sei aber, dass sie nicht auf weniger lukrative Unternehmen und Branchen beschränkt werden dürften. Die Partei sprach sich somit deutlich für die Erhaltung der öffentlich-rechtlichen Kreditinstitute aus.[814] Auch wenige Jahre später plädierte die SPD auf dem deutschen Sparkassentag 1995 in Hannover für die Erhaltung der öffentlich-rechtlichen Sparkassen.[815] Dieser Argumentationslinie folgte die Partei auch auf dem Parteitag im April 1998 in Leipzig, wo sie sich eindeutig für die Erhaltung der öffentlich-rechtlichen Kreditinstitute einsetzte.[816] So auch in dem „Hamburger" Grundsatzprogramm 2007: Mit diesem Programm stand die SPD weiterhin für eine leistungsfähige und bürgerorientierte Daseinsvorsorge in öffentlicher Verantwortung: „Privatisierung kann zweckmäßig und verantwortbar sein. Wir widersprechen Privatisierungen aber, wo sie den Zugang zu den öffentlichen Gütern behindern und das Gewaltmonopol des Staates infrage stellen."[817] Nach der Auffassung der SPD spielen die kleineren Kreditinstitute für kleine und mittlere Unternehmen eine wichtige

---

813 Vgl. *Heck:* Stoltenberg, 1986, S. 2.

814 Vgl. *Sozialdemokratische Partei Deutschlands:* Programm-Parteitag, 1989/1998, S. 45 f.

815 Vgl. *Schröder:* Sparkassentag, 1995, S. 22 f.

816 Vgl. *Sozialdemokratische Partei Deutschlands:* Programm-Parteitag, 1989/1998, S. 45 f.

817 *Sozialdemokratische Partei Deutschlands:* Grundsatzprogramm, 2007, S. 32.

Rolle. Vor allem die öffentlich-rechtlichen Sparkassen zeichnen sich durch ihre langfristige Unternehmensfinanzierung aus. Die Sparkassen erfüllen mit ihrer Orientierung am Gemeinwohl eine wichtige gesellschaftliche Aufgabe, von daher sollten sie auch in der Zukunft öffentlich-rechtlich bleiben.[818]

Vor dem Hintergrund der bisherigen Ausführungen scheint es verwunderlich, dass das Regierungsprogramm 2009–2013 keine Aussagen zu der Deregulierung und Privatisierung öffentlich-rechtlicher Sparkassen enthält.[819] In dem darauffolgenden Regierungsprogramm 2013–2017 „Das Wir entscheidet" bezieht die SPD wieder Stellung. Bereits im Vorwort fordert die Partei eine stärkere „Regulierung des Banken- und Finanzmarktes".[820] Bei der Analyse dieses Regierungsprogramms fällt auf, dass sich die SPD sehr stark für den Genossenschaftssektor einsetzt. So positioniert sie sich erstmals in dieser Deutlichkeit wie folgt: „Wir setzen uns für eine Förderung des Genossenschaftswesens ein. Genossenschaften haben sich gerade in Zeiten großer struktureller wirtschaftlicher Veränderungen als innovative und stabile Unternehmensformen erwiesen. Nicht ohne Grund sind etwa in der Finanzkrise die Genossenschaftsbanken Volks- und Raiffeisenbanken im Vergleich zu Instituten anderer Rechtsformen am besten durch die Krise gekommen."[821] Die Sparkassen bleiben jedoch vollkommen unberücksichtigt. Lediglich in Zusammenhang mit der Eigenkapitalausstattung spricht die SPD davon, dass sie „die besonderen Bedingungen des genossenschaftlichen und öffentlichen Bankensektors, z. B. bei Sparkassen und Volksbanken", beachten werde.[822] In kaum einem anderen Regierungsprogramm der SPD standen die Banken so zentral im Mittelpunkt wie in dem von 2013.

Es steht zu vermuten, dass die SPD auf landespolitischer Ebene grundsätzlich den bundespolitischen Auffassungen folgte. Sofern sich also die SPD in den zu untersuchenden Bundesländern zu der Sparkassenpolitik und der damit einhergehenden zentralen Fragestellung der Deregulierung und Privatisierung öffentlich-rechtlicher Sparkassen geäußert hat, findet auch hier im Folgenden eine Art „Bilanzierung" der Stellungnahmen statt. Die landespolitischen Programme

---

818 Diese Ausführungen lehnen sich an das „Hamburger Programm" der SPD vom 28.10.2007 an. Vgl. *Sozialdemokratische Partei Deutschlands:* Grundsatzprogramm, 2007.

819 Vgl. *Sozialdemokratische Partei Deutschlands:* Regierungsprogramm, 2009.

820 *Sozialdemokratische Partei Deutschlands:* Regierungsprogramm, 2013, (Vorwort) S. 1.

821 *Sozialdemokratische Partei Deutschlands:* Regierungsprogramm, 2013, S. 14.

822 *Sozialdemokratische Partei Deutschlands:* Regierungsprogramm, 2013, S. 16.

werden u. a. in den Zeiträumen untersucht, in denen die späteren Prozessanalysen (Kapitel 8) erfolgen.

Baden-Württemberg

Aus dem Wahlprogramm 1980 „Für eine bißchen mehr Menschlichkeit." und dem Zukunftsprogramm 1984 „Unsere Zukunft ist eine Zukunft für alle." können keine Erkenntnisse zu der Sparkassenpolitik und der hier zentralen Fragestellung der Deregulierung und Privatisierung öffentlich-rechtlicher Sparkassen gewonnen werden.[823] In dem Programm zu den Landtagswahlen 1988 „Der neue Fortschritt." äußerte sich die Partei lediglich in einem Satz zu der Erhaltung der öffentlich-rechtlichen Bankenstruktur. „Der öffentlich-rechtliche Status [...] muß erhalten bleiben."[824] Die darauffolgenden Regierungsprogramme in den Jahren 1992 bis 2001 enthielten keine relevanten Informationen für den hier zu untersuchenden Themenkomplex.[825]

In ihrem Regierungsprogramm 2006 „Mehr Gerechtigkeit" äußerte sich die SPD in Baden-Württemberg ausschließlich zu der Kreditversorgung des Mittelstands: „Wir wollen die Kreditversorgung des Mittelstands verbessern. Daher werden wir über die L-Bank und in Kooperation mit den Banken im Land die Entscheidungswege für kleine Gewerbekredite vereinfachen und so eine ‚Kreditfabrik' für den Mittelstand aufbauen."[826] Konkretisierungen zur Sparkassenpolitik finden sich hingegen nicht. Auf dem Landesparteitag am 27./28. November 2009 in Karlsruhe machte die baden-württembergische SPD hingegen deutliche Aussagen. So forderte die Antragskommission eine „Neuordnung des Systems der Landesbanken in Deutschland [...]. Das [System der Landesbanken] soll eingebettet werden in einen koordinierten Ausbau und Verbund von öffentlichen Banken und Sparkassen aller EU-Mitgliedsländer zu einem europaweiten öffentlichen Bankensektor mit entsprechend demokratisch legitimierten Organisations- und Aufsichtsstrukturen."[827]

Das Regierungsprogramm 2011–2016 (ohne Titel) enthält ausschließlich Positionierungen zu der allgemeinen Regulierung von Finanzmärkten.[828] So tritt

823 Vgl. *Sozialdemokratische Partei Baden-Württemberg:* Wahlprogramm, 1980 und Zukunftsprogramm, 1984.

824 *Sozialdemokratische Partei Baden-Württemberg:* Programm, 1988, S. 20.

825 Vgl. *Sozialdemokratische Partei Baden-Württemberg:* Regierungsprogramme 1992, 1996 und 2001.

826 *Sozialdemokratische Partei Baden-Württemberg:* Regierungsprogramm, 2006.

827 *Sozialdemokratische Partei Baden-Württemberg:* Empfehlungen, 2009, S. 64.

828 Vgl. *Sozialdemokratische Partei Baden-Württemberg:* Regierungsprogramm, 2011.

die SPD „für eine stärkere Regulierung der Finanzmärkte ein“.[829] Die Sparkassenpolitik bleibt vollkommen unberücksichtigt. Im Regierungsprogramm 2016–2021 (ohne Titel) sind keine Stellungnahmen zum Kreditsektor ersichtlich.[830]

Bayern

Die Analyse der Regierungs- und Wahlprogramme zu den Landtagswahlen in Bayern in den Jahren 1982 bis 2008 hat zu keinen Erkenntnissen geführt, die für die Untersuchung von Bedeutung wären.[831] Erstmals äußerte sich die bayerische SPD in dem Regierungsprogramm 2013–2018 „Wir bringen Bayern ins Gleichgewicht“ dahingehend, dass die Sparkassen wichtige Ansprechpartner bei Finanzierungsthemen für den Mittelstand seien und daher zu fördern seien. Die Partei sprach in diesem Zusammenhang auch vom Umbau der BayernLB, wobei sie klarstellte, dass sie eine Privatisierung der BayernLB kategorisch ablehnte.[832] Weitere Konkretisierungen bleiben aus.

Hessen

Aus den Regierungsprogrammen zu den Landtagswahlen in Hessen in den Jahren 1978 bis 2003 konnten keine Erkenntnisse zu dem untersuchten Themenkomplex gewonnen werden.[833] In dem Regierungsprogramm 2008–2013 „Die Zeit ist reif für eine neue Politik in Hessen.“ äußerte sich die SPD erstmals zu den Sparkassen: „Wir werden die öffentlich-rechtlichen Sparkassen für die Zukunft sichern und die enge Verbindung mit ihren kommunalen Trägern fördern. Sparkassen dürfen keine Handelsobjekte werden. Eine Konzernbildung im Sparkassenwesen lehnen wir ab, weil sie das Ende einer unmittelbar an den Bedürfnissen der Menschen und der Wirtschaft vor Ort ausgerichteten Geschäftspolitik wäre. Deshalb werden wir die von der CDU betriebene Novelle des Hessischen Sparkassengesetzes wieder zurücknehmen.“[834] Darüber hinaus stellt die Partei fest: „Statt die

829 Vgl. *Sozialdemokratische Partei Baden-Württemberg:* Regierungsprogramm, 2011, S. 46.

830 Vgl. *Sozialdemokratische Partei Baden-Württemberg:* Regierungsprogramm, 2016.

831 Vgl. *Sozialdemokratische Partei Bayern:* Programm, 1982; Wahlprogramme, 1986 und 2008; Wahlplattform, 1990; Regierungsprogramme, 1994, 1998 und 2003.

832 Vgl. *Sozialdemokratische Partei Bayern:* Regierungsprogramm, 2013.

833 Vgl. *Sozialdemokratische Partei Hessen:* Wahlaufruf, 1987 sowie Regierungsprogramme, 1978, 1982, (beschlossen) 1990, (beschlossen) 1994, (beschlossen) 1998 und (beschlossen) 2002.

834 *Sozialdemokratische Partei Hessen:* Regierungsprogramm, (beschlossen) 2007, S. 29.

hessischen Sparkassen in ihrem Bestand zu gefährden, werden wir das hessische Sparkassengesetz europafest gestalten."[835]

Die SPD bestätigte auch mit dem Regierungsprogramm 2014–2019 „Gerechtigkeit macht stark." ihre Grundauffassungen, indem sie ausführte, sie wolle sich „für das Drei-Säulen-Modell in der Bankenlandschaft, also für das Nebeneinander von privaten Geschäftsbanken, dem Genossenschaftssektor und dem öffentlich-rechtlichen Kreditwesen wie den Sparkassen", einsetzen.[836]

Rheinland-Pfalz

Das Landeswahlprogramm 1983 „Unsere Politik für Rheinland-Pfalz." gibt keine Anhaltspunkte für die Haltung der rheinland-pfälzischen SPD zur Sparkassenpolitik.[837] Sie sprach sich lediglich in Zusammenhang mit einer Verbesserung des öffentlichen Dienstes gegen eine Privatisierung in diesem Teilbereich aus. „Privatisierungen lösen indessen das Problem nicht und werden von uns abgelehnt."[838] Des Weiteren lassen sich weder aus dem Arbeitsprogramm zu den Landtagswahlen 1987 „Es ist Zeit für eine entschlossene, gerechte und friedliche Politik." noch aus den Regierungsprogrammen aus den Jahren 1991 bis 2001 Erkenntnisse für die vorliegende Arbeit gewinnen.[839]

In Rheinland-Pfalz positionierte sich die SPD erstmals in ihrem Regierungsprogramm 2006–2011 „Entscheidungen für Rheinland-Pfalz" für den Erhalt der Sparkassenstruktur. „Wir treten allen Bestrebungen, die Sparkassen als kommunale Finanzinstitute zu schwächen, entgegen."[840] In den Regierungsprogrammen 2011–2016 „Auf gutem Kurs, Rheinland-Pfalz!" und 2016–2021 „Unser Land von morgen" sind keine Äußerungen zur Sparkassenpolitik erkennbar.[841]

Nordrhein-Westfalen

Die nordrhein-westfälische SPD äußerte sich in ihrem Landtagswahlprogramm 1990 „Wir in Nordrhein-Westfalen" weder zur Sparkassenpolitik im Allgemeinen

---

835 *Sozialdemokratische Partei Hessen:* Regierungsprogramm, (beschlossen) 2007, S. 131.

836 Vgl. *Sozialdemokratische Partei Hessen:* Regierungsprogramm, 2013, S. 30.

837 Vgl. *Sozialdemokratische Partei Rheinland-Pfalz:* Landeswahlprogramm, 1983.

838 *Sozialdemokratische Partei Rheinland-Pfalz:* Landeswahlprogramm, 1983, S. 11.

839 Vgl. *Sozialdemokratische Partei Rheinland-Pfalz:* Arbeitsprogramm, 1987 sowie Regierungsprogramme 1991, 1996 und 2001.

840 *Sozialdemokratische Partei Rheinland-Pfalz:* Regierungsprogramm, 2006, S. 7.

841 Vgl. *Sozialdemokratische Partei Rheinland-Pfalz:* Regierungsprogramm, 2011 und (beschlossen) 2015.

noch zu der hier zentralen Fragestellung der Deregulierung und Privatisierung öffentlich-rechtlicher Sparkassen. Die Partei sprach sich lediglich für die kommunale Selbstverwaltung aus: „Kommunale Selbstverwaltung ist ohne eine gesicherte eigene Finanzausstattung der Kommune nicht möglich.“[842] Daraus lässt sich allerdings nicht ableiten, ob die SPD die Erhaltung öffentlich-rechtlicher Sparkassen befürwortet. Dem Regierungsprogramm 1995–2000 „Nordrhein-Westfalen auf gutem Weg: Erneuerung aus eigener Kraft.“ sind ebenfalls keine Positionierungen, die für die Arbeit von Bedeutung sind, zu entnehmen.[843] Die SPD äußerte sich ebenso wenig in der „Gelsenkirchener Erklärung“ 2003 und 2006 sowie in der „Oberhausener Erklärung“ zur Kommunalwahl 2004.[844] Vor diesem Hintergrund erscheint die Stellungnahme der nordrhein-westfälischen SPD in ihrem Regierungsprogramm 2000–2005 „Die Politik zum Land.“ unter der Teilüberschrift „Ein europäisches Nordrhein-Westfalen in internationaler Verantwortung“ überraschend: „Wir [treten] mit Nachdruck für größere Fortschritte bei der Koordinierung der indirekten Steuern [...] von Kapitalerträgen ein. Einer Harmonisierung allerdings, die sich darauf richtet, gewachsene kulturelle Traditionen und Besonderheiten in den Mitgliedstaaten – wie zum Beispiel den öffentlich-rechtlichen Sektor im allgemeinen oder die öffentlich-rechtliche Kreditwirtschaft im speziellen – allein unter Marktkriterien anzupassen, treten wir mit Nachdruck entgegen. Wir wollen die Leistungen des öffentlich-rechtlichen Sektors für die Daseinsvorsorge erhalten.“[845]

Im Wahlprogramm zur Landtagswahl im Mai 2005 „Stärker werden. Menschlich bleiben.“ äußerte sich die SPD wie folgt: „Die Forderung von Teilen der CDU, die kommunalen Sparkassen aus ihrer öffentlich-rechtlichen Rechtsform zu entlassen und zu privatisieren, stößt auf unseren entschiedenen Widerstand. Die Menschen wollen eine ortsnahe Versorgung, der sie vertrauen können und die für alle da ist. Für Handwerk und Mittelstand sind die Sparkassen unverzichtbar. Sparkassen unterstützen die Kommunen in wirtschaftlicher, regionalpolitischer, sozialer und kultureller Hinsicht. Der Wettbewerb von öffentlich-rechtlichen Sparkassen, Genossenschaftsbanken und Privatbanken hat sich bewährt. Während Privatbanken sich in den vergangenen Jahren aus der Mittelstandfinanzierung

---

842 *Sozialdemokratische Partei Nordrhein-Westfalen:* Wahlprogramm, 1990. S. 46.

843 Vgl. *Sozialdemokratische Partei Nordrhein-Westfalen:* Regierungsprogramm, 1995.

844 Vgl. *Sozialdemokratische Partei Nordrhein-Westfalen:* Gelsenkirchener Erklärung, 2003, online sowie Oberhausener Erklärung, 2004, online und Gelsenkirchener Erklärung, 2006.

845 *Sozialdemokratische Partei Nordrhein-Westfalen:* Regierungsprogramm, 2000, S. 39.

häufig zurückgezogen haben, standen Sparkassen als verlässliche Partner zur Verfügung."[846]

Dieser Argumentationslinie folgte die NRW-SPD auch in ihren „Leitlinien sozialdemokratischer Kommunalpolitik" 2008: „Das öffentliche Sparkassenwesen gewährleistet die Versorgung der Verbraucherinnen und Verbraucher sowie der kleinen und mittelständischen Unternehmen und des Handwerks mit Krediten. Die öffentlich-rechtlichen Sparkassen müssen erhalten bleiben. Pläne, die Sparkassen für privates Kapital zu öffnen, sind mit dem öffentlichen Auftrag nicht zu vereinbaren und schwächen unsere Volkswirtschaft."[847] Ebenfalls wurde diese Position in dem Programm zur Landtagswahl 2010 „Unser NRW. Mutig. Herzlich. Gerecht" aufgegriffen: „Wir halten am System der öffentlichen Banken und Sparkassen [..] fest, um die Kreditversorgung für Mittelstand und Handwerk sicher zu stellen. [...] Wir brauchen in Nordrhein-Westfalen starke öffentlich-rechtliche Institute im Finanzsystem. Unsere Sparkassen haben sich in der weltweiten Wirtschafts- und Finanzkrise als Ort von Stabilität und Seriosität erwiesen. Leistungsfähige, dem Gemeinwohl verpflichtete Sparkassen und Genossenschaftsbanken sind unverzichtbar für unsere Kommunen. Sie fördern das ehrenamtliche Engagement im sozialen, kulturellen und sportlichen Bereich und sind starker und zuverlässiger Partner des Handwerks und der klein- und mittelständischen Unternehmen vor Ort."[848]

Umso verwunderlicher erscheint es, dass in dem Regierungsprogramm 2012–2017 „NRW auf gutem Weg." keine Stellungnahme zu der Sparkassenpolitik seitens der Partei abgegeben wurde.[849] In keinem anderen Bundesland gibt es mehr Sparkassen (103 von insgesamt 409 Sparkassen zum Jahresanfang 2016) als in Nordrhein-Westfalen.[850] Insofern wäre zu erwarten gewesen, dass eine Regierungspartei wie die SPD sich zu dem Sparkassensektor äußert. Die Analyse beweist jedoch das Gegenteil.

Mecklenburg-Vorpommern

Aus den Regierungsprogrammen der mecklenburg-vorpommerischen SPD in den Jahren 1994 bis 2006 sind keine Stellungnahmen ersichtlich, die für die

846 *Sozialdemokratische Partei Nordrhein-Westfalen:* Wahlprogramm, 2005, S. 10.

847 *Sozialdemokratische Partei Nordrhein-Westfalen:* Leitlinien, 2008, S. 21.

848 *Sozialdemokratische Partei Nordrhein-Westfalen:* Programm, 2010, S. 28 und 53.

849 Vgl. *Sozialdemokratische Partei Nordrhein-Westfalen:* Regierungsprogramm, 2012.

850 Vgl. *Deutscher Sparkassen- und Giroverband:* Sparkassen, 2016, online. Siehe dazu auch Abschnitt 3.3.

vorvorliegende Arbeit von Bedeutung sein könnten.[851] Allerdings konnten dem Regierungsprogramm 2011–2016 „Auf dem Weg zu einer Zukunft aus eigener Kraft." wesentliche Aussagen entnommen werden, die zeigen, dass sich die SPD für die Erhaltung der öffentlich-rechtlichen Sparkassen einsetzt.[852] So heißt es: „Die Sparkassen sind als öffentlich-rechtliche Finanzinstitute zu erhalten. Sie haben sich in der Finanz- und Wirtschaftskrise dank ihrer regionalen Verwurzelung als Hort von Stabilität und Seriosität erwiesen. Als zuverlässiger und starker Partner sind sie für das Handwerk und die kleinen und mittleren Unternehmen vor Ort unverzichtbar. Zudem fördern sie vielerorts das ehrenamtliche Engagement im kulturellen, sportlichen und sozialen Bereich."[853]

Sachsen

Aus dem Wahlprogramm zu den Landtagswahlen 1999 „Arbeit und Zukunft sind für alle da." konnten relevante Erkenntnisse für die Untersuchung gewonnen werden. Unter der Teilüberschrift „Die Kommunalen Sparkassen Sachsen erhalten" äußerte sich die Partei zu der Sparkassensituation in Sachsen wie folgt: „Die sächsischen Sparkassen sind ein wichtiges Instrument unserer Kommunen. Mit ihrem dichten Filialnetz und ihrer mittelstandsfreundlichen Kreditvergabe kommen die kommunalen Sparkassen einem sinnvollen öffentlichen Auftrag nach, zu dem nicht ausschließlich die Gewinnmaximierung zählt. Der von der CDU einsichtslos verteidigte Plan einer zentral geführten Finanzholding soll vor allem Gewinne für ihre Anteilseigner erwirtschaften. [...] Eine solche Holding wird weniger Wert auf eine mittelstandsfreundliche Kreditvergabe legen. Auch werden die Sparkassen längere Zeit benötigen, um Kredite vergeben zu können, weil sie sich erst mit der Holding abstimmen müssen."[854] Dabei scheint zumindest die zuletzt genannte Äußerung der SPD sehr fragwürdig, gibt hierzu doch die bankwirtschaftliche Praxis keinen Anlass.

Bei der Analyse des darauffolgenden Programms der SPD zur Landtagswahl 2004 „Es geht um Sachsens Zukunft." und des Regierungsprogramms 2009

851 Vgl. *Sozialdemokratische Partei Mecklenburg-Vorpommern:* Regierungsprogramme 1994, 1998, 2002 und 2006.

852 Vgl. *Sozialdemokratische Partei Mecklenburg-Vorpommern:* Regierungsprogramm, 2011, S. 15.

853 *Sozialdemokratische Partei Mecklenburg-Vorpommern:* Regierungsprogramm, 2011, S. 15.

854 *Sozialdemokratische Partei Sachsen:* Wahlprogramm, 1999, S. 8.

„Anpacken. Zukunft gestalten. Für Sachsen" ergaben sich keine weiteren Erkenntnisse für die vorliegende Arbeit.[855]

Berlin

Das kulturpolitische Wahlprogramm der Berliner SPD 1985 bietet keine Anhaltspunkte, die für die vorliegende Untersuchung von Bedeutung wären.[856] Hingegen ist dem Wahlprogramm der Berliner SPD für die Wahlen zum Abgeordnetenhaus 1989 „Berlin ist Freiheit. Eine starke SPD für Berlin." eine deutliche Positionierung hinsichtlich der Privatisierung von Eigenbetrieben zu entnehmen. So schreibt die Partei: „Die SPD lehnt Pläne zur Privatisierung von Eigenbetrieben oder Teilen von ihnen ab."[857] Stellungnahmen, die die öffentlich-rechtlichen Kreditinstitute betreffen, sind nicht auffindbar. Auch bei der Analyse der Wahlprogramme in den darauffolgenden Jahren (1990 bis 1999) findet sich nichts, das für die Untersuchung von Bedeutung sein könnte.[858]

Die Analyse des Wahlprogramms der Berliner SPD für die Wahlen zum Abgeordnetenhaus 2001 „Verantwortung für Berlin." ist insofern interessant, als sich die SPD hier eindeutig für eine „eine klare Trennung von wirtschaftlicher und politischer Macht" einsetzte.[859] „Wir werden keinen Missbrauch öffentlicher Unternehmen durch Personalkungeleien dulden."[860] Aspekte, die den hier untersuchten Themenkomplex näher betreffen, waren aber nicht ersichtlich. So konnten auch aus dem Programm zu den Abgeordnetenhauswahlen 2006 „Konsequent Berlin." keine Erkenntnisse gewonnen werden, die für die vorliegende Arbeit von Relevanz wären.[861] In dem Regierungsprogramm 2011–2016 „Gute Arbeit. Wachsende Wirtschaft. Gute Bildung. Sozialer Zusammenhalt." positionierte sich die Berliner SPD ebenfalls nicht zur Sparkassenpolitik.[862] Jedoch scheinen die folgenden Ausführungen für die parteipolitische Motivation hinsichtlich einer Deregulierung und Privatisierung öffentlich-rechtlicher Kreditinstitute von großer Bedeutung: „Wir haben dafür gesorgt, dass der Verkauf der Landesbank Berlin mit einem Erlös von fünf Milliarden Euro bisher die Risiken aus der

---

855 Vgl. *Sozialdemokratische Partei Sachsen:* Programm, 2004 und Regierungsprogramm, 2009.

856 Vgl. *Sozialdemokratische Partei Berlin:* Wahlprogramm, 1985.

857 Vgl. *Sozialdemokratische Partei Berlin:* Wahlprogramm, 1989, S. 8.

858 Vgl. *Sozialdemokratische Partei Berlin:* Wahlprogramme 1990, 1995 sowie 1999.

859 *Sozialdemokratische Partei Berlin:* Wahlprogramm, 2001, S. 4.

860 *Sozialdemokratische Partei Berlin:* Wahlprogramm, 2001, S. 4.

861 Vgl. *Sozialdemokratische Partei Berlin:* Programm, 2006.

862 Vgl. *Sozialdemokratische Partei Berlin:* Regierungsprogramm, 2011.

Berliner Bankenkrise abgedeckt hat. So haben wir Berlin vor großem Schaden bewahrt. Zudem gelang es Berlin, Schulden abzubauen."[863]

Hansestadt Hamburg

Die Hamburger SPD hat in ihren Wahl- und Regierungsprogrammen in den Jahren 2001 bis 2011 keine Stellung zu dem Themenkomplex bezogen.[864]

Zusammenfassend ist festzustellen, dass sich die SPD in der Vergangenheit – insbesondere in den alten Bundesländern – vor allem auf kommunaler Ebene gegen Deregulierungs- und Privatisierungsvorhaben positioniert hat. Die Partei war der Auffassung, dass nur die öffentliche Hand Dienstleistungen dauerhaft garantieren könne. Es zeigte sich jedoch, dass im zeitlichen Verlauf diese Argumentationslinie strittig war. So beklagten die Gewerkschaften bereits in den 1970er-Jahren, dass auf kommunaler Ebene ein anderer Umgang mit den Privatisierungsbestrebungen zu beobachten sei und Kommunalvertretungen unter maßgeblicher sozialdemokratischer Beteiligung Privatisierungen beschlossen hätten.

Die Analyse der landespolitischen Programme zeigte, dass sich die SPD im Vergleich zu CDU-CSU und FDP eher selten zu der Sparkassenpolitik und der damit einhergehenden zentralen Fragestellung der Deregulierung und Privatisierung öffentlich-rechtlicher Sparkassen äußerte. Konkretisierungen blieben weitestgehend aus, was insbesondere vor dem Hintergrund der jüngsten Landtagswahl in Baden-Württemberg (13. März 2016) erstaunlich ist. So wird die zum Jahresanfang 2016 stark diskutierte Thematik einer Regulierung des Kreditsektors und ihrer Auswirkungen auf den Sparkassensektor vollkommen vernachlässigt. Ob die oben dargelegten Auffassungen der SPD sich in der Praxis so auch wiederfinden, wird Gegenstand des achten Kapitels sein.

7.5.4 GRÜNE

Bevor die Positionen der Grünen dargestellt werden, soll eine kurze Betrachtung der geschichtlichen Entwicklung der Partei für ein besseres Verständnis sorgen. Die Geschichte von BÜNDNIS 90/DIE GRÜNEN hat zwei Wurzeln. In Westdeutschland und West-Berlin entstand die Partei Die Grünen aus der Umweltbewegung, den Neuen Sozialen Bewegungen und der Neuen Linken der

---

863 *Sozialdemokratische Partei Berlin:* Regierungsprogramm, 2011, S. 15.

864 Vgl. *Sozialdemokratische Partei Hamburg:* Wahlprogramme, 2001 sowie 2004 und Regierungsprogramme, (beschlossen) 2007 und 2011. Wie bereits in Abschnitt 3.3.1 aufgeführt, existiert in der Hansestadt Hamburg kein Sparkassengesetz, was das Ergebnis der Analyse möglicherweise erklärt.

1970er-Jahre und wurde im Jahr 1980 als Partei gegründet.[865] Bereits 1979 war mit der Bremer Grünen Liste erstmals ein grünes Wahlbündnis in ein Parlament eingezogen.[866] Im Jahr 1983 gelang dies auch bei einer Bundestagswahl. Von 1985 bis 1987 stellten die Grünen mit *Joschka Fischer* in Hessen erstmals einen Landesminister in einer rot-grünen Koalition.[867] Nach der Wiedervereinigung scheiterten die Grünen in Westdeutschland bei der Bundestagswahl 1990 an der 5-Prozent-Hürde. Die zweite Entwicklungslinie geht auf die Bürgerbewegung in der DDR zurück. Während der politischen Umbrüche im Herbst 1989 schlossen sich die Initiative Frieden und Menschrechte, Demokratie Jetzt sowie Teile des Neuen Forums zum BÜNDNIS 90 zusammen.[868] Dieses zog nach der Wiedervereinigung als Parlamentsgruppe in den Bundestag ein. Nachdem die Grünen in der DDR bereits im Jahr 1990 mit den westdeutschen Grünen fusioniert hatten, vollzogen BÜNDNIS 90 und Die Grünen diesen Schritt Mitte des Jahres 1993.[869] Nach dem Wiedereinzug als Fraktion in den Bundestag 1994 war BÜNDNIS 90/DIE GRÜNEN von 1998 bis 2005 in einer rot-grünen Koalition erstmals an der Bundesregierung beteiligt.[870] Seit 2005 ist BÜNDNIS 90/DIE GRÜNEN wieder Oppositionspartei im Bundestag. Bei der Bundestagswahl im Jahr 2009 gelang der Partei mit einem Stimmenanteil von 10,7 Prozent das beste Ergebnis ihrer Geschichte auf Bundesebene.

Durch die Vereinigung von BÜNDNIS 90 und DIE GRÜNEN und angesichts der fehlenden Programmatik ist es sehr schwierig, den Standpunkt der Partei zur Deregulierung und Privatisierung öffentlich-rechtlicher Sparkassen bis Anfang der 1990er-Jahre darzustellen bzw. zu analysieren. Jedoch gibt es in der Vergangenheit Hinweise, die eine Tendenz zu einer bestimmten Positionierung aufzeigen.

Was die Eigentumsfrage betrifft, so kann konstatiert werden, dass die Grünen den Begriff der Verstaatlichung vermieden bzw. kategorisch ablehnten. Er wurde durch den Begriff der Vergesellschaftung substituiert, der sich jedoch nicht grundsätzlich von der orthodox-sozialistischen resp. kommunistischen Forderung nach Verstaatlichung unterscheidet. Die Grünen lehnten Anfang der 1980er-Jahre die Eigentumsverhältnisse ab. „Wir gehen davon aus, dass die herrschenden privaten Eigentums- und Verfügungsverhältnisse über die Produktionsmittel

865 Vgl. *Sontheimer/Bleek/Gawrich:* Grundzüge, 2007, S. 235–240.
866 Vgl. *Schulte:* GRÜNEN, 1984, S. 11–32.
867 Vgl. *Sontheimer/Bleek/Gawrich:* Grundzüge, 2007, S. 355.
868 Vgl. *Jäger:* Prozeß, 1998, S. 180–195.
869 Vgl. *Hoffmann:* Bündnis 90/Die Grünen, 1994, S. 7 und 12 f. sowie *Lösche:* Parteien, 1994, S. 148–157.
870 Vgl. *Egle/Ostheim/Zohlnhöfer:* Das rot-grüne Projekt, 2003, S. 9–25.

Mitursache sind für die gesellschaftliche Fremdbestimmung und die Ausbeutung von Mensch und Natur. Eigentum in privaten – aber auch in staatlichen – Händen darf nicht mehr länger Machtausübung über andere Menschen, Zerstörung der Natur und Steuerung von Wirtschaft, Gesellschaft und Politik ermöglichen. [...] Banken sollen in neue gesellschaftliche Formen des Eigentums überführt werden. Die bekannten Formen der Verstaatlichung lehnen wir ab, da sie keine basisdemokratische Kontrolle ermöglichen. Modelle und Alternativen freier, nichtstaatlicher, sondern selbstverwalteter Verfügungsrechte können nur von den Betroffenen entwickelt werden."[871]

Darüber hinaus sind in dieser Zeit Sympathien zu den Gewerkschaften erkennbar. Die Grünen forderten u. a. neben dem Kündigungsschutz gewerkschaftlicher Vertrauensleute die Stärkung der Basisdemokratie in den Gewerkschaften, eine freie gewerkschaftliche und politische Betätigung in den Betrieben und während der Ausbildung, Tarifverträge auf der Basis von Festbeträgen sowie das Verbot von Rationalisierungen und Massenentlassungen gegen den Willen der Mehrheit der Belegschaft und der Vertrauensleute.[872] Der Unternehmer spielte keine bedeutende Rolle bei den Grünen; seine Funktion sollte durch gesellschaftliche Organisationen wahrgenommen werden, die demokratisch legitimiert seien. Somit ist es wenig verwunderlich, dass sich die Grünen einheitlich gegen die Privatisierung von öffentlich-rechtlichen Sparkassen positionierten. Nach Ansicht der Partei war der öffentliche Auftrag der öffentlich-rechtlichen Sparkassen weiterhin zu verfolgen.

In dem Grundsatzprogramm der Grünen aus dem Jahr 2001 wird die Position zur Privatisierung deutlich benannt: „Die Grünen wollen, dass grundlegende Versorgungsleistungen für alle Bürger sichergestellt sind und bekennen sich zur Verantwortung und Regulierungsfunktion des Staates. Darüber hinaus macht die Versorgungssicherheit Eigentum des Staates in einzelnen, klar definierten Bereichen notwendig. Privatisierungen allein sind genauso wenig ein Allheilmittel wie ein striktes Festhalten am staatlichen Eigentum. [...] Wir fordern im Sinne der Nachhaltigkeit vor jeder Privatisierung eine Prüfung der langfristigen, volkswirtschaftlichen, betriebswirtschaftlichen, sozial- und gesellschaftspolitischen Auswirkungen."[873] Darüber hinaus führen die Autoren *Gerhard Schick* (BÜNDNIS 90/DIE GRÜNEN) und *Elmar Sing* (UnternehmensGrün) im Jahr 2005 auf: „Die Abgrenzung zwischen staatlichen und privaten Aufgaben muss sehr klar

871 *GRÜNE:* Sozialabbau, 1983, S. 7.
872 Vgl. *GRÜNE:* Bundesprogramm, 1980, S. 9.
873 *GRÜNE:* Grundsatzprogramm, 2001, S. 21.

vorgenommen werden. Die Strategie, dass Verluste sozialisiert und Gewinne privatisiert werden, ist häufig das Ergebnis, wenn Staat und Private kooperieren. Auf staatlicher Seite ist stärker darauf zu achten, dass die Fähigkeit zur Kontrolle der Auftragnehmer und der Kooperationspartner gewährleistet wird, damit die Kooperationen dem Allgemeinwohl zugutekommen."[874]

Über die Jahre bestätigte die Partei ihre einheitlich ablehnende Haltung gegenüber der Deregulierung und Privatisierung öffentlich-rechtlicher Kreditinstitute. Am 26. März 2009 verfassten die Grünen ein Positionspapier zu den Landesbanken.[875] In dieser Stellungnahme sprachen sie sich deutlich für die Erhaltung der Sparkassen aus. „Während der öffentlich-rechtliche Auftrag der Landesbanken nicht mehr richtig wahrgenommen wird, sind die Sparkassen wichtiger denn je. Sie sind kommunal verankert, der Gemeinwohlorientierung verpflichtet, sichern die Versorgung und wirtschaftliche Entwicklung im ländlichen Raum."[876] Auch aus dem Wahlprogramm zur Bundestagswahl im Jahr 2009 ist die Haltung der Partei deutlich zu erkennen. Die öffentlich-rechtlichen Sparkassen sollen weiterhin gestärkt werden, ihre Geschäftspolitik soll sich am Gemeinwohl ausrichten.[877] „In manchen Bereichen muss der Staat wieder als Eigentümer wirtschaftlicher Strukturen in Erscheinung treten. Die Privatisierungseuphorie der 1990er-Jahre ist weit über das Ziel hinaus geschossen."[878]

In dem Bundestagswahlprogramm 2013 von BÜNDNIS 90/DIE GRÜNEN „Zeit für den Grünen Wandel" sprach sich die Partei ebenso für die Erhaltung des Drei-Säulen-Systems aus: „Nur ein stabiler Finanzsektor kann die Unternehmen und VerbraucherInnen mit Krediten versorgen. Das deutsche Drei-Säulen-System aus Sparkassen, Genossenschafts- und Privatbanken hat sich hier bewährt. Kleinstbanken sollen deshalb von bürokratischen Anforderungen entlastet werden. So kann auch endlich genügend Personal für die Bankenaufsicht eingesetzt werden."[879] Des Weiteren stimmte die Partei für eine Neuordnung der Finanzmärkte durch eine verstärkte Regulierung.[880] BÜNDNIS 90/DIE GRÜNEN traten dabei für ein Trennbankensystem ein: „Wir fordern ein Trennbankensystem, weil es Märkte stabiler macht. Geschäftsbereiche, in denen die Kreditinstitute

874 *Schick/Sing:* Wirtschaftspolitik, 2005, S. 15.
875 Vgl. *GRÜNE:* Landesbanken, 2009.
876 *GRÜNE:* Landesbanken, 2009, S. 2.
877 Vgl. *GRÜNE:* Bundestagswahlprogramm, 2009, S. 45.
878 *GRÜNE:* Bundestagswahlprogramm, 2009, S. 49.
879 *GRÜNE:* Bundestagswahlprogramm, 2013, S. 64.
880 Vgl. *GRÜNE:* Bundestagswahlprogramm, 2013, S. 73.

Handelsgeschäfte auf eigene Rechnung tätigen, gehören daher strikt getrennt vom realwirtschaftlichen Finanzierungs- und Einlagengeschäft."[881]

Auch in diesem Fall ist zu untersuchen, inwiefern die Grünen auf landespolitischer Ebene den bundespolitischen Auffassungen der Partei in Fragen der Sparkassenpolitik und der Deregulierung und Privatisierung öffentlich-rechtlicher Sparkassen gefolgt sind. Es werden die landespolitischen Programme in den zu untersuchenden Bundesländern auf entsprechende Stellungnahmen für die Zeiträume geprüft, für die im achten Kapitel Prozessanalysen erfolgen.

Baden-Württemberg

Die Programme zu den Landtagswahlen in Baden-Württemberg in den Jahren 1980 bis 2001 erlauben es nicht, Erkenntnisse zu dem untersuchten Themenkomplex zu gewinnen.[882] Aus dem Programm zur Landtagswahl 1988 „Die Grünen" ist lediglich ersichtlich, dass die Grünen eine Veränderung der Aufgabe bei den Sparkassen forderten. So führte die Partei unter der Teilüberschrift „Die wirtschaftliche Macht dezentralisieren" aus: „Erste Schritte in diese Richtung sind: [...] Veränderung der Aufgabe der Sparkassen entsprechend dem von den GRÜNEN vorgelegten Sparkassengesetz mit dem Ziel einer Dezentralisierung und Ökologisierung."[883] Weiter Konkretisierungen blieben jedoch aus.

Bei der Analyse des Programms zur Landtagswahl 1996 „Das grüne Programm – Wählen würde weiterhelfen." zeigt sich, dass die Grünen nun eindeutig Stellung bezogen: „Sie [die Landesregierung] blockierte sich selbst in einer Bankenfusionsdebatte, statt die Chancen eines starken Sparkassensektors zu nutzen."[884] „Eine große Bedeutung messen BÜNDNIS 90/DIE GRÜNEN den Sparkassen und Genossenschaftsbanken zu. Mit ihrem Regionalprinzip sind die Sparkassen gerade in der Krise ein wichtiger Rückhalt für kleine und mittlere Unternehmen gewesen. Ihr öffentlicher Auftrag muß weiterentwickelt werden und sich zum Beispiel stärker auf die Bereitstellung von Risikokapital für Existenzgründungen oder die Finanzierung ökologischer Bauweisen erstrecken."[885] „Die Einsparungen, die der Finanzminister vorweisen kann, wurden überwiegend durch die bei geringeren Steuereinnahmen automatisch sinkenden Ausgaben im

881 *GRÜNE:* Bundestagswahlprogramm, 2013, S. 61.

882 Vgl. *GRÜNE Baden-Württemberg:* Programme, 1980, 1984, (beschlossen) 1991 und 2001.

883 *GRÜNE Baden-Württemberg:* Programm, 1988, S. 60.

884 *GRÜNE Baden-Württemberg:* Programm, 1996, S. 7.

885 *GRÜNE Baden-Württemberg:* Programm, 1996, S. 13.

Kommunalen und im Länderfinanzausgleich erreicht, sowie dadurch, daß lange gut gehütete ‚Sparkassen' der Ministerien zum Teil ‚geschlachtet' wurden."[886] „Im Einzelfall kann auch eine vollständige Privatisierung sinnvoll sein, aber eine Privatisierung erfolgreicher Landesbetriebe nur aus ideologischen Gründen ist mit uns nicht zu machen. Wir sind dagegen, daß Sparkassen privatisiert werden, um Haushaltslöcher zu stopfen. Wir werden eine Schwächung des öffentlich-rechtlichen Bankensektors in Baden-Württemberg durch Privatisierung [nicht] mitmachen […]."[887] Diese Ausführungen bestätigen bereits die oben erwähnte Vermutung, dass davon ausgegangen werden kann, dass die Grünen auf landespolitischer Ebene den bundespolitischen Auffassungen folgen.

Im Landtagswahlprogramm 2006 „Jetzt aber Grün!" zeigt sich, dass sich die Partei weiterhin für die Sparkassen einsetzt und ihrer Argumentationslinie treu blieb. So heißt es: „Die Anpassung an die internationalen Finanzvorgaben von Basel II und die mangelnde Risikobereitschaft der Banken behindern jedoch die Entwicklung kleinerer und mittlerer Unternehmen. Es hat sich gezeigt, dass die öffentlich-rechtlichen Sparkassen und die Genossenschaftsbanken unverzichtbar für die Kreditversorgung kleiner und mittlerer Unternehmen sind. Sie sollen deshalb ihre Rolle als starke Partner zur Finanzierung des Mittelstands in der Region beibehalten und verbessern."[888]

Auch mit ihrem Landtagswahlprogramm 2011 „Jetzt!" bestätigten die Grünen die obige Positionierung zur Sparkassenpolitik und zu der damit verbundenen zentralen Fragestellung, indem sie ihre Position erneut eindeutig formulierten: „Wir Grünen wenden uns dagegen, den ‚öffentlichen Auftrag' der Landesbank entfallen zu lassen, denn Sinn und Zweck der Landesbank ist die Kreditversorgung des Mittelstands und die Zusammenarbeit mit den Sparkassen. Deshalb lehnen wir auch eine Privatisierung der Landesbanken und der Sparkassen strikt ab. Der öffentliche Auftrag der Sparkassen muss im Sparkassengesetz um den Aspekt der Nachhaltigkeit ergänzt werden. Nachhaltigkeit ist als Geschäftsgrundlage und Unternehmensziel der Sparkassen ausdrücklich festzulegen."[889]

Zur Landtagswahl 2016 sprachen sich die Grünen in ihrem Wahlprogramm „Grün aus Verantwortung für Baden-Württemberg" wieder für den Erhalt des Sparkassensektors aus: „Wir machen uns stark für den Erhalt des öffentlich-rechtlichen Sparkassensektors, wo immer dieser zur Disposition steht. Es braucht am Finanzmarkt regionale Akteure, die anders wirtschaften als die globalen

---

886 *GRÜNE Baden-Württemberg:* Programm, 1996, S. 63.
887 *GRÜNE Baden-Württemberg:* Programm, 1996, S. 65.
888 *GRÜNE Baden-Württemberg:* Programm, 2006, S. 33.
889 *GRÜNE Baden-Württemberg:* Programm, (beschlossen) 2010, S. 244.

Investmentbanken und die dem Gemeinwohl verpflichtet sind.“[890] Die Analyse des Wahlprogramms zeigt zudem, dass sich die Grünen sowohl auf der Bundes- als auch auf der EU-Ebene „für eine sachgerechte Bankenregulierung, die die Besonderheiten des dreigliedrigen deutschen Bankensystems berücksichtigt“, einsetzen.[891] Dabei heißt es: „Kleine, regional tätige Institute mit traditionellem Bankgeschäft kommen immer wieder durch Regeln unter Druck, die für die Großbanken ausgedacht wurden und nur für diese passen. Das benachteiligt viele der Genossenschaftsbanken und Sparkassen in Baden-Württemberg, begünstigt die Großbanken und damit die Marktkonzentration. Wir unterstützen deshalb die Idee, einen eigenständigen Regulierungsansatz für kleine, regionale Banken zu schaffen, der zwar harte, aber einfache und auf deren Geschäftsmodell ausgerichtete Regeln vorsieht.“[892]

Bayern

Bei der Analyse der Programme zu den Landtagswahlen in Bayern in den Jahren 1978 bis 2003 konnten keine Erkenntnisse zu dem Untersuchungsthema gewonnen werden.[893] Im Wahlprogramm zu der Landtagswahl 1994 „Nur mit den Grünen WECHSEL IN BAYERN“ ist lediglich kritisch aufgeführt, dass politische Einflussnahme in Sparkassen vorkomme: „Höchstbezahlte Posten z. B. in Sparkassen oder den Bayernwerken dienen den CSU-Funktionären als Altenteil.“[894]

Das Wahlprogramm 2008–2013 „Die Zeit ist reif für Grün!“ bot den Grünen dann Anlass, sich zur BayernLB und in diesem Zusammenhang zur Sparkassendiskussion zu äußern: „Die Funktion der Landesbank als überregionaler Partner für die Sparkassen in Bayern darf nicht gefährdet werden. Statt sich auf riskante Kapitalmarktgeschäfte einzulassen, soll sich die BayernLB künftig wieder auf ihr Kerngeschäft konzentrieren, nämlich als Zentralinstitut der Sparkassen in Bayern die Versorgung aller Bevölkerungsschichten, der Kommunen und der mittelständischen Wirtschaft mit Finanzdienstleistungen zu gewährleisten.“[895] Interessant ist die Bemerkung zu der politischen Einflussnahme bei der BayernLB: „Der Bayerische Staat kann und darf sich aus haftungsrechtlichen und aus politischen

---

890 *GRÜNE Baden-Württemberg:* Programm, (beschlossen) 2015, S. 38.
891 *GRÜNE Baden-Württemberg:* Programm, (beschlossen) 2015, S. 38.
892 *GRÜNE Baden-Württemberg:* Programm, (beschlossen) 2015, S. 38 f.
893 Vgl. *GRÜNE Bayern:* Programm, 1978; Wahlplattform, 1982; Programm, 1986; Programm, 1990; Programm, 1998; Programm, 2003.
894 *GRÜNE Bayern:* Programm, 1994, S. 17.
895 *GRÜNE Bayern:* Programm, 2008, S. 23.

Gründen nicht als Eigentümer zurückziehen. Er soll auch weiterhin über Verwaltungsrats-Mandate in der Verantwortung auch für fusionierte Landesbanken stehen. Die Fusion mit anderen Landesbanken ist ein Muss, Deutschland braucht nicht für jedes Land eine eigene Landesbank. Kleinkrämerisches Denken und Verteidigen der ‚eigenen' Landesbank muss ersetzt werden durch einen klaren Auftrag an die operativen Einheiten, tragfähige Konzepte für eine gemeinsame Dachorganisation der Sparkassen vorzulegen und umzusetzen."[896]

Zur bayerischen Landtagswahl 2013 positionierten sich die Grünen in ihrem Wahlprogramm (ohne Titel) lediglich dahingehend, dass sie „die Aufgabe der öffentlichen Banken [darin sehen], ihre Angebote im Bereich des Kleinkreditwesens zu erweitern bzw. offensiver und transparenter zu bewerben".[897]

Hessen

Die Untersuchung der Programme zu den Landtagswahlen in Hessen in den Jahren 1982 „Die Grünen – Hessen" und 1995 „Wer schlau ist, wählt grün." erbrachte keine Ergebnisse mit Blick auf die vorliegende Fragestellung.[898] Hingegen bezog die Partei in ihrem Landtagswahlprogramm 1991 „Die Grünen Hessen" wie folgt Stellung: „Der Spartassensektor muß in seinem öffentlichen Charakter erhalten und deutlicher auf seinen gemeinnützigen Auftrag in der Region verpflichtet werden. Dem steht die Novelle des hessischen Sparkassengesetzes entgegen, die ab 1993 die Möglichkeit privater stiller Beteiligungen vorsieht und den Sparkassensektor weiter auf Konkurrenz mit den Privat- und Genossenschaftsbanken im EG-weiten Kapitalmarkt orientiert. Stattdessen sollten sich die Sparkassen aktiv in der kommunalen und regionalen Strukturpolitik engagieren und vorrangig Aufgaben übernehmen, die heute über die privatwirtschaftlich organisierte Hessische Landestreuhandgesellschaft (HLT) abgewickelt werden."[899] Im Landtagswahlprogramm 1999 „Mehr Grüne für Hessen" äußerten sich die Grünen eher zurückhalten. Sie sprachen lediglich davon, dass „das hessische Sparkassengesetz so geändert werden [soll], dass tatsächlich Gewinnausschüttungen der Sparkassen an ihre Kommunalen Gewährträger möglich sind".[900]

Mit ihrem Regierungsprogramm zur Landtagswahl 2003 „Besser leben in Hessen braucht mehr Grün." positionierte sich die Partei unter der Teilüberschrift

---

896 *GRÜNE Bayern:* Programm, 2008, S. 23.

897 *GRÜNE Bayern:* Wahlprogramm, 2013, S. 14.

898 Vgl. *GRÜNE Hessen:* Landesprogramm, 1982 sowie Landtagswahlprogramm, 1995.

899 *GRÜNE Hessen:* Programm, 1991, S. 97 f.

900 Vgl. *GRÜNE Hessen:* Landtagswahlprogramm, (beschlossen) 1998, S. 58.

„Zukunft der Sparkassen in regionale Strukturpolitik einbinden" eindeutig: „Nachdem die Europäische Kommission entschieden hat, dass die bisherigen Regeln zur Gewährträgerhaftung und der Anstaltslast bei den Sparkassen abgeschafft werden müssen, wird es in den kommenden Jahren zu einer Neuorganisation des öffentlichen Bankenwesens kommen. Bündnis 90/DIE GRÜNEN setzen sich dafür ein, den öffentlichen Auftrag der Sparkassen neu zu beleben. Er ist ein wichtiges Element der regionalen Strukturpolitik. Es muss Aufgabe der Institute in öffentlicher Trägerschaft sein, gerade auch in ländlichen Gebieten preiswerte Bankdienstleistungen effizient anzubieten und die regionale Wirtschaft mit Finanzierungen zu bedienen. […] BÜNDNIS 90/DIE GRÜNEN setzen sich dafür ein, die anstehenden Änderungen beim Rating von Krediten (Basel II-Beschlüsse) dazu zu nutzen, ergänzend auch ethische und ökologische Kriterien bei der Bewertung von Unternehmen heranzuziehen. Ein solchermaßen positiv bewertetes Unternehmen birgt gute Chancen für dauerhaften wirtschaftlichen Erfolg und stärkt die regionale Wirtschaft. Auf diesem Feld müssen die Sparkassen eine Vorreiterfunktion übernehmen, was im Sparkassengesetz seinen Niederschlag finden soll."[901]

2008 blieb die Partei in dem Landtagswahlprogramm „An morgen denken" ihrer Argumentationslinie treu und äußerte sich wie folgt: „Wir werden das Sparkassengesetz weiter novellieren, um die Arbeit der öffentlich-rechtlichen Banken transparenter zu gestalten und um diese besser auf die regionalen Interessen sowie die Bedürfnisse kleiner und mittlerer Unternehmen zu konzentrieren."[902] Weitere Konkretisierungen sind jedoch nicht ersichtlich. Dem Grünen-Regierungsprogramm 2014–2019 „Hessen will den Wechsel." lassen sich hingegen keine Aussagen zur Sparkassenpolitik entnehmen.[903]

Rheinland-Pfalz

In Rheinland-Pfalz positionierte sich die GRÜNE in ihrem Landesprogramm zur Landtagswahl 1983 „Die Grünen Rheinland-Pfalz" nicht explizit zu dem hier untersuchten Themenkomplex, interessant ist jedoch die Haltung zu privaten Unternehmen: „Die Staatsunternehmen mit Monopolcharakter […] nehmen überregionale, gesellschaftliche Aufgabe wahr und stellen deshalb Ausnahmen dar. Die Grundsätze der Unternehmenslenkung sowie der Umfang der

901 *GRÜNE Hessen:* Regierungsprogramm, (beschlossen) 2002, S. 104 f.
902 *GRÜNE Hessen:* Landtagswahlprogramm, (beschlossen) 2007, S. 27.
903 Vgl. *GRÜNE Hessen:* Regierungsprogramm, 2013.

Abhängigkeit von der Bundes- und Landesregierung sollen im Statut der Unternehmen klar dargelegt werden, um Verfilzungen vorzubeugen."[904]

In den Programmen zu den Landtagswahlen in den Jahren 1987 bis 2006 sind keine Aussagen zu finden, die für die Arbeit von Bedeutungen wären.[905] Hingegen sprach sich die Partei in dem Programm zur Landtagswahl 2011 „Auf nach GRÜNland-Pfalz." eindeutig für die Erhaltung der Sparkassen aus: „Wir setzen uns für den Erhalt von starken Sparkassen […] in Rheinland-Pfalz ein. Regional eingebettete Kreditinstitute können die regionalen Kreditbedarfe abdecken und Anlagemöglichkeiten bieten. Sparkassen […] sind für eine wohnortnahe Versorgung der Bevölkerung und der mittelständischen Wirtschaft von Bedeutung. Gerade in der Wirtschafts- und Finanzkrise haben sich die Sparkassen […] als ein besonderer Stabilitätsfaktor erwiesen. Eine zukunftsfähige Sparkassenstruktur erfordert einen Gremienzuschnitt, der substanzielle Kontrolltätigkeiten ermöglicht. Die Kontrollrechte des Verwaltungsrates und die Transparenz wollen wir stärken."[906] Und in dem Programm zur Landtagswahl 2016 „Grün geht's weiter – Programm für ein lebenswertes Rheinland-Pfalz." heißt es: „Wir wollen die Kreditversorgung der Realwirtschaft durch regional verankerte Banken wie Sparkassen, Genossenschaftsbanken und Alternativbanken fördern. Als GRÜNE treten wir für politische Rahmenbedingungen ein, die das Prinzip ‚too big to fail' beenden."[907]

Nordrhein-Westfalen

Die Grünen in Nordrhein-Westfalen haben sich in ihrem Programm zur Landtagswahl 2000 „NRW erneuern." im Rahmen der Haushalts- und Finanzpolitik hinsichtlich einer „Aufgabenvermischung" bei Unternehmen geäußert: „Aufgabenvermischungen zwischen Landesregierung und Landesgesellschaften, Schattenhaushalten und Selbstbedienungsmentalitäten gilt es konsequent zu verhindern. Die Skandale um die Westdeutsche Landesbank machen klar: Bei den Beteiligungen an Unternehmen muss eine strikte Trennung zwischen den Aufgaben der Landesregierung und den Aufgaben der Unternehmen eingehalten werden."[908] Weitere Stellungnahmen sind nicht ersichtlich.

---

904 *GRÜNE Rheinland-Pfalz:* Landesprogramm, (beschlossen) 1982, S. 30.

905 Vgl. *GRÜNE Rheinland-Pfalz:* Landtagswahlprogramme, 1987 und 1991; Programme, (beschlossen) 1995, 2001 und 2006.

906 *GRÜNE Rheinland-Pfalz:* Programm, 2011, S. 25.

907 *GRÜNE Rheinland-Pfalz:* Programm, 2016, S. 32.

908 *GRÜNE Nordrhein-Westfalen:* Programm, 2000, S. 80.

Aus dem Landtagswahlprogramm 2005 „Die Grünen NRW." konnten keine Erkenntnisse für den zu untersuchenden Themenkomplex gewonnen werden.[909] In ihrem Programm zur Landtagswahl 2010 „Zukunftsplan für NRW." sprach sich die Partei lediglich für eine stärkere Regulierung der Märkte aus: „Märkte ohne Regulierung sind ein gefährlicher neoliberaler Wunschtraum und enden in der Realität in Krisen oder Monopolstrukturen. Deshalb geht es nicht um das ‚Ob', sondern um das ‚Wie' staatlicher Regulierung – nämlich für mehr Wettbewerb und Förderung von kleinen und mittleren Unternehmen (KMU) anstelle der Förderung von Monopolstrukturen, für die effiziente Nutzung anstelle der Verschwendung natürlicher Ressourcen, für statt gegen Innovation und technologischen Fortschritt."[910] Unter der Teilüberschrift „Kreditversorgung muss verlässlich sein" ließ die Partei lediglich in einem Satz verlauten, dass sie „uneingeschränkt zum Hausbankenprinzip" stehe.[911] Es folgten keine Konkretisierungen; Auffassungen zur Sparkassenpolitik sind nicht ersichtlich.

Mecklenburg-Vorpommern

Aus den Landtagswahlprogrammen der Grünen für Mecklenburg-Vorpommern in den Jahren 1994 bis 2011 konnten keine Erkenntnisse zu dem hier betrachteten Themenkomplex gewonnen werden.[912]

Sachsen

Die Grünen vertraten auch in Sachsen ihre Argumentationslinie, die darin bestand, Deregulierung und Privatisierung öffentlich-rechtlicher Sparkassen zu verhindern. So lässt sich dem Programm zur Landtagswahl 1999 entnehmen: „Die Sparkassen sind regionale, am Gemeinwohl orientierte, öffentlich-rechtliche Finanzinstitute. Sie haben mit einem dichten Filialnetz, der regionalen Wirtschaftsförderung sowie dem Sponsoring sozialer und kultureller Projekte eine große Bedeutung für die Region. Wir treten für bessere Ausschüttungsmöglichkeiten an die Gewährträger ein und lehnen ein privatisierungsfähiges, nur an der Gewinnmaximierung orientiertes Landes-Finanz-Institut ab."[913]

---

909 Vgl. *GRÜNE Nordrhein-Westfalen:* Programm, 2005.

910 *GRÜNE Nordrhein-Westfalen:* Programm, 2010, S. 21.

911 Vgl. *GRÜNE Nordrhein-Westfalen:* Programm, 2010, S. 30.

912 *GRÜNE Mecklenburg-Vorpommern:* Landesprogramm, 1994; Landtagswahlprogramm 1998; Programme, (beschlossen) 2001, 2006 und 2011.

913 *GRÜNE Sachsen:* Programm, 1999, S. 26.

Das Programm zur Landtagswahl 2004 machte deutlich, dass die Grünen einer Privatisierung öffentlicher Güter und Dienstleistungen sehr kritisch gegenüberstanden: „Die Privatisierung öffentlicher Unternehmen ohne angemessene Beteiligung der öffentlichen Hand hat oft die Einflussmöglichkeit der gewählten Abgeordneten geschwächt und andererseits nicht die erhofften Einsparungen erbracht. Über Privatisierung ist deshalb für jeden Einzelfall gesondert und verantwortungsvoll zu entscheiden."[914] Hier ist der Hinweis auf einen möglichen Verlust von Einflussmöglichkeiten der Politiker von Interesse, trat die Partei doch nach Ausführungen der rheinland-pfälzischen Grünen (wie oben erwähnt) gerade gegen diese „Verfilzung" ein. Hier wird bereits die Motivation des politischen Akteurs sichtbar. Die sächsische GRÜNE stellte nunmehr unter der Teilüberschrift „Zukunft der Sparkassen" fest, dass es „zu einer Neuorganisation des dreiteiligen Bankenwesens kommt", und führte weiter auf: „Der Volksentscheid in Sachsen hat gezeigt, dass die Funktion der Sparkassen als wesentlicher Motor kommunaler und regionaler Strukturentwicklung erhalten bleiben muss. Schon heute ist in den ländlichen Gebieten Sachsens ein flächendeckender Rückzug privater Banken festzustellen. Die strengeren Vergaberichtlinien nach Basel II führen dazu, dass der Mittelstand zunehmend Schwierigkeiten hat, Kredite aufzunehmen. [...] Mit ihrer Verankerung vor Ort sowie der Orientierung auf Gemeinwohl und Mittelstandsförderung sind die Sparkassen weit mehr als ein normales Kreditinstitut. [...] Änderungen im Sparkassengesetz finden unsere Unterstützung, wenn diese die Sparkassenorganisation bei der Erfüllung ihrer Aufgaben stärken."[915]

Aus dem Wahlprogramm der Grünen für die Landtagswahlen 2009 „Wenn Du was Ändern willst" können sehr detaillierte Erkenntnisse gewonnen werden. Unter der Überschrift „Sparkassen stärken" positionierten die Grünen sich wie folgt: „Die Sparkassen vor Ort wollen wir in ihrer Dezentralität und Autonomie vor Ort stärken, indem wir die Sachsen-Finanzgruppe auflösen und die in ihr organisierten Sparkassen rekommunalisieren. Die Sparkassen sind nicht nur ein Hort der Stabilität, wie die Finanzkrise erst jüngst gezeigt hat. Sie werden auch in ihrer Bedeutung für eine ausgewogene strukturelle Entwicklung im Raum noch immer stark unterschätzt. Die Sparkassen vor Ort wissen eher als die Sächsische Aufbaubank in Dresden, welche Geschäftsidee Erfolg verspricht und welcher Mittelständler einen Überbrückungskredit am dringendsten benötigt und danach auch zurückzahlen wird. BÜNDNIS 90/DIE GRÜNEN wollen die Sparkassen zu starken und dezentralen Regionalentwicklern aus- und aufbauen,

914 *GRÜNE Sachsen:* Programm, 2004, S. 97.
915 *GRÜNE Sachsen:* Programm, 2004, S. 102.

mit ihnen gemeinsam neue Geschäftsfelder wie bspw. das kommunale Energiecontracting entwickeln und die Vernetzung mit der sächsischen Wirtschaftsförderung auf den Weg bringen. Das Mikrodarlehensprogramm wollen wir aus der Sächsischen Aufbaubank herauslösen und an die Sparkassen übertragen."[916]

Berlin

Die Analyse der Grünen/AL-Programme zu den Abgeordnetenhauswahlen in Berlin in den Jahren 1989 bis 2001 erbrachte keine Ergebnisse zu dem untersuchten Themenkomplex.[917] In ihrem Programm zur Abgeordnetenhauswahl 2006 „Grüne wählen, bevor sie rot sehen!" bezogen die Grünen wie folgt Stellung: „Da den [...] Sparkassen hier eine besondere Rolle zukommt, wollen BÜNDNIS 90/DIE GRÜNEN das Sparkassengesetz im Einklang mit dem öffentlichen Auftrag präzisieren. Vor dem Hintergrund des Bankenskandals sollen damit Worte und Taten bei der Berliner Sparkasse nach ihrer Privatisierung wieder zusammenpassen."[918] Weitere Konkretisierungen blieben aus. Dem Programm zur Abgeordnetenhauswahl 2011 „Eine Stadt für Alle." lassen sich keine Positionierungen entnehmen.[919]

Hansestadt Hamburg

Die Hamburger GAL|BÜNDNIS 90/DIE GRÜNEN haben in ihren Wahlprogrammen für die Bürgerschaftswahlen in den Jahren 2001 bis 2011 keine Stellung zu dem Themenkomplex bezogen.[920]

Insgesamt kann festgestellt werden, dass im Vergleich zu den anderen Parteien und deren parteipolitischen Programmen die Grünen mit Blick auf die Frage nach den Sparkassen und deren Deregulierung und Privatisierung die umfangreichsten und in weiten Teilen konkretesten Programme über die Jahre erarbeitet haben. Das zeigt sich auch in dem Wahlprogramm zur Landtagswahl 2016 in Baden-Württemberg, in dem die zum Jahresanfang 2016 aktuelle Thematik Regulierung

---

916 *GRÜNE Sachsen:* Programm, 2009, S. 167 f.

917 Vgl. *GRÜNE Berlin:* Wahlprogramme, 1989 und 1990 sowie Programme, 1995, 1999 und 2001.

918 *GRÜNE Berlin:* Programm, 2006, S. 23.

919 Vgl. *GRÜNE Berlin:* Wahlprogramm, 2011.

920 Vgl. *GRÜNE Hamburg:* Wahlprogramme, 2001, 2004, (beschlossen) 2007 und 2011. Auch hier gilt, dass es, wie in Abschnitt 3.3.1 bereits aufgeführt, in der Hansestadt Hamburg kein Sparkassengesetz gibt, sodass dieses Ergebnis der Analyse nicht verwunderlich ist.

des Kreditsektors und dessen Auswirkungen auf den Sparkassensektor aufgegriffen und eindeutig Stellung bezogen wird. Die Analyse der Programme macht deutlich, dass sich die Grünen für die Erhaltung eines Drei-Säulen-Systems in der deutschen Kreditwirtschaft positioniert haben und demzufolge gegen die Deregulierung und Privatisierung von öffentlich-rechtlichen Sparkassen eintreten. Auch in den landespolitischen Auffassungen zeigt sich eine ablehnende Haltung gegenüber der Deregulierung und Privatisierung öffentlich-rechtlicher Kreditinstitute. Die GRÜNE ist der Ansicht, dass bei kommunalen Einrichtungen eine stärkere Bürgerbeteiligung möglich sei und weniger Wachstumsdruck als in privatwirtschaftlichen Unternehmen bestehe. Ob diese Auffassungen auch so umgesetzt wurden, wird ausführlich im achten Kapitel untersucht.

7.5.5 DIE LINKE

Wie schon bei den Grünen soll auch hier zunächst die Entwicklung der Linken skizziert werden. Die PDS[921] ging zum Jahresende 1989 durch Umbenennung aus der SED hervor.[922] Ihr politisches Selbstverständnis bezog die PDS nach eigenen Aussagen „aus den Strömungen der deutschen und internationalen Arbeiterbewegung, aus den revolutionären und demokratischen Traditionen des deutschen Volkes und aus dem Antifaschismus".[923] Als ihre zentralen Werte definierte die PDS bspw. Individualität, die freie Entwicklung des Denkens und Solidarität. Eine gewisse Nähe dieser Programmsätze zu den Programmen von SPD und GRÜNE war zu dieser Zeit gegeben.[924]

Die PDS bekannte sich zur Marktwirtschaft, da diese einen schnellen wissenschaftlich-technischen Fortschritt und eine hohe ökonomische Effektivität ermögliche. Im Rahmen einer marktwirtschaftlichen Ordnung sollten „gesellschaftliches Eigentum" sowie andere „vielfältige Formen des Eigentums an den Produktionsmitteln" gewährleistet sein.[925] Die PDS verteidigte die Auffassung, dass staatliches Eigentum „durch die reale Verfügung der Produzenten über die Mittel und Ergebnisse der Produktion zu wirklichem Volkseigentum" werde. Die Beschäftigten

---

921 Wie bereits erwähnt, hat sich die PDS seit dem 16.06.2007 in die Partei DIE LINKE gewandelt.

922 Vgl. *Partei des Demokratischen Sozialismus:* Materialien, 1990, S. 13 ff. *Lang* beschreibt in seiner Ausarbeitung den Wandel von der SED zur PDS bis hin zu der heutigen DIE LINKE. Vgl. dazu *Lang:* Wandel, 2008, S. 34–39.

923 *Partei des Demokratischen Sozialismus:* Programm, 1990, S. 90.

924 Vgl. *Partei des Demokratischen Sozialismus:* Programm, 1990, S. 90.

925 *Partei des Demokratischen Sozialismus:* Programm, 1990, S. 94. Die im Folgenden wörtlich zitierten Auffassungen der PDS sind der vorherigen Quelle entnommen.

sollten aber „durch Gewinnbeteiligung und andere Formen an den wirtschaftlichen Ergebnissen der Betriebe interessiert“ werden. Grundsätzlich befürwortete die PDS einen gesamteuropäischen Wirtschaftsraum.

Das erste Programm der PDS, das im Jahr 1990 zur Zeit der Wende verabschiedet wurde, enthielt widersprüchliche Ansichten und konnte keine wesentliche Bedeutung für die spätere Entwicklung der Partei gewinnen. Darüber hinaus wurde zur kreditwirtschaftlichen Situation in der Bundesrepublik Deutschland keine erkennbare Stellung bezogen.[926] Bis zum Jahr 2003 lassen sich keine aussagekräftigen Positionierungen in diesem Bereich finden. Das Grundsatzprogramm im Jahr 2003 enthielt lediglich einen Hinweis darauf, wie sich die Linkspartei. PDS[927] hier in Zukunft verhalten würde, indem die Auffassung geäußert wurde, die Finanzmärkte seien einer demokratischen Kontrolle zu unterwerfen. Die Linkspartei.PDS bezog deutlich Stellung gegen die Kommerzialisierung und Privatisierung öffentlicher Güter.[928]

Diese Argumentationslinie setzte sich dann in den folgenden Jahren fort. Im Beschluss des Bundesparteitages der Linken 2009 heißt es:[929] „Die Politik des Sozialabbaus, der Deregulierung und Privatisierung, der entfesselten Finanzmärkte, [...] diese Politik dient dem Profit von Wenigen und geschieht auf dem Rücken und auf Kosten der Mehrheit der Bevölkerung.“[930] DIE LINKE sprach sich demnach kategorisch gegen die Privatisierung von öffentlichem Eigentum aus: „Es ist das Gebot der Stunde, die Banken zu vergesellschaften, damit sie sich wieder berechenbar auf ihre Hauptaufgaben konzentrieren: die Wirtschaft und die Bürgerinnen und Bürger mit Krediten zu versorgen und unterschiedliche Formen von risikoloser Ersparnisbildung anzubieten. DIE LINKE unterstützt den Kampf der Gewerkschaften und Sozialverbände [...]“.[931] Nach Auffassung der Linken sollte die öffentliche Daseinsvorsorge ausgebaut und sollten bereits erfolgte Privatisierungen zurückgenommen werden.

Im Jahr 2010 positionierte sich DIE LINKE wie folgt:[932] Strukturbestimmende Großbetriebe der Wirtschaft sollten in demokratische, gesellschaftliche

926 Vgl. *Partei des Demokratischen Sozialismus:* Materialien, 1990, S. 13 ff. sowie *Jäger:* Prozeß, 1998, S. 213–215.

927 Vgl. *Die Linkspartei.PDS:* Programm, 2003, S. 1–20.

928 Vgl. *Die Linkspartei.PDS:* Programm, 2003, S. 14.

929 Vgl. *DIE LINKE:* Beschluss, 2009, S. 1–37.

930 *DIE LINKE:* Beschluss, 2009, S. 1.

931 *DIE LINKE:* Beschluss, 2009, S. 4.

932 Die folgenden Ausführungen lehnen sich an den „1. Entwurf für ein Programm der Partei DIE LINKE“ vom 20.03.2010 an. Vgl. *DIE LINKE:* Entwurf, 2010, S. 1–25.

Eigentumsformen transformiert werden. Die Daseinsvorsorge, die gesellschaftliche Infrastruktur und die Finanzinstitutionen gehörten in die öffentliche Hand und müssten demokratisch kontrolliert werden. Das Drei-Säulen-System der deutschen Kreditwirtschaft wurde befürwortet. Entsprechend wurde die Kreditwirtschaft als ein öffentliches Gut interpretiert.[933]

Nach Auffassungen der LINKE waren die privaten Banken für die Wirtschafts- und Finanzmarktkrise – zwischen den Jahren 2007 und 2009 – und die dadurch entstandenen Milliardenverluste mitverantwortlich. Entsprechend sollten private Kreditinstitute verstaatlicht, demokratischer Kontrolle unterworfen und auf das Gemeinwohl verpflichtet werden.[934] Durch eine konsequente Regulierung sei zu gewährleisten, dass der Kreditsektor in Zukunft wieder seinen öffentlichen Auftrag erfülle. Die Linken forderten bspw. Rahmenvorgaben für Kredit- und Guthabenzinsen. Um welche Art von Rahmenvorgaben es sich dabei handeln sollte, wurde nicht weiter erläutert. Kreditinstitute sollten gesetzlich verpflichtet werden, einen festgelegten Mindestanteil ihrer Bilanzsumme in Form von Kleinkrediten zu niedrigen Zinsen an mittelständische Unternehmen zu vergeben. Es wurde des Weiteren eine effektive Kontrolle und Regulierung des internationalen Kapitalverkehrs sowie ein Verbot hochspekulativer Investitionsvehikel, die die Stabilität des Finanzsystems und damit der gesamten Weltwirtschaft gefährden könnten, gefordert.

Auch in ihrem Bundestagswahlprogramm 2013 „100 % sozial" positionierte sich DIE LINKE sehr eindeutig: „Wir wollen private Banken vergesellschaften, den Finanzsektor öffentlicher Kontrolle unterwerfen und strikt regulieren, den privaten Bankensektor in die öffentliche Hand überführen und – entsprechend den Sparkassen – auf das Gemeinwohl verpflichten."[935] Weiter heißt es: „Die Banken müssen stärker reguliert werden, risikoreiche Spekulationen sind auszuschließen. Das Investmentbanking – das nur in Betriebe investiert, um hohe Renditen zu erzielen – ist als Geschäftsfeld abzuwickeln. Das Finanzsystem braucht keine Spielbanken. Modell des neuen Finanzwesens sind Sparkassen und Genossenschaftsbanken; die so zu schaffenden Banken werden wie die Sparkassen aufs

933 Die Unternehmen im Eigentum von Bund, Ländern oder Kommunen sollten ebenfalls der Kontrolle unterliegen. Sie sollten sozialen und ökologischen Vorgaben unterliegen und dem Gemeinwohl gesetzlich verpflichtet werden. DIE LINKE sprach sich hier deutlich gegen die privaten Unternehmen aus.

934 Vgl. *Wagenknecht:* Banken, 2010, online.

935 *DIE LINKE:* Wahlprogramm, 2013, S. 29.

Gemeinwohl verpflichtet."[936] Die Partei folgte damit ihrer Argumentationslinie aus der Vergangenheit.

Auch hier ist zu erwarten, dass die Linken auf landespolitischer Ebene grundsätzlich den bundespolitischen Auffassungen folgten. Es gilt, Aussagen der Linken zur Sparkassenpolitik und zu der damit einhergehenden zentralen Fragestellung der Deregulierung und Privatisierung öffentlich-rechtlicher Sparkassen in den Bundesländern herauszuarbeiten, auf die sich die späteren Prozessanalysen (Kapitel 8) beziehen werden.

Baden-Württemberg

Aus dem Wahlprogramm 2006 der WASG[937] in Baden-Württemberg „Für Arbeit und soziale Gerechtigkeit in Baden-Württemberg" ist ersichtlich, dass die Partei sich für die Erhaltung der öffentlich-rechtlichen Sparkassen einsetzte und Sparkassenprivatisierungen kategorisch ablehnte. So formulierte die WASG: „Öffentliche Güter und Dienstleistungen dürfen nicht privatisiert werden. [...] wir sind für den Ausbau der öffentlichen Grundversorgung und gegen deren Privatisierung. Zur öffentlichen Daseinsvorsorge gehören: [...] [der] Erhalt der öffentlichen Sparkassen."[938]

In der darauffolgenden Landtagswahl 2011 positionierte sich DIE LINKE in ihrem Wahlprogramm „DIE LINKE in den Landtag. Original Sozial – vor und nach der Wahl" ebenfalls eindeutig für die Erhaltung des öffentlich-rechtlichen Kreditsektors: „Die LBBW bleibt ein öffentlich-rechtliches Institut. Sie gehört wie die Sparkassen den Bürgerinnen und Bürgern. Die Forderung der EU-Kommission, die Bank in eine AG umzuwandeln, wird zurückgewiesen. [...] Die LBBW wie auch die Sparkassen agieren im Rahmen des öffentlichen Auftrags."[939] In dem Wahlprogramm für die Landtagswahl 2016 „Baden-Württemberg plus sozial" sind hingegen keine Stellungnahmen zum Kreditsektor zu finden.[940]

---

936 *DIE LINKE:* Wahlprogramm, 2013, S. 48.

937 Abschnitt 5.3 hat bereits gezeigt, dass DIE LINKE im Juni 2007 aus einer Fusion der WASG, einer Vereinigung aus einem abgespaltenen SPD-Flügel und SPD-kritischen linken Gewerkschaftern, mit der PDS entstanden ist. Vor diesem Hintergrund wird das WASG-Wahlprogramm ebenfalls analysiert.

938 *WASG Baden-Württemberg:* Wahlprogramm, 2006, S. 20.

939 *DIE LINKE Baden-Württemberg:* Wahlprogramm, (beschlossen) 2010, S. 11.

940 Vgl. *DIE LINKE Baden-Württemberg:* Wahlprogramm, 2016.

Bayern

Die Linken in Bayern positionierten sich in ihrem Landtagswahlprogramm 2013 „Für Arbeit und sozial Gerechtigkeit: Eine starke LINKE verändert Bayern!“ gegen die Privatisierung von Sparkassen: „DIE LINKE steht für folgende landespolitische Ziele: Keine Privatisierung öffentlichen Eigentums in Bayern. Wir werden uns jeder Verschlechterung des Sparkassengesetzes oder anderer Gesetze, die bislang öffentliches Eigentum vor dem Zugriff privater Erwerber bewahren, entgegenstellen.“[941] Des Weiteren vertrat DIE LINKE die Auffassung, dass „Sparkassen und regionale Genossenschaftsbanken als Instrument örtlicher Wirtschaftsförderung erhalten bleiben [müssen].“[942]

Hessen

Auch in Hessen bleibt die LINKE in ihrem Landtagswahlprogramm 2008 „Hessen sozial. DIE LINKE für soziale Gerechtigkeit in Hessen: Menschen vor Profite“ ihrer bisherigen (bundespolitischen) Argumentationslinie hinsichtlich der Sparkassenpolitik und der damit zusammenhängenden Fragestellung der Deregulierung und Privatisierung öffentlich-rechtlicher Sparkassen treu. So führte die Partei unter der Teilüberschrift „Keine Privatisierung hessischer Sparkassen“ auf: „Die in öffentlich-rechtlicher Gewährsträgerschaft geführten Sparkassen dienen insbesondere in ländlichen Gebieten der Versorgung der Bevölkerung mit Bankdienstleistungen. Darüber hinaus können sie mit Krediten an ortsansässige Unternehmen und Handwerksbetriebe zur regionalen Mittelstandsförderung beitragen. Es besteht die Gefahr, dass die regionalen Sparkassen durch Großbanken und Investmentgesellschaften aufgekauft werden und damit ihre Eigenständigkeit verlieren und das Prinzip der Gemeinnützigkeit verlassen. Die entsprechende Novellierung des Sparkassengesetzes, die die Koch-Regierung gegen den Widerstand der Sparkassen durchgedrückt hat, muss revidiert werden. DIE LINKE lehnt eine Privatisierung der hessischen Sparkassen strikt ab.“[943]

Mit dem Landtagswahlprogramm 2013 „100 % Sozial – auch nach der Wahl. Politikwechsel für Hessen“ bestätigte DIE LINKE ihre Auffassungen. Unter der Teilüberschrift „Keine Privatisierung hessischer Sparkassen“ hieß es: „Die in öffentlich-rechtlicher Gewährsträgerschaft geführten Sparkassen dienen insbesondere in ländlichen Gebieten der Versorgung der Bevölkerung mit Bankdienstleistungen.

941 *DIE LINKE Bayern:* Wahlprogramm, (beschlossen) 2012, S. 6.
942 *DIE LINKE Bayern:* Wahlprogramm, (beschlossen) 2012, S. 34.
943 *DIE LINKE Hessen:* Wahlprogramm, (beschlossen) 2007, S. 11.

Darüber hinaus haben sie den Auftrag, mit Krediten an ortsansässige Unternehmen und Handwerksbetriebe zur regionalen Mittelstandsförderung beizutragen. Anders als private Banken sind sie dem Gemeinwohl verpflichtet. [...] DIE LINKE lehnt eine Privatisierung der hessischen Sparkassen strikt ab. Wir wollen den Einfluss der Kommunen auf die Sparkassen erhalten. [...] Derzeit werden nicht einmal 10 % der von Sparkassen erwirtschafteten Gewinne an ihre Träger, die Kommunen, ausgeschüttet, obwohl die Haushaltslage in vielen hessischen Kommunen angespannt ist. Das wollen wir ändern."[944]

Rheinland-Pfalz

In Rheinland-Pfalz positionierte sich die Partei DIE LINKE in ihrem Programm zur Landtagswahl 2011 „DIE LINKE Rheinland-Pfalz. Konsequent sozial" wie folgt: „Unsere Sparkassen und Genossenschaftsbanken haben sich in der Krise im Unterschied zu privaten Banken und Landesbanken mit ihrem soliden regionalen Geschäftsmodell behauptet. Vertikale Fusionen im Bereich des staatlichen Bankensektors lehnen wir ab. DIE LINKE will Geschäfts- und Landesbanken über der kommunalen Ebene langfristig in Regional-Sparkassen überführen, die sich auf ihre Kernfunktion beschränken und größere Investitionsvorhaben finanzieren. [...] Wir wenden uns gegen jegliche Versuche, die Sparkassen zu privatisieren. [...] DIE LINKE fordert daher: [...] keine vertikalen Fusionen im staatlichen Bankensektor [...] keine Privatisierung der Sparkassen zuzulassen."[945] Auch im Wahlprogramm für die Landtagswahl 2016 „Sozial muss drin sein." sprach sich die Partei für die Erhaltung der kommunalen Trägerschaft der Sparkassen aus.[946]

Nordrhein-Westfalen

Die Linken in Nordrhein-Westfalen setzten sich in ihrem Programm zur Landtagswahl 2010 „Original sozial – konsequent solidarisch. Kurswechsel" „für den Erhalt der öffentlich-rechtlichen Sparkassen und die Stärkung ihres öffentlichen Auftrages" sowie für „den Schutz der Sparkassen vor drohender Privatisierung durch Rücknahme der Verpflichtung zur Ausweisung von Trägerkapital im Landessparkassengesetz" ein.[947]

---

944 *DIE LINKE Hessen:* Wahlprogramm, 2013, S. 39 f.

945 *DIE LINKE Rheinland-Pfalz:* Wahlprogramm, 2011, S. 45 f.

946 Vgl. *DIE LINKE Rheinland-Pfalz:* Wahlprogramm, 2016, S. 45.

947 *DIE LINKE Nordrhein-Westfalen:* Landtagswahlprogramm, (beschlossen) 2009, S. 9.

Mecklenburg-Vorpommern

Die PDS hatte sich in Mecklenburg-Vorpommern in den Wahlprogrammen zu den Landtagswahlen 1998 „Mit der PDS für soziale Gerechtigkeit und Menschenwürde in Mecklenburg-Vorpommern“ und 2002 „Arbeit und Lebensperspektiven. Für ein selbstbewusstes Land.“ zum Thema Deregulierung- und Privatisierung öffentlich-rechtlicher Sparkassen nicht positioniert.[948] Zu den Landtagswahlen 2006 äußerte sich die Linkspartei.PDS in ihrem Wahlprogramm „Gemeinsam für mehr Gerechtigkeit – Sozial, ökologisch, wirtschaftlich, demokratisch.“ zu der Sparkassenpolitik wie folgt: „Wir wollen die Sparkassen als öffentliche Finanzinstitutionen in kommunaler Verantwortung und als stabiles Element der regionalen Wirtschaftsentwicklung erhalten. Das gilt auch bei möglichen Fusionen von Sparkassen oder bei Verbundlösungen.“[949]

Dieser Argumentation folgte DIE LINKE auch in dem Wahlprogramm zu den Landtagswahlen 2011 „Gerechtigkeit! Nur mit uns.“, wo sie schrieb: „Die Sparkassen als öffentlich-rechtliche Finanzinstitute in kommunaler Verantwortung und als stabiles Element der regionalen Wirtschaftsentwicklung müssen erhalten bleiben. Das gilt auch bei Fusionen von Sparkassen oder bei Verbundlösungen. Wir werden allen Bestrebungen nach Privatisierung der Sparkassen entschieden entgegen treten.“[950]

Sachsen

Dem sächsischen Wahlprogramm der PDS für die Landtagswahlen 1999 „Ein Land für die Menschen. Veränderung beginnt vor Ort.“ sind keine Aussagen zu dem hier untersuchten Themenkomplex zu entnehmen.[951] Hingegen positionierte sich die PDS in ihrem Wahlprogramm zur Landtagswahl 2004 „Ein anderes Sachsen ist möglich!“ eindeutig: „Wir sind dagegen aufgetreten, dass die CDU die Sparkassen […] abschaffen wollte.“[952] „Die Kommunen sollten ihre Betriebe und Einrichtung stärken und bewirtschaften. Es geht nicht so weiter, dass privatisiert wird und die Kommunen im ‚öffentlichen Interesse‘ oft die Verluste zu tragen

948 Vgl. *Partei des Demokratischen Sozialismus Mecklenburg-Vorpommern:* Landeswahlprogramm, (beschlossen) 1997 sowie Wahlprogramm, 2002.

949 *Die Linkspartei.PDS Mecklenburg-Vorpommern:* Wahlprogramm, 2006, S. 19.

950 *DIE LINKE Mecklenburg-Vorpommern:* Wahlprogramm, 2011, S. 28.

951 Vgl. *Partei des Demokratischen Sozialismus Sachsen:* Wahlprogramm, 1999.

952 *Partei des Demokratischen Sozialismus Sachsen:* Wahlprogramm, 2004, S. 3.

haben, Gewinne aber privat eingestrichen werden. Deshalb dürfen [...] Sparkassen nicht privatisiert werden."[953]

In dem sächsischen Wahlprogramm von DIE LINKE für die Landtagswahlen 2009 „Der eigenen Kraft vertrauen. Für Sachsen." werden die Vorstellungen der Partei abermals sichtbar. So bezog sie Stellung zum Erhalt der öffentlichen Unternehmen und „gegen Privatisierung der öffentlichen Daseinsvorsorge".[954] Die Partei äußerte sich im Weiteren: „Möglichkeiten zur Re-Kommunalisierung von Aufgaben der Daseinsvorsorge, wie z. B. der Energieversorgung, müssen vom Land unterstützt werden. Dabei müssen sich diese strikt am Gemeinwohlinteresse orientieren. Wir wollen die Auflösung der Sachsenfinanzgruppe, die jedoch nicht zu Lasten der Kommunen gehen darf. Die Stärkung kommunaler Sparkassen steht für uns im Mittelpunkt, denn sie haben mehrheitlich den Versuchungen riskanter Spekulationen auf den internationalen Finanzmärkten widerstanden und einen verantwortungsvollen Umgang mit den Ersparnissen ihrer Kunden bewiesen. Öffentliche Unternehmen, aber nicht nur sie, sind in der Pflicht, Wirtschaftsdemokratie zu befördern. Die öffentlichen Beteiligungen in Sachsen müssen transparent gemacht, demokratisch kontrolliert und gesteuert werden."[955]

Berlin

Die Analyse des Programms der PDS zu den Berliner Abgeordnetenhauswahlen im Jahr 1995 „Ein anderes Berlin, eine andere Politik." ergab keine Hinweise für die vorliegende Fragestellung.[956] Hingegen sind in dem Programm für die Abgeordnetenhauswahl 1999 „Berlin für alle: Politik für die ganze Stadt." folgende Äußerungen zu finden: „In der Diskussion um die Zukunft der Bankgesellschaft Berlin AG befürwortet die PDS weiterhin einen Zusammenschluß mit einem starken öffentlich-rechtlichen Partner hin zu einer leistungsfähigen Bank mit einem bestimmten öffentlichen Einfluß. Notwendig ist es, die innere Struktur der Bankgesellschaft neu zu ordnen, um Synergieeffekte zu erreichen und den Teilbanken jeweils klar definierte Aufgabenfelder im Gesamtverbund zuzuordnen. Dabei ist die besondere Konstruktion der Holding Bankgesellschaft Berlin mit privatrechtlichen und öffentlich-rechtlichen Teilbanken unter einem privaten Dach rechtlich fragwürdig und mit hohen finanziellen Risiken behaftet – ein Grund für das Scheitern des Zusammenschlusses der Norddeutschen Landesbank mit der

---

953 *Partei des Demokratischen Sozialismus Sachsen:* Wahlprogramm, 2004, S. 15.
954 *DIE LINKE Sachsen:* Landeswahlprogramm, 2009, S. 11.
955 *DIE LINKE Sachsen:* Landeswahlprogramm, 2009, S. 11.
956 Vgl. *Partei des Demokratischen Sozialismus Berlin:* Programm, 1995.

Bankgesellschaft. Die PDS spricht sich dafür aus, die Position der Landesbank im Verbund der Bankgesellschaft zu verbessern und in diesem Zusammenhang die Erfüllung strukturpolitischer, ökologischer und sozialer Aufgaben in der Geschäftspolitik der Landesbank stärker zu gewichten. Teilverkäufe, die die öffentliche Beteiligung an der Bankgesellschaft schmälern, oder andere Reduzierungen des Landesanteils sind zu unterlassen. In Überlegungen zur Erweiterung des öffentlich-rechtlichen Charakters der Eigentümerstruktur der Bankgesellschaft Berlin sind die ostdeutschen Bundesländer und Geldinstitute einzubeziehen."[957]

Dieser Argumentationslinie folgte die Partei in ihrem Programm zu den Abgeordnetenhauswahlen in dem Jahr 2001 „Miteinander für Berlin.", wo sie schrieb: „Die unternehmerische Führung durch das Land Berlin hat sich bei der Bankgesellschaft nicht bewährt. Die PDS strebt eine öffentlich-rechtliche Lösung für die Bankgesellschaft an. Es muss versucht werden, durch den Verkauf von Landesanteilen wieder Einnahmen aus der Bankgesellschaft zu erzielen."[958]

Interessant sind die vorstehenden Positionierungen der PDS insbesondere vor dem Hintergrund der folgenden Stellungnahmen, die aus den Programmen von DIE LINKE.PDS und WASG zu den Abgeordnetenhauswahlen 2006 ersichtlich bzw. „nicht ersichtlich" sind. So bezog DIE LINKE.PDS in ihrem Programm „Berlin bewegt." überraschenderweise nicht Stellung,[959] während sich die WASG in ihrem Programm „Die Menschen, nicht den Haushalt in den Mittelpunkt! Soziale Politik ins Abgeordnetenhaus: WASG wählen!" ausführlich mit dem Thema befasste und mit ihrem Eingangsstatement einen deutlichen Akzent in der Deregulierungs- und Privatisierungsdiskussion setzte: „Die Beinahe-Pleite der Bankgesellschaft Berlin besiegelte Anfang 2001 das Ende. Aber die parasitären Elemente der Berliner Ökonomie sind eine Folge, nicht die Ursache der wirtschaftlichen Situation der Stadt. Ein Ende von Filz und Korruption löst die Probleme der wirtschaftlichen Basis nicht."[960]

Die WASG führte unter der Teilüberschrift „Bankenskandal und Sparkasse" weiter aus:

„Für die Linkspartei.PDS war die Zustimmung zur Risikoübernahme die notwendige Bedingung zum Regierungseintritt. Sie deckt damit die größte Bankenpleite und die korruptive Verwicklung der Berliner SPD und CDU. [...] Mit dem Beschluss zur Risikoübernahme einigten sich SPD und PDS auf den Komplettverkauf der Bankgesellschaft und damit auch der Berliner Sparkasse, obwohl

957 *Partei des Demokratischen Sozialismus Berlin:* Programm, 1999, S. 16.
958 *Partei des Demokratischen Sozialismus Berlin:* Programm, 2001, S. 5.
959 Vgl. *DIE LINKE.PDS Berlin:* Programm, 2006.
960 *WASG Berlin:* Wahlprogramm, 2006, S. 5.

die PDS dies im Wahlkampf 2001 noch ausgeschlossen hatte. Dieser Entschluss führte maßgeblich mit dazu, dass die EU-Kommission den Verkauf der Sparkasse ausdrücklich zur Auflage machte. Diese wurde von Senatsseite kritiklos hingenommen, ein Widerspruch unterblieb. [...] Nun soll die Bankgesellschaft inklusive der Sparkasse bis 2007 verkauft werden. Dabei zeigt sich der Senat unbeeindruckt von der Möglichkeit, dass ein privater Investor in den Besitz einer öffentlich-rechtlichen Sparkasse kommen könnte.

Mit der Novellierung des Sparkassengesetzes hat der Senat dafür sogar eigens die Voraussetzungen geschaffen. Mit der Umwandlung der Landesbank in eine Aktiengesellschaft soll die Sparkasse unter diesem Dach ein öffentlich-rechtliches Institut bleiben, das verkauft werden kann. [...] Den Bürgerinnen und Bürgern soll so glauben gemacht werden, dass auch bei einem Verkauf alles beim Alten bleibe und Berlin nicht ‚sparkassenfreien Zone' werde. Der Deutsche Sparkassen- und Giroverband hat im Falle einer Privatisierung bereits mit einem Entzug der Markenrechte gedroht. Es ist absurd zu glauben, dass ein privater Investor die sparkassentypischen Aufgaben, nämlich den Kreditbedarf insbesondere des Mittelstands und der wirtschaftlich schwächeren Bevölkerungskreise zu decken, erfüllen würde. Warum auch? Beim Verkauf der städtischen Wohnungsbaugesellschaften hat sich bereits gezeigt, dass die Zusagen privater Investoren zum Mieterschutz nichts wert sind.

Für die WASG ist klar: Der Verkauf der Sparkasse muss verhindert werden, Berlin darf nicht sparkassenfreie Zone werden."[961]

In dem darauffolgenden Programm zur Abgeordnetenhauswahl 2011 „Das soziale Berlin." äußerten sich die Linken hingegen nicht weiter zu dieser Thematik.[962]

Hansestadt Hamburg

Wie schon bei den anderen Parteien finden sich auch bei den Hamburger Linken in ihren Wahlprogrammen für die Bürgerschaftswahlen 2008 „Hier ist die Linke" und 2011 „Für ein soziales Hamburg!" keine Aussagen zu dem Themenkomplex.[963]

---

961 *WASG Berlin:* Wahlprogramm, 2006, S. 13 f.

962 Vgl. *DIE LINKE Berlin:* Wahlprogramm, 2011.

963 Vgl. *DIE LINKE Hamburg:* Wahlprogramme, 2008 und 2011. Auch hier gilt das bereits bei den anderen Parteien Angemerkte, dass der Grund für diesen Befund möglicherweise darin zu sehen ist, dass es in der Hansestadt Hamburg kein Sparkassengesetz gibt (vgl. Abschnitt 3.3.1).

Nach Auffassung der Linken gewährleisten somit nur die öffentlich-rechtlichen Sparkassen eine effiziente und flächendeckende Versorgung des Mittelstandes und der Bevölkerung mit Finanzdienstleistungen. Entsprechend sollen die Landesregierungen eine eigene regionalwirtschaftliche Strategie verfolgen. DIE LINKE befürwortet insofern das System der öffentlich-rechtlichen Kreditinstitute und spricht sich für die Erhaltung des Grundprinzips der öffentlich-rechtlichen Sparkassen aus. Sie will durch eine verstärkte Zusammenarbeit im Verbund und eine intensivere Arbeitsteilung ein flächendeckendes Sparkassennetz sichern. Öffentlich-rechtliche Sparkassen sollen weiterhin ihre unterschiedlichen Geschäftsmodelle verfolgen und ausbauen. Die Partei fordert mehr Transparenz in der Geschäftspolitik und eine verstärkte öffentliche Kontrolle. Auch bekräftigt sie die Beibehaltung des Regionalprinzips. Bei der programmatischen Analyse der Linken in Berlin zeigten sich jedoch deutliche Abweichungen von der ursprünglichen (bundespolitischen) Auffassung. Dass die Partei in Berlin eine Teilprivatisierung befürwortet hat, lässt bereits erkennen, dass die originäre Grundauffassung der Linken auf Bundesebene in der Praxis auf Landesebene zumindest im Fall von Berlin nicht gelebt wird. Das achte Kapitel wird diese landespolitischen Deregulierungs- und Privatisierungsvorhaben untersuchen.

8 Politische Prozessanalyse landesspezifischer Deregulierungs-, Fusions- und Privatisierungsvorhaben

Dieses Kapitel bildet den Kern der vorliegenden Untersuchung. Die Beschreibungen der sparkassenpolitischen Entwicklungen bzw. Vorhaben in den ausgewählten Bundesländern dienen als Ausgangslage. Hierbei ist zu berücksichtigen, dass Berichterstattungen und Publikationen über Deregulierungs- und Privatisierungsvorgänge öffentlich-rechtlicher Sparkassen sowie über Reformüberlegungen und deren Auswirkungen auf das Sparkassenwesen in den Bundesländern nur in geringer Zahl vorhanden sind.[964] Erst mit dem Aufleben der Privatisierungsdiskussion in den 1970er-Jahren intensivierte sich das Interesse der Politik an diesem Themenbereich. Es ist zu berücksichtigen, dass die Ausgangsbedingungen in den einzelnen Bundesländern nicht einheitlich sind – zu denken ist hier an Faktoren wie Finanzierungsdifferenzen, staatswirtschaftliche Traditionen oder die Privatisierungsfreundlichkeit der jeweiligen Regierungen. Des Weiteren ist zu beachten, dass die Stadtstaaten Berlin und Freie und Hansestadt Hamburg Sonderfälle darstellen.[965] Darüber hinaus nimmt auch der Landesbankensektor eine wichtige Rolle ein, da die Landesbanken in der Regel als Sparkassenzentralbanken agieren. Die Anteilseigner der Landesbanken sind größtenteils die jeweiligen Bundesländer zusammen mit den regionalen Sparkassen- und Giroverbänden. Somit werden zum einen Regelungsprozesse bzw. Regelungsabsichten zwischen der Landesbanken- und Sparkassenstruktur und zum anderen Änderungen innerhalb der Sparkassengesetzgebung dargelegt. Vor diesem Hintergrund werden nach den Entscheidungen auf der Landesebene die kommunalen Fälle behandelt. Im Hinblick auf die Zielsetzung der Untersuchung kann es jedoch nicht die Aufgabe dieses Kapitels sein, eine detaillierte Darstellung des Landesbankensektors zu geben.

Bei den Ausgangslagen, in denen es für die Analyse der Policy-Prozesse sinnvoll erscheint, werden vorab die politischen Mehrheitsverhältnisse der Akteure

964 Siehe Abschnitt 1.1 zu der in dieser Arbeit verwendeten Begriffsabgrenzung von Deregulierung und Privatisierung.

965 Die Freie und Hansestadt Hamburg stellt insofern einen Sonderfall dar, als hier kein Sparkassengesetz existiert. Da die Hamburger Sparkasse Finanzholding an allen freien Sparkassen in Schleswig-Holstein beteiligt ist, haben regulatorische Veränderungen in Schleswig-Holstein Auswirkungen auf die Hamburger Sparkasse AG (Haspa).

kurz skizziert. Die Prozessanalysen erfolgen anhand der Fälle, die sich aus den Ausgangslagen ergeben, und beginnen jeweils mit der Identifikation der Akteure, die in dem Policy-Subsystem beteiligt sind. Es wird ausschließlich der Modellkonzeption des Advocacy-Koalitionsansatzes gefolgt. Dabei zielt das Forschungsinteresse nicht nur auf die Erklärung der Wirkungen, sondern insbesondere auf die Erklärung der Ursachen ab. Darauf aufbauend werden die folgenden vier Hypothesen geprüft:

1. Hypothese: *Linksparteien*[966] *bremsen die Deregulierung und Privatisierung öffentlich-rechtlicher Sparkassen und konservativ-liberale Parteien fördern die Deregulierung und Privatisierung öffentlich-rechtlicher Sparkassen.*
2. Hypothese: *Die Rechtstradition beeinflusst die Struktur der Sparkasse und damit einen möglichen Wandel hin zu einer Privatisierung. Sie bestimmt damit den politischen (Entscheidungs-)Prozess nachhaltig.*[967]
3. Hypothese: *Politische Entscheidungen hängen, über die zentralen Entscheidungsträger hinaus, von weiteren (institutionellen, parteipolitischen, sonstigen) Akteuren ab, die durch den Entzug ihrer Zustimmung (das ‚Veto') diese Entscheidungen verhindern können.*
4. Hypothese: *Die Europäisierung (EU-Kommission) fördert die Deregulierung und Privatisierung öffentlich-rechtlicher Sparkassen.*

Vor dem Hintergrund der soeben beschriebenen Vorgehensweise wurde einleitend auch die Frage nach Deregulierungs- und Privatisierungstypen gestellt. Damit verbunden waren Überlegungen, die geografische durch eine typologische Gliederung zu ersetzen.

Wie bereits zu Anfang der Arbeit aufgeführt, ist es für die Prozessanalyse von großer Bedeutung, eine gewisse Anzahl landesspezifischer Fallbeispiele aus dem Bereich der Deregulierung und Privatisierung im Sparkassensektor zu identifizieren. Ausgangspunkt für die Auswahl der Bundesländer waren die beobachtbaren Aktivitäten von Deregulierung und Privatisierung im Sparkassensektor seit den 1970er-Jahren. Als ein Kriterium für die Wahl eines Bundeslandes sind die Länder herauszufiltern, die am *stärksten vor allem mit Deregulierungs- und Privatisierungsfragen öffentlich-rechtlicher Sparkassen befasst* waren. Ein weiteres Kriterium ist die *politische Konstellation bzw. die politische Orientierung.* Ebenso

---

966 Wie bereits zu Beginn der Arbeit dargelegt, ist die Zuordnung der Grünen zwar weniger eindeutig, allerdings wird die Partei von ihrer Entstehung her eher dieser Gruppierung zugeschrieben. Diese Zuordnung gilt durchgehend für alle Fallanalysen.

967 Vgl. Abschnitt 1.4.6, in dem der Begriff Rechtstradition für die Prüfung der Hypothese erklärt wird.

wichtig ist, ob *Besonderheiten in den Bundesländern im Umgang mit der Deregulierungs- und Privatisierungsfrage* bestehen.[968]

Die Auswertungen der Fälle in den Bundesländern Niedersachsen, Freie Hansestadt Bremen, Thüringen, Sachsen-Anhalt, Brandenburg und Saarland haben vor allem ergeben, dass aufgrund der geringen Zahl an Fällen (vorrangig handelte es sich um Fusionen)[969] und Akteuren Prozessanalysen für die Arbeit nicht ergiebig bzw. sinnvoll sind. Somit werden in diesem Kapitel die Bundesländer Bayern, Baden-Württemberg, Hessen, Rheinland-Pfalz, Nordrhein-Westfalen, Schleswig-Holstein, Mecklenburg-Vorpommern, Sachsen, Berlin und die Freie und Hansestadt Hamburg untersucht. Die ausgewählten Bundesländer eignen sich besonders gut für die Untersuchung, nicht nur, weil sie die obigen Kriterien erfüllen, sondern auch, weil sie 78 Prozent der Sparkassen in Deutschland repräsentieren. *Es erfolgt eine Kategorisierung in süddeutsche (Bayern, Baden-Württemberg), mitteldeutsche (Hessen, Rheinland-Pfalz, Nordrhein-Westfalen), ostdeutsche (Mecklenburg-Vorpommern, Sachsen, Berlin) und norddeutsche (Hamburg, Schleswig-Holstein) Bundesländer.* Diese *geografische Kategorisierung* bietet sich an, da unterschiedliche Ausgangsbedingungen in den Bundesländern bestehen.[970] So findet sich bspw. eine staatswirtschaftliche Tradition in Bayern und Baden-Württemberg. In den ostdeutschen Bundesländern ist dies nicht so eindeutig, dort gibt es mehr Heterogenität. Hingegen stehen für eine *typologische Gliederung* zum einen nur wenig eindeutige Modelle zur Verfügung, zum anderen würden die landesspezifischen Gemeinsamkeiten und/oder Unterschiede nicht eindeutig sichtbar werden. In Abwägung dieser Überlegungen wurde entschieden, die Modelle im Rahmen der einzelnen Bundesländer zu prüfen. Zudem lassen sich über eine rein geografische Gliederung hinaus Ähnlichkeitspfade analysieren.

Als Einstieg in das Kapitel werden in einem ersten Schritt exemplarisch Fälle aus Niedersachsen (2015: 44 Sparkassen), Bremen (2015: 2 Sparkassen) und Sachsen-Anhalt (2015: 13 Sparkassen) kurz skizziert und in einem zweiten

---

968 Vgl. Abschnitt 1.5, wo die abhängigen und unabhängigen Variablen für die Prozessanalyse differenziert werden. Die Variablen machen die einzelnen Prozessanalysen und die daraus resultierenden Ergebnisse vergleichbar.

969 In den vergangenen rund 70 Jahren wurden etwa 300 Fusionen im öffentlich-rechtlichen Kreditsektor umgesetzt. Vgl. *Deutsche Bundesbank:* Monatsberichte ab 1949 bis heute, 2015, online. Siehe hierzu auch *Auerbach*, der aus rechtlicher Perspektive „Fusionen deutscher Kreditinstitute" und deren Erfolg am Beispiel von Sparkassen und Kreditgenossenschaften untersucht. Vgl. *Auerbach:* Fusionen deutscher Kreditinstitute, 2009.

970 Vgl. Abschnitt 1.5.

Schritt die Ergebnisse der jüngsten Forschungsarbeiten zu diesem Themenkomplex nochmals kurz vorgestellt.[971]

Niedersachsen modernisierte im Jahr 2004 das Sparkassenrecht mit dem Ziel, „eine weitgehende Deregulierung" zu erreichen.[972] Unter den parteipolitischen Akteuren (CDU, SPD, FDP, GRÜNE) bestand grundsätzlich Einigkeit. Die Analyse der vorherigen Jahre hat lediglich ergeben, dass vonseiten der Grünen Überlegungen geäußert wurden, ob die Rechtsform der Sparkassen noch zeitgemäß sei.[973] Die Grünen plädierten für „die Fusion von Volksbanken und Sparkassen", dabei sollten auch die freien Sparkassen (in Form einer AG) als Vorbild dienen.[974] Somit befürwortete die Partei die Deregulierung im Sparkassensektor, was zu Beginn der Arbeit so noch nicht vermutet wurde. Ob es sich hierbei um einen Ausnahmefall handelt, wird die Untersuchung im Weiteren zeigen.[975] Vor dem Hintergrund der jeweils geringen Zahl von Akteuren sowie einer generellen Übereinstimmung der parteipolitischen Akteure im Entscheidungsprozess, ist eine Prozessanalyse in diesem Fall nicht ergiebig bzw. sinnvoll. Das betrifft auch die beiden nächsten Fälle.

Im Jahr 2014 haben die Bundesländer Niedersachsen und Bremen einen Staatsvertrag über die länderübergreifende Zusammenlegung der Kreissparkasse Wesermünde-Hadeln und der Sparkasse Bremerhaven geschlossen. Sowohl der Niedersächsische Landtag (mit den Stimmen von SPD, GRÜNE, CDU und FDP) als auch die Bremische Bürgerschaft (mit den Stimmen von SPD, GRÜNE, CDU bei Enthaltung von DIE LINKE) befürworteten jeweils das Gesetz u. a. zum Staatsvertrag und damit zur Umsetzung der Fusion.[976] In diesem (Fusions-)Entscheidungsprozess waren lediglich die parteipolitischen Akteure von Bedeutung.

---

971 Die Anzahl der Sparkassen in den Bundesländern Niedersachsen, Bremen und Sachsen-Anhalt ist entnommen aus *Deutsche Bundesbank:* Bankstellenentwicklung im Jahr 2015, Anlage 1, S. 2.

972 Vgl. *Niedersächsischer Landtag:* Gesetzentwurf, 2004, S. 47. Siehe auch *Fischer-Abt*, die in ihrer Arbeit die öffentliche Aufgabe der Sparkassen nach niedersächsischem Recht untersucht. Vgl. *Fischer-Abt:* Sparkassen nach niedersächsischem Recht, 1997.

973 Vgl. *Niedersächsischer Landtag:* Plenarprotokoll (14/121), 2002, S. 12204.

974 Vgl. *Niedersächsischer Landtag:* Plenarprotokoll (14/121), 2002, S. 12204.

975 Im Verlauf dieses Kapitels werden ähnliche Fälle untersucht, die jedoch (politisch) komplexer sind.

976 Vgl. *Niedersächsischer Landtag:* Plenarprotokoll (17/40), 2014, S. 3674 und *Bremische Bürgerschaft:* Plenarprotokoll (18/62), 2014, S. 4630 sowie Plenarprotokoll (18/65), 2014, S. 4780.

In Sachsen-Anhalt kam es in den vergangenen Jahren zu diversen Änderungen der Sparkassengesetzgebung.[977] Die Analyse der einzelnen Gesetzgebungsvorhaben führen jedoch zu keinen (neuen) Erkenntnissen, die nicht aus den hier analysierten Fällen hervorgehen. Juristische Fragestellungen treten zulasten der politischen Prozesse in den Vordergrund.

Die bisherigen Studien analysieren, wie schon eingangs festgestellt wurde, die Deregulierung und Privatisierung der öffentlich-rechtlichen Sparkassen nicht aus politikwissenschaftlicher Perspektive. So konzentriert sich *Florian Schorner* in seiner Untersuchung im Jahr 2008 schwerpunktmäßig auf die rechtlichen Rahmenbedingungen einer Privatisierung kommunaler Sparkassen. Dabei untersucht er auch das Privatisierungsvorhaben der Sparkasse der Hansestadt Stralsund sowie die Sachsen-Finanzgruppe und die Vorgänge bei der Bankgesellschaft Berlin AG. Diese drei Vorgänge spielen auch in der vorliegenden Untersuchung eine bedeutende Rolle. So stellt *Schorner* im Ergebnis fest, dass letztlich „die Privatisierung der Sparkasse der Hansestadt Stralsund wieder auf der politischen Ebene abgewendet" worden sei.[978] Mit Blick auf die Sachsen-Finanzgruppe konstatiert er, dass die Bildung von Stammkapital einen beachtlichen Schritt in Richtung Privatisierung darstelle und eine derart weitreichende Möglichkeit zur mittelbaren Beteiligung Privater an Sparkassen mit Ausnahme der Berliner Sondersituation in keinem anderen Bundesland gegeben sei.[979] Im Fall der Bankgesellschaft Berlin AG und deren Auswirkungen auf die Berliner Sparkasse kommt *Schorner* zu dem Schluss, der deutsche Gesetzgeber sei auf europäischen Druck hin zum Handeln gezwungen worden.[980] „Das gewählte Rechtskonstrukt der Beleihung ist die größte Zäsur, die das Berliner Gesetz für die Sparkassenlandschaft mit sich bringt. Zum ersten Mal wurde die Beleihung als Möglichkeit zur Privatisierung im weiteren Sinne im Sparkassenbereich normiert. Die konkrete Ausgestaltung des Gesetzes zeigt die grundsätzliche Eignung dieser Struktur für Privatisierungsvorhaben im öffentlich-rechtlichen Bankensektor."[981]

Insgesamt vertritt *Schorner* die Auffassung, dass per Landesgesetzeslage weder eine formalrechtliche noch eine materiellrechtliche Privatisierung kommunaler

977 Vgl. *Landtag von Sachsen-Anhalt:* Gesetzentwurf, 2001, S. 1–14 sowie Gesetzentwurf, 2005, S. 1–7 und Gesetzentwurf, 2008, S. 1–6. Bei diesen Angaben handelt es sich lediglich um eine exemplarische Auswahl von Gesetzentwürfen im Laufe der Jahre.

978 *Schorner:* Privatisierung, 2008, S. 182.

979 Vgl. *Schorner:* Privatisierung, 2008, S. 176.

980 Vgl. *Schorner:* Privatisierung, 2008, S. 196.

981 *Schorner:* Privatisierung, 2008, S. 196 f.

Sparkassen möglich sei.[982] Er ist der Meinung, angesichts der Herausforderungen, die auch in anderen Ländern oder Bereichen mit einer Privatisierung einhergingen, sei das bisher zurückhaltende Handeln weiterhin angebracht.[983]

Auch die Untersuchung aus dem Jahr 2010 von *Axel Bowmann* konzentriert sich auf die juristische Sichtweise einer Deregulierung und Privatisierung von Sparkassen. *Bowmann* analysiert ebenfalls den Verkauf bzw. die Privatisierung der Sparkasse der Hansestadt Stralsund.[984] Hierbei erklärt er die rechtlichen Gegebenheiten und Prämissen für eine Privatisierung mit dem Ergebnis, dass das Vorgehen einen Verstoß gegen das bestehende Sparkassengesetz des Landes Mecklenburg-Vorpommern dargestellt habe und im Zuge dessen durch eine Gesetzesänderung die Veräußerung der Sparkasse der Hansestadt Stralsund unterbunden worden sei. Nach *Bowmann* ist insgesamt zu konstatieren, dass sich ohne landespolitischen Willen ein Sparkassenverkauf in Deutschland nicht realisieren lasse.

Darüber hinaus beschäftigte sich auch *Ingo Caspari* im Jahr 2009 im Rahmen seiner interdisziplinären Arbeit – die auf den Fachrichtungen der Politik-, Verwaltungs- und Wirtschaftswissenschaften aufbaut – mit den jeweiligen Positionen zu Privatisierungen.[985] *Caspari* stellt fest, dass in der kommunalen Praxis eine systematische Operationalisierung der verschiedenen Privatisierungspositionen noch nicht erfolgt sei. Gleichzeitig werden die Differenzen zwischen theoretischen Beiträgen zum Thema Privatisierung und praxisnahen Abhandlungen mit kommunalem Fokus analysiert und empirische Beispiele aufgeführt. Es zeige sich, dass diese Theorien sowohl für als auch gegen Privatisierungen sprechen können. Um die einzelnen Privatisierungspositionen möglichst neutral miteinander vergleichen zu können, werden sie ungeachtet ihres theoretischen Unterbaus (Theorie, Ansatz oder Leitbild) dargestellt. Insgesamt kann konstatiert werden, dass sich die Arbeit – neben dem Bundesland Nordrhein-Westfalen – primär auf die mittleren und kleineren Kommunen in Deutschland konzentriert. „Die Flexibilität und die Anreizsysteme der Privaten sind die besten Argumente für Privatisierungen, wobei Sicherheitsbedenken und die Risiken einer Monopolisierung diese überkompensieren."[986] Die Analyse von *Caspari* führt zu dem Ergebnis, dass die ökonomische Sichtweise, die sich für Privatisierungen ausspricht, weder in der Theorie noch in der Praxis beherrschend ist. Insbesondere *Casparis*

982 Vgl. *Schorner:* Privatisierung, 2008, S. 176.

983 Vgl. *Schorner:* Privatisierung, 2008.

984 Vgl. *Bowmann:* Sparkassenprivatisierungsverbot, 2010.

985 Vgl. *Caspari.:* Privatisierungen, 2009.

986 *Schorner:* Privatisierung, 2008, Rückseite Buchumschlag.

ideologiefreie Betrachtung der Akteure führt zu der notwendigen Transparenz in dem Themenkomplex und ist für die vorliegende Arbeit durchaus hilfreich.

Abbildung 7 stellt die Anzahl der Sparkassen in den zu untersuchenden Bundesländern dar. Zum Jahresanfang 2016 existieren insgesamt 409 Sparkassen mit einem bilanziellen Volumen von etwa 1,1 Bill. EUR (Stand: Ende 2015).[987] Somit kann festgestellt werden, dass die in dieser Arbeit zu untersuchenden Bundesländer 78 Prozent der Sparkassen in Deutschland repräsentieren.

Abbildung 7: Anzahl der Sparkassen in den jeweiligen Bundesländern

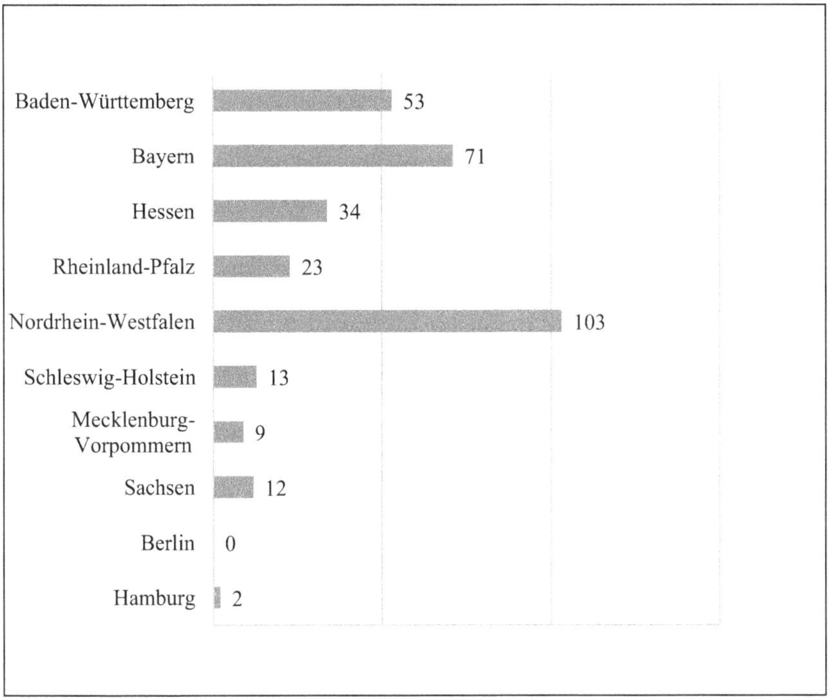

Quelle: *Deutsche Bundesbank:* Bankstellenentwicklung im Jahr 2015, Anlage 1, S. 2.

987 Vgl. *Deutscher Sparkassen- und Giroverband:* Sparkassen, 2016, online. Siehe dazu auch Abschnitt 3.3.

8.1 Süddeutsche Bundesländer

8.1.1 Baden-Württemberg

8.1.1.1 Schaffung einer Landesbank und deren Auswirkungen auf die Sparkassen

Ministerpräsident *Lothar Späth* (CDU) verfolgte in den 1980er-Jahren das strukturpolitische Ziel der Schaffung einer Landesbank für Baden-Württemberg. Fusioniert werden sollten nach den Vorstellungen *Späths* die Badische Kommunale Landesbank, die Württembergische Kommunale Landesbank sowie die beiden Landesbeteiligungen Landeskreditbank Baden-Württemberg und die Landesgirokasse, eine Tochter des Landes und der Stadt Stuttgart mit 238 Zweigstellen im Landesteil Württemberg und einer Bilanzsumme von 15,6 Mrd. DM.[988] Als die Bankenfusion zu scheitern drohte, wohl nicht zuletzt aus Furcht seitens der Sparkassenverbände vor einer Konkurrenz durch neue Filialen, war es der Vorstandsvorsitzende der Landesgirokasse *Zügel*, der eine Teilprivatisierung der Landesgirokasse anregte mit dem Ziel einer Ausdehnung der eigenen Geschäftstätigkeit bei gleichzeitiger Aufgabe der sparkasseneigenen Beschränkungen.[989]

Diesem Vorstoß, beim Landesgesetzgeber einen Antrag auf Teilprivatisierung zu stellen, war allerdings kein Erfolg beschieden, nicht zuletzt, weil *Späth* der Landesgirokasse Mitschuld am Nichtzustandekommen der Fusion gab. Stattdessen beschloss das Kabinett des Landes Baden-Württemberg im Oktober 1988 die Teilprivatisierung der Landeskreditbank Baden-Württemberg. Ministerpräsident *Späth* (CDU) setzte das Vorhaben gemeinsam mit den Fraktionen von SPD, GRÜNE und FDP/DVP um.[990] Mit der Absenkung der Landesbeteiligung von zunächst 35,6 Prozent (davon hielt die Landeskreditbank 6,8 %) versuchte *Späth* gleich mehrere Ziele zu erreichen. Zum einen waren damit die Voraussetzungen für eine geplante Zusammenarbeit zwischen der Baden-Württembergischen Bank und der Versicherungsgruppe Allgemeine Rentenanstalt/Württembergische Feuerversicherung geschaffen, aus der eine Unternehmensgruppe für Finanzdienstleistungen entstehen sollte. Zum anderen verfolgte *Späth* damit, einen finanziellen Beitrag zum Aufbau der Wissenschaftsstadt Ulm zu leisten. Der auf 300 Mrd. DM veranschlagte Erlös sollte Projekten in Wissenschaft und Forschung zugutekommen.[991]

---

988 Vgl. *Württembergischer Sparkassen- und Giroverband:* WSGV, 1986, S. 2 f.

989 Vgl. *o. V.:* Landesgirokasse, 1986, S. 16.

990 Vgl. *Landtag Baden-Württemberg:* Plenarprotokoll (10/12), 1988, S. 741.

991 Vgl. *o. V.:* Privatisierung, 1987, S. 12.

In den 1980er- und 1990er-Jahren wurden weitere unterschiedliche Modelle für die Schaffung einer Landesbank in Baden-Württemberg diskutiert. Letztendlich fusionierten durch das Gesetz über die Landesbank Baden-Württemberg (LBBW) vom 11. November 1998 die Südwestdeutsche Landesbank Girozentrale, die Landesgirokasse – öffentliche Bank und Landessparkasse – sowie die Landeskreditbank Baden-Württemberg zum 1. Januar 1999 zur Landesbank Baden-Württemberg (LBBW).[992] Dabei wurden insbesondere die Funktionen einer Sparkassenzentralbank und Geschäftsbank von der SüdwestLB auf die LBBW übertragen.[993] Ministerpräsident *Erwin Teufel* (CDU) mit der CDU-FDP/DVP-Regierungskoalition setzte gemeinsam mit den Grünen und den Republikanern dieses Gesetz im baden-württembergischen Landtag gegen die Stimmen der SPD um.[994]

Im Rahmen der damaligen bundesweiten Reformdebatte waren diese Änderungen von wesentlicher Bedeutung. Das Prinzip der vertikalen Arbeitsteilung zwischen Sparkassen und Landesbanken-Girozentralen wurde zunehmend infrage gestellt. Vor diesem Hintergrund ist in Baden-Württemberg die vertikale Arbeitsteilung erstmals gesetzlich aufgelöst worden. Denn die aus der Fusion hervorgegangene LBBW nimmt Aufgaben beider Kreditinstitutsgruppen, also einerseits der Sparkassen und andererseits der Landesbanken-Girozentralen, wahr.[995] Das Sparkassenwesen in Baden-Württemberg wies damit nach der Reform eine Besonderheit auf. Der Gesetzgeber hat der LBBW ausdrücklich zugestanden, nicht dem Regionalprinzip zu unterliegen.[996] Die LBBW ist somit das Ergebnis der soeben genannten Fusion, der eine 30 Jahre währende Diskussion um die Neuordnung des öffentlich-rechtlichen Bankensektors in Baden-Württemberg voranging. Die Gesamtheit der Sparkassen in Baden-Württemberg lehnte dagegen eine vertikale Fusion ab. Die Sparkassen wollten auch weiterhin selbstständig bleiben.

Infolge des zunehmenden Wettbewerbs hat der Sparkassenverband Baden-Württemberg im November 2001 ein Fusionskonzept für die baden-württembergischen Sparkassen vorgelegt. Dabei gab er weder eine bestimmte Mindestgröße noch die zu erreichende Zahl der Sparkassen vor. Mit diesem Konzept wurde das Ziel verfolgt, eine einheitliche Sparkassenlandschaft in Baden-Württemberg aufzubauen. Die Entscheidung für oder gegen Sparkassenfusionen sollte bei jeder Sparkasse und bei jedem Gewährträger liegen. Im Jahr 2002 sprachen sich die

---

992 Vgl. *Möschel:* Wandel, 2010, S. 195.

993 Vgl. LBWG vom 11.11.1998, S. 589.

994 Vgl. *Landtag Baden-Württemberg:* Plenarprotokoll (12/55), 1998, S. 4354–4363.

995 Vgl. *Schmidt:* Neuordnung, 2000, S. 89 ff. sowie *Möschel:* Wandel, 2010, S. 195 f.

996 Vgl. § 1 Abs. 4 Satz 2 LBWG und *Möschel:* Wandel, 2010, S. 209–211.

Fraktionen CDU, FDP/DVP, SPD und die GRÜNE im Landtag gemeinsam für die Erhaltung der öffentlich-rechtlichen Sparkassen aus.[997] Seit diesem Zeitpunkt haben keine nennenswerten Diskussionen stattgefunden.

8.1.1.2 Fusionsvorhaben der Sparkassen Karlsruhe und Ettlingen

Im April 2010 sollten die Sparkassen Karlsruhe und Ettlingen fusioniert werden. Die damalige Oberbürgermeisterin von Ettlingen *Gabriele Büssemaker* (FDP) war zusammen mit der FDP-Fraktion bestrebt, dieses Vorhaben durchzusetzen, und verfolgte dabei das Ziel, die Wettbewerbsposition der neuen „Sparkasse Karlsruhe-Ettlingen" zu stärken. Für die Umsetzung dieser Fusion war ausschließlich die Zustimmung der Trägerversammlungen beider Sparkassen notwendig.[998]

Grundsätzlich entscheidet die Trägerversammlung mit einfacher Mehrheit.[999] Hingegen sind „für folgende Entscheidungen eine 2/3-Mehrheit erforderlich: Vereinigung mit einer anderen Sparkasse durch Übertragung des Vermögens auf eine neu gebildete oder bereits bestehende Sparkasse [...]."[1000] In dem vorliegenden Fall war eine 2/3-Mehrheit notwendig, um das Fusionsvorhaben durchzusetzen. Die Trägerversammlungen bestanden damals aus den gesetzlichen Vertretern der Trägergemeinden, also den (Ober-)Bürgermeistern. Zu den Trägern der Sparkasse Karlsruhe gehörten die Städte Karlsruhe (*Heinz Fenrich*, CDU) und Philippsburg (*Stefan Martus*, CDU), die große Kreisstadt Stutensee (*Klaus Demal*, FW) und die Gemeinden Dettenheim (*Lothar Hillenbrand*, CDU), Eggenstein-Leopoldshafen (*Bernd Stober*, FW), Graben-Neudorf (*Hans D. Reinwald*, CDU), Linkenheim-Hochstetten (*Günther Johs*, FW), Malsch (*Elmar Himmel*, FW), Pfinztal (*Nicola Bodner*, FW) und Weingarten (*Markus Ewald*, FW).[1001] Träger der Sparkasse Ettlingen waren die zum Landkreis Karlsruhe gehörenden großen Kreisstädte Ettlingen (*Gabriele Büssemaker*, FDP) und Rheinstetten (*Sebastian Schrempp*, CDU) sowie die Gemeinden Karlsbad (*Rudi Knodel*, FW), Marxzell (*Raimund Schuster*, FW) und Waldbronn (*Franz Masino*, SPD).[1002]

---

997 Vgl. *Landtag Baden-Württemberg:* Beschlussempfehlung und Bericht, 2002, S. 4 sowie *Landtag Baden-Württemberg:* Plenarprotokoll (13/27), S. 1615.

998 Zu dem Gremium „Trägerversammlung" erfolgt im weiteren Verlauf dieses Abschnitts eine ausführliche Erklärung.

999 Vgl. *Bundeskartellamt:* Beschluss, 2010, S. 7.

1000 Vgl. *Bundeskartellamt:* Beschluss, 2010, S. 7 f. Das trifft für diesen Fall zu.

1001 Vgl. *Bundeskartellamt:* Beschluss, 2010, S. 3.

1002 Vgl. *Bundeskartellamt:* Beschluss, 2010, S. 4 sowie *o. V.:* Sparkasse, 2010, online. Die gesetzlichen Vertreter der Trägergemeinden wurden online über die jeweiligen verantwortlichen Institutionen recherchiert und eigenständig zugeordnet.

Der Bürgermeister der Gemeinde Waldbronn *Masino* (SPD), der der Trägerversammlung der Sparkasse Ettlingen angehörte, stimmte gegen die Fusion.[1003] Alle anderen politischen Akteure, die der Trägerversammlung der Sparkasse Ettlingen angehörten, stimmten für das Fusionsvorhaben. Die politischen Akteure der Trägerversammlung der Sparkasse Karlsruhe stimmten ebenfalls allesamt der Fusion zu.[1004] Da nunmehr die Zustimmung der Trägerversammlungen beider Institute vorlag, konnte davon ausgegangen werden, dass die Fusion umgesetzt würde. Jedoch eskalierte die Situation zu einem bis dato einmaligen Vorfall in der deutschen Sparkassenlandschaft.

Der Gemeinderat der Stadt Ettlingen vertrat die Auffassung, „dass der Fusionsbeschluss der Trägerversammlung der Sparkasse Ettlingen vom 22.04.2010 rechtswidrig zustande gekommen sei, weil die am Beschluss mitwirkende Oberbürgermeisterin der Stadt Ettlingen befangen sei."[1005] Außer der FDP-Fraktion lehnten alle anderen Fraktionen (CDU, SPD, GRÜNE, FE und FW) sowie die Mitarbeiter der Sparkassen die Fusionspläne ab.[1006] Die SPD-Fraktion erklärte öffentlich im Ettlinger Gemeinderat, dass „die Fusion [...] lediglich zur Bereicherung der Führungsetagen" diene „und [...] alles andere als kundenorientiert [sei], [...] zwar werde äußerst vage eine Arbeitsplatzsicherheit garantiert, aber dann gibt es eben Altersteilzeit und ähnliche Tricks – und plötzlich haben sich die Arbeitsplätze in Luft aufgelöst".[1007] Die CDU-Ettlingen teilte in einem offenem Brief mit: „Fast keiner in dieser Stadt weiß genau über das Vorhaben Bescheid, denn leider warten wir auf eine Antwort auf unsere Anfrage von Mitte Februar ebenso vergebens wie auf die Beantwortung einer gemeinsamen Anfrage aller Parteien außer der FDP."[1008]

21 Gemeinderäte erhoben daraufhin Klage und formulierten einen Eilantrag. „Die Räte wollten mit dem Eilantrag eine Sondersitzung des Gemeinderats erreichen. Dabei sollte beim Regierungspräsidium Karlsruhe die Aufhebung der Fusionsgenehmigung beantragt werden. Die am Beschluss mitwirkende

---

1003 Vgl. *o. V.*: Sparkasse, 2010, online.

1004 Detailinformationen zu dem Abstimmungsverhalten der politischen Akteure in der Trägerversammlung der Sparkasse Karlsruhe sind öffentlich nicht vorhanden. Da der Konflikt (der später dargestellt wird) aus Ettlingen heraus entstand, ist das Nichtvorhandensein der Detailinformationen unproblematisch.

1005 Vgl. *o. V.*: Trägerversammlung, 2010, online.

1006 Vgl. *o. V.*: Sparkassen-Fusion, 2010, online, sowie *Hofmeister*: Sparkassenfusion, 2010, online, ebenso *o. V.*: Wirtschaft, 2010, online.

1007 *o. V.*: Sparkassen-Fusion, 2004, online.

1008 *o. V.*: Sparkassen-Fusion, 2010, online.

Oberbürgermeisterin sei befangen gewesen, da sie sich bereits im März 2009 vertraglich zur Fusion verpflichtet habe."[1009] Das Verwaltungsgericht Karlsruhe lehnte jedoch diesen Eilantrag ab. Daraufhin legten Gemeinderäte der Stadt Ettlingen Beschwerde vor dem Verwaltungsgerichtshof Baden-Württemberg ein, der jedoch feststellte, dass „die Genehmigung der Sparkassenfusion [...] nicht in das Aufgabengebiet des Ettlinger Gemeinderats" falle. Er führte weiter aus: „Die Gemeinderäte hätten bezüglich der Entscheidung der Bürgermeister weder nach den Regeln des Sparkassenrechts noch des Kommunalrechts ein Weisungsrecht. Es stehe ihnen daher auch nicht zu, die Rechtmäßigkeit einer Sparkassenfusion und/oder ihrer Genehmigung durch die Rechtsaufsicht gerichtlich überprüfen zu lassen." Somit bestätigten die Richter den Beschluss des Verwaltungsgerichts Karlsruhe.[1010] Schließlich wurden am 21. Juli 2010 die Gemeinderäte von der Oberbürgermeisterin *Büssemaker* (FDP) unterrichtet, dass die Fusion der Institute zum 1. August 2010 rückwirkend zum 1. Januar 2010 entsprechend umgesetzt werde.[1011]

Mit diesem Fall werden das unterschiedliche politische Interesse und die politische Brisanz, die mit dem Thema Deregulierung und Privatisierung öffentlich-rechtlicher Sparkassen verbunden ist, deutlich. Insgesamt ist zu konstatieren, dass das Sparkassenwesen in Baden-Württemberg – vor allem historisch bedingt – von den Ansichten der CDU geprägt wird. Auf Landesebene treten die Parteien gemeinsam für die Erhaltung der öffentlich-rechtlichen Sparkassen ein, allerdings können auf kommunaler Ebene (wie soeben dargelegt) deutliche Differenzen auftreten.

8.1.1.3 Policy-Prozessanalyse einzelner Fallbeispiele (1987–2010)

Die nachfolgenden Prozessanalysen erfolgen anhand der oben aufgeführten Fälle. In dem Policy-Prozess zur Schaffung einer Landesbank für Baden-Württemberg erfolgt eine ausschließliche Konzentration auf den bedeutendsten Entscheidungsprozess, sprich auf das Fusionsvorhaben der Südwestdeutschen Landesbank Girozentrale, Landesgirokasse sowie Landeskreditbank Baden-Württemberg. In einem ersten Schritt werden die beteiligten Akteure identifiziert. In einem zweiten Schritt gilt es, den Hauptkern, den gemeinsamen Policy-Kern sowie die sekundären Aspekte des Belief-Systems herauszuarbeiten, um die Akteure des Policy-Subsystems in Advocacy-Koalitionen zu bündeln. Die Advocacy-Koalitionen werden – wie bereits in Abschnitt 6.2 aufgezeigt – in die Koalitionen der Verfechter,

---

1009 *o. V.:* Sparkassenfusion, 2010, online.
1010 *o. V.:* Sparkassenfusion, 2010, online.
1011 *o. V.:* Sparkasse, 2010, online.

der Opportunisten, der Traditionalisten und der wissenschaftlichen Experten unterteilt.[1012] Darauf aufbauend werden die entscheidenden Ressourcen bestimmt, mit denen versucht wurde, die jeweiligen Policy-Strategien umzusetzen.

Policy-Prozess: Schaffung einer Landesbank für Baden-Württemberg (1987–1998)

Die folgenden Akteure aus dem Policy-Subsystem prägten den Policy-Prozess um das Fusionsvorhaben der Südwestdeutschen Landesbank Girozentrale, der Landesgirokasse sowie der Landeskreditbank Baden-Württemberg zu einer Landesbank in Baden-Württemberg:

Akteur 1:	Ministerpräsident *Teufel* (CDU) mit der CDU-FDP/DVP-Regierungskoalition (1996–2006)[1013]
Akteur 2:	Südwestdeutsche Landesbank Girozentrale
Akteur 3:	Landesgirokasse
Akteur 4:	Landeskreditbank Baden-Württemberg
Akteur 5:	Baden-Württembergische Sparkassen
Akteur 6:	CDU
Akteur 7:	SPD
Akteur 8:	GRÜNE
Akteur 9:	FDP/DVP
Akteur 10:	REP

Ministerpräsident *Teufel* (CDU) mit der CDU-FDP/DVP-Regierungskoalition sowie die Südwestdeutsche Landesbank Girozentrale, die Landesgirokasse und die Landeskreditbank Baden-Württemberg befürworteten die Fusion zur Landesbank Baden-Württemberg (LBBW). Mit dieser Entscheidung folgte Ministerpräsident *Teufel* (CDU) mit der CDU-FDP/DVP-Regierungskoalition dem jeweiligen Hauptkern (Deregulierungen zu befürworten) ihres Belief-Systems.[1014] Die beteiligten Kreditinstitute (Südwestdeutsche Landesbank Girozentrale, Landesgirokasse, Landeskreditbank Baden-Württemberg) waren nur in diesem Policy-Prozess von Bedeutung und übernahmen die Ansichten der CDU-FDP/DVP-Landesregierung. Die Grünen stimmten der Fusion nur unter der Voraussetzung zu, dass die Kreditinstitute zu einer Landesbank fusionieren

1012 In diesen Policy-Prozessen treten keine Akteure auf, die der Koalition der Verfechter und der wissenschaftlichen Experten angehören. Andernfalls geht dies aus den Policy-Prozessanalysen der jeweiligen Fälle hervor.

1013 Vgl. *Eith/Kießling et al.*: Parteiensysteme, 2008, S. 110.

1014 Vgl. Abschnitt 7.5.1 und 7.5.2.

und die kommunalen Sparkassen in ihrer Rechtsform erhalten bleiben würden. Wie in der Untersuchung erarbeitet, bestand der Hauptkern des Überzeugungssystems der Grünen jedoch darin, eine Deregulierung zu verhindern.[1015] Somit veränderten die Grünen in diesem Policy-Prozess ihre Meinung (zumindest in Teilen), was auf die sekundären Aspekte des Belief-Systems zurückzuführen ist. So sprachen sich die Grünen in ihrem landespolitischen Programm nicht gegen Deregulierungsvorhaben insgesamt, sondern nur gegen eine Privatisierung von Sparkassen aus.[1016] Es lässt sich also vermuten, dass der Meinungswechsel der Partei mit einem potenziellen Verlust politischer Einflussnahme im Landesbankensektor einhergeht.

Die REP, die nur in diesem Policy-Prozess von Bedeutung waren, stimmten der Fusion ebenfalls zu. Sie übernahmen die Ansichten der CDU-FDP/DVP-Landesregierung (*Akteur 1*). Die SPD sowie die baden-württembergischen Sparkassen lehnten die Fusion hingegen ab. Die SPD folgte damit ihren Grundauffassungen (Deregulierung zu verhindern).[1017] Die baden-württembergischen Sparkassen übernahmen hier die Überzeugungen der SPD.

Nunmehr lassen sich Ministerpräsident *Teufel* (CDU) mit der CDU-FDP/DVP-Regierungskoalition, die Südwestdeutsche Landesbank Girozentrale, die Landesgirokasse, die Landeskreditbank Baden-Württemberg, GRÜNE und REP in eine **Opportunisten-Koalition** bündeln. Diese Koalition verfolgte die Policy-Strategie, die geplante Fusion per Gesetzesänderung auf Landesebene zu genehmigen und somit eine Landesbank in Baden-Württemberg zu schaffen. Die **entscheidenden Ressourcen** für die Umsetzung der Policy-Strategie waren Veto-Punkte. Es bedurfte der Zustimmung der CDU-FDP/DVP-Regierungskoalition, um das Fusionsvorhaben durchzusetzen.

Die SPD und die baden-württembergischen Sparkassen gehören der **Traditionalisten-Koalition** an. Diese Koalition verfolgte die Policy-Strategie, das Fusionsvorhaben und somit die Gesetzesänderung zu verhindern. Ihr Interesse bestand darin, keine vertikalen Fusionen im öffentlich-rechtlichen Kreditsektor zuzulassen und die kommunalen Sparkassen in der bisherigen Sparkassenstruktur zu schützen. Es sollten nur horizontale Fusionen möglich sein.

In dem Policy-Prozess traten keine **Policy-Vermittler** auf, sodass letztlich der **Policy-Output** darin bestand, dass sich die Opportunisten-Koalition durchsetzte, wobei sie die Befürchtungen der Traditionalisten-Koalition bei ihrer

1015 Vgl. Abschnitt 7.5.4.
1016 Vgl. Abschnitt 7.5.4.
1017 Vgl. Abschnitt 7.5.3.

Entscheidung berücksichtigte. Die **Policy-Wirkung** war, dass nunmehr die LBBW eine Sparkassenzentralbankfunktion ausübte und die baden-württembergischen Sparkassen mit Produkten und Dienstleistungen unterstützte.

Policy-Prozess: Fusion der Sparkassen Karlsruhe und Ettlingen (04/2010–08/2010)

In diesem Fall prägten die folgenden Akteure aus dem Policy-Subsystem den Policy-Prozess:

Akteur 1: Oberbürgermeisterin von Ettlingen *Büssemaker* (FDP) mit der FDP-Fraktion
Akteur 2: Trägerversammlung der Sparkasse Ettlingen
Akteur 3: Trägerversammlung der Sparkasse Karlsruhe
Akteur 4: Gemeinderäte der Stadt Ettlingen
Akteur 5: Gemeinderäte der Stadt Karlsruhe
Akteur 6: Verwaltungsgericht Karlsruhe
Akteur 7: Verwaltungsgerichtshof Baden-Württemberg
Akteur 8: Mitarbeiter der Sparkasse Ettlingen
Akteur 9: CDU
Akteur 10: SPD
Akteur 11: GRÜNE
Akteur 12: FDP
Akteur 13: FE
Akteur 14: FW

Die Oberbürgermeisterin von Ettlingen *Büssemaker* (FDP) mit der FDP-Fraktion sowie die Trägerversammlungen der Sparkassen Ettlingen und Karlsruhe befürworteten mehrheitlich die Fusion. Die Entscheidung der FDP stimmte mit dem Hauptkern ihres Belief-Systems, der bereits in dem vorherigen Policy-Prozess genannt wurde, überein.[1018] Die Trägerversammlungen der Sparkassen Ettlingen und Karlsruhe sind nur in diesem Policy-Prozess von Bedeutung. Sie übernahmen die Grundauffassungen der Oberbürgermeisterin von Ettlingen *Büssemaker* (FDP) mit der FDP-Fraktion. Die politischen Akteure (CDU, SPD, GRÜNE, FE und FW) sowie die Mitarbeiter der Sparkasse Ettlingen und die Gemeinderäte der Stadt Ettlingen lehnten die Fusion ab. Die Gemeinderäte der Stadt Karlsruhe traten in diesem Policy-Prozess nicht aktiv auf und werden hier nur der Vollständigkeit halber genannt.

1018 Vgl. Abschnitt 7.5.2.

Grundsätzlich ist die CDU, wie schon gezeigt wurde, ein Befürworter von Deregulierung.[1019] In diesem speziellen Fall hatte sich jedoch die Meinung der CDU auf kommunaler Ebene (im Gemeinderat der Stadt Ettlingen) geändert. Das ist auf die sekundären Aspekte des Belief-Systems zurückzuführen, die darin bestehen, dass sich die CDU nicht ausreichend und zeitnah informiert gefühlt hat. Der Meinungswechsel der CDU-Fraktion erscheint umso verwunderlicher vor dem Hintergrund, dass *Schrempp* (CDU) in der Trägerversammlung der Sparkasse Ettlingen dem Fusionsvorhaben zugestimmt hatte.

Das Verhalten von SPD und GRÜNE im Entscheidungsprozess entspricht dem jeweiligen Hauptkern (wie im vorherigen Policy-Prozess aufgeführt) ihrer Überzeugungssysteme.[1020] Die FE und FW waren nur in diesem Policy-Prozess von Bedeutung und übernahmen das Belief-System von SPD und GRÜNE. Die Mitarbeiter der Sparkasse Ettlingen schlossen sich den Grundauffassungen der politischen Akteure (CDU, SPD, GRÜNE, FE und FW) an. Die Gemeinderäte der Stadt Ettlingen lehnten die Fusion mehrheitlich ab und waren nur in diesem Policy-Prozess von Bedeutung; sie übernahmen die Grundauffassungen der Mitarbeiter der Sparkasse Ettlingen.

Vor diesem Hintergrund werden die Oberbürgermeisterin *Büssemaker* (FDP) mit der FDP-Fraktion und die Trägerversammlungen beider Institute in eine **Opportunisten-Koalition** zusammengefasst. Diese Koalition verfolgte die Policy-Strategie, die geplante Fusion auf kommunaler Ebene per Beschluss der Trägerversammlungen der Sparkassen umzusetzen. Das Interesse der Akteure bestand zum einen in der Stärkung der Wettbewerbsposition der neuen „Sparkasse Karlsruhe Ettlingen“, zum anderen sollte mit dieser Fusion die Attraktivität der Region vorangetrieben werden. Darüber hinaus hatte *Büssemaker* (FDP) ein grundsätzliches Interesse daran, ihren Einfluss im Verwaltungsrat der neuen „Sparkasse Karlsruhe Ettlingen“ ausbauen. Die **entscheidenden Ressourcen** für die Umsetzung der Policy-Strategie waren Veto-Punkte. Es bedurfte der Zustimmung (2/3-Mehrheit war erforderlich) der politischen Akteure, also der (Ober-)Bürgermeister, die der jeweiligen Trägerversammlung angehörten, um das Fusionsvorhaben durchzusetzen.[1021]

1019 Vgl. Abschnitt 7.5.1.

1020 Vgl. Abschnitt 7.5.3 und 7.5.4.

1021 Da die Entscheidung für die Fusion ausschließlich von der Zustimmung der Trägerversammlungen der Sparkassen abhängig war, hatte es keine Bedeutung, dass die Oberbürgermeisterin *Büssemaker* (FDP) mit der FDP-Fraktion im Gemeinderat über keine ausreichende Mehrheit verfügte.

Die anderen Akteure CDU, SPD, GRÜNE, FE, FW, die Gemeinderäte der Stadt Ettlingen und die Mitarbeiter der Sparkassen Ettlingen lehnten die Fusion ab und werden in eine **Traditionalisten-Koalition** zusammengefasst. Diese Koalition verfolgte die Policy-Strategie, das Fusionsvorhaben mit Unterstützung der Policy-Vermittler zu verhindern. Die Koalition befürchtete, dass mit der Fusion der Weg für verstärkte Deregulierung und Privatisierung öffentlich-rechtlicher Sparkassen geebnet würde. Darüber hinaus wurde keine wirtschaftliche Notwendigkeit zu einer Fusion gesehen.

In diesem Policy-Prozess traten das Verwaltungsgericht Karlsruhe und der Verwaltungsgerichtshof Baden-Württemberg als **Policy-Vermittler** auf und beeinflussten damit den Policy-Output maßgeblich. Letztlich bestand der **Policy-Output** darin, dass sich die Opportunisten-Koalition mit der Unterstützung der Policy-Vermittler durchsetzte. Die **Policy-Wirkung** zeigte sich zum einen in der Umsetzung der Fusion der Sparkassen Karlsruhe und Ettlingen und zum anderen darin, dass mit der Umsetzung dieser Fusion ein gewisser Druck auf kleinere Sparkassen ausgeübt wurde.

8.1.1.4 Prüfung der Hypothesen

Die im voranstehenden Abschnitt untersuchten Fallbeispiele werden im Folgenden herangezogen, um die aufgestellten Hypothesen zu prüfen. Dazu werden die beteiligten Parteien vor dem Hintergrund des Links-rechts-Schemas betrachtet und der Einfluss der Rechtstradition wird beurteilt. Ebenso ist darauf zu achten, ob es über die Entscheidungsträger hinaus Akteure gibt, die für die jeweilige Entscheidung relevant waren, und ob Auswirkungen der Europäisierung eine Rolle spielten.[1022]

Zu den Linksparteien gehören in dem zu untersuchenden Bundesland die SPD und GRÜNE und zu den konservativ-liberalen Parteien die CDU und die FDP/DVP. Die FE und FW stellen in den betrachteten Fällen nur eine kommunal relevante Gruppierung dar, während die REP nur in einer Fallanalyse auftreten und hierbei nicht von Relevanz sind. Vor diesem Hintergrund werden die FE, FW und REP nicht weiter berücksichtigt.[1023]

Die Analyse sowohl auf Landesebene (Schaffung einer Landesbank in Baden-Württemberg) als auch auf kommunaler Ebene (Fusion der Sparkassen Karlsruhe

---

1022 Das in diesem Abschnitt beschriebene Vorgehen liegt allen Prüfungen der Fallbeispiele zugrunde und wird im Weiteren nicht mehr gesondert dargelegt.

1023 Zwar darf die Bedeutung der FW auf kommunaler Ebene nicht unterschätzt werden, jedoch ist deren Bedeutung für die vorliegende Fallanalyse gering.

und Ettlingen) zeigt, dass die Parteiendifferenz-Hypothese nicht zutrifft. Die konservativ-liberalen Parteien und die GRÜNEN stimmten dem Vorhaben auf Landesebene zu, während die SPD es ablehnte. Hingegen befürwortete auf kommunaler Ebene lediglich die FDP das Fusionsvorhaben.

Während die erste Hypothese für die untersuchten Fälle nicht zutrifft, kann der Einfluss der Rechtstradition auf die obigen Vorhaben bestätigt werden. Die politischen Akteure wurden von der Rechtstradition beeinflusst. So wurde auf Landesebene im Rahmen des Wandels hin zu einer verstärkten Öffnung des öffentlich-rechtlichen Kreditsektors gegenüber Dritten die Neustrukturierung an der traditionellen Gesetzeslage ausgerichtet. Im Fall der Schaffung einer Landesbank in Baden-Württemberg zeigte sich der Einfluss der Rechtstradition darin, dass der Landesgesetzgeber eine vollständige Privatisierung kommunaler Sparkassen sowie eine vertikale Fusion im öffentlich-rechtlichen Kreditsektor ausschloss. Mit Blick auf die Fusion der Sparkassen Karlsruhe und Ettlingen vertrat die Oberbürgermeisterin von Ettlingen *Büssemaker* (FDP) mit der FDP-Fraktion die Rechtstradition sowie das Konzept des Sparkassenverbands Baden-Württemberg, dessen Kernaussage darin besteht, dass die Entscheidung für oder gegen eine Fusion bei jeder Sparkasse und bei jedem Gewährträger liegen sollte. Die Handlungsspielräume der anderen Akteure (CDU, SPD, GRÜNE, FE, FW und die Mitarbeiter der Sparkasse Ettlingen) waren somit eingeschränkt.

So eindeutig die zweite Hypothese bestätigt wurde, so wenig ist dies für die dritte Hypothese möglich. In beiden Fällen konnten die institutionellen, die parteipolitischen und sonstige Vetospieler eindeutig identifiziert werden. Das Landesparlament, die Gemeinderäte der Städte Karlsruhe und Ettlingen sowie die Trägerversammlungen der Sparkassen Karlsruhe und Ettlingen gehörten zu den institutionellen Vetospielern. Parteipolitische Vetospieler waren die CDU, SPD, GRÜNE, FDP, FE, FW und REP, sonstige Vetospieler die Landesgirokasse, die Landeskreditbank Baden-Württemberg, die baden-württembergischen Sparkassen und die Mitarbeiter der Sparkasse Ettlingen. Allerdings bestand sowohl im Fall der Schaffung einer Landesbank in Baden-Württemberg als auch im Fall der Fusion der Sparkassen Karlsruhe und Ettlingen Konsens zwischen den entscheidenden politischen Akteuren. Auf Landesebene waren dies die CDU und die FDP/DVP, die eine Regierungskoalition bildeten. Auf kommunaler Ebene waren die Trägerversammlungen der Sparkassen, die mit dem Entzug ihrer Zustimmung die Entscheidung hätten verhindern können, die entscheidenden Vetospieler. Die Anzahl und Kohäsion der anderen Vetospieler hatten keine Bedeutung, da sie nicht über die entsprechenden Mehrheiten verfügten und somit keinen Einfluss ausüben konnten.

Für die vierte Hypothese und damit die Frage, ob die Europäisierung (EU-Kommission) die Deregulierung und Privatisierung öffentlich-rechtlicher Sparkassen fördert oder verhindert, lassen sich aus den Fallanalysen zu Baden-Württemberg keine Erkenntnisse ableiten.

8.1.2 Bayern

8.1.2.1 Neustrukturierung der Landesbank als ein wichtiger Schritt für zukünftige Reformen im Sparkassenwesen

Aus historischer Perspektive betrachtet besitzt der Freistaat Bayern im Vergleich zu anderen Bundesländern einen hohen Anteil an Beteiligungen unterschiedlicher Wirtschaftsbereiche. Dazu gehören auch direkte Beteiligungen an Kreditinstituten. Die CSU prägte Jahrzehnte die Landespolitik und damit die landespolitischen Vorhaben wie kaum eine andere Partei in Bayern.[1024] Insbesondere mit dem Amtsantritt von Ministerpräsident *Edmund Stoiber* (CSU) im Jahr 1993 wurde der Beteiligungsabbau des Freistaates Bayern massiv vorangetrieben. Die Privatisierung von Beteiligungen war im Grundsatz in der CSU nicht strittig. Diskussionsbedarf gab es lediglich hinsichtlich der Ausgestaltung von Privatisierungsvorhaben und der Schnelligkeit bei der Umsetzung dieser Vorhaben. Während Ministerpräsident *Stoiber* für eine zügige Privatisierung eintrat, erwies sich Wirtschaftsminister *Otto Wiesheu* (CSU) Mitte des Jahres 1993 als einer derjenigen, dem das Privatisierungstempo von *Stoiber* etwas zu schnell war.[1025] Die FDP unterstützte *Stoiber* in seinem politischen Kurs der Privatisierungspolitik und positionierte sich eindeutig. So wünschte sie sich von der CSU-Landesregierung eine „energische Privatisierungspolitik, durch die verstärkt staatliche Aufgaben auf die private Träger verlagert werden [sollen].“[1026]

Insgesamt ist festzustellen, dass die Parteien CSU und FDP zu der damaligen Zeit mit einer einheitlichen Meinung in der Öffentlichkeit auftraten.[1027] Das Ziel der bayerischen Regierung bestand darin, die Privatisierungserlöse für ein Investitionsprogramm zur Stärkung des Wirtschaftsstandortes Bayern zur Verfügung

1024 Vgl. *Eith/Kießling et al.*: Parteiensysteme, 2008, S. 129 und 132.

1025 Vgl. *Bayerisches Staatsministerium für Wirtschaft, Verkehr und Technologie*: Regierungserklärung, 1997, S. 1–34.

1026 *Bayerischer Landtag*: Antrag, 1993, S. 1.

1027 Vgl. *o. V.*: CSU gegen Privatisierung, 1993, S. 53 sowie *o. V.*: Freie Demokratische Partei, 1993, S. 20.

zu stellen.[1028] Die SPD und Grünen vertraten dagegen eine andere Auffassung und stimmten der Privatisierungspolitik der CSU größtenteils nicht zu.[1029] Die SPD sprach im Landtag 1994 davon, dass es sich um einen maßlosen „Privatisierungsaktionismus“ und um „blankes Privatisierungseifertum“ vonseiten des Ministerpräsidenten *Stoiber* (CSU) handle, der vollkommen übertrieben sei.[1030] Nach den Vorstellungen der Grünen sollte „die Hälfte der vorhandenen Privatisierungserlöse zur Schuldentilgung eingesetzt werden.“[1031] Die Partei forderte die „Staatsregierung [auf], die Privatisierungserlöse aus dem Verkauf von Staatsbeteiligungen [...] zur Schuldentilgung, als Grundkapital für eine Landesverkehrsgesellschaft und eine staatliche Wohnungsbaugesellschaft vorzusehen.“[1032]

Der Schwerpunkt der bayerischen Sparkassen lag auf der Förderung der mittelständischen Wirtschaft. Durch die regionale Präsenz fördern die Sparkassen die wirtschaftliche Entwicklung der ländlichen Gebiete. Die Sparkassen beeinflussten demnach die Entwicklung der bayerischen Wirtschaft erstens durch die Wahrnehmung von Ordnungsfunktionen und zweitens durch die Wahrnehmung von Leistungsfunktionen. Ordnungsfunktionen bestehen in der Konstituierung und Erhaltung des Wettbewerbs, Leistungsfunktionen im Angebot von vielfältigen Finanzdienstleistungen. Die Besonderheit der Sparkassen in Bayern ergibt sich aus der Verbindung dieser beiden Funktionen. Die räumliche und sektorale Differenzierung der bayerischen Wirtschaft führt zu einem spezifischen Kreditbedarf, den die Sparkassen aufgrund ihrer flächendeckenden Präsenz entsprechend anbieten. Darüber hinaus nehmen die Sparkassen auf den regionalen Arbeitsmärkten eine große Bedeutung ein.[1033]

Die bayerischen Sparkassen und ihr regionaler Verband besitzen seit jeher in der deutschen Kreditwirtschaft eine besondere Stellung. Die Privatisierung öffentlich-rechtlicher Sparkassen ist in Bayern verboten, so die Rechtsauffassung der Sparkassenaufsicht im Bayerischen Innenministerium.[1034] Gemäß Art. 87 Abs. 4 GO BY dürfen Gemeinden Bankunternehmen „weder errichten noch sich an ihnen beteiligen. Für das öffentliche Sparkassenwesen verbleibt es bei den

---

1028 Vgl. *Bayerischer Landtag:* Plenarprotokoll (12/37), 1994, S. 9369 sowie *Maurer:* Privatisierungen, 1995, S. 6.

1029 Vgl. *Bayerischer Landtag:* Plenarprotokoll (12/37), 1994, S. 9382–9391 (SPD) und S. 9398–9403 (GRÜNE).

1030 *Bayerischer Landtag:* Plenarprotokoll (12/37), 1994, S. 9386.

1031 *Bayerischer Landtag:* Plenarprotokoll (12/37), 1994, S. 9402.

1032 *Bayerischer Landtag:* Dringlichkeitsantrag, 1994, S. 1.

1033 Vgl. *Pix:* Bayerische Sparkassengeschichte, 1994, S. 177–180.

1034 Vgl. *Horn:* Sparkassen, 1999, S. 187–189.

besonderen Vorschriften. Die Gemeinde kann einen einzelnen Geschäftsanteil an einer eingetragenen Kreditgenossenschaft erwerben, wenn eine Nachschußpflicht ausgeschlossen oder die Haftsumme auf einen bestimmten Betrag beschränkt ist". Eine weitere wesentliche Besonderheit in Bayern besteht in Zusammenhang mit dem Wettbewerbsumfeld. In keinem anderen Bundesland verfügen die bayerischen Kreditgenossenschaften über ein dichteres Bankstellennetz wie in Bayern.[1035]

Vor dem Hintergrund der bisherigen Ausführungen wollte nunmehr die CSU-Landesregierung ein Gesetz zur Neustrukturierung der Bayerischen Landesbank Girozentrale umsetzen. Kern des Gesetzes war das bayerische Holding-Modell, das vorsah, die Landesbank als einheitliches Unternehmen in der Rechtsform einer rechtsfähigen Anstalt des öffentlichen Rechts zu erhalten.[1036] Die Bank nahm damit weiterhin die Aufgaben sowohl einer allgemeinen Geschäftsbank als auch einer Staatsbank sowie einer Kommunal- und Sparkassenzentralbank wahr, die durch ihre Geschäftstätigkeit den Freistaat Bayern und seine kommunalen Körperschaften einschließlich der Sparkassen in der Erfüllung öffentlicher Aufgaben unterstützt. Gleichzeitig sind die Geschäfte der Landesbank nach kaufmännischen Gesetzen unter Beachtung ihres öffentlichen Auftrags weiterzuführen. Das Gesetz legte darüber hinaus fest, dass der Freistaat Bayern und der Sparkassenverband Bayern weiterhin Träger der Bayerischen Landesbank[1037] bleiben sollte. Dabei war ihnen gestattet, die Trägerschaft an der Bank durch einen öffentlich-rechtlichen Beleihungsvertrag auf eine juristische Person des Privatrechts zu übertragen. Im Rahmen dieses Beleihungsvertrages wurde auch die Übertragung der Anteile am Grundkapital der Landesbank geregelt. Diese Regelung sollte dem Freistaat Bayern und dem Sparkassenverband Bayern ermöglichen, eine sog. Landesbank Finanzholding in der Rechtsform einer AG zu gründen und mit der alleinigen Trägerschaft für die in öffentlich-rechtlicher Anstaltsform operativ tätige Bayerische Landesbank zu beleihen. Die Finanzholding, die nicht als eine Bank agierte und damit nicht den geltenden Bestimmungen des KWG unterlag, sollte dem bayerischen Modell zufolge zu 100 Prozent Anteilseigner an der Landesbank werden. Die Holding wäre dann als beliehener Träger verpflichtet, die Aufgaben der Landesbank zur Stärkung ihrer Wettbewerbsfähigkeit und ihres öffentlichen Auftrags zu fördern. Sie erhielt die Befugnis, die Aufgaben der Bank zu bestimmen, soweit diese nicht bereits durch Gesetz oder Satzung festgelegt waren.

1035 Vgl. *Zellner:* Sparkassen, 2011, S. 870.

1036 Vgl. *Bayerischer Landtag:* Gesetzentwurf, 2001, S. 1–14 sowie *Bayerischer Landtag:* Änderung, 2004, S. 1–11.

1037 Das Gesetz regelt auch, dass der Namensbestandteil „Girozentrale" zukünftig entfällt.

An der Landesbank Finanzholding AG wollten sich der Freistaat Bayern und der Sparkassenverband Bayern als Aktionäre mit zunächst je 50 Prozent beteiligen. Im Weiteren sollte die Möglichkeit eingeräumt werden, Dritte – bspw. zur Begründung strategischer Partnerschaften – mit maximal 49,98 Prozent der Aktien an der Finanzholding zu beteiligen.[1038] Der dem Freistaat und dem Verband verbleibende Aktienbestand betrug in diesem Fall jeweils mindestens 25,01 Prozent des Grundkapitals der Holding. Dieser Mindestanteil räumte eine immanente Sperrminorität ein und sollte in der Addition den Einfluss der öffentlichen Hand auf die Holding sicherstellen.[1039]

Mit dieser Form der Deregulierung im öffentlich-rechtlichen Kreditsektor verfolgte die CSU-Landesregierung das grundsätzliche Ziel, „die Bank [..] für den Wettbewerb in der Zukunft fit [zu machen].“[1040] Dabei standen die Entwicklung neuer Konzepte und das Aufbrechen alter Strukturen im Vordergrund.[1041] So wurde bspw. der Verwaltungsrat von 38 auf 10 Mitglieder reduziert, was zu einer Reduzierung der politischen Einflussnahme auf die Geschäftspolitik der Landesbank führen sollte.[1042]

Die bayerische SPD befürwortete größtenteils das Gesetz und stimmte der CSU-Landesregierung zu.[1043] Allerdings war es der SPD wichtig, dass das Drei-Säulen-System der deutschen Kreditwirtschaft grundsätzlich unangetastet blieb.[1044] Die SPD sah mit dem Deregulierungsvorhaben, also der Neustrukturierung der Bayerischen Landesbank Girozentrale, keine grundsätzliche Gefahr für den Sparkassensektor.

Die Grünen standen dem Vorhaben hingegen kritisch gegenüber. Die Kernfrage bestand für sie in der Definition des öffentlichen Auftrags bei der Gesetzesausgestaltung für die Neustrukturierung. So bemerkte die Partei: „Als Geschäftsbank hat [die Bayerische Landesbank Girozentrale] keinen öffentlichen Auftrag. Die Frage ist, wie das in Zukunft aussehen wird. [Muss die CSU-Staatsregierung] dann den öffentlichen Auftrag subventionieren?“[1045] Die Grünen befürchteten, dass mit dem Vorhaben der öffentliche Auftrag langfristig in Gefahr sei. Darüber hinaus gab die Partei zu bedenken, dass – trotz der bereits erheblichen Reduzierung der

1038 Vgl. *o. V.:* BayernLB, 2001, S. 25.
1039 Vgl. *Busse:* BayernLB, 2001, S. 31.
1040 Vgl. *Bayerischer Landtag*: Plenarprotokoll (14/80), 2002, S. 5714.
1041 Vgl. *Bayerischer Landtag*: Plenarprotokoll (14/80), 2002, S. 5714.
1042 Vgl. *Bayerischer Landtag:* Plenarprotokoll (14/93), 2002, S. 6720.
1043 Vgl. *Bayerischer Landtag:* Plenarprotokoll (14/80), 2002, S. 5717–5719.
1044 Vgl. *Bayerischer Landtag:* Plenarprotokoll (14/80), 2002, S. 5717.
1045 *Bayerischer Landtag:* Plenarprotokoll (14/80), 2002, S. 5720.

Mitglieder im Verwaltungsrat – weiterhin eine politische Einflussnahme vonseiten der CSU bestehe und möglicherweise ausgenutzt werde. Letztendlich enthielten sich die Grünen bei der Abstimmung des Gesetzesvorhabens zur Neustrukturierung der Bayerischen Landesbank Girozentrale, wie sie es auch angekündigt hatten: „Wir werden uns bei der Abstimmung zum Gesetzentwurf der Staatsregierung zur Änderung des Gesetzes über die Errichtung der Bayerischen Landesbank Girozentrale der Stimme enthalten [...].“[1046]

8.1.2.2 Fusionsvorhaben der Stadtsparkasse Marktredwitz und Raiffeisen-Volksbank Marktredwitz-Selb eG

Im Jahr 1998 sollte eine öffentlich-rechtliche Sparkasse mit einer Genossenschaftsbank fusioniert und im Anschluss daran in eine Kreditgenossenschaft überführt werden.[1047] Die Vorstände der Stadtsparkasse Marktredwitz und der Raiffeisen-Volksbank Marktredwitz-Selb eG verfolgten das Ziel, ihre Kreditinstitute zu fusionieren und als Genossenschaft fortzuführen.[1048] „Es wäre das erstemal in Bayern, dass eine Sparkasse mit einer Genossenschaftsbank eine Vollfusion anstrebt.“[1049] Zur Aufnahme der Fusionsgespräche waren für die Vorstände der Stadtsparkasse Marktredwitz zum einen die Schaffung einer größeren Geschäftseinheit und die Unzufriedenheit über die Struktur der Sparkassenorganisation von Bedeutung. Aufgrund der regionalen Verankerung und der Verbundstruktur zeigten sich beide Institute an einer Fusion interessiert. Es wurde vorgesehen, das neue Kreditinstitut in einer genossenschaftlichen Rechtsform zu betreiben. Vor diesem Hintergrund sollte im Voraus die Stadtsparkasse in eine Genossenschaft umgewandelt werden.[1050]

Das Fusionsvorhaben wurde jedoch aufgegeben, als sich die CSU-Landesregierung (als zuständige Sparkassenaufsichtsbehörde)[1051] und der bayerische

1046 *Bayerischer Landtag:* Plenarprotokoll (14/93), 2002, S. 6721.

1047 Vgl. *Klein:* Sparkassenwesen, 2003, S. 321 f. Siehe hierzu auch *Dagott:* Sparkassen und Genossenschaftsbanken, 2002. *Dagott* untersucht im Rahmen seiner wirtschaftswissenschaftlichen Dissertation „Transsektorale Unternehmensverbindungen zwischen Sparkassen und Genossenschaftsbanken“ das Fusionsvorhaben der Stadtsparkasse Marktredwitz und der Raiffeisen-Volksbank Marktredwitz-Selb eG.

1048 Vgl. *Brost:* Volks- und Raiffeisenbanken, 2001, S. 22. Die vorstehende Quelle ist von *Klein:* Sparkassenwesen, 2003, S. 321 entnommen.

1049 *Schmidhuber:* Sparkassenstrukturen, 1998, S. 586.

1050 Die Ausführungen in dem obigen Absatz sind von *Klein:* Sparkassenwesen, 2003, S. 321 f. in Grundzügen übernommen.

1051 Vgl. *Bayerischer Landtag:* Schriftliche Anfrage, 1992, S. 1.

Sparkassenverband (SVB) einschalteten. Die beiden Akteure setzten sich für die Erhaltung der kommunalen Sparkassen in Bayern ein.[1052] So bestanden die CSU-Landesregierung und der SVB auf die Einhaltung des bestehenden Sparkassengesetzes.[1053]

Das Nichtzustandekommen verdeutlicht, über welchen Einfluss die CSU-Landesregierung und der Sparkassenverband Bayern verfügen. Seitens der Vorstände beider Kreditinstitute wurde dieser Einfluss massiv unterschätzt. Obwohl damit der erste öffentlich gewordene Versuch der Fusion einer Sparkasse mit einer Kreditgenossenschaft nicht erfolgreich war, lösten diese Überlegung eine allgemeine Diskussion in der Kreditwirtschaft über sektorübergreifende Fusionen aus.[1054] Seit dieser Zeit wird in der Debatte über die Zukunft des öffentlich-rechtlichen Sparkassenwesens zunehmend die Möglichkeit erwogen, Sparkassen mit Genossenschaftsbanken zu verschmelzen.

8.1.2.3 Fusionsvorhaben der Sparkassen Hof und Fichtelgebirge

Anknüpfend an die vorherigen Erläuterungen zur Wettbewerbsstärkung durch Fusionen fusionierten mit den Stimmen der CDU und der SPD zum 1. August 2009 die Sparkassen Hof und Fichtelgebirge zur Sparkasse „Hochfranken".[1055] Dabei herrschte ein breiter Konsens zwischen den Akteuren, sodass sich weiteren Ausführungen hier erübrigen.

Insgesamt kann festgestellt werden, dass trotz der Verankerung der Sparkassen in allen bayerischen Regionen die kommunalen Sparkassen durch die stärkere Konkurrenz seitens der Genossenschaftsbanken verstärkt unter Druck geraten sind. Seit der Landkreisreform 1972 ist die Zahl der Sparkassen in Bayern durch freiwillige Fusionen von 185 auf 71 zurückgegangen.[1056] So kooperiert bspw. die

---

1052 Vgl. *Schmidhuber:* Sparkassenstrukturen, 1998, S. 586 f.

1053 Siehe dazu auch Abschnitt 4.1.7.

1054 *Hofmann* und *Wittmann* analysieren den möglichen Mehrwert einer Fusion zwischen Genossenschaftsbanken und Sparkassen in den Bereichen Finanzen, Kunden, Prozesse und Mitarbeiter, ausgehend von der nicht umgesetzten Planung einer solchen Fusion im oberfränkischen Marktredwitz. Die Autoren kommen u. a. zu dem Ergebnis, dass eine solche Fusion in der Einzelbetrachtung für die beteiligten Kreditinstitute durchaus mit messbarem Mehrwert verbunden wäre, allerdings hätte die Realisierung eines solchen Präzedenzfalls die mittelfristige Auflösung der bestehenden dezentralen Gruppen zur Folge. Vgl. *Hofmann/Wittmann:* Fusionen, 2004, S. 179–188.

1055 Vgl. *Jäckel:* Sparkassenfusion, 2008, online, sowie *o. V.:* Sparkassenfusion, 2009, online.

1056 Vgl. *Schmidhuber:* Sparkassenstrukturen, 1998, S. 586. Siehe auch Abbildung 7 in der vorliegenden Untersuchung.

Stadtsparkasse München mit den Stadtwerken München und den städtischen Kliniken, um Vorsorgeprodukte anzubieten. Vor dem Hintergrund des Konsolidierungsdrucks ist von einer weiteren Reduzierung der Sparkassen auszugehen.

8.1.2.4 Policy-Prozessanalyse einzelner Fallbeispiele (1999–2009)

Die Prozessanalysen erfolgen anhand der oben vorgestellten drei Fälle. Auch hier werden zunächst die beteiligten Akteure und dann in einem zweiten Schritt der Hauptkern, der gemeinsame Policy-Kern sowie die sekundären Aspekte des Belief-Systems identifiziert, um die Akteure des Policy-Subsystems in Advocacy-Koalitionen nach dem bisherigen Muster zu bündeln.[1057] Darauf aufbauend werden die entscheidenden Ressourcen für den Versuch, die jeweiligen Policy-Strategien umzusetzen, bestimmt.[1058]

Policy-Prozess: Neustrukturierung der Bayerischen Landesbank Girozentrale und deren Auswirkungen auf die Sparkassen (1999–2002)

Die folgenden Akteure aus dem Policy-Subsystem prägten den Policy-Prozess:

Akteur 1: Ministerpräsident *Stoiber* (CSU) mit der CSU-Landesregierung (1993 bis 2007)[1059]
Akteur 2: Bayerische Landesbank Girozentrale
Akteur 3: Sparkassenverband Bayern
Akteur 4: Bayerische Sparkassen
Akteur 5: CSU
Akteur 6: SPD
Akteur 7: GRÜNE

Ministerpräsident *Stoiber* (CSU) mit der CSU-Landesregierung befürwortete die Neustrukturierung der Bayerischen Landesbank Girozentrale. Er folgte mit dieser Entscheidung dem Hauptkern (Deregulierung zu fördern) des Belief-Systems seiner Partei.[1060] Jedoch forderte die Bayerische Landesbank Girozentrale bei ihrer Zustimmung zu dem Vorhaben im Entscheidungsprozess, dass die öffentlich-rechtliche Rechtsform ihres Instituts weiterhin bestehen blieb. Diese

---

1057 In den Policy-Prozessen treten auch hier keine Akteure auf, die der Verfechter- und der Wissenschaftliche-Experten-Koalition angehören.

1058 Das in diesem Absatz beschriebene Vorgehen liegt allen Prozessanalysen zugrunde und wird im Weiteren nicht mehr gesondert dargelegt.

1059 Vgl. *Eith, U./Kießling, A. et al.:* Parteiensysteme, 2008, S. 129.

1060 Vgl. Abschnitt 7.5.1.

Forderung wurde seitens der CSU-Landesregierung berücksichtigt und umgesetzt. Die Bayerische Landesbank Girozentrale war nur in diesem Policy-Prozess von Bedeutung und übernahm die Auffassungen der CSU-Landesregierung. Der Sparkassenverband Bayern und die bayerischen Sparkassen befürworteten die Neustrukturierung nur unter der Voraussetzung, dass weiterhin eine klare Aufgabenteilung zwischen Landesbank und Sparkassen bestünde.[1061] Die bayerischen Sparkassen folgten den Auffassungen des bayerischen Sparkassenverbands.

Der Hauptkern des Belief-Systems, der für die SPD erarbeitet wurde, besteht darin, dass die SPD ein Gegner von Deregulierungsvorhaben ist.[1062] Die Partei befürwortete jedoch in diesem speziellen Fall die Neustrukturierung und änderte somit ihre Meinung. Folglich fand eine Abweichung der SPD (auf Landesebene) von dem Hauptkern ihres Belief-Systems statt, was auf den sekundären Aspekt der Grundauffassungen zurückzuführen ist. Eine Stellungnahme der bayerischen SPD ist jedoch aus den landespolitischen Programmen nicht grundsätzlich ersichtlich. Somit lässt sich lediglich vermuten, dass der Meinungswechsel mit dem Ziel vollzogen wurde, dass die Partei „ihre" Verwaltungsratsmandate weiterhin sichern und somit auf Landesebene ihren Einfluss im öffentlich-rechtlichen Kreditsektor nicht aufgeben wollte. Vor diesem Hintergrund kann konstatiert werden, dass die bayerische SPD u. a. die Auffassungen der anderen Akteure (Bayerische Landesbank Girozentrale, Sparkassenverband Bayern und bayerische Sparkassen) übernommen hat.

Die Grünen enthielten sich bei dem Entscheidungsprozess zu der Verabschiedung des Gesetzes. Sie standen dem Vorhaben kritisch gegenüber, was auf den Hauptkern ihrer Grundauffassungen (Deregulierung zu verhindern) zurückzuführen ist.[1063] Die Partei befürchtete u. a., dass der öffentliche Auftrag in Gefahr sei. In dem oben betrachteten landespolitischen Programm war lediglich die politische Einflussnahme in Sparkassen kritisiert worden. Zu dem vorliegenden Deregulierungsvorhaben bezog die Partei keine Stellung. Da die Grünen sich bei der Abstimmung enthielten, gehören sie in diesem Policy-Prozess keiner Koalition an.

Ministerpräsident *Stoiber* (CSU) mit der CSU-Landesregierung, die Bayerische Landesbank Girozentrale und die SPD lassen sich zu einer **Opportunisten-Koalition** zusammenfassen. Diese Koalition verfolgte die Policy-Strategie, die Neustrukturierung der Bayerischen Landesbank Girozentrale durchzusetzen. Das

---

1061 Wie in Abschnitt 7.2 erarbeitet, übernehmen die regionalen Sparkassenverbände die grundsätzliche Auffassung des DSGV, der sich für den Erhalt des öffentlich-rechtlichen Kreditsektors einsetzt.

1062 Vgl. Abschnitt 7.5.3.

1063 Vgl. Abschnitt 7.5.4.

gemeinsame Interesse bestand darin, die Bayerische Landesbank Girozentrale in der Rechtsform einer rechtsfähigen Anstalt des öffentlichen Rechts bestehen zu lassen, sodass die Landesbank die Sparkassen mit Produkten und Dienstleistungen bedienen und unterstützen kann. Da die CSU mit absoluter Mehrheit regierte, sind in dem Fall die Veto-Punkte für die Umsetzung der Policy-Strategie nicht von Bedeutung und spiegeln demnach keine **entscheidende Ressource** wider.

Die anderen Akteure – der Sparkassenverband Bayern sowie die bayerischen Sparkassen – werden in einer **Traditionalisten-Koalition** gebündelt. Diese verfolgte die Policy-Strategie, die Neustrukturierung per Gesetzesänderung nur dann zu unterstützen, wenn die Arbeitsteilung zwischen Landesbank und Sparkassen beibehalten wird und die kommunalen Sparkassen in ihrer Struktur weiterhin geschützt werden. Des Weiteren ist festzustellen, dass keine **Policy-Vermittler** in dem Policy-Prozess auftraten.

Zusammenfassend kann konstatiert werden, dass der **Policy-Output** darin besteht, dass die Neustrukturierung der Bayerischen Landesbank Girozentrale mit Unterstützung der Traditionalisten-Koalition von der Opportunisten-Koalition umgesetzt wurde. Die Bedenken der Grünen, mit dem Vorhaben sei der öffentliche Auftrag langfristig in Gefahr, wurden infolge der Enthaltung im Entscheidungsprozess nicht berücksichtigt und waren somit für den Policy-Output von keiner Bedeutung. Als **Policy-Wirkung** ist anzusehen, dass die öffentlich-rechtliche Kreditstruktur in Bayern gewahrt bleibt und eine Arbeitsteilung zwischen der Landesbank und den kommunalen Sparkassen besteht.

Policy-Prozess: Fusionsvorhaben der Stadtsparkasse Marktredwitz und der Raiffeisen-Volksbank Marktredwitz-Selb eG (1998)

In diesem Policy-Prozess lassen sich die folgenden Akteure aus dem Policy-Subsystem identifizieren:

Akteur 1: Ministerpräsident *Stoiber* (CSU) mit der CSU-Landesregierung (1993 bis 2007)[1064]
Akteur 2: Sparkassenverband Bayern
Akteur 3: Vorstände der Stadtsparkasse Marktredwitz
Akteur 4: Vorstände der Raiffeisen-Volksbank Marktredwitz-Selb eG
Akteur 5: CSU

Ministerpräsident *Stoiber* (CSU) mit der CSU-Landesregierung sowie der bayerische Sparkassenverband lehnten das Fusionsvorhaben kategorisch ab. In der

1064 Vgl. *Eith/Kießlinget al.:* Parteiensysteme, 2008, S. 129.

vorliegenden Untersuchung hat sich jedoch gezeigt, dass die CSU ein Befürworter von Deregulierungsvorhaben ist.[1065] Somit findet bei der CSU (auf Landesebene) ein Meinungswechsel statt. Die Veränderung in diesem speziellen Fall ist den sekundären Aspekten des Belief-Systems geschuldet. So befürchtete die CSU-Landesregierung in ihrer Funktion als Sparkassenaufsichtsbehörde in Bayern, dass mit der Umsetzung der Fusion auf kommunaler Ebene die gesamte Sparkassenorganisation in Gefahr geraten würde. In dieser Auffassung wurde *Stoiber* von dem bayerischen Sparkassenverband unterstützt, der generell sektorübergreifende Fusionen ablehnte, was dem Hauptkern seiner Grundauffassungen entspricht, der bereits im vorherigen Policy-Prozess genannt wurde.

Die Vorstände der Stadtsparkasse Marktredwitz und der Raiffeisen-Volksbank Marktredwitz-Selb eG befürworteten hingegen die Fusion. Sie waren nur in diesem Policy-Prozess von Bedeutung und vertraten ihr eigenes Belief-System. Entsprechend ihrer Haltung werden sie in einer **Opportunisten-Koalition** zusammengefasst. Diese Koalition verfolgte die Policy-Strategie, erstens die Stadtsparkasse in einer genossenschaftlichen Rechtsform zu betreiben und zweitens eine größere Betriebseinheit per Gesetz zu schaffen. Als Begründung dafür wurde die Unzufriedenheit mit der Organisationsstruktur des Sparkassenlagers angeführt. Das gemeinsame Interesse bestand also darin, mit der Fusion über einen größeren Kundenstamm und damit ein größeres Ertragspotenzial zu verfügen.

Die anderen Akteure (Ministerpräsident *Stoiber* (CSU) mit der CSU-Landesregierung und der Sparkassenverband Bayern) formten sich zu einer **Traditionalisten-Koalition**, welche die Policy-Strategie verfolgte, die bayerischen Sparkassen in ihrer Struktur zu schützen und damit keine sektorübergreifenden Fusionen zuzulassen. Die Koalition war der Ansicht, dass solch eine Fusion die gesamte Sparkassenorganisation in Deutschland infrage stellen könnte. Die **entscheidenden Ressourcen** waren Veto-Punkte, da mit dem Veto der CSU-Landesregierung (als Sparkassenaufsichtsbehörde) das Fusionsvorhaben abgelehnte wurde. **Policy-Vermittler** traten in dem Policy-Prozess nicht auf.

Erstmals hatten sich in Deutschland eine Stadtsparkasse und dessen Vorstände für eine Fusion mit einer genossenschaftlichen Bank eingesetzt und damit versucht, die gesamte Sparkassenstruktur massiv zu verändern. Letztlich war der **Policy-Output**, dass die Opportunisten-Koalition mit ihrem Fusionsvorhaben scheiterte. Die **Policy-Wirkung** bestand darin, dass die Traditionalisten-Koalition mit ihrer Entscheidung, das Fusionsvorhaben abzulehnen, die gesamte Sparkassenorganisation in Deutschland stärkte bzw. schützte. Es ist zu erwarten,

1065 Vgl. Abschnitt 7.5.1.

dass solche Fusionsvorhaben – unter den rechtlichen Restriktionen, die derzeit (Jahresanfang 2016) bestehen – auch zukünftig nicht umzusetzen sind.

Policy-Prozess: Fusionsvorhaben der Sparkassen Hof und Fichtelgebirge (2009)

Die Sparkassen Hof und Fichtelgebirge vereinigten sich mit den Stimmen der CDU und der SPD im Jahr 2009 zur „Sparkasse Hochfranken". Angesichts der begrenzten Daten- und Informationslage zu diesem Fusionsvorhaben, der geringen Anzahl von Akteure sowie deren genereller Übereinstimmung ergibt eine Prozessanalyse für die vorliegende Untersuchung keinen Nutzen.

8.1.2.5 Prüfung der Hypothesen

Das Fusionsvorhaben zwischen den Sparkassen Hof und Fichtelgebirge wird aus den genannten Gründen nicht berücksichtigt, während die anderen Fälle Rückschlüsse auf die Aussagen der Hypothesen zulassen.

Zunächst ist festzustellen, dass in diesem Bundesland SPD und GRÜNE zu den linken Parteien gehören, die CSU zu den konservativen. Die Grünen spielten nur bei der Neustrukturierung der Bayerischen Landesbank Girozentrale eine Rolle, der sie kritisch gegenüberstanden. Allerdings enthielten sich die Grünen in dem Entscheidungsprozess, sodass sie keiner Advocacy-Koalition angehörten. Somit waren sie einerseits prozessrelevant, andererseits jedoch für den Policy-Output von keiner Bedeutung. Darüber hinaus zeigen die Fallanalysen, dass sowohl bei der Neustrukturierung der Bayerischen Landesbank Girozentrale als auch bei dem Fusionsvorhaben der Stadtsparkasse Marktredwitz und der Raiffeisen-Volksbank Marktredwitz-Selb eG die Parteiendifferenz-Hypothese nicht zutrifft. Im ersten Fall unterstützte die SPD die Mehrheitsposition und wich damit von ihrer ursprünglichen ideologischen Ausrichtung, nämlich grundsätzlich keine Deregulierung im öffentlich-rechtlichen Kreditsektor zu verfolgen, ab. Im Fall des kommunalen Fusionsvorhabens positionierte sich hingegen die CSU in einer Weise, die nicht ihrer politischen Grundüberzeugung entsprach.

Die zweite Hypothese lässt sich demgegenüber für die vorstehenden Fälle bestätigen. In beiden bestand eine Rechtstradition auf Landesebene zugunsten der öffentlich-rechtlichen Kreditinstitute. Insbesondere Ministerpräsident *Stoiber* (CSU) mit der CSU-Landesregierung sowie der Sparkassenverband Bayern folgten dieser Rechtstradition im Grundsatz. Dies führte im Ergebnis dazu, dass diese Akteure die Antwort auf die Frage nach einer verstärkten Öffnung des öffentlich-rechtlichen Kreditsektors für Dritte (infolge der prozentualen Beteiligungsmöglichkeiten) beeinflussten und dabei einen Wandel hin zu einem neuen „Modell" im Kreditsektor behinderten. Die anderen Akteure – die der Neustrukturierung und dem Fusionsvorhaben kritisch gegenüberstanden – hatten keinen Handlungsspielraum, um den politischen Prozess in ihrem Sinne zu beeinflussen.

Bei der Prüfung der dritten Hypothese ergibt sich ein gespaltenes Bild. Zunächst ist festzustellen, dass sowohl im Fall der Neustrukturierung der Bayerischen Landesbank Girozentrale als auch im Fall des Fusionsvorhabens zwischen der Stadtsparkasse Marktredwitz und der Raiffeisen-Volksbank Marktredwitz-Selb eG die institutionellen, parteipolitischen und sonstigen Vetospieler eindeutig identifiziert werden konnten. Allerdings kann im Fall der Neustrukturierung konstatiert werden, dass die CSU-Landesregierung in ihrer Entscheidungsfähigkeit hier von keinem anderen Vetospieler abhängig und somit der allein entscheidende Vetospieler in diesem Policy-Prozess war. Angesichts der absoluten Mehrheitsverhältnisse zugunsten der CSU greift hier die Vetospielertheorie nicht. Wird hingegen das Fusionsvorhaben zwischen der Stadtsparkasse Marktredwitz und der Raiffeisen-Volksbank Marktredwitz-Selb eG betrachtet, so zeigt sich, dass mit dem Veto der CSU-Landesregierung das Fusionsvorhaben auf kommunaler Ebene verhindert wurde. Die Landesregierung trat in diesem Entscheidungsprozess in ihrer Funktion als Sparkassenaufsichtsbehörde als entscheidender Vetospieler auf kommunaler Ebene auf und verhinderte das Fusionsvorhaben.

Aus den Fallanalysen zum Bundesland Bayern sind keine Akteure ersichtlich, die aus europäischer Ebene heraus agierten. Damit lassen sich keine Erkenntnisse ableiten, in welcher Weise sich die Europäisierung (EU-Kommission) auf die Deregulierung und Privatisierung öffentlich-rechtlicher Sparkassen auswirkt.

8.2 Mitteldeutsche Bundesländer

8.2.1 Hessen

8.2.1.1 Schaffung einer Bürgersparkasse im Rahmen von Änderungen des Sparkassengesetzes

Den parlamentarischen Auftakt für erste Anläufe zur Straffung der Landesverwaltung im Sinne eines Abbaus von Staatseingriffen machte die oppositionelle CDU in Hessen im Jahr 1975 mit einem Antrag zur „Rationalisierung der Landesverwaltung".[1066] Daraufhin folgten weitere Anträge, in denen sich bereits die typischen Merkmale der Privatisierungsdiskussion der 1970er- und 1980er-Jahre zeigten, wie bspw. der Abbau der Bürokratie, Hinweise auf Kostenreduzierungen

1066 Vgl. *Hessischer Landtag:* Antrag, 1975, S. 1.

und Wettbewerbsargumente.[1067] Die Diskussion über die Möglichkeiten und Grenzen von Privatisierungen bewegte sich zu diesem Zeitpunkt auf zwei Ebenen: zum einen mit Blick auf die grundsätzliche Reichweite der gewünschten Einwirkungsmöglichkeiten des Staates auf Wirtschaft und Gesellschaft und zum anderen hinsichtlich der konkreten Privatisierungsmöglichkeiten auf Landes- und kommunaler Ebene in Hessen.

Das Thema Privatisierung spielte jedoch in der Folgezeit bis zum Machtwechsel zur CDU-FDP-Landesregierung im April 1987 unter Ministerpräsident *Walter Wallmann* (CDU), zumindest was Landesbeteiligungen anging, nur eine nachgeordnete Rolle. Vereinzelt kam es zu „kleinen Anfragen" im Landtag, so etwa des Landtagsabgeordneten *Erich Nitzling* (SPD), der sich nach den Erfahrungen von Kommunen und Kreisen mit der Privatisierung von Dienstleistungen der öffentlichen Hand erkundigte. Die Art der Fragestellung dieser „kleinen Anfrage" lässt eine veränderte Einstellung zu dem Thema Privatisierung vermuten, da hier auch der Gedanke des Deutschen Industrie- und Handelstags (DIHT), eine „Privatisierungsbörse" einzurichten, aufgegriffen wurde.[1068] Es ist aber nicht ersichtlich, inwieweit *Nitzling* (SPD) die Einstellung der gesamten SPD-Fraktion vertrat, da der Hinweis „und Fraktion" fehlt.

Insbesondere mit dem Privatisierungsprogramm aus dem Jahr 1988 rückte das Thema Privatisierung wieder verstärkt in den Mittelpunkt der Landespolitik.[1069] Mit diesem Programm verfolgte die CDU-FDP-Landesregierung u. a. das Ziel einer finanziellen Entlastung der öffentlichen Haushalte. Darüber hinaus diente es zur Motivation privater Wirtschaftstätigkeit. Die Landesregierung konnte in juristischer Hinsicht auf § 65 LHO verweisen, nach der das Land sich u. a. an Unternehmen nur beteiligen soll, wenn ein wichtiges Landesinteresse vorliegt, das sich nicht auf eine andere Weise besser und wirtschaftlicher verwirklichen lässt. Die Veräußerung von Vermögensgegenständen wird allerdings dadurch begrenzt, dass sie nur erfolgen darf, wenn diese Vermögensgegenstände „zur Erfüllung der Aufgaben des Landes in absehbarer Zeit nicht benötigt werden".[1070]

1067 Dies ist der „Antwort des Ministers für Finanzen" *Karlheinz Weimar* (CDU) zu entnehmen, der infolge einer „kleinen Anfrage" des Abgeordneten *Roland von Hunnius* (FDP) vom 27.02.2004 zur „Privatisierung von Landesbeteiligungen" sich auch zu der Vergangenheit äußerte. Vgl. *Hessischer Landtag:* Antwort, 2004, S. 1–5.

1068 Vgl. *Hessischer Landtag:* Kleine Anfrage, 1984, S. 1.

1069 Vgl. *Hessischer Landtag:* Antwort, 1988, S. 1.

1070 Vgl. § 63 Abs. 2 LHO.

In den Jahren 1974 und 1981 wurden die Sparkassen in Deutschland durch die Steuergesetzgebungen stark belastet.[1071] Damit verschärfte sich auch für die hessischen Sparkassen der Wettbewerb in der Kreditwirtschaft. So fand in dem originären Geschäft der Sparkassen (Retailgeschäft) ein harter Verdrängungswettbewerb mit den anderen Kreditinstituten statt, dem sich die hessischen Sparkassen stellen mussten.[1072] Gleichzeitig mussten Vorbereitungen für den EG-Binnenmarkt getroffen werden, die durch eine „Bildung der Sparkassenorganisation Hessen-Thüringen um ein erhebliches Stück gefördert" werden konnte.[1073] Vor diesem Hintergrund waren nicht nur die Sparkassen gefragt, sondern auch die hessischen Politiker, sich aktiv und konzeptionell in die Sparkassenpolitik mit einzubringen.

Diverse Gesetzesvorschläge zur Änderung des hessischen Sparkassengesetzes zur Schaffung einer „Bürgersparkasse" wurden vonseiten der FDP erarbeitet.[1074] Nach der Auffassung der FDP war es wichtig, langfristige banken- und sparkassenpolitische Ziele, wie z. B. eine verstärkte Öffnung für private Beteiligungen, „das heißt Schaffung der gesetzlichen Voraussetzungen für die Möglichkeit einer privaten bürgerschaftlichen Beteiligung", zu verfolgen.[1075] Für das „Konzept der Bürgersparkasse" sah die FDP sogar einen historisch belegbaren Ansatz. „Ein Blick in die Gründerzeit der Sparkassen im 19. Jahrhundert verdeutlicht, dass bei der Errichtung von Sparkassen bürgerschaftliches Engagement oft entscheidende Impulse gegeben hat."[1076] So versuchte die Partei bereits im Jahr 1976 das in einem kreditwirtschaftlichen Thesenpapier von *Heinz-Herbert Karry* (FDP), dem damaligen Minister für Wirtschaft und Technik des Landes Hessen, entwickelte Modell einer Sparkasse mit Bürgerbeteiligung in modifizierter Form zu verwirklichen. Zu dieser Zeit hatte ein FDP-Arbeitskreis „Banken und Marktwirtschaft" einen Vorschlag erarbeitet, dass Sparkassen ohne die Änderung ihrer öffentlich-rechtlichen Rechtsform eine Ermächtigung erhalten sollten, bis zur Hälfte ihres

1071 Vgl. *Pohl:* 100 Jahre Sparkassenverbandsarbeit, 1994, S. 43.

1072 Vgl. *Pohl:* 100 Jahre Sparkassenverbandsarbeit, 1994, S. 43.

1073 Vgl. *Pohl:* 100 Jahre Sparkassenverbandsarbeit, 1994, S. 47. Für eine ausführliche Darstellung und Erklärung siehe auch *Sparkassen- und Giroverband Hessen-Thüringen:* S-Finanzgruppe Hessen-Thüringen, 1994.

1074 Vgl. *Hessischer Landtag:* Gesetzentwurf, 1988; *Hessisches Ministerium für Wirtschaft und Technik:* Kabinettsvorlage, 1988, S. 1; *o. V.:* Bürgersparkasse, 1988, S. 2; *Kessler:* Sparkassenorganisation, 1988, S. 346–352. In diesem Abschnitt werden auch wichtige Quellen von *Claussen:* Sparkassen, 1990, S. 214–217 in Grundzügen übernommen.

1075 Vgl. *Hessischer Landtag:* Plenarprotokoll (12/49), 1988, S. 2604.

1076 *Wilke:* Sparkasse, 1988, S. 6.

gesamten Eigenkapitals „Risikokapitaleinlagen" von Privatpersonen aufzunehmen, die bankaufsichtlich als haftendes Eigenkapital anerkannt würden.[1077] Die Kapitaleinlagen sollten eine feste Laufzeit haben und mit einem festen, dem Satz für langfristige Einlagen gleichkommenden Zins zuzüglich einer Prämie ausgestattet sein. Als Anleger kämen nur Bürger des Regionalbereichs der „Bürgersparkasse" in Betracht. Die Bürger würden zeitlich parallel zu den Wahlen der kommunalen Vertretungskörperschaften Treuhänder für einen Treuhänderbeirat wählen, der durch Wahl maximal ein Drittel der Mitglieder des Verwaltungsrats der „Bürgersparkasse" benennt. Als Alternative sah das Thesenpapier die Bildung eines „bürgerschaftlichen Trägervereins" vor, der die Kapitalien der (ortsansässigen) Mitglieder treuhänderisch der Sparkasse als Hafteinlage zur Verfügung stellen sollte. Die Hafteinlagen dürften allerdings 50 Prozent des gesamten Eigenkapitals nicht übersteigen. Der Trägerverein sollte weiterhin das Recht haben, ein Drittel der Verwaltungsratsmitglieder mit seinen Repräsentanten zu besetzen.[1078]

Anknüpfend an diese Überlegungen bot sich nunmehr für die hessische FDP, die sich mit der CDU Ende der 1980er-Jahre in einer Regierungskoalition befand, gerade im Hinblick auf die sich bereits abzeichnende Verschärfung der Eigenkapitalerhöhung die Chance, das „Konzept der Bürgersparkasse" im Rahmen der oben genannten Änderungen des hessischen Sparkassengesetzes umzusetzen. Nach Ansicht der FDP wurde mit dem Konzept – im Gegensatz zum Modell einer Sparkassen-AG – weder die kommunale Grundlage noch die öffentlich-rechtliche Anstaltsform oder das Regionalprinzip infrage gestellt.[1079]

In Anlehnung an das Vorhaben der damaligen konservativ-liberalen Bundesregierung mit *Helmut Kohl* (CDU) als Bundeskanzler, die DSL-Bank in Teilen zu privatisieren, sollte die Kabinettsvorlage zur Änderung des hessischen Sparkassengesetzes den kommunalen Gewährträgern der Sparkassen die Möglichkeit eröffnen,[1080] privates Kapital als bürgerschaftliche Beteiligung aufzunehmen. Nach § 22 Abs. 1 SparkG HE i. d. F. des HMWT-Entwurfs konnten Sparkassen in der Satzung künftig ermächtigt werden, von Privaten – d. h. Personen und Personengesellschaften –, den dann sog. Beteiligten, stille Einlagen im Sinne der §§ 230 bis 237 HGB entgegenzunehmen.[1081]

1077 Vgl. *Karry*: Banken, 1976, S. 6 f.
1078 Vgl. *Karry*: Banken, 1976, S. 7.
1079 Vgl. *Wilke*: Sparkasse, 1988, S. 5.
1080 Vgl. *o. V.*: Teilprivatisierung, 1989, S. 15.
1081 Vgl. *Hessisches Ministerium für Wirtschaft und Technik*: Kabinettsvorlage, 1988, § 22 Abs. 1 SparkG HE.

Eine stille Beteiligung Privater von 49 Prozent des haftenden Eigenkapitals war gemäß hessischem Sparkassengesetz bereits möglich.[1082] Die FDP wollte jedoch die Beteiligungsmöglichkeiten von Privaten auf 50 Prozent anheben. Denkbar war, dass sich Private – wie im Rahmen der Privatisierung der DSL-Bank beabsichtigt – über eine Holding-AG, die Aktien an Private ausgab, mittelbar als stille Gesellschafter am Geschäftsbetrieb der Sparkassen beteiligten. Somit sollte eine unmittelbare Beteiligung einzelner Bürger aus dem Geschäftsbereich der Sparkassen möglich sein.

Diese Neuerungen hin zu „Bürgersparkassen" in Hessen gingen der CDU jedoch zu weit. Nach ihrem Verständnis sollte die Beteiligung Privater als stille Gesellschafter den bürgerschaftlichen Charakter der kommunalen Sparkassen stärken, ohne den maßgeblichen (politischen) Einfluss des Gewährträgers einzuschränken. Deshalb sah der Gesetzesentwurf der CDU vor, die Einlagen der Beteiligten weiterhin auf maximal 49 Prozent des haftenden Eigenkapitals (ohne Hafteinlagen[1083] resp. Genussrechtskapital[1084]) der Sparkassen zu beschränken.[1085] Daneben könnten die Beschlüsse des Verwaltungsrats über die Zusammensetzung des Vorstandes sowie die Richtlinien der Geschäftspolitik nur mit der Mehrheit der Stimmen der vom Gewährträger entsandten Mitglieder wirksam gefasst werden.[1086] Auf der anderen Seite sollte den privaten Anlegern nach den Reformvorstellungen eine ihren Kapitalanteilen entsprechende Beteiligung am Entscheidungsprozess innerhalb der Sparkasse eingeräumt werden.

Die FDP-Fraktion war sich daraufhin bewusst, dass sie das Konzept nur mit der Unterstützung ihres Koalitionspartners (CDU) würde umsetzen können, was ihr aber nicht gelang. Somit kam es auch nicht zu einer separaten Abstimmung im Hessischen Landtag. Es erfolgte ausschließlich eine Abstimmung über die

---

1082 Vgl. *Hessischer Landtag:* Gesetzentwurf, 1988, § 22.

1083 Vgl. *Hessisches Ministerium für Wirtschaft und Technik:* Kabinettsvorlage, 1988, § 22 Abs. 1 Satz 4 SparkG HE.

1084 Neben der stillen Beteiligung Privater eröffnete der Entwurf zur Änderung des hessischen Sparkassengesetzes den kommunalen Sparkassen – bei entsprechender satzungsrechtlicher Gestattung durch ihre Gewährträger – ebenfalls die Möglichkeit der Aufnahme von Genussrechtskapital bis zur im KWG vorgesehenen Obergrenze von 25 Prozent der Rücklagen. Vgl. *Hessisches Ministerium für Wirtschaft und Technik:* Kabinettsvorlage, 1988, § 21 SparkG HE.

1085 Vgl. *Hessischer Landtag:* Gesetzentwurf, 1988, § 22 Abs. 2 sowie *Hessisches Ministerium für Wirtschaft und Technik:* Kabinettsvorlage, 1988, § 22 Abs. 2 SparkG HE und auch *Hessischer Landtag:* Gesetzentwurf, 1990, § 22.

1086 Vgl. *Hessisches Ministerium für Wirtschaft und Technik:* Kabinettsvorlage, 1988, § 23 Abs. 3 SparkG HE.

Änderungen des Sparkassengesetzes, die (wie oben erwähnt) von CDU und FDP gemeinsam befürwortet wurden. Die Oppositionsparteien SPD und GRÜNE griffen im Rahmen der Diskussion über die Änderungen des Sparkassengesetzes die Überlegungen der FDP zur „Bürgersparkasse“ lediglich am Rande nochmals auf und lehnten diese Überlegungen in Zusammenhang mit dem Vorhaben, das hessische Sparkassengesetz zu ändern, ab, da sie eine große Gefahr für den öffentlich-rechtlichen Kreditsektor sahen.[1087]

Zusammenfassend kann festgestellt werden, dass trotz der Nichtumsetzung des „Konzepts der Bürgersparkasse“ die FDP gemeinsam mit der CDU die gesetzlichen Änderungen des hessischen Sparkassengesetzes – mit den oben genannten Möglichkeiten einer weiterhin bestehenden stillen Beteiligung Privater von bis zu 49 Prozent des haftenden Eigenkapitals der Sparkasse – durchsetzte.[1088]

8.2.1.2 Auswirkungen der Änderungen der Haftungsgrundlagen

Aufgrund diverser Änderungen in dem Staatsvertrag zwischen Hessen und Thüringen im Jahr 2002 sollten die Haftungsgrundlagen (Gewährträgerhaftung und Anstaltslast) auf Druck der EU-Kommission für die öffentlich-rechtlichen Kreditinstitute angepasst werden.[1089] Unter Ministerpräsident *Koch* (CDU) mit der CDU-FDP-Regierungskoalition (1999–2003)[1090] wurden erste Überlegungen zu einer Anpassung des Sparkassengesetzes geäußert. So forderte Wirtschaftsminister *Dieter Posch* (FDP) im Mai 2002 die hessischen Sparkassen zu Fusionen auf und würdigte die Reform der Bayerischen Landesbank Girozentrale mit „ihrem“ Holding-Modell als vorbildlich.[1091] Dieses Modell sah vor, dass die Sparkassen ihr Geschäft in eine Holding einbringen, nach außen aber weiterhin eigenständig auftreten. Die Holding könnte bspw. in Form einer AG geführt werden, zudem sollte die Möglichkeit genutzt werden, private Investoren in den Eigentümerkreis der

---

1087 Vgl. *Hessischer Landtag:* Plenarprotokoll (12/49), 1988, S. 2597 (SPD), S. 2600 f. (GRÜNE) sowie Plenarprotokoll (12/94), 1989, S. 5337 (GRÜNE) und Plenarprotokoll (12/113), 1990, S. 6696.

1088 Vgl. *Hessischer Landtag:* Beschlussempfehlung und Bericht, 1990.

1089 Vgl. Gesetz zu dem Staatsvertrag zur Änderung des Staatsvertrages über die Bildung einer gemeinsamen Sparkassenorganisation Hessen-Thüringen und zur Änderung des Hessischen Sparkassengesetzes, 2002, S. 260.

1090 Vgl. *Eith/Kießling et al.:* Parteiensysteme, 2008, S. 250. In den Jahren 2003 bis 2008 verfügte die CDU erstmals in Hessen mit *Roland Koch* als Ministerpräsident über eine absolute Mehrheit.

1091 Vgl. *Hessischer Landtag:* Plenarprotokoll (15/106), 2002, S. 7370.

Sparkassen aufzunehmen.[1092] Die FDP hielt in diesem Zeitraum auch eine vertikale Fusion zwischen der Landesbank Hessen-Thüringen Girozentrale (Helaba) und den hessischen Sparkassen für denkbar.[1093] Die FDP-Fraktion forderte eine Fusion zwischen der Frankfurter Sparkasse und der Landesbank Hessen-Thüringen Girozentrale (Helaba).[1094] Für die Helaba habe dies den Vorteil, dass im Retailgeschäft tätige Banken von Ratingagenturen besser bewertet würden als Kreditinstitute, die nur Großbanken betreuen. Dieser Vorschlag vertikaler Fusionen stieß jedoch auf massive Kritik. Der Sparkassen- und Giroverband Hessen-Thüringen (SGVHT) wollte die einheitliche Organisationsform der Sparkassen bewahren, da er die Auflösung des Verbunds befürchtete, und lehnte den Vorschlag ab.[1095] Die kommunalen Spitzenverbände in Hessen übernahmen dabei vollumfänglich die Ansichten des SGVHT.[1096]

Im Jahr 2005 wurde die Frankfurter Sparkasse als wirtschaftlicher Verein in eine Aktiengesellschaft umgewandelt und in den Helaba-Konzern integriert. 2007 erfolgte dann die Umwandlung der Frankfurter Sparkasse AG in eine Anstalt des öffentlichen Rechts.[1097] Da bei diesen Vorgängen rechtliche Fragen im Vordergrund standen, werden diese Vorgänge nicht weiter analysiert.[1098]

8.2.1.3 Novellierung des Sparkassengesetzes

Nach jahrelangen Diskussionen forcierte die CDU (die von 2003 bis 2008 über eine absolute Mehrheit im Hessischen Landtag verfügte) zusammen mit der FDP im Frühjahr 2007 die Novellierung des Sparkassengesetzes[1099] und wurde dabei von erheblicher Kritik begleitet. So appellierten bereits Ende 2006 im Hessischen Landtag die Oppositionsparteien von SPD und GRÜNE an den Wirtschaftsminister *Alois Rhiel* (CDU), er solle die Sparkassennovelle zurückziehen.[1100] Dabei wurde die Möglichkeit des Verkaufs von Sparkassenanteilen, welche die bewährten

---

1092 Vgl. *o. V.:* Fusionen, 2002, S. 26 sowie *o. V.:* Helaba, 2005, online.

1093 Vgl. *Hessischer Landtag:* Große Anfrage, 2004.

1094 Vgl. *Hessischer Landtag:* Große Anfrage, 2004 und *Hessischer Landtag:* Antwort, 2005.

1095 Vgl. *Hessischer Landtag:* Antwort, 2005, S. 4 und 7. Diese „Antwort" bezieht sich auf die „Große Anfrage" 2004 aus der voranstehend genannten Quelle.

1096 Vgl. *Hessischer Landtag:* Plenarprotokoll (15/106), 2002, S. 7370.

1097 Vgl. *Frankfurter Sparkasse:* Geschichte, 2015, online.

1098 Siehe hierzu *Schorner:* Privatisierung, 2008, S. 168–172.

1099 Vgl. *Möschel:* Wandel, 2010, S. 214 f.

1100 Vgl. *Hessischer Landtag:* Plenarprotokoll (16/114), 2006, S. 7892–7907 sowie Plenarprotokoll (16/118), 2006, S. 8210–8215.

Strukturen des Sparkassenwesens infrage stelle, kritisch hinterfragt. Die Grünen äußerten sich wie folgt: „Die Ausweisung des Stammkapitals in horizontaler und vertikaler Richtung bedeutet horizontal, Kommunen, Sparkassen und Zweckverbände können kaufen. Vertikal bedeutet, die Helaba kann kaufen."[1101] Hintergrund war, dass die Landesbank Hessen-Thüringen Girozentrale (Helaba) die Änderungen des Sparkassengesetzes der CDU-Landesregierung befürwortete.[1102] Die SPD sah in der Möglichkeit zur Bildung von Stammkapital einen ersten Schritt zur Privatisierung kommunaler Sparkassen und befürchtete, dass dies im Zusammenhang mit europarechtlichen Vorgaben zu einer vollständigen Privatisierung führen könnte. Landtagsabgeordneter *Uwe Frankenberger* (SPD) äußerte die Bedenken seiner Fraktion in drastischer Form: „Die Novelle ist ein unverantwortlicher Eingriff in den öffentlichen Bestand der Sparkassen."[1103]

Die Grünen positionierten sich ebenso kritisch wie die SPD. So äußerte die Abgeordnete *Sigrid Erfurth* (GRÜNE): „Der Handel mit Sparkassenanteilen unter den Kommunen, den kommunalen Zweckverbänden, den Sparkassen und der Landesbank Hessen-Thüringen Girozentrale (Helaba) würde durch die Bildung von Stammkapital unstreitig erleichtert. [...] Die Kommunen könnten Holdinggesellschaften bilden, die dann wiederum mehrere Sparkassen besitzen könnten. Das alles könnte eine Schwelle unterhalb einer möglichen Fusion bilden, die technisch etwas weniger aufwändig wäre. Diese Vorteile reichen aber aus unserer Sicht nicht aus, die Bildung von Stammkapital zuzulassen. [...] Uns ist nicht klar geworden, wie Sie sicherstellen wollen, dass eine solche Privatisierung durch die Hintertür vermieden werden kann."[1104]

Auf diese Stellungnahme hin erfolgte ein massiver Widerspruch der CDU. *Clemens Reif* (CDU) formulierte die Auffassungen seiner Fraktion im Hessischen Landtag eindeutig: „Es geht nicht um die Privatisierung der Sparkassen, sondern darum, dass Sparkassen in Zukunft Stammkapital bilden können und dieses Stammkapital der öffentlichen Hand verbleibt und sonst niemanden. Auch das [...] wird in diesem Staatsvertrag noch einmal eindeutig geregelt: dass sich Private nicht an hessisch-thüringischen Sparkassen beteiligen dürfen."[1105]

Der FDP ging diese Sparkassennovelle nicht weit genug. Die Partei forderte die Beteiligung Dritter an den öffentlich-rechtlichen Sparkassen.[1106] Allerdings gab

---

1101 *Hessischer Landtag:* Plenarprotokoll (16/114), 2006, S. 7905.
1102 Vgl. *Hessischer Landtag:* Plenarprotokoll (16/114), 2006, S. 7894 und 7901.
1103 *Hessischer Landtag:* Plenarprotokoll (16/118), 2006, S. 8213.
1104 *Hessischer Landtag:* Plenarprotokoll (16/118), 2006, S. 8212.
1105 *Hessischer Landtag:* Plenarprotokoll (16/118), 2006, S. 8214.
1106 Vgl. *Hessischer Landtag:* Plenarprotokoll (16/118), 2006, S. 8215.

Posch (FDP) zu bedenken: „Wir haben es [..] erstmals mit der Situation zu tun, dass es einen Dissens zwischen dem Sparkassen- und Giroverband einerseits und der Landesregierung andererseits gibt, wie es ihn noch nie gegeben hat."[1107] Der SGVHT lehnte zusammen mit den hessischen Sparkassen (außer der Nassauischen Sparkasse) das Vorhaben der Landesregierung kategorisch ab.[1108] Ebenso standen die kommunalen Spitzenverbände in Hessen und die Gewerkschaft ver. di der Gesetzesänderung feindlich gegenüber.[1109]

Schließlich verabschiedete der Hessische Landtag im März 2007 mit den Stimmen von CDU und FDP gegen die Stimmen von SPD und GRÜNE die Novellierung des Sparkassengesetzes.[1110] Seit diesem Zeitpunkt ist in Hessen die Bildung von Stammkapital in Sparkassen zugelassen.[1111] Der Gesetzestext selbst orientierte sich an dem Vorbild Rheinland-Pfalz, wo die Stammkapitalbildung bereits zugelassen war.[1112] Der Verwaltungsrat in Hessen kann nunmehr nach § 3 Abs. 4 SparkG HE mit der Zustimmung des Trägers beschließen, Stammkapital durch Einlagen oder durch Umwandlung von Rücklagen zu bilden. Hinsichtlich der Übertragung von Stammkapital differenziert der hessische Gesetzgeber zwischen den besonderen Vorschriften für die Übertragung von Anteilen am Stammkapital und den besonderen Vorschriften für Sparkassen bei der Aufnahme von Genussrechtskapital oder bei einer stillen Beteiligung Privater.[1113] Weder Genussrechtskapital noch stille Beteiligungen führen zu echten Einflussmöglichkeiten auf die Geschäftsführung. Betragen die stillen Einlagen weniger als 30 Prozent, so verändert sich die Zusammensetzung zulasten der Beteiligten. Die Übertragung von Stammkapital nach § 20a SparkG HE erfolgt dabei durch öffentlich-rechtlichen Vertrag auf sog. Errichtungsträger. Die Beteiligungsmöglichkeiten von Privaten sind damit rechtlich eingeschränkt, sie können entweder sog. Genussrechtskapital aufnehmen oder als stille Beteiligte agieren. Damit wird ein Verkauf von Sparkassen an Privatbanken weiterhin ausgeschlossen.

1107 *Hessischer Landtag:* Plenarprotokoll (16/114), 2006, S. 7896.

1108 Vgl. *Hessischer Landtag:* Plenarprotokoll (16/114), 2006, S. 7895 f. sowie Plenarprotokoll (16/129), 2007, S. 9048.

1109 Vgl. *Hessischer Landtag:* Plenarprotokoll (16/129), 2007, S. 9048.

1110 Vgl. *Hessischer Landtag:* Beschlussempfehlung, 2007.

1111 Vgl. *Möschel:* Wandel, 2010, S. 214 f.

1112 Vgl. *Hessischer Landtag:* Plenarprotokoll (16/114), 2006, S. 7901.

1113 Vgl. § 20a SparkG HE sowie §§ 21 bis 28 SparkG HE.

8.2.1.4 Policy-Prozessanalyse einzelner Fallspiele (1974–2007)

Der Prozessanalyse zu Hessen liegen die auf den vorangehenden Seiten aufgeführten Fälle zugrunde.

Policy-Prozess: Schaffung einer Bürgersparkasse im Rahmen von Änderungen des Sparkassengesetzes (1974–1990)

In diesem Fall sind die folgenden Akteure aus dem Policy-Subsystem für den Policy-Prozess prägend:

Akteur 1: Ministerpräsident *Wallmann* (CDU) mit der CDU-FDP-Regierungskoalition (1987–1991)[1114]
Akteur 2: CDU
Akteur 3: FDP
Akteur 4: SPD
Akteur 5: GRÜNE

Ministerpräsident *Wallmann* (CDU) mit der CDU-Fraktion lehnte das „Konzept der Bürgersparkasse", das von der FDP-Fraktion (die mit der CDU eine Regierungskoalition bildete) initiiert worden war, ab. In der Untersuchung hat sich jedoch gezeigt, dass die CDU grundsätzlich Deregulierung und Privatisierung befürwortet.[1115] *Wallmann* (CDU) mit der CDU-Fraktion hat demzufolge seine Überzeugungen geändert, was auf sekundäre Aspekte der Grundauffassungen verweist.

Die landespolitischen Programme der hessischen CDU zu dem hier interessierenden Zeitpunkt geben dazu keine weiteren Aufschlüsse, was in Anbetracht der intensiven Diskussion überrascht. Angesichts der dargelegten Ausgangssituationen ist jedoch deutlich, dass *Wallmann* (CDU) mit der CDU-Fraktion einen Meinungswechsel vollzogen hatte und seine Entscheidung erstens mit dem Erhalt der kommunalen Sparkassen in der öffentlich-rechtlichen Rechtsform und zweitens mit der Sicherung eines maßgeblichen (politischen) Einflusses des Gewährträgers auf die kommunale Sparkasse begründete. Den Änderungen des Sparkassengesetzes stimmte *Wallmann* (CDU) mit der CDU-Fraktion hingegen zu, was dem Hauptkern (Deregulierung zu befürworten) der Grundauffassungen der Partei entsprach.

Die FDP befürwortete wie gesehen das „Konzept der Bürgersparkasse" und die Änderungen des Sparkassengesetzes. Die Partei folgte somit dem Hauptkern

1114 Vgl. *Eith/Kießling et al.*: Parteiensysteme, 2008, S. 250.
1115 Vgl. Abschnitt 7.5.1.

(Deregulierung und Privatisierung zu befürworten) ihres Überzeugungssystems.[1116] Dies bestätigt auch die Analyse des landespolitischen Programms der FDP.

Die Oppositionsparteien SPD und GRÜNE lehnten das „Konzept der Bürgersparkasse“ und die Änderungen des Sparkassengesetzes hingegen ab. Diese Haltung der beiden Parteien entspricht dem jeweiligen Hauptkern ihrer Belief-Systeme, lehnen doch sowohl die SPD als auch die Grünen Deregulierung und Privatisierung ab.[1117] SPD und GRÜNE sahen insbesondere in den Beteiligungsmöglichkeiten Privater an den kommunalen Sparkassen eine große Gefahr für den öffentlich-rechtlichen Sparkassensektor.

Ministerpräsident *Wallmann* (CDU) und die CDU-FDP-Landesregierung bildete damit eine **Opportunisten-Koalition.**[1118] Allerdings war diese nicht ganz einheitlich: Die FDP vertrat mit dem „Konzept der Bürgersparkasse“ die Policy-Strategie, dass sich die Bürger an einer Sparkasse beteiligen können. Somit müssten das Land und die Kommunen nicht mehr alleine für Verluste der Sparkassen aufkommen, was wiederum den Haushalt entlasten würde. Ministerpräsidenten *Wallmann* (CDU) mit der CDU-Fraktion gingen die Vorstellungen der FDP jedoch zu weit, und er setzte sich innerhalb der Regierungskoalition mit seiner CDU-Fraktion gegen die Vorstellungen der FDP durch. Dabei bestand das Interesse der CDU darin, an der bestehenden Sparkassenstruktur festhalten und die eigene Position innerhalb der jeweiligen Verwaltungsräte zu schützen. Die **entscheidenden Ressourcen** im Fall der „Bürgersparkasse“ waren also (innerhalb der CDU-FDP-Regierungskoalition) Veto-Punkte, da mit dem Veto der CDU-Fraktion die Vorstellungen der FDP nicht umgesetzt werden konnten. Die SPD und GRÜNE lassen sich in einer **Traditionalisten-Koalition** bündeln, welche die Policy-Strategie verfolgte, die hessischen Sparkassen in ihrer Struktur zu schützen. Beide lehnten die Änderungen des hessischen Sparkassengesetzes und in diesem Zusammenhang auch das „Konzept der Bürgersparkasse“ ab.

In diesem Policy-Prozess treten keine **Policy-Vermittler** auf, womit der **Policy-Output** letztlich darin bestand, dass sich die CDU-Fraktion als stärkster Akteur innerhalb der Opportunisten-Koalition mit ihren Ansichten durchsetzte – die

1116 Vgl. Abschnitt 7.5.2.

1117 Vgl. Abschnitt 7.5.3 und 7.5.4.

1118 Die Besonderheit, dass die FDP hier gemeinsam mit der CDU in einer Opportunisten-Koalition zusammengefasst wird, resultiert aus der Tatsache, dass es kein „offizielles“ Abstimmungsverfahren für die Umsetzung des „Konzepts der Bürgersparkasse“ gegeben hat und die FDP damit bei der Abstimmung zu den Änderungen des hessischen Sparkassengesetzes gemeinsam mit der CDU für diese stimmte.

Vorstellungen der FDP zum Aufbau von „Bürgersparkassen" im Rahmen der Änderungen des hessischen Sparkassengesetzes wurden nicht umgesetzt. Die **Policy-Wirkung** bestand darin, dass mit den Änderungen des Sparkassengesetzes der Status quo hinsichtlich der Beteiligungsmöglichkeiten Dritter nicht geändert wurde.

Policy-Prozess: Änderungen der hessischen Sparkassengesetzgebung (2002–2007)

In diesem Policy-Prozess wird ausschließlich die „Novellierung des Sparkassengesetzes" analysiert. Die folgenden Akteure aus dem Policy-Subsystem lassen sich benennen:

Akteur 1: Ministerpräsident *Koch* (CDU) mit der CDU-FDP-Regierungskoalition (1999–2003)[1119]
Akteur 2: Landesbank Hessen-Thüringen Girozentrale (Helaba)
Akteur 3: Hessische Sparkassen (außer der Nassauischen Sparkasse)
Akteur 4: Sparkassen- und Giroverband Hessen-Thüringen (SGVHT)
Akteur 5: Kommunale Spitzenverbände
Akteur 6: Gewerkschaft ver.di
Akteur 7: CDU
Akteur 8: SPD
Akteur 9: GRÜNE
Akteur 10: FDP

Ministerpräsident *Koch* (CDU) mit der CDU-Landesregierung, die FDP-Fraktion und die Landesbank Hessen-Thüringen Girozentrale (Helaba) befürworteten die Novellierung des Sparkassengesetzes. Die politischen Akteure (CDU und FDP) folgten damit dem jeweiligen Hauptkern ihres Belief-Systems, nämlich Deregulierung zu befürworten.[1120] Die Helaba übernahm die Auffassungen des Ministerpräsidenten *Koch* (CDU) mit der CDU-Landesregierung und war nur in diesem Policy-Prozess von Bedeutung. Hingegen lehnten die SPD und GRÜNE sowie der Sparkassen- und Giroverband Hessen-Thüringen (SGVHT), die hessischen Sparkassen, die kommunalen Spitzenverbände und die Gewerkschaft ver.di die Novellierung des Sparkassengesetzes ab. Damit folgten auch die politischen

1119 Vgl. *Eith/Kießling et al.*: Parteiensysteme, 2008, S. 250. In den Jahren 2003 bis (April) 2008 verfügte die CDU erstmals in Hessen mit *Roland Koch* als Ministerpräsident über eine absolute Mehrheit.

1120 Vgl. Abschnitt 7.5.1 und 7.5.2.

Akteure von SPD und GRÜNE dem jeweiligen Hauptkern ihres Überzeugungssystems.[1121]

Wie in Abschnitt 7.2 untersucht, übernehmen die regionalen Sparkassenverbände, in diesem Fall der SGVHT, die grundsätzlichen Auffassungen des DSGV, der sich für den Erhalt des öffentlich-rechtlichen Kreditsektors einsetzt. Die hessischen Sparkassen (außer der Nassauischen Sparkasse) und die kommunalen Spitzenverbände wie auch die Gewerkschaft ver.di übernahmen gemeinsam die Auffassungen des SGVHT. Sie waren nur in diesem Policy-Prozess von Bedeutung, wobei der Hauptkern ihrer Belief-Systeme darin bestanden, Deregulierung öffentlich-rechtlicher Sparkassen zu verhindern.[1122]

Vor diesem Hintergrund bildeten Ministerpräsident *Koch* (CDU) mit der CDU-Landesregierung, die FDP-Fraktion und die Helaba eine **Opportunisten-Koalition**, welche die Policy-Strategie verfolgte, die Sparkassennovelle auf Landesebene durchzusetzen. Es ging ihnen in erster Linie darum, eine größere Geschäftseinheit zu schaffen und die angespannte finanzielle Haushaltslage zu entlasten. Da die CDU mit absoluter Mehrheit regierte, sind in diesem Fall die Veto-Punkte für die Umsetzung der Policy-Strategie nicht von Bedeutung und spiegeln demnach keine **entscheidende Ressource** wider.

Als eine **Traditionalisten-Koalition** erscheinen demgegenüber die SPD und GRÜNE sowie der SGVHT, die hessischen Sparkassen (außer der Nassauischen Sparkasse), die kommunalen Spitzenverbände und die Gewerkschaft ver.di. Ihre Policy-Strategie war es, die Sparkassenstruktur zu bewahren und damit die Sparkassennovelle zu verhindern. Die Akteure befürchteten eine sukzessive Auflösung des Sparkassensektors.

Policy-Vermittler sind in diesem Policy-Prozess nicht vertreten. Als **Policy-Output** ist zu sehen, dass sich die Opportunisten-Koalition durchsetzte, wobei sie allerdings die Befürchtungen der Traditionalisten-Koalition bei ihrer Entscheidung berücksichtigte. Die **Policy-Wirkung** lag darin, dass die kommunalen Sparkassen nicht vollständig privatisiert werden durften. So wurden lediglich horizontale Sparkassenfusionen zugelassen. Die Sparkassenstruktur blieb weiterhin erhalten. Es ist jedoch zu erwarten, dass die Opportunisten-Koalition (horizontale) Sparkassenfusionen mit der Unterstützung der Traditionalisten-Koalition vorantreiben werden. Inwieweit dies jedoch zukünftig gelingt, hängt von den verfügbaren Ressourcen, bspw. den Veto-Punkten, ab.

1121 Vgl. Abschnitt 7.5.3 und 7.5.4.

1122 Vgl. Abschnitt 7.4.

8.2.1.5 Prüfung der Hypothesen

Wie die erste Fallanalyse (Konzept zur Schaffung einer Bürgersparkasse im Rahmen von Änderungen des Sparkassengesetzes) verdeutlicht, haben sich die Linksparteien sowie die CDU gegen das von der FDP vertretene „Konzept der Bürgersparkasse" ausgesprochen. Demnach ist für diesen Fall keine Parteiendifferenz zwischen den Linksparteien und der CDU festzustellen. Allerdings befürworteten die CDU und FDP gemeinsam die Änderungen des Sparkassengesetzes gegen die Stimmen der Linksparteien. Insofern trifft die Parteiendifferenz-Hypothese zu. Die zweite Fallanalyse (Auswirkungen der Änderungen der Haftungsgrundlagen auf das hessische Sparkassenwesen und die Novellierung des Sparkassengesetzes) bestätigt ebenfalls die Parteiendifferenz-Hypothese, da die Links- und die konservativ-liberalen Parteien ihrer jeweiligen ideologischen und programmatischen Ausrichtung gefolgt sind.

Die Fallanalysen haben gezeigt, dass Hessen zu den Ländern gehört, die über eine Rechtstradition verfügen, welche eine vollständige Privatisierung kommunaler Sparkassen sowie eine vertikale Fusion im öffentlich-rechtlichen Kreditsektor ausschließt. Entgegen dem von der FDP initiierten Vorhaben, eine Bürgersparkasse im Rahmen von Änderungen des Sparkassengesetzes zu schaffen, folgten Ministerpräsident *Wallmann* (CDU) mit der CDU-Fraktion sowie SPD und GRÜNE der Rechtstradition, indem sie keine bürgerschaftliche Beteiligung von 50 Prozent oder mehr an einer Sparkasse zuließen. Der Status quo, also die Möglichkeit der Beteiligung Dritter in einer Höhe von maximal 49 %, wurde beibehalten. Bei der Novellierung des Sparkassengesetzes blieb Ministerpräsident *Koch* (CDU) mit der CDU-Landesregierung und der FDP-Fraktion der Rechtstradition treu, was zum Ergebnis hatte, dass trotz der Möglichkeit, Stammkapital zu bilden, weiterhin keine (vollständige) Privatisierung kommunaler Sparkassen möglich war. In beiden Fällen wurde somit im Kern der Rechtstradition gefolgt, die den Policy-Prozess nachhaltig beeinflusst hat.

Bei der Prüfung der dritten Hypothese ergibt sich ein differenzierteres Bild. Mit Blick auf die Schaffung einer Bürgersparkasse im Rahmen von Änderungen des Sparkassengesetzes bestand keine einheitliche Auffassung innerhalb der CDU-FDP-Regierungskoalition. Die CDU trat als entscheidender Vetospieler auf und „entzog" der FDP ihre Zustimmung zu ihrem Konzept (wie bereits erwähnt, erfolgte keine offizielle Abstimmung im Hessischen Landtag). Im Entscheidungsprozess zu den Änderungen des Sparkassengesetzes waren CDU und FDP, die eine Regierungskoalition bildeten, die ausschlaggebenden Vetospieler. Es bestand Konsens zwischen beiden Parteien, sodass die CDU-FDP-Regierungskoalition mehrheitlich für die Gesetzesänderungen stimmte. Daher kann festgestellt werden, dass die Hypothese zutrifft. Hingegen verdeutlichte die zweite Fallanalyse, dass der entscheidende Vetospieler allein die CDU-Landesregierung war, die über eine absolute Mehrheit im Hessischen Landtag verfügte. Somit konnten die parteipolitischen Vetospieler der Opposition keinen Einfluss auf den Entscheidungsprozess ausüben. Folglich ist die Anzahl der Vetospieler nur dann von Bedeutung, wenn keine absolute Mehrheit vorhanden ist.

Die zum Bundesland Hessen betrachteten Fälle bestätigen die vierte Hypothese. So begründeten die CDU und FDP ihre Argumentationslinien und Entscheidungen mit den erforderlichen „Vorbereitungen für den EG-Binnenmarkt", die dann in die Anpassung des hessischen Sparkassengesetzes mündeten. SPD und GRÜNE verwiesen ihrerseits auf europarechtliche Vorgaben, die ihnen zufolge zu einer massiven Deregulierung kommunaler Sparkassen führen könnten.

8.2.2 Rheinland-Pfalz

8.2.2.1 Neustrukturierung der Landesbank als ein wichtiger Schritt für zukünftige Reformen im Sparkassenwesen

Das Thema Deregulierung und Privatisierung öffentlicher Aufgaben wurde von der CDU-Landesregierung seit 1975 bis zur Landtagswahl 1987 kontinuierlich aufgegriffen. Zunächst in Form der Beantwortung von „großen Anfragen", später in Form von Berichten zur „Entstaatlichung öffentlicher Aufgaben" informierte die Landesregierung über Fortschritte bei der Übertragung öffentlicher Aufgaben an Private.[1123] Anlass für die Privatisierungsdiskussion in Rheinland-Pfalz bot der Anstieg der Ausgaben der Gebietskörperschaften. Die CDU regierte in dieser Zeit (1971–1987) mit absoluter Mehrheit in Rheinland-Pfalz.[1124]

Die attraktivste und größte Beteiligung des Landes an der Landesbank wurde durch das Engagement bei der Krise der Deutschen Anlagen-Leasing, an der die Landesbank mit 26,7 Prozent beteiligt war, in Mitleidenschaft gezogen.[1125] So hatte das Land 1984 Erträge in der Höhe von rund 8 Mio. DM von der Landesbank erhalten. In den Jahren 1985 und 1986 erfolgten bei der Landesbank keine Ausschüttungen mehr.[1126]

1123 Vgl. *Landtag Rheinland-Pfalz:* Antwort, 1976, S. 4 ff. sowie *Landtag Rheinland-Pfalz:* Bericht, 1980, S. 2 ff.

1124 Vgl. *Eith/Kießling et al.:* Parteiensysteme, 2008, S. 344 und 354.

1125 Vgl. *Landtag Rheinland-Pfalz:* Vorlagen (10/339) und (10/354), 1984 sowie Vorlage (10/715), 1985.

1126 Vgl. *Hofmann:* Landesbeteiligungen, 1986, S. 22.

Angesichts der angespannten Ertragslage der Landesbank wurden Überlegungen hinsichtlich einer Teilprivatisierung der Landesbank (mit einer maximalen Beteiligung von 20 %) angestellt. So rückte das Thema „Teilprivatisierung der Landesbank" bereits 1984 insbesondere bei der CDU in den Mittelpunkt der politischen Diskussion, allerdings ohne erfolgreich umgesetzt zu werden. Dass dieser Themenkomplex wieder aufgegriffen wurde, war zum einen auf das Engagement der CDU-Fraktion zur Übernahme der Landesbeteiligungen und zum anderen auf die schwierige Haushaltslage der Landesregierung zurückzuführen.[1127]

Am Stammkapital der Landesbank Rheinland-Pfalz-Girozentrale (Anstalt des öffentlichen Rechts) waren das Land Rheinland-Pfalz und der Sparkassen- und Giroverband Rheinland-Pfalz (SVRP) zu je 50 Prozent beteiligt.[1128] Nunmehr wurde die Beteiligung Privater an der Landesbank in folgenden Formen geprüft:[1129]

1. Beteiligung Privater durch Änderung der Rechtsform
2. Beteiligung Privater am Stammkapital
3. Beteiligung Privater am Geschäftsrisiko der Landesbank

Der weitestgehende Weg einer Beteiligung Privater an der Landesbank war in der Form denkbar, dass neben den Anteilseignern – Land und Verband – private Gesellschafter Stimmrechte erhielten. Die Voraussetzung dafür wäre gewesen, dass die Landesbank ihren öffentlich-rechtlichen Status aufgegeben hätte und bspw. in eine AG umfirmiert worden wäre. In der Konsequenz hätte die Landesbank nach dieser Umwandlung möglicherweise verstärkt Schwierigkeiten gehabt, ihre Ziele gegenüber den weiterhin bestehenden öffentlich-rechtlichen Sparkassen durchzusetzen. Zu diesem Zeitpunkt war allerdings fraglich, ob – wie von der Landesregierung in ihrer Stellungnahme behauptet, aber nicht weiter begründet – die Aufgaben der Landesbank als Zentralinstitut der Sparkassen zur Aufrechterhaltung der Liquiditäts- und Aufgabensicherung gesichert wären, wenn auch die öffentlich-rechtliche Struktur der Landesbank beibehalten würde. Denn auch die privaten Banken betreiben Liquiditätserhaltung, Zahlungsverkehr, Auslandsgeschäft und Kreditgeschäft mit Großunternehmen.

Plausibler erschienen die Überlegungen zu einer Regelung der Emissionstätigkeit der Landesbank (z. B. Begebung von Schuldverschreibungen), die bei Aufgaben ihres öffentlich-rechtlichen Status auf selbstständige Kreditinstitute

---

1127 Vgl. *Landtag Rheinland-Pfalz:* Antrag (10/450), 1984, sowie *Landtag Rheinland-Pfalz:* Antrag (10/452), 1984.

1128 Vgl. *Landtag Rheinland-Pfalz:* Unterrichtung, 1985, S. 7.

1129 Vgl. *Landtag Rheinland-Pfalz:* Unterrichtung, 1985, S. 7–9. Die im Weiteren dargestellten Erklärungen der Beteiligungsformen sind der genannten Quelle entnommen.

übertragen werden müssten. In diesem Zusammenhang war ebenfalls zu berücksichtigen, dass die Landesbank das auf der Gewährträgerhaftung des Landes beruhende unbeschränkte Emissionsrecht und damit die Hauptrefinanzierungsquelle ihres Aktivgeschäfts verloren hätte.

Letztlich hätte der Landesgesetzgeber bei einer Landesbank-AG Aufgabenzuweisungen und rechtliche Rahmenbedingungen nicht mehr wie bisher gestalten können und damit bei „seiner Hausbank" Instrumente zur Durchsetzung politischer Ziele verloren. Unter Berücksichtigung der aufgeführten Nachteile wurde diese Option von der Landesregierung nicht weiter verfolgt. Dagegen wurden die Optionen zwei (Beteiligung am Stammkapital) und drei (Beteiligung am Geschäftsrisiko der Landesbank) weniger kritisch beurteilt. In Form von stillen Einlagen oder von Genussscheinen hätten hier private Gesellschafter die Chance zur Beteiligung am Geschäftsertrag, aber nicht zu einer aktiven Geschäftspolitik. Diese bewusst abschreckende sparkassengesetzliche Regelung war allerdings für potenzielle Anleger unattraktiv und keine Lösung angesichts der originären Idee einer Privatisierung.

Die Sparkassenorganisation (hier explizit der Sparkassen- und Giroverband Rheinland-Pfalz) positionierte sich gegenüber den drei oben genannten Beteiligungsformen sehr kritisch.[1130] Die Beteiligung Privater durch Änderung der Rechtsform lehnte der Verband grundsätzlich ab.[1131] In der zweiten Option, Private am Stammkapital zu beteiligen, sah die Sparkassenorganisation „Ansätze für eine Privatisierung der öffentlich-rechtlichen Kreditinstitute",[1132] und zu der dritten Option, Private am Geschäftsrisiko der Landesbank zu beteiligen, äußerte sie Bedenken, „weil sie hierin eine zu weit gehende Privatisierung sieht mit der Gefahr einer nachhaltigen Veränderungen der Bankenstruktur".[1133]

Zum damaligen Zeitpunkt musste die (Teil-)Privatisierung der Landesbank als gescheitert angesehen werden, jedoch war die FDP (die in den Jahren 1987–1991 mit der CDU eine Regierungskoalition bildete) an einer Neubelebung der Diskussion um die Änderung der Rechtsform der Landesbank interessiert.[1134]

1130 In diesem Fall trat der Sparkassen- und Giroverband Rheinland-Pfalz (SVRP) als maßgeblicher Akteur innerhalb der Sparkassenorganisation auf und übernahm vollständig die Auffassungen der Sparkassenorganisation. Vor diesem Hintergrund wird in der Prozessanalyse ausschließlich von dem SVRP als dem relevanten Akteur für die Neustrukturierung der Landesbank Rheinland-Pfalz-Girozentrale gesprochen.

1131 Vgl. *Landtag Rheinland-Pfalz:* Unterrichtung, 1985, S. 8.

1132 Vgl. *Landtag Rheinland-Pfalz:* Unterrichtung, 1985, S. 9.

1133 Vgl. *Landtag Rheinland-Pfalz:* Unterrichtung, 1985, S. 9.

1134 Vgl. *Landtag Rheinland-Pfalz:* Kleine Anfrage, 1989.

Da aber nach Auffassung des Koalitionspartners CDU eine angestrebte Fusion der Landesbank Rheinland-Pfalz mit einer anderen Landesbank Vorrang hatte, wurde dieses Deregulierungsvorhaben (Änderung der Rechtsform der Landesbank) nicht weiter verfolgt.[1135]

Nach jahrelangen Reformüberlegungen[1136] wurde am 1. Juli 2008 unter der damaligen SPD-geführten Landesregierung die Landesbank Rheinland-Pfalz durch den Staatsvertrag zwischen den Ländern Rheinland-Pfalz und Baden-Württemberg aufgelöst und mit der Landesbank Baden-Württemberg vereinigt.[1137] Die Oppositionsparteien von CDU und FDP stimmten der Fusion ebenfalls zu.[1138] Die Rheinland-Pfalz Bank wird seit dieser Zeit als unselbstständige Anstalt des öffentlichen Rechts der Landesbank Baden-Württemberg geführt. Da nunmehr Rheinland-Pfalz seinen Anteil an der Landesbank Rheinland-Pfalz an die Landesbank Baden-Württemberg übertragen hat, erhoffte sich die rheinland-pfälzische rote Regierung zukünftig deutlich höhere Einnahmen aus diesem Anteilsbesitz.[1139]

8.2.2.2 Änderungen des Sparkassengesetzes und dessen Auswirkungen auf das Sparkassenwesen im Rahmen des Fusionsvorhabens der Kreissparkasse Vulkaneifel mit der Kreissparkasse Bitburg-Prüm

In Rheinland-Pfalz beschloss die SPD-FDP-Regierungskoalition (1991–2006) die Änderungen des Sparkassengesetzes vom 6. Mai 1999. Dabei wurden die Rahmenbedingungen für die Bildung von Eigenkapital und die Ausschüttung von Sparkassengewinnen wesentlich modifiziert. Das Ziel war es, die Sparkassen als Wettbewerbsunternehmen zu stärken und den Sparkassen und Gewährträgern mehr Eigenständigkeit und Selbstverantwortung zu übertragen.[1140]

Die Opposition von CDU und GRÜNE lehnte die Änderungen des Sparkassengesetzes ab. So wandte die CDU ein, dass die Gesetzesänderungen die „Mentalität der Ausschüttung" begünstigten.[1141] Der Gesetzesänderungsvorschlag „erleichtert die Ausschüttungen in Sparkassen, die nicht über Ausschüttung, sondern über die

---

1135 Vgl. *Landtag Rheinland-Pfalz:* Mündliche Anfrage, 1989 sowie *Landtag Rheinland-Pfalz:* Plenarprotokoll (11/68), 1989, S. 4741.

1136 Vgl. *Landtag Rheinland-Pfalz:* Plenarprotokoll (14/62), 2003, S. 4102–4105.

1137 Vgl. *Landtag Rheinland-Pfalz:* Gesetzentwurf, 2008, S. 5–9 sowie *Rheinland-Pfalz Bank:* Statut, 2008, online.

1138 Vgl. *Landtag Rheinland-Pfalz:* Plenarprotokoll (15/47), S. 2865.

1139 Vgl. *Landtag Rheinland-Pfalz:* Landesbank, 2009, online.

1140 Vgl. *Haas:* Stammkapitalbildung, 1999, S. 770 sowie *Hirschberger:* Sparkassen, 1999, S. 777 und auch *Streuber:* Sparkassenrecht, 2000, S. 97 ff.

1141 *Landtag Rheinland-Pfalz:* Plenarprotokoll (13/86), S. 6557.

Verbesserung der Kapitalausstattung nachdenken müssen. Er ist in dem für die Zukunft der rheinland-pfälzischen Sparkassen entscheidenden Zusammenhang von Stammkapital, Ausschüttung und Rücklagenbildung in der vorliegenden Form nicht zu verantworten."[1142] Die Grünen äußerten sich ebenso kritisch wie die CDU: „Brüderle beabsichtigt die Privatisierung der Sparkassen. [Mit den Änderungen des Gesetzes besteht] ein Weg dorthin. [...] Wir, die Fraktion Bündnis 90/Die Grünen, stehen programmatisch hinter der Sparkassenidee. Das heißt, wir wollen starke kommunal verankerte Sparkassen [...]."[1143] Der Deutsche Sparkassen- und Giroverband (DSGV) und der Sparkassen- und Giroverband Rheinland-Pfalz (SVRP) übten ebenfalls massive Kritik an dem Vorhaben.[1144] Darüber hinaus formulierten die Wissenschaftler *Friedhelm Hufen* und *Günter Püttner* in einem gemeinsamen Gutachten ihre Bedenken zu den Gesetzesänderungen. Sie kritisierten insbesondere, „dass das Stammkapital auf entfernt liegende Sparkassen übertragen werden kann", und sahen darin einen Verstoß gegen das Regionalprinzip.[1145] Des Weiteren führten *Hufen* und *Püttner* auf, dass es zu einer „Ungleichbehandlung der Sparkassen mit und ohne Stammkapital" kommen könne, da „die Sparkassen ohne Stammkapital [..] strengeren Haftungsbestimmungen [unterliegen] als die Sparkassen mit Stammkapital".[1146]

Wie oben dargelegt, setzte die SPD-FDP-Regierungskoalition die Änderungen des Sparkassengesetzes im Mai 1999 schließlich um. Als wesentliche Neuerung wurde dabei dem Verwaltungsrat die Möglichkeit eingeräumt, mit Zustimmung der Träger die Bildung von Stammkapital durch Einlagen oder durch Umwandlung von Rücklagen zu beschließen.[1147] Um die Attraktivität der Sparkassen für den Gewährträger zu erhöhen, wurde den Sparkassen erlaubt, Ausschüttungen auf das Stammkapital zu leisten.[1148] Die Befürworter einer Stammkapitalbildung argumentierten, dass durch die Reform die Identifikation der Sparkassenträger mit ihrer Sparkasse gestärkt würde, da sie sich nun als Eigentümer der Sparkassen fühlen könnten.[1149] Die Gefahr bestand aber darin, dass die Sparkassen in Rheinland-Pfalz reine Beteiligungsobjekte würden, da sie sich durch die Stammkapitalbildung

1142 *Landtag Rheinland-Pfalz:* Plenarprotokoll (13/86), S. 6558.
1143 *Landtag Rheinland-Pfalz:* Plenarprotokoll (13/86), S. 6567 f.
1144 Vgl. *Landtag Rheinland-Pfalz:* Plenarprotokoll (13/86), S. 6558.
1145 Vgl. *Landtag Rheinland-Pfalz:* Plenarprotokoll (13/86), S. 6559.
1146 Vgl. *Landtag Rheinland-Pfalz:* Plenarprotokoll (13/86), S. 6559.
1147 Vgl. § 3 Abs. 3 SpkG RP sowie *Schorner:* Privatisierung, 2008, S. 167–168.
1148 Vgl. § 20 Abs. 1 SpkG RP.
1149 Vgl. *Haas:* Stammkapitalbildung, 1999, S. 771.

quasi zu Kapitalgesellschaften in öffentlicher Rechtsform wandelten.[1150] Dies galt umso mehr, als den Sparkassen die Übertragbarkeit des Stammkapitals eingeräumt wurde.[1151] Ein Erwerb von Anteilen am Stammkapital wurde aber lediglich Sparkassen und sog. Errichtungsträgern, d. h. Ursprungsgewährträgern, die eine Sparkasse gegründet hatten, innerhalb von Rheinland-Pfalz eingeräumt.[1152] Durch den Erwerb der Anteile am Stammkapital wurde der Erwerber zu einem Träger der Sparkasse und musste die Sparkasse im Sinne seiner Trägerverantwortung bei der Erfüllung ihrer Aufgaben unterstützen.[1153] Um keine Haftungsrisiken für den neuen Sparkassenträger entstehen zu lassen, bestand für den Erwerber aber keine Verpflichtung im Sinne einer Anstaltslast.[1154] Die Anstaltslast blieb somit weiterhin den Errichtungsträgern vorbehalten. Die Stellung der neuen Träger entsprach hingegen lediglich derjenigen eines Kapitalgebers. In dem Fall, dass Stammkapital durch Einlagen gebildet wurde, war daher die Haftung des Trägers auf die Einlagen beschränkt.[1155]

Durch diese neue Regelung wurde es Sparkassen in Rheinland-Pfalz möglich, Träger einer anderen Sparkasse zu werden. Allerdings war zu beachten, dass eine Übertragung von Anteilen am Stammkapital stets unter Berücksichtigung der geschäftspolitischen Interessenlage der beteiligten Sparkassen zu erfolgen hatte.[1156] Der Sinn einer solchen Übertragung von Stammkapital dürfte vor allem in seiner Funktion als Kapitalbeschaffungsquelle für die Kommune gelegen haben, die die Anteile am Stammkapital ihrer Sparkasse verkaufte. Als Möglichkeit zum Zusammenschluss mehrerer Sparkassen wären hingegen Fusionen oder Kooperationen sinnvoll gewesen, da auf diese Weise de facto Kosteneinsparungen möglich gewesen wären.[1157] In dem Fall, dass eine Sparkasse oder (eher unwahrscheinlich) eine Kommune Anteile am Stammkapital einer anderen Sparkasse erwarb, war vorgesehen, dass sich der Käufer an der unternehmerischen Führung der Sparkasse

---

1150 Vgl. *Schmidhuber:* Sparkassenstrukturen, 1998, S. 586.

1151 Ziel war es, übertragbares Stammkapital zu bilden, das es den Sparkassen erleichtert, sich an Sparkassen außerhalb ihres Gebietes zu beteiligen. Siehe dazu *Blume:* Wettbewerb, 2000, S. 133. Eine alternative Fusion von Sparkassen wurde hingegen oftmals von den Kommunen abgelehnt. Hierzu vgl. *Palmen:* Öffentlicher Auftrag, 1999, S. 780.

1152 Vgl. § 3 Abs. 4 SpkG RP i. V. m. § 1 Abs. 1 SpkG RP.

1153 Vgl. § 3 Abs. 4 Satz 2 SpkG RP.

1154 Vgl. § 3 Abs. 2 SpkG RP.

1155 Vgl. § 3 Abs. 1 Satz 2 SpkG RP; siehe auch *Streuber:* Sparkassenrecht, 2000, S. 98–102.

1156 Vgl. § 3 Abs. 4 Satz 1 SpkG RP.

1157 Vgl. *Haas:* Stammkapitalbildung, 1999, S. 772 sowie *Auerbach/Heid/Schiereck:* Sparkassenfusionen, 2009, S. 1071 ff.

beteiligte.[1158] Es war aber wahrscheinlich, dass sich die Interessen des neuen Sparkassenträgers von denen des Errichtungsgewährträgers deutlich unterschieden. Es bestand in diesem Fall die Gefahr, dass die Bindung der Sparkasse an ihren Errichtungsgewährträger geschwächt würde.[1159]

Zudem drohte mit der Übertragung von Anteilen am Stammkapital das Regionalprinzip aufgelöst zu werden. Es beinhaltete neben dem Konkurrenzverbot, dem Expansionsverbot und der Schutzgarantie auch das sog. Kongruenzprinzip, das die Deckungsgleichheit des Geschäfts- und Gewährträgergebietes fordert und somit in dem Gebot „Ein Gewährträger – eine Sparkasse" mündet.[1160] Im Gegensatz zu einer Fusion, bei der die Erweiterung des Geschäftsgebietes mit der Erweiterung des Trägergebietes einhergeht und somit die Deckungsgleichheit unberührt bleibt, kommt es bei der Stammkapitalübertragung in der Regel allein zu einer Erweiterung des Trägergebietes, nicht aber zu einer Ausdehnung des Geschäftsgebiets der übernommenen Sparkasse. Wenn de facto Errichtungsgewährträger oder Sparkassen Anteile am Stammkapital einer anderen Sparkasse erwerben, steigt entsprechend die Anzahl der Träger dieser Sparkasse. Es ist daher zu erwarten, dass die Anzahl an Sparkassen, die mehr als einen Träger haben (Gemeinschaftssparkassen) zunimmt. Der entgegengesetzte Fall von Mehrfach-Trägerschaften ist aber ebenfalls möglich, wenn eine Sparkasse oder ein Errichtungsgewährträger durch Stammkapitalübertragung eine oder mehrere Sparkassen vollständig erwirbt.

Insgesamt wurde zum damaligen Zeitpunkt die Möglichkeit zur Stammkapitalbildung eher zurückhaltend genutzt. Bis Ende 2001 hatten lediglich vier von den damaligen 26 rheinland-pfälzische Sparkassen Stammkapital durch Umwandlung von Rücklagen gebildet, wobei jeweils lediglich 10 Prozent der Rücklagen umgewandelt wurden.[1161] In den Folgejahren haben auf diese Weise vereinzelt weitere Sparkassen Stammkapital in zum Teil deutlich größerem Umfang gebildet. So wies die Kreissparkasse Kaiserslautern Ende des Jahres 2003 Stammkapital von rund 40 Prozent ihrer Sicherheitsrücklagen auf. In der Bilanz fand sich das Stammkapital der Sparkassen gemeinsam mit den Vermögenseinlagen stiller Gesellschafter unter der Position „gezeichnetes Kapital".[1162] Nur in Ausnahmefällen wurde bisher die Möglichkeit zur Übertragung von Stammkapital genutzt. Ein bekanntes Beispiel ist die Stadtsparkasse Linz, die ihr Stammkapital von 5,5 Mio.

1158 Vgl. § 3 Abs. 4 Satz 2 SpkG RP.

1159 Vgl. *Haas:* Stammkapitalbildung, 1999, S. 772.

1160 Vgl. *Lepper:* Ausschüttung, 2003, S. 163.

1161 Vgl. *Haas:* Stammkapitalbildung, 1999, S. 538.

1162 Aus diesem Grund ist aus den Bilanzen die Höhe des Stammkapitals nicht direkt ersichtlich und muss aus Veränderungen der Sicherheitsrücklagen hergeleitet werden.

EUR an die Sparkasse Neuwied übertrug und die auf diese Weise die Stadtsparkasse Linz zum 1. Februar 2004 vollständig übernahm.[1163]

Sowohl die Umwandlung von Rücklagen in Stammkapital als auch die Übertragung von Stammkapital änderte die Eigenkapitalausstattung der Sparkasse zunächst nicht. Die vom Gesetzgeber eingeräumte Möglichkeit zur zusätzlichen Bildung von Stammkapital mithilfe von Einlagen war zudem angesichts der angespannten finanziellen Lage der Kommunen wenig realistisch. Insofern war es wenig wahrscheinlich, dass die Eigenkapitalausstattung und somit die Wettbewerbsfähigkeit der Sparkassen in Rheinland-Pfalz deutlich gesteigert werden konnten. Da das Land auch weiterhin von den Sparkassen eine angemessene Ausschüttung erwartete, war von einer Schwächung der Sparkassenertragskraft und somit einer geringeren Möglichkeit zur Eigenkapitalsteigerung auszugehen.[1164]

Besteht Stammkapital, können die Sparkassen Ausschüttungen auf das Stammkapital vornehmen, die höher ausfallen, als es die bisherigen Ausschüttungsgrenzen zulassen. Vorgesehen ist, dass ohne weitere Vorschriften bis zu zwei Drittel des um einen Verlustvortrag aus dem Vorjahr geminderten Jahresüberschusses ausgeschüttet werden dürfen, während die Ausschüttungen ohne die Existenz von Stammkapital auf maximal 50 Prozent begrenzt sind.[1165] Damit sollte insbesondere die Attraktivität der Sparkassen für die Gewährträger der Sparkassen erhöht werden.[1166] Somit könnten die Verwaltungsräte versucht sein, den höheren Ausschüttungsspielraum de facto auszuschöpfen, um möglichst hohe Gewinnausschüttungen an die Kommunen abzuführen.[1167] Andererseits verdeutlicht die Erfahrung, dass die Verwaltungsräte der rheinland-pfälzischen Sparkassen bisher die gesetzlichen Ausschüttungsspielräume zumeist nicht ausgeschöpft haben. Da die Ausschüttungshöhe nicht weiter vorgegeben ist, könnte sie letztlich etwa in Höhe einer angemessenen Verzinsung des Stammkapitals festgesetzt werden.[1168] Weil die Ausschüttungen auf das Stammkapital vorgenommen werden, könnten

---

1163 Vgl. *Schwaldt:* Sparkasse, 2004, online.

1164 Diese Folgerung ergibt sich aus den erweiterten Ausschüttungsmöglichkeiten auf das Stammkapital gemäß § 20 Abs. 1 SpkG RP.

1165 Vgl. § 20 Abs. 1 und 2 SpkG RP.

1166 Vgl. *Hirschberger:* Stammkapital, 1999, S. 777.

1167 Vgl. *Haas:* Stammkapitalbildung, 1999, S. 771 sowie *Palmen:* Öffentlicher Auftrag, 1999, S. 780.

1168 Vgl. *Hirschberger:* Stammkapital, 1999, S. 776 f., ebenso *Streuber:* Sparkassenrecht, 2000, S. 97 ff. Als Obergrenze wäre bei einem Stammkapital von 30 % der Sicherheitsrücklage nach Modellschätzungen maximal eine Verzinsung des Stammkapitals von 4 % (nach Steuern) möglich. Vgl. *Haas:* Stammkapitalbildung, 1999, S. 773.

sie, sofern das Stammkapital von Sparkassen oder Errichtungskörperschaften außerhalb des Geschäftsgebiets der Sparkasse gehalten wird, anderen Regionen als dem Geschäftsgebiet der Sparkasse zugutekommen. Aufwandsspenden werden weiterhin wegen des geltenden Regionalprinzips und keiner anderweitigen Regelungen an Empfänger innerhalb des Geschäftsgebietes der Sparkasse geleistet.

Wenn auch zukünftig die Möglichkeit der Stammkapitalbildung in Rheinland-Pfalz besteht, kann insgesamt konstatiert werden, dass die damalige SPD-FDP-Landesregierung (1994–2006) an den öffentlich-rechtlichen Kreditinstituten festgehalten hat. So äußerte sich 2006 der damalige rheinland-pfälzische Finanzminister *Gernot Mittler* (SPD) in einem Beitrag wie folgt: „Die gewachsene Wettbewerbsstruktur der deutschen Kreditwirtschaft ist ein hohes Gut und sie hat den Aufstieg Deutschlands zu einer führenden Wirtschaftsnation nicht nur nicht behindert, sondern möglich gemacht. Dass die größte der drei Säulen nicht der Gewinnmaximierung verpflichtet und (trotzdem) zugleich erfolgreich ist, ist eine wichtige Bedingung für die Erfüllung des öffentlichen Auftrags, den die Sparkassen nach wie vor haben. Sie leisten damit einen bedeutenden Beitrag zum sozialen Zusammenhalt unserer Gesellschaft, der Auftrag unseres Grundgesetzes ist."[1169]

Schließlich verdient das Vorgehen der CDU auf kommunaler Ebene im Jahr 2007 bei einer von ihr gewünschten Sparkassenfusion eine besondere Beachtung. Die Kreissparkasse Vulkaneifel sollte mit der Kreissparkasse Bitburg-Prüm verschmolzen werden. Entsprechend erfolgte im Juni 2008 die Zustimmung der CDU-Fraktion (die über eine absolute Mehrheit verfügte) im Kreistag.[1170] Die SPD, GRÜNE, FDP und FWG stimmten dabei gegen die Vereinigung der öffentlich-rechtlichen Sparkassen. Aufgrund dieses Vorgehens und der Entscheidung für eine Sparkassenfusion leiteten die Fraktionen der SPD, GRÜNE, FDP und FWG ein Bürgerbegehren ein mit dem Ziel, „die durch den Kreistag gefassten Beschlüsse durch einen Bürgerbescheid aufheben zu lassen. [...] Vor dem Hintergrund über 14.000 Unterschriften für das Bürgerbegehren beschloss der Kreistag des Landkreises Vulkaneifel in einer zweiten Sitzung am 21. Juli 2008, die gefassten Beschlüsse zur Vereinigung aufzuheben."[1171] Infolge der nicht zustande gekommenen Fusion und der monatelangen Diskussionen wurde von einem Geschäftsverlust für beide Sparkassen von rund 5 Mio. EUR ausgegangen.[1172]

1169 *Mittler:* Sparkassen, 2006, S. 11.

1170 Vgl. *o. V.:* Fusion, 2008, online.

1171 Vgl. *Landtag Rheinland-Pfalz:* Mündliche Anfrage, 2008, S. 4.

1172 Vgl. *Landtag Rheinland-Pfalz:* Mündliche Anfrage, 2008, S. 4.

8.2.2.3 Policy-Prozessanalyse einzelner Fallbeispiele (1984–2008)

Auch hier stützt sich die Prozessanalyse auf die oben für Rheinland-Pfalz dargelegten Fälle.

Policy-Prozess: Neustrukturierung der Landesbank Rheinland-Pfalz-Girozentrale und dessen Auswirkungen auf die Sparkassen (1984–2008)

Die folgenden Akteure aus dem Policy-Subsystem prägten den hier betrachteten Policy-Prozess (1984–1987: Teilprivatisierung der Landesbank Rheinland-Pfalz Girozentrale und 2008: Fusion der Landesbank Rheinland-Pfalz-Girozentrale mit der Landesbank Baden-Württemberg):

Akteur 1: Ministerpräsident *Vogel* (CDU) mit der CDU-Landesregierung (1975 bis 1987)[1173]
Akteur 2: Ministerpräsident *Beck* (SPD) mit einer SPD-FDP-Regierungskoalition (1994–2006) und mit einer SPD-Landesregierung (2006–2011)[1174]
Akteur 3: Landesbank Rheinland-Pfalz-Girozentrale
Akteur 4: Landesbank Baden-Württemberg
Akteur 5: Sparkassen- und Giroverband Rheinland-Pfalz (SVRP)
Akteur 6: CDU
Akteur 7: SPD
Akteur 8: GRÜNE (1987–2006)[1175]
Akteur 9: FDP

Ministerpräsident *Vogel* (CDU) mit der CDU-Landesregierung (später CDU-FDP-Regierungskoalition) befürwortete die Teilprivatisierung der Landesbank Rheinland-Pfalz-Girozentrale. Mit dieser Entscheidung folgten CDU und FDP ihren jeweiligen Hauptkernen des Belief-Systems, nämlich Deregulierung und Privatisierung zu befürworten.[1176] Mit der Zeit änderte sich die politische Konstellation.

1173 Vgl. *Eith/Kießling et al.*: Parteiensysteme, 2008, S. 344. In den Jahren 1987 bis 1991 bestand eine CDU-FDP-Regierungskoalition.

1174 Vgl. *Eith/Kießling et al.*: Parteiensysteme, 2008, S. 344 sowie *Landtag Rheinland-Pfalz*: Ministerpräsidenten, 2013, online.

1175 Vgl. *Eith/Kießling et al.*: Parteiensysteme, 2008, S. 345. Die Grünen waren im hier betrachteten Zeitraum nur in den Jahren 1987 bis 2006 im rheinland-pfälzischen Landtag vertreten und somit bei den relevanten Entscheidungsprozessen (1984–1987: Teilprivatisierung der Landesbank Rheinland-Pfalz-Girozentrale und ab 2008: Fusion der Landesbank Rheinland-Pfalz-Girozentrale mit der Landesbank Baden-Württemberg) nicht beteiligt.

1176 Vgl. Abschnitt 7.5.1 und 7.5.2.

Ministerpräsident *Beck* (SPD) regierte von 1994 bis 2006 mit einer SPD-FDP-Koalition und von 2006 bis 2011 mit absoluter Mehrheit der SPD. Er schloss sich den vorherigen Reformüberlegungen (von einer Teilprivatisierung bis hin zu der Fusion mit einer anderen Landesbank) der CDU-Landesregierung (*Akteur 1*) an.

In der vorliegenden Untersuchung hat sich jedoch ergeben, dass der Hauptkern des Überzeugungssystems der SPD darin besteht, Deregulierung und Privatisierung zu verhindern.[1177] Somit fand in diesem Policy-Prozess eine Veränderung der Auffassungen der SPD statt, was auf die sekundären Aspekte des Belief-Systems zurückzuführen ist. Diese (instrumentelle) Entscheidung von Ministerpräsident *Beck* (SPD) und der SPD-Fraktion für eine Teilprivatisierung und später für die Fusion war notwendig, um den Policy-Kern durchsetzen. Hinter dem Meinungswechsel stand das Ziel, die Teilprivatisierungserlöse und die zukünftig höheren Einnahmen aus dem Anteilsbesitz an der Landesbank zur Rückführung des defizitären Landeshaushalts zu verwenden. Was besonders überrascht, ist, dass sich die rheinland-pfälzische SPD in ihrem landespolitischen Programm (2006–2011) noch für die Erhaltung der kommunalen Sparkassen ausgesprochen hatte. Insofern zeigt sich hier eine deutliche Diskrepanz von „Gesagtem" und operativem Handeln.[1178]

Die Landesbank Rheinland-Pfalz-Girozentrale, die ausschließlich in diesem Policy-Prozess von Bedeutung war, stimmte der Teilprivatisierung nur unter Einhaltung bestimmter Voraussetzungen zu. Sie übernahm in Teilen die Grundauffassungen der CDU-Landesregierung (*Akteur 1*). Diese Voraussetzungen konnten jedoch nicht umgesetzt werden, sodass die Landesbank Rheinland-Pfalz-Girozentrale letztlich die Teilprivatisierung ablehnte. Auch der Sparkassen- und Giroverband Rheinland-Pfalz (SVRP) sprach sich gegen eine Teilprivatisierung in den oben dargestellten Beteiligungsformen der Landesbank Rheinland-Pfalz-Girozentrale aus, was auf den Hauptkern seines Überzeugungssystems zurückzuführen ist.[1179] Die Landesbank Baden-Württemberg befürwortete eine Fusion mit einer anderen Landesbank; sie war nur in diesem Policy-Prozess von Bedeutung. Dabei übernahm sie die Grundauffassungen der SPD-Landesregierung (*Akteur 2*).

Somit lassen sich Ministerpräsident *Vogel* (CDU) mit der CDU-Landesregierung (später CDU-FDP-Regierungskoalition), Ministerpräsident *Beck* (SPD) mit der SPD-Landesregierung und die Landesbank Baden-Württemberg in einer

1177 Vgl. Abschnitt 7.5.3.
1178 Vgl. Abschnitt 7.5.3.
1179 Vgl. Abschnitt 7.2.

Opportunisten-Koalition zusammenfassen, die (nacheinander) erstens eine Teilprivatisierung und zweitens eine Fusion befürwortete. Ministerpräsident *Vogel* (CDU) mit der CDU-Landesregierung (später CDU-FDP-Regierungskoalition), wie zu einem späteren Zeitpunkt Ministerpräsident *Beck* (SPD) mit der SPD-Landesregierung und der Landesbank Baden-Württemberg, verfolgte die Policy-Strategie, die geplante Teilprivatisierung und (später) die Fusion per Gesetzesänderung auf Landesebene zu genehmigen. Das Interesse ging dahin, den Landeshaushalt mit dem Teilprivatisierungserlös deutlich zu entlasten. Die **entscheidenden Ressourcen** für die Umsetzung der Policy-Strategie waren Veto-Punkte, die in dem Fall der Teilprivatisierung wegen der Zustimmung der Regierungsparteien CDU und FDP notwendig waren. In dem Entscheidungsprozess für die Landesbankenfusion hatten die Veto-Punkte keine Bedeutung, da Ministerpräsident *Beck* (SPD) mit der SPD-Landesregierung (2006–2011) über eine absolute Mehrheit verfügte.

Die Landesbank Rheinland-Pfalz-Girozentrale und der Sparkassen- und Giroverband Rheinland-Pfalz (SVRP) bildeten eine **Traditionalisten-Koalition**, die sowohl die Teilprivatisierung als auch die Fusion ablehnte. Diese Koalition verfolgte die Policy-Strategie, beide Vorhaben zu verhindern. Sie befürchtete, insbesondere mit der Teilprivatisierung könnte das Drei-Säulen-System sukzessive aufgelöst werden, während sie daran interessiert war, das Drei-Säulen-System zu schützen und die kommunalen Sparkassen in ihrer Struktur zu stärken. **Policy-Vermittler** traten in dem Policy-Prozess nicht auf.

Zusammenfassend kann konstatiert werden, dass der **Policy-Output**, also die Fusion der Landesbank Rheinland-Pfalz-Girozentrale mit der Landesbank Baden-Württemberg, von der Opportunisten-Koalition umgesetzt wurde. Die **Policy-Wirkung** ist darin zu sehen, dass nunmehr die Landesbank-Baden-Württemberg die rheinland-pfälzischen Sparkassen mit Produkten und Dienstleitungen unterstützt. Eine vollständige Privatisierung kommunaler Sparkassen ist weiterhin ausgeschlossen.

Policy-Prozess: Änderungen und Auswirkungen des Sparkassengesetzes im Rahmen des Fusionsvorhabens der Kreissparkasse Vulkaneifel mit der Kreissparkasse Bitburg-Prüm (1999–2008)

Hier lassen sich folgende Akteure aus dem Policy-Subsystem identifizieren:

Akteur 1: Ministerpräsident *Beck* (SPD) mit einer SPD-FDP-Regierungskoalition (1994–2006) und mit einer SPD-Landesregierung (2006–2011)[1180]
Akteur 2: Deutscher Sparkassen- und Giroverband (DSGV)
Akteur 3: Sparkassen- und Giroverband Rheinland-Pfalz (SVRP)
Akteur 4: Kreissparkasse Vulkaneifel
Akteur 5: Kreissparkasse Bitburg-Prüm
Akteur 6: Verwaltungsrat Kreissparkasse Vulkaneifel
Akteur 7: Verwaltungsrat Kreissparkasse Bitburg-Prüm
Akteur 8: Kreistag des Landkreises Vulkaneifel
Akteur 9: Wähler als stimmberechtigte Bürger
Akteur 10: Wissenschaftler *Hufen* und *Püttner*
Akteur 11: CDU
Akteur 12: SPD
Akteur 13: GRÜNE (Landesebene: 1987–2006)[1181]
Akteur 14: FDP
Akteur 15: FWG

Es werden nunmehr zwei Ereignisse differenziert: erstens die Änderungen des Sparkassengesetzes und zweitens das Fusionsvorhaben der Kreissparkasse Vulkaneifel mit der Kreissparkasse Bitburg-Prüm.

1. Ereignis: Änderungen des Sparkassengesetzes (1999–2006)

Ministerpräsident *Beck* (SPD) mit der SPD-FDP-Regierungskoalition befürwortete die Änderungen des Sparkassengesetzes und wich somit von dem Hauptkern des SPD-Belief-Systems ab.[1182] Auch hier lässt sich dies auf die sekundären Aspekte des Überzeugungssystems zurückführen. Der Meinungsänderung von Ministerpräsident *Beck* (SPD) mit der SPD-Fraktion resultierte vor allem daraus, dass mit der Übertragung des Sparkassenstammkapitals den Kommunen ermöglicht werden sollte, sich zusätzliches Kapital zu beschaffen.

Die FDP befürwortete das Vorhaben der SPD. Dies entspricht den originären Überzeugungen der Partei, nämlich Deregulierung zu befürworten.[1183] Hingegen lehnten die CDU und GRÜNE die Änderungen des Sparkassengesetzes ab. Mit

1180 Vgl. *Eith/Kießling et al.*: Parteiensysteme, 2008, S. 344 sowie *Landtag Rheinland-Pfalz:* Ministerpräsidenten, 2013, online.
1181 Vgl. *Eith/Kießling et al.*: Parteiensysteme, 2008, S. 345.
1182 Vgl. Abschnitt 7.5.3.
1183 Vgl. Abschnitt 7.5.2.

diesem Vorgehen folgten die Grünen dem Hauptkern (Deregulierung zu verhindern) ihrer Grundauffassungen.[1184] Bei der CDU hingegen fand eine Abweichung von dem Hauptkern (Deregulierung zu befürworten) ihres Überzeugungssystems statt, was auf die sekundären Aspekte des Belief-Systems verweist.[1185] In diesem speziellen Fall befürchtete die CDU, an politischer Einflussnahme im öffentlich-rechtlichen Kreditsektor auf Landesebene zu verlieren. Der Deutsche Sparkassen- und Giroverband (DSGV) sowie der Sparkassen- und Giroverband Rheinland-Pfalz (SVRP) lehnten die Änderungen des Sparkassengesetzes gemäß dem Hauptkern ihres Überzeugungssystems ebenfalls ab.[1186]

Somit können die Akteure (Ministerpräsident *Beck* (SPD) mit der SPD-FDP-Regierungskoalition sowie die CDU) in der **Opportunisten-Koalition** zusammengefasst werden. Diese Koalition verfolgte die Policy-Strategie, die Änderungen des Sparkassengesetzes auf Landesebene zu genehmigen. Das Interesse bestand darin, erstens die Sparkassen als Wettbewerbsunternehmen zu stärken, zweitens den Sparkassen und Gewährträgern mehr Eigenständigkeit und Selbstverantwortung zu übertragen, drittens sollte das Sparkassengesetz dazu beitragen, dass Sparkassen untereinander fusionieren können, und viertens sollte mit der Übertragung des Sparkassenstammkapitals den Kommunen ermöglicht werden, sich durch den Verkauf ihrer Anteile am Stammkapital der Sparkasse zusätzliches Kapital zu beschaffen. Die **entscheidenden Ressourcen** für die Umsetzung der Policy-Strategie waren angesichts der Zustimmung der Regierungsparteien SPD und FDP Veto-Punkte. Es bestand innerhalb der SPD-FDP-Regierungskoalition Einigkeit, sodass eine Mehrheitsfähigkeit gegeben war und die Änderungen des Sparkassengesetzes durchgesetzt werden konnte. Der Deutsche Sparkassen- und Giroverband (DSGV) und der Sparkassen- und Giroverband Rheinland-Pfalz (SVRP) bildeten die **Traditionalisten-Koalition**. Ihnen ging es darum, die Policy-Strategie einer Änderung des Sparkassengesetzes auf Landesebene zu verhindern; beide Akteure befürchteten eine sukzessive Auflösung des Sparkassensektors.

In dem Policy-Prozess traten die Wissenschaftler *Hufen* und *Püttner* als Sachverständige auf. Beide Akteure vertraten eine gemeinsame Position, der zufolge die Gesetzesänderungen nicht umgesetzt werden sollten. Dabei kritisierten sie insbesondere, dass das Stammkapital auf entfernt liegende Sparkassen übertragen werden konnte und somit ein Verstoß gegen das Regionalprinzip vorlag. Des Weiteren bemängelten sie die unzureichende Präzisierung der Höhe der

1184 Vgl. Abschnitt 7.5.4.
1185 Vgl. Abschnitt 7.5.1.
1186 Vgl. Abschnitt 7.2.

Ausschüttungen. Somit versuchten die beiden Akteure, die Traditionalisten-Koalition in ihrer Argumentationslinie zu unterstützen. Vor dem Hintergrund der gemeinsamen Positionierung der Wissenschaftler würde eine Bündelung in einer **Wissenschaftliche-Experten-Koalition** jedoch zu weit führen und wäre wenig aussagekräftig für die Analyse. Darüber hinaus treten in dem Policy-Prozess keine **Policy-Vermittler** auf.

Letztlich war der **Policy-Output**, dass sich die Opportunisten-Koalition infolge ihrer Machtposition im Entscheidungsprozess (Mehrheitsfähigkeit der SPD-FDP-Regierungskoalition) durchsetzte. Die **Policy-Wirkung** bestand darin, dass erstens die Sparkassen nun untereinander fusionieren können und zweitens mit der Übertragung des Sparkassenstammkapitals den Kommunen ermöglicht wird, sich zusätzliches Kapital zu beschaffen, da sie die Anteile am Stammkapital der Sparkasse verkaufen können.

2. Ereignis: Fusionsvorhaben der Kreissparkasse Vulkaneifel mit der Kreissparkasse Bitburg-Prüm (2007–2008)

Das Fusionsvorhaben der Kreissparkasse Vulkaneifel mit der Kreissparkasse Bitburg-Prüm wurde von der CDU befürwortet, was sich mit dem Hauptkern ihres Belief-Systems erklären lässt. Den Überzeugungen der CDU folgten auch die Gremien (Verwaltungsräte) der Kreissparkassen Vulkaneifel und Bitburg-Prüm. Sie sind nur in diesem Policy-Prozess von Bedeutung.[1187] Die SPD, GRÜNE, FDP, FWG und die Wähler als stimmberechtigte Bürger lehnten die Fusion ab. Die SPD und Grünen folgten damit dem Hauptkern ihres jeweiligen Überzeugungssystems, der darin besteht, keine Deregulierung zuzulassen.[1188] Bei der FDP fand eine Abweichung von ihrer ursprünglichen programmatischen Ausrichtung (Deregulierung zu befürworten) statt.[1189] Dies verweist auf sekundäre Aspekte. Aus den landespolitischen Programmen lässt sich dieser Meinungswechsel grundsätzlich nicht erklären, jedoch ergeben sich Hinweise aus der obigen Darlegung, die vermuten lassen, dass die Abweichung aus kommunalpolitischen Gründen

---

1187 Der Vollständigkeit halber soll an dieser Stelle noch auf eine Vereinbarung des Eifelkreises Bitburg-Prüm und des Landkreises Vulkaneifel aufmerksam gemacht werden. Der Eifelkreis Bitburg-Prüm und der Landkreis Vulkaneifel trafen eine Vereinbarung über die Vereinigung der Kreissparkassen gemäß § 22 Abs. 1 Nr. 1 SpkG. In der Analyse wird diese Vereinbarung jedoch nicht explizit aufgeführt, da sie für den Policy-Prozess von nachrangiger Bedeutung ist. Vgl. *Eifelkreis Bitburg-Prüm und Landkreis Vulkaneifel:* Vereinbarung, 2008.

1188 Vgl. Abschnitt 7.5.3 und 7.5.4.

1189 Vgl. Abschnitt 7.5.2.

vollzogen wurde bis hin zu einer „typischen" oppositionellen Haltung gegen die kommunalpolitisch verantwortlichen Parteien. Die FWG und die Wähler als stimmberechtigte Bürger sind nur in diesem Policy-Prozess von Bedeutung und übernahmen mehrheitlich die Grundauffassungen von SPD und Grünen.

Somit können die CDU-Fraktion und die Verwaltungsräte der Kreissparkassen Vulkaneifel und Bitburg-Prüm als eine **Opportunisten-Koalition** betrachtet werden. Deren Policy-Strategie war, die geplante Fusion auf kommunaler Ebene zu genehmigen. Dabei war die CDU-Fraktion daran interessiert, den kommunalen Haushalt zu entlasten. Die Kreissparkassen sowie deren Verwaltungsräte verfolgten das Interesse, mit der Vergrößerung des Einzugsgebiets eine größere Geschäftseinheit zu bilden, um somit die Möglichkeit auf ein größeres Ertragspotenzial zu erhalten. Veto-Punkte waren die **entscheidenden Ressourcen** für die Umsetzung der Policy-Strategie, weil die Zustimmung der CDU für die Umsetzung der Fusion notwendig war.

Die anderen Akteure (SPD, GRÜNE, FDP, FWG sowie die Wähler als stimmberechtigte Bürger) werden in einer **Traditionalisten-Koalition** gebündelt. Diese Koalition verfolgte die Policy-Strategie, das Fusionsvorhaben mit der Initiierung eines Bürgerbegehrens (auf kommunaler Ebene) zu verhindern und damit die Kreissparkassen in ihrer Struktur zu schützen. Die **entscheidenden Ressourcen** für die Umsetzung der Policy-Strategie waren auch hier Veto-Punkte, weil die Zustimmung der Wähler als stimmberechtigte Bürger und der Parteien SPD, GRÜNE, FDP, FWG notwendig war, um die Fusion zu verhindern. Es gab keine **Policy-Vermittler** in dem Policy-Prozess.

Vor dem Hintergrund des Bürgerbegehrens war der **Policy-Output**, dass im Kreistag des Landkreises Vulkaneifel die Entscheidung gegen das Fusionsvorhaben fiel. Der monatelange Diskussionsprozess brachte als **Policy-Wirkung**, dass für beide Kreissparkassen ein Geschäftsverlust von 5 Mio. EUR entstand.

8.2.2.4 Prüfung der Hypothesen

Gehören zu den Linksparteien SPD und GRÜNE und zu den konservativ-liberalen Parteien CDU und FDP, so ist die FWG in den zu Rheinland-Pfalz betrachteten Fällen nur eine kommunal relevante Gruppierung und wird vor diesem Hintergrund mit Blick auf die Parteiendifferenztheorie nicht berücksichtigt.[1190] Diese trifft den Fallanalysen zufolge nicht zu. Im Fall der Neustrukturierung der Landesbank Rheinland-Pfalz-Girozentrale setzte sich die SPD zusammen mit

1190 Die Bedeutung der FWG ist auf kommunaler Ebene nicht zu unterschätzen, allerdings ist deren Bedeutung auch für diese Fallanalyse gering.

den konservativ-liberalen Parteien für das Privatisierungs- und Deregulierungsvorhaben ein, womit sie von ihrer ursprünglichen ideologischen und programmatischen Ausrichtung, öffentlich-rechtliche Kreditinstitute in ihrer Struktur zu schützen und keine Deregulierung und Privatisierung zuzulassen, abwich. Das trifft auch für den zweiten Fall zu, in dem zwischen SPD und FDP einerseits und CDU und GRÜNE andererseits keine Parteiendifferenz festzustellen ist. Bei dem Fusionsvorhaben der Kreissparkasse Vulkaneifel mit der Kreissparkasse Bitburg-Prüm sprach sich die CDU (auf kommunaler Ebene) für das Fusionsvorhaben aus, während sich SPD, GRÜNE und FDP (auf kommunaler Ebene) gegen das Fusionsvorhaben positionierten. Zwar folgten hier die CDU und die Linksparteien ihrer jeweiligen politischen Grundauffassung, jedoch stimmte die FDP entgegen ihrem Überzeugungssystem, Deregulierung und Privatisierung öffentlich-rechtlicher Sparkassen zu fördern.

Rheinland-Pfalz gehört, wie sich in den Fallanalysen gezeigt hat, zu den Ländern, die über eine Rechtstradition verfügen und eine vollständige Privatisierung öffentlich-rechtlicher Sparkassen ausschließen. Es wurde jedoch auch deutlich, dass die Akteure – Ministerpräsident *Vogel* (CDU) mit der CDU-Landesregierung und zu einem späteren Zeitpunkt Ministerpräsident *Beck* (SPD) mit der SPD-Landesregierung – an einer Modernisierung der traditionellen Gesetzesgrundlage interessiert waren. Allerdings wurde sowohl bei der Neustrukturierung der Landesbank Rheinland-Pfalz-Girozentrale (auf Landesebene) als auch bei dem Fusionsvorhaben der Kreissparkasse Vulkaneifel mit der Kreissparkasse Bitburg-Prüm (auf kommunaler Ebene) der Rechtstradition gefolgt. Dies führte dazu, dass es auch weiterhin ausgeschlossen blieb, vertikale Fusionen umzusetzen und kommunale Sparkassen vollständig zu privatisieren. Dadurch war der Handlungsspielraum der anderen beteiligten Akteure im Entscheidungsprozess eingeschränkt. Demzufolge kann festgestellt werden, dass die zweite Hypothese zutrifft.

Bei der dritten Hypothese ergibt sich ein gespaltenes Bild, sodass sie nicht für alle Fälle bestätigt werden kann. Bei dem Vorhaben der Teilprivatisierung der Landesbank waren die konservativ-liberalen Parteien die entscheidenden Vetospieler, während die SPD als „oppositioneller" Vetospieler keinen Einfluss auf den Entscheidungsprozess auszuüben vermochte. In diesem Fall trifft die Hypothese zu. Hingegen hatte bei der Landesbankenfusion angesichts der absoluten Mehrheit der SPD-Regierung ein Veto seitens der Oppositionsparteien keine Bedeutung für den Entscheidungsprozess. Weder die Anzahl noch die Kohäsion der anderen Vetospieler waren hier relevant. Auch hier zeigt sich also, dass die Anzahl der Vetospieler nur dann von Bedeutung ist, wenn keine absolute (bzw. eindeutige) Mehrheit vorhanden ist. Im zweiten betrachteten Fall bestand innerhalb der SPD-FDP-Regierungskoalition Einigkeit, sodass eine Mehrheitsfähigkeit gegeben war und die Änderungen des Sparkassengesetzes durchgesetzt werden konnte. Mit Blick auf die geplante Fusion der Kreissparkasse Vulkaneifel mit der Kreissparkasse Bitburg-Prüm lässt sich die Hypothese als zutreffend werden. So stimmte die CDU für und die anderen politischen Vetospieler (SPD, GRÜNE, FDP und FWG) gegen das Vorhaben. Da die CDU über eine absolute Mehrheit im Kreistag verfügte und die Fusion befürwortete, war die Anzahl der Vetospieler, die gegen die Fusion stimmten, (in diesem speziellen Fall) von großer Bedeutung. So schlossen sich die SPD, GRÜNE, FDP und FWG zusammen und initiierten ein Bürgerbegehren. Die Wähler als stimmberechtigte Bürger waren hier der entscheidende (institutionelle) Vetospieler, der sich gegen die Fusion aussprach, was eine Ablehnung des Vorhabens zur Folge hatte.

Die vierte Hypothese ist für die Fallanalysen zu Rheinland-Pfalz irrelevant, da hier der Aspekt der Europäisierung keine Rolle spielt.

8.2.3 Nordrhein-Westfalen

8.2.3.1 Novellierung des Artikelgesetzes als Basis für die Modernisierung des Sparkassengesetzes

Am 18. Dezember 2001 verabschiedete die nordrhein-westfälische Landesregierung den Entwurf eines Gesetzes zur Neuregelung der Rechtsverhältnisse der öffentlich-rechtlichen Kreditinstitute in Nordrhein-Westfalen.[1191] Auf der Grundlage dieses Entwurfes beschloss die SPD-GRÜNE-Landesregierung mit Ministerpräsident *Wolfgang Clement* (SPD) an der Spitze zusammen mit der CDU-Fraktion und gegen die Stimmen der FDP am 26. Juni 2002 die Novellierung des Artikelgesetzes.[1192] Die FDP stimmte gegen die Novellierung, da sie eine „echte Privatisierung“ forderte, die mit dem Gesetzesvorhaben aber nicht umgesetzt werden sollte.[1193] Die FDP äußerte sich wie folgt: „Wir brauchen eine angelegte Privatisierung und natürlich auch eine echte Privatisierung [...]. Dass sich die Sparkassen quasi jetzt als Anteilseigner aufspielen und da stärkere Positionen ausüben, ist doch keine Privatisierung. Wir wollen freien Markt und nicht die öffentlich-rechtliche Wirtschaft miteinander verflochten sehen.“[1194]

1191 Vgl. *Landtag Nordrhein-Westfalen:* Gesetzentwurf, 2002 (am 16.01.2002 ausgegeben, Datum des Originals 18.12.2001).

1192 Vgl. *Landtag Nordrhein-Westfalen:* Plenarprotokoll (13/63), 2002, S. 6483.

1193 Vgl. *Landtag Nordrhein-Westfalen:* Plenarprotokoll (13/63), 2002, S. 6482.

1194 *Landtag Nordrhein-Westfalen:* Plenarprotokoll (13/63), 2002, S. 6482.

Mit diesem Vorgang war Nordrhein-Westfalen das erste Bundesland, das den Forderungen der EU-Kommission nachkam. Der Hintergrund dazu war, dass bereits in den 1990er-Jahren mit der Übertragung der Wohnungsbauförderungsanstalt des Landes Nordrhein-Westfalen an die WestLB eingehende Diskussionen mit der EU-Kommission stattgefunden hatten.[1195]

Wie bereits in den Abschnitten 3.5 und 5.3. gezeigt, erhielt das Land ein Entgelt in Höhe von 0,6 Prozent der Jahresgewinne der WestLB. Die Beteiligung des Landes an der WestLB wurde hingegen nicht erhöht. In ihrer Entscheidung vom 8. Juli 1999 vertrat die EU-Kommission die Auffassung, dass die Übertragung als rechtswidrige staatliche Beihilfe einzuordnen sei, und forderte damit die gesamte Zahlung zurück. Der Hauptgrund für diese grundlegende Entscheidung war, dass die EU-Kommission das Entgelt für die Gegenleistung als nicht angemessen ansah. Als Reaktion auf den immer stärkeren Druck der EU-Kommission (auch unter Berücksichtigung des Wegfalls der Haftungsgrundlagen von Gewährträgerhaftung und Anstaltslast) führte das Land Nordrhein-Westfalen eine Teilprivatisierung der WestLB durch die Bündelung ihrer wettbewerblichen Aktivitäten in der neuen WestLB AG durch, die als privatrechtliche Tochtergesellschaft der öffentlichen und in öffentlichem Auftrag agierenden Landesbank Nordrhein-Westfalen geführt wurde.[1196]

Wie in der vorliegenden Untersuchung anfangs aufgeführt, hat *Ingo Caspari* in seiner Arbeit das Bundesland Nordrhein-Westfalen untersucht.[1197] *Caspari* stellt fest, dass in Nordrhein-Westfalen die Kommunen mehr Aufgaben als in anderen Bundesländern hätten, was dazu führe, dass das Spektrum der möglichen kommunalen Privatisierungen größer sei als in anderen Bundesländern.[1198] Dies verdeutlicht auch, dass Nordrhein-Westfalen an der Modifizierung des Sparkassengesetzes besonders interessiert war. Bei der oben genannten Novellierung handelte es sich um ein Artikelgesetz, das vor allem die Westdeutsche Landesbank Girozentrale (WestLB), die nordrhein-westfälischen Sparkassen, die Westdeutsche Landesbausparkasse und die Westfälischen Provinzial-Versicherungsanstalten betrafen. Die wesentlichen Änderungen, die sich aus dem Gesetz ergaben, werden im Folgenden herausgearbeitet.[1199]

1195 Vgl. *Neuberger/Schindler:* Öffentlicher Auftrag, 2001, S. 102.

1196 Vgl. *Landtag Nordrhein-Westfalen:* Gesetzentwurf, 2002, S. 104–106.

1197 Vgl. Abschnitt 1.2.

1198 Vgl. *Caspari:* Privatisierungen, 2009, S. 20.

1199 Dabei liegt der Schwerpunkt grundsätzlich auf der WestLB und den Sparkassen. Siehe für einen kompakten Überblick auch *Landtag Nordrhein-Westfalen:* Gesetzent-

Das Gesetz sah vor, die WestLB auf der Basis eines sog. Mutter-Tochter-Modells umzustrukturieren. Im Mittelpunkt dieses Modells stand die Trennung des Wettbewerbsgeschäfts einerseits und des öffentlichen Auftrags- und Pfandbriefgeschäfts andererseits, die bis dato von der WestLB unter einem Dach betrieben worden waren. Nach dem Gesetz sollten die dem öffentlichen Auftrag- und Pfandbriefgeschäft zuzuordnenden Geschäftsbereiche in der neu zu errichtenden Landesbank Nordrhein-Westfalen und das Wettbewerbsgeschäft in deren Tochtergesellschaft WestLB AG gebündelt werden. Die Geschäftstätigkeit der Girozentrale wurde somit auf zwei Kreditinstitute aufgeteilt, von denen das eine in öffentlicher und das andere in privater Rechtsform betrieben werde sollte.[1200] Die Etablierung der Mutter-Tochter-Struktur sollte insgesamt in vier Schritten erfolgen, wobei der vierte Schritt der bedeutendste war. Dabei wurde die Westdeutsche Landesbank Girozentrale in einem ersten Schritt in eine AG umgewandelt, deren Grundkapital die Landesbank Nordrhein-Westfalen übernahm. Damit entstand die WestLB AG mit ihrem Sitz in Düsseldorf und Münster.

Das Gesetz enthielt – abgesehen von den oben aufgeführten Neuerungen – wesentliche sparkassenrechtliche Änderungen. So forderte es, um den veränderten bankbetriebswirtschaftlichen Rahmenbedingungen Rechnung zu tragen und den Konzentrationsprozess im Sparkassensektor zu fördern, dass der Landesgesetzgeber die Vereinigung von Sparkassen erleichtern sollte. Das Sparkassengesetz von Nordrhein-Westfalen ist dabei so erweitert worden, dass die Verschmelzung von Sparkassen nicht nur zwischen benachbarten Kreditinstituten, sondern auch zwischen nicht benachbarten Kreditinstituten zulässig war, wenn diese innerhalb eines Kreisgebietes lagen. Darüber hinaus wurde nunmehr sogar die Vereinigung von nicht benachbarten und nicht innerhalb eines Kreisgebietes liegenden Sparkassen gestattet, sofern wirtschaftliche und nahe räumliche Verbindungen eine Fusion zweckmäßig erscheinen lassen und die Aufsichtsbehörde zustimmt.

Mit einer weiteren Änderung im Sparkassengesetz von Nordrhein-Westfalen wurde die Aufsicht des Staates über die Sparkassen nicht mehr auf zwei Stufen durch die Bezirksregierung und das Finanzministerium, sondern einstufig ausgeübt. Dies entsprach den bereits getroffenen gesetzlichen Regelungen in anderen

---

wurf, 2002, S. 101–106. Die im Weiteren dargestellten Erklärungen sind dem soeben aufgeführten Gesetzesentwurf entnommen.

1200 Überlegungen, die öffentlich-rechtlichen Tätigkeiten der Landesbanken auf eine öffentliche (Förder-)Bank und den verbleibenden (großen) Rest der Geschäftstätigkeit auf ein privates Kreditinstitut auszugliedern, sind bereits in der Vergangenheit angestellt worden. Siehe dazu *Koenig*: Landesbanken, 1997, S. 18.

Bundesländern. Dementsprechend ist die einzige Aufsichtsbehörde in Nordrhein-Westfalen das Finanzministerium.

In dem Sparkassengesetz von Nordrhein-Westfalen wird in § 7 Abs. 1 Satz 1 SpkG NRW von Trägerkapital gesprochen. Damit ist die Bildung von Stammkapital gemeint. Die Intention des Gesetzgebers war es also nicht, durch Einführung von Trägerkapital eine Privatisierung zu betreiben. Die geäußerten Befürchtungen, es könne bald Sparkassen in der Rechtsform einer GmbH geben, haben sich bis heute nicht bewahrheitet, und dies scheint auch für die Zukunft nicht wahrscheinlich. Vielmehr heißt es in § 1 Abs. 1 SpkG NRW, dass Gemeinden und Gemeindeverbände Sparkassen in der Rechtsform einer landesrechtlichen Anstalt des öffentlichen Rechts errichten können.

2005 endete die Regierungszeit der SPD in Nordrhein-Westfalen und die CDU-FDP bildeten eine Regierungskoalition mit *Jürgen Rüttgers* (CDU) als Ministerpräsident an der Spitze. Die CDU hatte sich bereits in der Vergangenheit verstärkt für eine Deregulierung von öffentlich-rechtlichen Sparkassen eingesetzt. So forderte *Helmut Diegel* (CDU) Mitte des Jahres 2005: „Wenn Investoren sich bis zu 49 % an einer Sparkasse beteiligen könnten, wäre das für mich eine echte Modernisierung des Sparkassenrechts."[1201] Einigen CDU-Politiker gingen diese Überlegungen nicht weit genug, und sie setzten sich für eine 50-prozentige Beteiligung Dritter an Sparkassen ein. *Hildegard Müller* (CDU) wies auf ein „erhebliches Privatisierungspotenzial [...] im Sparkassenbereich" hin.[1202]

Die FDP folgte ihrer Argumentationslinie aus der Vergangenheit und setzte sich (wie bereits oben erwähnt) für eine vollständige Privatisierung öffentlich-rechtlicher Sparkassen ein. In einem ersten Schritt forderte die Partei nunmehr eine Teilprivatisierung der Sparkassen durch Einbeziehung der Bürger und Mitarbeiter.[1203]

Die SPD und die Grünen kritisierten die Privatisierungsabsichten hingegen und lehnten die Privatisierung öffentlich-rechtlicher Sparkassen kategorisch ab.[1204] Insbesondere die Grünen äußerten sich sehr konkret und eindeutig: „Die öffentlich-rechtlichen Sparkassen sind für eine umfassende und vor allem flächendeckende Versorgung der Bevölkerung mit finanzwirtschaftlichen Dienstleistungen unverzichtbar. [...] Die öffentlich-rechtlichen Sparkassen sind auf Grund ihrer regionalen Geschäftsausrichtung eine entscheidende Triebfeder für die Entwicklung der regionalen Wirtschaft und der jeweiligen Region insgesamt. Sie sind die Hausbank

---

1201 *Landtag Nordrhein-Westfalen:* Ausschussprotokoll (13/1538), 2005, S. 24.
1202 Vgl. *Landtag Nordrhein-Westfalen:* Ausschussprotokoll (13/1538), 2005, S. 24.
1203 Vgl. *Landtag Nordrhein-Westfalen:* Ausschussprotokoll (13/1538), 2005, S. 27.
1204 Vgl. *Landtag Nordrhein-Westfalen:* Ausschussprotokoll (13/1538), 2005, S. 30 f.

der Kommunen und tragen maßgeblich dazu bei, dass wirtschaftliche Prosperität auch jenseits besonders attraktiver Ballungszentren realisiert werden kann. [...] Der Fortbestand der Sparkassen mit ihrer öffentlich-rechtlichen Verfasstheit, ihrer kommunalen Einbindung, ihrem öffentlichen Auftrag und ihrer regionalen Ausrichtung im Sinne einer eigenständigen und leistungsstarken Säule der deutschen Bankenlandschaft ist unverzichtbar. [...] Vertikale Verbünde in Form von Holding- oder Integrationsmodellen dürfen nicht zu einem Verlust der dezentralen Unternehmensverantwortung und der kommunalen Anbindung führen."[1205]

Die Vorsitzende der SPD-Fraktion *Hannelore Kraft* formulierte dagegen die ablehnende Haltung der SPD am 6. September 2005 im Landtag wie folgt: „Der Landtag bekennt sich klar und eindeutig zum bewährten Drei-Säulen-System und zu Sparkassen in ausschließlich öffentlich-rechtlicher Trägerschaft. Die Sparkassen sollen in ihrer wirtschaftlichen Betätigung den anderen Marktteilnehmern gleichgestellt und von noch bestehenden Beschränkungen befreit werden. Der Landtag fordert die Landesregierung auf, die Sparkassenverordnung als eigenständiges Regelungswerk abzuschaffen, da ihr wesentlicher Regelungsinhalt nach den bisher durchgeführten Deregulierungsschritten stark reduziert ist, und unverzichtbare Strukturelemente der bisher geltenden Verordnung in das Sparkassengesetz zu integrieren. [...] Der Landtag fordert die Landesregierung auf, bei der vorgesehenen Reform des nordrhein-westfälischen Sparkassenrechts die bisherigen Eckpunkte unverändert zu erhalten: Der öffentliche Auftrag muss erhalten bleiben; die kommunale Einbindung ist unverzichtbarer Bestandteil in Städten und Gemeinden; die Sparkassen gewährleisten weiterhin das Regionalprinzip; es bleibt bei der Zweistufigkeit von Sparkassen und Landesbank und Sparkassen bleiben Anstalten des öffentlichen Rechts. Eine Privatisierung bzw. Teil-Privatisierung muss ausgeschlossen bleiben."[1206]

Es folgte eine jahrelange Diskussion. Dabei wurde insbesondere das Vorhaben einer vertikalen Fusion, für das sich die CDU-FDP-Landesregierung einsetzte, von den Oppositionsparteien SPD und GRÜNE kategorisch abgelehnt.[1207] Angesichts der angespannten finanziellen Haushaltslage und der intransparenten Situation bei der WestLB AG musste Ministerpräsident *Rüttgers* (CDU) jedoch handeln, mit dem Ergebnis, dass sich die CDU-FDP-Fraktionen am 22. Oktober 2008 in einem Entschließungsantrag für die grundsätzliche Erhaltung der öffentlich-rechtlichen Sparkassen – unter der Prämisse einer Modernisierung des Sparkassenrechts –

1205 *Landtag Nordrhein-Westfalen:* Eilantrag, 2005, S. 1 f.

1206 *Landtag Nordrhein-Westfalen:* Antrag, 2005, S. 2 f.

1207 Vgl. *Landtag Nordrhein-Westfalen:* Antrag, 2007, S. 1–3.

aussprachen.[1208] CDU und FDP positionierten sich wie folgt: „Das nordrhein-westfälische Sparkassenrecht ist seit 1994 in der Sache unverändert geblieben. In der Zwischenzeit haben sich die zu Grunde liegenden Sachverhalte geändert und Veränderungsnotwendigkeiten bezüglich des geltenden Rechts offenbart. Aus wettbewerbs- wie auch aus europarechtlicher Sicht kann die Sonderstellung der Sparkassen nur durch deren öffentlichen Auftrag gerechtfertigt werden. Daher wird die bewährte Grundstatik des öffentlich-rechtlichen Sparkassenwesens durch den gesetzlichen Ausschluss der Privatisierung von Sparkassen nicht nur erhalten, sondern beispielsweise durch die erstmals ins Sparkassengesetz geschriebene Verpflichtung der Sparkassen auf das sog. Girokonto für jedermann nachhaltig gestärkt. Grundsätzliches Ziel der [Modernisierung des Sparkassengesetzes] ist die Stärkung der Position der Kommune als Trägerin ihrer Sparkasse und damit die Stärkung der nordrhein-westfälischen Sparkassen als regional eingebundene und am öffentlichen Wohl ausgerichtete Institute in öffentlich-rechtlicher Form. Örtlich verwurzelte Sparkassen nehmen eine bedeutende Funktion als ein wichtiger Kreditgeber gerade für den Mittelstand und die Bevölkerung wahr. Angesichts sich verändernder Rahmenbedingungen auf den internationalen Finanzmärkten ist die Wahrnehmung dieser Aufgaben wichtiger denn je. Daher ist auch die Anpassung des Sparkassenrechts jetzt wichtiger denn je."[1209]

Schließlich äußerte sich dazu der Rheinische Sparkassen- und Giroverband (RSGV) im August 2008. Der RSGV befürchtete, „das Trägerkapital könnte einer späteren Privatisierung von Sparkassen Vorschub leisten. [...] Die Zulassung nicht handelbaren Trägerkapitals stellt eine Vorstufe zur Handelbarkeit dar und würde auch von einer an Sparkassen-Privatisierung interessierten Seite als Schritt in diese Richtung verstanden. Der entsprechende Druck, handelbares Trägerkapital zuzulassen, würde steigen. Damit wäre der Privatisierung von Sparkassen Tür und Tor geöffnet. Deshalb ist es dringend geboten, auf die Zulassung von Trägerkapital von vornherein zu verzichten."[1210] Der Rheinische Sparkassen- und Giroverband sprach sich damit eindeutig für die Erhaltung der kommunalen Sparkassen aus. Der Sparkassenverband Westfalen-Lippe (SVWL) äußerte sich zu einem späteren Zeitpunkt (im Jahr 2010) ebenso und befürwortete die Beibehaltung der öffentlich-rechtlichen Sparkassen: „[Es gilt,] unser bewährtes Geschäftsmodell fortzuführen."[1211]

1208 Vgl. *Landtag Nordrhein-Westfalen:* Entschließungsantrag, 2008, S. 1 f.

1209 *Landtag Nordrhein-Westfalen:* Entschließungsantrag, 2008, S. 1 f.

1210 Vgl. *Rheinischer Sparkassen- und Giroverband:* Informationen, 2008, online.

1211 *Sparkassenverband Westfalen-Lippe:* Sparkassen, 2010, online.

Da *Hannelore Kraft* (SPD) seit dem 14. Juli 2010 als Ministerpräsidentin zusammen mit den Grünen das Land regiert,[1212] ist im Grundsatz zu erwarten, dass sich die rot-grüne Regierungskoalition auch weiterhin für die Erhaltung der kommunalen Sparkassen einsetzten wird.

8.2.3.2 Policy-Prozessanalyse des Fallbeispiels (1999–2008)

Die Prozessanalyse erfolgt anhand der Ausführungen zu der Novellierung des Artikelgesetzes als Basis für die Modernisierung des Sparkassengesetzes.

Policy-Prozess: Novellierung des Artikelgesetzes als Basis für die Modernisierung des Sparkassengesetzes (1999–2008)

Die folgenden Akteure aus dem Policy-Subsystem prägten den Policy-Prozess:

Akteur 1: Ministerpräsident *Clement* (SPD) mit der SPD-Grünen-Regierungskoalition (1998–2002)[1213]
Akteur 2: Ministerpräsident *Rüttgers* (CDU) mit der CDU-FDP-Regierungskoalition (2005–2010)[1214]
Akteur 3: Westdeutsche Landesbank Girozentrale (WestLB)
Akteur 4: Sparkassenverband Westfalen-Lippe (SVWL)
Akteur 5: Rheinischer Sparkassen- und Giroverband (RSGV)
Akteur 6: CDU
Akteur 7: SPD
Akteur 8: GRÜNE
Akteur 9: FDP

Es werden zwei Ereignisse innerhalb dieses Policy-Prozesses differenziert, erstens die Novellierung des Artikelgesetzes und zweitens die Modernisierung des Sparkassengesetzes, wobei die Entscheidung im ersten Ereignis eine unmittelbare Auswirkung auf das zweite Ereignis hatte.

1212 Vgl. *Gathmann/Medick:* Ministerpräsidentin, 2010, online, sowie *o. V.:* Koalitionsvertrag, 2010, online.

1213 Vgl. *Eith/Kießling et al.:* Parteiensysteme, 2008, S. 318. In den Jahren 2002 bis 2005 wurde die SPD-GRÜNE-Regierungskoalition mit Ministerpräsident *Peer Steinbrück* (SPD) fortgesetzt.

1214 Vgl. *Eith/Kießling et al.:* Parteiensysteme, 2008, S. 318 sowie *Landtag Nordrhein-Westfalen:* Abgeordnetensuche, 2013, online.

1. Ereignis: Novellierung des Artikelgesetzes (2001–2005)

Ministerpräsident *Clement* (SPD) mit der SPD-Grünen-Regierungskoalition, die CDU-Fraktion und die Westdeutsche Landesbank Girozentrale (WestLB) befürworteten die Novellierung des Artikelgesetzes. Die Entscheidung der CDU-Fraktion, diesem Vorhaben zuzustimmen, korrespondiert mit dem in dieser Untersuchung erarbeiteten Hauptkern (Deregulierung zu befürworten) des Belief-Systems der Partei.[1215] Für die SPD und GRÜNE hat die Analyse im siebten Kapitel jedoch ergeben, dass beide Parteien Gegner von Deregulierungsvorhaben sind, was dem jeweiligen Hauptkern ihrer Überzeugungssysteme entspricht.[1216] Damit haben die SPD und Grünen ihre Meinungen geändert. Hier kommen sekundäre Aspekte der Grundauffassungen zur Geltung, die in dem Ziel bestehen, die WestLB zu einer global agierenden Bank auszubauen und damit einhergehend das Sparkassenwesen neu zu gestalten. Zudem traten beide Parteien nunmehr aus ihrer Regierungsverantwortung heraus verstärkt für eine Konsolidierung des öffentlichen Haushalts ein. Verwunderlich erscheinen die Haltungen der Parteien insbesondere vor dem Hintergrund, dass die Analyse der parteipolitischen Programme auf Landesebene, wie sie im siebten Kapitel untersucht worden sind, ein vollkommen anderes politisches Bild ergibt. So erfolgte seitens der Grünen keine Stellungnahme zu der Novellierung, und die SPD äußerte sich sogar konträr zu ihrer oben genannten Auffassung. Damit zeigt sich, dass die öffentlichen Stellungnahmen der Parteien andere sind als ihre operative Umsetzung.

Die WestLB befürwortete die Novellierung des Artikelgesetzes und ist nur in diesem Policy-Prozess von Bedeutung. Sie übernahm die Auffassungen der SPD-GRÜNE-Regierungskoalition (*Akteur 1*). Die FDP forderte hingegen eine vollständige Privatisierung der kommunalen Sparkassen, der die Novellierung nicht entsprach, weshalb die FDP das Vorhaben ablehnte. Damit entsprach die Partei dem Hauptkern (Deregulierung und Privatisierung zu befürworten) ihres Belief-Systems.[1217]

Vor diesem Hintergrund wird die FDP-Fraktion der **Verfechter-Koalition** zugeordnet. Die Koalition verfolgte in diesem speziellen Fall die Policy-Strategie, eine vollständige Privatisierung der öffentlich-rechtlichen Sparkassen per Sparkassengesetz durchzusetzen. Ministerpräsident *Clement* (SPD) mit der SPD-Grünen-Regierungskoalition, die CDU-Fraktion und die WestLB werden in einer **Opportunisten-Koalition** zusammengefasst. Deren Policy-Strategie bestand in

1215 Vgl. Abschnitt 7.5.1.
1216 Vgl. Abschnitt 7.5.3 und 7.5.4.
1217 Vgl. Abschnitt 7.5.2.

der Novellierung des Artikelgesetzes. Das gemeinsame Interesse war, die WestLB zu einer global agierenden Bank auszubauen und damit einhergehend das Sparkassenwesen neu zu gestalten. Darüber hinaus bestand seitens des Ministerpräsiden *Clement* (SPD) mit der SPD-Grünen-Regierungskoalition das Interesse, dass die Sparkassenaufsicht in NRW nicht mehr über zwei Stufen erfolgen, sondern nur noch vom Finanzministerium wahrgenommen werden sollte. Des Weiteren setzte sich die Landesregierung (*Akteur 1*) für die Möglichkeit ein, Trägerkapital bei Sparkassen zu bilden, womit sie die europarechtlichen Forderungen umsetzen wollte. Die **entscheidenden Ressourcen** für die Umsetzung der Policy-Strategie waren Veto-Punkte, weil die Zustimmung der SPD-Grünen-Regierungskoalition für die Umsetzung der Novellierung notwendig war. Akteure, die einer **Traditionalisten-Koalition** angehörten, traten in diesem Policy-Prozess nicht auf. Des Weiteren gab es keine **Policy-Vermittler**.

Als **Policy-Output** ergab sich, dass sich die Opportunisten-Koalition aufgrund ihrer Machtposition (eindeutige Mehrheitsfähigkeit war vorhanden) im Entscheidungsprozess durchsetzte und die Novellierung des Artikelgesetzes umgesetzt wurde. Nunmehr war – dies entspricht der **Policy-Wirkung** – der Weg zu einem moderneren Sparkassengesetz geebnet.

2. Ereignis: Modernisierung des Sparkassengesetzes (2005–2008)

Im Zeitablauf veränderte sich die Regierungskonstellation, da 2005–2010 Ministerpräsident *Rüttgers* (CDU) mit einer CDU-FDP-Regierungskoalition das Land regierte. Aufbauend auf der Novellierung des Artikelgesetzes befürwortete Ministerpräsident *Rüttgers* (CDU) mit der CDU-FDP-Regierungskoalition die Modernisierung des Sparkassengesetzes. Diese Entscheidung ist auf die jeweiligen Hauptkerne der Grundauffassungen beider Parteien zurückzuführen.[1218]

Der Sparkassenverband Westfalen-Lippe (SVWL) und der Rheinische Sparkassen- und Giroverband (RSGV) lehnten die Modernisierung des Sparkassengesetzes ab. Beide Verbände gaben zu bedenken, dass sich mit der Änderung des Sparkassengesetzes der kommunale Sparkassensektor sukzessive auflösen könnte.[1219] SPD und GRÜNE lehnten die Modernisierung des Sparkassengesetzes ebenso ab, was mit dem jeweiligen Hauptkern ihrer Belief-Systems übereinstimmt.[1220]

Akteure, die der **Verfechter-Koalition** angehören, treten in diesem Policy-Prozess nicht auf. In der **Opportunisten-Koalition** wird Ministerpräsident *Rüttgers*

1218 Vgl. Abschnitt 7.5.1 und 7.5.2.
1219 Vgl. Abschnitt 7.2.
1220 Vgl. Abschnitt 7.5.3 und 7.5.4.

(CDU) mit der CDU-FDP-Regierungskoalition zusammengefasst. Diese Koalition verfolgte die Policy-Strategie, per Gesetzesänderung auf Landesebene eine Modernisierung des Sparkassenwesens zuzulassen. Dabei bestand das Interesse darin, erstens vertikale Fusionen zu ermöglichen und zweitens den Landeshaushalt zu entlasten. **Entscheidende Ressourcen** für die Umsetzung der Policy-Strategie waren auch hier Veto-Punkte, war doch die Zustimmung der Regierungskoalition aus CDU und FDP für die Umsetzung des Gesetzes erforderlich. Innerhalb der Regierungskoalition bestand Einigkeit, sodass das Vorhaben umgesetzt werden konnte.

Die anderen politischen Akteure (SPD und GRÜNE) sowie der Sparkassenverband Westfalen-Lippe und der Rheinische Sparkassen- und Giroverband bildeten zusammen eine **Traditionalisten-Koalition**. Ihre Policy-Strategie bestand darin, die Modernisierung des Sparkassengesetzes zu verhindern. Sie befürchteten, dass damit ein erster Schritt hin zur Privatisierung kommunaler Sparkassen erfolgen könnte, was ihrem Interesse, die Sparkassenstruktur zu bewahren und zu schützen, widersprach.

Policy-Vermittler finden sich in diesem Policy-Prozess nicht, sodass letztendlich der **Policy-Output** darin bestand, dass sich die Opportunisten-Koalition durchsetzte, wobei sie die Befürchtungen der Traditionalisten-Koalition bei ihrer Entscheidung berücksichtigte. Die **Policy-Wirkung** gestaltete sich wie folgt: Erstens wurden keine vertikalen Fusionen zugelassen und zweitens durften die Sparkassen nun untereinander fusionieren. Darüber hinaus wurde mit der Übertragung des Sparkassenstammkapitals die Möglichkeit geschaffen, dass sich Dritte an einer Sparkasse zu einem festgelegten Anteil beteiligen.

8.2.3.3 Prüfung der Hypothesen

Im Gegensatz zum ersten Fall, der Novellierung des Artikelgesetzes, in dem die Parteiendifferenz-Hypothese nicht zutrifft, kann sie bei der Modernisierung des Sparkassengesetzes als bestätigt angesehen werden. So setzten sich neben der CDU auch die Linksparteien für eine Novellierung des Artikelgesetzes ein. Damit fand eine Abweichung der Linksparteien von ihrer ursprünglichen programmatischen Ausrichtung statt, insofern nun nicht mehr im Vordergrund stand, öffentlich-rechtliche Kreditinstitute in ihrer Struktur zu schützen und keine Deregulierung und Privatisierung zuzulassen. Die Modernisierung des Sparkassengesetzes hingegen wurde zwar von den konservativ-liberalen Parteien, nicht aber von den Linksparteien unterstützt. In diesem Fall verhielten sich die Parteien so, wie es ihre programmatischen Grundhaltungen erwarten ließen.

Die Fallanalysen haben gezeigt, dass auch in Nordrhein-Westfalen eine Rechtstradition in Form eines Landesgesetzes bestand, das keine vollständige

Privatisierung öffentlich-rechtlicher Sparkassen zuließ. Dessen ungeachtet hatten die Akteure – Ministerpräsident *Clement* (SPD) mit der SPD-GRÜNE-Regierungskoalition und die damals oppositionelle CDU-Fraktion sowie zu einem späteren Zeitpunkt Ministerpräsident *Rüttgers* (CDU) mit der CDU-FDP-Regierungskoalition – ein großes Interesse daran, die Gesetzesgrundlagen für den öffentlich-rechtlichen Kreditsektor zu verändern. So ist mit den Gesetzesänderungen ein Wandel hin zu einer verstärkten Öffnung des öffentlich-rechtlichen Kreditsektors gegenüber Dritten – durch prozentuale Beteiligungsmöglichkeiten – umgesetzt worden. Ein Verkauf von Sparkassen an Dritte (bspw. private Banken) blieb aber weiterhin ausgeschlossen. Mit der Beteiligungsmöglichkeit erhielten Dritte kein Mitbestimmungsrecht, um zu verhindern, dass sie die Geschäftspolitik der Sparkassen beeinflussen würden. Dies führte im Ergebnis dazu, dass der Handlungsspielraum der anderen Akteure, die an diesem Entscheidungsprozess beteiligt waren, eingeschränkt wurde. Die Rechtstradition setzte sich entsprechend der zweiten Hypothese im Kern durch, was den Policy-Prozess nachhaltig beeinflusste.

Vor dem Hintergrund der eindeutigen politischen Mehrheitsverhältnisse, die im Entscheidungsprozess wichtig waren, lässt sich auch die dritte Hypothese der Vetospielertheorie bejahen. Die Fallanalysen haben ergeben, dass sowohl bei der Novellierung des Artikelgesetzes als auch bei der Modernisierung des Sparkassengesetzes innerhalb der jeweiligen Regierungskoalitionen Konsens bestand, sodass eine Mehrheitsfähigkeit gegeben war und die Vorhaben umgesetzt werden konnten.

Die vierte Hypothese kann ebenfalls als zutreffend bezeichnet werden, hat doch die Fallanalyse gezeigt, dass Nordrhein-Westfalen mit den Gesetzesänderungen das erste Bundesland war, das auf die europarechtlichen Forderungen reagierte.

8.3 Ostdeutsche Bundesländer

8.3.1 Mecklenburg-Vorpommern

8.3.1.1 Privatisierungsvorhaben der Sparkasse der Hansestadt Stralsund

Wie bereits beschrieben, hat sich *Schorner* in seiner Studie in dem Jahr 2008 mit dem Privatisierungsvorhaben der Sparkasse der Hansestadt Stralsund befasst. Dabei analysiert und bewertet er die juristischen Aspekte der Stralsunder Vorgänge zur Privatisierung. Im Ergebnis kommt er – abgesehen von der juristischen Beurteilung – zu der Schlussfolgerung, dass „die Privatisierung der Sparkasse der Hansestadt Stralsund wieder auf der politischen Ebene abgewendet“ worden sei.[1221] Auch *Bowmann* untersuchte 2010 – ebenfalls aus juristischer Perspektive – den Verkauf bzw. den Privatisierungsversuch der Sparkasse der Hansestadt Stralsund. Allerdings erklärt er bereits einleitend, dass es nicht die Aufgabe seiner Arbeit sei „aufzuzeigen, wie die Verbindung von politischer und wirtschaftlicher Macht den größten Widerstand gegen eine unvoreingenommene Auseinandersetzung mit der Thematik der Sparkassenprivatisierung darstellt."[1222] Mit der vorliegenden Untersuchung soll jedoch genau diese Lücke, und zwar aus politikwissenschaftlicher Sicht, geschlossen werden.

Zum Einstieg in die Prozessanalyse werden die politischen Mehrheitsverhältnisse kurz skizziert. Von 1990 bis 1994 wurde Mecklenburg-Vorpommern von einer CDU-FDP-Koalition und von 1994 bis 1998 von einer CDU-SPD-Koalition regiert. In den Jahren 1998 bis 2006 regierte die SPD-PDS-Koalition mit Ministerpräsidenten *Harald Ringstorff* (SPD). Seit 2006 besteht eine SPD-CDU-Regierungskoalition mit *Erwin Sellering* (SPD) als Ministerpräsident (seit dem 06.10.2008).[1223]

Der Oberbürgermeister der Hansestadt Stralsund, *Harald Lastovka* (CDU), verfolgte in den Jahren 2003/04 das Vorhaben, die Sparkasse der Hansestadt Stralsund zu privatisieren bzw. an eine private Bank zu verkaufen. Ziel war es, die Erlöse für gemeinnützige Zwecke zu verwenden. Ursprünglich wurde vermutet, dass finanzielle Probleme der Sparkasse, die durch Wertberichtigungen in Millionenhöhe entstanden seien, zu dem Privatisierungsvorhaben geführt hätten.[1224] „Laut [..] *Lastovka* waren ausschließlich eine mögliche Gebietsreform und veränderte Rahmenbedingungen im Bereich der öffentlich-rechtlichen Banken für die Entscheidung maßgeblich. Vermutlich spielte er damit auf den absehbaren Wegfall von Gewährträgerhaftung und Anstaltslast an. Wenig später wurden Wertberichtigungen für das Jahr 2002 in Höhe von 13 Millionen Euro bestätigt."[1225] *Lastovka* (CDU) löste damit eine bundesweite Diskussion in der Kreditwirtschaft aus.

Durch einen Beschluss des Verwaltungsrats der Sparkasse der Hansestadt Stralsund wurde im November 2003 die Stralsunder Bürgerschaft beauftragt zu prüfen, ob die Möglichkeit bestehe, die kommunale Sparkasse – im Rahmen eines sog. Asset Deals – zu verkaufen.[1226] Zunächst sollten einzelne Vermögensgegenstände mittels einer Einzelrechtsnachfolge auf eine Käuferbank übertragen

1221 *Schorner:* Privatisierung, 2008, S. 182.

1222 *Bowmann:* Sparkassenprivatisierungsverbot, 2010, S. 2.

1223 Vgl. *Eith/Kießling et al.:* Parteiensysteme, 2008, S. 270 und 272.

1224 Vgl. *Schorner:* Privatisierung, 2008, S. 178.

1225 *Schorner:* Privatisierung, 2008, S. 178.

1226 Vgl. *Schorner:* Privatisierung, 2008, S. 177.

werden, sodass am Ende eine leere Hülle der Sparkasse übrig bliebe, die dann aufgelöst würde. Eine Bedingung für den Verkauf war, „dass der Erwerber dauerhaft in der Region verankert ist, sowie alle Bevölkerungskreise und den Mittelstand angemessen und ausreichend mit geld- und kreditwirtschaftlichen Leistungen versorgt werden".[1227] Daneben sollte der Verkäufer alle 160 Mitarbeiter der Sparkassen übernehmen. Interessenten waren die Deutsche Bank AG, die Commerzbank AG, die schwedische SEB Bank AG sowie zwei weitere ausländische Banken. Der Verkaufspreis wurde auf 30–50 Mio. EUR geschätzt. Vor dem Hintergrund der kritischen finanziellen Haushaltslage der Hansestadt Stralsund hätte sich die Stadt mit dem Vorhaben sanieren können. Auf dieser Basis erfolgten nunmehr Verhandlungen mit den Interessenten.

Während dieser Verhandlungen hob jedoch das Finanzministerium Mecklenburg-Vorpommern als zuständige Sparkassenaufsichtsbehörde[1228] den Beschluss des Verwaltungsrats der Sparkasse der Hansestadt Stralsund mit dem Bescheid vom 2. Dezember 2003 auf. Gleichzeitig wurde im Umfeld des genannten Verwaltungsratsbeschlusses die Stelle des Vorstandsvorsitzenden neu besetzt.[1229] Auf dieser Basis brachten am 14. Januar 2004 die Fraktionen der SPD und der PDS einen „Entwurf eines Dritten Gesetzes zur Änderung des Sparkassengesetzes des Landes Mecklenburg-Vorpommern" in den Landtag ein.[1230] Die Äußerungen der CDU in der Landtagssitzung am 28. Januar 2004 waren durchaus überraschend: „Warum hat denn eine Stadt wie Stralsund eine Verkaufsidee? Sie hat eine Verkaufsidee, weil wir wieder bei der Finanzsituation der Kommunen sind, die sich in ihrer Not so etwas ausdenken, auch wenn wir es nicht gutheißen. Die Privatbanken haben in unserem Land ihrer Konkurrenz, den Sparkassen, den Kampf angesagt. Sie haben in der Tat bei der EU in Brüssel einen ersten internationalen Erfolg errungen, weil sie es geschafft haben, die Anstaltslast und die Gewährträgerhaftung bei den deutschen Sparkassen aufheben zu lassen."[1231] Die CDU stimmte – neben vereinzelten Enthaltungen – mehrheitlich den Änderungen des Sparkassengesetzes, die von der SPD-PDS-Landesregierung initiiert worden waren, zu.[1232] Hiermit wird sichtbar, dass die CDU auf Landesebene eine andere politische Auffassung zu dem Privatisierungsvorhaben der Hansestadt Stralsund vertrat als auf kommunaler Ebene.

1227 *o. V.:* Stadtsparkasse Stralsund, 2003, online.
1228 Vgl. § 30 Abs. 2 Satz 1 SpkG M-V.
1229 Vgl. *Schorner:* Privatisierung, 2008, S. 177 f.
1230 Vgl. *Landtag Mecklenburg-Vorpommern:* Gesetzentwurf, 2004, S. 1–7.
1231 *Landtag Mecklenburg-Vorpommern:* Plenarprotokoll (4/28), 2004, S. 1570 f.
1232 Vgl. *Landtag Mecklenburg-Vorpommern:* Plenarprotokoll (4/34), 2004, S. 1823 f.

Die entsprechenden Änderungen des Sparkassengesetzes wurden am 4. März 2004 vom Landtag verabschiedet und traten rückwirkend zum 14. Januar 2004 in Kraft. Es sollte eine Klarstellung bzw. Konkretisierung des Willens des Gesetzgebers vorgenommen werden. Insbesondere sollte im Gesetz deutlich gemacht werden, dass einer Vereinigung mit anderen Sparkassen der Vorrang gegenüber der Auflösung einer Sparkasse zu geben war. Dies wurde dadurch erreicht, dass § 28 Abs. 4 und Abs. 6 SpkG M-V, was die Vereinigung von Sparkassen betrifft, deutlich spezifiziert wurde.

Das Innenministerium Mecklenburg-Vorpommerns hatte bereits vor Erlass des Gesetzes den Beschluss der Stralsunder Bürgerschaft ausgesetzt. Diese Aussetzung wurde aber von dem Verwaltungsgericht Greifswald im Wege des vorläufigen Rechtsschutzes wieder aufgehoben. Die Hansestadt Stralsund hatte darüber hinaus bei der EU-Kommission eine Beschwerde gegen die Bundesrepublik Deutschland wegen Verstoßes gegen die Niederlassungs- und Kapitalverkehrsfreiheit eingelegt. Angesichts der Änderungen im Sparkassengesetz musste die Stralsunder Bürgerschaft ihre Pläne einer Veräußerung der Sparkasse aufgeben. Eine Regelung über den Vorrang einer Vereinigung mit einer anderen Sparkasse vor der Auflösung, wie sie nun in Mecklenburg-Vorpommern galt, findet sich auch in Niedersachsen.[1233] Letztendlich stoppte damit die SPD-PDS-Landesregierung – die Sparkassen in Mecklenburg-Vorpommern unterliegen der Aufsicht des Landes[1234] – mit Unterstützung der CDU den Verkauf der Sparkasse der Hansestadt Stralsund durch ein verschärftes Sparkassengesetz.[1235]

In dieser Diskussion wurde einerseits die Bedeutung der Sparkassen für die Region hervorgehoben und der öffentliche Auftrag betont, andererseits aber auch die mangelnde Wettbewerbsfähigkeit des deutschen Bankensystems kritisiert. Allerdings stellt der Fall der Hansestadt Stralsund keinen Einzelfall dar. Laut Commerzbank AG Finanzvorstand *Eric Strutz* gab es zu diesem Zeitpunkt viele weitere Anfragen von Städten zum Verkauf ihrer Institute an die Commerzbank AG.[1236] Den privaten Banken warf der Deutsche Sparkassen- und Giroverband (DSGV) damals vor, sie wollten lediglich einen Präzedenzfall in Deutschland schaffen, um eine große Übernahmewelle und damit die Auflösung des deutschen Drei-Säulen-Systems vorzubereiten.[1237] Das Privatisierungsvorhaben in Stralsund sorgte vor diesem Hintergrund für großes Aufsehen in der Kreditwirtschaft und

1233 Vgl. § 31 NSpG.
1234 Vgl. § 30 Abs. 1 SpkG-M-V.
1235 *o. V.:* Sparkassenverkauf, 2004, online.
1236 *o. V.:* Stralsund, 2003, online.
1237 Vgl. *Michopoulos:* DSGV, 2003, online.

verdeutlicht, mit welcher Schärfe die Diskussionen um die Struktur der öffentlich-rechtlichen Kreditinstitute geführt wurden.

Sparkassenfusionen unter Berücksichtigung politischer Interessen

Im Oktober 2005 forcierte die CDU-Fraktion im Landtag von Mecklenburg-Vorpommern das Thema Sparkassenfusion. Auf eine „kleine Anfrage" des Abgeordneten *Michael Ankermann* (CDU), ob die SPD-PDS-Landesregierung den Zusammenschluss einzelner Sparkassen zu größeren Einheiten befürworte,[1238] reagierte die Landesregierung wie folgt: „Die Landesregierung beobachtet [..] einen grundlegenden Wandel der Rahmenbedingungen für die Tätigkeit der Sparkassen im Land. Wachsender Wettbewerbsdruck, neue aufsichtsrechtliche Regelungen, aber auch die Bevölkerungsentwicklung in Mecklenburg-Vorpommern setzen insbesondere kleinere Sparkassen zusehends unter Druck. Aus diesem Grund begrüßt die Landesregierung Bestrebungen einzelner Träger, ihre Sparkasse zusammenzuführen."[1239] Des Weiteren wurde die Frage gestellt, ob „der Zusammenschluss von Sparkassen in Mecklenburg-Vorpommern mit jeder anderen Sparkasse in Mecklenburg-Vorpommern – rechtlich – möglich" sei.[1240] Dieser Frage entgegnete die Landesregierung, dass eine Fusion von Sparkassen in Mecklenburg-Vorpommern rechtlich möglich sei, „wenn im Einzelfall keine Gründe des öffentlichen Wohls einem Zusammenschluss entgegenstehen".[1241]

Die SPD-PDS-Landesregierung ergänzte darüber hinaus ihre Argumentation: „Wie auch bei der Entscheidung über eine Errichtung der Sparkasse ist bei der Entscheidung über eine Vereinigung zu berücksichtigen, dass die Sparkasse als Anstalt des öffentlichen Rechts nicht zum Selbstzweck besteht, sondern um dem öffentlichen Wohl zu dienen und einen gesetzlichen Auftrag zu erfüllen. Deshalb sind die von einer Vereinigung der jeweiligen Sparkassen betroffenen öffentlichen Interessen miteinander abzuwägen. Das sparkassenrechtlich überragende öffentliche Interesse ist die Leistungsfähigkeit der neu entstehenden Sparkasse im Hinblick auf eine angemessene und ausreichende Versorgung aller Bevölkerungskreise mit geld- und kreditwirtschaftlichen Leistungen in der Fläche des Geschäftsgebiets. Im Rahmen einer Abwägung sind daneben Aspekte wie die wirtschaftlichen, kulturellen und sozialen Verflechtungen im neu entstehenden Geschäftsgebiet, der Einzugsbereich des Sitzes der Hauptstelle und die regionale

1238 Vgl. *Landtag Mecklenburg-Vorpommern:* Kleine Anfrage, 2005, S. 1–3.
1239 *Landtag Mecklenburg-Vorpommern:* Kleine Anfrage, 2005, S. 1.
1240 *Landtag Mecklenburg-Vorpommern:* Kleine Anfrage, 2005, S. 2.
1241 *Landtag Mecklenburg-Vorpommern:* Kleine Anfrage, 2005, S. 2.

Bindung des neu entstehenden Instituts zu berücksichtigen. Zudem sollte die Ausgangsposition der Vereinigungspartner erwarten lassen, dass auch langfristig mit einer übereinstimmenden Interessenlage zu rechnen ist und die Leistungsfähigkeit der Sparkasse auch in Zukunft nicht mit Konfliktpotenzial auf der Trägerseite belastet wird. Bei der Abwägung sind auch die sich zu der beabsichtigten Vereinigung bietenden Alternativen zu berücksichtigen."[1242] Insoweit wurde von der SPD-PDS-Regierungskoalition eine Fusion von öffentlich-rechtlichen Sparkassen befürwortet.

Seit dem Jahr 2006 bildet die SPD mit der CDU eine Regierungskoalition. Im Jahr 2008 wurde ein Antrag der Fraktionen der CDU und der SPD zur Erhaltung der öffentlich-rechtlichen Sparkassen und zur Anpassung an die jeweiligen Gegebenheiten (wenn nötig auch durch Fusionen) gestellt und beschlossen.[1243]

8.3.1.2 Policy-Prozessanalyse des Fallbeispiels (2003–2004)

Die Prozessanalyse betrachtet das vorangehend beschriebene Privatisierungsvorhabens der Sparkasse der Hansestadt Stralsund und die damit einhergehende politische Auseinandersetzung.

Policy-Prozess: Privatisierungsvorhaben der Sparkasse der Hansestadt Stralsund (2003–2004)

In diesem Fall sind die folgenden Akteure aus dem Policy-Subsystem für den Policy-Prozess relevant:

Akteur 1: Ministerpräsident *Ringstorff* (SPD) mit der SPD-PDS-Regierungskoalition (1998–2006)[1244]
Akteur 2: Finanzministerium von Mecklenburg-Vorpommern
Akteur 3: Innenministerium von Mecklenburg-Vorpommern
Akteur 4: Verwaltungsgericht Greifswald
Akteur 5: Oberbürgermeister *Lastovka* (CDU) der Hansestadt Stralsund
Akteur 6: Stralsunder Bürgerschaft
Akteur 7: Vorstand der Sparkasse der Hansestadt Stralsund
Akteur 8: Verwaltungsrat der Sparkasse der Hansestadt Stralsund
Akteur 9: Private Banken (Deutsche Bank AG, Commerzbank AG, SEB Bank AG)

1242 *Landtag Mecklenburg-Vorpommern:* Kleine Anfrage, 2005, S. 2.
1243 Vgl. *Landtag Mecklenburg-Vorpommern:* Antrag, 2008, S. 1 f.
1244 Vgl. *Eith/Kießling et al.:* Parteiensysteme, 2008, S. 272.

Akteur 10: EU-Kommission
Akteur 11: Deutscher Sparkassen- und Giroverband (DSGV)
Akteur 12: CDU
Akteur 13: SPD
Akteur 14: PDS

Oberbürgermeister *Lastovka* (CDU) mit der CDU-Fraktion (auf kommunaler Ebene), der Vorstand und Verwaltungsrat der Sparkasse der Hansestadt Stralsund, die privaten Banken (Deutsche Bank AG, Commerzbank AG, SEB Bank AG) so wie die EU-Kommission befürworteten das Privatisierungsvorhaben. Oberbürgermeister *Lastovka* (CDU) mit der CDU-Fraktion, die EU-Kommission und die privaten Banken folgten damit dem jeweiligen Hauptkern (Privatisierungen zu befürworten) ihres Belief-Systems.[1245] Der Vorstand und der Verwaltungsrat der Sparkasse der Hansestadt Stralsund sind nur in diesem Policy-Prozess von Bedeutung und übernahmen die Grundauffassungen des Oberbürgermeisters der Hansestadt Stralsund.

Hingegen wurde das Privatisierungsvorhaben von Ministerpräsident *Ringstorff* (SPD) mit der SPD-PDS-Regierungskoalition (1998–2006), dem Finanz- und Innenministerium von Mecklenburg-Vorpommern, der CDU-Fraktion auf Landesebene sowie dem Deutschen Sparkassen- und Giroverband (DSGV) abgelehnt. Mit dieser Haltung stimmte ein großer Teil der Akteure – abgesehen von der CDU-Fraktion – dem jeweiligen Hauptkern ihres Überzeugungssystems zu, nämlich Privatisierungen von kommunalen Sparkassen zu verhindern.[1246] Bei der CDU-Fraktion auf Landesebene findet somit eine Abweichung von dem Hauptkern statt, womit sich wieder die sekundären Aspekte des Belief-Systems zeigen. Der Meinungswechsel wurde seitens der CDU damit begründet, dass lediglich eine Beteiligungsquote von Privaten an Sparkassen bis zu einer Höhe von max. 49 Prozent gestattet sein sollte. Dieser abweichenden Haltung der Partei von ihrem Hauptkern lag zugrunde, dass die Landes-CDU befürchtete, zukünftig keinen politischen Einfluss auf die kommunalen Sparkassen ausüben zu können. Das Finanz- und Innenministerium von Mecklenburg-Vorpommern sind nur in diesem Policy-Prozess von Bedeutung und übernahmen das Belief-System des Ministerpräsidenten *Ringstorff* (SPD) mit der SPD-PDS-Regierungskoalition.

Vor diesem Hintergrund lassen sich nunmehr die privaten Banken (Deutsche Bank AG, Commerzbank AG, SEB Bank AG) und die EU-Kommission in einer **Verfechter-Koalition** zusammenfassen. Diese Koalition verfolgte die Policy-

1245 Vgl. Abschnitt 7.1, 7.2 und 7.5.1.
1246 Vgl. Abschnitt 7.2, 7.5.3 und 7.5.5.

Strategie, das Fusionsvorhaben auf der EU-Ebene gesetzlich zu erzwingen. Das Interesse bestand darin, einen Präzedenzfall zu schaffen, der es zukünftig ermöglichen sollte, den öffentlich-rechtlichen Kreditsektor in Deutschland sukzessive abzuschaffen. Des Weiteren bestand seitens der privaten Banken großes Interesse zum einen an der Marke „Sparkasse" und zum anderen an dem Retailgeschäft der Sparkasse. Die Koalition lehnte die Erhaltung des Drei-Säulen-Systems ab.

Oberbürgermeister *Lastovka* (CDU) mit der CDU-Fraktion (auf kommunaler Ebene) sowie der Vorstand und Verwaltungsrat der Sparkasse der Hansestadt werden in einer **Opportunisten-Koalition** gebündelt. Die Koalition vertrat die Policy-Strategie, das Privatisierungsvorhaben, also die 100-prozentige Privatisierung der Sparkasse der Hansestadt Stralsund, auf kommunaler Ebene per Gesetz durchzusetzen. *Lastovka* (CDU) mit der CDU-Fraktion verfolgte dabei das Interesse, das Haushaltsdefizit mit dem Erlös aus der Privatisierung auszugleichen, und der Vorstand der Sparkasse der Hansestadt Stralsund erhoffte sich, mit Unterstützung des Verwaltungsrats der Sparkasse eine lukrativere Tätigkeit in der neuen „privaten Bank" zu erhalten. Auch in diesem Fall waren die **entscheidenden Ressourcen** für die Umsetzung der Policy-Strategie Veto-Punkte, da die Zustimmung der Stralsunder Bürgerschaft mit Oberbürgermeister *Lastovka* (CDU) an der Spitze sowie des Verwaltungsrats der Sparkasse für die Umsetzung der Privatisierung notwendig war.

Die anderen Akteure – Ministerpräsident *Ringstorff* (SPD) mit der SPD-PDS-Regierungskoalition, die CDU-Fraktion (auf Landesebene), das Finanz- und Innenministerium von Mecklenburg-Vorpommern und der Deutscher Sparkassen- und Giroverband (DSGV) – bildeten eine **Traditionalisten-Koalition**. Hier bestand die Policy-Strategie darin, das Privatisierungsvorhaben per Sparkassengesetz auf Landesebene zu verhindern. Dazu musste dieses Gesetz neu formuliert werden. Das gemeinsame Interesse war, das Drei-Säulen-System in Deutschland und damit den öffentlich-rechtlichen Kreditsektor zu schützen. Die Koalition befürchtete, mit dem Privatisierungsvorhaben in Stralsund solle ein Präzedenzfall geschaffen werden, um eine große Übernahmewelle und damit die Auflösung des deutschen Drei-Säulen-Systems vorzubereiten. Die **entscheidenden Ressourcen** für die Umsetzung der Policy-Strategie bestanden wie für die Opportunisten-Koalition in Veto-Punkten, weil die Zustimmung der SPD-PDS-Regierungskoalition sowie des Finanz- und Innenministeriums von Mecklenburg-Vorpommern notwendig war. Das Verwaltungsgericht Greifswald nahm die Rolle als **Policy-Vermittler** in dem Policy-Prozess ein.

Nach diversen juristischen Auseinandersetzungen zwischen der Verfechter- und der Opportunisten-Koalition auf der einen Seite und der Traditionalisten-Koalition auf der anderen Seite war letztlich der **Policy-Output**, dass der Verkauf der Sparkasse der Hansestadt Stralsund durch ein verschärftes Sparkassengesetz, das die Traditionalisten-Koalition durchsetzte, verhindert wurde. Damit wurde – dies ist als die **Policy-Wirkung** anzusehen – kein Präzedenzfall in Deutschland geschaffen und der Sparkassensektor blieb in seiner originären Struktur geschützt.

8.3.1.3 Prüfung der Hypothesen

Die Parteiendifferenz-Hypothese trifft in dem hier betrachteten Fall nicht zu. Einerseits befürwortete die CDU auf kommunaler Ebene das Stralsunder Privatisierungsvorhaben, andererseits lehnte sie auf Landesebene (zusammen mit den Linksparteien) das Vorhaben ab.

Zugleich zeigte sich, dass Mecklenburg-Vorpommern zu den Ländern gehört, die über keine Rechtstradition für den hier betrachteten Themenkomplex verfügen. Eine vollständige Privatisierung öffentlich-rechtlicher Sparkassen war demzufolge nicht ausgeschlossen. Angesichts des Privatisierungsvorhabens der Sparkasse der Hansestadt Stralsund war jedoch ein Teil der Akteure – Ministerpräsident *Ringstorff* (SPD) mit der SPD-PDS-Regierungskoalition, das Finanz- und Innenministerium von Mecklenburg-Vorpommern sowie die CDU-Fraktion auf Landesebene – daran interessiert, den Wandel hin zu einer vollständigen Privatisierung einer kommunalen Sparkasse per Sparkassengesetz zu verhindern. Es folgte eine Gesetzesanpassung bzw. -konkretisierung auf Landesebene, die den Verkauf von Sparkassen an Dritte ausschloss und einer Vereinigung mit anderen Sparkassen gegenüber der Auflösung einer Sparkasse den Vorrang gab. Allerdings wurde die Möglichkeit eingeräumt, dass Dritte (z. B. private Banken) sich an den öffentlich-rechtlichen Sparkassen zu einem bestimmten Prozentsatz beteiligen. Damit sollte aber kein Mitbestimmungsrecht verbunden sein; Ziel war zu verhindern, dass Dritte die Geschäftspolitik der Sparkassen beeinflussten. Infolge der massiven Widerstände war auch das Verwaltungsgericht Greifswald als Vermittlungsakteur mit in den Policy-Prozess eingebunden. Es entschied im Sinne der Privatisierungsgegner. Dies führte im Ergebnis dazu, dass die Handlungsspielräume der anderen Akteure, also jener, die das Privatisierungsvorhaben befürworteten, eingeschränkt wurden. Der Vermittlungsakteur beeinflusste den politischen Prozess nachhaltig. Letztlich kann festgestellt werden, dass bei den Gesetzesanpassungen Aspekte westdeutscher Bundesländer, die über eine Rechtstradition verfügen, Berücksichtigung fanden. Demnach lässt sich die zweite Hypothese – gemäß der in der vorliegenden Arbeit verwendeten Begriffsdefinition – durchaus als zutreffend bezeichnen.

Auf kommunaler Ebene stimmte die CDU – gegen massive Widerstände – für das Privatisierungsvorhaben. Zu entscheiden war das Vorhaben jedoch auf

Landesebene. Dabei waren die ausschlaggebenden Vetospieler in dem Policy-Prozess die SPD und die PDS sowie das Finanz- und Innenministerium von Mecklenburg-Vorpommern und die Stralsunder Bürgerschaft. Innerhalb der SPD-PDS-Regierungskoalition herrschte der Konsens, sich gegen das Privatisierungsvorhaben zu wenden und das Sparkassengesetz entsprechend zu ändern. Die CDU, die sich im Landtag in der Opposition befand, stimmte ebenfalls den Änderungen zu – erforderlich war dies angesichts der Mehrheitsfähigkeit der Regierungskoalition nicht. Vor diesem Hintergrund spielte weder die Anzahl noch die Kohäsion der anderen Vetospieler eine besondere Rolle. Demzufolge kann die dritte Hypothese bestätigt werden.

Die Europäisierung hat das Privatisierungsvorhaben der Sparkasse der Hansestadt Stralsund ohne Zweifel gefördert. So wurde mit Unterstützung der EU-Kommission versucht, die Sparkasse vollständig zu privatisieren und an Dritte zu verkaufen. Vor diesem Hintergrund kann die vierte Hypothese im Fall Mecklenburg-Vorpommern als zutreffend bezeichnet werden.

8.3.2 Sachsen

8.3.2.1 Neuordnung des sächsischen Sparkassenwesens und die Bedeutung der Sachsen-Finanzgruppe

In seiner Studie setzte sich *Schorner* u. a. mit dem Konzept der Sachsen-Finanzgruppe (SFG) auseinander. Dabei stellte er fest, dass die Verbundlösung[1247] insbesondere aus wirtschaftlicher Sicht deutliche Vorteile mit sich bringe und die Zusammenarbeit der Sparkassen in bestimmten Bereichen durch vorgegebene Strukturen und übergeordnete Entscheidungsgremien begünstigt werde.[1248] *Schorner* ist der Auffassung, dass mit der Verbundlösung ein Eingriff in die Sparkassenstruktur einhergehe. Mit der geschaffenen Trägerschaft seien wesentliche Entscheidungsprozesse zentralisiert worden. „Wo bisher die Mehrheit des örtlichen Verwaltungsrats ausreichend war, ist nun eine Mehrheit des überörtlichen Gremiums erforderlich. Regionale Sonderinteressen könnten dadurch möglicherweise nicht mehr durchgesetzt werden. Außerdem besitzt der Vorstand der

---

1247 Der Sächsische Landtag beschloss am 15.11.2002 das „Gesetz über das öffentliche Kreditwesen im Freistaat Sachsen". Daraufhin hat der Freistaat Sachsen die Sachsen-Finanzgruppe (SFG) gegründet. Durch die Übertragung und Bündelung der Trägerschaft ist eine konzernartige Struktur entstanden, die im Weiteren als Verbundlösung bezeichnet wird. Vgl. *Schorner:* Privatisierung, 2008, S. 174 f.

1248 Vgl. *Schorner:* Privatisierung, 2008, S. 175. Die weiteren Erklärungen werden von *Schorner:* Privatisierung, 2008, S. 175 f. übernommen.

SFG bei der Besetzung der Vorstandsmitglieder der Verbundsparkassen ein Vetorecht [...].“[1249] Die Bildung von Stammkapital stellt einen beachtlichen Schritt in Richtung Privatisierung dar. Eine derart weitreichende Möglichkeit zur mittelbaren Beteiligung Privater an Sparkassen ist in keinem anderen Bundesland – mit Ausnahme der Berliner Sondersituation – gegeben. *Schorner* konstatiert jedoch auch, dass per Gesetzeslage weder eine formalrechtliche noch eine materiellrechtliche Privatisierung möglich sei und damit insgesamt eine Privatisierung kommunaler Sparkassen aus rechtlichen und wirtschaftlichen Gründen in Deutschland nicht möglich sei.

Zum Einstieg in diesen Abschnitt werden die politischen Mehrheitsverhältnisse kurz dargestellt. Von 1990 bis 2004 wurde der Freistaat Sachsen mit absoluter Mehrheit der CDU regiert, in den Jahren 1990 bis 2002 unter Ministerpräsident *Kurt Biedenkopf* (CDU) und von 2002 bis 2004 unter Ministerpräsident *Georg Milbradt* (CDU). Von 2004 bis 2008 bildeten die CDU und die SPD eine Regierungskoalition mit *Georg Milbradt* (CDU) als Ministerpräsidenten. In den Jahren 2008 und 2009 bestand die Landesregierung aus CDU und SPD unter Ministerpräsident *Stanislaw Tillich* (CDU), und seit 2009 regiert eine CDU-FDP-Koalition ebenfalls unter Ministerpräsident *Stanislaw Tillich* (CDU).[1250]

Die Deregulierungs- und Privatisierungsdiskussionen begannen im Freistaat Sachsen erst zum Ende der 1990er-Jahre. So bestimmte die CDU-Landesregierung am 3. Mai 1999 in einem Gesetz „zur Neuordnung der öffentlich-rechtlichen Kreditinstitute im Freistaat Sachsen einschließlich der Sächsischen Aufbaubank GmbH“, dass der Freistaat Sachsen den Sachsen-Finanzverband als rechtsfähige Anstalt des öffentlichen Rechts errichtet, der von den am Stammkapital Beteiligten, d. h. von dem Freistaat Sachsen sowie den Landkreisen, den kreisfreien Städten und den Zweckverbänden getragen wird.[1251]

Der Sachsen-Finanzverband sollte die auf ihn übertragenen Sparkassen, die Anteile an der Landesbank Sachsen Girozentrale sowie die der Sächsischen Aufbaubank GmbH mit dem Ziel verwalten, sowohl ihre Wettbewerbsfähigkeit als

---

1249 *Schorner*: Privatisierung, 2008, S. 175.

1250 Vgl. *Eith/Kießling*: Bundesländerstudien, 2008, S. 397 und 402–404 sowie *Sächsischer Landtag*: Wahlen und Gesetzgebungen, 2009, online.

1251 Nach Zweifeln an der Rechtmäßigkeit des Sachsen-Finanzverbands hat der sächsische Verfassungsgerichtshof am 23.11.2000 festgestellt, dass der Finanzverband die Garantie der kommunalen Selbstverwaltung nicht verletzt und somit verfassungsgemäß ist. Vgl. *Thode*: Verfassungsgerichtshof, 2000, S. 1429.

auch ihren öffentlichen Auftrag zu fördern.[1252] Kosteneinsparungen und Marktanteilsgewinne sollten den Jahresüberschuss der sächsischen Sparkassen so weit erhöhen, dass bereits im Jahr 1999 Ausschüttungen von 300 Mio. DM an die Kommunen ausbezahlt werden könnten, obwohl der Jahresüberschuss der sächsischen Sparkassen 1997 lediglich ein Drittel dieses Betrages ausmachte.[1253] Da die Kernkapitalquote der sächsischen Sparkassen im Jahr 1997 mit 9,7 Prozent als zu hoch bewertet wurde, sollte eine geringere Rücklagenbildung zur Erreichung dieses Ziels beitragen.[1254]

Der massive Widerstand gegen diese Neuordnung des sächsischen Sparkassenwesens durch das vom Landesparlament beschlossene Gesetz vom 3. Mai 1999 führte dazu, dass sich eine Bürgerinitiative „Pro kommunale Sparkasse" gründete. In dieser Bürgerinitiative, in der sich Kritiker der Reform seitens der PDS, großer Teile der SPD und der Gewerkschaften zusammengeschlossen hatten, sollte ein „Gesetz zur Erhaltung der kommunal verankerten Sparkassen im Freistaat Sachsen" entwickelt werden.[1255] Der Entwurf sah insbesondere vor, das Gesetz über den Sachsen-Finanzverband aufzuheben und es einem gesonderten, noch zu verabschiedenden Gesetz vorzubehalten, Regelungen für die anschließend anstehende Auflösung des Sachsen-Finanzverbands zu treffen.[1256]

Den Kritikern der Reform war es besonders wichtig, der sächsischen Bevölkerung zu erklären, welche Auswirkungen sich ergeben würden, sollte die Neuordnung de facto umgesetzt werden. Sie führten auf, dass die Sparkassen mit dem Verlust ihrer Dezentralität gezwungen wären, Arbeitsplätze abzubauen. Zudem würden die mittelständischen Unternehmen nur noch unter deutlich erschwerten Bedingungen Kredite erhalten, was sich wiederum negativ auf die Region auswirken würde. Des Weiteren sei damit zu rechnen, dass die finanzielle Förderung der Sparkassen von Sportvereinen stark reduziert werde, was insbesondere für die strukturschwachen Regionen in Sachsen ein großer gesellschaftlicher Verlust wäre.[1257]

1252 Vgl. *Milbradt:* Sächsische Verbundlösung, 1999, S. 1164.

1253 Vgl. *Mauerer:* Sparkassen, 1998, S. 461.

1254 Vgl. *Mauerer:* Sparkassen, 1998, S. 461 sowie *Schorner:* Privatisierung, 2008, S. 174.

1255 Die Befürchtung war, dass die öffentlich-rechtlichen Sparkassen ihre regionale Verbundenheit und Verankerung sowie die Sparkassenorganisation ihre dezentrale Struktur verlieren könnten. Vgl. *Wächter:* Sparkasse, 1998, S. 1310 sowie *o. V.:* Sparkassenstruktur, 2001, online.

1256 Vgl. *Sächsischer Landtag:* Sparkassengesetz, 1999, S. 1–10.

1257 Vgl. *Schmid:* Sachsenbank, 2000, online.

Dagegen argumentierten die Reformbefürworter, allen voran die CDU-Landesregierung, dass mit der Neuordnung der öffentlich-rechtlichen Kreditinstitute im Freistaat Sachsen vor allem höhere Gewinnausschüttungen zugunsten des Landeshaushalts erfolgen könnten und damit der Finanzstandort Sachsen gestärkt würde. Darüber hinaus würde die Wettbewerbsfähigkeit der öffentlich-rechtlichen Kreditinstitute deutlich gesteigert.[1258]

Die Bürgerinitiative „Pro kommunale Sparkasse" stellte nunmehr ihren Gesetzentwurf im Rahmen eines *Volksentscheides* am 21. Oktober 2001 in Sachsen zur allgemeinen Abstimmung.[1259] Zuvor hatte die Bürgerinitiative bereits „mehr als 450.000 Unterschriften gesammelt und damit das Referendum durchgesetzt. Eine Mindestbeteiligung an der Abstimmung war nicht erforderlich."[1260]

Der Abstimmungsprozess zum Volksentscheid war vor allem durch die zuvor genannten Argumentationsmuster der Akteure geprägt. Überraschend erschien die politische Haltung des SPD-Oberbürgermeisters von Leipzig, *Wolfgang Tiefensee*, der das Vorhaben der CDU-Landesregierung befürwortete, vermutlich nicht zuletzt, weil der Hauptsitz der Holding in Leipzig ansässig werden sollte und *Tiefensee* sich damit einen finanziellen Vorteil für die Stadt Leipzig erhoffte.[1261] Schließlich fand der Entwurf bei der Bevölkerung des Freistaates eine große Mehrheit und erlangte damit Gesetzeskraft.[1262]

Welche Auswirkungen der Volksentscheid vom 21. Oktober 2001 auf die Zukunft der sächsischen Sparkassen hatte und ob es de facto zu einer Auflösung des gebildeten Sachsen-Finanzverbands kommen würde, blieb einige Zeit ungewiss. Die eigentlichen Konsequenzen des Volksentscheides waren bis dato nicht absehbar. Insbesondere über die Folgen, die sich aus der Entscheidung des Volksgesetzgebers für die in den Verband eingebrachten Sparkassen ergaben, wurde noch massiv diskutiert. Die CDU-Fraktion vertrat die Ansicht, dass zwar die gesetzliche

---

1258 Vgl. *Schmid:* Sachsenbank, 2000, online sowie *o. V.:* Neuordnung von Sparkassen-Landschaft, 2001, online.

1259 Gemäß Art. 70 Abs. 2 der Verfassung des Freistaates Sachsens werden Gesetze „vom Landtag oder unmittelbar vom Volk durch Volksentscheid beschlossen". Dem oben dargestellten Volksentscheid war vorausgegangen, dass die Bürgerinitiative im Rahmen eines Volksbegehrens Unterschriften für ihren Entwurf eines Gesetzes zur Erhaltung der kommunalen Sparkassen gesammelt und damit breiten Widerstand gegen das vom Landtag verabschiedete Gesetz mobilisiert hatte. Vgl. *Bischoff/Fedders:* Sachsenbank, 2000, S. 698 ff.

1260 *o. V.:* Neuordnung von Sparkassen-Landschaft, 2001, online.

1261 Vgl. *Schmid:* Sachsenbank, 2000, online.

1262 Vgl. *Stadt Leipzig – Amt für Statistik und Wahlen:* Volksentscheid in Sachsen, 2001, S. 9.

Grundlage für den Sachsen-Finanzverband entfallen sei, dies aber nicht zwangsläufig die Auflösung des Finanzverbands bewirke.[1263] Aus der Perspektive des Finanzverbands bestand vielmehr Bestandsschutz; der Volksentscheid ändere für die bereits eingebrachten Sparkassen nichts, sondern verhindere lediglich den Beitritt weiterer Sparkassen zum Finanzverband.[1264]

Demgegenüber war die Bürgerinitiative „Pro kommunale Sparkasse" der Ansicht, die bisher in den Verband eingebrachten sieben Sparkassen seien „in die Unabhängigkeit" zurückzuführen, sie müssten demnach aus dem Finanzverband ausscheiden.[1265] Denn der Sachsen-Finanzverband bedürfe zu seinem Bestehen zwingend einer gesetzlichen Grundlage und damit einer demokratischen Legitimation, die aber aufgrund des Volksentscheides entfallen sei. Der von der Landesregierung angeführte Bestandsschutz sei auch deshalb nicht gegeben, weil dadurch der gesetzgeberische Wille der Bevölkerung nicht berücksichtigt werde.[1266]

Alles in allem war fraglich, ob die Vorgabe des Volkes an den parlamentarischen Gesetzgeber, in einem künftigen Gesetz die Auflösung des Finanzverbands konkret zu regeln, überhaupt umgesetzt würde.[1267] Denn es war zu berücksichtigen, dass der per Volksentscheid angenommene Gesetzentwurf zur Erhaltung der öffentlich-rechtlichen Sparkassen bereits zu Anfang des Jahres 2000 konzipiert worden war und damit in großen Teilen ebenso überholt war wie das Gesetz der Landesregierung vom 3. Mai 1999. Bevorstehende Modifikationen relevanter Rahmenbedingungen der Geschäftstätigkeit, die die Sparkassenorganisation und partiell die gesamte Kreditwirtschaft betrafen, konkretisierten sich ab dem Jahr 2001 und konnten deshalb in dem Gesetz zur Erhaltung der kommunalen Sparkassen noch keine Berücksichtigung finden. Insbesondere die Auflagen der EU-Kommission bzgl. der staatlichen Garantien für öffentlich-rechtliche Kreditinstitute mussten kurzfristig in dem sächsischen Sparkassenrecht berücksichtigt werden.[1268] Darüber hinaus war absehbar, dass das Regelwerk aller Kreditinstitute in naher Zukunft auf die Neufassung der Eigenkapitalvorschriften der Banken (Basel II) auszurichten war.[1269]

Es wurden zunehmend Überlegungen geäußert, ein neues Gesetz zu erlassen, das den Sachsen-Finanzverband abweichend vom Volksentscheid nicht auflöste,

1263 Vgl. *Sächsischer Landtag:* Plenarprotokoll (3/47), 2001, S. 3241.
1264 Vgl. *o. V.:* Auflösung, 2001, S. 1272 f.
1265 Vgl. *Fedders:* Volksentscheid, 2001, S. 546.
1266 Vgl. *Fedders:* Volksentscheid, 2001, S. 546 ff.
1267 Vgl. *Neumann:* Entwicklung der Rechtsprechung, 2002, S. 141–143.
1268 Vgl. *Sächsischer Landtag:* Unterrichtung, 2001, S. 1–8.
1269 Vgl. *Sächsischer Landtag:* Antrag, 2001, S. 1–9.

sondern beibehielt.[1270] Dies könne – so wurde angeführt – in der Form geschehen, den Sachsen-Finanzverband noch stärker als Haftungsverbund zu nutzen und ihm die Aufgaben einer „Kapitalbevorratungsstelle“ zu übertragen,[1271] die mit ihren Mitteln Steuerungsfunktionen bei der wachstumsabhängigen Verteilung von Eigenkapital auf die einzelnen Kreditinstitute wahrnehmen sollte, um damit die Anforderungen der EU-Kommission und Basel II zu erfüllen.

Dass dieses neue Gesetz trotz der Beibehaltung des Sachsen-Finanzverbands und des Verstoßes gegen den Volksentscheid auf breitere Zustimmung als das Gesetz vom 3. Mai 1999 stoßen und die Rückkehr zu einer einheitlichen sächsischen Sparkassenorganisation ermöglichen würde,[1272] erschien angesichts eines im September 2001 zwischen Befürwortern und Gegnern des Finanzverbands ausgehandelten Konsenspapieres, mit dem diese ihre Differenzen beigelegt hatten, durchaus möglich. In dem Konsenspapier hatte die CDU-Landesregierung bestätigt, die im Gesetz vom 3. Mai 1999 enthaltenen zentral geprägten Aussagen durch Formulierungen zu ersetzen, welche die Eigenverantwortung der Einzelinstitute betonten. Zudem sollte normiert werden, dass es bei den Verbandssparkassen keine Ausschüttungen mehr gebe, wenn die Kreditinstitute eine bestimmte Kernkapitalquote unterschritten.[1273]

Um die zukünftig modifizierten Haftungsstrukturen der Kreditinstitute im Sparkassenrecht abzubilden und dem Volksentscheid vom 21. Oktober 2001 sowie Basel II und der verschärften Konkurrenzsituation in der Kreditwirtschaft Rechnung zu tragen, hatte das Sächsische Staatsministerium der Finanzen im Jahr 2002 den Entwurf eines Gesetzes über das öffentlich-rechtliche Kreditwesen (GörK) im Freistaat Sachsen vorgelegt.[1274] Der Entwurf dieses Artikelgesetzes sah vor, die Organisation der sächsischen Sparkassen-Finanzgruppe partiell zu reformieren. Die originäre Idee eines dominierenden Finanzverbands mit Pflichtausschüttungen der Mitglieder, die dem Gesetz vom 3. Mai 1999 zugrunde gelegen hatte, war damit weitgehend aufgegeben.

1270 Vgl. *o. V.:* Sachsen, 2001, S. 18.

1271 Vgl. *o. V.:* Sparkassengesetz, 2001, S. 29.

1272 Der Fall in Sachsen verdeutlicht eindrucksvoll, wie „die Landesregierung den [bisher] ersten Volksentscheid, in dem die Bürger im Oktober 2001 die Auflösung der Sachsenbank beschlossen, durch ein neues Gesetz unterlaufen [hat].“ *Mehr Demokratie:* 1. Volksentscheid-Ranking, 2003, S. 30.

1273 Vgl. *Burger:* Volksentscheid, 2001, S. 4.

1274 Vgl. *Sächsischer Landtag:* Gesetzentwurf, 2002, S. 1–10 sowie *Sächsischer Landtag:* Änderungsantrag, 2002, S. 1 f., ebenso *Sächsischer Landtag:* Entschließungsantrag, 2002, S. 1 f.

Das neue Gesetz hatte wesentliche Auswirkungen auf das Sparkassenwesen in Sachsen. Am 13. Dezember 2002 wurde das Sparkassengesetz wiederum in einer neuen Fassung veröffentlicht, die zwar das grundsätzliche Konzept der Fassung vom 3. Mai 1999 wiederaufleben ließ, aber den Bedenken der Bevölkerung und der Kommunen Rechnung trug. Auf der Basis dieses Gesetzes wurde im August 2003 als rechtlicher Nachfolger des Sachsen-Finanzverbands die „Sachsen-Finanzgruppe" gegründet, die die Rechte und Pflichten des Sachsen-Finanzverbands übernahm. Gemäß diesem Sparkassengesetz war die Sachsen-Finanzgruppe Träger der auf sie übertragenen Sparkassen und der SachsenLB sowie Anteilseignerin der auf sie übertragenen Anteile an der SachsenLB.[1275] Die SachsenLB hat seit dem 26. Oktober 2007 die Rechtsform einer AG angenommen und war seit dem 1. Januar 2008 eine 100-prozentige Tochtergesellschaft der LBBW.[1276]

Exkurs: Schieflage der SachsenLB und dessen Konsequenzen

Die SachsenLB war im Zuge der US-Hypothekenkrise im Jahr 2007 in eine Schieflage geraten. Bei der Rettungsaktion waren der DSGV sowie alle deutschen Landesbanken aktiv beteiligt. Die Landesbanken waren damals bereit, mit einer nachrangigen Haftung einzuspringen. Letztendlich bürgte der Freistaat Sachsen mit 2,75 Mrd. EUR (das sind rd. 20 % des sächsischen Staatshaushalts) für mögliche Zahlungsausfälle und sprang direkt mit 500 Mio. EUR ein.[1277] Diese Summe wurde vom Kaufpreis für die Bank abgezogen, um eventuelle Bewertungsverluste aus Marktschwankungen abzudecken. Damit lag der Kaufpreis für die SachsenLB bei 328 Mio. EUR, was der Höhe des Eigenkapitals der Bank entsprach.[1278] Somit wurde die SachsenLB am 1. April 2008 auf die LBBW übertragen und rückwirkend zum 1. Januar 2008 eine 100-prozentige Tochter der LBBW. Ein geringer Teil des Geschäfts wird seither von der LBBW zusammen mit den bisherigen BW-Bank-Filialen in Halle, Leipzig und Dresden unter dem neuen Markennamen Sachsen Bank weiterbetrieben.[1279]

Die Schieflage der SachsenLB mit den soeben aufgeführten Folgewirkungen ereignete sich unter der CDU-SPD-Landesregierung mit Ministerpräsident *Georg Milbradt* (CDU) an der Spitze. Die CDU-SPD-Regierungskoalition stürzte

---

1275 Vgl. § 50 GörK.

1276 Vgl. *Landesbank Baden-Württemberg:* SachsenLB, 2007, online.

1277 Vgl. *o. V.:* SachsenLB, 2007, online.

1278 Vgl. *o. V.:* SachsenLB, 2007, online.

1279 Vgl. *Geinitz:* SachsenLB, 2008, online. Hierbei handelt es sich allerdings nicht um eine rechtlich selbstständige Bank. Weitere Geschäftsfelder wurden von einer neu gegründeten LBBW-Niederlassung in Leipzig übernommen.

daraufhin in eine tiefe Krise mit der Konsequenz, dass *Georg Milbradt* am 27. Mai 2008 als Ministerpräsident zurücktrat und der bisherige Finanzminister *Stanislaw Tillich* (CDU) seine Nachfolge übernahm.[1280]

Zum Jahresanfang 2016 sind von den zwölf sächsischen Sparkassen lediglich noch zwei Institute (Ostsächsische Sparkasse Dresden und Sparkasse Mittelsachsen) Mitglied der Sachsen-Finanzgruppe.[1281] Die Sachsen-Finanzgruppe betreibt selbst keine Bankgeschäfte, sondern fördert die Zusammenarbeit zwischen den öffentlich-rechtlichen Kreditinstituten in Sachsen unter Wahrung der Eigenverantwortlichkeit der Vorstände der Kreditinstitute zur Stärkung ihrer Wettbewerbsfähigkeit und ihres öffentlichen Auftrags.[1282] Gesetzliches Organ der Sachsen-Finanzgruppe ist neben dem Vorstand die Anteilseignerversammlung als Vertretung der am Stammkapital Beteiligten.[1283] Die Sparkassen der Sachsen-Finanzgruppe haben bestimmte „eigentümergeprägte" Ziele zu befolgen, die sich an den Strategievorgaben des DSGV orientieren.[1284] Zu den „Oberzielen" gehörte es bspw. im Jahr 2010, eine Eigenkapitalrendite (vor Steuern) von über 15 Prozent sowie eine Aufwands-/Ertragsrelation von unter 60 Prozent umzusetzen.[1285]

Im Gegensatz zu den Sparkassen in Rheinland-Pfalz liegt die Entscheidung über die Ausschüttungshöhe nicht mehr im Ermessen des Verwaltungsrats, sondern ist in Abhängigkeit von der Erfüllung dieser Oberziele (wie u. a. eine angemessene Eigenkapitalrendite zu erwirtschaften) zwingend vorgeschrieben. Vorgesehen ist ein zweistufiges System zur Festlegung der Ausschüttungshöhe, das sowohl die Interessen der Sparkassen als auch die der Anteilseigner verfolgen soll. Auf der ersten Stufe ist vorgesehen, das 51 Prozent der Summe der von den Verbundsparkassen und der SachsenLB an die Sachsen-Finanzgruppe abgeführten Jahresüberschüsse an die Anteilseigner gemäß ihrem jeweiligen Anteil am Stammkapital ausgeschüttet werden.[1286] Auf der zweiten Stufe richtet sich die Verwendung der übrigen 49 Prozent der Summe nach der Erfüllung der oben genannten Oberziele. Wenn diese Oberziele von der jeweiligen Verbundsparkasse nicht vollständig erfüllt werden, müssen bis zu 49 Prozent des Jahresüberschusses der jeweiligen Sparkasse in die Rücklage der Sachsen-Finanzgruppe eingestellt

---

1280 Vgl. *o. V.:* Milbradt, 2008, online.
1281 Vgl. *Sachsen-Finanzgruppe:* Verbundinstitute, 2016, online.
1282 Vgl. § 50 GörK.
1283 Vgl. § 54 i. V. m. § 55 Abs. 1 GörK.
1284 Vgl. *Sächsischer Landtag:* Antrag, 2010, S. 4.
1285 Vgl. *Sächsischer Landtag:* Antrag, 2010, S. 4.
1286 Vgl. § 15 Abs. 3 der Satzung der Sachsen-Finanzgruppe vom 10.10.2003 sowie § 60 Abs. 3 GörK.

werden. Andernfalls leitet die Sachsen-Finanzgruppe bis zu 49 Prozent der von der Verbundsparkasse erhaltenen Ausschüttung an den ehemaligen Gewährträger der jeweiligen Verbundsparkasse weiter.[1287] Vorgesehen ist in der Satzung der Sachsen-Finanzgruppe weiterhin, dass gering kapitalisierte Sparkassen mit einer Kernkapitalquote unter 6 Prozent überhaupt keine Ausschüttungen leisten müssen.[1288] Andernfalls bestünde die Gefahr, dass die Sparkasse in eine finanzielle Schieflage geriete und die Anteilseigner mehr Geld zur Verfügung stellen müssten, als sie an Ausschüttungen erhalten hätten.[1289] Da die Kommunen dazu aber kaum in der Lage wären, müssten diese auf Kapital privater Investoren zurückgreifen.[1290]

8.3.2.2 Policy-Prozessanalyse des Fallbeispiels (1999–2002)

Im Folgenden wird die voranstehend beschriebene Neuordnung des sächsischen Sparkassenwesens einer Prozessanalyse unterzogen.

Policy-Prozess: Neuordnung des sächsischen Sparkassenwesens (1999–2002)

Hier zeigen sich die folgenden Akteure aus dem Policy-Subsystem, die den Policy-Prozess geprägt haben:

Akteur 1: Ministerpräsident *Biedenkopf* (CDU) mit der CDU-Landesregierung (1991–2002)[1291]
Akteur 2: Landesbank Sachsen Girozentrale
Akteur 3: Sächsische Aufbaubank GmbH
Akteur 4: Sächsische Sparkassen
Akteur 5: Bürgerinitiative „Pro kommunale Sparkasse“
Akteur 6: Deutscher Sparkassen- und Giroverband (DSGV)
Akteur 7: Gewerkschaften

1287 Vgl. § 15 Abs. 3 der Satzung der Sachsen-Finanzgruppe vom 10.10.2003.

1288 Vgl. § 15 Abs. 2 der Satzung der Sachsen-Finanzgruppe vom 10.10.2003.

1289 Vgl. *Mauerer*: Sparkassen, 1998, S. 464 f. Der Vorteil der Verbundlösung liegt nach *Thode* auch in der Diversifikation der gesamten Unternehmensrisiken und der Möglichkeit, finanzielle Schieflagen von einzelnen Instituten besser auffangen zu können. Vgl. *Thode*: Neuordnung, 1998, S. 276.

1290 Vgl. *Mauerer*: Sparkassen, 1998, S. 950.

1291 Vgl. *Eith/Kießling et al.*: Parteiensysteme, 2008, S. 403. In den Jahren 2002 bis 2004 regierte Ministerpräsident *Milbradt* mit der CDU-Landesregierung und ab dem Jahr 2004 bis 2008 mit einer CDU-SPD-Regierungskoalition. Siehe hierzu auch den Beginn von Abschnitt 8.3.2.1.

Akteur 8: Wähler als stimmberechtigte Bürger
Akteur 9: CDU
Akteur 10: SPD
Akteur 11: PDS

Ministerpräsident *Biedenkopf* (CDU) mit der CDU-Landesregierung, die Landesbank Sachsen Girozentrale sowie die Sächsische Aufbaubank GmbH befürworteten die Neuordnung des sächsischen Sparkassenwesens. Die Positionierung des Ministerpräsidenten *Biedenkopf* (CDU) mit der CDU-Landesregierung lässt sich auf den Hauptkern (Deregulierung zu befürworten) ihres Belief-Systems zurückführen.[1292] Die Landesbank Sachsen Girozentrale sowie die Sächsische Aufbaubank GmbH übernahmen die Grundauffassungen des *Akteurs 1*. Die SPD und die PDS, der Deutsche Sparkassen- und Giroverband (DSGV), die sächsischen Sparkassen, die Gewerkschaften, die Bürgerinitiative „Pro kommunale Sparkasse" sowie die Wähler als stimmberechtigte Bürger lehnten eine Neuordnung des sächsischen Sparkassenwesens ab. SPD und PDS, der DSGV sowie die Gewerkschaften positionierten sich damit konform mit dem jeweiligen Hauptkern (Deregulierungen zu verhindern) ihrer Belief-Systeme.[1293] Die sächsischen Sparkassen übernahmen die Grundauffassungen des DSGV. Die Bürgerinitiative „Pro kommunale Sparkasse" und die Wähler als stimmberechtigte Bürger waren nur in diesem Policy-Prozess von Bedeutung und übernahmen die Grundauffassungen von SPD, PDS und Gewerkschaften.

Vor diesem Hintergrund besteht die **Opportunisten-Koalition** aus Ministerpräsident *Biedenkopf* (CDU) mit der CDU-Landesregierung, der Landesbank Sachsen Girozentrale sowie der Sächsische Aufbaubank GmbH. Diese Koalition verfolgte die Policy-Strategie, die Neuordnung des sächsischen Sparkassenwesens per Gesetzesänderung auf Landesebene durchzusetzen. Das gemeinsame Interesse bestand darin, in einem ersten Schritt eine Neuordnung des Sachsen-Finanzverbands anzustreben, um in einem zweiten Schritt den Landeshaushalt zu entlasten sowie die Wettbewerbsfähigkeit und den öffentlichen Auftrag der Sparkassen zu fördern. Mit der neuen Struktur sollten Kosteneinsparungen und Marktanteilsgewinne umgesetzt werden. Vor diesem Hintergrund sollte der Sachsen-Finanzverband regelmäßig Ausschüttungen an die Kommunen zahlen. Da die CDU mit absoluter Mehrheit regierte, sind in diesem Fall die Veto-Punkte für die Umsetzung der Policy-Strategie nicht von Bedeutung und spiegeln demnach keine **entscheidende Ressource** wider.

1292 Vgl. Abschnitt 7.5.1.
1293 Vgl. Abschnitt 7.2, 7.4, 7.5.3 sowie 7.5.5.

Die sächsischen Sparkassen, die Bürgerinitiative „Pro kommunale Sparkasse", der Deutsche Sparkassen- und Giroverband (DSGV), die Gewerkschaften, die Wähler als stimmberechtigte Bürger sowie die SPD und die PDS werden in einer **Traditionalisten-Koalition** gebündelt. Ihre gemeinsame Policy-Strategie bestand darin, das Gesetz über den Sachsen-Finanzverband aufzuheben und neu zu formulieren. Damit vertraten sie das Interesse, die kommunalen Sparkassen in ihrer Struktur zu erhalten. Hier waren die **entscheidenden Ressourcen** für die Umsetzung der Policy-Strategie Veto-Punkte, da im Rahmen des Volksentscheides die Bürgerinitiative „Pro kommunale Sparkasse" auf die Zustimmung der Bürger angewiesen war. Des Weiteren waren mit Blick auf die Zustimmung der beteiligten Akteure für ein neues Gesetz Veto-Punkte auch bei dem Konsenspapier notwendig.

In dem Policy-Prozess bildete sich aus der Traditionalisten-Koalition eine Bürgerinitiative „Pro kommunale Sparkasse" heraus, in der sich SPD, PDS und die Gewerkschaften zusammengeschlossen hatten. Die Bürgerinitiative „Pro kommunale Sparkasse" stellte ihren Gesetzentwurf im Rahmen eines Volksentscheides in Sachsen zur allgemeinen Abstimmung. Die Wähler unterstützten die Bürgerinitiative mit ihren Stimmen als stimmberechtigte Bürger, sodass der Volksentscheid Gesetzeskraft erlangte. Hingegen erkannte Ministerpräsident *Biedenkopf* (CDU) mit der CDU-Landesregierung diesen Volksentscheid nicht an. Nach diversen Auseinandersetzungen zwischen den Koalitionen verständigten sie sich darauf, die Auflagen der EU-Kommission zu den staatlichen Garantien für öffentlich-rechtliche Kreditinstitute und die Anforderungen von Basel II im sächsischen Sparkassenrecht zu berücksichtigen. Der Sachsen-Finanzverband sollte – abweichend vom Volksentscheid – vorerst bestehen bleiben, allerdings sollten diverse Anpassungen vorgenommen werden.

In dem Policy-Prozess traten keine **Policy-Vermittler** auf, sodass der **Policy-Output** darin bestand, dass sich die Traditionalisten-Koalition mit der Opportunisten-Koalition einigte. Mit dem Konsenspapier wurde die Beibehaltung des Sachsen-Finanzverbands gewährleistet und das Sparkassengesetz zugunsten der Sparkassen geändert. Die **Policy-Wirkung** war, dass auf dieser Basis im August 2003 als rechtlicher Nachfolger des Sachsen-Finanzverbands die „Sachsen-Finanzgruppe" gegründet wurde, die die Rechte und Pflichten des Sachsen-Finanzverbands übernahm. Die kommunalen Sparkassen blieben auch weiterhin in der ursprünglichen Rechtsform erhalten.

8.3.2.3 *Prüfung der Hypothesen*

Die Neuordnung des sächsischen Sparkassenwesens ergibt für die Prüfung der ersten Hypothese folgendes Bild: Die CDU befürwortete die Neuordnung des sächsischen Sparkassenwesens, während sich die Linksparteien gegen das Vorhaben aussprachen und somit ihrer ursprünglichen programmatischen Ausrichtung eines Schutzes öffentlich-rechtlicher Kreditinstitute in ihrer Struktur und der Verhinderung von Deregulierung und Privatisierung folgten. Eine Parteiendifferenz zwischen der SPD und der PDS einerseits und der CDU andererseits ist hier klar zu erkennen.

Auch die zweite Hypothese trifft insofern zu, als Sachsen der Prüfung der Fallanalyse zufolge über keine Rechtstradition in der hier betrachteten Fragestellung verfügt. So hat ein Teil der Akteure – Ministerpräsident *Biedenkopf* (CDU) mit der CDU-Landesregierung, die Landesbank Sachsen Girozentrale sowie die Sächsische Aufbaubank GmbH – erst Ende der 1990er-Jahre ein Gesetz „zur Neuordnung der öffentlich-rechtlichen Kreditinstitute im Freistaat Sachsen einschließlich der Sächsischen Aufbaubank GmbH" beschlossen. Der andere Teil der Akteure – der Deutsche Sparkassen- und Giroverband (DSGV), die sächsischen Sparkassen, die SPD und die PDS, die Gewerkschaften, die Bürgerinitiative „Pro kommunale Sparkasse" sowie die Wähler als stimmberechtigte Bürger – übte hingegen einen massiven Widerstand gegen das Gesetz aus. Es kam zu diversen juristischen Auseinandersetzungen, was Gesetzesanpassungen zur Folge hatte, die u. a. beinhalteten, dass die Bildung von Stammkapital möglich war. Dies beeinflusste den Wandel – hin zu einer möglichen Bildung von Stammkapital und damit zu einer möglichen prozentualen Beteiligung von Dritten an einer Sparkasse – und den politische Prozess nachhaltig. Zu konstatieren ist hier, dass bei den Gesetzesanpassungen Aspekte westdeutscher Bundesländer, die über eine Rechtstradition verfügen, berücksichtigt wurden.

Infolge der eindeutigen Mehrheitsverhältnisse der CDU-Landesregierung findet auch die dritte Hypothese hier letztendlich Bestätigung. Anfangs bildete sich eine Bürgerinitiative „Pro kommunale Sparkasse", die per Volksentscheid die erstmalige Neuordnung des sächsischen Sparkassenwesens verhindern wollte. Dabei waren die Anzahl und die Kohäsion der anderen Vetospieler (SPD, PDS, DSGV, sächsische Sparkassen, Gewerkschaften, Wähler als stimmberechtigte Bürger) von Bedeutung. Bei diesen Vetospielern bestand inhaltlicher Konsens, sodass sie per Volksentscheid die Entscheidung für eine Neuordnung des sächsischen Sparkassenwesens seitens der CDU-Landesregierung verhindern konnten. Ein Gesetzesvorhaben, das auf Landesebene durchgesetzt wurde, sah sich so mit einem „Veto" per Volksentscheid blockiert. Allerdings wurde trotz diverser

Gesetzesanpassungen in dem politischen Prozess das Vorhaben letztendlich auf Landesebene entschieden.

Die von der EU-Kommission geforderten modifizierten Haftungsstrukturen für Kreditinstitute hatten in dem hier betrachteten Fall die Deregulierung und Privatisierung des Sparkassenwesens in Sachsen gefördert. Damit trifft auch die vierte Hypothese zu.

8.3.3 Berlin

8.3.3.1 Deregulierungs- und Privatisierungspolitik und ein erster Versuch, die landeseigene Bankgesellschaft Berlin zu privatisieren

Wie mit anderen der hier betrachteten Fälle, so hat sich *Schorner* auch mit den Vorgängen um die landeseigene Bankgesellschaft Berlin auseinandergesetzt, erneut mit Fokus auf den juristischen Aspekten. So stellt er fest, der deutsche Gesetzgeber sei auf europäischen Druck zum Handeln gezwungen worden und das gewählte Rechtskonstrukt der Beleihung sei die bislang größte Zäsur gewesen, die das Berliner Gesetz für die Sparkassenlandschaft mit sich gebracht habe.[1294] „Zum ersten Mal wurde die Beleihung als Möglichkeit zur Privatisierung im weiteren Sinne im Sparkassenbereich normiert. Die konkrete Ausgestaltung des Gesetzes zeigt die grundsätzliche Eignung dieser Struktur für Privatisierungsvorhaben im öffentlich-rechtlichen Bankensektor."[1295]

Berlin wurde in den Jahren 1985 bis 1989 von einer CDU-FDP-Koalition mit *Eberhard Diepgen* (CDU) als Bürgermeister regiert. Von 1989 bis 1991 amtierte mit einer SPD-AL-Koalition *Walter Momper* (SPD) als Bürgermeister und in den Jahren 1991 bis 2001 *Eberhard Diepgen* (CDU) mit einer CDU-SPD-Koalition. Von 2001 bis 2002 bestand eine SPD-Grünen-Regierungskoalition, von 2002 bis 2011 eine SPD-PDS[1296]-Regierungskoalition und seit 2011 eine SPD-CDU-Regierungskoalition, jeweils mit *Klaus Wowereit* (SPD) als Bürgermeister.[1297]

In Berlin wurde die Privatisierungspolitik maßgeblich von dem Senator für Finanzen geprägt. Während 1990 bis 1995 bekleidete dieses Amt *Elmar Pieroth* (CDU) und von 1996 bis 2001 *Annette Fugmann-Heesing* (SPD).[1298] *Pieroth* (CDU) war jahrelang Bundesvorsitzender der Mittelstands- und Wirtschaftsvereinigung

---

1294 Vgl. *Schorner:* Privatisierung, 2008, S. 196.

1295 *Schorner:* Privatisierung, 2008, S. 196 f.

1296 Seit dem Jahr 2007 unter dem Namen DIE LINKE.

1297 Vgl. *Eith/Kießling:* Bundesländerstudien, 2008, S. 149 und 154 sowie *Abgeordnetenhaus von Berlin:* Parlament, 2011, online.

1298 Vgl. *Oellerich:* Wohnungswirtschaft, 2005, S. 6 f.

der CDU/CSU.[1299] Sein politisches Programm umfasste grundsätzlich den Rückzug des Staates aus der Wirtschaft, sodass er insbesondere in der zweiten Hälfte seiner Amtszeit die Privatisierung von Landesbeteiligungen forcierte.[1300] Dabei bemerkte er: „Bei all diesen Verkäufen geht es nicht zuerst um das Geld, sondern vor allem um den Rückzug des Staates aus der Wirtschaft und die Stärkung des privaten unternehmerischen Engagements. [...] Wir hatten einfach zu viele Senatsräte und Staatssekretäre und zu wenig Unternehmer in den Aufsichtsräten."[1301] Zum Ende des Jahres 1994 ließ *Pieroth* (CDU) ein Gutachten von der landeseigenen Bankgesellschaft Berlin mit der Zielsetzung anfertigen, eine Privatisierungsstrategie für die Beteiligungen des Landes Berlin zu entwickeln. Das Beteiligungsportfolio des Landes sollte möglichst schnell auf privatisierbare Beteiligungen untersucht werden.[1302] Mit der Privatisierung von Landesbeteiligungen sollte nach dem Verständnis von *Pieroth* (CDU) der staatliche Einfluss auf die wirtschaftlichen Aktivitäten reduziert und mehr Raum für unternehmerische Aktivitäten geschaffen werden.

Die Nachfolgerin *Pieroths* (CDU), die ehemalige hessische Finanzministerin *Annette Fugmann-Heesing* (SPD), fand mit ihrer Amtsübernahme im Jahr 1996 eine angespannte finanzielle Situation des Landes vor.[1303] So ließ *Fugmann-Heesing* (SPD) zum Ende des Jahres 1997 mögliches Privatisierungspotenzial des Landesvermögens untersuchen.[1304] Darin war bspw. auch eine vollständige Privatisierung (mindestens eine Teilprivatisierung) der landeseigenen Bankgesellschaft Berlin vorgesehen. Mit diesem Vorgehen geriet *Fugmann-Heesing* (SPD) jedoch mit den Gewerkschaften und dem linken Flügel der SPD in Konflikt, weshalb das Vorhaben nicht weiterverfolgt wurde. Insgesamt war die Privatisierungspolitik unter *Fugmann-Heesing* (SPD) primär von finanz- resp. haushaltspolitischen Gesichtspunkten motiviert. Die Verkäufe der größten Beteiligungen Berlins dienten dazu, die hohe Neuverschuldung zu stoppen.[1305]

1299 Vgl. *Mittelstandsvereinigung der CDU/CSU:* Zukunft, 1988, S. 3–20 sowie *Spary/Lehnen:* Mittelstands- und Wirtschaftsvereinigung, 1996, S. 17.

1300 Vgl. *Abgeordnetenhaus von Berlin:* Plenarprotokoll (12/54), 1993, S. 5476; Plenarprotokoll (12/63), 1994, S. 5382; Plenarprotokoll (12/64), 1994, S. 5474 und 5534; Plenarprotokoll (12/67), 1994, S. 5747.

1301 *o. V.:* Private Engagements, 1994, S. 15.

1302 Vgl. *o. V.:* Beteiligungsabbau, 1995, S. 21.

1303 Vgl. *Abgeordnetenhaus von Berlin:* Vorlage, 1996.

1304 Vgl. *Schulte:* Komplett-Privatisierung, 1997, S. 1 sowie *Deggerich:* Finanzsenator, 2001, online.

1305 Vgl. *Abgeordnetenhaus von Berlin:* Plenarprotokoll (13/34), 1997, S. 2656–2658 sowie *Schermer:* Privatisierungspolitik, 2002, S. 1–12.

Die Finanznot ist seit Mitte der 1990er-Jahre in Berlin das bestimmende Motiv der Privatisierungspolitik.[1306] Die Widerstände der Gewerkschaftsvertreter und des linken Flügels der SPD gegen diese Art der Privatisierungspolitik konnten deutlich reduziert werden. 1998 hat sich der Senat auf Druck der CDU erstmals dazu entschieden, Privatisierungserlöse zukünftig zweckgebunden für innovative Projekte zu verwenden, statt diese zur Entlastung des Haushalts zu verwenden.[1307]

8.3.3.2 Fusionsvorhaben der Sparkasse der Stadt Berlin West mit der Berliner Bank AG

Der Westberliner Bankensektor kennzeichnete sich vor den 1990er-Jahren durch einige Besonderheiten gegenüber der kreditwirtschaftlichen Situation in der Bundesrepublik Deutschland aus.[1308] Charakteristisch für die Westberliner Kreditwirtschaft waren u. a. die abgegrenzte Lage sowie die dadurch bedingte Einschränkung der Wettbewerbsfähigkeit. In Ostberlin bestand vor dem Jahr 1990 keine Kreditwirtschaft. Mit der deutschen Wiedervereinigung fielen diese Merkmale weg und es setzte ein Transformationsprozess sowohl des Ost- als auch des Westberliner Kreditmarkts ein.[1309]

Im Jahr 1987 war die Sparkasse der Stadt Berlin West infolge des Regionalprinzips noch vollständig auf den Raum Berlin West beschränkt. Die Sparkasse stand unter massivem Ertragsdruck. Angesichts der begrenzten Investitionsmöglichkeiten der Sparkasse der Stadt Berlin West forderte der Vorstandsvorsitzende *Moser* die Beseitigung des Regionalprinzips. „Für die weitere Expansion der Sparkasse sei ein Wirtschaftsraum mit mindestens 2,5 bis 3 Mio. Einwohnern nötig."[1310] Ferner äußerte sich *Moser* kritisch über die bestehenden Strukturen

---

1306 Vgl. *Zawaltka-Gerlach:* Berlin, 2010, online.

1307 Vgl. *o. V.:* Zukunftsfonds, 2000, online. „Allein für die Jahre 1997 und 1998 wurden aus diesen Privatisierungsaktivitäten Einnahmen in Höhe von jeweils 3,1 Mrd. EUR in den Haushalt eingestellt, bis zum Jahr 2000 beliefen sich die Veräußerungen landeseigener Beteiligungen und Grundstücke auf insgesamt rd. 7,2 Mrd. EUR. Im Jahr 1998 entfielen von den Privatisierungen in den sechzehn Bundesländern fast zwei Drittel auf das Land Berlin, das damit eine Vorreiterstellung der Privatisierungspolitik in Deutschland übernahm." *Monstadt/Schlippenbach:* Privatisierung, 2005, S. 11.

1308 In diesem Teilbereich werden auch wichtige Quellen von *Eichfelder:* Bankgesellschaft Berlin, 2008, S. 4–18 in Grundzügen übernommen.

1309 Vgl. *Ashauer:* Sparkassen-Finanzgruppe, 1991, S. 269–278 sowie *Mayer:* Bankmanagement, 1998, S. 25–30.

1310 *o. V.:* Änderung, 1988, S. 6.

im Sparkassensektor.[1311] „Der Erwerb von Anteilen an der Weberbank KGaA in dem Jahr 1989 konnte als ein erster Schritt zur Umgehung des Regionalprinzips aufgefasst werden."[1312]

Erstmalig wurde 1988 über eine Fusion der Sparkasse der Stadt Berlin West mit der Berliner Bank AG nachgedacht.[1313] Initiator war der Vorstandsvorsitzende *Wolfgang Steinriede* der Berliner Bank AG, der sich wie folgt äußerte: „Wir haben nicht zwölf Jahre hart gearbeitet, um die engen Fesseln einer ausschließlich auf den Berliner Markt begrenzten Regionalbank abzustreifen und uns einen akzeptablen Platz unter den großen deutschen Geschäftsbanken zu erobern, damit wir uns nun wieder an den Rand drängen lassen."[1314] *Steinriede*, der damals vor großen finanziellen Schwierigkeiten mit „seiner" Bank stand, drängte auf diese Fusion, um mit dem „neuen" Eigenkapital seinen Expansionskurs fortsetzen zu können. Gegenüber dem Fusionsvorhaben hielt sich der Vorstandsvorsitzende der Sparkasse der Stadt Berlin West *Moser* jedoch zurück: „Die Sparkasse habe eine Fusion auch nicht nötig", stellte er klar.[1315] Im September 1989 änderte sich allerdings seine Position, da er sich den Forderungen der EU nach einem einheitlichen Binnenmarkt nicht entgegenstellen wollte.[1316] Die Sparkasse der Stadt Berlin West sollte mit der Berliner Bank AG nunmehr in der Rechtsform einer AG fusionieren. Dadurch hätten sich diverse Vorteil für sie ergeben. Erstens hätte damit die Sparkasse das Regionalprinzip unterlaufen, womit sie ihr Geschäft weiter

1311 Vgl. *o. V.:* Änderung, 1988, S. 6. sowie *o. V.:* Wachstum, 1989, S. 9.

1312 *Eichfelder:* Bankgesellschaft Berlin, 2008, S. 4. Vgl. *o. V.:* Weberbank, 1989, S. 23. Seit dem 09.12.2005 wurde die Weberbank als eine AG geführt und war bis zum 30.06.2009 eine selbstständige Tochtergesellschaft der WestLB. Seit dem 01.07.2009 ist die Weberbank eine eigenständige Tochtergesellschaft der Mittelbrandenburgischen Sparkasse in Potsdam. Vgl. *Peters:* Weberbank, online. Es ist in Deutschland das zweite Mal, dass eine Sparkasse eine private Bank übernimmt. Vgl. *o. V.:* Sparkassen-Chef, 2009, online.

1313 Vgl. *Berliner Bank AG:* Geschäftsbericht, 1994, S. 23 f. Ende der 1980er- bis Mitte der 1990er-Jahre vollzog die Sparkasse der Stadt Berlin West einen umfassenden Wandlungsprozess, wobei die Gründung der Landesbank Berlin sowie die Fusionen mit der Sparkasse Berlin Ost und der in Investitionsbank Berlin umbenannten Wohnungsbaukreditanstalt als wesentliche Bausteine in der Privatisierungsdiskussion zu bezeichnen sind.

1314 Zitiert nach *Klemper:* Sparkasse, 1989, S. 14.

1315 *o. V.:* Berliner Sparkasse, 1989, S. 12.

1316 Vgl. *o. V.:* Berliner Sparkasse, 1989, S. 12 sowie *o. V.:* Fusion, 1989, S. 9.

hätte ausbauen können, und zweitens hätte die Sparkasse die bereits bestehenden Kundenverbindungen zu der Berliner Bank AG nutzen können.[1317]

Die SPD-AL-Regierungskoalition mit Bürgermeister *Walter Momper* (SPD) und die CDU-Fraktion befürworteten die Fusion.[1318] Allerdings kam es zu Widerständen aus Teilen der SPD und AL.[1319] Die Gewerkschaften HBV und ÖTV sowie der DSGV lehnten eine Fusion ebenso kategorisch ab.[1320] Vor diesem Hintergrund wurde das Fusionsvorhaben zunächst verschoben.[1321]

8.3.3.3 Das „Berliner Modell"

Der erste Anwendungsfall des sog. „Berliner Modells", das eine mehrheitliche Beherrschung einer Anstalt des öffentlichen Rechts durch eine privatrechtlich als Holding fungierende AG beinhaltet, war die Bildung der Konzernholding Bankgesellschaft Berlin AG zu Beginn des Jahres 1994.[1322] Das wesentliche Ziel dieser Holdingstruktur bestand in der Privatisierung des Anstaltsvermögens. Durch Einbringung der landeseigenen Institute in eine privatrechtliche Holding mit anschließender Veräußerung der Anteile bis zu einer Quote von 50 Prozent ließen sich nach damaliger Berechnung Einnahmen von etwa 1 Mrd. DM erzielen.[1323] Solch eine Holdingstruktur hatte es in Deutschland bis dato nicht gegeben. Gebietskörperschaften oder andere juristische Personen des öffentlichen Rechts galten ab diesem Zeitpunkt als herrschende Unternehmen, wenn sie sich außerhalb einer qualifizierten Beteiligung an einer Handelsgesellschaft anderweitig unternehmerisch betätigten oder weitere Beteiligungen hielten. Auf ihre Beziehungen

1317 Vgl. *o. V.:* Sparkasse, 1989, S. 3.

1318 Vgl. *o. V.:* Fusion, 1989, S. 5 sowie *o. V.:* Rot-grüner Senat, 1989, S. 19 und auch *o. V.:* Logik, 1990, S. 5.

1319 Vgl. *o. V.:* Logik, 1990, S. 5.

1320 Vgl. *Buchwaldt/Littmann:* Berliner Besonderheiten, 1989, S. 290 f. sowie *o. V.:* Logik, 1990, S. 5.

1321 An dieser Stelle muss darauf hingewiesen werden, dass unter der SPD-AL-Landesregierung neben den bereits erörterten „Privatisierungs-Modellen" auch andere Modelle (zwölf Konstruktionen) diskutiert wurden. Siehe auch *o. V.:* Bankbeteiligung, 1990, S. 6.

1322 Vgl. *Senator für Wirtschaft und Technologie des Landes Berlin et al.:* Wirtschaft, 1994, S. 30 f. sowie *Berliner Bank AG:* Geschäftsbericht, 1995, S. 13, ebenfalls *Fett:* Öffentlich-rechtliche Anstalten, 2000, S. 89 und auch *Abgeordnetenhaus von Berlin:* Plenarprotokoll (15/70), 2005, S. 5937.

1323 Vgl. *o. V.:* Bankbeteiligung, 1990, S. 6.

zu Beteiligungsunternehmen wurde daher das Konzernrecht angewendet, außer dies kam nach dem Zweck der jeweiligen Vorschrift nicht in Betracht.[1324]

Um eine Rechtsgrundlage für das Vorhaben zu schaffen, beschloss der Berliner Senat mit den Stimmen der CDU-SPD-Regierungskoalition am 29. November 1992 das 1. Gesetz zur Änderung des Gesetzes über die Errichtung der Landesbank Berlin und am 5. November 1993 das 2. Gesetz zur Änderung des Landesbankgesetzes.[1325] In der Folge wurden zwei mit Wirkung vom 1. Januar 1994 in Kraft tretende Verträge geschlossen, zum einen der „Vertrag über eine stille Gesellschaft und zur Begründung einer einheitlichen Leitung" zwischen der Landesbank Berlin als Anstalt des öffentlichen Rechts und der Bankgesellschaft Berlin AG und zum anderen der „Interessenwahrungsvertrag" zwischen dem Land Berlin und der Bankgesellschaft Berlin AG.[1326] Die Privatisierung der öffentlich-rechtlichen Anstalt wird durch eine Beteiligung der Holdingunternehmung an dessen Vermögen erreicht. Der Erlös dieses Beteiligungskaufes fließt dann an den vormaligen alleinigen Anteilseigner, das Land Berlin.

8.3.3.4 Vorgänge bei der landeseigenen Bankgesellschaft Berlin und dessen Auswirkungen auf die Berliner Sparkasse

Im Jahr 2001 wurde einer der größten Bankenskandale in Deutschland in Berlin aufgedeckt, der Auswirkungen für die Berliner Sparkasse hatte.[1327] Die landeseigene Bankgesellschaft Berlin – zu der auch die Berliner Sparkasse gehörte – veröffentlichte im Jahr 2000 ein Konzernergebnis in Höhe von 696 Mio. EUR. Nach einiger Zeit gelangten Informationen an die Öffentlichkeit, dass das risikoreiche Immobiliengeschäft in der Bilanz verschleiert bzw. nicht dargestellt wurde. Es wurden Scheingeschäfte und Bilanzmanipulationen aufgedeckt, sodass schließlich

---

1324 Vgl. *Fett:* Öffentlich-rechtliche Anstalten, 2000, S. 55: Da „die Privatisierung wie die Übertragung der öffentlichen Aufgaben nicht direkt von der öffentlichen Hand auf einen Privaten erfolgt, sondern erst mittelbar durch Platzierung der Aktien des herrschenden Unternehmens sowie Einräumung eines Weisungsrechts für den Privaten stattfindet, lässt sich die stille Gesellschaft mit einer öffentlich-rechtlichen Anstalt bei gleichzeitiger Konzernierung am besten mit dem Begriff ‚mittelbare Privatisierung' beschreiben". Vgl. auch *Fett:* Öffentlich-rechtliche Anstalten, 2000, S. 67–69.

1325 Vgl. *Fett:* Öffentlich-rechtliche Anstalten, 2000, S. 90 und 97.

1326 Vgl. *Fett:* Öffentlich-rechtliche Anstalten, 2000, S. 89 f.

1327 In diesem Teilbereich werden die (juristischen) Ausführungen zu den Vorgängen um die Berliner Bankgesellschaft in Grundzügen von *Schorner:* Privatisierung, 2008, S. 190–197 übernommen. Vgl. auch *Abgeordnetenhaus von Berlin:* Plenarprotokoll (14/27), 2001, S. 1531.

die Staatsanwaltschaft Anfang des Jahres 2001 Ermittlungen aufnahm.[1328] Im Ergebnis wurde festgestellt, dass es sich um einen Wertberichtigungsbedarf sowie um einen Jahresfehlbetrag für das Jahr 2000 in Höhe von 1,6 Mrd. EUR handelte. Es folgte eine Beihilfe durch das Land Berlin in Höhe von etwa 2 Mrd. EUR, die von der EU-Kommission bewilligt werden musste.[1329] Die EU-Kommission stellte u. a. die Bedingung, dass bis zum Jahr 2007 die Bankgesellschaft verkauft werden müsse.[1330] „Die EU-Kommission verlangte dabei explizit, dass private und öffentliche Banken die gleichen Chancen auf einen Erwerb der Bankgesellschaft haben [..] [und] der Verkauf [..] diskriminierungsfrei [..] erfolgen [sollte]. Um diese Anforderungen erfüllen zu können, war eine umfassende Änderung des Sparkassengesetzes nötig."[1331]

Daraufhin entfachte im Berliner Abgeordnetenhaus eine heftige Diskussion zwischen der SPD-PDS-Regierungskoalition und der Opposition von CDU, FDP und GRÜNE über die Neufassung des Sparkassengesetzes. So äußerte sich der Abgeordnete *Frank R. Jahnke* (SPD) wie folgt: „Selbst, wenn im ungünstigsten Fall die Sparkasse an einen Privaten geht, bleiben die Gemeinwohlorientierung und die typischen Kriterien für eine Sparkasse erhalten. […] Selbst, wenn hier eine der legendären Heuschrecken oder die Deutsche Bank zum Zuge käme, müsste sie sich an diese Kriterien halten. Tendenziell sehe ich es auch so, dass das Geschäftsgebaren mancher großen Landesbank und mancher Sparkasse kritisch daraufhin hinterfragt werden müsste, inwieweit in der Praxis die Gemeinwohlorientierung eine große Rolle spielt. […] Wir müssen beides tun, wir müssen es sowohl Öffentlich-Rechtlichen als auch Privaten anbieten."[1332] Der entscheidende letzte Satz macht deutlich, dass nun erstmals in der Sparkassenlandschaft die Möglichkeit bestand, dass eine kommunale Sparkasse von einem privaten Investor gekauft wurde.

Die PDS-Fraktion stimmte der Auffassung der SPD zu. So sagte *Carl Wechselberg* (PDS): „Wir schaffen eine Bank […] und setzen damit ganz erhebliche Rationalisierungspotentiale frei. Wer die Lösung nicht will, die […] [wir] vorschlagen, der muss dann auch die politische, die finanzpolitische und letztlich die betriebswirtschaftliche Verantwortung dafür übernehmen, dass 30, 40, 50 Millionen € an Reserven, die in der Bankgesellschaft Berlin liegen, nicht gehoben werden sollen.

1328 Vgl. *Abgeordnetenhaus von Berlin:* Plenarprotokoll (14/27), 2001, S. 1532.
1329 Vgl. *Abgeordnetenhaus von Berlin:* Plenarprotokoll (14/27), 2001, S. 1530.
1330 Vgl. *Abgeordnetenhaus von Berlin:* Vorlage, 2005, S. 1.
1331 *Schorner:* Privatisierung, 2008, S. 190 f. Siehe auch *Abgeordnetenhaus von Berlin:* Plenarprotokoll (15/70), 2005, S. 5936.
1332 *Abgeordnetenhaus von Berlin:* Plenarprotokoll (15/70), 2005, S. 5937.

[…] Wir werden hier ein Ergebnis erzielen, das bezogen auf die Risikominimierung für das Land Berlin, einen guten Veräußerungspreis und die Fähigkeit, aus diesem Veräußerungspreis wesentliche Teile der Risikoabschirmung zu bezahlen, sichert.“[1333]

Die Grünen hingegen lehnten eine derartige Neufassung des Sparkassengesetzes kategorisch ab. *Volker Ratzmann* (GRÜNE) formulierte dies deutlich: „Nach dem Entwurf wird ein potemkinsches Dorf mit einem roten S aufgebaut. Was sich dahinter tummelt, bleibt offen. Ich würde sagen, es ist ein weiteres trojanisches Pferd mit Namen „teilrechtsfähige Anstalt“, das von Seiten des Senats gebaut wird. Der Erwerber soll eine neu zu gründende Landesbank Berlin Aktiengesellschaft kaufen, und die Sparkasse soll dann als teilrechtsfähige Anstalt öffentlichen Rechts geführt werden. Das heißt, sie soll nach außen weiter als Sparkasse auftreten können, hat aber weder eigenes Geld noch eigenen Vorstand noch eigenen Aufsichtsrat noch ausreichende gesetzliche Bindungen, was die Gemeinwohlorientierung angeht. Das alles bestimmt der Erwerber. Wenn er ein privater Erwerber sein wird, wird das ausschließlich gewinnorientiert sein, und wenn eine andere Sparkasse die Bankgesellschaft kauft, wird sicherlich ein bisschen mehr Gemeinwohlorientierung drin sein.“[1334] Die FDP-Fraktion schloss sich den Ansichten der Grünen an. So äußerte sich *Volker Thiel* von der FDP-Fraktion wie folgt: „Summa summarum meinen wir, auch aus ordnungspolitischer Sicht: Dieses [..] Gesetz muss verhindert werden und ist abzulehnen.“[1335]

Die CDU-Fraktion mit *Norbert Atzler* nannte folgende Gründe für die Ablehnung: „Lassen Sie mich zum Abschluss sagen, dass wir diesem Gesetz wegen vier Punkten nicht zustimmen können. Wie bereits skizziert, ist die Funktionsfähigkeit bei dieser Vorlage nicht denkbar. Zweitens sind die Unternehmenskonflikte vorprogrammiert. Eine ganzheitliche strategische Führung ist nicht möglich, die Unternehmensform ist unübersichtlich, durch Verknüpfung von privatrechtlicher und öffentlich-rechtlicher Gestaltung ist auch die Zuordnung der Erträge sehr problematisch und könnte leicht zu einem Phantomprodukt geraten. Und zuletzt sind die Bedenken der Bundesanstalt für Finanzdienstleistungsaufsicht ein Rechtsrisiko für das gesamte Bankmodell, was auch den Bestand der Sparkasse anbelangt. Das wollen wir so insgesamt nicht mittragen.“[1336] An dieser Stelle sei darauf hingewiesen, dass der Abgeordnete *Atzler* (CDU) hier von „nicht zustimmen“ sprach. De facto war es jedoch so, dass sich die CDU-Fraktion bei der

---

1333 *Abgeordnetenhaus von Berlin:* Plenarprotokoll (15/70), 2005, S. 5939.
1334 *Abgeordnetenhaus von Berlin:* Plenarprotokoll (15/70), 2005, S. 5936.
1335 *Abgeordnetenhaus von Berlin:* Plenarprotokoll (15/70), 2005, S. 5940.
1336 *Abgeordnetenhaus von Berlin:* Plenarprotokoll (15/70), 2005, S. 5939.

Abstimmung zur Neufassung des Sparkassengesetzes enthielt und nicht explizit dagegen stimmte.

Letztendlich beschloss der Berliner Senat mit den Stimmen der SPD-PDS-Regierungskoalition gegen die Stimmen von GRÜNE und FDP und bei Enthaltung der CDU am 16. Juni 2005 die Neufassung des Sparkassengesetzes, das die bisherigen Strukturen um die Bankgesellschaft Berlin neu gestaltete.[1337] „Das Gesetz sollte ermöglichen, die Bankgesellschaft Berlin AG auf Dauer nur als Finanzholding fortzuführen. Dazu wurde der gesamte Geschäftsbetrieb auf die Landesbank Berlin AG, einer 100-prozentigen Tochter der Bankgesellschaft, ausgegliedert. Die wirtschaftliche Beteiligung der Bankgesellschaft an der Landesbank Berlin als Anstalt öffentlichen Rechts ging in der Kapitalbeteiligung an der Landesbank Berlin AG auf. Mit Beschluss der Hauptversammlung vom 14. Juli 2006 übertrug die Bankgesellschaft Berlin AG ihren Geschäftsbetrieb auf die Landesbank Berlin AG."[1338] Da die Berliner Sparkasse zuvor als Abteilung der Landesbank Berlin betrieben wurde, ist die Berliner Sparkasse per Gesetz zum 1. Januar 2006 aus der Landesbank Berlin herausgelöst worden. Seit diesem Zeitpunkt agiert sie als eine öffentlich-rechtliche Sparkasse in der Rechtsform einer teilrechtsfähigen Anstalt des öffentlichen Rechts.

Die Besonderheit bestand in der Ausgestaltung der Trägerschaft. Gemäß gesetzlicher Vorgabe ist die Landesbank Berlin AG Träger der Berliner Sparkasse. Vor diesem Hintergrund können private Investoren Anteile – zumindest indirekt – über eine Beteiligung an der Bankgesellschaft Berlin AG oder der Landesbank Berlin AG an der Berliner Sparkasse erwerben. Dabei ist jedoch zu beachten, dass es sich bei der Beleihung nicht um eine vollständige materiell-rechtliche Privatisierung und somit um keine Aufgabenprivatisierung handelt. Neben weiteren juristischen Restriktionen bleiben dem Land Berlin wesentliche Steuerungsmöglichkeiten erhalten, um eine vollständige Privatisierung „im Notfall" zu verhindern.

In Zusammenhang mit der Novellierung des Sparkassengesetzes wurde auch das Thema Bezeichnungsschutz „Sparkasse" gemäß § 40 Abs. 1 KWG diskutiert.[1339] Hier wurde eingewandt, es bestehe die Gefahr, dass dann, wenn die Berliner Sparkasse privatisiert werde, der private Investor die Bezeichnung „Sparkasse" weiterhin nutzen dürfe, dies aber vom Gesetzgeber nicht vorgesehen sei. Daraufhin folgten Auseinandersetzungen zwischen der EU-Kommission und der

---

1337 Vgl. *Abgeordnetenhaus von Berlin:* Plenarprotokoll (15/70), 2005, S. 5940.

1338 *Schorner:* Privatisierung, 2008, S. 191 f. Siehe dazu auch *Abgeordnetenhaus von Berlin:* Vorlage, 2005, S. 2 sowie *Abgeordnetenhaus von Berlin:* Plenarprotokoll (15/70), 2005, S. 5936.

1339 Vgl. *Abgeordnetenhaus von Berlin:* Plenarprotokoll (15/70), 2005, S. 5937.

Bundesregierung.[1340] Letztendlich wurde der Streit um den Bezeichnungsschutz „Sparkasse“ in § 40 KWG zwischen der EU-Kommission und der Bundesregierung beigelegt; das Ergebnis war, dass „der Übergang der Berliner Sparkasse auf einen privaten Träger [..] als Sonderfall eingestuft [wurde]. Einer Veräußerung an einen Privaten stünde § 40 KWG ausnahmsweise aus beihilferechtlichen Gründen nicht entgegen.“[1341]

Insgesamt kann festgestellt werden, dass mit der Neufassung des Sparkassengesetzes ein rechtlicher Rahmen geschaffen wurde, den es in dieser Form im Sparkassensektor bis dato noch nicht gegeben hatte. Damit war es erstmals möglich, die Beleihung als eine Option zur Privatisierung im Sparkassensektor zu nutzen. Das Gesetz verdeutlicht, dass diese Struktur für Deregulierungs- und Privatisierungsvorhaben im öffentlich-rechtlichen Kreditsektor geeignet ist. Somit kann in Form einer privaten Beteiligung der öffentliche Auftrag weiterhin beibehalten werden. Gleichzeitig verfügt die öffentliche Hand über gewisse Einfluss- und Kontrollrechte.

8.3.3.5 Policy-Prozessanalyse einzelner Fallbeispiele (1987–2007)

Die Prozessanalyse für Berlin erfolgt anhand der oben beschriebenen Fälle.

Policy-Prozess: Deregulierungs- und Privatisierungspolitik und der Versuch, die landeseigene Bankgesellschaft Berlin zu privatisieren (1990–1998)

Vor dem Hintergrund, dass die Deregulierungs- und Privatisierungspolitik sowie das Privatisierungsvorhaben lediglich von wenigen Akteuren – *Elmar Pieroth* (CDU), *Annette Fugmann-Heesing* (SPD), Gewerkschaftsvertretern, Teilen des linken Flügels der SPD – maßgeblich geprägt wurde und die Datenlage recht begrenzt ist, sodass aus ihr keine besonderen Erkenntnisse gewonnen werden können, ist eine Prozessanalyse nicht ergiebig bzw. sinnvoll. Für die Untersuchung des Stadtstaates gehört jedoch eine Darstellung wichtiger Meilensteine in der Deregulierungs- und Privatisierungsdiskussion dazu, sodass die Kernaspekte nochmals kurz skizziert werden.

Zwischen den Finanzsenatoren *Elmar Pieroth* (CDU) (1990–1995) und *Annette Fugmann-Heesing* (SPD) (1996–2001) bestand Einigkeit, was die Deregulierungs- und Privatisierungspolitik und somit die Privatisierung von Landesbeteiligungen betraf. Beide Akteure verfolgten dabei das Ziel, erstens das Haushaltsdefizit zu reduzieren und zweitens die landeseigene Bankgesellschaft Berlin zu privatisieren.

1340 An dieser Stelle wird auf die Erklärungen in Abschnitt 3.3.1 verwiesen.
1341 *Schorner:* Privatisierung, 2008, S. 196.

Allerdings ist es weder *Pieroth* noch *Fugmann-Heesing* in ihren Amtsperioden gelungen, sich gegen die Widerstände, insbesondere der Gewerkschaften und von Teilen des linken Flügels der SPD, durchzusetzen.

Policy-Prozess: Fusionsvorhaben der Sparkasse der Stadt Berlin West mit der Berliner Bank AG (1987–1990)

Die folgenden Akteure aus dem Policy-Subsystem prägten diesen Policy-Prozess:

Akteur 1: Regierender Bürgermeister *Momper* (SPD) mit der SPD-AL-Regierungskoalition (1989–1991)[1342]
Akteur 2: Vorstandsvorsitzender *Moser* der Sparkasse der Stadt Berlin West
Akteur 3: Vorstandsvorsitzender *Steinriede* der Berliner Bank AG
Akteur 4: Deutscher Sparkassen- und Giroverband (DSGV)
Akteur 5: Gewerkschaften HBV und ÖTV
Akteur 6: CDU
Akteur 7: SPD
Akteur 8: AL

Der Regierende Bürgermeister *Momper* (SPD) mit der SPD-AL-Regierungskoalition, die CDU-Fraktion sowie die Vorstandsvorsitzenden *Moser* der Sparkasse der Stadt Berlin West und *Steinriede* der Berliner Bank AG befürworteten das Fusionsvorhaben. Die SPD wich somit von dem Hauptkern (Deregulierung zu verhindern) ihres Belief-Systems ab.[1343] Dieser Meinungswechsel ist auf die sekundären Aspekte des Überzeugungssystems zurückzuführen. Mit dieser (instrumentellen) Entscheidung der SPD, das Vorhaben zu befürworten, verfolgte die Partei das Interesse, zusätzliche Erträge für den angespannten finanziellen Haushalt zu generieren und damit den Haushalt deutlich zu entlasten.[1344] Die AL übernahm die Auffassung von *Momper* (SPD) und der SPD-Fraktion und die Vorstandsvorsitzenden *Moser* und *Steinriede* übernahmen die Auffassungen der SPD-AL-Regierungskoalition. Die drei Akteure waren nur in diesem Policy-Prozess von Bedeutung. Die Haltung der CDU entsprach dem Hauptkern (Deregulierung zu befürworten) ihres Überzeugungssystems.[1345]

Vor diesem Hintergrund wird nunmehr der Vorstandsvorsitzende *Steinriede* der Berliner Bank AG der **Verfechter-Koalition** zugeordnet. Der Regierende

---

1342 Vgl. *Eith/Kießling et al.*: Parteiensysteme, 2008, S. 165.
1343 Vgl. Abschnitt 7.5.3.
1344 Vgl. Abschnitt 7.5.3.
1345 Vgl. Abschnitt 7.5.1.

Bürgermeister *Momper* (SPD) mit der SPD-AL-Regierungskoalition, die CDU-Fraktion und der Vorstandsvorsitzende *Moser* der Sparkasse der Stadt Berlin West werden in einer **Opportunisten-Koalition** zusammengefasst. Sowohl die Verfechter- als auch die Opportunisten-Koalition verfolgten die Policy-Strategie, das Fusionsvorhaben über die Einbringung des Gesetzes über eine Landesbank Berlin – Girozentrale, durchzusetzen. Für *Moser* (Sparkasse der Stadt Berlin West) bestand das Interesse darin, die finanziell angespannte Situation mit der Fusion (zumindest in Teilen) zu reduzieren und das bestehende Regionalprinzip für Sparkassen sukzessive aufzulösen. Das Interesse von *Steinriede* (Berliner Bank AG) war primär, die Eigenkapitalbasis der Bank zu stärken. *Momper* (SPD) mit der SPD-AL-Regierungskoalition war daran interessiert, den angespannten Landeshaushalt zu entlasten. Als **entscheidende Ressourcen** für die Umsetzung der Policy-Strategie lassen sich hier Veto-Punkte ausmachen, da die Zustimmung der SPD-AL-Regierungskoalition erforderlich war.

Allerdings veränderte sich die Positionierung der SPD-AL-Regierungskoalition mit Bürgermeister *Momper* (SPD) an der Spitze im Jahr 1990. Dies resultierte aus einem Konflikt innerhalb der SPD-AL-Regierungskoalition, da nunmehr ein großer Teil der Akteure innerhalb der Parteien SPD und AL die Fusion ablehnte. Der Deutsche Sparkassen- und Giroverband (DSGV) sowie die Gewerkschaften HBV und ÖTV lehnten das Fusionsvorhaben ebenso ab und folgten damit dem jeweiligen Hauptkern (Ablehnung von Deregulierung und Privatisierung öffentlich-rechtlicher Sparkassen) ihrer Belief-Systeme.[1346] Somit lassen sich Teile der Akteure von SPD, AL, DSGV und der Gewerkschaften HBV sowie ÖTV einer **Traditionalisten-Koalition** zurechnen, deren Policy-Strategie dahin ging, das Fusionsvorhaben per Gesetz zu verhindern. Die Koalition befürchtete, dass mit der Fusion die Sparkassenorganisation in Deutschland massiv gefährdet würde, und ihr Interesse bestand darin, die öffentlich-rechtlichen Sparkassen zu schützen. Auch hier waren Veto-Punkte die **entscheidenden Ressourcen** für die Umsetzung der Policy-Strategie, da die mehrheitliche Zustimmung der SPD-AL-Regierungskoalition notwendig war, um das Fusionsvorhaben zu verhindern.

In diesem Policy-Prozess traten keine **Policy-Vermittler** auf. Vor dem Hintergrund der komplexen und umstrittenen Situation kam es zu dem **Policy-Output**, dass sich die Verfechter-, die Opportunisten- und Traditionalisten-Koalitionen darauf einigten, das Fusionsvorhaben vorerst zu verschieben. Damit blieb – dies stellt die **Policy-Wirkung** dar – die Sparkassenstruktur in ihrer originären Struktur bestehen.

1346 Vgl. Abschnitt 7.2 und 7.4.

Policy-Prozess: Berliner Modell (1992–1994)

In diesem Policy-Prozess standen größtenteils rechtliche Aspekte im Mittelpunkt. Darüber hinaus waren nur wenige Akteure an dem Entscheidungsprozess beteiligt, sodass eine politische Prozessanalyse nicht ergiebig ist. Da aber auch hier wichtige Meilensteine in der Deregulierungs- und Privatisierungsdiskussion zu finden sind, werden die Kernaspekte noch einmal kurz aufgezeigt.

Die Schaffung einer „Konzernholding Bankgesellschaft" erfolgte zu Beginn des Jahres 1994. Dieses komplexe rechtliche Konstrukt wurde gebildet, um das Anstaltsvermögen zu privatisieren und damit den Haushalt zu entlasten. Geprägt wurde der Prozess vom ehemaligen Finanzsenator *Meisner* (SPD), für den die Privatisierung von Landesvermögen eine wichtige Rolle spielte. Der Berliner Senat beschloss mit den Stimmen der CDU-SPD-Regierungskoalition zum Ende des Jahres 1992 die Gesetzesänderungen, die eine Privatisierung der öffentlich-rechtlichen Anstalt durch eine Beteiligung der Holdingunternehmung an dessen Vermögen ermöglichten.[1347] Der Erlös dieses Beteiligungsverkaufes wurde entsprechend an den vormaligen alleinigen Anteilseigner, das Land Berlin, ausgezahlt.

Policy-Prozess: Vorgänge bei der landeseigenen Bankgesellschaft Berlin und rechtliche Auswirkungen auf die Berliner Sparkasse (2001–2007)

Die folgenden Akteure aus dem Policy-Subsystem prägten den Policy-Prozess der Neufassung des Sparkassengesetzes:

Akteur 1: Regierender Bürgermeister *Wowereit* (SPD) mit der SPD-PDS-Regierungskoalition (2001–2011)[1348]
Akteur 2: EU-Kommission
Akteur 3: Bankgesellschaft Berlin
Akteur 4: Landesbank Berlin Holding AG
Akteur 5: Berliner Sparkasse
Akteur 6: SPD
Akteur 7: PDS

1347 Die SPD befürwortete die Gesetzesänderungen. Abschnitt 7.5.3 hat jedoch gezeigt, dass die SPD ein Gegner der Deregulierung öffentlich-rechtlicher Kreditinstitute ist. Vor diesem Hintergrund hat sich ihre Überzeugung verändert, was auf den sekundären Aspekt des Belief-Systems zurückzuführen ist. Der Meinungswechsel erfolgte angesichts der Überzeugung, dass eine Reduzierung des Haushaltsdefizits nur mit der Privatisierung des Landesvermögens möglich sei.

1348 Vgl. *Eith/Kießling et al.*: Parteiensysteme, 2008, S. 165. Siehe auch *Amt für Statistik Berlin-Brandenburg*: Die Landeswahlleiterin für Berlin, 2011, online.

Akteur 8: GRÜNE
Akteur 9: CDU
Akteur 10: FDP

Der Regierende Bürgermeister *Wowereit* (SPD) mit der SPD-PDS-Regierungskoalition, die EU-Kommission, die Bankgesellschaft Berlin, die Landesbank Berlin Holding AG sowie die Berliner Sparkasse befürworteten die Neufassung des Sparkassengesetzes. Die politischen Akteure SPD und PDS wichen somit von dem jeweiligen Hauptkern ihrer Belief-Systeme ab.[1349] Hier kommen die sekundären Aspekte der Überzeugungssysteme zum Tragen, die auch aus den landespolitischen Programmen herausgearbeitet worden sind.[1350] Mit dieser (instrumentellen) Entscheidung und dem damit einhergehenden Meinungswechsel bestand das Hauptinteresse von SPD und PDS darin, den angespannten finanziellen Haushalt deutlich zu entlasten.

Die Haltung der EU-Kommission entspricht dem Hauptkern (Deregulierung und Privatisierung öffentlich-rechtlicher Kreditinstitute zu befürworten) ihres Überzeugungssystems.[1351] Die Bankgesellschaft Berlin, die Landesbank Berlin Holding AG sowie die Berliner Sparkasse sind ausschließlich in diesem Policy-Prozess von Bedeutung; sie übernahmen die Grundauffassungen von dem Regierenden Bürgermeister *Wowereit* (SPD) mit der SPD-PDS-Regierungskoalition.

Die GRÜNE und die FDP lehnten die Neufassung des Sparkassengesetzes ab. Die Grünen blieben damit dem Hauptkern (Deregulierung zu verhindern) ihrer Grundauffassungen treu.[1352] Hingegen folgte die FDP nicht dem Hauptkern (Deregulierung zu befürworten) ihres Belief-Systems.[1353] Damit zeigten sich bei den Liberalen die sekundären Aspekte des Belief-Systems. Aus den landespolitischen Programmen der Berliner FDP lässt sich dieser Meinungswechsel grundsätzlich nicht erklären, jedoch ergeben sich Hinweise aus der obigen Darlegung, die vermuten lassen, dass die Abweichung aufgrund von landespolitischen Aspekten vollzogen wurde – bis hin zu einer „typischen" oppositionellen Haltung gegen die Regierungskoalition.

Die CDU enthielt sich bei dem Entscheidungsprozess zu der Neufassung des Sparkassengesetzes. Sie stand dem Vorhaben kritisch gegenüber, was dem Hauptkern ihrer Grundauffassungen widerspricht – auch hier zeigen sich damit die

1349 Vgl. Abschnitt 7.5.3 und 7.5.5.
1350 Vgl. Abschnitt 7.5.3 und 7.5.5.
1351 Vgl. Abschnitt 7.1.
1352 Vgl. Abschnitt 7.5.4.
1353 Vgl. Abschnitt 7.5.2.

sekundären Aspekte des Belief-Systems.[1354] Aus der Untersuchung der landespolitischen Programme der CDU wird u. a. die Begründung des Meinungswechsels sichtbar. So führt die Partei auf, dass nicht der kurzfristige Effekt, sondern die Chance auf langfristige wirtschaftliche Stabilität bei der Neufassung des Sparkassengesetzes im Vordergrund zu stehen habe. Die CDU wandte hierbei also eine typische Argumentation an, die sie bei einem Regierungswechsel in die Lage versetzen sollte, ihre Ziele dann entsprechend (finanzierbar) umzusetzen.

Vor diesem Hintergrund wird nunmehr die EU-Kommission der **Verfechter-Koalition** zugeordnet, während der Regierende Bürgermeister *Wowereit* (SPD) mit der SPD-PDS-Regierungskoalition, die Bankgesellschaft Berlin, die Landesbank Berlin Holding AG sowie die Berliner Sparkasse eine **Opportunisten-Koalition** bildeten. Sowohl die Verfechter- als auch die Opportunisten-Koalition verfolgten die Policy-Strategie, die Neufassung des Sparkassengesetzes in Berlin durchzusetzen. Die EU-Kommission hatte das Interesse, dass bis zum Jahr 2007 die Bankgesellschaft Berlin verkauft werden sollte. Das Interesse der anderen Akteure bestand darin, erstens eine Risikominimierung für das Land Berlin vorzunehmen, zweitens aus dem Verkaufserlös wesentliche Teile der Risikoabschirmung zu bezahlen und drittens mit dem dann verbleibenden Verkaufserlös das Haushaltsdefizit zu reduzieren. Die **entscheidenden Ressourcen** für die Umsetzung der Policy-Strategie waren Veto-Punkte, da die Zustimmung der SPD-PDS-Regierungskoalition benötigt wurde.

Die CDU, FDP und GRÜNE lassen sich als **Traditionalisten-Koalition** einordnen.[1355] Hier war die Policy-Strategie, die Neufassung des Sparkassengesetzes zu verhindern, da befürchtet wurde, dass mit der Umsetzung des veränderten Sparkassengesetzes die gesamte Sparkassenorganisation in Deutschland massiv gefährdet würde. Das Interesse bestand folglich darin, die öffentlich-rechtlichen Sparkassen zu schützen. Einen **Policy-Vermittler** gab es in dem Policy-Prozess nicht.

Vor dem Hintergrund der sehr konfliktbehafteten Situation ergab sich der **Policy-Output**, dass sich die Verfechter- und die Opportunisten-Koalition durchsetzten, womit es zu einer Neufassung des Sparkassengesetzes kam. Die **Policy-Wirkung** war, dass erstmalig im Sparkassensektor ein rechtlicher Rahmen

1354 Vgl. Abschnitt 7.5.1.

1355 Wenn auch die CDU-Fraktion sich im Abstimmungsprozess enthielt, so vertrat die Partei doch die Auffassung, dass das Vorhaben nicht umgesetzt werden solle. Mit ihrer Enthaltung erschwerte sie also die Umsetzung der Neufassung des Sparkassengesetzes. Somit wird die CDU der Traditionalisten-Koalition zugerechnet.

geschaffen wurde, der es sowohl öffentlich-rechtlichen als auch privaten Interessenten ermöglichte, eine kommunale Sparkasse zu erwerben.

8.3.3.6 Prüfung der Hypothesen

Die erste Fallanalyse zur Deregulierungs- und Privatisierungspolitik und zu dem ersten Versuch, die landeseigene Bankgesellschaft Berlin zu privatisieren, wird aufgrund der sehr begrenzten Daten- und Informationslage bei der Prüfung der Hypothesen nicht berücksichtigt. Die dritte Fallanalyse zu den Vorgängen um das Berliner Modell wird – exemplarisch für alle hier behandelten Fallanalysen – nur im Rahmen der dritten Hypothese geprüft. Die vierte Fallanalyse zu den Vorgängen bei der landeseigenen Bankgesellschaft Berlin und deren Auswirkungen auf die Berliner Sparkasse wird hingegen zur Prüfung aller Hypothesen herangezogen.

Zu den Linksparteien gehörten im Falle Berlins die PDS, GRÜNE (AL)[1356] sowie die SPD und zu den konservativ-liberalen Parteien die CDU und die FDP. Bei den Vorgängen der landeseigenen Bankgesellschaft Berlin und deren Auswirkungen auf die Berliner Sparkasse enthielt sich die CDU im Abstimmungsprozess und wird somit nicht weiter berücksichtigt.

Wie die Fallanalyse zum Fusionsvorhaben der Sparkasse der Stadt Berlin West mit der Berliner Bank AG verdeutlicht, trifft die Parteiendifferenz-Hypothese zu. Dabei haben sich allerdings die Positionierungen der politischen Akteure im Laufe der Zeit verändert. Zu Beginn stimmten sowohl die Linksparteien als auch die CDU für das Fusionsvorhaben. Die Linksparteien folgten hier nicht ihrer ursprünglichen ideologischen und programmatischen Ausrichtung, keine Deregulierungsmaßnahmen (hier in Form des Fusionsvorhabens) zuzulassen. Allerdings veränderten sich im Laufe der Zeit die Positionen großer Teil der SPD und der AL, die letztendlich die Deregulierungsmaßnahmen ablehnten. Die Fallanalyse zu den Vorgängen bei der landeseigenen Bankgesellschaft Berlin und deren Auswirkungen auf die Berliner Sparkasse vermag die Parteiendifferenz-Hypothese hingegen nicht zu bestätigen, da die Linksparteien die Neufassung des Sparkassengesetzes befürworteten. Hingegen haben sich die FDP und GRÜNE gegen das Vorhaben ausgesprochen.

1356 Die AL (Alternative Liste für Demokratie und Umweltschutz) ist ab dem Jahr 1995 in der Partei Bündnis 90/Die Grünen aufgegangen. Vor diesem Hintergrund wird die AL den linksorientierten Parteien zugerechnet. Darüber hinaus trat die AL in dem Policy-Prozess eigenständig auf und wird aus diesem Grund hier nochmals separat aufgeführt.

Die Prüfung der zweiten Hypothese soll hier exemplarisch anhand des Berliner Modells durchgeführt werden, da sie in den anderen Fällen zu keinen neuen Erkenntnissen führt. Konstatieren lässt sich, dass eine Rechtstradition für die öffentlich-rechtlichen Kreditinstitute bestand. Durch die Anwendung dieser Rechtstradition konnte die Berliner Sparkasse, die zuvor als Abteilung der Landesbank Berlin betrieben worden war, per Gesetz aus der Landesbank Berlin herausgelöst werden und in ihrer Rechtsform bestehen bleiben. Damit konnte sie weiterhin als eine öffentlich-rechtliche Sparkasse in der Rechtsform einer teilrechtsfähigen Anstalt des öffentlichen Rechts am Markt tätig sein. Der politische Prozess wurde von der Rechtstradition nachhaltig beeinflusst, denn die Handlungsspielräume der Akteure waren infolge der Anwendung der Rechtsgrundlage eingeschränkt. Somit lässt sich die zweite Hypothese bestätigen.

Was die Frage nach möglichen Vetospielern neben den zentralen Entscheidungsträgern betrifft, so waren angesichts der eindeutigen politischen Mehrheitsverhältnisse weder deren Anzahl noch deren Kohäsion von Bedeutung – die Hypothese kann bestätigt werden. Sowohl bei dem Fusionsvorhaben der Sparkasse der Stadt Berlin West mit der Berliner Bank AG als auch bei den Vorgängen um die landeseigene Bankgesellschaft Berlin und deren Auswirkungen auf die Berliner Sparkasse beschränkten sich die entscheidenden Vetospieler auf die jeweiligen Parteien, die die Regierungskoalition bildeten.

Die Fallanalyse zu den Vorgängen bei der landeseigenen Bankgesellschaft Berlin und zu deren Auswirkungen auf die Berliner Sparkasse macht deutlich, dass erheblicher Druck seitens der EU-Kommission auf den deutschen Gesetzgeber – sowohl auf Bundes- als auch auf Landesebene – ausgeübt wurde. Die EU-Kommission zwang den Berliner Senat, das öffentlich-rechtliche Kreditwesen neu zu strukturieren. Insofern trifft hier auch die vierte Hypothese zu.

8.4 Norddeutsche Bundesländer

8.4.1 Hamburg und Schleswig-Holstein

Die Freie und Hansestadt Hamburg stellt einen Sonderfall dar, weil in Hamburg kein Sparkassengesetz existiert. Da die Hamburger Sparkasse Finanzholding an allen freien Sparkassen in Schleswig-Holstein beteiligt ist, haben regulatorische Veränderungen in Schleswig-Holstein eine Auswirkung auf die Hamburger Sparkasse AG (Haspa). Vor diesem Hintergrund konzentriert sich die Analyse auf die regulatorischen Faktoren in Schleswig-Holstein, die Auswirkungen auf die Kreditpolitik der Haspa haben.

8.4.1.1 *Änderungen des Sparkassenrechts in Schleswig-Holstein und dessen Auswirkungen auf die Hamburger Sparkasse Finanzholding*

Die Freie und Hansestadt Hamburg hat in der Vergangenheit nur wenige Privatisierungsanstrengungen unternommen. So konnte 1995 der Presse entnommen werden: „Ansätze zur echten Privatisierung [...] genießen in Hamburg – von einzelnen Bestrebungen einmal abgesehen – keinen großen Stellenwert."[1357] Hamburg tätigte unter dem Eindruck hoher Finanzierungsdefizite des Haushalts vereinzelt Verkäufe. Insbesondere die Veräußerung – Ende der 1990er-Jahre unter dem Ersten Bürgermeister *Ortwin Runde* (SPD) – des 49,5-prozentigen Anteils an der Hamburgischen Landesbank-Girozentrale an die Landesbank Schleswig-Holstein Girozentrale führte zu einer Entlastung des Haushalts.[1358] Im Vergleich zu anderen Bundesländern verfolgte Hamburg aber keine explizite Privatisierungspolitik.

Die historische Entwicklung der Hamburger Sparkasse weist eine gewisse Eigentümlichkeit auf: „In Hamburg lagen auf dem Gebiet des Sparkassenwesens ganz besondere Verhältnisse vor. Zwei nach Rechtscharakter, Satzung, Organisation, Kundenkreis und Geschäftsgebiet praktisch gleiche Sparkassen arbeiteten nebeneinander. Das gab es sonst nirgendwo in der Bundesrepublik."[1359] Historisch betrachtet erfolgte im Jahr 1972 die Fusion der „Hamburger Sparcasse von 1827" mit der „Neuen Sparcasse von 1864" zur Hamburger Sparkasse (Haspa). Die Haspa wurde als juristische Person alten hamburgischen Rechts geführt.[1360]

In den 1980er-Jahren erfolgte ein wichtiger Schritt für die Entwicklung der Haspa durch die Beendigung des sog. „Sparkassenkrieges" zwischen dem Land Schleswig-Holstein und dem Institut. Hierbei ging es vor allem um einen Konflikt, in dessen Verlauf es der Haspa untersagt wurde, weitere Geschäftsstellen in den an Hamburg angrenzenden Gemeinden in Schleswig-Holstein zu eröffnen. Dieser Rechtsstreit ging auf juristischer Ebene bis vor das Bundesverwaltungsgericht.[1361]

Seit dem Jahr 2003 wird die Haspa als eine Aktiengesellschaft geführt. Der Bankbetrieb wurde in eine Aktiengesellschaft überführt und die Gesellschaft

---

1357 *Beukert:* Privatisierung, 1995, S. 5.

1358 Vgl. *o. V.:* Hamburgische Landesbank, 2003, online.

1359 *Mählmann:* Hamburger Sparkassen, 1975, S. 4.

1360 Vgl. *Mählmann:* Hamburger Sparkassen, 1975, S. 4–19 sowie *Herlt:* Sparkasse, 1977, S. 101–112.

1361 Vgl. *Hamburger Sparkasse (Hrsg.):* Zukunft, 2002, S. 60.

alten hamburgischen Rechts in eine Finanzholding umfirmiert.[1362] Damit hat die Freie und Hansestadt Hamburg formal keinen Einfluss auf die Sparkasse.

Neben der Haspa gibt es die öffentlich-rechtliche Sparkasse Harburg-Buxtehude. Sie fokussiert sich allerdings ausschließlich auf die Landkreise Harburg (Hamburg), Stade (Niedersachsen) und Lüneburg (Niedersachsen) und nimmt demnach keine wesentliche Stellung in Hamburg ein.[1363] Die Sparkasse Harburg-Buxtehude fusionierte mit der Sparkasse Lüneburg Mitte des Jahres 2009. Die Fusion wurde mit Stimmen der CDU und der SPD beschlossen. Gegen diese Fusion stellten sich FDP und GRÜNE, allerdings folgten daraus keine wesentlichen kritischen Stellungnahmen oder juristischen Auseinandersetzungen, sodass die Fusion nicht weiter analysiert wird.[1364] Selbst nach diesem Zusammenschluss blieb die Stellung des Instituts (zumindest) in Hamburg eher unbedeutend.

Die CDU-FDP-Regierungskoalition in Schleswig-Holstein mit Ministerpräsident *Peter Harry Carstensen* (CDU) an der Spitze führte eine intensive Diskussion mit den beteiligten Akteuren über das Sparkassengesetz.[1365] Neben dem erstrangigen Ziel der CDU-FDP-Landesregierung, die Eigenkapitalbasis der Sparkassen zu stärken, sollte „das Gesetz [...] Geld in die Kassen der [...] Kommunen bringen“.[1366] Die Regierungskoalition wollte Beteiligungen an Sparkassen von bis zu 25,1 Prozent ermöglichen.[1367] Die Grenze von 25,1 Prozent sollte sicherstellen, dass die Träger der Sparkassen die Mehrheit in den Verwaltungsräten behielten. Da in Schleswig-Holstein die Haspa Finanzholding an allen freien Sparkassen beteiligt ist, bedeutete dies, dass dann, wenn die Pläne der CDU-FDP-Regierung umgesetzt wurden, weitere Beteiligungen folgen konnten, da „nicht die Haspa AG [...] die Beteiligung eingehen wird, sondern die Haspa Finanzholding, die als juristische Person des alten Hamburger Rechts gilt und die gesamten Anteile

---

1362 Vgl. *Haspa Finanzholding (Hrsg.)*: Geschichte, 2003, online.

1363 Vgl. *Sparkasse Harburg-Buxtehude:* Geschäftsentwicklung, 2010, S. 5 sowie *Sparkasse Harburg-Buxtehude:* Sparkasse, 2010, online.

1364 Vgl. *o. V.:* Fusion, 2009, online sowie *Freie Demokratische Partei:* Sparkassenfusion, 2009, online.

1365 Für einen generellen Überblick zu dieser Auseinandersetzung vgl. *Drost:* Sparkassen, 2009, S. 25; *o. V.:* Reform, 2010, S. 7; *o. V.:* Koalition, 2010, S. 12; *o. V.:* Sparkassengesetz, 2010, S. 10; *Popien:* Gesetzesnovelle, 2010, S. 3; *o. V.:* Liberalen, 2010, S. 2; *Drost:* Kreditwirtschaft, 2010, S. 40; *Drost:* Sparkassengesetz, 2010, S. 36; *Stade:* Sparkassen-Gesetz, 2010, S. 32; *o. V.:* Schleswig-Holstein, 2010, S. 34; *o. V.:* Beteiligungen, 2010, S. 15. Für einen ersten Eindruck der sich daraus ergebenden sozialpolitischen Folgen siehe *o. V.:* Personalrat, 2010, S. 1.

1366 *Christen:* Beteiligungen, 2010, S. 22.

1367 Vgl. *o. V.:* Landtag, 2010, S. 8.

an der Haspa AG hält."[1368] Dies würde der Haspa Finanzholding die Möglichkeit einräumen, sich an weiteren Sparkassen insbesondere im Norden Deutschlands zu beteiligen. Die SPD befürchtete, dass dieses Gesetz die Beteiligung freier Sparkassen ermöglichen würde und dies dazu führen könnte, dass auch andere private Kreditinstitute oder Finanzinvestoren den Einstieg verlangen könnten.[1369]

Am 18. Juni 2010 wurde das Sparkassengesetz von der CDU-FDP-Regierungskoalition im schleswig-holsteinischen Landtag beschlossen.[1370] Damit darf sich die Haspa-Finanzholding an den öffentlich-rechtlichen Kreditinstituten in Schleswig-Holstein beteiligen. „Das Gesetz erlaubt auch öffentlich-rechtlichen Sparkassen aus anderen Bundesländern und sog. vergleichbaren Trägern – gemeint ist die Haspa Finanzholding – eine Minderheitsbeteiligung von 25,1 % an Instituten im Norden."[1371]

Neben den Parteien SPD und GRÜNE kritisierte der Sparkassen- und Giroverband für Schleswig-Holstein, wesentliche Änderungsvorschläge seien nicht berücksichtigt worden.[1372] Der Deutsche Landkreistag (DLT) lehnte das Gesetz kategorisch ab. Er wies auf die „Sprengkraft für den gesamten Sparkassensektor" und auf eine „schleichende Privatisierung von Sparkassen" hin.[1373] Auch die Gewerkschaft ver.di warf der schwarz-gelben Koalition leichtfertiges Handeln vor: Diese „gefährde [...] das System der drei Säulen in der deutschen Kreditwirtschaft".[1374]

Insgesamt ist festzustellen, dass die Haspa als freie Sparkasse an der Sparkassenpolitik und dem politischen Prozess aktiv teilgenommen hat, obwohl in der Hansestadt Hamburg kein Sparkassengesetz existiert.

8.4.1.2 Policy-Prozessanalyse des Fallbeispiels (2003–2010)

Die Prozessanalyse erfolgt für Hamburg anhand des oben aufgeführten Falls, bei dem die Sparkassengesetzgebung sich auch auf die Hansestadt auswirkte.

1368 Vgl. *Drost:* Sparkassengesetz, 2010, S. 39.

1369 Vgl. *o. V.:* Landtag, 2010, S. 8 sowie *Drost:* Freiheit, 2010, S. 37: *Nierhaus* sei der Ansicht, „dass wenn sich die Haspa Finanzholding an einer öffentlich-rechtlichen Sparkasse beteiligen könne, dieses Vorgehen zu einer ‚planvollen Teilprivatisierung der kommunalen Sparkassen im Land' führen könnte."

1370 Vgl. *o. V.:* Neues Sparkassengesetz, 2010, S. 18.

1371 *o. V.:* Kieler Sparkassengesetz, 2010, S. 7.

1372 Vgl. *o. V.:* Kieler Sparkassengesetz, 2010, S. 7.

1373 *o. V.:* Kieler Sparkassengesetz, 2010, S. 7.

1374 *o. V.:* Kieler Sparkassengesetz, 2010, S. 7.

Policy-Prozess: Änderungen des Sparkassenrechts in Schleswig-Holstein und dessen Auswirkungen auf die Hamburger Sparkasse Finanzholding (2003–2010)

In diesem Fall erweisen sich die folgenden Akteure aus dem Policy-Subsystem als wichtig für den Policy-Prozess:

Akteur 1: Ministerpräsident *Carstensen* (CDU) mit der CDU-FDP-Regierungskoalition in Schleswig-Holstein (2005–2012)[1375]
Akteur 2: Haspa Finanzholding
Akteur 3: Sparkassen- und Giroverband für Schleswig-Holstein (SGVSH)
Akteur 4: Deutscher Landkreistag (DLT)
Akteur 5: Gewerkschaft ver.di
Akteur 6: CDU
Akteur 7: SPD
Akteur 8: GRÜNE
Akteur 9: FDP

Ministerpräsident *Carstensen* (CDU) mit der CDU-FDP-Regierungskoalition und die Haspa Finanzholding befürworteten die Änderungen des Sparkassenrechts. Die Entscheidung der politischen Akteure CDU und FDP entsprach dem jeweiligen Hauptkern (Deregulierung zu befürworten) ihres Belief-Systems.[1376] Die Haspa Finanzholding spielt nur in diesem Policy-Prozess eine Rolle und übernahm die Grundauffassungen von *Carstensen* (CDU) mit der CDU-FDP-Regierungskoalition. SPD und GRÜNE sowie der Sparkassen- und Giroverband für Schleswig-Holstein (SGVSH), der Deutsche Landkreistag (DLT) und die Gewerkschaft ver.di lehnten die Änderungen des Sparkassenrechts ab. Damit entsprachen die Akteure dem Hauptkern ihrer jeweiligen Überzeugungssysteme.[1377]

Somit lassen sich Ministerpräsident *Carstensen* (CDU) mit der CDU-FDP-Regierungskoalition und die Haspa Finanzholding als eine **Opportunisten-Koalition** charakterisieren. Ihre Policy-Strategie zielte darauf, Änderungen des Sparkassenrechts per Landesgesetz durchzusetzen. Im Mittelpunkt standen dabei mehrere Interessen: Erstens ging es darum, die Eigenkapitalbasis der Sparkassen zu stärken, zweitens sollten die Haushalte der Kommunen durch Anteilsverkäufe entlastet werden und drittens war beabsichtigt, der Haspa Finanzholding – die

1375 Vgl. *Eith/Kießling et al.*: Parteiensysteme, 2008, S. 437 sowie *Exner*: Ministerpräsident, 2012, online.
1376 Vgl. Abschnitt 7.5.1 und 7.5.2.
1377 Vgl. Abschnitt 7.2, 7.4, 7.5.3 und 7.5.4.

bereits an drei Sparkassen (Bordesholmer Sparkasse AG, Sparkasse zu Lübeck AG, Sparkasse Mittelholstein AG) in Schleswig-Holstein beteiligt war –weitere Möglichkeiten einer verstärkten Beteiligung an weiteren (freien) Sparkassen einzuräumen. Damit würde die Haspa Finanzholding ihr Geschäftsgebiet über die Grenzen Hamburgs ausweiten und ihre geschäftlichen Aktivitäten ausbauen können. Die **entscheidenden Ressourcen** für die Umsetzung der Policy-Strategie waren Veto-Punkte, da die Zustimmungspflicht der CDU-FDP-Regierungskoalition für die Umsetzung der Gesetzesänderungen notwendig war.

Die anderen Akteure – der Sparkassen- und Giroverband für Schleswig-Holstein (SGVSH), der Deutsche Landkreistag (DLT), die Gewerkschaft ver.di sowie SPD und GRÜNE – lassen sich als eine **Traditionalisten-Koalition** beschreiben. Deren Policy-Strategie war es, die Gesetzesänderungen für die Sparkassen zu verhindern. Sie befürchteten, trotz der vom Landesgesetzgeber festgelegten Beteiligungshöhe an Sparkassen von bis zu 25,1 Prozent könnte die Beteiligung einer freien Sparkasse an anderen (freien) Sparkassen dazu führen, dass juristische Personen des öffentlichen und privaten Rechts ebenfalls den Einstieg verlangen würden. Des Weiteren sahen sie die Gefahr einer schleichenden Privatisierung öffentlich-rechtlicher Sparkassen. Entsprechend bestand ihr Interesse darin, die bestehende Sparkassenstruktur aufrechtzuerhalten und zu schützen.

In diesem Policy-Prozess traten keine **Policy-Vermittler** auf, sodass der **Policy-Output** letztendlich darin bestand, dass sich die Opportunisten-Koalition mit den Änderungen des Sparkassengesetzes durchsetzte. Als **Policy-Wirkung** ist zu sehen, dass seit der Umsetzung der Gesetzesänderung eine festgelegte prozentuale Beteiligung anderer Kreditinstitute oder Investoren an Sparkassen möglich ist. Es steht zu erwarten, dass die Opportunisten-Koalition Sparkassenfusionen im Sinne der Haspa Finanzholding weiter unterstützen und dabei versuchen wird, Akteure der Traditionalisten-Koalition im Sinne ihrer Interessen zu überzeugen. Bei einem Regierungswechsel ist jedoch zu erwarten, dass keine weiteren Änderungen erfolgen werden, die zu einer stärkeren Öffnung kommunaler Sparkassen gegenüber Dritten (bspw. durch weitere Beteiligungsmöglichkeiten der HASPA an anderen öffentlich-rechtlichen Sparkassen) führen; wahrscheinlich ist vielmehr, dass dann die bisherigen sparkassenrechtlichen Änderungen wieder zurückgenommen werden.

8.4.1.3 Prüfung der Hypothesen

Im Hinblick auf die Positionierungen der Parteien zeigt sich, dass die konservativ-liberalen Parteien die Änderungen des Sparkassenrechts befürworteten, während die Linksparteien sich gegen die Änderungen ausgesprochen haben.

Die politischen Akteure folgten damit jeweils ihrer ursprünglichen ideologischen und programmatischen Ausrichtung. Eine Parteiendifferenz zwischen SPD und GRÜNE einerseits und CDU und FDP andererseits ist insofern festzustellen, die Parteiendifferenz-Hypothese trifft in diesem Fall zu.

In Schleswig-Holstein bestand, wie die Fallanalyse gezeigt hat, eine Rechtstradition, die eine vollständige Privatisierung kommunaler Sparkassen sowie eine vertikale Fusion im öffentlich-rechtlichen Kreditsektor ausschloss. Deutlich wurde auch, dass ein Teil der Akteure – Ministerpräsident *Carstensen* (CDU) mit der CDU-FDP-Regierungskoalition und die Haspa Finanzholding – dieser Rechtstradition folgte. So wurde im Rahmen des Wandels hin zu einer verstärkten Öffnung des öffentlich-rechtlichen Kreditsektors gegenüber Dritten das Sparkassenrecht an der Rechtstradition ausgerichtet. Dies schränkte im Ergebnis den Handlungsspielraum der anderen Akteure – des Sparkassen- und Giroverbands für Schleswig-Holstein (SGVSH), des Deutschen Landkreistags (DLT), der Gewerkschaft ver.di sowie von SPD und GRÜNE – ein. Im Kern wurde der Rechtstradition gefolgt, was den Policy-Prozess nachhaltig beeinflusse. Somit kann die zweite Hypothese bestätigt werden.

Dies gilt auch für die dritte Hypothese. Die Prüfung der Fallanalyse zur Änderung des Sparkassenrechts in Schleswig-Holstein und zu dessen Auswirkungen auf die Hamburger Sparkasse Finanzholding hat ergeben, dass die entscheidenden Vetospieler die konservativ-liberalen Parteien waren, die die Regierungskoalition bildeten. Zwischen beiden Parteien bestand Einigkeit, sodass die CDU-FDP-Landesregierung mehrheitlich für die Änderungen des Sparkassenrechts stimmte. Aus diesem Grund waren auch die Anzahl und die Kohäsion der anderen Vetospieler nicht von Bedeutung.

Für die Prüfung der vierten Hypothese lassen sich aus der Fallanalyse zu Hamburg und Schleswig-Holstein keine Erkenntnisse ableiten. Es gibt damit in diesem Fall keine Hinweise, ob die Europäisierung bzw. ob als europäischer Akteur die EU-Kommission eine Deregulierung und Privatisierung öffentlich-rechtlicher Sparkassen eher fördert oder verhindert.

8.5 Ländervergleichende Auswertung und Bilanzierung der Erklärungskraft der Theorien

Ziel dieses Abschnitts ist es, eine ländervergleichende Auswertung und Bilanzierung der Erklärungskraft der verwendeten Theorien vorzunehmen. Hierbei ist zu berücksichtigen, dass einerseits Regelungsprozesse bzw. Regelungsabsichten zwischen der Landesbanken- und Sparkassenstruktur und anderseits Änderungen innerhalb der Sparkassengesetzgebung aufgeführt werden. Nach den Entscheidungen auf der Landesebene werden die kommunalen Fälle behandelt.

Der Advocacy-Koalitionsansatz hat mit der Bündelung der Akteure zu Advocacy-Koalitionen unter anderem dazu beigetragen, die Komplexität der Prozessanalysen zu reduzieren. Mithilfe des Ansatzes konnten insbesondere Policy-Veränderungen mit Verschiebungen in den Überzeugungssystemen erklärt werden. In der Untersuchung ließen sich vier Advocacy-Koalitionen bestimmen, die sich durch folgende *belief-systems* auszeichneten:

1. Die *Verfechter-Koalition* tritt für die Auflösung des Drei-Säulen-Systems der deutschen Kreditwirtschaft ein.
2. Die *Opportunisten-Koalition* setzt sich für die Erhaltung der kommunalen Sparkassen ein, solange finanzielle Anreize sowie eine „gehobenere Machtposition" für sie bestehen.
3. Die *Traditionalisten-Koalition* lehnt kategorisch eine Deregulierung und Privatisierung von öffentlich-rechtlichen Sparkassen ab und macht sich damit für die Erhaltung des deutschen Drei-Säulen-Systems stark.
4. Die *Wissenschaftliche-Experten-Koalition*[1378] versucht, durch wissenschaftliche Studien, Untersuchungen, Gutachten sowie Positionspapiere gezielt Einfluss in Deregulierungs- und Privatisierungsvorhaben zu nehmen. Je nachdem wie sich diese Akteure positionieren, ziehen andere Akteure sie zur Argumentationsunterstützung beratend hinzu.

Zu Beginn der Untersuchung konnte erwartet werden, dass die Verfechter-Koalitionen und in Teilen auch die wissenschaftlichen Experten in den Policy-Prozessen eine bedeutende Rolle einnehmen. Die Prozessanalysen haben jedoch gezeigt, dass Verfechter-Koalitionen lediglich in Nordrhein-Westfalen (Novellierung des Artikelgesetzes), Mecklenburg-Vorpommern (Privatisierungsvorhabens der Sparkasse der Hansestadt Stralsund) und in Berlin (Fusionsvorhaben der Sparkasse der Stadt Berlin West mit der Berliner Bank AG sowie die Vorgänge bei der landeseigenen Bankgesellschaft Berlin und deren rechtliche Auswirkungen auf die Berliner Sparkasse) identifiziert werden konnten. Zudem vermochten sie in Nordrhein-Westfalen und Mecklenburg-Vorpommern aufgrund ihres geringen Machtpotenzials keinen wesentlichen Einfluss auf die Entscheidungsprozesse auszuüben. Lediglich in Berlin war die Verfechter-Koalition

1378 Vgl. Abschnitt 6.2. Wie bereits in der Untersuchung aufgeführt, agieren die wissenschaftlichen Experten in Fachkreisen verstärkt auf Bundesebene, sodass keine „typische" Advocacy-Koalition vorliegt.

für das Geschehen maßgebend. Überraschend ist auch das Ergebnis, dass die wissenschaftlichen Experten von keiner relevanten Bedeutung in den landesspezifischen Policy-Prozessen waren.

In **Baden-Württemberg** prägte die Opportunisten-Koalition die Entscheidungsprozesse. In dem Policy-Prozess zur Schaffung einer Landesbank für Baden-Württemberg waren innerhalb der Opportunisten-Koalition Ministerpräsident *Späth* (CDU) mit der CDU-Landesregierung (später bildete die CDU mit der FDP/DVP eine Regierungskoalition) die entscheidenden Akteure. Das führte im Ergebnis dazu, dass durch das Gesetz über die Landesbank Baden-Württemberg (LBBW) im November 1998 die Südwestdeutsche Landesbank Girozentrale, die Landesgirokasse – öffentliche Bank und Landessparkasse – sowie die Landeskreditbank Baden-Württemberg zur Landesbank Baden-Württemberg (LBBW) fusioniert wurden. Dabei sind insbesondere die Funktionen einer Sparkassenzentralbank und Geschäftsbank von der SüdwestLB auf die LBBW übertragen worden. Im Rahmen der damaligen bundesweiten Reformdebatte waren diese Änderungen von großer Bedeutung, da das Prinzip der vertikalen Arbeitsteilung zwischen Sparkassen und Landesbanken-Girozentralen zunehmend infrage gestellt wurde. Vor diesem Hintergrund ist in Baden-Württemberg die vertikale Arbeitsteilung erstmals gesetzlich aufgelöst worden, da die aus der Fusion hervorgegangene LBBW Aufgaben beider Kreditinstitutsgruppen wahrnimmt, einerseits der Sparkassen und andererseits der Landesbanken-Girozentralen. Ein kommunales Beispiel (Fusion der Sparkassen Karlsruhe und Ettlingen) wird nach der Länderanalyse aufgeführt.

In **Bayern** waren sowohl die Opportunisten- als auch die Traditionalisten-Koalitionen in den Entscheidungsprozess maßgeblich eingebunden. Im Policy-Prozess zur Neustrukturierung der Bayerischen Landesbank Girozentrale setzte sich die Opportunisten-Koalition durch. Die CSU-Landesregierung war in ihrer Entscheidungsfähigkeit von keinem anderen Akteur abhängig, da sie über eine absolute Mehrheit verfügte. Im Ergebnis blieb die öffentlich-rechtliche Kreditstruktur in Bayern und eine Arbeitsteilung zwischen der Landesbank und den kommunalen Sparkassen bestehen. Das kommunale Fusionsvorhaben zwischen der Stadtsparkasse Marktredwitz und der Raiffeisen-Volksbank Marktredwitz-Selb eG wird ebenfalls nach der Länderanalyse betrachtet.

In **Hessen** bestimmte die Opportunisten-Koalition den Entscheidungsprozess. Beim Konzept zur Schaffung einer Bürgersparkasse im Rahmen von Änderungen des Sparkassengesetzes, das von der FDP initiiert wurde, war Ministerpräsident *Wallmann* (CDU) mit der CDU-Fraktion der entscheidende Akteur, der das Konzept ablehnte. Die Herausforderung bestand darin, dass *Wallmann* (CDU) zum damaligen Zeitpunkt mit der FDP koalierte. Er schaffte es, dass es zu keinem öffentlichkeitswirksamen Konflikt mit der FDP kam – diese übernahm letztendlich die Auffassung der CDU und sah von dem Konzept der Bürgersparkassen ab. Bei den Änderungen des Sparkassengesetzes votierten CDU und FDP dann wieder gemeinsam – gegen die Stimmen der Oppositionsparteien SPD und GRÜNE. In diesem Policy-Prozess zeigt sich sehr deutlich, dass es sich nicht um Grundüberzeugungen der Parteien handelt, sondern um ein opportunistisches Verhalten der politischen Akteure. Insbesondere vor Wahlen scheinen weniger betriebswirtschaftliche Interessen im Vordergrund zu stehen.

Bei dem Policy-Prozesse um die Auswirkungen der Änderungen der Haftungsgrundlagen auf das hessische Sparkassenwesen und die Novellierung des Sparkassengesetzes setzte sich die Opportunisten-Koalition mit ihren Interessen und Zielen durch, wobei sie allerdings die Befürchtungen der Traditionalisten-Koalition, dass es zu einer sukzessiven Auflösung der Sparkassenstruktur kommen könnte, bei ihrer Entscheidung berücksichtigte. Ausschlaggebende Akteure waren Ministerpräsident *Koch* (CDU) mit der CDU-FDP-Regierungskoalition. Damit sind in Hessen per Sparkassengesetz vertikale Fusionen (weiterhin) ausgeschlossen und horizontale Fusionen (weiterhin) zugelassen. Die Sparkassen dürfen nicht vollständig privatisiert werden, was den Erhalt der Sparkassenstruktur sichert.

In **Rheinland-Pfalz** wurde der Policy-Prozess zur Neustrukturierung der Landesbank Rheinland-Pfalz-Girozentrale von der Opportunisten-Koalition geprägt. Die entscheidenden Akteure waren (nacheinander) Ministerpräsident *Vogel* (CDU) mit der CDU-Landesregierung (später CDU-FDP-Regierungskoalition) sowie Ministerpräsident *Beck* (SPD) mit der SPD-Regierungsmehrheit. Die Landesbank Rheinland-Pfalz wurde aufgelöst und mit der Landesbank Baden-Württemberg fusioniert; die Rheinland-Pfalz Bank wird seit 2008 als unselbstständige Anstalt des öffentlichen Rechts der Landesbank Baden-Württemberg geführt. Letztere versorgt nunmehr die rheinland-pfälzischen Sparkassen über die LBBW Rheinland-Pfalz Bank mit Produkten und Dienstleitungen. Die Sparkassenstruktur nahm mit der Umsetzung der Fusion keinen Schaden, zudem ist eine vollständige Privatisierung von Sparkassen weiterhin ausgeschlossen.

In dem Policy-Prozess zur Änderungen des Sparkassengesetzes und dessen Auswirkungen auf das rheinland-pfälzische Sparkassenwesen war die Opportunisten-Koalition für den Policy-Output bestimmend. Entscheidende Akteure waren Ministerpräsident *Beck* (SPD) mit der SPD-FDP-Regierungskoalition (1994–2006). Das führte im Ergebnis dazu, dass erstens die Sparkassen untereinander fusionieren können und zweitens die Kommunen mit der Übertragung des Sparkassenstammkapitals – an Sparkassen und sogenannte Errichtungsträger innerhalb von Rheinland-Pfalz – die Möglichkeit haben, sich zusätzliches Kapital zu beschaffen, indem sie ihre Anteile am Stammkapital der Sparkasse verkaufen. Das kommunale Beispiel (Fusionsvorhaben der Kreissparkasse Vulkaneifel mit der Kreissparkasse Bitburg-Prüm) wird weiter unten nach der Länderanalyse berücksichtigt.

In **Nordrhein-Westfalen** wurde der Policy-Prozess zur Novellierung des Artikelgesetzes als Basis für die Modernisierung des Sparkassengesetzes von den Opportunisten-Koalitionen geprägt. Bei der Novellierung handelte es sich um ein Artikelgesetz, das vor allem die Westdeutsche Landesbank Girozentrale (WestLB), nordrhein-westfälische Sparkassen, die Westdeutsche Landesbausparkasse und die Westfälischen Provinzial-Versicherungsanstalten betrafen. Das Gesetz sah vor, die WestLB auf der Basis eines sogenannten Mutter-Tochter-Modells umzustrukturieren. Hier waren die entscheidenden Akteure innerhalb der Opportunisten-Koalition Ministerpräsident *Clement* (SPD) mit einer SPD-Grünen-Regierungskoalition. Im Ergebnis wurde die Novellierung des Artikelgesetzes umgesetzt und somit der Weg zu einem moderneren Sparkassengesetz geebnet.

In dem Policy-Prozess zur Modernisierung des Sparkassengesetzes erweisen sich Ministerpräsident *Rüttgers* (CDU) und die CDU-FDP-Regierungskoalition als die entscheidenden Akteure innerhalb der Opportunisten-Koalition. Durch die Gesetzesänderungen ist die Verschmelzung von Sparkassen nicht nur zwischen benachbarten Kreditinstituten, sondern auch zwischen nicht benachbarten Kreditinstituten zulässig, wenn diese innerhalb eines Kreisgebietes liegen. Darüber hinaus ist die Vereinigung von nicht benachbarten und nicht innerhalb eines Kreisgebietes liegenden Sparkassen gestattet, sofern wirtschaftliche und nahe räumliche Verbindungen eine Fusion zweckmäßig erscheinen lassen und die Aufsichtsbehörde zustimmt. Hier wurde somit ein Wandel hin zu einer verstärkten Öffnung des öffentlich-rechtlichen Kreditsektors umgesetzt. Ein Verkauf von Sparkassen bspw. an private Banken ist aber weiterhin ausgeschlossen. Die Befürchtung der Traditionalisten-Koalition, dass sich private Banken mehrheitlich an einer Sparkasse beteiligen könnten, wurde somit von der Opportunisten-Koalition berücksichtigt.

In **Sachsen** waren für den Policy-Prozess zur Neuordnung des sächsischen Sparkassenwesens die Traditionalisten- und die Opportunisten-Koalition maßgeblich. Als entscheidende Akteure innerhalb der Opportunisten-Koalition sind Ministerpräsident *Biedenkopf* (CDU) mit der CDU-Landesregierung, die Landesbank Sachsen Girozentrale sowie die Sächsische Aufbaubank GmbH zu nennen. Die Traditionalisten-Koalition bestand aus den sächsischen Sparkassen, dem Deutschen Sparkassen- und Giroverband (DSGV), der SPD und der PDS, den Gewerkschaften, der Bürgerinitiative „Pro kommunale Sparkasse" und den Wählern als stimmberechtigten Bürgern. Die CDU regierte mit absoluter Mehrheit, sodass anfangs davon ausgegangen werden konnte, dass sich Ministerpräsident *Biedenkopf* (CDU) mit der CDU-Landesregierung durchsetzen würde. Die Analyse hat jedoch gezeigt, dass dem nicht so war. Die Traditionalisten-Koalition einigte sich mit der Opportunisten-Koalition und das Sparkassengesetz wurde zugunsten der Sparkassen geändert. Dies war für die Traditionalisten ein beachtlicher Erfolg.

In **Berlin** bestimmten die Verfechter-, die Opportunisten- und die Traditionalisten-Koalition den Policy-Prozess zum Fusionsvorhaben der Sparkasse der Stadt Berlin West mit der Berliner Bank AG. Der entscheidende Akteur auf der Verfechter-Seite war der Vorstandsvorsitzende *Steinriede* der Berliner Bank AG. Maßgebliche Akteure der Opportunisten-Koalition waren der Regierende Bürgermeister *Momper* (SPD) und die SPD-AL-Regierungskoalition, bei der Traditionalisten-Koalition der Deutsche Sparkassen- und Giroverband (DSGV) sowie die Gewerkschaften HBV und ÖTV. Allerdings veränderte sich im Zeitablauf die Positionierung der SPD-AL-Regierungskoalition mit Bürgermeister *Momper* (SPD) infolge eines internen Konflikts, da nunmehr ein großer Teil der Akteure innerhalb von SPD und AL die Fusion ablehnte. Die Kritiker aus beiden Parteien hatten ihre inhaltlichen Positionen weg von der Opportunisten- hin zu der Traditionalisten-Koalition verschoben. Das Ziel bestand darin, die öffentlich-rechtliche Sparkassenstruktur zu schützen. Es folgte eine Einigung zwischen den drei Koalitionen, sodass das Fusionsvorhaben vorerst verschoben wurde und die Sparkassenorganisation in ihrer originären Struktur bestehen blieb.

Der Policy-Prozess zu den Deregulierungs- und Privatisierungsvorhaben bei der landeseigenen Bankgesellschaft Berlin und deren rechtlichen Auswirkungen auf die Berliner Sparkasse wurde von der Verfechter- und der Opportunisten-Koalition geprägt. Ein wichtiger Akteur in der Verfechter-Koalition war die EU-Kommission. In der Opportunisten-Koalition waren die entscheidenden Akteure der Regierende Bürgermeister *Wowereit* (SPD) und die SPD-PDS-Regierungskoalition. Vor dem Hintergrund einer sehr umstrittenen Situation setzten sich die Verfechter- und die Opportunisten-Koalitionen in dem Entscheidungsprozess durch, sodass eine Neufassung des Sparkassengesetzes erfolgte. Damit wurde erstmalig in dem Sparkassensektor ein rechtlicher Rahmen geschaffen, der es sowohl öffentlich-rechtlichen als auch privaten Investoren ermöglicht, eine kommunale Sparkasse mehrheitlich (zumindest indirekt) zu erwerben.

Die **Freie und Hansestadt Hamburg** stellt einen Sonderfall dar, weil in Hamburg kein Sparkassengesetz und keine öffentlich-rechtliche Sparkasse existiert. Allerdings hat das Sparkassenrecht **Schleswig-Holstein** Auswirkungen auf die Hamburger Sparkasse Finanzholding. Im Policy-Prozess zu den Änderungen in diesem Bereich dominierte die Opportunisten-Koalition. Deren entscheidende Akteure waren Ministerpräsident *Carstensen* (CDU) mit der CDU-FDP-Regierungskoalition und die Haspa Finanzholding. Im Ergebnis setzte sich die Opportunisten-Koalition mit den Änderungen des Sparkassengesetzes durch, denen zufolge eine festgelegte prozentuale Beteiligung anderer Kreditinstitute bzw. Investoren an Sparkassen bis zu einer Obergrenze von 25,1 Prozent möglich ist.

Neben den Ländern sind auch die oben genannten Beispiele auf kommunaler Ebene in den Bundesländern Baden-Württemberg, Bayern, Rheinland-Pfalz und Mecklenburg-Vorpommern instruktiv. In drei Fällen ging es um Fusionsvorhaben und in einem Fall um Privatisierung.

Für den Policy-Prozess zur **Fusion der Sparkassen Karlsruhe und Ettlingen in Baden-Württemberg** war die Opportunisten-Koalition ausschlaggebend. Sie verfolgte die (Policy-)Strategie, die geplante Fusion auf kommunaler Ebene per Beschluss der Trägerversammlungen der Sparkassen umzusetzen. Da die Zustimmung (erforderlich war eine 2/3-Mehrheit) der Trägerversammlungen beider Institute vorlag – die Trägerversammlungen bestanden aus den gesetzlichen Vertretern der Trägergemeinden, also den (Ober-)Bürgermeistern – war davon auszugehen, dass die Fusion umgesetzt würde. Allerdings eskalierte die Situation und führte zu einem bis dato einmaligen Vorfall in der deutschen Sparkassenlandschaft, da der Gemeinderat der Stadt Ettlingen der Auffassung war, die Oberbürgermeisterin *Büssemaker* (FDP) der Stadt Ettlingen sei befangen und somit der Fusionsbeschluss der Trägerversammlung der Sparkasse Ettlingen rechtswidrig. Die Analyse des Policy-Prozesses hat deutlich gemacht, dass innerhalb der Opportunisten-Koalition die entscheidenden Vetospieler die jeweiligen Trägerversammlungen der Sparkassen waren, wobei die Oberbürgermeisterin mit der FDP-Fraktion den Entscheidungsprozess maßgeblich beeinflusste, sodass das Fusionsvorhaben umgesetzt wurde.

Bei dem **Fusionsvorhaben zwischen der Stadtsparkasse Marktredwitz und der Raiffeisen-Volksbank Marktredwitz-Selb eG in Bayern** bestimmte die Traditionalisten-Koalition den Policy-Output. Der entscheidende Akteur war Ministerpräsident *Stoiber* (CSU) mit der CSU-Landesregierung. Dabei agierte die Landesregierung als Sparkassenaufsichtsbehörde. Hier hatten sich erstmals in Deutschland eine Stadtsparkasse und deren Vorstände für eine Fusion mit einem genossenschaftlichen Kreditinstitut eingesetzt und damit versucht, die

Sparkassenstruktur massiv zu verändern. Im Ergebnis kam es dazu, dass die Traditionalisten-Koalition mit ihrer Entscheidung die Sparkassenorganisation in Deutschland stärkte bzw. schützte.

In dem Fall des **Fusionsvorhabens der Kreissparkasse Vulkaneifel mit der Kreissparkasse Bitburg-Prüm in Rheinland-Pfalz** prägte die Traditionalisten-Koalition den Entscheidungsprozess. Die entscheidenden Akteure waren die Gemeinderäte von SPD, GRÜNE, FDP, FWG sowie die Wähler als stimmberechtigte Bürger. Mit der Initiierung eines Bürgerbegehrens konnte das Fusionsvorhaben verhindert werden. Es hat sich gezeigt, dass Parteien einen großen Einfluss innerhalb eines solchen Entscheidungsprozesses ausüben können. In diesem Fall setzten sich die entscheidenden Akteure für die Erhaltung der bestehenden kommunalen Sparkassenstruktur ein.

Bei dem **Privatisierungsvorhaben der Sparkasse der Hansestadt Stralsund in Mecklenburg-Vorpommern** war die Traditionalisten-Koalition für den Entscheidungsprozess zentral. In dem Policy-Prozess trat ein erhebliches Konfliktpotenzial zutage. Sowohl die Verfechter- als auch die Opportunisten-Koalition war stark daran interessiert, einen Präzedenzfall in Deutschland zu schaffen. Beide verfolgten das gemeinsame Interesse, die Sparkassenorganisationsstruktur im Kern aufzulösen. Letztendlich vermochte die Traditionalisten-Koalition den Policy-Prozess zu dominieren. Dabei waren die entscheidenden Akteure innerhalb dieser Koalition Ministerpräsident *Ringstorff* (SPD) und die SPD-PDS-Regierungskoalition, das Finanz- und Innenministerium von Mecklenburg-Vorpommern sowie der Deutscher Sparkassen- und Giroverband (DSGV). Im Ergebnis wurde der Verkauf der Sparkasse der Hansestadt Stralsund durch ein verschärftes Sparkassengesetz verhindert.

Zusammenfassend lässt sich feststellen, dass in drei von vier kommunalen Fällen die Traditionalisten-Koalition den Ausschlag gab und die Opportunisten-Koalition lediglich einmal den Entscheidungsprozess prägte.

Insgesamt fällt bei den landesspezifischen Deregulierungs-, Fusions- und Privatisierungsvorhaben auf, dass die (kreditwirtschaftlichen) Interessenverbände versucht haben, die parteipolitischen Akteure für die Durchsetzung ihrer Ziele zu instrumentalisieren und in der Entscheidungsfindung zu beeinflussen. So warf etwa im Fall des Privatisierungsvorhabens der Sparkasse der Hansestadt Stralsund der Deutsche Sparkassen- und Giroverband (DSGV) den Akteuren, die die Sparkassenprivatisierung befürworteten, vor, lediglich einen Präzedenzfall in Deutschland schaffen zu wollen, um eine große Übernahmewelle und damit die Auflösung des deutschen Drei-Säulen-Systems vorzubereiten. Mit dieser Auffassung beeinflusste der DSGV die Entscheidungsfindung der parteipolitischen

Akteure massiv. Des Weiteren verdeutlicht die Analyse, dass die Interessenverbände ihre „traditionellen" Ansichten in den jeweiligen Policy-Prozessen beibehielten, womit sich ihre Ansichten bzw. Positionierungen als stabil erweisen.

Bilanzierung der Erklärungskraft der Theorien

Die *erste Hypothese*, die sich aus der *Parteiendifferenztheorie* ergibt, konnte für Nordrhein-Westfalen (für den Fall der Modernisierung des Sparkassengesetzes), Hessen, Sachsen, Mecklenburg-Vorpommern und Hamburg/Schleswig-Holstein bestätigt werden. Auf kommunaler Ebene, wo zumeist Einzelfallentscheidungen die Politik bestimmen, ist das Bild uneinheitlicher. Die Untersuchung ergab, dass in schwierigen wirtschaftlichen Zeiten die parteipolitischen Ansichten weniger von Bedeutung waren und eher opportunistische Entscheidungen getroffen wurden. Zudem berücksichtigt die Parteiendifferenztheorie, wie fallübergreifend zu erkennen war, nicht die zentralen (kreditwirtschaftlichen) Interessengruppen wie etwa den DSGV oder BdB. Andererseits versuchen Interessenvertreter die parteipolitischen Akteure zu beeinflussen. Der Advocacy-Koalitionsansatz hingegen berücksichtigt die Interessengruppen. Insgesamt zeigt sich, dass die Parteiendifferenztheorie für einige landesspezifische Fälle eher wenig zur Erklärung beiträgt.

Bevor die gewonnenen Erkenntnisse der Prüfung der *zweiten Hypothese*, die auf dem *institutionellen Ansatz* beruht, aufgeführt werden, soll im Folgenden nochmals kurz skizziert werden, was das Kernelement der zweiten Hypothese ist und wie es zu Beginn der Untersuchung bestimmt wurde.

Wie im Grundlagenkapitel dargelegt, ist zu vermuten, dass eine weniger komplexe (insbesondere institutionelle) Varianz auftritt, da diese Arbeit die Deregulierung und Privatisierung im Sparkassenbereich in Deutschland untersucht und sich daher vor allem auf die Ebene der Bundesländer fokussiert. In den westdeutschen Ländern bestehen seit Jahrzehnten kreditwirtschaftliche Strukturen und Sparkassengesetze, es kann auch von einer „Rechtstradition" für die Sparkassen gesprochen werden. Für die ostdeutschen Länder und deren Sparkassen ist solch eine Rechtstradition (historisch bedingt) nicht vorhanden, da die Sparkassengesetze erst ab den 1990er-Jahren formuliert und umgesetzt wurden. Für die Prüfung der *zweiten Hypothese* ist entscheidend, ob der Rechtstradition im Kern gefolgt wurde, *indem die Sparkassen in ihrer (öffentlich-rechtlichen) Struktur bestehen blieben.*

Die Erklärungskraft des institutionellen Ansatzes zeigt sich besonders im Fall der Neuordnung des sächsischen Sparkassenwesens. Anfangs wurde vermutet, dass die Hypothese für dieses Fallbeispiel nicht zutrifft, da die Landesregierung einen Gesetzentwurf, der im Rahmen eines Volksentscheides zur allgemeinen Abstimmung gestellt wurde und mit den Stimmen der Wähler als stimmberechtigte Bürger Gesetzeskraft erlangte, nicht umsetzte. Nach diversen Auseinandersetzungen konnten sich die relevanten Akteure zu einem Konsens durchringen. Letztendlich zeigte sich, dass die Handlungsspielräume der Akteure, die den Volksentscheid befürworteten, deutlich eingeschränkt waren.

Die Analyse der Fallbeispiele macht deutlich, dass die landesspezifischen Deregulierungs- und Privatisierungsvorhaben von rechtlichen Rahmenbedingungen bzw. Restriktionen geprägt und abhängig sind. Die Handlungsspielräume der beteiligten Akteure werden durch rechtliche Institutionen, bspw. im Fall der Fusion der Sparkassen Karlsruhe und Ettlingen durch die Verwaltungsgerichtsbarkeit, eingeschränkt. Es lässt sich für die landesspezifischen Fälle feststellen, dass die Landesregierungen der Rechtstradition gefolgt sind (die Sparkassen bleiben in der öffentlich-rechtlichen Struktur bestehen) und die Hypothese zutrifft. Allerdings haben sich bei der Vorgehensweise der Landesregierungen Unterschiede gezeigt. So wurden die politischen Entscheidungsfindungen auf kommunaler Ebene vor allem in Konfliktsituationen durch die Finanz- und Innenministerien – die in einigen Bundesländern als Sparkassenaufsichtsbehörden agieren – geprägt. Eine solche „institutionelle Unterstützung" in den Entscheidungsprozessen der kommunalen Fälle war ein zentraler Faktor für die beschränkte Umsetzung von Deregulierungs- und Privatisierungsvorhaben.

Insgesamt ergab die Untersuchung der Fallbeispiele, dass bei Anpassungen von Sparkassengesetzen in den ostdeutschen Bundesländern Aspekte westdeutscher Bundesländer – die über eine Rechtstradition verfügen – berücksichtigt wurden. Da die Sparkassenpolitik von der Landespolitik geprägt ist und die Sparkassenaufsichtsbehörden in einigen Bundesländern den Landesregierungen unterstellt sind, konnte mithilfe des institutionellen Ansatzes die Erkenntnis gewonnen werden, dass die Handlungsspielräume der Akteure erheblich eingeschränkt und einzelne Akteursinteressen in Teilen nicht berücksichtigt werden. So scheint es nicht verwunderlich, dass aktuell eine (Teil-)Privatisierung von Sparkassen (rechtlich) nur schwer durchsetzbar ist. Zusammenfassend kann festgestellt werden, dass die gewonnenen Erkenntnisse für die Erklärungskraft des institutionellen Ansatzes sprechen.

Mit der Prüfung der *dritten Hypothese*, die sich aus der *Vetospielertheorie* ergibt, ist erkennbar, dass angesichts der zumeist eindeutigen politischen Mehrheitsverhältnisse die jeweiligen Ergebnisse der Prozesse in Teilen zu erwarten waren. Es bestand entweder eine absolute Mehrheit oder es herrschte breiter Konsens zwischen den Koalitionspartnern, die dann mehrheitlich für ihre Vorhaben stimmten. Im Fall der Neuordnung des sächsischen Sparkassenwesens konnte ein weiteres wichtiges Element herausgearbeitet werden. In diesem Fall wurde das

Instrument Volksentscheid genutzt, um gegen die Neuordnung vorzugehen – die Gegner versuchten, mit ihrem Einfluss einen Volksentscheid herbeizuführen. Es gründete sich eine Bürgerinitiative „Pro kommunale Sparkasse“, in der sich Kritiker der Reform aus der PDS, großen Teilen der SPD und aus den Gewerkschaften zusammenschlossen. Diese Bürgerinitiative stellte ihren Gesetzentwurf im Rahmen eines Volksentscheides zur allgemeinen Abstimmung, der bei der sächsischen Bevölkerung eine große Mehrheit fand und damit Gesetzeskraft erlangte. Allerdings wurde das Gesetzt in dieser Form von der damaligen CDU-Landesregierung (1991–2002) nicht umgesetzt.

Im Fall der Neustrukturierung der Landesbank Rheinland-Pfalz-Girozentrale trifft die Hypothese nicht zu. In einzelnen Fällen, etwa bei der Neustrukturierung der Bayerischen Landesbank Girozentrale, den Auswirkungen der Änderungen der Haftungsgrundlagen auf das hessische Sparkassenwesen und der Novellierung des Sparkassengesetzes, zeigte sich, dass die Hypothese – infolge der eindeutigen politischen Mehrheitsverhältnisse – nur von geringem analytischen Nutzen war.

Es konnte auch festgestellt werden, dass bei Vorhaben auf kommunaler Ebene, z. B. im Fall des Fusionsvorhabens der Stadtsparkasse Marktredwitz und der Raiffeisen-Volksbank Marktredwitz-Selb eG, die Landesregierung, hier die bayerische CSU-Landesregierung (1993–2007), als zuständige Sparkassenaufsichtsbehörde entscheidender Vetospieler war und das Fusionsvorhaben zu verhindern vermochte. Die Analyse der Fusion der Sparkassen Karlsruhe und Ettlingen führte zu der überraschenden Erkenntnis, dass in diesem Fall die Entscheidung für die Fusion ausschließlich von der Zustimmung der Trägerversammlungen der Sparkassen abhängig war und es keine Bedeutung hatte, dass die Oberbürgermeisterin *Büssemaker* (FDP) mit der FDP-Fraktion im Gemeinderat über keine ausreichende Mehrheit verfügte – die Gemeinderäte hatten hier keine Vetoposition.

Betrachtet man die Anwendung und Erklärungskraft der Vetospielertheorie, ist fallübergreifend festzustellen, dass die Ausstattung der Parteien in Konfliktsituationen mit institutionellen Machtressourcen eine zentrale Rolle im Policy-Prozess spielt. Die zu Beginn der Arbeit aufgeführte Annahme der Vetospielertheorie, dass es bei einer hohen Anzahl von institutionellen und parteipolitischen Vetoakteuren für eine Regierung schwieriger ist, ihre Ziele zu realisieren, kann für die landesspezifischen Fälle nicht bestätigt werden. Besonders überraschend ist das Ergebnis, dass die Wähler als stimmberechtigte Bürger in Form einer Bürgerinitiative – im obigen Fall „Pro kommunale Sparkasse“ – weniger einflussreich sind als anfangs vermutet. Das Gewicht von Bürgerinitiativen als institutionelle Vetospieler im Entscheidungsprozess wird durch rechtliche Restriktionen (etwa die Mindestbeteiligung an Abstimmungen) deutlich eingeschränkt. Der Einfluss von Bürgerinitiativen bzw. Mitbestimmungsrechten der Bürger auf Deregulierungs- und Privatisierungsvorhaben wird insofern überschätzt. Insgesamt zeigt sich, dass die Vetospielertheorie für einige landesspezifische Fälle wenig Erklärungskraft besitzt.

Was die *vierte Hypothese* betrifft, die sich aus dem *Ansatz der strukturellen Umwelt* ergibt (EU-Dimension), ist erkennbar, dass die Bundesländer sehr unterschiedlich mit der Entscheidung der EU-Kommission, die Haftungsgrundlagen (Gewährträgerhaftung und Anstaltslast) für die öffentlich-rechtlichen Kreditinstitute im Jahr 2005 abzuschaffen, umgehen. Zu Beginn der Untersuchung wurde vermutet, dass diese Entscheidung von großer Bedeutung für die landesspezifischen Fälle sei und die Deregulierung und Privatisierung öffentlich-rechtlicher Sparkassen befördere, was im Ergebnis dazu führen würde, dass die Hypothese für die landesspezifischen Fälle zutrifft. Diese Vermutung stützte sich auf die Annahme, dass der Wegfall der Haftungsgrundlagen zukünftig einen starken wirtschaftlichen Druck auf die öffentlich-rechtlichen Kreditinstitute (Landesbanken- und Sparkassensektor) ausübe und als Reaktion darauf die Bundesländer sich veranlasst sähen, die Sparkassengesetze zu verändern. Dabei war die Erwartung, dass eher konservativ-liberale Landesregierungen auf die Entscheidung der EU-Kommission reagieren und die Sparkassengesetze anpassen würden. Erstaunlicherweise war dann gerade Nordrhein-Westfalen mit der rot-grünen Regierungskoalition (1998–2002) das erste Bundesland, das die notwendigen Anpassungen umsetzte. Somit trifft die Hypothese für Nordrhein-Westfalen zu. Die Analyse zeigt im Weiteren, dass sie auch für Mecklenburg-Vorpommern, Sachsen und Berlin stimmt, während in den anderen Fällen keine starke Wirkung erkennbar war, sodass sich ein gespaltenes Bild ergibt.

Die Untersuchung der landesspezifischen Fälle hat deutlich gemacht, dass kein direkter Einfluss der EU-Kommission auf den Sparkassensektor besteht, da es bisher keinen Zwang zu einer verstärkten Deregulierung und Privatisierung öffentlich-rechtlicher Sparkassen per europäischer Gesetzesgrundlage gibt. Somit sind die Bundesländer nicht verpflichtet, ihre Sparkassengesetze nach europäischen Vorgaben zu verändern. Allerdings konnte – so etwa im Fall von Nordrhein-Westfalen – gezeigt werden, dass ein Einfluss der EU-Kommission auf den Landesbankensektor besteht. Insofern lässt sich feststellen, dass die gewonnenen Erkenntnisse die Erklärungskraft des Ansatzes der strukturellen Umwelt stützen.

Zusammenfassend sprechen die voranstehend dargelegten Erkenntnisse dafür, dass im Gegensatz zum institutionellen Ansatz sowie zum Ansatz der strukturellen Umwelt die Parteiendifferenz- und die Vetospielertheorie weniger zur Erklärung einiger landesspezifischer Fälle beigetragen haben, als zu Beginn der

Arbeit vermutet wurde. Die bisherigen Ausführungen zeigen zudem, dass eine genaue Interessenanalyse erforderlich ist, um Pfadabhängigkeiten zu untersuchen. Dabei sind insbesondere die institutionellen Vetospieler von Bedeutung, da sie die kreditwirtschaftliche Reformfähigkeit eines Landes mitbestimmen. Interessant wären auch Untersuchungen über Wechselwirkungen von parteipolitischen und institutionellen Akteuren. Des Weiteren bedarf es für eine Einschätzung der parteipolitischen Präferenzen der Interessenverbände mit Blick auf die Sparkassenpolitik weiterer Forschung. Bedeutend wären qualitative Untersuchungen des Verhältnisses zwischen Politikern und Verbandsvertretern sowie Lobbyisten.[1379] Damit könnten Entscheidungshilfen herausgearbeitet werden, die Erkenntnisse liefern, welche Akteurskoalitionen für die Umsetzung eines Deregulierungs- und/oder Privatisierungsvorhabens benötigt werden. Konfliktlinien wären somit im Voraus bekannt, was den Entscheidungsprozess vereinfachen könnte.

1379 Es ist beachtenswert, dass in der Sparkassen-Finanzgruppe im Jahr 2015 etwa 100 Ausschüsse gebildet wurden, in denen neben diversen Sparkassen- und Landesbankenvertretern vor allem regionale Verbandsvertreter und politische Akteure auftraten. Vgl. *Mußler:* Sparkassenkraft bündeln, 2016, S. 22 sowie *o. V.:* Sparkassen, 2016, S. 19.

9 Zusammenfassung und Ausblick

Das Ziel der Arbeit bestand darin, die Sparkassenpolitik und die damit einhergehende zentrale Fragestellung der Deregulierung und Privatisierung öffentlich-rechtlicher Sparkassen in Deutschland zu untersuchen.

Die Arbeit begann, neben den einleitenden Bemerkungen, mit der wesentlichen Problemstellung und dem Forschungsgegenstand sowie der Beschreibung des aktuellen Forschungsstands und -bedarfs. Es war erkennbar, dass die Entscheidung für oder gegen Deregulierung bzw. Privatisierung öffentlich-rechtlicher Kreditinstitute eine Entscheidung für oder gegen das Drei-Säulen-System der deutschen Kreditwirtschaft ist und somit eine unmittelbare Auswirkung auf die Stabilität des deutschen Bankensystems hat. Im Anschluss daran folgte die Einordnung und Festlegung des Politikfeldes. Im Mittelpunkt stand nicht die Analyse der Finanzmärkte in ihrer Gesamtheit, sondern der öffentlich-rechtliche Kreditsektor und innerhalb dieses Kreditsektors der Sparkassenbereich. Somit erfolgte eine Konzentration auf das Politikfeld *Sparkassenpolitik*. Im Weiteren wurden die Forschungsfragen und Zielsetzungen sowie eine theoretische Bestimmung des Forschungsansatzes für die Untersuchung erarbeitet bzw. festgelegt. Als *konzeptionelle Grundlage bot sich die Politikfeldanalyse* an. Zugleich erwies sich die Studie von *Schneider* und *Tenbücken*, die ebenfalls Privatisierungsprozesse behandelt, als hilfreich. *Die akteurszentrierten, institutionellen und umweltzentrierten Erklärungsansätze mit ihren immanenten Theorien (Parteiendifferenz- und Vetospielertheorie) konnten für die Untersuchung der Deregulierung und Privatisierung von Sparkassen angewendet werden und dienten als geeignete Instrumente für die Analyse.* Da im Rahmen der Politikfeldanalyse die Anzahl der relevanten Akteure über einen längeren Zeitraum sehr groß war, wurde der *Advocacy-Koalitionsansatz* hinzugezogen, mit dem Überzeugungssysteme in Akteursnetzwerken erfasst werden können. Mithilfe des Advocacy-Koalitionsansatzes ließen sich vor allem Policy-Veränderungen mit Verschiebungen in den Überzeugungssystemen erklären.

Als methodisches Vorgehen wurde ein *qualitativer Ansatz gewählt, da die Bedingungen für quantitative Methoden nicht gegeben waren.* Für den Einstieg in die Thematik dienten vor allem Basisinformationen aus der rechts- und wirtschaftswissenschaftlichen Literatur und Dokumente aus diesen wissenschaftlichen Disziplinen. Dabei war die Suche nach historischen Entwicklungen, aus denen erstmalig politische Einflussnahmen von Akteuren im Sparkassensektor erkennbar waren, von zentraler Bedeutung. Da spezifische politikwissenschaftliche Literatur zu dem

Thema kaum vorhanden war, mussten weitere Informationen durch eine umfangreiche Dokumentenanalyse gewonnen werden.

Für den Kernbereich der Arbeit – *die Untersuchung der landesspezifischen Deregulierungs- und Privatisierungsvorgänge im Sparkassensektor* – erwies sich die Prozessanalyse politischer Entscheidungsprozesse als fruchtbar. Da die Sparkassengesetzgebung in der Zuständigkeit der Bundesländer liegt, war es für die Prozessanalyse wichtig, bedeutende landesspezifische Fallbeispiele, die sich auf Deregulierung und Privatisierung im Sparkassensektor beziehen, zu identifizieren. Ausgangspunkt für die Auswahl der Bundesländer waren die beobachtbaren Aktivitäten von Deregulierung und Privatisierung im Sparkassensektor seit den 1970er-Jahren. Die Auswertung der Fälle in den Bundesländern Niedersachsen, Freie Hansestadt Bremen, Thüringen, Sachsen-Anhalt, Brandenburg und Saarland war angesichts der geringen Zahl an Fällen und Akteuren sowie einer generellen Übereinstimmung der parteipolitischen Akteure im Entscheidungsprozess mit den (größtenteils) Fusionen und Gesetzesänderungen nicht ergiebig bzw. sinnvoll. Somit wurden Bayern, Baden-Württemberg, Hessen, Rheinland-Pfalz, Nordrhein-Westfalen, Schleswig-Holstein, Mecklenburg-Vorpommern, Sachsen, Berlin und die Freie und Hansestadt Hamburg untersucht. Aufgrund der unterschiedlichen Ausgangsbedingungen in den Bundesländern war eine *geografische Kategorisierung* sinnvoll.[1380] *Es erfolgte daher eine Unterteilung in süddeutsche (Bayern, Baden-Württemberg), mitteldeutsche (Hessen, Rheinland-Pfalz, Nordrhein-Westfalen), ostdeutsche (Mecklenburg-Vorpommern, Sachsen, Berlin) und norddeutsche (Hamburg, Schleswig-Holstein) Bundesländer.* Die politischen Entscheidungen die sich aus den Fällen ergaben, wurden chronologisch in Untersuchungsphasen eingeteilt und mithilfe des Advocacy-Koalitionsansatzes untersucht. Bei der Anwendung des Advocacy-Koalitionsansatzes lag der Fokus auf dem „kleinen" Policy-Wandel, der einen Wandel in den „sekundären Aspekten" darstellt. Mit den Prozessanalysen wurde dieser „kleine Policy-Wandel" anhand von Meinungswechseln der politischen Akteure transparent und nachvollziehbar herausgearbeitet.

Die Begriffe *Deregulierung, Privatisierung* und *Entstaatlichung* werden in der deutschen Privatisierungsdiskussion mehrfach synonym verwendet. Vor diesem Hintergrund wurden für die Untersuchung Begriffsabgrenzungen erarbeitet und durchgehend einheitlich verwendet.

1380 Vgl. Abschnitt 1.5. Beispielsweise besteht eine *staatswirtschaftliche Tradition* in Bayern oder Baden-Württemberg. In den ostdeutschen Bundesländern ist dies nicht so eindeutig; hier besteht keine langfristige Tradition, sondern eine größere Heterogenität.

Die im dritten Kapitel ausführlich dargestellte *Sparkassengeschichte und -struktur* ergab zum einen, dass die Sparkassen seit dem Verlust der Steuerprivilegien (Ende der 1960er- bis Anfang der 1980er-Jahre) besonders stark im Wettbewerb mit anderen Kreditinstituten stehen. Zum anderen ist die Entwicklung der Sparkassen dadurch gekennzeichnet, dass sie ihre Geschäftstätigkeit im Laufe der Jahre erweitert haben. Die Sparkassen-Finanzgruppe ist ein komplexes System und durch *fünf historisch gewachsene Merkmale* gekennzeichnet: *1) kommunale Bindung, 2) Gemeinwohlorientierung, 3) dezentrale Unternehmensverantwortung, 4) Regionalprinzip und 5) Verbundzusammenarbeit.* Die Sparkassen-Finanzgruppe lässt sich grundsätzlich in einen *Bankenbereich* und einen *Verbandsbereich* differenzieren, deren charakteristische Merkmale beschrieben wurden. Die öffentlich-rechtlichen Sparkassen sind als rechtsfähige juristische Personen in der Sparkassen-Finanzgruppe verselbstständigt und werden von Kommunalkörperschaften getragen. Die freien Sparkassen grenzen sich von den öffentlich-rechtlichen Sparkassen in der Weise ab, dass sie aus historischen Gründen eine private Rechtsform besitzen und ihre Träger Vereine oder Stiftungen sind.

Aus der Diskussion um die *Möglichkeiten, Grenzen und Beurteilungsansätze von Deregulierung und Privatisierung im Sparkassensektor ergab sich, dass sich aus dem Verfassungsrecht keine generellen Schranken für autonome Privatisierungen ableiten lassen.* Ferner war die Diskussion von unterschiedlichen Sichtweisen (gesamt-, betriebs- und kommunalwirtschaftliche sowie politische) gekennzeichnet. Es konnte festgestellt werden, dass sich die Existenz der Sparkassen nicht mit einer wettbewerbssichernden Funktion begründen lässt und bei einer (Teil-) Privatisierung von Sparkassen ein Verdrängungswettbewerb der Sparkassen untereinander entsteht. Auch hat sich gezeigt, dass die Sparkassen den Bürgern der Gebietskörperschaft des Trägers gehören und die Kommunen ihre alleinigen Träger sind. Aus politischer Sicht ergibt sich dabei eine unterschiedliche Bewertung von Privatisierungen.

Die Untersuchung der *politischen Entwicklungslinien in der Deregulierungs- und Privatisierungsdiskussion der Sparkassen* war gekennzeichnet von einem (einfachen) Diskurs beginnend in den 1950er-Jahren zu einer (umfassenden) Debatte in den 1990er-Jahren. *Dabei nahm der politische Einfluss auf Deregulierungs- und Privatisierungsvorhaben im Zeitverlauf stetig zu.* Beispielsweise stellte die Monopolkommission in ihrem „IX. Hauptgutachten der Monopolkommission 1990/1991“ dar, *dass es ihr Ziel war, eine Diskussion über die Privatisierung staatlicher Wirtschaftstätigkeit in den alten Bundesländern in Gang zu setzen.*

Im Weiteren folgten eine ausführliche Identifikation der Akteure und die Bestimmung der Advocacy-Koalitionen im Rahmen der Diskussionen zur

Deregulierung und Privatisierung öffentlich-rechtlicher Sparkassen. *Die Akteure wurden auf der kommunalen Ebene, der Landes- und Bundesebene sowie der europäischen Ebene differenziert.* Zu den wichtigsten Akteuren in dem Politikfeld zählen dabei: die Kommunen und die kommunalen Spitzenverbände; die Sparkassen, private und genossenschaftliche Banken und ihre Verbände; die Länder mit ihren jeweiligen Regierungen und deren verantwortlichen Ministern; die Bundesregierung mit den verantwortlichen Ministern in der Regierungsmehrheit; Parteien; Gewerkschaften; die Europäische Kommission, das Europäisches Parlament sowie der Rat der Europäischen Union. Die Akteure wurden entlang der Kategorien „Politische Funktionsträger", „Parteien", „Kreditinstitute und Verbände", „Wissenschaftliche Institute" sowie „Andere Gruppen" identifiziert. Innerhalb dieser Kategorien wurden die kommunale Ebene, die Landes- und Bundesebene sowie die europäische Ebene differenziert. Es konnten *vier Advocacy-Koalitionen* (Verfechter-, Opportunisten-, Traditionalisten- und Wissenschaftliche-Experten-Koalitionen) bestimmt werden.[1381]

Die *Positionen und Ziele der Akteure* verdeutlichten insbesondere, dass die Akteure auf der europäischen Ebene, so v. a. die Europäische Kommission, die Deregulierung und Privatisierung erheblich förderten. Hinsichtlich der parteipolitischen Akteure war tendenziell erkennbar, dass CDU, CSU und FDP zu den Privatisierungsbefürwortern und SPD, GRÜNE und DIE LINKE zu den Privatisierungsgegnern gehörten. Neben den Verbänden bestanden als geschlossene Akteursgruppe die Gewerkschaften, die ebenfalls als Privatisierungskritiker auftraten. *Schließlich konnte die Erkenntnis gewonnen werden, dass sich die Akteure in ihren Positionierungen den wirtschaftlichen Rahmenbedingungen anpassten.*

Die politischen Prozessanalysen der landesspezifischen Deregulierungs- und Privatisierungsvorhaben spielten eine zentrale Rolle in der Arbeit. Einleitend zum achten Kapitel wurde die Frage einer Gliederung nach Deregulierungs- und Privatisierungstypen (bzw. -modellen) gestellt. Damit verbunden waren Überlegungen, die geografische durch eine typologische Gliederung zu ersetzen. Der Ausgangspunkt für die Auswahl der Bundesländer waren die beobachtbaren Aktivitäten von Deregulierung und Privatisierung im Sparkassensektor seit den 1970er-Jahren. Da die Ausgangsbedingungen (Faktoren wie Finanzierungsdifferenzen, staatswirtschaftliche Traditionen, Privatisierungsfreundlichkeit der Regierungen) in den einzelnen Bundesländern unterschiedlich waren, wurde – wie bereits oben genannt – eine *geografische Kategorisierung* in süddeutsche (Bayern, Baden-Württemberg), mitteldeutsche (Hessen, Rheinland-Pfalz,

1381 Vgl. Abschnitt 6.2.

Nordrhein-Westfalen), ostdeutsche (Mecklenburg-Vorpommern, Sachsen, Berlin) und norddeutsche (Hamburg, Schleswig-Holstein) Bundesländer gewählt. Eine *typologische Kategorisierung* erwies sich hingegen als schwierig: Erstens standen nur wenig eindeutige Modelle zur Verfügung und zweitens wurden dabei die landesspezifischen Gemeinsamkeiten und/oder Unterschiede nicht eindeutig sichtbar. In Abwägung dieser Überlegungen wurde entschieden, die Modelle auf die geografisch gruppierten Bundesländer anzuwenden. Zudem lassen sich über eine rein geografische Gliederung hinaus Ähnlichkeitspfade analysieren.

Zu Beginn der jeweiligen Prozessanalysen wurden die Ausgangslagen in den Bundesländern dargestellt. Diese verdeutlichten bereits, welche zentrale Rolle die Deregulierung und Privatisierung im öffentlich-rechtlichen Kreditsektor einnimmt. Es war erkennbar, dass mit der Entscheidung der Europäischen Kommission im Jahr 2005 (Abschaffung der Gewährträgerhaftung und Anstaltslast) ein erheblicher wirtschaftlicher Druck auf die öffentlich-rechtlichen Kreditinstitute entstanden ist. Davon waren unmittelbar die Landesbanken und mittelbar (im Rahmen des Verbunds) die öffentlichen Sparkassen betroffen. Die Entscheidungen zu Änderungen in der Rechtsstruktur der Landesbanken hatten auch Auswirkungen auf die Sparkassen, die verstärkt die eigene (Rechts-)Struktur infrage stellten.

Die ersten Umsetzungsversuche von *Deregulierungs-, Privatisierungs- und Fusionsvorhaben begannen mit Überlegungen der Akteure auf Landesebene.* Dabei verfolgten die Akteure das Ziel, die jeweilige Landesbank neu zu strukturieren. Die Motivation der jeweiligen Regierungsmehrheiten bestand darin, erstens mit den zusätzlichen Erlösen die angespannte Haushaltslage zu reduzieren und zweitens den kreditwirtschaftlichen Wettbewerb im jeweiligen Land zu steigern. Die Akteure in den Bundesländern folgten dabei unterschiedlichen Modellen. In Bayern, Sachsen und Berlin wurde das „*Holding-Modell*“, in Baden-Württemberg und Rheinland-Pfalz das „*Fusionsmodell*“ und in Nordrhein-Westfalen das „*Teilprivatisierungsmodell*“ verfolgt. Mit diesen Modellen versuchten die Akteure ihre jeweiligen Interessen durchzusetzen und mussten dabei die Besonderheiten (Haushaltssituation, Privatisierungsfreundlichkeit etc.) in ihren Bundesländern berücksichtigen. Die untersuchten Fälle haben deutlich gemacht, welche Akteurskonstellationen und -verflechtungen bei der Umsetzung der obigen Modelle entstanden und welche Akteure im Entscheidungsprozess aufeinandertrafen. Es war dabei schwierig, ein „Muster“ oder „Ablaufschema“ festzulegen, aus dem hervorgeht, was für die Durchsetzung bspw. eines *Holding-Modells* notwendig ist.

Da das *Holding-Modell* eine Landesbank als ein einheitliches Unternehmen in der Rechtsform einer rechtsfähigen Anstalt des öffentlichen Rechts vorsieht, das Aufgaben sowohl einer Geschäftsbank (Staatsbank) als auch einer (Kommunal-)

Sparkassenzentralbank wahrnimmt, *lassen sich mit der Umsetzung dieses Modells Landesbanken- und Sparkasseninteressen auf Landes- und kommunaler Ebene zusammenbringen.* Im Fall des Sachsen-Finanzverbands führte dies im Ergebnis dazu, dass die Grenzen zwischen Landesbanken- und Sparkassenebene fließend waren und sowohl die (verbands-)politischen Akteure auf Landesebene als auch die politischen Akteure auf kommunaler Ebene ihre Interessen austauschten und durchsetzten. Da die Mehrheitsgesellschafter solcher *Holding-Gesellschaften* größtenteils Sparkassen waren, konnten die jeweiligen Institute von den politischen Entscheidungen, die vor allem auf Landesebene getroffen wurden, deutlich profitieren. Insgesamt ergab sich die Erkenntnis, dass mit dem Holding-Modell insbesondere die parteipolitischen Akteure und die regionalen Sparkassenverbände ihren Einfluss auf- und ausbauen.

Für die kommunalen Sparkassen, die aufgrund kleiner Regionen an Wachstumsgrenzen stoßen, ist das *Fusionsmodell* attraktiv. Mit einer Fusion können nicht nur Kostenvorteile generiert, sondern neue Geschäftsverbindungen auf- und ausgebaut werden. Durch die Auswahl des Fusionsmodells lässt sich das Regionalprinzip erweitern.

Das *Teilprivatisierungsmodell* führt am stärksten zu einer Öffnung des öffentlich-rechtlichen Kreditsektors und stellt gleichzeitig für die Region eine zusätzliche Einnahmequelle dar. Der einmalige Erlös aus einer Teilprivatisierung ist für die parteipolitischen Akteure, die mit einer angespannten finanziellen Haushaltslage konfrontiert sind, sehr attraktiv.

Die Analyse der oben genannten Modelle führte in Verbindung mit der Untersuchung der parteipolitischen Programme zu Erkenntnissen, die zu Beginn der Arbeit nicht zu vermuten waren. Die parteipolitischen Vetospieler waren wesentliche Akteure, die mit ihren Positionen den Entscheidungsprozess maßgeblich beeinflussen konnten, sofern Koalitionsregierungen bestanden. Es zeigte sich, dass keine Partei länderübergreifend eine einheitliche Auffassung zu einem Modell vertrat.[1382] Stimmte die SPD in *Baden-Württemberg* noch gegen das Fusionsmodell, so befürwortete die Partei in *Rheinland-Pfalz* dieses Modell, was zur Folge hatte, dass die Rheinland-Pfalz Bank seit dieser Zeit als unselbstständige Anstalt des öffentlichen Rechts der Landesbank Baden-Württemberg geführt wird. In *Nordrhein-Westfalen* stimmte die SPD einer Teilprivatisierung der WestLB durch die Bündelung ihrer wettbewerblichen Aktivitäten in der neuen WestLB

1382 Es gab lediglich eine Ausnahme im Fall von Niedersachen und Bremen (Fusionsmodell). Der Fall wurde jedoch in der Prozessanalyse vernachlässigt. Siehe hierzu auch die einleitenden Ausführungen im achten Kapitel.

AG zu. Für die SPD ist in der Arbeit jedoch herausgearbeitet worden, dass die Partei ein Gegner von Privatisierungsvorhaben ist. Die wesentliche Erkenntnis war daher, dass die parteipolitischen Akteure in Abhängigkeit von ihren Interessen Entscheidungen trafen. Meinungswechsel wurden insbesondere mit dem Ziel vollzogen, Gremienmandate zu behalten, um den vorhandenen Einfluss im öffentlich-rechtlichen Kreditsektor nicht zu verlieren. *Damit unterscheiden sich die parteipolitischen Akteure von allen anderen Akteuren, die im Wesentlichen ihre Grundauffassungen nicht verändert haben.*

Die Untersuchung von *Deregulierungs-, Privatisierungs- und Fusionsvorhaben auf kommunaler Ebene* war von drei Modellen gekennzeichnet. Exemplarisch wurden in der Arbeit auch Fusionsvorhaben, wie z. B. im Fall der Kreissparkasse Wesermünde-Hadeln (Niedersachsen) und der Sparkasse Bremerhaven (Bremen) oder der Sparkassen Hof und Fichtelgebirge (Bayern), aufgeführt. Vor dem Hintergrund der zum Teil sehr begrenzten Daten- und Informationslage, der geringen Zahl von Akteuren sowie der Übereinstimmung der parteipolitischen Akteure im Entscheidungsprozess waren jedoch Prozessanalysen für diese Fälle nicht ergiebig bzw. sinnvoll.

Die Akteure in den süd- und mitteldeutschen Bundesländern verfolgten das *Fusionsmodell* und *Bürgerbeteiligungsmodell*, die Akteure in den ostdeutschen Bundesländern hingegen das *Privatisierungsmodell*. Die Untersuchung auf kommunaler Ebene ergab, dass die parteipolitischen Akteure trotz der zumeist eindeutigen Mehrheitsverhältnisse etwa in Verwaltungsräten, Trägerversammlungen oder Kreistagen weniger einflussreich waren, als zu Beginn der Untersuchung vermutet wurde. Starke Interessenvertretungen auf Bundes- und Landesebene wie bspw. der Deutsche Sparkassen- und Giroverband (DSGV) und Bundesverband deutscher Banken (BdB) sowie die Gewerkschaften und regionalen Sparkassenverbände beeinflussten das Ergebnis der jeweiligen Vorhaben erheblich.

Sparkassen-Fusionsvorhaben waren geprägt von starken Diskussionen in den Regionen. Dies war auch beim Fusionsvorhaben der Kreissparkasse Vulkaneifel mit der Kreissparkasse Bitburg-Prüm der Fall. Die Fusion wurde vonseiten der CDU befürwortet. Daraufhin leiteten die Fraktionen SPD, GRÜNE, FDP und FWG ein Bürgerbegehren ein mit dem Ziel, die im Kreistag gefassten (Fusions-)Beschlüsse mithilfe eines Bürgerentscheids aufheben zu lassen, was den parteipolitischen Akteuren letztendlich auch gelang. Aufgrund der nicht zu Stande gekommenen Fusion und der monatelangen Diskussionen wurde von einem Geschäftsverlust für beide Sparkassen in Höhe von rund 5 Mio. EUR ausgegangen. *Hier zeigte sich, dass weniger betriebswirtschaftliche als politische Gründe den Policy-Prozess prägten.*

In den Fällen, wo *Sparkassen-Fusionsvorhaben* maßgeblich von Verwaltungsräten und Trägerversammlungen geprägt waren, traten erheblich Konflikte auf, die so weit führten, dass, wie im Fall des Fusionsvorhabens der Sparkassen Karlsruhe und Ettlingen, der Versuch seitens der Gemeinderäte unternommen wurde, ihre Interessen über Klagen bei dem Verwaltungsgericht Karlsruhe und dem Verwaltungsgerichtshof Baden-Württemberg durchzusetzen. Dabei verfolgten die Gemeinderäte das Ziel, die Fusion zu verhindern, was ihnen jedoch nicht gelang.

Im Weiteren ergaben die Auswertungen, welche Veto-Rechte bestehen und vor allem von welchen Akteuren sie gezielt genutzt wurden, um Entscheidungen zu verhindern oder zu blockieren, wie bspw. im Fall der Neuordnung des sächsischen Sparkassenwesens. In diesem Fall wurde das Instrument Volksentscheid genutzt, um gegen die Neuordnung des sächsischen Sparkassenwesens vorzugehen. Die Gegner versuchten, mit ihrem Einfluss einen Volksentscheid herbeizuführen, und gründeten eine Bürgerinitiative „Pro kommunale Sparkasse“, in der sich die Kritiker der Reform – PDS, große Teile der SPD und Gewerkschaften – zusammenschlossen. Allerdings wurde der Gesetzentwurf der Bürgerinitiative, der im Rahmen eines Volksentscheides eine große Mehrheit fand und damit Gesetzeskraft erlangte, in dieser Form von der damaligen CDU-Landesregierung nicht umgesetzt.

Das *Bürgerbeteiligungsmodell* war gekennzeichnet von Überlegungen der hessischen FDP Ende der 1970er-Jahre zu einer *Bürgersparkasse*. Die FDP forderte eine stärkere Öffnung für private Beteiligungen an Sparkassen, ohne den öffentlich-rechtlichen Rechtsstatus der Sparkasse aufzugeben. Private Investoren sollten sich mit bis zu 50 Prozent an der Bürgersparkasse beteiligen dürfen. Nach dem Verständnis der CDU, die zu diesem Zeitpunkt eine Regierungskoalition mit der FDP bildete (1987 bis 1991), sollte die Beteiligung privater Investoren als stille Gesellschafter den bürgerschaftlichen Charakter der kommunalen Sparkassen stärken, ohne jedoch den maßgeblichen politischen Einfluss des Gewährträgers einzuschränken. Daneben war geplant, dass die Beschlüsse des Verwaltungsrats über die Zusammensetzung des Vorstandes sowie die Richtlinien der Geschäftspolitik nur mit der Mehrheit der Stimmen der vom Gewährträger entsandten Mitglieder wirksam gefasst werden. Den privaten Investoren sollte nach den Reformvorstellungen andererseits eine ihren Kapitalanteilen entsprechende Beteiligung am Entscheidungsprozess innerhalb der Sparkasse eingeräumt werden. Der Konflikt innerhalb der schwarz-gelben Regierungskoalition führte im Ergebnis dazu, dass sich der stärkere Koalitionspartner (CDU) mit einem neuen Gesetzentwurf durchsetzte, der die Einlagen der Beteiligten (bspw. private Investoren) auf maximal 49 Prozent des haftenden Eigenkapitals der Sparkassen beschränkte. Die Sicherung des politischen Einflusses war von großer Bedeutung.

Das *Privatisierungsvorhaben* der Sparkasse der Hansestadt Stralsund verdeutlichte, welche Interessengruppen in solchen Fällen auftreten und Einfluss auf den Entscheidungsprozess ausüben. Angefangen bei der europäischen Ebene (EU-Kommission) über die Bundes- und Landesebene (DSGV, private Banken, SPD-PDS-Regierung sowie Finanz- und Innenministerium von Mecklenburg-Vorpommern) bis hin zur kommunalen Ebene (Oberbürgermeister *Lastovka* (CDU), Stralsunder Bürgerschaft, Vorstand und Verwaltungsrat der Sparkasse, Verwaltungsgericht Greifswald) waren alle Akteure maßgeblich an dem Vorhaben beteiligt. Die CDU mit Oberbürgermeister *Lastovka* stimmte gegen massive Widerstände für das Privatisierungsvorhaben. Es zeigte sich jedoch, dass solch ein Vorhaben auf Landesebene zu entscheiden war. Das Privatisierungsvorhaben wurde von der SPD-PDS-Regierungskoalition (1998 bis 2006) sowie dem Finanz- und Innenministerium von Mecklenburg-Vorpommern, der CDU-Fraktion auf Landesebene und dem DSGV abgelehnt. Damit vertrat die CDU auf kommunaler Ebene eine andere Auffassung als auf Landesebene. Der Meinungswechsel wurde seitens der CDU auf Landesebene damit begründet, dass lediglich eine Beteiligungsquote von privaten Investoren an Sparkassen bis zu einer Höhe von maximal 49 Prozent gestattet sein sollte. Diese abweichende Haltung der Partei von ihrem Hauptkern war insbesondere darauf zurückzuführen, dass die CDU befürchtete, zukünftig keinen politischen Einfluss auf die kommunale Sparkasse ausüben zu können. Veto-Rechte bestanden seitens der Ministerien, die damit den Policy-Prozess maßgeblich beeinflussten. Das verdeutlichte auch das bayerische Fusionsvorhaben der Stadtsparkasse Marktredwitz mit der Raiffeisen-Volksbank Marktredwitz-Selb eG. Das Ziel der Fusion bestand darin, die Geschäfte über eine Genossenschaft weiterzuführen. Das Fusionsvorhaben wurde jedoch aufgegeben, als sich die CSU-Landesregierung (1993–2007) als zuständige Sparkassenaufsichtsbehörde und der bayerische Sparkassenverband (SVB) einschalteten. *Insbesondere bei Privatisierungsvorhaben, so zeigen diese Fälle, waren die Verflechtungen politischer Entscheidungsträger und (regionaler) Verbände mit den Ministerien stark genug, um solche Vorhaben abzulehnen.*

Die *Neufassung des Sparkassengesetzes in Berlin* verdeutlichte eindrucksvoll, wie parteipolitische Akteure, die sich in der Regierungsverantwortung befinden, gegen ihre Grundauffassungen handeln. Zur Entscheidung stand, die Berliner Sparkasse, als Abteilung der Landesbank Berlin, per Gesetz aus der Landesbank Berlin herauszulösen und als eine öffentlich-rechtliche Sparkasse in der Rechtsform einer teilrechtsfähigen Anstalt des öffentlichen Rechts am Markt zu platzieren. Die SPD-PDS-Regierungskoalition (2001–2007) beschloss die Neufassung des Sparkassengesetzes gegen die Stimmen von GRÜNE und FDP und bei einer Enthaltung der CDU. Das Interesse der SPD und PDS bestand darin, erstens eine Risikominimierung für das Land Berlin vorzunehmen, zweitens aus dem Verkaufserlös wesentliche Teile der Risikoabschirmung zu bezahlen und drittens mit dem dann verbleibenden Verkaufserlös das Haushaltsdefizit zu reduzieren. *Aus diesem Policy-Prozess konnte vor allem die Erkenntnis gewonnen werden, dass Linksparteien nicht zwangsläufig Gegner von Deregulierungs- und Privatisierungsvorhaben sind und konservativ-liberale Parteien nicht grundsätzlich zu den Befürwortern solcher Vorhaben gehören.*

Der Fall der Freien und Hansestadt Hamburg stellt einen Sonderfall dar, weil die Hamburger Sparkasse AG (Haspa) eine freie Sparkasse ist und in Hamburg kein Sparkassengesetz existiert. So hat Hamburg formal keinen Einfluss auf die Sparkasse. Der Fall ist auch davon gekennzeichnet, dass im Vergleich zu anderen Bundesländern in Hamburg keine explizite Privatisierungspolitik verfolgt wurde. Da die Hamburger Sparkasse Finanzholding an allen freien Sparkassen in Schleswig-Holstein beteiligt ist, haben *regulatorische Veränderungen in Schleswig-Holstein* eine Auswirkung auf die Hamburger Sparkasse AG. Vor diesem Hintergrund konzentrierte sich die Analyse auf die regulatorischen Veränderungen in Schleswig-Holstein, die Auswirkungen auf die Geschäfts- und Kreditpolitik der Haspa haben. In diesem Fall, aber auch in allen anderen *Fällen einer Neufassung oder Novellierung von Sparkassengesetzen* war erkennbar, dass die Akteure das Ziel verfolgten, keine Beteiligungen von privaten Investoren an öffentlich-rechtlichen Sparkassen mit mehr als 49 Prozent zuzulassen. Im Besonderen die sparkassennahen Verbände und vereinzelt wissenschaftliche Experten versuchten, innerhalb dieses Policy-Prozesses Einfluss zu nehmen. Die parteipolitischen Akteure nahmen vorzugsweise deren Ausarbeitungen und Gutachten, um die eigenen Positionen im politischen Diskurs zu stärken. Letztlich war bei der Neufassung oder Novellierung von Sparkassengesetzen die Sichtweise der Landesebene maßgeblich.

Die Prozessanalysen der Fallbeispiele ergaben in den Bundesländern, dass zwei gegensätzliche Belief-Systeme in dem Politikfeld existieren, die sich nur schwer verändern lassen: erstens eine öffentlich-rechtliche Haltung, die sich für die Erhaltung kommunaler Sparkassen einsetzt, und zweitens eine privatwirtschaftliche Haltung, die sich gegen die Existenz kommunaler Sparkassen einsetzt. Die zwei Überzeugungssysteme bilden die Grundlage für die vier Advocacy-Koalitionen (Verfechter-, Opportunisten-, Traditionalisten- und Wissenschaftliche-Experten-Koalition), die in den betrachteten Fällen in einen permanenten

Konflikt im Policy-Subsystem involviert waren. Der Rückgriff der Akteure auf europäische, Bundes-, Landes- oder kommunale Überzeugungen trug dazu bei, die eigenen Ansichten zu bestätigen und/oder neue Informationen abzulehnen.

Die Opportunisten- und Traditionalisten-Koalitionen traten als sehr bedeutende Koalitionen in den Prozessanalysen auf. Beide Koalitionen waren in allen Bundesländern von großer Bedeutung und prägten den Entscheidungsprozess. Sie verantworteten den Policy-Output und die Policy-Wirkung nachhaltig. Folglich traten die entscheidenden Konflikte in den Policy-Prozessen zwischen den Opportunisten- und Traditionalisten-Koalitionen auf. Die Verfechter-Koalition und die wissenschaftlichen Experten waren in den Prozessanalysen von geringer Bedeutung. Akteure, die in der Rolle eines Policy-Vermittlers auftraten, konnten nur in dem Fall des „Privatisierungsvorhaben der Sparkasse der Hansestadt Stralsund" (Verwaltungsgericht Greifswald) und in dem Fall der „Fusion der Sparkassen Karlsruhe und Ettlingen" (Verwaltungsgericht Karlsruhe sowie der Verwaltungsgerichtshof Baden-Württemberg) identifiziert werden. Dabei prägten die Policy-Vermittler in beiden Fällen den Entscheidungsprozess nachhaltig. In der Gesamtbetrachtung konnte bestätigt werden, dass der Advocacy-Koalitionsansatz für die vorliegende Arbeit ein geeignetes Instrument war, nicht nur die Komplexität des Politikfeldes zu reduzieren, sondern um vor allem langfristige Veränderungen in Politikinhalten sowie Entscheidungen in einem politischen Prozess zu analysieren.

Bei der Formulierung der Hypothesen war es von Bedeutung, dass die Ansätze und Theorien kompatibel zueinander sind. Im Fall der *ersten Hypothese*, die sich aus der *Parteiendifferenztheorie* ergab, konnte für Nordrhein-Westfalen (für den Fall der Modernisierung des Sparkassengesetzes), Hessen, Sachsen, Mecklenburg-Vorpommern und Hamburg/Schleswig-Holstein die Parteiendifferenz-Hypothese bestätigt werden. Auf kommunaler Ebene, wo zumeist Einzelfallentscheidungen die Politik bestimmen, ist das Bild eher gespalten. Die Untersuchung ergab, dass in schwierigen wirtschaftlichen Zeiten die parteipolitischen Ansichten weniger von Bedeutung waren, sodass eher opportunistische Entscheidungen getroffen wurden.

Für die Prüfung der *zweiten Hypothese*, die auf Basis des *institutionellen Ansatzes* formuliert wurde, zeigt sich, dass die landesspezifischen Deregulierungs- und Privatisierungsvorhaben von rechtlichen Rahmenbedingungen bzw. Restriktionen abhängig sind und entsprechend geprägt werden. Es lässt sich für die landesspezifischen Fälle feststellen, dass die Landesregierungen der Rechtstradition (der zufolge die Sparkassen in der öffentlich-rechtlichen Struktur bestehen bleiben) gefolgt sind. Allerdings konnten bei der Vorgehensweise der Landesregierungen

Unterschiede festgestellt werden. So beeinflussten die Finanz- und Innenministerien, die in einigen Bundesländern als Sparkassenaufsichtsbehörden agieren, vor allem in Konfliktsituationen die politischen Entscheidungsfindungen maßgeblich, und eine solche „institutionelle Unterstützung" war in den Entscheidungsprozessen auf kommunaler Ebene ein zentraler Faktor für die beschränkte Umsetzung von Deregulierungs- und Privatisierungsvorhaben.

Bei der Prüfung der *dritten Hypothese*, die sich aus der *Vetospielertheorie* ergibt, zeigt sich, dass angesichts der zumeist eindeutigen politischen Mehrheitsverhältnisse die gewonnenen Erkenntnisse in Teilen zu erwarten waren. Es bestand entweder eine absolute Mehrheit oder es herrschte breiter Konsens zwischen den Koalitionspartnern, die dann mehrheitlich für ihre Vorhaben stimmten. Bei Vorhaben, die auf kommunaler Ebene entstanden, wie z. B. im Fall des Fusionsvorhabens der Stadtsparkasse Marktredwitz und der Raiffeisen-Volksbank Marktredwitz-Selb eG, konnte die Landesregierung, wenn sie die zuständige Sparkassenaufsichtsbehörde war, als entscheidender Vetospieler auftreten und das Fusionsvorhaben verhindern – in dem genannten Beispiel war dies die CSU-Landesregierung in Bayern.

Was die *vierte Hypothese* betrifft, die sich aus dem *Ansatz der strukturellen Umwelt* ergibt (EU-Dimension), ist festzustellen, dass die Bundesländer sehr unterschiedlich mit der Entscheidung der EU-Kommission im Jahr 2005, die Haftungsgrundlagen (Gewährträgerhaftung und Anstaltslast) für die öffentlich-rechtlichen Kreditinstitute abzuschaffen, umgehen. Anfangs wurde davon ausgegangen, dass sich dies erheblich auf die landesspezifischen Fälle zugunsten von Deregulierung und Privatisierung öffentlich-rechtlicher Sparkassen auswirkte und eher konservativ-liberale Landesregierungen auf die Entscheidung der EU-Kommission reagierten und die Sparkassengesetze anpassten. Es war dann aber die rot-grüne Regierungskoalition (1998 bis 2002) in Nordrhein-Westfalen, die als Erste die notwendigen Anpassungen vornahm. Zudem ist kein direkter Einfluss der EU-Kommission auf den Sparkassensektor erkennbar, da bisher die europäische Gesetzesgrundlage keine verstärkte Deregulierung und Privatisierung öffentlich-rechtlicher Sparkassen erzwingt. Somit sind die Bundesländer nicht verpflichtet, ihre Sparkassengesetze nach europäischen Vorgaben zu verändern.

Insgesamt konnten aus den konfliktbehafteten Prozessanalysen die Erkenntnis gewonnen werden, dass es sich größtenteils um situationsabhängige Macht- und Interessenkonflikte handelt und weniger um die Verfolgung von ideologischen Ausrichtungen der politischen Akteure oder gar um die Durchsetzung betriebswirtschaftlicher Aspekte. Dies wurde insbesondere in den Fällen sichtbar, in denen die Parteien von dem Hauptkern ihrer Belief-Systeme abgewichen sind. Mit den

Prozessanalysen wurde der „kleine Policy-Wandel“ anhand der Meinungswechsel der politischen Akteure transparent und nachvollziehbar. Es war erkennbar, dass sich die Positionierungen der Parteien in ihren landespolitischen Programmen von ihren ursprünglichen ideologischen Auffassungen (auf Bundesebene) in Teilen deutlich unterschieden. Des Weiteren beweisen die Prozessanalysen über alle Bundesländer hinweg, dass die regierenden Politiker die Hauptverantwortung für den Entscheidungsprozess tragen und durch die Verfolgung ihrer politischen Interessen motiviert sind. Als Hauptmotiv konnte in allen Bundesländern die Rückführung des Haushaltsdefizits herausgearbeitet werden. In diesem Zusammenhang ist der kommunale Finanzausgleich von den politischen Akteuren nicht explizit aufgeführt oder als Begründung eines Deregulierungs- oder Privatisierungsvorhabens „benutzt“ worden. Es erfolgte auch keine Berücksichtigung dieses Aspektes in der Argumentationslinie der beteiligten Akteure, sodass die Arbeit hierzu keine neuen Erkenntnisse gewinnen konnte.

Vor dem Hintergrund der zeitlich begrenzten Machtposition war es den Politikern wichtig, ihre politische Kontrolle im öffentlich-rechtlichen Kreditsektor zu stärken, um im Verlauf von Deregulierungs- und Privatisierungsverhandlungen einen möglichst großen Nutzen (z. B. für „ihren“ Haushalt, für den sie verantwortlich waren) zu erzielen. Darüber hinaus konnte gezeigt werden, dass Machteinflüsse und Verteilungskonflikte innerhalb einer Regierungskoalition eine bedeutende Rolle im jeweiligen Entscheidungsprozess spielen.

Ausblick

Auf der *europäischen Ebene* zeichnet sich aktuell ein politischer Trend zu mehr Regulierung ab, an dem sich die politischen Akteure auf der Bundesebene zunehmend orientieren. So scheint es, dass die bundespolitischen Akteure in ihren Einflussmöglichkeiten bei Vorhaben zur Deregulierung und Privatisierung öffentlich-rechtlicher Kreditinstitute von den Vorgaben der EU-Kommission zurückgedrängt werden. Zukünftig ist zu erwarten, dass auf europäischer Ebene die EU-Kommission verstärkt in den öffentlich-rechtlichen Kreditsektor eingreifen wird. Ob das unmittelbare Auswirkungen auf den (kommunalen) Sparkassensektor haben wird, bleibt abzuwarten. Insgesamt ist davon auszugehen, dass die Europäisierung an Bedeutung gewinnt und nationale Interessen in den Hintergrund treten. Daraus ergeben sich interessante Fragen für die Zukunft, z. B. wie sich die politischen Strukturen auf europäischer Ebene entwickeln und welchen Einfluss die politischen Akteure innerhalb dieser (neuen) Strukturen auf das europäische Bankensystem ausüben werden.

Auf der *Bundesebene* ist ebenfalls eine Entwicklung zu verstärkter Regulierung erkennbar. Die Untersuchung hat jedoch verdeutlicht, wie wichtig es ist, in diesem komplexen Politikfeld die unterschiedlichen Interessen der beteiligten Akteure zu berücksichtigen. Dabei spielen die Interessenverbände auf Bundesebene eine wichtige Rolle. Sie sind sich ihres Macht- und Einflusspotenzials bewusst und unterstützen oder verhindern, je nach Zielsetzung und Positionierung, die Deregulierungs- und Privatisierungsvorhaben auf unterschiedlichen Ebenen. Hier ist zu erwarten, dass die Interessenverbände auf Bundesebene weiterhin den Policy-Prozess in dem Politikfeld mitgestalten und ihren Einfluss – aufgrund des bestehenden Netzwerks in Politik und (Kredit-)Wirtschaft – beibehalten, wenn nicht sogar ausbauen.

Zu erkennen ist, dass sowohl auf *Landesebene als auch auf kommunaler Ebene* die politischen Akteure und die regionalen Sparkassenverbände den Entscheidungsprozess maßgeblich bestimmen und für sich einnehmen. So konnte einerseits bei den Prozessanalysen herausgearbeitet werden, dass diese Akteure den Policy-Output und die Policy-Wirkung nachhaltig beeinflussen. Dies könnte sich in der Zukunft fortsetzen. Andererseits ließ sich weder auf Landesebene noch auf kommunaler Ebene ein einheitliches Handlungsmuster der politischen Akteure im Policy-Prozess feststellen. Insofern kann hier kein eindeutiger Trend abgeleitet werden, der bspw. vorhersagt, dass grundsätzlich Bundesländer mit einer konservativ-liberalen Regierung verstärkt zu Deregulierungs- und Privatisierungsvorhaben tendieren und Bundesländer mit einer linksorientierten Regierung diese Vorhaben kategorisch ablehnen.

Die Untersuchung hat vor allem ergeben, dass das Hauptinteresse der politischen Akteure darin besteht, erstens den Haushalt nachhaltig zu konsolidieren und zweitens den politischen Einfluss in den jeweiligen Gremien beizubehalten bzw. auszubauen. Allerdings werden die Möglichkeiten der Sparkassen, Gewinne an die kommunalen Haushalte auszuschütten, nicht zuletzt infolge der Verteuerung der Refinanzierung und der stärkeren Notwendigkeit zur Eigenkapitalbildung deutlich reduziert.

So ist die sparkassenpolitische Situation zum Jahresanfang 2016 höchst angespannt. Dies verdeutlicht auch der Konflikt zwischen der Stadtsparkasse Düsseldorf und dem Düsseldorfer Oberbürgermeister *Geisel* (SPD).[1383] In diesem Fall weigerte sich der Sparkassenvorsitzende *Hallmann*, einen Teil (26 Mio. EUR) der Gewinne von 140 Mio. EUR an die Stadt auszuschütten. Obwohl das Institut

1383 Vgl. *Schreiber*: Sparkasse gegen Bürgermeister, 2015, S. 22 sowie *o. V.*: Kein Ende im Ausschüttungsstreit, 2016, S. 4.

über eine Kernkapitalquote von 14,7 Prozent verfügt,[1384] soll nach Auffassung des Sparkassenvorsitzenden der gesamte Gewinn in die Rücklagen des Instituts einfließen, um eine nachhaltige angemessene Kernkapitalquote für das Institut zu gewährleisten. Eine Einigung steht noch aus.[1385] Dieser Vorgang verdeutlicht, welche Auswirkungen die derzeitige Regulatorik, dem sektorübergreifend alle Kreditinstitute ausgesetzt sind, sowohl für die Kommunen als auch für die öffentlich-rechtlichen Sparkassen hat.

Für die Zukunft ist zu erwarten, dass vor allem kleinere und mittlere Sparkassen – dies betrifft Sparkassen mit einer Bilanzsumme bis zu 5 Mrd. EUR – den Regulierungsanforderungen und dem Wettbewerbsdruck kaum standhalten können, was unter anderem zu verstärkten Sparkassen-Fusionen führen wird. Allerdings sind die derzeit öffentlich diskutierten Prognosen nicht nachvollziehbar, die davon ausgehen, dass von den zum Jahresanfang 2016 bestehenden 409 Sparkassen in fünf Jahren nur noch etwa 250 Sparkassen übrig bleiben werden.[1386] Richtig ist, dass seit dem Jahr 1990 die Anzahl der Sparkassen von 769 auf 409 gesunken ist.[1387] Sofern die aktuell diskutierten Vorhersagen zutreffen, würden rund 40 Prozent der zurzeit am Markt tätigen Institute in den kommenden fünf Jahren wegfallen. Diese Ausführungen verdeutlichen, dass die Tendenz einiger Akteure zu politischen Entscheidungskriterien unterschätzt wird und betriebswirtschaftliche Überlegungen überschätzt werden. Solche Prognosen basieren ausschließlich auf betriebswirtschaftlichen Überlegungen. Dass vor allem ein enormes (regionales) Beharrungsvermögen seitens der politischen Akteure besteht – bspw. drohen die politischen Akteure ihre lukrativen Mandate in den Verwaltungsräten zu verlieren, was zu großen politischen Konflikten führt –, wird vollkommen vernachlässigt.

Vor diesem Hintergrund und unter Abwägung der derzeitigen politischen und kreditwirtschaftlichen Situation auf nationaler und europäischer Ebene ist zu vermuten, dass in den kommenden fünf Jahren rund 10 Prozent der kleineren und mittleren Sparkassen in ihrer derzeitigen Form nicht mehr am Markt existieren werden. Bei finanziell angespannten Haushaltslagen in den Ländern und Kommunen ist von einer Zunahme der Deregulierungs- und Privatisierungsbestrebungen auszugehen. Diese Entwicklungen führen dazu, dass die Sparkassengesetze auf Landesebene regelmäßiger und in immer kleineren zeitlichen

---

1384 Aktuelle Eigenkapitalregeln fordern eine Kernkapitalquote von 13 Prozent bis zum Jahr 2019.

1385 Vgl. *o. V.:* Keine Bewegung im Ausschüttungsstreit, 2016, S. 4; siehe auch *Atzler:* Keine Kompromisse, 2016, S. 34.

1386 Vgl. *Schreiber:* Ende der Kleinstaaterei, 2015, online.

1387 Vgl. *Deutsche Bundesbank:* Monatsbericht Mai, 1991, S. 45.

Abständen geprüft und angepasst werden. Da die Sparkassenpolitik maßgeblich von der Landespolitik geprägt wird, sind die Entscheidungen, die auf landespolitischer Ebene getroffen werden, von zentraler Bedeutung für den Sparkassensektor.

Insgesamt besteht die große Herausforderung im öffentlich-rechtlichen Kreditsektor darin, die markt- und sozialwirtschaftlichen sowie politischen Interessen in dem untersuchten Politikfeld und bei der hier behandelten zentralen Fragestellung der Deregulierung und Privatisierung öffentlich-rechtlicher Sparkassen in Einklang zu bringen. Die Finanz- und Wirtschaftskrise in den Jahren 2007 bis 2009 hat die Anfälligkeit der vergangenen Deregulierungs- und Privatisierungspolitik und damit das Krisenpotenzial verdeutlicht. Wenn die beteiligten Akteure etwas aus dieser Krisensituation gelernt haben, dann wohl dies: dass das deutsche Drei-Säulen-System für Stabilität gesorgt und insbesondere der Sparkassensektor zu dieser Stabilität und Ausgewogenheit maßgeblich beigetragen hat.

Quellen und Literatur

Amtliche und parlamentarische Dokumente

Abgeordnetenhaus von Berlin (Hrsg.) [Plenarprotokoll (12/54), 1993]: 54. Sitzung, Berlin, den 21. Oktober 1993, in: Plenarprotokoll 12/54.

Abgeordnetenhaus von Berlin (Hrsg.) [Plenarprotokoll (12/63), 1994]: 63. Sitzung, Berlin, den 10. März 1994, in: Plenarprotokoll 12/63.

Abgeordnetenhaus von Berlin (Hrsg.) [Plenarprotokoll (12/64), 1994]: 64. Sitzung, Berlin, den 24. März 1994, in: Plenarprotokoll 12/64.

Abgeordnetenhaus von Berlin (Hrsg.) [Plenarprotokoll (12/67), 1994]: 67. Sitzung, Berlin, den 19. Mai 1994, in: Plenarprotokoll 12/67.

Abgeordnetenhaus von Berlin (Hrsg.) [Vorlage, 1996]: Vorlage – zur Beschlussfassung – über Gesetz zur Beseitigung des strukturellen Ungleichgewichts des Haushalts (Haushaltsstrukturgesetz), in: Drucks. 13/201 vom 08.03.1996.

Abgeordnetenhaus von Berlin (Hrsg.) [Plenarprotokoll (13/34), 1997]: 34. Sitzung, Berlin, den 30. Oktober 1997, in: Plenarprotokoll 13/34.

Abgeordnetenhaus von Berlin (Hrsg.) [Plenarprotokoll (14/27), 2001]: 27. Sitzung, Berlin, den 31. Mai 2001, in: Plenarprotokoll 14/27.

Abgeordnetenhaus von Berlin (Hrsg.) [Plenarprotokoll (15/70), 2005]: 70. Sitzung, Berlin, den 16. Juni 2005, in: Plenarprotokoll 15/70.

Abgeordnetenhaus von Berlin (Hrsg.) [Vorlage, 2005]: Vorlage – zur Beschlussfassung – Gesetz über die Berliner Sparkasse und die Umwandlung der Landesbank Berlin – Girozentrale – in eine Aktiengesellschaft (Berliner Sparkassengesetz – SpkG –), in: Drucks. 15/3802.

Abgeordnetenhaus von Berlin (Hrsg.) [Parlament, 2011]: Parlament, URL: http://www.parlament-berlin.de/pari/web/wdefault.nsf/vHTML/C11?OpenDocument#abschnitt03, abgerufen am 22.09.2013.

Bayerischer Landtag (Hrsg.) [Schriftliche Anfrage, 1992]: Schriftliche Anfrage des Abgeordneten Dinglreiter CSU vom 08.04.1992, in: LT-Drucks. 12/6786 vom 01.06.1992/03.06.1992.

Bayerischer Landtag (Hrsg.) [Antrag, 1993]: Antrag des Abgeordneten Prof. Dr. Doeblin und Fraktion F.D.P., in: LT-Drucks. 12/12352 vom 30.07.1993.

Bayerischer Landtag (Hrsg.) [Dringlichkeitsantrag, 1994]: Dringlichkeitsantrag der Abgeordneten Paulig, Dr. Fleischer, Kellner und Fraktion DIE GRÜNEN. Verwendung der Erlöse von Privatisierungsmaßnahmen des Freistaats Bayern, in: LT-Drucks. 12/16904 vom 20.07.1994.

Bayerischer Landtag (Hrsg.) [Plenarprotokoll 12/37, 1994]: 137. Sitzung, München, den 21. Juli 1994, in: Plenarprotokoll 12/37.

Bayerischer Landtag (Hrsg.) [Gesetzentwurf, 2001]: Gesetzentwurf der Staatsregierung zur Änderung des Gesetzes über die Errichtung der Bayerische Landesbank Girozentrale, in: LT-Drucks. 14/8442 vom 18.12.2001.

Bayerischer Landtag (Hrsg.) [Plenarprotokoll 14/80, 2002]: 80. Sitzung, München, den 29. Januar 2002, in: Plenarprotokoll 14/80.

Bayerischer Landtag (Hrsg.) [Plenarprotokoll 14/93, 2002]: 93. Sitzung, München, den 11. Juli 2002, in: Plenarprotokoll 14/93.

Bayerischer Landtag (Hrsg.) [Änderung, 2004]: Gesetzentwurf der Staatsregierung zur Änderung des Gesetzes über die Bayerische Landesbank, in: LT-Drucks. 15/2200 vom 29.11.2004.

Bayerisches Staatsministerium für Wirtschaft, Verkehr und Technologie (Hrsg.) [Regierungserklärung, 1997]: Mit neuer Energie in die Zukunft. Regierungserklärung des Bayerischen Staatsministers für Wirtschaft, Verkehr und Technologie. Dr. Otto Wiesheu zur Vorstellung des Gesamtkonzeptes der Bayerischen Staatsregierung zur rationellen und umweltverträglichen Erzeugung und Verwendung von Energie am 26. Juni 1997 im Bayerischen Landtag.

Beschluss des 44. ordentlichen Bundesparteitages der F.D.P. in Münster [Beschluss, 1993]: Beschluss des 44. ordentlichen Bundesparteitages der F.D.P. in Münster, vom 11./13.06.1993, S. 4 des Beschlusstextes.

Bremische Bürgerschaft (Hrsg.) [Plenarprotokoll (18/62), 2014]: 62. Sitzung, Bremen, den 19. Juni 2014, in: Plenarprotokoll 18/62.

Bremische Bürgerschaft (Hrsg.) [Plenarprotokoll (18/65), 2014]: 65. Sitzung, Bremen, den 17. Juli 2014, in: Plenarprotokoll 18/65.

Deutscher Bundestag (Hrsg.) [Wettbewerbsenquête, 1968]: Bericht der Bundesregierung über die Untersuchung der Wettbewerbsverschiebungen im Kreditgewerbe und über eine Einlagensicherung („Wettbewerbsenquête"), BT-Drucks. 5/3500 vom 18.11.1968.

Deutscher Bundestag [Unterrichtung, 1992]: Unterrichtung durch die Bundesregierung, Neuntes Hauptgutachten der Monopolkommission 1990/1991, in: BT-Drucks. 12/3031 vom 13.07.1992.

Deutscher Bundestag (Hrsg.) [Bericht, 1993]: Bericht der Bundesregierung zur Sicherung des Standortes Deutschland, BT-Drucks. 12/5620 vom 03.09.1993.

Hessischer Landtag (Hrsg.) [Antrag, 1975]: Antrag der Abgeordneten Ibel, Dr. Bartel, Lauterbach et al. betreffend Rationalisierung der Landesverwaltung, in: LT-Drucks. 8/1569 vom 26.09.1975.

Hessischer Landtag (Hrsg.) [Kleine Anfrage, 1984]: Kleine Anfrage des Abgeordneten Nitzling (SPD) betreffend Privatisierung öffentlicher Dienstleistungen, in: LT-Drucks. 11/2335 vom 09.11.1984.

Hessischer Landtag (Hrsg.) [Gesetzentwurf, 1988]: Gesetzentwurf der Landesregierung für ein Gesetz über die Vereinigung der Stadtsparkasse Frankfurt am Main mit der Frankfurter Sparkasse von 1822 (Polytechnische Gesellschaft), in: LT-Drucks. 12/2536 vom 29.06.1988.

Hessischer Landtag (Hrsg.) [Plenarprotokoll (12/49), 1988]: 49. Sitzung, Wiesbaden, den 19. Juli 1988, in: Plenarprotokoll 12/49.

Hessischer Landtag (Hrsg.) [Antwort, 1988]: Antwort der Landesregierung auf die Große Anfrage der Abgeordneten Zabel, Winterstein, Clauss et al. betreffend beabsichtigte Privatisierung staatlicher Aufgaben und geplante Veräußerungen landeseigenem Vermögen LT-Drucks. 12/2265, in: LT-Drucks. 12/3207 vom 21.10.1988.

Hessischer Landtag (Hrsg.) [Plenarprotokoll (12/94), 1989]: 94. Sitzung, Wiesbaden, den 12. Dezember 1989, in: Plenarprotokoll 12/94.

Hessischer Landtag (Hrsg.) [Gesetzentwurf, 1990]: Gesetzentwurf der Landesregierung für ein Drittes Gesetz zur Änderung des Hessischen Sparkassengesetzes, in: LT-Drucks. 12/6375 vom 21.03.1990.

Hessischer Landtag (Hrsg.) [Beschlussempfehlung und Bericht, 1990]: Beschlussempfehlung und Bericht des Ausschusses für Wirtschaft und Technik, in: LT-Drucks. 12/6941 vom 28.06.1990.

Hessischer Landtag (Hrsg.) [Plenarprotokoll (12/113), 1990]: 113. Sitzung, Wiesbaden, den 05. September 1990, in: Plenarprotokoll 12/113.

Hessischer Landtag (Hrsg.) [Plenarprotokoll (15/106), 2002]: 106. Sitzung, Wiesbaden, den 14. Mai 2002, in: Plenarprotokoll 15/106.

Hessischer Landtag (Hrsg.) [Antwort, 2004]: Kleine Anfrage des Abgeordneten von Hunnius (FDP) vom 27.02.2004 betreffend Privatisierung von Landesbeteiligungen und Antwort des Ministers für Finanzen, in: LT-Drucks. 16/1986 vom 13.07.2004.

Hessischer Landtag (Hrsg.) [Große Anfrage, 2004]: Große Anfrage der Fraktion der FDP betreffend Sparkassen, in: LT-Drucks. 16/2817 vom 28.10.2004.

Hessischer Landtag (Hrsg.) [Antwort, 2005]: Antwort der Landesregierung auf die Große Anfrage der Fraktion FDP betreffend Sparkassen LT-Drucks. 16/2817, in: LT-Drucks. 16/4046 vom 27.05.2005.

Hessischer Landtag (Hrsg.) [Plenarprotokoll (16/114), 2006]: 114. Sitzung, Wiesbaden, den 06. Oktober 2006, in: Plenarprotokoll 16/114.

Hessischer Landtag (Hrsg.) [Plenarprotokoll (16/118), 2006]: 118. Sitzung, Wiesbaden, den 12. Dezember 2006, in: Plenarprotokoll 16/118.

Hessischer Landtag (Hrsg.) [Beschlussempfehlung, 2007]: Beschlussempfehlung und Zweiter Bericht des Ausschusses für Wirtschaft und Verkehr zu dem Gesetzentwurf der Landesregierung für ein Siebentes Gesetz zur Änderung des Hessischen Sparkassengesetzes (HSpG) LT-Drucks. 16/7046 zu LT-Drucks. 16/6067, in: LT-Drucks. 16/7125 vom 27.03.2007.

Hessischer Landtag (Hrsg.) [Plenarprotokoll (16/129), 2007]: 129. Sitzung, Wiesbaden, den 29. März 2007, in: Plenarprotokoll 16/129.

Hessisches Ministerium für Wirtschaft und Technik [Kabinettsvorlage, 1988]: Kabinettsvorlage des Hessischen Ministeriums für Wirtschaft und Technik vom 07.11.1988 betreffend das Dritte Gesetz zur Änderung des Hessischen Sparkassengesetzes.

Landtag Baden-Württemberg (Hrsg.) [Plenarprotokoll (10/12), 1988]: 12. Sitzung, Stuttgart, den 19. Oktober 1988, in: Plenarprotokoll 10/12.

Landtag Baden-Württemberg (Hrsg.) [Plenarprotokoll (12/55), 1998]: 55. Sitzung, Stuttgart, den 11. November 1998, in: Plenarprotokoll 12/55.

Landtag Baden-Württemberg (Hrsg.) [Plenarprotokoll (13/27), 2002]: 27. Sitzung, Stuttgart, den 19. Juni 2002, in: Plenarprotokoll 13/27.

Landtag Baden-Württemberg (Hrsg.) [Beschlussempfehlung und Bericht, 2002]: Beschlussempfehlung und Bericht des Innenausschusses zu dem Gesetzentwurf der Landesregierung – Drucksache 13/1062. Gesetz zur Änderung sparkassenrechtlicher Vorschriften, in: LT-Drucks. 13/1130 vom 03.07.2002.

Landtag Mecklenburg-Vorpommern (Hrsg.) [Gesetzentwurf, 2004]: Gesetzentwurf der Fraktionen der PDS und SPD, Entwurf eines Dritten Gesetzes zur Änderung des Sparkassengesetzes des Landes Mecklenburg-Vorpommern, in: LT-Drucks. 4/971 vom 14.01.2004.

Landtag Mecklenburg-Vorpommern (Hrsg.) [Plenarprotokoll (4/28), 2004]: 28. Sitzung, Schwerin, 28. Januar 2004, in: Plenarprotokoll 4/28.

Landtag Mecklenburg-Vorpommern (Hrsg.) [Plenarprotokoll (4/34), 2004]: 34. Sitzung, Schwerin, 4. März 2004, in: Plenarprotokoll 4/34.

Landtag Mecklenburg-Vorpommern (Hrsg.) [Kleine Anfrage, 2005]: Kleine Anfrage des Abgeordneten Michael Ankermann, Fraktion der CDU, Fusionen von Sparkassen in Mecklenburg-Vorpommern und Antwort der Landesregierung, in: LT-Drucks. 4/1879 vom 11.10.2005.

Landtag Mecklenburg-Vorpommern (Hrsg.) [Antrag, 2008]: Antrag der Fraktionen CDU und SPD, Sparkassen als öffentlich-rechtliche Institute, in: LT-Drucks. 5/1289 vom 20.02.2008.

Landtag Nordrhein-Westfalen (Hrsg.) [Gesetzentwurf, 2002]: Gesetzentwurf der Landesregierung, Gesetz zur Neuregelung der Rechtsverhältnisse der öffentlich-rechtlichen Kreditinstitute in Nordrhein-Westfalen, in: LT-Drucks. 13/2124 vom 09.01.2002.

Landtag Nordrhein-Westfalen (Hrsg.) [Plenarprotokoll (13/63), 2002]: 63. Sitzung, Düsseldorf, den 26. Juni 2002, in: Plenarprotokoll 13/63.

Landtag Nordrhein-Westfalen (Hrsg.) [Ausschussprotokoll (13/1538), 2005]: Ausschussprotokoll, Haushalts- und Finanzausschuss, in: Ausschussprotokoll 13/1538 vom 28.04.2005.

Landtag Nordrhein-Westfalen (Hrsg.) [Antrag, 2005]: Antrag der Fraktion SPD, Reform des Sparkassenrechts darf nicht zur Zerschlagung des Sparkassensystems in Nordrhein-Westfalen führen, in: LT-Drucks. 14/202 vom 06.09.2005.

Landtag Nordrhein-Westfalen (Hrsg.) [Antrag, 2007]: Antrag der Fraktion BÜNDNIS 90/DIE GRÜNEN, WestLB: Einen starken Partner für eine starke Bank finden – keine Privatisierung und keine Vertikalisierung, in: LT-Drucks. 14/5026 vom 11.09.2007.

Landtag Nordrhein-Westfalen (Hrsg.) [Eilantrag, 2008]: Eilantrag der Fraktion BÜNDNIS 90/DIE GRÜNEN, Sparkassen als unverzichtbares Strukturelement der nordrhein-westfälischen Bankenlandschaft sichern und stärken, in: LT-Drucks. 14/145 vom 29.08.2008.

Landtag Nordrhein-Westfalen (Hrsg.) [Entschließungsantrag, 2008]: Entschließungsantrag der Fraktionen der CDU und der Fraktion der FDP, in: LT-Drucks. 14/7737 vom 22.10.2008.

Landtag Nordrhein-Westfalen (Hrsg.)[Abgeordnetensuche, 2013]: Abgeordnetensuche – Abgeordneter Dr. Jürgen Rüttgers, URL: http://www.landtag.nrw.de/portal/WWW/Webmaster/GB_I/I.1/Abgeordnete/abgeordnetendetail.jsp?k=01424, abgerufen am: 03.06.2013.

Landtag Rheinland-Pfalz (Hrsg.) [Antwort, 1976]: Antwort des Ministeriums des Inneren auf die große Anfrage der Fraktion der CDU „Entstaatlichung" öffentlicher Aufgaben, in: LT-Drucks. 8/661 vom 05.01.1976.

Landtag Rheinland-Pfalz (Hrsg.) [Bericht, 1980]: Bericht der Landesregierung zur Entstaatlichung von Aufgaben, in: LT-Drucks. 9/605 vom 26.02.1980.

Landtag Rheinland-Pfalz (Hrsg.) [Antrag (10/450), 1984]: Antrag der Fraktionen CDU, Entschließung zu dem Gesetzentwurf der Landesregierung, in: LT-Drucks. 10/450 vom 09.02.1984.

Landtag Rheinland-Pfalz (Hrsg.) [Antrag (10/452), 1984]: Antrag der Fraktionen CDU, Entschließung zu dem Gesetzentwurf der Landesregierung, in: LT-Drucks. 10/452 vom 09.02.1984.

Landtag Rheinland-Pfalz (Hrsg.) [Vorlage (10/339), 1984]: Antrag nach § 74 Abs. 1 Satz 3 in Verbindung mit § 73 Abs. 2 GOLT, […] „DAL-Verluste und die Folgen für den Landeshaushalt" […], in: LT-Drucks. 10/339 vom 06.06.1984.

Landtag Rheinland-Pfalz (Hrsg.) [Vorlage (10/354), 1984]: Antrag nach § 73 Abs. 2 GOLT, […] „Situation bei der DAL“ […], in: LT-Drucks. 10/354 vom 20.06.1984.

Landtag Rheinland-Pfalz (Hrsg.) [Unterrichtung, 1985]: Unterrichtung durch die Landesregierung zu den Beschlüssen des Landtags vom 17. Februar 1984 zu den Drucksachen 10/450 und 10/452 (Plenarprotokoll 10/19 S. 1059), Bericht der Landesregierung zur Weiterführung der Entstaatlichung öffentlicher Aufgaben, hier: Landesbeteiligungen, in: LT-Drucks. 10/1310 vom 28.02.1985.

Landtag Rheinland-Pfalz (Hrsg.) [Vorlage (10/715), 1985]: Antrag nach § 73 Abs. 2 GOLT, […] „DAL und Konsequenzen für die Landesbank“ […], in: LT-Drucks. 10/715 vom 26.04.1985.

Landtag Rheinland-Pfalz (Hrsg.) [Kleine Anfrage, 1989]: Kleine Anfrage des Abgeordneten Dieckvoß (F.D.P.) und Antwort des Ministeriums für Wirtschaft und Verkehr, Verfassungsrechtliche Zulässigkeit eines Spitzeninstituts der Sparkassenorganisation, in: LT-Drucks. 11/2979 vom 15.09.1989.

Landtag Rheinland-Pfalz (Hrsg.) [Mündliche Anfrage, 1989]: Mündliche Anfrage des Abgeordneten Dr. Langen (CDU), Aktuelle Situation der Landesbank Rheinland-Pfalz, in: LT-Drucks. 11/3330 vom 06.12.1989.

Landtag Rheinland-Pfalz (Hrsg.) [Plenarprotokoll (11/68), 1989]: 68. Sitzung, Mainz, den 08. Dezember 1989, in: Plenarprotokoll 11/68.

Landtag Rheinland-Pfalz (Hrsg.) [Plenarprotokoll (13/86), 1999]: 86. Sitzung, Mainz, den 23. Juni 1999, in: Plenarprotokoll 13/86.

Landtag Rheinland-Pfalz (Hrsg.) [Plenarprotokoll (14/62), 2003]: 62. Sitzung, Mainz, den 12. Dezember 2003, in: Plenarprotokoll 14/62.

Landtag Rheinland-Pfalz (Hrsg.) [Gesetzentwurf, 2008]: Gesetzentwurf der Landesregierung. Landesgesetz zu dem Staatsvertrag zwischen dem Land Baden-Württemberg und dem Land Rheinland-Pfalz über die Vereinigung der Landesbank Baden-Württemberg und der LRP Landesbank Rheinland-Pfalz, LT-Drucks. 15/2183 vom 06.05.2008.

Landtag Rheinland-Pfalz (Hrsg.) [Mündliche Anfrage, 2008]: Mündliche Anfrage der Abgeordneten Astrid Schmitt und Monika Fink (SPD), Beschlüsse zur Vereinigung der Kreissparkasse Vulkaneifel und der Kreissparkasse Bitburg-Prüm, in: LT-Drucks. 15/2561 vom 27.08.2008.

Landtag Rheinland-Pfalz (Hrsg.) [Landesbank, 2009]: Parlamentarische Dokumentation, Landesbank, URL: http://83.243.51.73/starweb/OPAL_extern/servlet.starweb?path=OPAL_extern/LISSHFL.web&id=LTRPOPALDOKFL&search=NEDF,HEDF=%22LANDES-BANK%22+AND+WP=15&format=LISSH_Vorgaenge_Report, abgerufen am 18.09.2009.

Landtag Rheinland-Pfalz (Hrsg.) [Ministerpräsidenten, 2013]: Ministerpräsidenten, URL: http://www.rlp.de/ministerpraesidentin/ministerpraesidenten-von-rheinland-pfalz, abgerufen am 03.06.2013.

Landtag von Sachsen-Anhalt (Hrsg.) [Gesetzentwurf, 2001]: Entwurf eines Gesetzes zur Änderung des Sparkassengesetzes des Landes Sachsen-Anhalt, in: LT-Drucks. 3/4648 vom 25.06.2001.

Landtag von Sachsen-Anhalt (Hrsg.) [Gesetzentwurf, 2005]: Entwurf eines Gesetzes zum Zweiten Staatsvertrag zur Änderung des Staatsvertrages über den Ostdeutschen Sparkassen- und Giroverband, in: LT-Drucks. 4/2184 vom 18.05.2005.

Landtag von Sachsen-Anhalt (Hrsg.) [Gesetzentwurf, 2008]: Entwurf eines Gesetzes zum Dritten Staatsvertrag zur Änderung des Staatsvertrages über den Ostdeutschen Sparkassenverband, in: LT-Drucks. 5/1641 vom 04.12.2008.

Niedersächsischer Landtag (Hrsg.) [Plenarprotokoll (14/121), 2002]: 121. Sitzung, Hannover, den 20. November 2002, in: Plenarprotokoll 14/121.

Niedersächsischer Landtag (Hrsg.) [Gesetzentwurf, 2004]: Entwurf eines Niedersächsischen Sparkassengesetzes (NSpG), in: LT-Drucks. 15/1220 vom 25.07.2004.

Niedersächsischer Landtag (Hrsg.) [Plenarprotokoll (17/40), 2014]: 40. Sitzung, Hannover, den 22. Juli 2014, in: Plenarprotokoll 17/40.

Sächsischer Landtag (Hrsg.) [Sparkassengesetz, 1999]: Gesetzentwurf, Thema: Sparkassengesetz des Freistaates Sachsen (SächsSparG), in: LT-Drucks. 2/11475 vom 15.04.1999.

Sächsischer Landtag (Hrsg.) [Antrag, 2001]: Antrag der CDU-Fraktion, Thema: Aktuelle Entwicklungen im Sparkassenwesen, in: LT-Drucks. 3/4470 vom 20.06.2001.

Sächsischer Landtag (Hrsg.) [Plenarprotokoll (3/47), 2001]: 47. Sitzung, Dresden, den 26. Oktober 2001, in: Plenarprotokoll 3/47.

Sächsischer Landtag (Hrsg.) [Unterrichtung, 2001]: Unterrichtung durch die Staatsregierung, in: LT-Drucks. 3/5558 vom 12.12.2001.

Sächsischer Landtag (Hrsg.) [Gesetzentwurf, 2002]: Gesetzentwurf der Staatsregierung, Titel: Gesetz über das öffentlich-rechtliche Kreditwesen im Freistaat Sachsen, in: LT-Drucks. 3/6573 vom 31.05.2002.

Sächsischer Landtag (Hrsg.) [Änderungsantrag, 2002]: Änderungsantrag der CDU-Fraktion, Thema: Beschlussempfehlung und Bericht des Haushalts- und Finanzausschusses zum „Gesetz über das öffentlich-rechtliche Kreditwesen im Freistaat Sachsen" (DS 3/6573), LT-Drucks. 3/7326 vom 14.11.2002.

Sächsischer Landtag (Hrsg.) [Entschließungsantrag, 2002]: Entschließungsantrag der CDU-Fraktion, Thema: Beschlussempfehlung und Bericht des

Haushalts- und Finanzausschusses zu Drs. 3/6573 „Gesetz über das öffentlich-rechtliche Kreditwesen im Freistaat Sachsen“ (DS 3/6573), in: LT-Drucks. 3/7321 vom 15.11.2002.

Sächsischer Landtag (Hrsg.) [Wahlen und Gesetzgebung, 2009]: Wahlen und Gesetzgebung, URL: http://www.landtag.sachsen.de/de/landtag/wahlen_gesetzgebung/148.aspx, abgerufen am 10.04.2010.

Sächsischer Landtag (Hrsg.) [Antrag, 2010]: Antrag der Fraktion DIE LINKE, Thema: Der sächsische Weg zur einheitlichen Sparkassenlandschaft, in: LT-Drucks. 5/1075 vom 19.01.2010.

Parteiprogramme und -erklärungen

Hinweise zu der nachstehenden Darstellung der landespolitischen Programme:

Die Herausgeber der landespolitischen Programme sind die Landesverbände der jeweiligen Parteien. Es erfolgt in diesem Verzeichnis jedoch keine Gliederung nach Landesverbänden, sondern nach Parteien, die entsprechend der (deutschen) alphabetischen Reihenfolge geordnet sind. Die Parteibezeichnungen sind feste Bestandteile und werden nicht verändert, lediglich das Bundesland wird angepasst. Damit erhält der Leser einen umfassenden und schnellen Überblick.

Christlich Demokratische Union Baden-Württemberg [Wahlplattform, 1980]: Wahlplattform Landtagswahl 1980: „Aus Liebe zum Land.“, beschlossen durch den 14. Landesparteitag am 19.1.1980 in Heidelberg.

Christlich Demokratische Union Baden-Württemberg [Wahlplattform, 1984]: Wahlplattform Landtagswahl 1984: „Kraftvoll in die Zukunft.“, beschlossen durch den 19. Landesparteitag am 4. Februar 1984 in Karlsruhe.

Christlich Demokratische Union Baden-Württemberg [Wahlplattform, 1988]: Wahlplattform Landtagswahl 1988: „Unser Land in guter Hand.“, beschlossen durch den 26. Landesparteitag in Freiburg (kein explizites Datum genannt).

Christlich Demokratische Union Baden-Württemberg [Wahlplattform, 1992]: Wahlplattform Landtagswahl ’92, beschlossen durch den 32. Landesparteitag am 25.01.1992 in Mannheim.

Christlich Demokratische Union Baden-Württemberg [Regierungsprogramm, 1995]: Regierungsprogramm 1996–2001: „Aufbruch in die Zukunft.“, beschlossen auf dem 36. Landesparteitag am 24./25.11.1995 in Ravensburg.

Christlich Demokratische Union Baden-Württemberg [Regierungsprogramm, 2001]: Regierungsprogramm 2001–2004: „Erfolgskurs Süd.“, beschlossen durch den 42. Landesparteitag am 27. Januar 2001 in Mannheim, URL: http://

www.cdu-bw.de/uploads/media/LPT2001_Regierungsprogramm2001-2006.pdf, abgerufen am 26.08.2013.

Christlich Demokratische Union Baden-Württemberg [Beschluss, 2002]: Beschluss: „Starke Kommunen. Starkes Land." des 45. Landesparteitages am 7. Dezember 2002 in Sindelfingen, URL: http://www.cdu-bw.de/uploads/media/LPT2002_Starkes_Land.pdf, abgerufen am 26.08.2013.

Christlich Demokratische Union Baden-Württemberg [Regierungsprogramm, 2011]: Regierungsprogramm der CDU Baden-Württemberg 2011: „Chancen ergreifen. Wohlstand sichern.", URL: http://www.cdu-bw.de/uploads/media/CDU-Regierungsprogramm.pdf, abgerufen am 11.08.2013.

Christlich Demokratische Union Baden-Württemberg [Regierungsprogramm, 2015]: Regierungsprogramm der CDU Baden-Württemberg 2016–2021: „Gemeinsam. Zukunft. Schaffen.", beschlossen auf dem 67. Landesparteitag am 28. November 2015 in Rust, URL: http://www.cdu-bw.de/uploads/media/2015-11-21-Regierungsprogramm-2016-2021.pdf, abgerufen am 30.01.2016.

Christlich Demokratische Union Berlin [Programm, 1989]: Programm der CDU Berlin für die Wahl 1989: „Jede Menge Zukunft.". Hinweis: Es ist keine Aussage zum Zeitpunkt des Beschlusses aufgeführt. Siehe Signatur-Nr. MF 2210 BER (Bibliothek der Konrad-Adenauer-Stiftung).

Christlich Demokratische Union Berlin [Programm, 1990]: Programm der Berliner CDU für die Wahlen am 2. Dezember 1990: „Jetzt geht's ums Ganze.". Hinweis: Es ist keine Aussage zum Zeitpunkt des Beschlusses aufgeführt. Ohne Signatur (Bibliothek der Konrad-Adenauer-Stiftung).

Christlich Demokratische Union Berlin [Wahlplattform, 1995]: Wahlplattform der Berliner CDU zur Wahl zum Berliner Abgeordnetenhaus am 22. Oktober 1995: „Zukunft Berlin.". Hinweis: Es ist keine Aussage zum Zeitpunkt des Beschlusses aufgeführt. Ohne Signatur (Bibliothek der Konrad-Adenauer-Stiftung).

Christlich Demokratische Union Berlin [Wahlprogramm, 1999]: Wahlprogramm 1999 der CDU Berlin: „100 Punkte für das neue Berlin.". Hinweis: Es ist keine Aussage zum Zeitpunkt des Beschlusses aufgeführt. Ohne Signatur (Bibliothek der Konrad-Adenauer-Stiftung).

Christlich Demokratische Union Berlin [Wahlprogramm, 2001]: Wahlprogramm der CDU Berlin für die Wahl zum Berliner Abgeordnetenhauses am 21. Oktober 2001: „Volles Programm für Wirtschaft, Jobs und Sicherheit.". Hinweis: Es ist keine Aussage zum Zeitpunkt des Beschlusses aufgeführt. Ohne Signatur (Bibliothek der Konrad-Adenauer-Stiftung).

Christlich Demokratische Union Berlin [Wahlprogramm, 2006]: Wahlprogramm der CDU Berlin zur Wahl des Berliner Abgeordnetenhauses am 17. September 2006: „Berlin kann mehr.", beschlossen auf dem Landesparteitag am 1. Juli 2006 in Berlin.

Christlich Demokratische Union Berlin [Wahlprogramm, 2011]: Wahlprogramm zur Abgeordnetenhauswahl 2011: „Das muss sich ändern.“, beschlossen auf dem Landesparteitag am 06. Mai 2011 in Berlin.

Christlich Demokratische Union Deutschlands [Beschlüsse, 1973]: Beschlüsse des 22. Bundesparteitags der CDU, in: CDU-Bundesgeschäftsstelle (Hrsg.), Bonn 1973, S. 16 ff.

Christlich Demokratische Union Deutschlands [Mannheimer Erklärung, 1975]: Unsere Politik für Deutschland – Mannheimer Erklärung – in: CDU-Bundesgeschäftsstelle (Hrsg.): Argumente, Dokumente, Materialien, Nr. 5408, Bonn November 1975, S. 30.

Christlich Demokratische Union Deutschlands [Leitsätze, 1984]: Stuttgarter Leitsätze für die 80er Jahre: „Deutschlands Zukunft als moderne und humane Industrienation“, beschlossen vom 32. Bundesparteitag in Stuttgart, 9.–11. Mai 1984, URL: http://www.kas.de/upload/themen/programmatik_der_cdu/programme/1984_Stuttgarter-Leitsaetze-fuer-die-80er-Jahre.pdf, abgerufen am 28.04.2009.

Christlich Demokratische Union Deutschlands [Freiheit, 1994]: Grundsatzprogramm der CDU Deutschlands: „Freiheit in Verantwortung.“, beschlossen vom 5. Parteitag in Hamburg, 21. 23. Februar 1994, URL: http://www.grundsatzprogramm.cdu.de/doc/grundsatzprogramm.pdf, abgerufen am 28.04.2009.

Christlich Demokratische Union Deutschlands [Regierungsprogramm, 2002]: Regierungsprogramm der CDU/CSU zur Bundestagswahl am 22.09.2002, „Leistung und Sicherheit – Zeit für Taten.“, URL: http://www.hss.de/fileadmin/migration/downloads/BTW_2002-09-22_01.pdf, abgerufen am 28.04.2009. Hinweis: Unter der zuvor genannten Adresse im Internet (URL) ist keine Aussage zum Zeitpunkt des Beschlusses aufgeführt.

Christlich Demokratische Union Deutschlands [Grundsatzprogramm, 2007]: Das Grundsatzprogramm: „Freiheit und Sicherheit. Grundsätze für Deutschland.“, beschlossen vom 21. Parteitag in Hannover, 3.–4. Dezember 2007, URL: http://www.grundsatzprogramm.cdu.de/doc/071203-beschluss-grundsatzprogramm-6-navigierbar.pdf, abgerufen am 28.04.2009.

Christlich Demokratische Union Deutschlands [Regierungsprogramm, 2009]: Regierungsprogramm 2009–2013. „Wir haben die Kraft. Gemeinsam für unser Land.“, verabschiedet in einer gemeinsamen Sitzung des Bundesvorstandes der CDU und des Parteivorstandes der CSU in Berlin, 28. Juni 2009, URL: http://www.cdu.de/doc/pdfc/090628-beschluss-regierungsprogramm-cducsu.pdf, abgerufen am 28.10.2009.

Christlich Demokratische Union Deutschlands [Regierungsprogramm, 2013]: Regierungsprogramm 2013–2017: „Gemeinsam erfolgreich für Deutschland.“, beschlossen am 23. Juni 2013 in Berlin, http://www.cdu.de/sites/default/files/

media/dokumente/cdu_regierungsprogramm_2013-2017.pdf, abgerufen am 11.08.2013.

Christlich Demokratische Union Hamburg [Wahlprogramm, 2004]: Wahlplattform der CDU Hamburg für die Bürgermeisterwahl 2004: „Konsequent. Fair. Engagiert. von Beust". Hinweis: Es ist keine Aussage zum Zeitpunkt des Beschlusses aufgeführt. Siehe Signatur-Nr. MF 2215 HAM (Bibliothek der Konrad-Adenauer-Stiftung).

Christlich Demokratische Union Hamburg [Regierungsprogramm, 2008]: Das Regierungsprogramm der Hamburger CDU 2008–2012: „In guten Handen.". Hinweis: Es ist keine Aussage zum Zeitpunkt des Beschlusses aufgeführt. Ohne Signatur (Bibliothek der Konrad-Adenauer-Stiftung).

Christlich Demokratische Union Hamburg [Wahlprogramm, 2011]: Wahlprogramm 2011 der CDU Hamburg. Hinweis: Es ist keine Aussage zum Zeitpunkt des Beschlusses aufgeführt. Ohne Signatur (Bibliothek der Konrad-Adenauer-Stiftung).

Christlich Demokratische Union Hamburg [Grundsatzprogramm, 2012]: Grundsatzprogramm 2012: „Stark – frei – gerecht. Für ein lebenswertes Hamburg.", Leitlinien der CDU Hamburg, verabschiedet am 24. März 2012 in Hamburg, URL: http://www.cduhamburg.de/file-admin/content/pdf/Grundsatzprogramm_Endfassung_08.05.2012.pdf, abgerufen am 11.08.2013.

Christlich Demokratische Union Hessen [Programm, 1974]: Programm für Hessen: „CDU besser für Hessen.". Hinweis: Es ist keine Aussage zum Zeitpunkt des Beschlusses aufgeführt. Siehe Signatur-Nr. MF 2210 HES (Bibliothek der Konrad-Adenauer-Stiftung).

Christlich Demokratische Union Hessen [Programm, 1978]: Programm der CDU Hessen für die Landtagswahl 1978: „Für die Liberale Erneuerung Hessens.". Hinweis: Es ist keine Aussage zum Zeitpunkt des Beschlusses aufgeführt. Siehe Signatur-Nr. MF 2213 HES (Bibliothek der Konrad-Adenauer-Stiftung).

Christlich Demokratische Union Hessen [Programm, 1982]: Programm der CDU Hessen für die Landtagswahl 1982: „Damit es wieder aufwärts geht.", beschlossen auf dem Landesparteitag am 21. August 1982 in Darmstadt.

Christlich Demokratische Union Hessen [Programm, 1983]: Programm der CDU Hessen für die Landtagswahl 1983: „Neuer Schwung für Hessen.", beschlossen auf dem Landesparteitag am 20. August 1983 in Marburg.

Christlich Demokratische Union Hessen [Programm, 1987]: Programm zur Landtagswahl 1987, beschlossen auf dem Landesparteitag am 28. März 1987 (keine Ortsangaben vorhanden).

Christlich Demokratische Union Hessen [Wahlplattform, 1991]: Wahlplattform der CDU Hessen zur Landtagswahl 1991: „Mit uns bleibt Hessen Spitze!".

Hinweis: Es ist keine Aussage zum Zeitpunkt des Beschlusses aufgeführt. Siehe Signatur-Nr. MF 2210 MIT (Bibliothek der Konrad-Adenauer-Stiftung).

Christlich Demokratische Union Hessen [Regierungsprogramm, 1994]: Regierungsprogramm der CDU Hessen zur Landtagswahl 1995: „Hessen braucht eine bessere Regierung.", verabschiedet vom 84. Landesparteitag in Wetzlar.

Christlich Demokratische Union Hessen [Regierungsprogramm, 1999]: Regierungsprogramm zur Landtagswahl 1999: „1999 – Neuzeit für Hessen.", beschlossen auf dem Landesparteitag am 5.12.1998 (keine Ortsangaben vorhanden).

Christlich Demokratische Union Hessen [Landtagswahlprogramm, 2003]: Landtagswahlprogramm 2003 der CDU Hessen: „Hessen auf dem Weg zur Nr. 1 viel getan – viel zu tun.", beschlossen auf dem 94. Landesparteitag am 23. November 2002 in Fulda.

Christlich Demokratische Union Hessen [Regierungsprogramm, 2007]: Regierungsprogramm 2008 bis 2013: „Mutig. Modern. Menschlich.", beschlossen auf dem 99. Landesparteitag am 3. November 2007 in Stadtallendorf.

Christlich Demokratische Union Hessen [Programm, 2013]: Programm zur Landtagswahl 2013: „Gemeinsam auf dem Weg – Ideen für die Zukunft Hessens.", Zukunftsprogramm der CDU-Hessen 2014–2019, beschlossen auf dem 106. Landesparteitag der CDU Hessen am 6. Juli 2013 in Offenbach am Main, URL: https://www.epenportal.de/web/datapool/storage/files1000000/Wahlen/Landtagswahl_2013/Program_LTW_2013.pdf., abgerufen am 11.08.2013.

Christlich Demokratische Union Mecklenburg-Vorpommern [Wahlprogramm, 1994]: Wahlprogramm der CDU Mecklenburg-Vorpommern: „Damit es weiter aufwärts geht". Hinweis: Es ist keine Aussage zum Zeitpunkt des Beschlusses aufgeführt. Siehe Signatur-Nr. MF 2210 MEC (Bibliothek der Konrad-Adenauer-Stiftung).

Christlich Demokratische Union Mecklenburg-Vorpommern [Wahlprogramm, 1998]: Das CDU-Wahlprogramm für Mecklenburg-Vorpommern: „Den Blick nach vorn. Gemeinsam die Zukunft meistern.". Hinweis: Es ist keine Aussage zum Zeitpunkt des Beschlusses aufgeführt. Ohne Signatur (Bibliothek der Konrad-Adenauer-Stiftung).

Christlich Demokratische Union Mecklenburg-Vorpommern [Wahlprogramm, 2002]: Wahlprogramm der Christlich Demokratischen Union Mecklenburg-Vorpommern: „Ein neuer Wille.". Hinweis: Es ist keine Aussage zum Zeitpunkt des Beschlusses aufgeführt. Ohne Signatur (Bibliothek der Konrad-Adenauer-Stiftung).

Christlich Demokratische Union Mecklenburg-Vorpommern [Wahlprogramm, 2006]: Wahlprogramm der Christlich Demokratischen Union Mecklenburg-Vorpommern: „Gemeinsam mehr erreichen.", beschlossen auf dem Landesparteitag am 24. Juni 2006 in Pasewalk.

Christlich Demokratische Union Mecklenburg-Vorpommern: [Leitsätze, 2008]: „12 Leitsätze zur christdemokratischen Kommunalpolitik“, beschlossen auf dem 23. Landesparteitag der CDU Mecklenburg-Vorpommern am 8. November 2008 in Rostock-Warnemünde, URL: http://www.cdu-mecklenburg-vorpommern.de/fileadmin/redakteure/PDFs/schultcdumv_12Leisaetzezurchrist demokratischenKommunalpolitik.pdf, abgerufen am 26.08.2013.

Christlich Demokratische Union Mecklenburg-Vorpommern [Wahlprogramm, 2011]: Wahlprogramm der CDU Mecklenburg-Vorpommern: „Klar und entschlossen“, beschlossen auf dem 25. Landesparteitag am 21. Mai 2011 in Ludwigslust, URL: http://www.cdu-mecklenburg-vorpommern.de/fileadmin/redakteure/PDFs/Wahlprogramm_2011.pdf, abgerufen am 11.08.2013.

Christlich Demokratische Union Nordrhein-Westfalen [Programm, 2000]: Programm der CDU zur Landtagswahl 2000: „Zukunft geht auch menschlich!“. Hinweis: Es ist keine Aussage zum Zeitpunkt des Beschlusses aufgeführt. Siehe Signatur-Nr. MF 2218 ZUK (Bibliothek der Konrad-Adenauer-Stiftung).

Christlich Demokratische Union Nordrhein-Westfalen [Zukunftsprogramm, 2005]: Zukunftsprogramm der CDU Nordrhein-Westfalen: „Mehr Arbeit. Mehr Bildung. Weniger Staat.“, beschlossen vom 25. Landesparteitag am 5. März 2005 in Bochum.

Christlich Demokratische Union Nordrhein-Westfalen [Wahlprogramm, 2010]: Wahlprogramm für die Landtagswahlen 2010: „Neue Sicherheit und Solidarität in Nordrhein-Westfalen 2020.“ Beschluss des 31. Landesparteitags der CDU Nordrhein-Westfalen vom 20. März 2010 in Münster, URL: http://www.cdu-nrw.de/images/stories/docs/ltw2010/neue_sicherheit_und_solidaritaet-nrw_2020.pdf, abgerufen am 11.08.2013.

Christlich Demokratische Union Rheinland-Pfalz [Programm, 1983]: Programm der CDU Rheinland-Pfalz für die Landtagswahl 1983. Hinweis: Es ist keine Aussage zum Zeitpunkt des Beschlusses aufgeführt. Siehe Signatur-Nr. MF 2210 PRO (Bibliothek der Konrad-Adenauer-Stiftung).

Christlich Demokratische Union Rheinland-Pfalz [Programm, 1987]: Das Programm der CDU zur Landtagswahl 1987: „Gewinnen wir die Zukunft. Für alle.“, beschlossen auf dem Landesparteitag am 20./21. März 1987 in Mainz.

Christlich Demokratische Union Rheinland-Pfalz [Wahlaussagen, 1991]: Wahlaussagen der Rheinland-Pfalz CDU für die Landtagswahl 1991 – Programm und Politisches Lexikon: „Wir machen Zukunft. Mit Erfahrung.“. Beschlußvorlage für den 40. Landesparteitag der Rheinland-Pfalz CDU am 11./12. Januar 1991 in Trier.

Christlich Demokratische Union Rheinland-Pfalz [Regierungsprogramm, 1996]: Regierungsprogramm der CDU Rheinland-Pfalz für die Jahre 1996 bis 2001: „Unser Land muß Spitze werden.“. Hinweis: Es ist keine Aussage zum

Zeitpunkt des Beschlusses aufgeführt. Ohne Signatur (Bibliothek der Konrad-Adenauer-Stiftung).

Christlich Demokratische Union Rheinland-Pfalz [Zukunftsprogramm, 2000]: Rheinland-Pfalz – das Zukunftsprogramm. Einstimmig verabschiedet auf dem Landesparteitag der CDU Rheinland-Pfalz am 17./18. November 2000 in Mainz.

Christlich Demokratische Union Rheinland-Pfalz [Regierungsprogramm, 2006]: Regierungsprogramm 2006–2011: „Mit ganzem Herzen Rheinland-Pfalz!", beschlossen vom Landesparteiausschuss der CDU Rheinland-Pfalz vom 21. Januar 2006 in Bingen am Rhein, URL: http://www.abgeordnetenwatch.de/images/programme/rlp-cdu-lang-final.pdf, abgerufen am 11.08.2013.

Christlich Demokratische Union Rheinland-Pfalz [Zukunftsprogramm, 2011]: Das Zukunftsprogramm: „Mein Bürgervertrag mit Rheinland-Pfalz.". Hinweis: Es ist keine Aussage zum Zeitpunkt des Beschlusses aufgeführt. Ohne Signatur (Bibliothek der Konrad-Adenauer-Stiftung).

Christlich Demokratische Union Rheinland-Pfalz [Regierungsprogramm, 2016]: Regierungsprogramm 2016: Regieren. 100 % Einsatz für Rheinland-Pfalz. 100 % für unsere Heimat. 100 % besser.", verabschiedet vom Landesparteiausschuss der CDU Rheinland-Pfalz am 30. Januar 2016 in Lahnstein, URL: http://www.cdurlp.de/sites/www.cdu-rlp.de/files/docs/regierungsprogramm_2016.pdf, abgerufen am 02.02.2016.

Christlich Demokratische Union Sachsen [Programm, 1999]: Programm der Sächsischen Union zur Landtagswahl 1999: „Kurz und knapp.". Hinweis: Es ist keine Aussage zum Zeitpunkt des Beschlusses aufgeführt. Siehe Signatur-Nr. MF 2218 SAC (Bibliothek der Konrad-Adenauer-Stiftung).

Christlich Demokratische Union Sachsen [Arbeitsprogramm, 2004]: Arbeitsprogramm 2004 der Sächsischen Union für die Landtagswahl 1999, beschlossen auf dem 12. Landesparteitag.

Christlich Demokratische Union Sachsen [Programm, 2004]: Programm der Sächsischen Union zur Landtagswahl 2004 vom 28. August 2004: „Gemeinsam für Sachsen!". Hinweis: Es ist keine Aussage zum Zeitpunkt des Beschlusses aufgeführt. Ohne Signatur (Bibliothek der Konrad-Adenauer-Stiftung).

Christlich Demokratische Union Sachsen [Strategiepapier, 2008]: „Sachsen. Hier wird was.". Strategiepapier für die Zukunft des Ländlichen Raumes. Beschluss des 22. Landesparteitages der Sächsischen Union am 24. Mai 2008 in Zwickau, URL: https://www.epenportal.de/web/datapool/storage/files100474/Strategiepapier_fuer_die_Zukunft_des_Laendlichen_Raumes.pdf, abgerufen am 26.08.2013.

Christlich Demokratische Union Sachsen [Regierungsprogramm, 2009]: Regierungsprogramm 2009–2014 der Sächsischen Union: „Vertrag für Sachsen.

Wissen, wo's lang geht.“, beschlossen auf dem 23. Landesparteitag der CDU Sachsen am 16.05.2009.

Christlich-Soziale Union Bayern [Aktionsprogramm, 1978]: Aktionsprogramm zur Landtagswahl 1978, URL: http://www.hss.de/fileadmin/migration/downloads/CSU-Programm_LTW_1978_01.pdf, abgerufen am 03.09.2013. Hinweis: Unter der zuvor genannten Adresse im Internet (URL) ist keine Aussage zum Zeitpunkt des Beschlusses aufgeführt.

Christlich-Soziale Union Bayern [Programm, 1982]: Programm zur Landtagswahl 1982: „Kraftvoll in die Zukunft.“, Beschluss des Parteitags vom 4.6.1982, URL: http://www.hss.de/fileadmin/migration/downloads/CSU-Programm_LTW_1982.pdf, abgerufen am 03.09.2013.

Christlich-Soziale Union Bayern [Positionen, 1986]: Positionen zur Landtagswahl 1986: „Franz Josef Strauß für Bayern“, URL: http://www.hss.de/fileadmin/migration/downloads/CSU-Programm_LTW_1986.pdf, abgerufen am 03.09.2013. Hinweis: Unter der zuvor genannten Adresse im Internet (URL) ist keine Aussage zum Zeitpunkt des Beschlusses aufgeführt.

Christlich-Soziale Union Bayern [Wahlprogramm, 1987]: Das Wahlprogramm von CDU und CSU für die Bundestagswahl 1987, URL: http://www.hss.de/file-admin/migration/downloads/BTW_1987-01-25_Teil1.pdf und http://www.hss.de/file-admin/migration/downloads/BTW_1987-01-25_Teil2.pdf, abgerufen am 28.04.2009. Hinweis: Unter der zuvor genannten Adresse im Internet (URL) ist keine Aussage zum Zeitpunkt des Beschlusses aufgeführt.

Christlich-Soziale Union Bayern [Programm, 1990]: Programm zur Landtagswahl 1990: „Deutschland kommt. Bayern bleibt stark. Mit uns.“, beschlossen durch den Landesvorstand der CSU am 25. Juni 1990, URL: http://www.hss.de/fileadmin/migration/downloads/CSU-Programm_LTW_1990.pdf, abgerufen am 03.09.2013. Hinweis: Unter der zuvor genannten Adresse im Internet (URL) ist keine Aussage zum Zeitpunkt des Beschlusses aufgeführt.

Christlich-Soziale Union Bayern [Programm, 1994]: Programm zur Landtagswahl 1994: „Programm für Bayern“, URL: http://www.hss.de/fileadmin/migration/downloads/CSU-Programm_LTW_1994_01.pdf, abgerufen am 03.09.2013. Hinweis: Unter der zuvor genannten Adresse im Internet (URL) ist keine Aussage zum Zeitpunkt des Beschlusses aufgeführt.

Christlich-Soziale Union Bayern [Programm, 1998]: Programm zur Landtagswahl 1998: „Für Bayern. Mit Herz und Verstand.“, URL: http://www.hss.de/fileadmin/migration/downloads/CSU-Programm_LTW_1998.pdf, abgerufen am 03.09.2013. Hinweis: Unter der zuvor genannten Adresse im Internet (URL) ist keine Aussage zum Zeitpunkt des Beschlusses aufgeführt.

Christlich-Soziale Union Bayern [Regierungsprogramm, 2003]: Regierungsprogramm 2003–2008: „Damit Bayern stark bleibt!“, URL: http://www.hss.de/

fileadmin/migration/downloads/CSU-Programm_LTW_2003.pdf, abgerufen am 03.09.2013. Hinweis: Unter der zuvor genannten Adresse im Internet (URL) ist keine Aussage zum Zeitpunkt des Beschlusses aufgeführt.

Christlich-Soziale Union Bayern [Grundsatzprogramm, 2007]: Grundsatzprogramm 2007: „Chancen für alle! In Freiheit Verantwortung gemeinsam Zukunft gestalten.", beschlossen am 28. September 2007 in München, URL: http://www.csu.de/uploads/csucontent/grundsatzprogramm.pdf, abgerufen am 11.08.2013.

Christlich-Soziale Union Bayern [Regierungsprogramm, 2008]: Regierungsprogramm 2008–2013: „Für ein starkes Bayern", URL: http://www.hss.de/fileadmin/migration/downloads/CSU-Programm_LTW_2008.pdf, abgerufen am 03.09.2013. Hinweis: Unter der zuvor genannten Adresse im Internet (URL) ist keine Aussage zum Zeitpunkt des Beschlusses aufgeführt.

Christlich-Soziale Union Bayern [Regierungsprogramm, 2013]: Regierungsprogramm 2013–2018: „Der Bayernplan.", URL: http://www.hss.de/fileadmin/media/downloads/ACSP/LTW_2013.pdf, abgerufen am 03.09.2013. Hinweis: Unter der zuvor genannten Adresse im Internet (URL) ist keine Aussage zum Zeitpunkt des Beschlusses aufgeführt.

DIE LINKE [Beschluss, 2009]: Bundestagswahlprogramm der Partei DIE LINKE. Beschluss des Bundestags-Wahlparteitags 2009 der Partei DIE LINKE, URL: http://die-linke.de/fileadmin/download/wahlen/pdf/Beschluss_Bundestagswahlprogramm_redTB_revMS_final.pdf, abgerufen am 12.06.2009.

DIE LINKE [Entwurf, 2010]: 1. Entwurf für ein Programm der Partei DIE LINKE. Entwurf der Programmkommission, URL: http://die-linke.de/fileadmin/download/programmdebatte/100320_programmentwurf_final.pdf, abgerufen am 12.06.2010.

DIE LINKE [Wahlprogramm, 2013]: Wahlprogramm zur Bundestagswahl 2013: „100 % sozial", beschlossen auf dem Bundestagswahlparteitag vom 14. bis 16. Juni 2013 in Dresden, URL: http://www.die-linke.de/fileadmin/download/wahlen2013/bundestagswahlprogramm/bundestagswahlprogramm2013_langfassung.pdf, abgerufen am 12.08.2013.

DIE LINKE Baden-Württemberg [Wahlprogramm, 2010]: Wahlprogramm der LINKEN für die baden-württembergischen Landtagswahlen 2011: „DIE LINKE in den Landtag. Original Sozial – vor und nach der Wahl", beschlossen vom Landesparteitag DIE LINKE Baden-Württemberg am 20./21. November 2010 in Stuttgart, URL: http://www.die-linke-bw.de/fileadmin/lv/landesdokumente/ltw11/ltw11-wahlprogramm-linke.pdf, abgerufen am 12.08.2013.

DIE LINKE Baden-Württemberg [Wahlprogramm, 2016]: Wahlprogramm der LINKEN für die baden-württembergischen Landtagswahlen 2016: „Baden-Württemberg plus sozial", beschlossen vom Landesparteitag DIE LINKE

Baden-Württemberg am 21. Januar 2016 in Stuttgart, URL: http://bw-plus-sozial.de/wahlprogramm, abgerufen am 30.01.2016.

DIE LINKE Bayern [Wahlprogramm, 2012]: Wahlprogramm der LINKEN für die bayerischen Landtagswahlen 2013, beschlossen vom Landesvorstand am 17.11.2012, URL: http://www.die-linke-bayern.de/fileadmin/KOPOFO/L_Kommunales/121118_EntwurfLWP-Bayern.pdf, abgerufen am 12.08.2013.

DIE LINKE.PDS Berlin [Wahlprogramm, 2006]: Wahlprogramm für die Wahl zum Abgeordnetenhaus 2006 in Berlin: „Berlin bewegt.“, beschlossen auf dem Landesparteitag am 6. Mai 2006 in Berlin.

DIE LINKE Berlin [Wahlprogramm, 2011]: Wahlprogramm zur Abgeordnetenwahl 2011 „Das soziale Berlin.“, beschlossen am 29. März 2011, URL: http://www.die-linke-berlin.de/fileadmin/download/2011/0918wahlprogramm_leichte_sprache.pdf, abgerufen am 12.08.2013.

DIE LINKE Hamburg [Wahlprogramm, 2008]: Wahlprogramm Bürgerschaftswahl 2008: „Hier ist die Linke“. Hinweis: Es ist keine Aussage zum Zeitpunkt des Beschlusses aufgeführt. Siehe hierzu Signatur-Nr. 08 A 0698 (Rosa-Luxemburg-Stiftung – Bereich Archiv und Bibliothek).

DIE LINKE Hamburg [Wahlprogramm, 2011]: Wahlprogramm Bürgerschaftswahl 2011: „Für ein soziales Hamburg!“, beschlossen am 20. Februar 2011, URL: http://fuer-ein-soziales-hamburg.de/fileadmin/fuer-ein-soziales-hamburg.de/DIE_LINKE_Wahlprogramm_Hamburg_2011.pdf, abgerufen am 12.08.2013.

DIE LINKE Hessen [Wahlprogramm, 2007]: Wahlprogramm der LINKEN zur Landtagswahl 2008: „Hessen sozial. DIE LINKE für soziale Gerechtigkeit in Hessen: Menschen vor Profite!“, beschlossen auf dem 1. Landesparteitag Teil 2 in Wiesbaden am 29.08.2007, URL: http://www.die-linke-hessen.de/cms/content/view/6/7, abgerufen am 12.08.2013. Hinweis: Unter der zuvor genannten Adresse im Internet (URL) kann das Wahlprogramm als pdf.-Dokument abgerufen werden.

DIE LINKE Hessen [Wahlprogramm, 2013]: Wahlprogramm der LINKEN zur Landtagswahl 2013: „100 % Sozial – auch nach der Wahl. Politikwechsel für Hessen“, beschlossen vom außerordentlichen Landesparteitag am 12. und 13. April 2013 in Kassel, URL: http://die-linke-hessen.de/wahlen2013/landtagswahl/programm.html#download, abgerufen am 12.08.2013. Hinweis: Unter der zuvor genannten Adresse im Internet (URL) kann das Wahlprogramm als pdf.-Dokument abgerufen werden.

DIE LINKE Mecklenburg-Vorpommern [Wahlprogramm, 2011]: Wahlprogramm zu den Landtagswahlen 2011: „Gerechtigkeit! Nur mit uns.“, beschlossen auf der 4. Tagung des 2. Landesparteitages am 09. April 2011 in Göhren-Lebbin (Land Fleesensee), URL: http://www.originalsozial.de/fileadmin/

dokumente_wahlen_2011/Wahlprogramm_Endfassung_14-04-2011_Beschluss.pdf, abgerufen am 12.08.2013.

DIE LINKE Nordrhein-Westfalen [Wahlprogramm, 2009]: Das Landtagswahlprogramm 2010: „Original sozial – konsequent solidarisch.“, beschlossen am 8. November 2009 in Hamm, URL: http://www.dielinke-nrw.de/fileadmin/kundendaten/www.dielinke-nrw.de/LTW/Langwahlprogramm-endfassung_komplett.pdf, abgerufen am 12.08.2013.

DIE LINKE Rheinland-Pfalz [Wahlprogramm, 2011]: Wahlprogramm der LINKEN zur Landtagswahl 2011: „DIE LINKE Rheinland-Pfalz. Konsequent sozial“, URL: http://www.http://www.abgeordnetenwatch.de/images/programme/die_linke_wahlprogramm_2011_rlp.pdf, abgerufen am 12.08.2013.

DIE LINKE Rheinland-Pfalz [Wahlprogramm, 2016]: Wahlprogramm der LINKEN zur Landtagswahl 2016: „Sozial muss drin sein.“, URL: http://www.dielinke-rhlp.de/fileadmin/lv/galerie/2016/kampaLTW16/Langwahlprogramm_LTW16_final.pdf, abgerufen am 30.01.2016.

DIE LINKE Sachsen [Wahlprogramm, 2009]: Wahlprogramm zu der Landtagswahl 2009: „Der eigenen Kraft vertrauen. Für Sachsen.“, beschlossen vom 3. Landesparteitag der Partei DIE LINKE Sachsen am 25. April 2009 in Dresden, URL: http://portal.dielinke-in-sachsen.de/wahlen/1463/13/392, abgerufen am 12.08.2013. Hinweis: Unter der zuvor genannten Adresse im Internet (URL) kann das Wahlprogramm als pdf.-Dokument abgerufen werden.

Die Linkspartei.PDS [Programm, 2003]: Das Programm der Linkspartei.PDS, Beschluss des Parteitages der PDS am 26. Oktober 2003 in Chemnitz, URL: http://archiv2007.sozialisten.de/partei/dokumente/programm/view_html?zid=28571&bs=1&n=13, abgerufen am 12.06.2009.

Die Linkspartei.PDS Mecklenburg-Vorpommern [Wahlprogramm, 2006]: Wahlprogramm der Linkspartei.PDS Mecklenburg-Vorpommern zur Landtagswahl 2006: „Gemeinsam für mehr Gerechtigkeit – Sozial, ökologisch, wirtschaftlich, demokratisch.“, beschlossen auf der 4. Tagung des 9. Landesparteitages der Linkspartei.PDS Mecklenburg-Vorpommern am 22. April 2006 in Sternberg.

Freie Demokratische Partei [Wahlprogramm, 1998]: Wahlprogramm zur Bundestagswahl 1998 der Freien Demokratischen Partei, „Es ist Ihre Wahl“, beschlossen auf dem Bundesparteitag in Leipzig vom 26.–28. Juni 1998, URL: http://www.freiheit.org/files/288/1998_Bundestagswahlprogramm.pdf, abgerufen am 06.03.2009.

Freie Demokratische Partei [Bürgerprogramm, 2002]: Wahlprogramm zur Bundestagswahl 2002 der Freien Demokratischen Partei, „Bürgerprogramm 2002“, beschlossen auf dem Bundesparteitag in Mannheim vom 10.–12. Mai 2002, URL: http://www.freiheit.org/files/288/2002_Bundestagswahlprogramm.pdf, abgerufen am 06.03.2009.

Freie Demokratische Partei [Deutschlandprogramm, 2005]: „Arbeit hat Vorfahrt. Deutschlandprogramm 2005", URL: http://files.liberale.de/fdp-wahlprogramm.pdf, abgerufen am 06.03.2009.

Freie Demokratische Partei [Deutschlandprogramm, 2009]: „Die Mitte stärken. Deutschlandprogramm der Freien Demokratischen Partei", Beschluss des 60. Ordentlichen Bundesparteitags der FDP, Hannover, 15.–17. Mai 2009, URL: http://www.deutschlandprogramm.de/files/653/FDP-Bundestagswahlprogramm2009.pdf, abgerufen am 28.10.2009.

Freie Demokratische Partei [Sparkassenfusion, 2009]: Ortsverband Buxtehude. Beschluss zur Sparkassenfusion rechtswidrig?!, URL: http://www.fdp-kreisstade.de/75.html, abgerufen am 03.06.2010.

Freie Demokratische Partei [Bürgerprogramm, 2013]: Bürgerprogramm 2013: „Damit Deutschland stark bleibt.", beschlossen am 4. und 5. Mai 2013 in Nürnberg, URL: http://www.fdp.de/files/408/B_rgerprogramm_A5_Online_2013-07-23.pdf, abgerufen am 11.08.2013.

Freie Demokratische Partei Baden-Württemberg [Wahlprogramm, 1979]: Wahlprogramm zur Landtagswahl 1980: „Leitlinien liberaler Landespolitik in Baden-Württemberg", beschlossen auf dem Landesparteitag in Freiburg am 13. Oktober 1979, URL: http://www.freiheit.org/files/288/Baden-Wuerttemberg_1980.pdf, abgerufen am 31.08.2013.

Freie Demokratische Partei Baden-Württemberg [Wahlprogramm, 1984]: Wahlprogramm zur Landtagswahl 1984: „Mehr Freiheit – weniger Staat!", beschlossen auf dem Landesparteitag in Karlsruhe am 15. Oktober 1983, URL: http://www.freiheit.org/files/288/Baden-Wuerttemberg_1984.pdf, abgerufen am 31.08.2013.

Freie Demokratische Partei Baden-Württemberg [Wahlprogramm, 1987]: Wahlprogramm zur Landtagswahl 1988: „Merkmale liberaler Landespolitik.", beschlossen auf dem Landesparteitag in Friedrichshafen am 2./3. Oktober 1987, URL: http://www.freiheit.org/files/288/Baden-Wuerttemberg_1988.pdf, abgerufen am 31.08.2013.

Freie Demokratische Partei Baden-Württemberg [Wahlprogramm, 1991]: Wahlprogramm zur Landtagswahl 1992: „Liberale Politik für Baden-Württemberg.", beschlossen auf dem Landesparteitag in Mannheim am 19. Oktober 1991, URL: http://www.freiheit.org/files/288/Baden-Wuerttemberg_1993.pdf, abgerufen am 31.08.2013.

Freie Demokratische Partei Baden-Württemberg [Wahlprogramm, 1996]: Wahlprogramm zur Landtagswahl 1996: „Zukunft gewinnen – Beschäftigung schaffen.", beschlossen auf dem Landesparteitag in Stuttgart am 4./5. Januar 1996, URL: http://www.freiheit.org/files/288/Baden-Wuerttemberg_1997.pdf, abgerufen am 31.08.2013.

Freie Demokratische Partei Baden-Württemberg [Regierungsprogramm, 2001]: Das Regierungsprogramm der Freien Demokratischen Partei (2001–2006), URL: http://www.fdp-bw.de/docs/regoffen.pdf, abgerufen am 11.08.2013. Hinweis: Unter der zuvor genannten Adresse im Internet (URL) ist keine Aussage zum Zeitpunkt des Beschlusses aufgeführt.

Freie Demokratische Partei Baden-Württemberg [Kommunalwahlprogramm, 2004]: Kommunalwahlprogramm 2004, verabschiedet durch den 96. Ordentlichen Landesparteitag am 5. Januar 2004 in Stuttgart, URL: http://www.fdp-bw.de/wahlarchiv.php, abgerufen am26.08.2013. Hinweis: Unter der zuvor genannten Adresse im Internet (URL) ist das Kommunalwahlprogramm nur in einem Word-Dokument unter der Überschrift „Rahmenprogramm zur Kommunalwahl 2004“ verfügbar.

Freie Demokratische Partei Baden-Württemberg [Regierungsprogramm, 2011]: Regierungsprogramm 2011–2016: „Vorn bleiben. Erfolgsmodell Baden-Württemberg.“, beschlossen auf dem 107. Ord. Landesparteitag am 5. Januar 2011 in Stuttgart, URL: http://www.fdp-bw.de/docs/FDPBW_Landtagsprogramm2011_Entwurf.pdf, abgerufen am 11.08.2013.

Freie Demokratische Partei Baden-Württemberg [Wahlprogramm, 2015]: Das Wahlprogramm der Freien Demokraten Baden-Württemberg zur Landtagswahl 2016: „Der nächste Schritt für unser Land.“, beschlossen auf dem Landesparteitag am 13. Juni 2015 in Balingen, URL: http://www.fdp-bw.de/docs/FDPBW_LW_Programm_2016_druckversion.pdf, abgerufen am 30.01.2016.

Freie Demokratische Partei Bayern [Wahlplattform, 1982]: Wahlplattform zur Landtagswahl 1982: „Freiheit erhalten – Zukunft gestalten“, beschlossen auf dem Landesparteitag in Erlangen am 8./9. Mai 1982, URL: http://www.freiheit.org/files/288/Bayern_1982.pdf, abgerufen am 31.08.2013.

Freie Demokratische Partei Bayern [Wahlprogramm, 1986]: Wahlprogramm zur Landtagswahl 1986: „Schwerpunkte liberaler Landespolitik.“, beschlossen auf dem Landesparteitag in Nürnberg am 3./4. Mai 1986, URL: http://www.freiheit.org/files/288/Bayern_1986.pdf, abgerufen am 31.08.2013.

Freie Demokratische Partei Bayern [Wahlprogramm, 1990]: Wahlprogramm zur Landtagswahl 1990: „Auf dem Weg in den Landtag.“, beschlossen auf dem Landesparteitag in Deggendorf am 28./29. April 1990, URL: http://www.freiheit.org/files/288/Bayern_1991.pdf, abgerufen am 31.08.2013.

Freie Demokratische Partei Bayern [Wahlprogramm, 1994]: Wahlprogramm zur Landtagswahl 1994: „Bayern braucht den Wandel. Bayern braucht Liberale.“, beschlossen auf dem Landesparteitag in Deggendorf am 7. Mai 1994, URL: http://www.freiheit.org/files/288/Bayern_1995.pdf, abgerufen am 31.08.2013.

Freie Demokratische Partei Bayern [Wahlprogramm, 1998]: Wahlprogramm zur Landtagswahl 1998: „Wir machen Zukunft.“, beschlossen auf dem

Landesparteitag in Bad Kissingen am 16. Mai 1998, URL: http://www.freiheit.org/files/288/Bayern_1999.pdf, abgerufen am 31.08.2013.

Freie Demokratische Partei Bayern [Wahlprogramm, 2003]: Wahlprogramm zur Landtagswahl 2003: „Liberales Programm zur bayerischen Landtagswahl 2003.“, beschlossen auf dem Landesparteitag in Passau 2003, URL: http://www.freiheit.org/files/288/Bayern_2004.pdf, abgerufen am 31.08.2013.

Freie Demokratische Partei Bayern [Programm, 2008]: Programm der FDP Bayern für die Kommunalwahl 2008: „Die Zukunft beginnt daheim.“, beschlossen auf dem Landesparteitag in Ingolstadt, URL: http://lv.fdp-bayern.de/files/86/KWWahlprogAusfuehrl.pdf, abgerufen am 26.08.2013. Hinweis: Unter der zuvor genannten Adresse im Internet (URL) ist keine Aussage zum Zeitpunkt des Beschlusses aufgeführt.

Freie Demokratische Partei Bayern [Wahlprogramm, 2013]: Liberales Wahlprogramm zur bayerischen Landtagswahl 2013: „Bayerns treibende Kraft.“, beschlossen am 27. Januar 2013 auf dem FDP-Landesparteitag in Fürth, URL: http://www.fdp-bayern.de/files/86/LTW_Programm_final.pdf, abgerufen am 11.08.2013.

Freie Demokratische Partei Berlin [Wahlaussage, 1974]: Wahlaussage zur Abgeordnetenhauswahl 1975: „Liberale Politik für Berlin. F.D.P. Die Berlinpartei.“, beschlossen auf dem a. o. Landesparteitag am 9. November 1974, URL: http://www.freiheit.org/files/288/Berlin_1975.pdf, abgerufen am 02.09.2013.

Freie Demokratische Partei Berlin [Wahlaussage, 1978]: Wahlaussage zur Abgeordnetenhauswahl 1979, beschlossen auf dem Landesparteitag am 3. November 1978, URL: http://www.freiheit.org/files/288/Berlin_1979.pdf, abgerufen am 02.09.2013.

Freie Demokratische Partei Berlin [Wahlprogramm, 1981]: Wahlprogramm zur Abgeordnetenhauswahl 1981: „Die Politik der Liberalen.“, beschlossen auf dem Landesparteitag in Berlin am 18. März 1981, URL: http://www.freiheit.org/files/288/Berlin_1981.pdf, abgerufen am 02.09.2013.

Freie Demokratische Partei Berlin [Wahlprogramm, 1984]: Wahlprogramm zur Abgeordnetenhauswahl 1985: „Was heißt liberale Politik für Berlin?“, beschlossen auf dem Landesparteitag in Berlin am 23./24. November 1984, URL: http://www.freiheit.org/files/288/Berlin_1985.pdf, abgerufen am 02.09.2013.

Freie Demokratische Partei Berlin [Wahlprogramm, 1988]: Wahlprogramm zur Abgeordnetenhauswahl 1989: „F.D.P. – die treibende Kraft.“, beschlossen auf dem Landesparteitag in Berlin am 16. September 1988, URL: http://www.freiheit.org/files/288/Berlin_1989.pdf, abgerufen am 02.09.2013.

Freie Demokratische Partei Berlin [Wahlprogramm, 1990]: Wahlprogramm zur Abgeordnetenhauswahl 1990: „Berliner Programm“, URL: http://www.freiheit.org/files/288/Berlin_1991.pdf, abgerufen am 02.09.2013. Hinweis: Unter der zuvor genannten Adresse im Internet (URL) ist keine Aussage zum Zeitpunkt des Beschlusses aufgeführt.

Freie Demokratische Partei Berlin [Wahlprogramm, 1995]: Wahlprogramm zur Abgeordnetenhauswahl 1995: „Berlin braucht die liberale Stimme.", beschlossen vom Landesausschuss am 19., 20. und 27. Juni 1995, URL: http://www.freiheit.org/files/288/Berlin_1996.pdf, abgerufen am 02.09.2013.

Freie Demokratische Partei Berlin [Wahlprogramm, 1999]: Wahlprogramm zur Abgeordnetenhauswahl 1999: „Programm für Berlin", URL: http://www.freiheit.org/files/288/Berlin_2000.pdf, abgerufen am 02.09.2013. Hinweis: Unter der zuvor genannten Adresse im Internet (URL) ist keine Aussage zum Zeitpunkt des Beschlusses aufgeführt.

Freie Demokratische Partei Berlin [Wahlprogramm, 2001]: Wahlprogramm zur Abgeordnetenhauswahl 2001: „18 Punkte für Berlin.", URL: http://www.freiheit.org/files/288/Berlin_2002.pdf, abgerufen am 02.09.2013. Hinweis: Unter der zuvor genannten Adresse im Internet (URL) ist keine Aussage zum Zeitpunkt des Beschlusses aufgeführt.

Freie Demokratische Partei Berlin [Wahlprogramm, 2006]: Wahlprogramm zur Abgeordnetenhauswahl 2006: „Berlin kann nicht warten.", beschlossen auf dem Landesparteitag in Berlin am 27. März 2006, URL: http://www.freiheit.org/files/288/Berlin_2007.pdf, abgerufen am 02.09.2013.

Freie Demokratische Partei Berlin [Wahlprogramm, 2011]: Wahlprogramm 2011: „Die richtigen Antworten.", URL: http://www.fdp-berlin.de/files/615/Wahlprogramm_DIE_RICHTIGEN_ANTWORTEN_1.pdf, abgerufen am 11.08.2013. Hinweis: Unter der zuvor genannten Adresse im Internet (URL) ist keine Aussage zum Beschluss des Programms aufgeführt.

Freie Demokratische Partei Hamburg [Wahlprogramm, 2001]: Wahlprogramm zur Bürgerschaftswahl 2001: „Für eine Weltstadt. Volle Kraft voraus!", URL: http://www.freiheit.org/files/288/Hamburg_2002.pdf, abgerufen am 03.09.2013. Hinweis: Unter der zuvor genannten Adresse im Internet (URL) ist keine Aussage zum Zeitpunkt des Beschlusses aufgeführt.

Freie Demokratische Partei Hamburg [Wahlprogramm, 2004]: Wahlprogramm zur Bürgerschaftswahl 2004: „Metropole Hamburg – Liberale Stadt", beschlossen auf dem Landesparteitag am 11.01.2004, URL: http://www.freiheit.org/files/288/Hamburg_2005.pdf, abgerufen am 03.09.2013.

Freie Demokratische Partei Hamburg [Wahlprogramm, 2008]: Wahlprogramm zur Bürgerschaftswahl 2008: „Freie Stadt Hamburg", beschlossen auf dem Landesparteitag in Hamburg am 24. Februar 2008, URL: http://www.freiheit.org/files/288/Hamburg_2009.pdf, abgerufen am 03.09.2013.

Freie Demokratische Partei Hamburg [Wahlprogramm, 2011]: Wahlprogramm zur Bürgerschaftswahl 2011: „Wahlprogramm der FDP Hamburg 2011", Beschluss des Landesparteitages vom 20. Dezember 2010 sowie Beschlüsse des Landesvorstands vom 27. Dezember 2011 und 10. Januar 2011, URL: http://www.freiheit.org/files/288/Hamburg_2011.pdf, abgerufen am 03.09.2013.

Freie Demokratische Partei Hessen [Wahlprogramm, 1974]: Wahlprogramm zur Landtagswahl 1974: „Ziele eines vernünftigeren Fortschritts.“, beschlossen auf dem Landesparteitag in Offenbach am 20./21. April 1974, URL: http://www.freiheit.org/files/288/Hessen_1974.pdf, abgerufen am 31.08.2013.

Freie Demokratische Partei Hessen [Wahlprogramm, 1978]: Wahlprogramm zur Landtagswahl 1978, beschlossen auf dem Landesparteitag in Kassel am 22./23. April 1978, URL: http://www.freiheit.org/files/288/Hessen_1978.pdf, abgerufen am 31.08.2013.

Freie Demokratische Partei Hessen [Wahlprogramm, 1982]: Wahlprogramm zur Landtagswahl 1982: „Für ein liberales Hessen.“, beschlossen auf dem Landesparteitag in Kassel am 13./14. März 1982, URL: http://www.freiheit.org/files/288/Hessen_1982.pdf, abgerufen am 31.08.2013.

Freie Demokratische Partei Hessen [Wahlprogramm, 1983]: Wahlprogramm zur Landtagswahl 1983: „Für ein liberales Hessen.“, beschlossen auf dem a. o. Landesparteitag in Offenbach am 11./12. Juni 1983, URL: http://www.freiheit.org/files/288/Hessen_1983.pdf, abgerufen am 31.08.2013.

Freie Demokratische Partei Hessen [Wahlaufruf, 1987]: Wahlaufruf zur Landtagswahl 1987: „Hessens Zukunft in bessere Hände.“, beschlossen auf dem Landesparteitag in Bad Nauheim am 1. März 1987, URL: http://www.freiheit.org/files/288/Hessen_1987.pdf, abgerufen am 31.08.2013.

Freie Demokratische Partei Hessen [Wahlprogramm, 1991]: Wahlprogramm zur Landtagswahl 1991: „Lebendig. Tüchtig. Frei.“, URL: http://www.freiheit.org/files/288/Hessen_1992.pdf, abgerufen am 31.08.2013. Hinweis: Unter der zuvor genannten Adresse im Internet (URL) ist keine Aussage zum Zeitpunkt des Beschlusses aufgeführt.

Freie Demokratische Partei Hessen [Wahlprogramm, 1994]: Wahlprogramm zur Landtagswahl 1995: „Das Buch zur Wahl. Hessens Zukunft in bessere Hände.“, beschlossen auf dem Landesparteitag in Niedernhausen am 12./13. November 1994, URL: http://www.freiheit.org/files/288/Hessen_1996.pdf, abgerufen am 31.08.2013.

Freie Demokratische Partei Hessen [Wahlprogramm, 1999]: Wahlprogramm zur Landtagswahl 1999: „Das Buch zur Wahl. Ziele setzen – Chancen schaffen! … und Hessen gewinnt!“, beschlossen auf dem Landesparteitag in Bad Nauheim am 21. November 1998, URL: http://www.freiheit.org/files/288/Hessen_2000.pdf, abgerufen am 31.08.2013.

Freie Demokratische Partei Hessen [Wahlprogramm, 2003]: Wahlprogramm zur Landtagswahl 2003: „Die treibende Kraft in Hessen.“, URL: http://www.freiheit.

org/files/288/Hessen_2004.pdf, abgerufen am 31.08.2013. Hinweis: Unter der zuvor genannten Adresse im Internet (URL) ist keine Aussage zum Zeitpunkt des Beschlusses aufgeführt.

Freie Demokratische Partei Hessen [Programm zur Landtagswahl, 2007]: Programm zur Landtagswahl 2008: „Hessen stärker machen.", beschlossen auf dem Landesparteitag der FDP Hessen am 27./28. Oktober 2007, URL: http://www.abgeordnetenwatch.de/images/programme/fdp_hessen08.pdf, abgerufen am 11.08.2013.

Freie Demokratische Partei Hessen [Wahlprogramm, 2009]: Wahlprogramm zur Landtagswahl 2009: „Unser Wort gilt!", beschlossen auf dem Landesparteitag in Niedernhausen am 13. Dezember 2008, URL: http://www.freiheit.org/files/288/Hessen_2009.pdf, abgerufen am 31.08.2013.

Freie Demokratische Partei Hessen [Programm zur Landtagswahl, 2013]: Programm zur Landtagswahl 2013: „Bildung, Wirtschaft, Gerechtigkeit – Wir schaffen Chancen!", beschlossen auf dem Landesparteitag der FDP Hessen am 29. Juni 2013, URL: http://www.fdphessen.de/files/12347/2013_Programm_LTW_final.pdf, abgerufen am 11.08.2013.

Freie Demokratische Partei Mecklenburg-Vorpommern [Wahlprogramm, 1990]: Wahlprogramm zur Landtagswahl 1990: „Liberale Politik für Mecklenburg-Vorpommern am besten mit der F. D. P.", URL: http://www.freiheit.org/files/288/Mecklenburg-Vorpommern_1991.pdf, abgerufen am 01.09.2013. Hinweis: Unter der zuvor genannten Adresse im Internet (URL) ist keine Aussage zum Zeitpunkt des Beschlusses aufgeführt.

Freie Demokratische Partei Mecklenburg-Vorpommern [Wahlprogramm, 1994]: Wahlprogramm zur Landtagswahl 1994: „Die Politik, die das Land jetzt braucht.", URL: http://www.freiheit.org/files/288/Mecklenburg-Vorpommern_1995.pdf, abgerufen am 01.09.2013. Hinweis: Unter der zuvor genannten Adresse im Internet (URL) ist keine Aussage zum Zeitpunkt des Beschlusses aufgeführt.

Freie Demokratische Partei Mecklenburg-Vorpommern [Wahlprogramm, 1998]: Wahlprogramm zur Landtagswahl 1998: „Durch Reformen Arbeit und Zukunft.", URL: http://www.freiheit.org/files/288/Mecklenburg-Vorpommern_1999.pdf, abgerufen am 01.09.2013. Hinweis: Unter der zuvor genannten Adresse im Internet (URL) ist keine Aussage zum Zeitpunkt des Beschlusses aufgeführt.

Freie Demokratische Partei Mecklenburg-Vorpommern [Wahlprogramm, 2002]: Wahlprogramm zur Landtagswahl 2002: „Damit es endlich vorwärts geht!", URL: http://www.freiheit.org/files/288/Mecklenburg-Vorpommern_2003.pdf, abgerufen am 01.09.2013. Hinweis: Unter der zuvor genannten Adresse im Internet (URL) ist keine Aussage zum Zeitpunkt des Beschlusses aufgeführt.

Freie Demokratische Partei Mecklenburg-Vorpommern [Programm, 2006]: Programm zur Landtagswahl 2006, URL: http://www.fdp-mv.de/files/56/Wahlprogramm-2006.pdf, abgerufen am 26.08.2013. Hinweis: Unter der zuvor genannten Adresse im Internet (URL) ist keine Aussage zum Beschluss des Programms aufgeführt.

Freie Demokratische Partei Mecklenburg-Vorpommern [Programm, 2011]: Liberales Programm zur Landtagswahl 2011 in Mecklenburg-Vorpommern: „Fortschritt beschleunigen, Bürgerfreiheit schützen, Sicherheit ausbauen.", URL: http://www.fdp-mv.de/files/418/FDP-Programm_zur_Landtagswahl_2011_M-V.pdf, abgerufen am 11.08.2013. Hinweis: Unter der zuvor genannten Adresse im Internet (URL) ist keine Aussage zum Zeitpunkt des Beschlusses aufgeführt.

Freie Demokratische Partei Nordrhein-Westfalen [Wahlplattform, 1970]: Wahlplattform zur Landtagswahl 1970: „Aktion Liberal", beschlossen vom Landeshauptausschuß in Bochum am 21. Februar 1970, URL: http://www.freiheit.org/files/288/Nordrhein-Westfalen_1970.pdf, abgerufen am 01.09.2013.

Freie Demokratische Partei Nordrhein-Westfalen [Wahlplattform, 1975]: Wahlplattform zur Landtagswahl 1975: „Liberale Politik für Nordrhein-Westfalen.", beschlossen vom Landeshauptausschuß in Düren am 7. Dezember 1974, URL: http://www.freiheit.org/files/288/Nordrhein-Westfalen_1975.pdf, abgerufen am 01.09.2013.

Freie Demokratische Partei Nordrhein-Westfalen [Wahlprogramm, 1979]: Wahlprogramm zur Landtagswahl 1980: „Mut zur Freiheit – Mut zur Verantwortung", beschlossen auf dem Landesparteitag in Münster am 8./9. Dezember 1979, URL: http://www.freiheit.org/files/288/Nordrhein-Westfalen_1980.pdf, abgerufen am 01.09.2013.

Freie Demokratische Partei Nordrhein-Westfalen [Wahlprogramm, 1984]: Wahlprogramm zur Landtagswahl 1985: „Positionen und Ziele liberaler Politik für Nordrhein-Westfalen.", beschlossen auf dem a. o. Landesparteitag in Gütersloh am 15. Dezember 1984, URL: http://www.freiheit.org/files/288/Nordrhein-Westfalen_1985.pdf, abgerufen am 01.09.2013.

Freie Demokratische Partei Nordrhein-Westfalen [Wahlprogramm, 1990]: Wahlprogramm zur Landtagswahl 1990: „Liberale Politik für Nordrhein-Westfalen.", beschlossen auf dem Landesparteitag in Köln am 25. März 1990, URL: http://www.freiheit.org/files/288/Nordrhein-Westfalen_1991.pdf, abgerufen am 01.09.2013.

Freie Demokratische Partei Nordrhein-Westfalen [Wahlprogramm, 1995]: Wahlprogramm zur Landtagswahl 1995: „Die liberale Vision.", beschlossen auf dem Landesparteitag in Köln am 18./19. März 1995, URL: http://www.freiheit.org/files/288/Nordrhein-Westfalen_1996.pdf, abgerufen am 01.09.2013.

Freie Demokratische Partei Nordrhein-Westfalen [Wahlprogramm, 1999]: Wahlprogramm zur Landtagswahl 2000, beschlossen auf dem Landesparteitag in Düsseldorf am 11.12.1999, URL: http://www.freiheit.org/files/288/Nordrhein-Westfalen_2001.pdf, abgerufen am 01.09.2013.

Freie Demokratische Partei Nordrhein-Westfalen [Wahlprogramm, 2005]: Wahlprogramm zur Landtagswahl in Nordrhein-Westfalen am 22. Mai 2005 „Das neue NRW", Beschluss des außerordentlichen Landesparteitages der FDP-NRW am 27. November 2004 in Krefeld, URL: http://www.fdp-nrw.de/files/557/250223_in_wp.pdf, abgerufen am 26.08.2013.

Freie Demokratische Partei Nordrhein-Westfalen [Programm, 2010]: Das Programm zur nordrhein-festfälischen Landtagswahl 2010: „Aufsteigerland NRW.", beschlossen auf dem 63. ordentlichen Landesparteitag am 13./14. März 2010 in Siegen, URL: http://www.fdp-nrw.de/files/557/100325_Wahlgrogramm_Finalversion.pdf, abgerufen am 11.08.2013.

Freie Demokratische Partei Nordrhein-Westfalen [Wahlaufruf, 2012]: Wahlaufruf zur Landtagswahl 2012: „Lieber neue Wahlen als neue Schulden.", beschlossen auf dem a. o. Landesparteitag in Duisburg am 1. April 2012, URL: http://www.freiheit.org/files/288/Nordrhein-Westfalen_2012.pdf, abgerufen am 01.09.2013.

Freie Demokratische Partei Rheinland-Pfalz [Wahlprogramm, 1975]: Wahlprogramm zur Landtagswahl 1975: „Programm der Vernunft.", beschlossen auf dem Landesparteitag in Mainz am 11. Januar 1975, URL: http://www.freiheit.org/files/288/Rheinland-Pfalz_1975.pdf, abgerufen am 01.09.2013.

Freie Demokratische Partei Rheinland-Pfalz [Wahlprogramm, 1983]: Wahlprogramm zur Landtagswahl 1983, URL: http://www.freiheit.org/files/288/Rheinland-Pfalz_1983.pdf, abgerufen am 01.09.2013. Hinweis: Unter der zuvor genannten Adresse im Internet (URL) ist keine Aussage zum Zeitpunkt des Beschlusses aufgeführt.

Freie Demokratische Partei Rheinland-Pfalz [Wahlprogramm, 1987]: Wahlprogramm zur Landtagswahl 1987: „Frischer Wind im Land. Das Programm der Liberalen.", URL: http://www.freiheit.org/files/288/Rheinland-Pfalz_1987.pdf, abgerufen am 01.09.2013. Hinweis: Unter der zuvor genannten Adresse im Internet (URL) ist keine Aussage zum Zeitpunkt des Beschlusses aufgeführt.

Freie Demokratische Partei Rheinland-Pfalz [Wahlprogramm, 1990]: Wahlprogramm zur Landtagswahl 1991, beschlossen auf dem Landesparteitag in Simmern am 1. September 1990, URL: http://www.freiheit.org/files/288/Rheinland-Pfalz_1992.pdf, abgerufen am 01.09.2013.

Freie Demokratische Partei Rheinland-Pfalz [Wahlprogramm, 1995]: Wahlprogramm zur Landtagswahl 1996: „Programm der F.D.P. Rheinland-Pfalz zur Landtagswahl 1996.", beschlossen auf dem Landesparteitag in Emmelshausen am 28. Oktober 1995, URL: http://www.freiheit.org/files/288/Rheinland-Pfalz_1997.pdf, abgerufen am 01.09.2013.

Freie Demokratische Partei Rheinland-Pfalz [Wahlprogramm, 2001]: Wahlprogramm zur Landtagswahl 2001: „Programm der F.D.P. Rheinland-Pfalz zur Landtagswahl 2001.“, beschlossen auf dem Landesparteitag in Emmelshausen am 28. Oktober 2000, URL: http://www.freiheit.org/files/288/Rheinland-Pfalz_2002.pdf, abgerufen am 01.09.2013.

Freie Demokratische Partei Rheinland-Pfalz [Wahlprogramm, 2006]: Wahlprogramm zur Landtagswahl 2006: „Programm der FDP Rheinland-Pfalz zur Landtagswahl 2006.“, beschlossen auf dem Landesparteitag in Ransbach/Baumbach am 12. November 2005, URL: http://www.freiheit.org/files/288/Rheinland-Pfalz_2007.pdf, abgerufen am 01.09.2013.

Freie Demokratische Partei Rheinland-Pfalz [Programm, 2009]: Programm der FDP Rheinland-Pfalz zur Kommunalwahl 2009: „Stark vor Ort.“, beschlossen auf dem Landesparteitag der FDP Rheinland-Pfalz am 06. Dezember 2008 in Ransbach-Baumbach, URL: http://www.fdp-rlp.de/files/135/kommunalwahlprogramm2009.pdf, abgerufen am 11.08.2013.

Freie Demokratische Partei Rheinland-Pfalz [Programm, 2010]: Programm der FDP Rheinland-Pfalz zur Landtagswahl 2011, beschlossen auf dem Landesparteitag der FDP Rheinland-Pfalz am 06. November 2010 in Emmelshausen, URL: http://www.fdp-rlp.de/files/135/FDP-LTW-Programm_2011_Langfassung.pdf, abgerufen am 18.08.2013.

Freie Demokratische Partei Rheinland-Pfalz [Programm, 2015]: Programm der FDP Rheinland-Pfalz zur Landtagswahl 2016, beschlossen auf dem außerordentlichen Parteitag am 10. Oktober 2015 in Ransbach-Baumbach, URL: http://www.fdp-rlp.de/sites/default/files/uploads/2015/12/16/ltwprogramm2016.pdf, abgerufen am 30.01.2016.

Freie Demokratische Partei Sachsen [Wahlprogramm, 1990]: Wahlprogramm zur Landtagswahl 1990: „Das liberale Sachsen.“, URL: http://www.freiheit.org/files/288/Sachsen_1991.pdf, abgerufen am 01.09.2013. Hinweis: Unter der zuvor genannten Adresse im Internet (URL) ist keine Aussage zum Zeitpunkt des Beschlusses aufgeführt.

Freie Demokratische Partei Sachsen [Wahlprogramm, 1994]: Wahlprogramm zur Landtagswahl 1994 (Kurzfassung), URL: http://www.freiheit.org/files/288/Sachsen_1995.pdf, abgerufen am 01.09.2013. Hinweis: Unter der zuvor genannten Adresse im Internet (URL) ist keine Aussage zum Zeitpunkt des Beschlusses aufgeführt.

Freie Demokratische Partei Sachsen [Wahlprogramm, 2004]: Wahlprogramm zur Landtagswahl 2004: „Wir gestalten Sachsen: Zukunftsprogramm der sächsischen FDP.“, beschlossen auf dem Landesparteitag in Döbeln am

30.10.2003, URL: http://www.freiheit.org/files/288/Sachsen_2005.pdf, abgerufen am 01.09.2013.

Freie Demokratische Partei Sachsen [Landtagswahlprogramm, 2008]: Landtagswahlprogramm der FDP Sachsen 2009: „Für ein starkes und freiheitliches Sachsen.“, beschlossen am 1. November 2008 in Dresden, URL: http://www.fdp-sachsen.de/online/fdp/cisweb3_Media_FDP.nsf/(File)/EC069A242267B0B0C12575CB0048E9A1/$File/Wahlprogramm%20FDP%20Sachsen%20LTW%202009%20final.pdf, abgerufen am 11.08.2013.

GRÜNE [Bundesprogramm, 1980]: „Die Grünen. Das Bundesprogramm“, URL: http://www.boell.de/downloads/stiftung/1980Bundesprogramm.pdf, abgerufen am 28.10.2009. Hinweis: Unter der zuvor genannten Adresse im Internet (URL) ist keine Aussage zum Zeitpunkt des Beschlusses aufgeführt.

GRÜNE [Sozialabbau, 1983]: „Gegen Arbeitslosigkeit und Sozialabbau: sinnvoll arbeiten – solidarisch leben“, verabschiedet auf der Bundesdelegiertenversammlung am 15./16. Januar 1983 in Stuttgart-Sindelfingen, Bonn ohne Jahr.

GRÜNE [Grundsatzprogramm, 2001]: Grundsatzprogramm der Grünen, beschlossen am 20. Bundeskongress der Grünen am 7. und 8. Juli 2001 in Linz, URL: http://www.gruene.at/uploads/media/Gruenes_Grundsatzprogramm2001_01.pdf, abgerufen am 28.10.2009.

GRÜNE [Bundestagswahlprogramm, 2009]: „Aus der Krise hilft nur Grün“. Bundestagswahlprogramm, beschlossen auf der 30. Ordentlichen Bundesdelegiertenkonferenz von BÜNDNIS 90/DIE GRÜNEN am 8. bis 10. Mai 2009 in Berlin, URL: http://www.gruene.de/fileadmin/user_upload/Dokumente/Wahlprogramm/BTW_Wahlprogramm_220609_inhalt.pdf, abgerufen am 28.10.2009.

GRÜNE [Landesbanken, 2009]: GRÜNE Positionierung zu den Landesbanken, URL: http:// www. monika -heinold. de/ cms/ default/ dokbin/ 277/277745. gruene_position_landesbanken.pdf, abgerufen am 28.10.2009.

GRÜNE [Bundestagswahlprogramm, 2013]: Bundestagswahlprogramm 2013: „Zeit für den Grünen Wandel.“, beschlossen auf dem Parteitag am 28. April 2013 in Berlin, URL: http://www.gruene.de/fileadmin/user_upload/Dokumente/Gruenes-Bundestagswahlprogramm2013.pdf, abgerufen am 12.08.2013.

GRÜNE Baden-Württemberg [Programm, 1980]: Das Programm für Baden-Württemberg, Stuttgart 1980. Hinweis: Es ist keine Aussage zum Zeitpunkt des Beschlusses aufgeführt. Siehe hierzu Signatur-Nr. 044/BW-1 (Heinrich-Böll-Stiftung e. V., Archiv Grünes Gedächtnis – Bibliothek).

GRÜNE Baden-Württemberg [Programm, 1984]: Das Programm für Baden-Württemberg. Hinweis: Es ist keine Aussage zum Zeitpunkt des Beschlusses aufgeführt. Siehe hierzu Signatur-Nr. 044/BW-2 (Heinrich-Böll-Stiftung e. V., Archiv Grünes Gedächtnis – Bibliothek).

GRÜNE Baden-Württemberg [Programm, 1988]: Das Programm für Baden-Württemberg. Hinweis: Es ist keine Aussage zum Zeitpunkt des Beschlusses aufgeführt. Siehe hierzu Signatur-Nr. 044/BW-3 (Heinrich-Böll-Stiftung e. V., Archiv Grünes Gedächtnis – Bibliothek).

GRÜNE Baden-Württemberg [Programm, 1991]: Programm zur Landtagswahl 1992, beschlossen auf der Landesdelegiertenkonferenz vom 15.–17. November 1991 in Baindt/Ravensburg.

GRÜNE Baden-Württemberg [Programm, 1996]: Das Programm für Baden-Württemberg: „Das grüne Programm – Wählen würde weiterhelfen.". Hinweis: Es ist keine Aussage zum Zeitpunkt des Beschlusses aufgeführt. Siehe hierzu Signatur-Nr. 044/BW-5 (Heinrich-Böll-Stiftung e. V., Archiv Grünes Gedächtnis – Bibliothek).

GRÜNE Baden-Württemberg [Programm, 2001]: Das Programm für Baden-Württemberg: „Die treibende Kraft.", Stuttgart 1996. Hinweis: Es ist keine Aussage zum Zeitpunkt des Beschlusses aufgeführt. Siehe hierzu Signatur-Nr. 044/BW-6 (Heinrich-Böll-Stiftung e. V., Archiv Grünes Gedächtnis – Bibliothek).

GRÜNE Baden-Württemberg [Programm, 2006]: Das Programm für Baden-Württemberg: „Jetzt aber Grün!", URL: http://www.gruene-stuttgart.de/uploads/media/LTW-Programm_2006.pdf, abgerufen am 12.08.2013. Hinweis: Unter der zuvor genannten Adresse im Internet (URL) ist keine Aussage zum Zeitpunkt des Beschlusses aufgeführt. Siehe hierzu auch Signatur-Nr. 044/BW-11 (Heinrich-Böll-Stiftung e. V., Archiv Grünes Gedächtnis – Bibliothek).

GRÜNE Baden-Württemberg [Programm, 2010]: Das neue Programm für Baden-Württemberg: „Jetzt!", beschlossen auf der 25. Landesdelegiertenkonferenz von Bündnis 90/Die Grünen Baden-Württemberg vom 4. bis 5. Dezember 2010 in Bruchsal, URL: http://www.gruene-bw.de/fileadmin/gruenebw/dateien/Wahlen2011/Landtagswahlprogramm-web.pdf, abgerufen am 12.08.2013.

GRÜNE Baden-Württemberg [Programm, 2015]: Wahlprogramm zur Landtagswahl 2016: „Grün aus Verantwortung für Baden-Württemberg", beschlossen auf dem Parteitag am 13. Dezember 2015 in Reutlingen, URL: https://www.gruene-bw.de/app/uploads/2016/01/GrueneBW-Landtagswahlprogramm-2016.pdf, abgerufen am 30.01.2016.

GRÜNE Bayern [Programm, 1978]: Das Programm der Grünen in Bayern: „Die Grünen kommen". Hinweis: Es ist keine Aussage zum Zeitpunkt des Beschlusses aufgeführt. Siehe hierzu Signatur-Nr. 044/BY-15 (Heinrich-Böll-Stiftung e. V., Archiv Grünes Gedächtnis – Bibliothek).

GRÜNE Bayern [Wahlplattform, 1982]: Wahlplattform '82. Die Grünen. Hinweis: Es ist keine Aussage zum Zeitpunkt des Beschlusses aufgeführt. Siehe hierzu Signatur-Nr. 044/BY-1 (Heinrich-Böll-Stiftung e. V., Archiv Grünes Gedächtnis – Bibliothek).

GRÜNE Bayern [Programm, 1986]: Das Programm für Bayern. Die Grünen zur Landtagswahl'86, verabschiedet auf den Landesversammlungen vom 31. Oktober bis 3. November und 20. November 1985 und in Regensburg am 10./11. Januar 1986 in Weißenburg.

GRÜNE Bayern [Programm, 1990]: Programm zur Landtagswahl 1990: „Die Grünen und in Bayern rührt sich was!". Hinweis: Es ist keine Aussage zum Zeitpunkt des Beschlusses aufgeführt. Siehe hierzu Signatur-Nr. 044/BY-3 (Heinrich-Böll-Stiftung e. V., Archiv Grünes Gedächtnis – Bibliothek).

GRÜNE Bayern [Programm, 1994]: Programm zur Landtagswahl 1994: „Nur mit den Grünen Wechsel in Bayern". Hinweis: Es ist keine Aussage zum Zeitpunkt des Beschlusses aufgeführt. Siehe hierzu Signatur-Nr. 044/BY-5 (Heinrich-Böll-Stiftung e. V., Archiv Grünes Gedächtnis – Bibliothek).

GRÜNE Bayern [Programm, 1998]: Programm zur Landtagswahl 1998: „Ein Zukunftsplan für Bayern.". Hinweis: Es ist keine Aussage zum Zeitpunkt des Beschlusses aufgeführt. Siehe hierzu Signatur-Nr. 044/BY-6 (Heinrich-Böll-Stiftung e. V., Archiv Grünes Gedächtnis – Bibliothek).

GRÜNE Bayern [Programm, 2003]: Programm für die Landtagswahl in Bayern am 21.09.2003: „Ein ökologisches, modernes und weltoffenes Bayern ist ein Gewinn für uns alle.". Hinweis: Es ist keine Aussage zum Zeitpunkt des Beschlusses aufgeführt. Siehe hierzu Signatur-Nr. 044/BY-9 (Heinrich-Böll-Stiftung e. V., Archiv Grünes Gedächtnis – Bibliothek).

GRÜNE Bayern [Programm, 2008]: Programm zur Landtagswahl 2008. Unser Wahlprogramm 2008–2013 Bündnis90/Die Grünen Bayern: „Die Zeit ist reif für Grün!", beschlossen auf Landesdelegiertenkonferenz Die Grünen Bayern am 06./07. Juni 2008, URL: http://www.gruene-bayern.de/fileadmin/Dateien/Wahlprogramm%202008.pdf, abgerufen am 12.08.2013. Siehe hierzu auch Signatur-Nr. 044/BY-11 (Archiv Grünes Gedächtnis – Bibliothek).

GRÜNE Bayern [Wahlprogramm, 2013]: Das Wahlprogramm zur bayerischen Landtagswahl 2013, beschlossen auf Landesversammlung am 13. und 14. April 2013 in Würzburg, URL: http://www.gruene-bayern.de/fileadmin/Bilder/Wahlprogramm_Landtagswahl_Bayern_2013_web2.pdf, abgerufen am 12.08.2013.

GRÜNE Berlin [Wahlprogramm, 1989]: Das Wahlprogramm der Alternativen Liste. Hinweis: Es ist keine Aussage zum Zeitpunkt des Beschlusses aufgeführt. Siehe hierzu Signatur-Nr. 044/BE-12 a (Heinrich-Böll-Stiftung e. V., Archiv Grünes Gedächtnis – Bibliothek).

GRÜNE Berlin [Wahlprogramm, 1990]: Das Wahlprogramm der Grünen/AL. Hinweis: Es ist keine Aussage zum Zeitpunkt des Beschlusses aufgeführt. Siehe hierzu Signatur-Nr. 044/BE-4 (Heinrich-Böll-Stiftung e. V., Archiv Grünes Gedächtnis – Bibliothek).

GRÜNE Berlin [Programm, 1995]: Programm zur Abgeordnetenhauswahl 1995: „Der Wechsel ist fällig.". Hinweis: Es ist keine Aussage zum Zeitpunkt des Beschlusses aufgeführt. Siehe hierzu Signatur-Nr. 044/BE-6 (Heinrich-Böll-Stiftung e. V., Archiv Grünes Gedächtnis – Bibliothek).

GRÜNE Berlin [Programm, 1999]: Programm zur Abgeordnetenhauswahl 1999: „Berlin ist anders.", beschlossen auf der Landesdelegiertenkonferenz am 19./20. März 1999 in Berlin.

GRÜNE Berlin [Programm, 2001]: Programm zur Abgeordnetenhauswahl 2001: „Für ein lebenswertes Berlin.", beschlossen auf der Landesdelegiertenkonferenz am 14./15. Juli 2001 in Berlin.

GRÜNE Berlin [Programm, 2006]: Programm zur Abgeordnetenhauswahl 2006: „GRÜN wählen, bevor Sie rot sehen!", beschlossen auf der Landesdelegiertenkonferenz am 18./19. März 2006 in Berlin.

GRÜNE Berlin [Wahlprogramm, 2011]: Das Wahlprogramm zur Berliner Abgeordnetenwahl 2011: „Eine Stadt für Alle.", beschlossen auf der Landesdelegiertenkonferenz am 5. und 6. März 2011 in Berlin, URL: http://gruene-berlin.de/sites/gruene-berline.de/files/gemeinsam/Wahl2011/wahlprogramm_online.pdf, abgerufen am 12.08.2013.

GRÜNE Hamburg [Wahlprogramm, 2001]: Wahlprogramm Bündnis 90/Die Grünen GAL Hamburg Bürgerschaftswahl 23. September 2001: „An Hamburg arbeiten.". Hinweis: Es ist keine Aussage zum Zeitpunkt des Beschlusses aufgeführt. Siehe hierzu Signatur-Nr. 044/HH-15 (Heinrich-Böll-Stiftung e. V., Archiv Grünes Gedächtnis – Bibliothek).

GRÜNE Hamburg [Wahlprogramm, 2004]: Das Wahlprogramm der GAL| Bündnis 90/Die Grünen: „Hamburg kann's besser.". Hinweis: Es ist keine Aussage zum Zeitpunkt des Beschlusses aufgeführt. Siehe hierzu Signatur-Nr. 044/HH-16 (Heinrich-Böll-Stiftung e. V., Archiv Grünes Gedächtnis – Bibliothek).

GRÜNE Hamburg [Wahlprogramm, 2008]: Das Wahlprogramm der GAL|Bündnis 90/Die Grünen: „Unsere Ideen. Für Hamburg.", beschlossen auf der Landesmitgliederversammlung am 7. Oktober 2007 in Hamburg.

GRÜNE Hamburg [Wahlprogramm, 2011]: Das Wahlprogramm der GAL| Bündnis 90/Die Grünen: „Unser Plan für Hamburg Deine Stadt.", beschlossen auf der Landesmitgliederversammlung der GAL Hamburg am 08. Januar 2011 im Bürgersaal Wandsbek.

GRÜNE Hessen [Landesprogramm, 1982]: Landesprogramm: „Die Grünen – Hessen.". Hinweis: Es ist keine Aussage zum Zeitpunkt des Beschlusses aufgeführt. Siehe hierzu Signatur-Nr. 044/HE-1 (Heinrich-Böll-Stiftung e. V., Archiv Grünes Gedächtnis – Bibliothek).

GRÜNE Hessen [Programm, 1991]: Programm der GRÜNEN HESSEN zur Landtagswahl am 20.01.1991 Hinweis: Es ist keine Aussage zum Zeitpunkt des Beschlusses aufgeführt. Siehe hierzu Signatur-Nr. 044/HE-7 (Heinrich-Böll-Stiftung e. V., Archiv Grünes Gedächtnis – Bibliothek).

GRÜNE Hessen [Landtagswahlprogramm, 1995]: Landtagswahlprogramm Hessen '95: „Wer schlau ist, wählt grün." Hinweis: Es ist keine Aussage zum Zeitpunkt des Beschlusses aufgeführt. Siehe hierzu Signatur-Nr. 044/HE-6 (Heinrich-Böll-Stiftung e. V., Archiv Grünes Gedächtnis – Bibliothek).

GRÜNE Hessen [Landtagswahlprogramm, 1998]: Landtagswahlprogramm 1999: „Mehr Grün für Hessen.", verabschiedet auf der Landesmitgliederversammlung am 27. Juni 1998 in Marburg.

GRÜNE Hessen [Regierungsprogramm, 2002]: Regierungsprogramm zur Landtagswahl am 2. Februar 2003: „Besser leben in Hessen braucht mehr Grün.", verabschiedet durch die Landesmitgliederversammlung am 25. Mai 2002 in Rüsselsheim.

GRÜNE Hessen [Landtagswahlprogramm, 2007]: Landtagswahlprogramm 2008: „An morgen denken.", beschlossen von der Landesmitgliederversammlung in Darmstadt am 22. September 2007, URL: http://www.abgeordnetenwatch.de/images/programme/gruene_hessen08.pdf, abgerufen am 12.08.2013.

GRÜNE Hessen [Regierungsprogramm, 2013]: Das grüne Regierungsprogramm 2014–2019: „Hessen will den Wechsel.", beschlossen auf einer Landesmitgliederversammlung am 25. Mai 2013 in Stadtallendorf, URL: http://www.gruene-hessen.de/partei/files/2013/06/GR%C3%9CNES-Regierungsprogramm-Hessen-will-den-Wechsel.pdf, abgerufen am 12.08.2013.

GRÜNE Mecklenburg-Vorpommern [Landeswahlprogramm, 1994]: Landeswahlprogramm 1994: „Für ein lebenswertes Mecklenburg-Vorpommern. Farbe in den Landtag. Zweitstimme für Grün!". Hinweis: Es ist keine Aussage zum Zeitpunkt des Beschlusses aufgeführt. Siehe hierzu Signatur-Nr. 044/MV-1 (Heinrich-Böll-Stiftung e. V., Archiv Grünes Gedächtnis – Bibliothek).

GRÜNE Mecklenburg-Vorpommern [Landtagswahlprogramm, 1998]: Landtagswahlprogramm 1998: „Alles Grün für die Zukunft.". Hinweis: Es ist keine Aussage zum Zeitpunkt des Beschlusses aufgeführt. Siehe hierzu Signatur-Nr. 044/MV-2 (Heinrich-Böll-Stiftung e. V., Archiv Grünes Gedächtnis – Bibliothek).

GRÜNE Mecklenburg-Vorpommern [Programm, 2001]: Programm zur Landtagswahl am 22. September 2002 in Mecklenburg-Vorpommern: „Grün muss rein.", beschlossen von der Landesdelegiertenkonferenz am 3. November 2001 in Rostock.

GRÜNE Mecklenburg-Vorpommern [Programm, 2006]: Programm zur Landtagswahl 2006: „Lebensland Mecklenburg-Vorpommern", beschlossen von der 25. Landesdelegiertenkonferenz am 18. und 19. März 2006 in Rostock.

GRÜNE Mecklenburg-Vorpommern [Landtagswahlprogramm, 2011]: Landtagswahlprogramm Bündnis 90/Die Grünen Mecklenburg-Vorpommern, beschlossen auf der Landesdelegiertenkonferenz am 2. und 3. April 2011 in Rostock.

GRÜNE Nordrhein-Westfalen [Programm, 2000]: Das Programm zur Landtagswahl 2000: „NRW erneuern.", verabschiedet auf der Landesdelegiertenkonferenz vom 18. bis 20. Februar 2000 in Soest.

GRÜNE Nordrhein-Westfalen [Landtagswahlprogramm, 2005]: Landtagswahlprogramm 2005: „Die Grünen NRW.", beschlossen auf der Landesdelegiertenkonferenz am 26. Februar 2005 in Köln.

GRÜNE Nordrhein-Westfalen [Programm, 2010]: Das Programm zur Landtagswahl 2010: „Zukunftsplan für NRW.", beschlossen auf der Landesdelegiertenkonferenz am 6. Februar 2010 in Essen.

GRÜNE Rheinland-Pfalz [Landesprogramm, 1982]: Landesprogramm zur Landtagswahl 1983: „Die Grünen Rheinland-Pfalz". Hinweis: Es ist keine Aussage zum Zeitpunkt des Beschlusses aufgeführt. Siehe hierzu Signatur-Nr. 044/RP-3 (Heinrich-Böll-Stiftung e. V., Archiv Grünes Gedächtnis – Bibliothek).

GRÜNE Rheinland-Pfalz [Landtagswahlprogramm, 1987]: Landtagswahlprogramm 1987: „Die Grünen für Rheinland-Pfalz". Hinweis: Es ist keine Aussage zum Zeitpunkt des Beschlusses aufgeführt. Siehe hierzu Signatur-Nr. 044/RP-1 (Heinrich-Böll-Stiftung e. V., Archiv Grünes Gedächtnis – Bibliothek).

GRÜNE Rheinland-Pfalz [Landtagswahlprogramm, 1991]: Landtagswahlprogramm 1991: „Die Grünen Rheinland-Pfalz". Hinweis: Es ist keine Aussage zum Zeitpunkt des Beschlusses aufgeführt. Siehe hierzu Signatur-Nr. 044/RP-6 (Heinrich-Böll-Stiftung e. V., Archiv Grünes Gedächtnis – Bibliothek).

GRÜNE Rheinland-Pfalz [Programm, 1995]: Programm zur Landtagswahl 1996: „Grüner Schwung für Rheinland-Pfalz – jetzt!", beschlossen auf der Landesversammlung am 30.9./1.10.1995 in Alzey und deren Fortsetzung am 29.10.1995 in Mainz.

GRÜNE Rheinland-Pfalz [Programm, 2001]: Programm zur Landtagswahl 2001: „Ich will's grün.", beschlossen auf der Landesdelegiertenversammlung am 2./3. Dezember 2000 in Kaiserslautern.

GRÜNE Rheinland-Pfalz [Programm, 2006]: Programm zur Landtagswahl 2006: „Jetzt aber Grün.". Hinweis: Es ist keine Aussage zum Zeitpunkt des Beschlusses aufgeführt. Siehe hierzu Signatur-Nr. 044/RP-7 (Heinrich-Böll-Stiftung e. V., Archiv Grünes Gedächtnis – Bibliothek).

GRÜNE Rheinland-Pfalz [Programm, 2011]: Programm zur Landtagswahl 2011: „Auf nach GRÜNland-Pfalz.", URL: http://gruene-rlp.de/userspace/RP/lv_rlp/pdfs/gruene_dokumente/Programm_LW_2011_net.pdf, abgerufen am

12.08.2013. Hinweis: Unter der zuvor genannten Adresse im Internet (URL) ist keine Aussage zum Beschluss des Programms aufgeführt. Siehe hierzu auch Signatur-Nr. 044/RP-8 (Heinrich-Böll-Stiftung e. V., Archiv Grünes Gedächtnis – Bibliothek).

GRÜNE Rheinland-Pfalz [Programm, 2016]: Programm zur Landtagswahl 2016: „Grün geht's weiter. Programm für ein lebenswertes Rheinland-Pfalz.", URL: https://gruenes-cms.de/userspace/RP/lv_rlp/Downloads/LTW-Programm_2016_web_final.pdf, abgerufen am 30.01.2016. Hinweis: Unter der zuvor genannten Adresse im Internet (URL) ist keine Aussage zum Beschluss des Programms aufgeführt.

GRÜNE Sachsen [Programm, 1999]: Programm zur Landtagswahl 1999: „Grün – gerecht – modern", verabschiedet auf der Landesversammlung in Dresden im März 1999.

GRÜNE Sachsen [Programm, 2004]: Programm zur Landtagswahl 2004: „Darum diesmal Grün!", verabschiedet auf der Landesdelegiertenkonferenz in Leipzig am 28. Februar 2004.

GRÜNE Sachsen [Programm, 2009]: Programm zur Landtagswahl 2009: „Wenn Du was ändern willst.", verabschiedet auf der Landesdelegiertenkonferenz in Dresden am 31. Januar 2009.

Partei des Demokratischen Sozialismus [Programm, 1990]: Programm der Partei des Demokratischen Sozialismus, in: Wahlparteitag der PDS, 24./25. Februar in Berlin, S. 88–108.

Partei des Demokratischen Sozialismus Berlin [Programm, 1995]: Programm zu den Berliner Wahlen im Oktober 1995: „Ein anderes Berlin, eine andere Politik.", beschlossen auf dem Landesparteitag der Berliner PDS am 13./14. Mai 1995 in Berlin.

Partei des Demokratischen Sozialismus Berlin [Programm, 1999]: Programm der PDS Berlin zu den Abgeordnetenhauswahlen 1999: „Berlin für alle: Politik für die ganze Stadt.". Hinweis: Es ist keine Aussage zum Zeitpunkt des Beschlusses aufgeführt Siehe hierzu Signatur-Nr. 03 A 0303 (Rosa-Luxemburg-Stiftung – Bereich Archiv und Bibliothek).

Partei des Demokratischen Sozialismus Berlin [Programm, 2001]: Programm der PDS Berlin zu den Abgeordnetenhauswahlen am 21. Oktober 2001: „Miteinander für Berlin.". Hinweis: Es ist keine Aussage zum Zeitpunkt des Beschlusses aufgeführt. Siehe hierzu Signatur-Nr. 03 A 0196 (Rosa-Luxemburg-Stiftung – Bereich Archiv und Bibliothek).

Partei des Demokratischen Sozialismus Mecklenburg-Vorpommern [Landeswahlprogramm, 1997]: Landeswahlprogramm der PDS Mecklenburg-Vorpommern: „Mit der PDS für soziale Gerechtigkeit und Menschenwürde in

Mecklenburg-Vorpommern", beschlossen auf der 2. Tagung des 5. Landesparteitages der PDS Mecklenburg-Vorpommern am 13./14.12.1997 in Schwerin.

Partei des Demokratischen Sozialismus Mecklenburg-Vorpommern [Wahlprogramm, 2002]: Wahlprogramm der PDS Mecklenburg-Vorpommern zur Landtagswahl am 22. September 2002: „Arbeit und Lebensperspektive. Für ein selbstbewusstes Land.", beschlossen vom 7. Landesparteitag der PDS Mecklenburg-Vorpommern am 9./10. März 2002 in Neubrandenburg.

Partei des Demokratischen Sozialismus Sachsen [Wahlprogramm, 1999]: Wahlprogramm 1999: „Ein Land für die Menschen. Veränderung beginnt vor Ort.", beschlossen auf dem Landesparteitag am 11.04.1999 in Schneeberg.

Partei des Demokratischen Sozialismus Sachsen [Wahlprogramm, 2004]: Das Wahlprogramm der PDS Sachsen zu den Landtagswahlen am 19. September 2004: „Ein anderes Sachsen ist möglich!". Hinweis: Es ist keine Aussage zum Zeitpunkt des Beschlusses aufgeführt. Siehe hierzu Signatur-Nr. 13 A 1174 (Rosa-Luxemburg-Stiftung – Bereich Archiv und Bibliothek).

Sozialdemokratische Partei Deutschlands [Beschlüsse, 1975]: Beschlüsse, verabschiedet vom Bundesparteitag der SPD in Mannheim, in: *SPD-Bundesvorstand (Hrsg.):* 11. bis 15. November 1975, S. 46.

Sozialdemokratische Partei Deutschlands [Dokumente, 1976]: Dokumente. Kommunal-politisches Grundsatzprogramm der Sozialdemokratischen Partei Deutschlands, Bonn 1976.

Sozialdemokratische Partei Deutschlands [Privatisierung, 1976]: Die Forderung der CDU/CSU nach Privatisierung öffentlicher Dienstleistungen und was dahinter steht, Bonn 1976.

Sozialdemokratische Partei Deutschlands [Regierungsprogramm, 1986]: Regierungsprogramm 1987–1990 der Sozialdemokratischen Partei Deutschlands – Zukunft für alle – arbeiten für soziale Gerechtigkeit und Frieden, Bonn 1986, URL: http://library.fes.de/pdf-files/bibliothek/retro-scans/a87-04013.pdf, abgerufen am 12.03.2009.

Sozialdemokratische Partei Deutschlands [Programm-Parteitag, 1989/1998]: Grundsatzprogramm der Sozialdemokratischen Partei Deutschlands. Beschlossen vom Programm-Parteitag der Sozialdemokratischen Partei Deutschland am 20. Dezember 1989 in Berlin, geändert auf dem Parteitag in Leipzig am 17.04.1998, URL: http://www.spd.de/de/pdf/parteiprogramme/spd_berlinerprogramm.pdf, abgerufen am 12.03.2009.

Sozialdemokratische Partei Deutschlands [Grundsatzprogramm, 2007]: Hamburger Programm. Das Grundsatzprogramm der Sozialdemokratischen Partei Deutschlands. Beschlossen auf dem Hamburger Bundesparteitag der SPD am 28. Oktober 2007, Berlin 2007.

Sozialdemokratische Partei Deutschlands [Regierungsprogramm, 2009]: „Sozial und demokratisch. Anpacken. Für Deutschland.", Das Regierungsprogramm der SPD. Berlin 2009, URL: http://www.spd.de/de/pdf/parteiprogramme/090614_Beschluss_Regierungsprogramm.pdf, abgerufen am 28.10.2009.

Sozialdemokratische Partei Deutschlands [Regierungsprogramm, 2013]: Regierungsprogramm 2013–2017: „Das Wir entscheidet.", beschlossen auf dem Bundesparteitag der SPD am 14. April 2013 in Augsburg, URL: http://www.spd.de/linkableblob/96686/data/20130415_regierungsprogramm_2013_2017.pdf, abgerufen am 11.08.2013.

Sozialdemokratische Partei Baden-Württemberg [Wahlprogramm, 1980]: Wahlprogramm Landtagswahlen 1980: „Für eine bißchen mehr Menschlichkeit.". Hinweis: Es ist keine Aussage zum Zeitpunkt des Beschlusses aufgeführt. Siehe hierzu Signatur-Nr. C 80–187 (Bibliothek der Friedrich-Ebert-Stiftung).

Sozialdemokratische Partei Baden-Württemberg [Zukunfts-Programm, 1984]: Zukunfts-Programm für Baden-Württemberg: „Unsere Zukunft ist eine Zukunft für alle.", beschlossen auf dem Landesparteitag am 21. Januar 1984 in Sindelfingen.

Sozialdemokratische Partei Baden-Württemberg [Programm, 1988]: Programm der Sozialdemokraten Baden-Württemberg: „Der neue Fortschritt.". Hinweis: Es ist keine Aussage zum Zeitpunkt des Beschlusses aufgeführt. Siehe hierzu Signatur-Nr. A 88–4341 (Bibliothek der Friedrich-Ebert-Stiftung).

Sozialdemokratische Partei Baden-Württemberg [Regierungsprogramm, 1992]: Regierungsprogramm der Baden-Württemberg-SPD 1992: „Verantwortung, die Stärke Baden-Württembergs.". Hinweis: Es ist keine Aussage zum Zeitpunkt des Beschlusses aufgeführt. Siehe hierzu Signatur-Nr. A 92–2298 (Bibliothek der Friedrich-Ebert-Stiftung).

Sozialdemokratische Partei Baden-Württemberg [Regierungsprogramm, 1996]: Regierungsprogramm der Baden-Württemberg SPD 1996: „Damit unser Land gewinnt.", beschlossen vom SPD-Landesparteitag am 20. Januar 1996 in Waiblingen.

Sozialdemokratische Partei Baden-Württemberg [Regierungsprogramm, 2000]: Regierungsprogramm der Baden-Württemberg SPD 2001: „Es ist Zeit – Baden-Württemberg erneuern.". Hinweis: Es ist keine Aussage zum Zeitpunkt des Beschlusses aufgeführt. Siehe hierzu Signatur-Nr. A 01–1870 (Bibliothek der Friedrich-Ebert-Stiftung).

Sozialdemokratische Partei Baden-Württemberg [Regierungsprogramm, 2006]: Regierungsprogramm der SPD Baden-Württemberg: „Mehr Gerechtigkeit", beschlossen auf dem Landesparteitag der SPD Baden-Württemberg am 04. Februar 2006 in Stuttgart.

Sozialdemokratische Partei Baden-Württemberg [Regierungsprogramm, 2011]: Regierungsprogramm der SPD Baden-Württemberg 2011–2016, beschlossen auf dem Landesparteitag der SPD Baden-Württemberg am 22. Januar 2011 in Stuttgart, URL: http://www.warumspd.de/regierungsprogramm.pdf, abgerufen am 11.08.2013.

Sozialdemokratische Partei Baden-Württemberg [Regierungsprogramm, 2016]: Regierungsprogramm der SPD Baden-Württemberg 2016–2021, beschlossen auf dem Parteitag am 23.01.2016 in Stuttgart, URL: http://dokumente.spd-bw.de/regierungspromm 2016.pdf, abgerufen am 30.01.2016.

Sozialdemokratische Partei Bayern [Programm, 1982]: Programm der Bayerischen SPD zur Landtagswahl 1982: „Mit uns in Bayern für mehr Rechte und Verantwortung der Bürger.", verabschiedet vom 32. außerordentlichen Landesparteitag am 12.06.1982 in Schweinfurt.

Sozialdemokratische Partei Bayern [Wahlprogramm, 1986]: Wahlprogramm der bayerischen SPD: „Für eine neue Politik: Sozial und umweltbewusst!", beschlossen auf dem Landesparteitag am 21.06.1986 in Augsburg.

Sozialdemokratische Partei Bayern [Wahlplattform, 1990]: Wahlplattform '90: „Bayern bewahren. Deutschland gestalten. Den Menschen dienen.", beschlossen auf dem Landesparteitag am 21.06.1986 in Augsburg.

Sozialdemokratische Partei Bayern [Regierungsprogramm, 1994]: Regierungsprogramm der Bayern-SPD 1994: „Es ist Zeit für den Wechsel.". Hinweis: Es ist keine Aussage zum Zeitpunkt des Beschlusses aufgeführt. Siehe hierzu Signatur-Nr. C 94–2039 (Bibliothek der Friedrich-Ebert-Stiftung).

Sozialdemokratische Partei Bayern [Regierungsprogramm, 1998]: Regierungsprogramm der Bayern-SPD 1998: „Brücken in Bayerns Zukunft – Arbeit, Gerechtigkeit, Bildung und Innovation". Hinweis: Es ist keine Aussage zum Zeitpunkt des Beschlusses auf geführt. Siehe hierzu Signatur-Nr. C 98–4289 (Bibliothek der Friedrich-Ebert-Stiftung).

Sozialdemokratische Partei Bayern [Regierungsprogramm, 2003]: Regierungsprogramm der Bayern-SPD 2003–2008: „Bayern gewinnt". Hinweis: Es ist keine Aussage zum Zeitpunkt des Beschlusses aufgeführt. Siehe hierzu Signatur-Nr. C 03–1391 (Bibliothek der Friedrich-Ebert-Stiftung).

Sozialdemokratische Partei Bayern [Wahlprogramm, 2008]: Wahlprogramm der Oberpfalz SPD zur Landtags- und Bezirkswahl 2008: „Bayern, aber gerechter. Chancen nutzen – die Oberpfalz stark machen!". Hinweis: Es ist keine Aussage zum Zeitpunkt des Beschlusses aufgeführt. Siehe auch URL: http://bayern-spd.de/workspace/uploads/standards/Regierungsprogramm_2008-2013.pdf, abgerufen am 11.08.2013.

Sozialdemokratische Partei Bayern [Regierungsprogramm, 2013]: Regierungsprogramm für die Landtagswahl 2013: „Wir bringen Bayern ins Gleichgewicht", beschlossen auf dem Landesparteitag am 11./12. Mai in Augsburg, URL: http://bayernspd.de/wahlen/regierungsprogramm/programm/starke-wirtschaft-gute-arbeit-nachhaltige-entwicklung, abgerufen am 11.08.2013.

Sozialdemokratische Partei Berlin [Wahlprogramm, 1985]: Kulturpolitisches Wahlprogramm der Berliner SPD 1985. Hinweis: Es ist keine Aussage zum Zeitpunkt des Beschlusses aufgeführt. Siehe hierzu Signatur-Nr. A 85–2268 (Bibliothek der Friedrich-Ebert-Stiftung).

Sozialdemokratische Partei Berlin [Wahlprogramm, 1989]: Wahlprogramm der Berliner SPD für die Wahlen zum Abgeordnetenhaus von Berlin am 29. Januar 1989: „Berlin ist Freiheit. Eine starke SPD für Berlin.“, beschlossen auf dem Landesparteitag am 15. Oktober 1988 in Berlin.

Sozialdemokratische Partei Berlin [Wahlprogramm, 1990]: Wahlprogramm 1990: „Klarheit für Berlin.“. Hinweis: Es ist keine Aussage zum Zeitpunkt des Beschlusses aufgeführt. Siehe hierzu Signatur-Nr. A 90–2249 (Bibliothek der Friedrich-Ebert-Stiftung).

Sozialdemokratische Partei Berlin [Wahlprogramm, 1995]: Wahlprogramm 1995: „Sicher in die Zukunft.“, beschlossen auf dem Landesparteitag am 16./17. Juni 1995 in Berlin.

Sozialdemokratische Partei Berlin [Wahlprogramm, 1999]: Das Wahlprogramm der Berliner SPD für die Abgeordnetenhauswahlen am 10. Oktober 1999: „Willkommen Zukunft. Berlin bleibt doch Berlin.“, beschlossen auf dem Landesparteitag am 3. Juli 1999 in Berlin.

Sozialdemokratische Partei Berlin [Wahlprogramm, 2001]: Wahlprogramm der Berliner SPD für die Wahlen zum Abgeordnetenhaus 2001: „Verantwortung für Berlin.“, beschlossen auf dem Landesparteitag am 08. Juli 2001 in Berlin.

Sozialdemokratische Partei Berlin [Programm, 2006]: Berlin|Programm 2006–2011: „Konsequent Berlin.“. Hinweis: Es ist keine Aussage zum Zeitpunkt des Beschlusses aufgeführt. Siehe hierzu Signatur-Nr. XX-3340 (Bibliothek der Friedrich-Ebert-Stiftung).

Sozialdemokratische Partei Berlin [Regierungsprogramm, 2011]: Regierungsprogramm, Berlinprogramm 2011–2016: „Gute Arbeit. Wachsende Wirtschaft. Gute Bildung. Sozialer Zusammenhalt.“. Hinweis: Es ist keine Aussage zum Zeitpunkt des Beschlusses aufgeführt. Siehe hierzu Signatur-Nr. C 11–1901 (Bibliothek der Friedrich-Ebert-Stiftung). Siehe auch unter URL: http://www.spd-berlin.de/w/files/spd-parteitage/berlinprogramm_2011-2016.pdf.

Sozialdemokratische Partei Hamburg [Wahlprogramm, 2001]: Wahlprogramm 2001–2005: „Gute Politik hat Zukunft.“. Hinweis: Es ist keine Aussage zum Zeitpunkt des Beschlusses aufgeführt. Siehe hierzu Signatur-Nr. C 01–2339 (Bibliothek der Friedrich-Ebert-Stiftung).

Sozialdemokratische Partei Hamburg [Wahlprogramm, 2004]: Wahlprogramm 2004–2008: „Ein neuer Anfang für Hamburg.". Hinweis: Es ist keine Aussage zum Zeitpunkt des Beschlusses aufgeführt. Siehe hierzu Signatur-Nr. A 04–1301 (Bibliothek der Friedrich-Ebert-Stiftung).

Sozialdemokratische Partei Hamburg [Regierungsprogramm, 2007]: Unser Regierungsprogramm zur Bürgerschaftswahl 2008 in Hamburg: „Unser Hamburg wächst für alle.", beschlossen auf dem Landesparteitag 29. November 2007 in Hamburg, URL: http://www. abgeordnetenwatch.de/images/programme/spd.pdf, abgerufen am 11.08.2013.

Sozialdemokratische Partei Hamburg [Regierungsprogramm, 2011]: SPD-Regierungsprogramm für Hamburg: „Unser Hamburg: Stark und Solidarisch.". Hinweis: Es ist keine Aussage zum Zeitpunkt des Beschlusses aufgeführt. Siehe hierzu Signatur-Nr. A 11–1836 (Bibliothek der Friedrich-Ebert-Stiftung).

Sozialdemokratische Partei Hessen [Regierungsprogramm, 1978]: Sozialdemokratisches Regierungsprogramm 1978–1982: „Hessen bleibt sozial und frei.", beschlossen auf dem Landesparteitag am 11. März 1978 in Wiesbaden.

Sozialdemokratische Partei Hessen [Regierungsprogramm, 1982]: Regierungsprogramm 1982–1986: „Hessen bleibt sozial und frei.", beschlossen auf dem Landesparteitag am 12.06.1982 in Wiesbaden.

Sozialdemokratische Partei Hessen [Wahlaufruf, 1987]: Wahlaufruf zur Landtagswahl 1987: „Hessen muß vorn bleiben.", verabschiedet auf dem Landesparteitag am 21. Februar 1987 in Dreieich-Sprendlingen.

Sozialdemokratische Partei Hessen [Regierungsprogramm, 1990]: Sozialdemokratisches Regierungsprogramm 1991–1995: „Verantwortung '91", verabschiedet vom Landesparteitag am 15. September 1990 in Offenbach.

Sozialdemokratische Partei Hessen [Regierungsprogramm, 1994]: Sozialdemokratisches Regierungsprogramm 1995–1999: „Verantwortung für Hessen", verabschiedet vom Landesparteitag in Fulda am 5. November 1994, *SPD-Landesverband Hessen (Hrsg.)*, Wiesbaden 1994.

Sozialdemokratische Partei Hessen [Regierungsprogramm, 1998]: Sozialdemokratisches Regierungsprogramm 1999–2003: „Volle Kraft für Hessen!", verabschiedet vom Landesparteitag am 14. November 1998 in Wiesbaden.

Sozialdemokratische Partei Hessen [Regierungsprogramm, 2002]: Sozialdemokratisches Regierungsprogramm 2003–2008: „Chancen einer neuen Zeit", verabschiedet vom Landesparteitag am 19. Oktober 2002 in Wiesbaden.

Sozialdemokratische Partei Hessen [Regierungsprogramm, 2007]: Sozialdemokratisches Regierungsprogramm 2008–2013: „Die Zeit ist reif für eine neue Politik in Hessen.", verabschiedet auf dem Landesparteitag in Wiesbaden am 29. September 2007, URL: http://spd-hessen.de/db/docs/doc_16621_2007117151725.pdf, abgerufen am 11.08.2013.

Sozialdemokratische Partei Hessen [Regierungsprogramm, 2013]: Sozialdemokratisches Regierungsprogramm für Hessen 2014–2019: „Gerechtigkeit macht stark.“, beschlossen auf dem Landesparteitag am 9. März 2013 in Hanau, URL: http://www.spd-hessen.de/db/docs/doc_43827_201362412757.pdf, abgerufen am 11.08.2013.

Sozialdemokratische Partei Mecklenburg-Vorpommern [Regierungsprogramm, 1994]: Regierungsprogramm 1994 der SPD in Mecklenburg-Vorpommern: „Besser regieren.“. Hinweis: Es ist keine Aussage zum Zeitpunkt des Beschlusses aufgeführt. Siehe hierzu Signatur-Nr. C 94–2094 (Bibliothek der Friedrich-Ebert-Stiftung).

Sozialdemokratische Partei Mecklenburg-Vorpommern [Regierungsprogramm, 1998]: Regierungsprogramm 1998–2002: „Arbeit, Innovation und Gerechtigkeit. Besonders im Osten.“. Hinweis: Es ist keine Aussage zum Zeitpunkt des Beschlusses aufgeführt. Siehe hierzu Signatur-Nr. A 98–7764 (Bibliothek der Friedrich-Ebert-Stiftung).

Sozialdemokratische Partei Mecklenburg-Vorpommern [Regierungsprogramm, 2002]: Regierungsprogramm 2002–2006: „Die Kraft des Landes.“. Hinweis: Es ist keine Aussage zum Zeitpunkt des Beschlusses aufgeführt. Siehe hierzu auch URL: http://www.spd-landesverband-mv.de/reg-programm02.pdf.

Sozialdemokratische Partei Mecklenburg-Vorpommern [Regierungsprogramm, 2006]: Regierungsprogramm 2006–2011: „Zukunft aus eigener Kraft.“. Hinweis: Es ist keine Aussage zum Zeitpunkt des Beschlusses aufgeführt. Siehe hierzu Signatur-Nr. A 07–1342 (Bibliothek der Friedrich-Ebert-Stiftung).

Sozialdemokratische Partei Mecklenburg-Vorpommern [Regierungsprogramm, 2011]: Regierungsprogramm 2011–2016: „Auf dem Weg zu einer Zukunft aus eigener Kraft.“, verabschiedet am 14. Mai 2011, URL: http://spd-mv.de/wp-content/uploads/2011/Regierungsprogramm_11-16.pdf, abgerufen am 11.08.2013.

Sozialdemokratische Partei Nordrhein-Westfalen [Wahlprogramm, 1990]: Das Wahlprogramm im Wortlaut: „Wir in Nordrhein-Westfalen“, URL: http://www.nrwspd.de/db/docs/doc_3383_2004224123414.pdf, abgerufen am 26.08.2013. Hinweis: Unter der zuvor genannten Adresse im Internet (URL) ist keine Aussage zum Beschluss des Programms aufgeführt.

Sozialdemokratische Partei Nordrhein-Westfalen [Regierungsprogramm, 1995]: Regierungsprogramm 1995–2000: „Nordrhein-Westfalen auf gutem Weg: Erneuerung aus eigener Kraft.“. Hinweis: Es ist keine Aussage zum Zeitpunkt des Beschlusses aufgeführt. Siehe hierzu Signatur-Nr. C 07–2481 (Bibliothek der Friedrich-Ebert-Stiftung).

Sozialdemokratische Partei Nordrhein-Westfalen [Regierungsprogramm, 2000]: Das Regierungsprogramm NRW 2000plus 2000–2005: „Die Politik zum

Land.“, beschlossen auf dem Landesparteitag am 11./12. März 2000 in Bochum.

Sozialdemokratische Partei Nordrhein-Westfalen [Gelsenkirchener Erklärung, 2003]: „Wir für Nordrhein-Westfalen“, Gelsenkirchener Erklärung der Abgeordneten und des Landesvorstandes der NRWSPD vom 29. März 2003 in Gelsenkirchen, URL: http://www.nrwspd.de/db/docs/doc_179_200333195638.pdf, abgerufen am 26.08.2013.

Sozialdemokratische Partei Nordrhein-Westfalen [Oberhausener Erklärung, 2004]: „Kommunalwahl als Herausforderung Wir verstehen mehr von NRW!“, Oberhausener Erklärung der NRWSPD, beschlossen vom SPD-Landesvorstandes NRW am 19. Juni 2004 in Oberhausen, URL: http://www.nrwspd.de/db/docs/doc_4313_200461913388.pdf, abgerufen am 26.08.2013.

Sozialdemokratische Partei Nordrhein-Westfalen [Wahlprogramm, 2005]: Wahlprogramm der NRWSPD zur Landtagswahl am 22. Mai 2005: „Stärker werden. Menschlich bleiben.“, beschlossen auf dem außerordentlichen Landesparteitag am 12. Februar 2005 in Düsseldorf.

Sozialdemokratische Partei Nordrhein-Westfalen [Gelsenkirchener Erklärung, 2006]: „Gemeinsam für NRW – gemeinsam zum Erfolg.“, Gelsenkirchener Erklärung der Abgeordneten und des Landesvorstandes der NRWSPD vom 14. Februar 2006 in Gelsenkirchen, URL: http://www.nrwspd.de/db/docs/doc_9466_2006215135728.pdf, abgerufen am 26.08.2013.

Sozialdemokratische Partei Nordrhein-Westfalen [Leitlinien, 2008]: Kommunalpolitik: „Leitlinien sozialdemokratischer Kommunalpolitik“, URL: http://www.nrwspd.de/db/docs/doc_18320_2008415154637.pdf, abgerufen am 26.08.2013. Hinweis: Unter der zuvor genannten Adresse im Internet (URL) ist keine Aussage zum Beschluss des Programms aufgeführt.

Sozialdemokratische Partei Nordrhein-Westfalen [Programm, 2010]: Programm zur Landtagswahl am 09. Mai 2010: „Unser NRW. Mutig. Herzlich. Gerecht.“, beschlossen auf dem Landesparteitag der NRWSPD am 26. und 27. Februar 2010 in Dortmund, URL: http://nrwspd.de/db/docs/doc_28254_201032415641.pdf, abgerufen am 11.08.2013.

Sozialdemokratische Partei Nordrhein-Westfalen [Regierungsprogramm, 2012]: Regierungsprogramm der NRWSPD 2012–2017: „NRW auf gutem Weg.“, beschlossen auf dem Landesparteitag der NRWSPD am 31. März 2012, URL: http://www.nrwspd.de/db/docs/doc_39304_201246152712.pdf, abgerufen am 11.08.2013.

Sozialdemokratische Partei Rheinland-Pfalz [Landeswahlprogramm, 1983]: Landeswahlprogramm 1983: „Unsere Politik für Rheinland-Pfalz.“. Hinweis: Es ist keine Aussage zum Zeitpunkt des Beschlusses aufgeführt. Siehe hierzu Signatur-Nr. C 87–1082 (Bibliothek der Friedrich-Ebert-Stiftung).

Sozialdemokratische Partei Rheinland-Pfalz [Arbeitsprogramm, 1987]: Arbeitsprogramm der SPD Rheinland-Pfalz 1987–1991: „Es ist Zeit für eine entschlossene, gerechte und friedliche Politik.“, verabschiedet auf dem Landesparteitag am 14. März 1987 in Mainz.

Sozialdemokratische Partei Rheinland-Pfalz [Regierungsprogramm, 1991]: Das Regierungsprogramm 1991–1996 der SPD Rheinland-Pfalz: „Der Schritt nach vorn.“. Hinweis: Es ist keine Aussage zum Zeitpunkt des Beschlusses aufgeführt. Siehe hierzu Signatur-Nr. C 91–385 (Bibliothek der Friedrich-Ebert-Stiftung).

Sozialdemokratische Partei Rheinland-Pfalz [Regierungsprogramm, 1996]: Das SPD-Regierungsprogramm: „Wir in Rheinland-Pfalz.“, verabschiedet vom SPD-Landesparteitag am 20. Januar 1996 in Wirges.

Sozialdemokratische Partei Rheinland-Pfalz [Regierungsprogramm, 2001]: Regierungsprogramm 2001–2006: „leben, lernen, arbeiten, gestalten“, beschlossen auf dem außerordentlichen Landesparteitag am 20. Januar 2001 in Kaiserslautern.

Sozialdemokratische Partei Rheinland-Pfalz [Regierungsprogramm, 2006]: Regierungsprogramm 2006–2011: „Entscheidung für Rheinland-Pfalz.“, verabschiedet am 28. Januar 2006, URL: http://spdnet.sozi.info/rlp/dl/Regierungsprogramm_Endversion.pdf, abgerufen am 11.08.2013.

Sozialdemokratische Partei Rheinland-Pfalz [Regierungsprogramm, 2011]: Regierungsprogramm 2011–2016: „Auf gutem Kurs, Rheinland-Pfalz!“, beschlossen am 18. Januar 2011, URL: http://spdnet.sozi.info/rlp/dl/Regierungsprogramm_Endversion.pdf, abgerufen am 11.08.2013.

Sozialdemokratische Partei Rheinland-Pfalz [Regierungsprogramm, 2015]: Regierungsprogramm 2016–2021: „Unser Land von morgen“, beschlossen am 8. Dezember 2015, URL: http://www.spd-rlp.de/wp-content/uploads/2015/12/Regierungsprogramm-Entwurf_08.12.15.pdf, abgerufen am 30.01.2016.

Sozialdemokratische Partei Sachsen [Wahlprogramm, 1999]: Wahlprogramm zu den Landtagswahlen 1999: „Arbeit und Zukunft sind für alle da.“. Hinweis: Es ist keine Aussage zum Zeitpunkt des Beschlusses aufgeführt. Siehe hierzu Signatur-Nr. A 00–472 (Bibliothek der Friedrich-Ebert-Stiftung).

Sozialdemokratische Partei Sachsen [Programm, 2004]: SPD-Programm für die Landtagswahl 2004: „Es geht um Sachsens Zukunft.“, beschlossen auf dem außerordentlichen Landesparteitag am 9. Mai 2004 in Dresden.

Sozialdemokratische Partei Sachsen [Regierungsprogramm, 2009]: Regierungsprogramm 2009–2014: „Gerecht. Innovativ. Solidarisch“, verabschiedet am 08. März 2009, URL: http://www.abgeordnetenwatch.de/images/programme/spd_sachsen.pdf, abgerufen am 11.08.2013.

WASG Baden-Württemberg [Wahlprogramm, 2006]: Wahlprogramm der Partei Arbeit & soziale Gerechtigkeit – Die Wahlalternative: „Für Arbeit und soziale Gerechtigkeit in Baden-Württemberg.", beschlossen auf dem Landesparteitag am 21.01.2006 in Stuttgart, URL: http://www.abgeordnetenwatch.de/images/programme/bw-wasg-final.pdf, abgerufen am 12.08.2013.

WASG Berlin [Programm, 2006]: Programm der WASG Berlin zur Berliner Abgeordnetenhauswahl am 17.09.2006: „Die Menschen, nicht den Haushalt in dem Mittelpunkt! Soziale Politik ins Abgeordnetenhaus: WASG wählen!", beschlossen auf dem Landesparteitag am 22. April 2006 in Berlin.

Rechtsprechungsverzeichnis

BVerfG [BVerfG] vom 15.06.1983, Aktenzeichen: 1 BvR 1025/79, Fundstelle: BVerfGE 64, 229, 242.

BVerfG [BVerfG] vom 14.04.1987, Aktenzeichen: 1 BvR 775/84, Fundstelle: BVerfGE 75, 192, 201.

BVerwG [BVerwG] vom 14.02.1984, Aktenzeichen: I C 81.78, Fundstelle: BVerwGE 69.

BGH [BGH] vom 05.10.1992, Aktenzeichen: II ZR 172/91, Fundstelle: BGHZ 119, 305, 334.

Europäisches Gericht erster Instanz [EuGH], Aktenzeichen: T-228/99;T-233/99 vom 06.03.2003, in: EuGHE II, 2003, 435, 575.

Rechtsquellenverzeichnis

Aktiengesetz [AktG] vom 06.09.1965, in: BGBl. I S. 1089, zuletzt geändert durch Art. 5 des Gesetzes vom 31.07.2009, in: BGBl. I S. 2509.

Bürgerliches Gesetzbuch [BGB] i. d. F. der Bekanntmachung vom 02.01.2002, in: BGBl. I S. 42, berichtigt: S. 2909 und BGBl. 2003 I S. 738, zuletzt geändert durch das Gesetz vom 28.09.2009, in: BGBl. I S. 3161.

Bundeshaushaltsordnung [BHO] vom 19.08.1969, in: BGBl. I S. 1284, die zuletzt durch Art. 4 des Gesetzes vom 31.07.2009, in: BGBl. I S. 2580, geändert worden ist.

Dritte Verordnung des Reichspräsidenten zur Sicherung von Wirtschaft und Finanzen und zur Bekämpfung politischer Ausschreitungen vom 06.10.1931, in: RGBl. I S. 537 ff.

Drittes Gesetz zur Änderung des Sparkassengesetzes des Landes Mecklenburg-Vorpommern vom 04.03.2004, in: GVOBl. S. 98.

Erstes Gesetz zur Änderung des Thüringer Sparkassengesetzes vom 03.12.2002, GVBl. S. 416.

Gemeindeordnung für das Land Brandenburg [GO BB] i. d. F. der Bekanntmachung vom 10.10.2001, in: GVBl. I S. 154, zuletzt geändert durch Art. 1 des Gesetzes vom 22.06.2005, in: GVBl. I S. 210.

Gemeindeordnung für Baden-Württemberg [GO BW] i. d. F. der Bekanntmachung vom 24.07.2000, in: GVBl. S. 582, berichtigt in: GVBl. S. 698, zuletzt geändert durch Art. 1 des Gesetzes vom 14.02.2006, in: GVBl. S. 20.

Gemeindeordnung für den Freistaat Bayern [GO BY] i. d. F. der Bekanntmachung vom 22.08.1998, in: GVBl. S. 796, zuletzt geändert durch § 10 des Gesetzes vom 27.07.2009, in: GVBl. S. 400.

Gemeindeordnung für Hessen [GO HE] i. d. F. der Bekanntmachung vom 01.04.2005, in: GVBl. I 2005 S. 142, zuletzt geändert durch Art. 3 des Gesetzes vom 24.03.2010, in: GVBl. I S. 119.

Gemeindeordnung für das Land Niedersachsen [GO NI] i. d. F. der Bekanntmachung vom 28.10.2006, in: GVBl. S. 473, zuletzt geändert durch Art. 1 des Gesetzes vom 28.10.2009, in: GVBl. S. 366.

Gemeindeordnung für Nordrhein-Westfalen [GO NRW] i. d. F. der Bekanntmachung vom 14.07.1994, in: GV NRW S. 666, zuletzt geändert durch Art. 4 des Gesetzes vom 17.12.2009, in: GV NRW S. 950.

Gemeindeordnung für Rheinland-Pfalz [GO RP] i. d. F. der Bekanntmachung vom 31.01.1994, in: GVBl. S. 153, zuletzt mehrfach geändert durch Art. 1 des Gesetzes vom 07.04.2009, in: GVBl. S. 162.

Gemeindeordnung für Schleswig-Holstein [GO SH] i. d. F. der Bekanntmachung vom 28.02.2003, in: GVOBl. S. 57, zuletzt geändert durch das Gesetz vom 26.03.2009, in: GVOBl. S. 135.

Gemeindeordnung für den Freistaat Sachsen [GO SN] i. d. F. der Bekanntmachung vom 18.03.2003, in: GVBl. S. 55, berichtigt in: GVBl. S. 159, zuletzt geändert durch Art. 1 des Gesetzes vom 07.11.2007, in: GVBl. S. 478.

Gemeindeordnung für das Land Sachsen-Anhalt [GO ST] i. d. F. der Bekanntmachung vom 05.10.1993, in: GVBl. S. 568, zuletzt mehrfach geändert durch Art. 2 des Gesetzes vom 26.05.2009, in: GVBl. S. 238, 239 – die Änderungen werden in der Neubekanntmachung vom 10.08.2009, in: GVBl. S. 683, berücksichtigt.

Gesetz betreffend die Erwerbs- und Wirtschaftsgenossenschaften [GenG] i. d. F. der Bekanntmachung vom 16.10.2006, in: BGBl. I S. 2230, zuletzt geändert durch Art. 10 des Gesetzes vom 25.05.2009, in: BGBl. I S. 1102.

Gesetz gegen Wettbewerbsbeschränkungen [GWB] i. d. F. der Bekanntmachung vom 15.07.2005, in: BGBl. I S. 2114, zuletzt geändert durch Art. 13 Abs. 21 des Gesetzes vom 25.05.2009, in: BGBl. I S. 1102.

Gesetz über Bayerische Landesbank [BayLBG] i. d. F. der Bekanntmachung vom 01.02.2003, in: GVBl. S. 54, zuletzt geändert durch § 1 des Gesetzes vom 27.07.2009, in: GVBl. S. 397.

Gesetz über das Kreditwesen [KWG] i. d. F. der Bekanntmachung vom 09.09.1998, in: BGBl. I S. 2776, zuletzt geändert durch Art. 4 Abs. 8 des Gesetzes vom 30.07.2009, in: BGBl. I S. 2437.

Gesetz über das öffentlich-rechtliche Kreditwesen im Freistaat Sachsen [GörK] vom 13.12.2002, in: SächsGVBl. S. 333, zuletzt § 68 eingefügt durch Art. 17 des Gesetzes vom 12.12.2008, in: SächsGVBl. S. 866, 884.

Gesetz über die Landesbank Baden-Württemberg [LBWG] vom 11.11.1998, in: GBl. S. 598, zuletzt geändert durch Gesetz zur Änderung des Landesbankgesetzes vom 24.03.2009.

Gesetz zu dem Staatsvertrag zur Änderung des Staatsvertrages über die Bildung einer gemeinsamen Sparkassenorganisation Hessen-Thüringen, zur Änderung des Hessischen Sparkassengesetzes und zur Änderung des Gesetzes über die Vereinigung der Stadtsparkasse Frankfurt am Main mit der Frankfurter Sparkasse von 1822 (Polytechnische Gesellschaft) vom 18.06.2002, in: GVBl. I S. 260.

Gesetz zur Änderung des Brandenburgischen Sparkassengesetzes vom 10.07.2002, in: GVBl. I S. 57.

Gesetz zur Änderung des Sparkassengesetzes für das Land Schleswig-Holstein vom 12.12.2002, in: GVBl. S. 254.

Gesetz zur Änderung des Sparkassengesetzes für öffentliche Sparkassen im Lande Bremen und des Gesetzes zur Ausführung der Zivilprozessordnung, der Insolvenzordnung und des Zwangsversteigerungsgesetzes vom 28.05.2002, in: GBl. S. 131.

Gesetz zur Änderung des Sparkassengesetzes in Bayern vom 25.07.2002, in: GVBl. S. 324.

Gesetz zur Änderung sparkassenrechtlicher Vorschriften in Baden-Württemberg vom 22.10.2002, in: GBl. S. 386.

Gesetz zur Neuordnung des öffentlichen Sparkassenwesens in Niedersachsen vom 21.11.2002, in: GVBl. S. 730.

Gesetz zur Neuordnung des öffentlich-rechtlichen Kreditwesens im Saarland vom 27.11.2002, in: Amtsbl. S. 2502.

Gesetz zur Neuregelung der Rechtsverhältnisse der öffentlich-rechtlichen Kreditinstitute in Nordrhein-Westfalen vom 02.07.2002, in: GVBl. S. 284.

Gewerbesteuergesetz [GewSt] i. d. F. der Bekanntmachung vom 15.10.2002, in: BGBl. I S. 4167, zuletzt geändert durch Art. 3 des Gesetzes vom 08.04.2010, in: BGBl. I S. 386.

Grundgesetz für die Bundesrepublik Deutschland [GG] vom 23.05.1949, in: BGBl. I S. 1, zuletzt geändert durch Art. 1 des Gesetzes vom 30.03.2010, in: BGBl. I S. 842.

Grundsatz I über die Eigenmittel der Institute [Grundsatz I] i. d. F. der Bekanntmachung vom 29.10.1997, in: Bundesanzeiger Nr. 210 vom 11.11.1997, S. 13555, zuletzt geändert durch die Bekanntmachung vom 20.07.2000, in: Bundesanzeiger Nr. 160 vom 25.08.2000, S. 17077.

Handelsgesetzbuch [HGB] vom 10.05.1897, in: RGBl. S. 219, zuletzt geändert durch Art. 6a des Gesetzes vom 31.07.2009, in: BGBl. I S. 2512.

Hessische Landeshaushaltsordnung [LHO] i. d. F. vom 15.03.1999, in: GVBl. I S. 248, zuletzt geändert durch Art. 4 des Finanzausgleichsänderungsgesetzes 2008 vom 17.12.2007, in: GVBl. I S. 908–910.

Kommunalordnung Thüringen [KO TH] i. d. F. der Bekanntmachung vom 28.01.2003, in: GVBl. 2003, S. 41, zuletzt geändert durch das Gesetz vom 08.04.2009, in: GVBl. S. 345.

Kommunalselbstverwaltungsgesetz Saarland [KSVG SL] i. d. F. der Bekanntmachung vom 27.06.1997, in: Amtsbl. 1997, S. 682, zuletzt geändert durch Art. 3 des Gesetzes Nr. 1673 vom 11.02.2009, in: Amtsbl. 2009, S. 1215.

Kommunalverfassung für das Land Mecklenburg-Vorpommern [KV M-V] i. d. F. der Bekanntmachung vom 08.06.2004, in: GVOBl. M-V 2004, S. 205, zuletzt geändert durch Art. 7 des Gesetzes vom 17.12.2009, in: GVOBl. M-V S. 687, 719.

Körperschaftsteuergesetz [KStG] i. d. F. der Bekanntmachung vom 15.10.2002, in: BGBl. I S. 4144, zuletzt geändert durch Art. 2 des Gesetzes vom 08.04.2010, in: BGBl. I S. 386.

Reglement, die Einrichtung des Sparkassenwesens betreffend vom 12.12.1838, Gesetzsammlung für die königlich Preußischen Staaten 1839, S. 5–14.

Reichsgesetz über das Kreditwesen vom 05.12.1934, in: RGBl. I S. 1203–1214.

Richtlinie 93/6 EWG des Rats vom 15. März 1993 über die Eigenkapitalausstattung von Wertpapierfirmen und Kreditinstituten, in: Amtsbl. der Europäischen Gemeinschaften, Nr. L 141 vom 11.06.1993, S. 27.

Satzung der Sachsen-Finanzgruppe vom 10.10.2003, zuletzt geändert durch § 4 Abs. 2 und § 7 Abs. 4 a, am 19.09.2008, URL: http://www.sachsen-finanzgruppe.de/sfg/rechtlichegrundlagen/2008_2_2_3439/2008-09-19_Satzung_SFG_mit_1._bis_15._Aenderung.pdf, abgerufen am 18.09.2009.

Siebtes Landesgesetz zur Änderung des Sparkassengesetzes in Rheinland-Pfalz vom 27.06.2002, in: GVBl. S. 304.

Sparkassengesetz des Landes Mecklenburg-Vorpommern [SpkG M-V] vom 26.07.1994, in: GVOBl. S. 761, zuletzt geändert durch Art. 2 des Gesetzes vom 20.07.2006, in: GVOBl. S. 576.

Sparkassengesetz des Landes Sachsen-Anhalt [SpkG-LSA] vom 13.07.1994, in: GVBl. LSA S. 823, zuletzt mehrfach geändert durch Art. 1 des Gesetzes vom 18.12.2002, in: GVBl. LSA S. 447.

Sparkassengesetz für Baden-Württemberg [SpG BW] i. d. F. der Bekanntmachung vom 10.07.2005, in: GBl. S. 587, zuletzt geändert durch Gesetz vom 10.06.2008, in: GBl. S. 180.

Sparkassengesetz für Bayern [SpkG BY] vom 04.05.1942; Neubekanntmachung vom 01.10.1956, in: GVBl. vom 05.11.1956, S. 187, zuletzt geändert durch § 15 des Gesetzes vom 27.07.2009, in: GVBl. S. 400.

Sparkassengesetz für Brandenburg [BbgSpkG] vom 26.06.1996, in: GVBl. I S. 210, zuletzt geändert durch Art. 2 des Gesetzes vom 10.07.2002, in: GVBl. I S. 57.

Sparkassengesetz für das Land Schleswig-Holstein [SparkG SH] i. d. F. der Bekanntmachung vom 11.09.2008, in: GVOBl. S. 372, zuletzt geändert durch Art. 18 des Gesetzes am 26.03.2009, in: GVOBl. S. 93.

Sparkassengesetz für Hessen [SparkG HE] i. d. F. der Bekanntmachung vom 24.02.1991, in: GVBl. I S. 78, zuletzt geändert durch das Gesetz vom 29.09.2008, in: GVBl. I S. 875.

Sparkassengesetz für Niedersachsen [NSpG] vom 16.12.2004, in: Nds. GVBl. S. 609, zuletzt geändert durch Art. 5 des Gesetzes vom 08.10.2008, in: Nds. GVBl. S. 315.

Sparkassengesetz für Nordrhein-Westfalen [SpkG NRW] i. d. F. der Bekanntmachung vom 18.11.2008, in: GV NRW S. 696, zuletzt geändert durch Art. 3 Transparenzgesetz vom 17.12.2009, in: GV NRW S. 950.

Sparkassengesetz für öffentlich-rechtliche Sparkassen im Lande Bremen [SpkG HB] vom 27.09.1994, in: GBl. S. 253, zuletzt geändert durch Art. 1 des Gesetzes vom 14.10.2008, in GBl. S. 335.

Sparkassengesetz für Rheinland-Pfalz [SpkG RP] vom 01.04.1982, in: GVBl. S. 113, zuletzt geändert durch Art. 1 des Gesetzes vom 26.06.2008, in: GVBl. S. 103.

Sparkassengesetz für Saarland [SSpG] i. d. F. der Bekanntmachung vom 08.08.2006, in: Amtsbl. S. 1534.

Sparkassengesetz für Thüringen [ThürSpkG] vom 19.07.1994, in: GVBl. S. 911, zuletzt geändert durch das Gesetz vom 23.10.2007, in: GVBl. S. 166.

Sparkassenordnung Bayern [SpkO BY] vom 21.04.2007, in: GVBl. S. 332, zuletzt geändert durch § 15 des Gesetzes vom 22.07.2008, in: GVBl. S. 461.

Sparkassenverordnung Brandenburg [SpkVO BB] vom 26.09.1997, in: GVBl. II S. 814.

Sparkassenverordnung Mecklenburg-Vorpommern [SpkVO M-V] vom 01.03.2001, in: GVOBl. M-V S. 72.

Sparkassenverordnung Nordrhein-Westfalen [SpkVO NRW] vom 15.12.1995, in: GV. NRW S. 92, i. d. F. der Änderungsverordnungen vom 18.11.2008, in: GV. NRW S. 696.

Sparkassenverordnung Sachsen [SachsSpkVO] vom 11.01.2002, in: GVBl. S. 52, zuletzt geändert durch Art. 1 der Verordnung des Sächsischen Staatsministers der Finanzen zur Änderung sparkassenrechtlicher Vorschriften vom 01.09.2003, in: GVBl. S. 388.

Sparkassenverordnung Sachsen-Anhalt [SpkVO LSA] vom 21.05.2003, in: GVBl. S. 116.

Sparkassenverordnung Thüringen [ThürSpkVO]vom 01.07.1999, in: GVBl. S. 438, zuletzt geändert durch die 1. Verordnung zur Veränderung der Thüringer Sparkassenverordnung vom 13.12.2002, GVBl. S. 498.

Umwandlungsgesetz [UmwG] vom 28.10.1994, in: BGBl. I S. 3210, berichtigt in: BGBl. I 1995, S. 428, zuletzt geändert durch Art. 5 des Gesetzes vom 24.09.2009, in: BGBl. I S. 3145.

Verfassung des Freistaates Sachsen vom 27. Mai 1992, URL: http://www.landtag.sachsen.de/de/landtag/grundlagen/86.aspx#abschnitt11, abgerufen am 21.11.2009.

Verordnung des Reichspräsidenten über die Spar- und Girokassen sowie die kommunalen Giroverbände und kommunalen Kreditinstitute vom 05.08.1931, in: RGBl. I S. 429 mit Berichtigung S. 434.

Verordnung über Sparguthaben vom 06.08.1931, in: RGBl. I S. 431.

Vertrag über die Arbeitsweise der Europäischen Union [AEUV], Fassung auf Grund des am 01.12.2009 in Kraft getretenen Vertrages von Lissabon, in: Amtsbl. EG Nr. C 115 vom 09.05.2008, S. 47.

Vertrag zur Gründung der Europäischen Gemeinschaft [EGV] i. d. F. vom 02.10.1997, zuletzt geändert durch den Vertrag über den Beitritt Bulgariens und Rumäniens vom 25.04.2005, in: Amtsbl. EG, Nr. L 157/11.

Vierte Verordnung des Reichspräsidenten zur Sicherung von Wirtschaft und Finanzen und zum Schutze des inneren Friedens vom 08.12.1931, in: RGBl. I S. 699 ff.

Viertes Gesetz zur Änderung des Gesetzes über die Errichtung der Landesbank Berlin – Girozentrale vom 19.09.2002, in: GVBl. S. 286.

Zweite Richtlinie 89/646 EWG des Rates vom 15.12.1989 zur Koordinierung der Rechts- und Verwaltungsvorschriften über die Aufnahme und Ausübung der Tätigkeit der Kreditinstitute und zur Änderung der Richtlinie 77/780 EWG, in: Amtsblatt der Europäischen Gemeinschaften, Nr. 386 vom 30.12.1989, S. 1.

Zweites Gesetz zur Änderung des Sparkassengesetzes des Landes Mecklenburg-Vorpommern vom 30.04.2002, in: GVBl. S. 182, berichtigt in: GVBl. S. 688.

Zweites Gesetz zur Änderung des Sparkassengesetzes des Landes Sachsen-Anhalt vom 18.12.2002, in: GVBl. S. 447.

Literaturverzeichnis

Adam, Dietrich [Ziele, 1996]: Planung und Entscheidung: Modelle – Ziele – Methoden, 4. Aufl., Wiesbaden 1996.

Ambrosius, Gerold [Staat, 1984]: Der Staat als Unternehmer: öffentliche Wirtschaft und Kapitalismus seit dem 19. Jahrhundert, Göttingen 1984.

Amt für Statistik Berlin-Brandenburg [Die Landeswahlleiterin für Berlin, 2011]: Die Landeswahlleiterin für Berlin, Wahlen zum Abgeordnetenhaus von Berlin und zu den Bezirksverordnetenversammlungen am 18. September 2011, URL: https://www.wahlen-berlin.de/wahlen/BE2011/Ergebnis/Karten/Zweitstimmen/Ergebnisueberblick.asp?sel1=1052&sel2=0651, abgerufen am 22.09.2013.

Andersen, Uwe [Weltwirtschaftskrise, 2010]: Weltwirtschaftskrise – eine Systemkrise?, Schwalbach am Taunus 2010.

Armingeon, Klaus [Entwicklung, 1988]: Die Entwicklung der westdeutschen Gewerkschaften 1950–1985, Frankfurt am Main/New York 1988.

Arndt, Hans-Wolfgang/Rudolf, Walter [Öffentliches Recht, 2007]: Öffentliches Recht: Grundriss für das Studium der Rechts- und Wirtschaftswissenschaft, 15., überarb. Aufl., München 2007.

Arnim, Hans Herbert von [Rechtsfragen, 1995]: Rechtsfragen der Privatisierung. Grenzen staatlicher Wirtschaftstätigkeit und Privatisierungsgebote, Wiesbaden, 1995 (Karl-Bräuer-Institut des Bundes der Steuerzahler, 82).

Ashauer, Günther [Entwicklung, 1983]: Entwicklung der Sparkassenorganisation ab 1924, in: *Aschhoff, G. et al. (Hrsg.):* Wissenschaftlicher Beirat des Instituts für bankhistorische Forschung, Deutsche Bankengeschichte, Bd. 3, Vom Ersten Weltkrieg bis zur Gegenwart, Frankfurt am Main 1983, S. 277–348.

Ashauer, Günther [Sparkassen-Finanzgruppe, 1991]: Von der Ersparungsklasse zur Sparkassen-Finanzgruppe: die deutsche Sparkassenorganisation in Geschichte und Gegenwart, Stuttgart, 1991.

Ashauer, Günther [Wettbewerb, 2005]: Sparkassen und Banken im Wettbewerb. Strukturwandel im deutschen Kreditgewerbe, Stuttgart, 2005.

Ashauer, Günther/Mura, Jürgen [Geschichte, 1982]: Geschichte der Sparkassen, in: HWS, Bd. 2, Stuttgart 1982, S. 259–273.

Assassi, Libby/Nesvetailova, Anastasia/Wigan, Duncan [Global Finance, 2007]: Global Finance in the New Century: Beyond Deregulation, Basingstoke/Hampshire/New York 2007.

Atzler, Elisabeth [Keine Kompromisse, 2016]: Keine Kompromisse. Sparkasse Düsseldorf muss mit langem Streit über Ausschüttungen rechnen, in: Handelsblatt vom 06.04.2016, S. 34.

Auerbach, Christoph M. [Fusionen deutscher Kreditinstitute, 2009]: Fusionen deutscher Kreditinstitute. Erfolg und Erfolgsfaktoren am Beispiel von Sparkassen und Kreditgenossenschaften, zugl. Diss. Europäische Business School Oestrich-Winkel, 2009, Wiesbaden 2009.

Auerbach, Christoph M./Heid, Frank/Schiereck, Dirk [Sparkassenfusionen, 2009]: Sparkassenfusionen aus Erlös- und Kostensicht – Konsolidierung als Werttreiber?, in: Zeitschrift für das gesamte Kreditwesen, Heft 21, 2009, S. 1071–1074.

Badura, Peter [Staatsrecht, 2003]: Staatsrecht: systematische Erläuterung des Grundgesetzes für die Bundesrepublik Deutschland, 3., neubearb. Aufl., München 2003.

Bartel, Rainer [Privatisierung, 1990]: Theoretische Überlegungen zur Privatisierung, in: *Schneider, F./Hofreither, M. F. (Hrsg.):* Privatisierung und Deregulierung öffentlicher Unternehmen in westeuropäischen Ländern, Wien 1990, S. 15–54.

Bastian, Nicole/Köhler, Peter/Landgraf, Robert [Sparkassen, 2008]: Koch greift die Sparkassen an, in: Handelsblatt vom 23.04.2008, S. 27.

Bauer, Hartmut [Privatisierung, 1995]: Privatisierung von Verwaltungsaufgaben, in: *Dreier, Horst (Hrsg.):* Grundgesetz: Kommentar, Bd. 1, Tübingen 1996.

Bauer, Johannes/Häg, Frank M./Schneider, Volker [Vetospieler, 2004]: Politische und gesellschaftliche Vetospieler in institutionellen Reformen: die Transformation der Telekommunikation in OECD-Ländern, in: *Schneider, V./Tenbücken, M. (Hrsg.):* Der Staat auf dem Rückzug. Die Privatisierung öffentlicher Infrastrukturen, Frankfurt am Main 2004, S. 241–279.

Baumbach, Adolf/Hopt, Klaus J. [Handelsgesetzbuch, 2003]: Handelsgesetzbuch, 31. Aufl., München 2003.

Baxmann, Ulf G. [Bankenregulierung, 2013]: Bankenregulierung: Geschäftspolitische Herausforderung der Kreditwirtschaft, Frankfurt am Main 2013.

Beirat für Fragen des gewerblichen Mittelstandes (Hrsg.) [Beirat, 1993]: Beirat für Fragen des gewerblichen Mittelstandes, Bonn 1993, S. 9–12.

Benölken, Heinz [Strategien, 2008]: Strategien zum Erfolg: Handbuch für Finanzdienstleister, Norderstedt 2008.

Benz, Arthur [Politik in Mehrebenensystemen, 2009]: Politik in Mehrebenensystemen, Wiesbaden 2009.

Berger, Rainer [Politik, 1995]: SPD und Grüne. Eine vergleichende Studie ihrer kommunalen Politik: sozialstrukturelle Basis – programmatische Ziele – Verhältnis zueinander, Opladen 1995.

Berliner Bank AG (Hrsg.) [Geschäftsbericht, 1994]: Geschäftsbericht 1993, Berlin 1994.

Berliner Bank AG (Hrsg.) [Geschäftsbericht, 1995]: Geschäftsbericht 1994, Berlin 1995.

Berndt, Holger [Sparkassen-Finanzgruppe, 2001]: Der Verbund Sparkassen-Finanzgruppe: Bewährte Prinzipien und neue Herausforderungen, in: *Eichhorn, P. von/Kirchhoff, U. (Hrsg.):* Öffentliche Banken, Baden-Baden 2001, S. 5–19 (Zeitschrift für öffentliche und gemeinwirtschaftliche Unternehmen, Beiheft 27).

Bernet, Beate [Zukunft, 2009]: Die Bank der Zukunft – die Zukunft der Bank: 25 Jahre Bernet & Partner, Norderstedt 2009.

Beukert, Lutz [Privatisierung, 1995]: Privatisierung ist für den Senat kein Thema, in: Handelsblatt vom 28.02.1995, S. 5.

Beuthien, Volker [Strukturwandel, 2004]: Öffentliche Kreditwirtschaft zwischen Marktanpassung und Strukturwandel, in: Wertpapiermitteilungen, 58. Jg., 2004, S. 1467–1475.

Beyer, Lothar/Brinckmann, Hans [Kommunalverwaltung, 1990]: Kommunalverwaltung im Umbruch, in: *Wulf-Mathies, M. (Hrsg.):* Zukunft durch öffentliche Dienste, Bd. 2, Köln 1990.

Beyme, Klaus von [Politikwissenschaft, 2010]: Vergleichende Politikwissenschaft, Wiesbaden 2010.

Bischof, Paul/Fedders, Dirk [Sachsenbank, 2000]: Sachsenbank – kein Zukunftsmodell!, in: Zeitschrift für das gesamte Kreditwesen, Heft 13, 2000, S. 698–700.

Bischoff, Joachim/Detje, Richard [Strategie, 1999]: Widersprüche der „Neuen Mitte“: Strategie zur Bändigung des Kapitalismus?, in: *Dörre, K./Panitch, L./Zeuner, B. et al. (Hrsg.):* Die Strategie der „Neuen Mitte“: verabschiedet sich die moderne Sozialdemokratie als Reformpartei?, Hamburg 1999, S. 25–49.

Blatter, Joachim K./Janning, Frank/Wagemann, Claudius [Qualitative Politikanalyse, 2007]: Qualitative Politikanalyse: Eine Einführung in Forschungsansätze und Methoden, Wiesbaden 2007.

Blatter, Peter E. [Effektivität, 2007]: Heute die Bank von morgen – Effektivität und Emotionen, in: *Rolfes, B./Tietmeyer, H. (Hrsg.):* Umbruch in der Bankindustrie. Zukunftsperspektiven und Strukturveränderung. Beiträge des Duisburger Banken-Symposiums, Wiesbaden 2007, S. 94–104.

Blersch, Günther [Deregulierung, 2007]: Deregulierung und Wettbewerbsstrategie. Eine empirische Analyse, zugl. Diss. Univ. Kassel, 2005, Berlin 2007 (Management Wissen aktuell, Bd. 13).

Blume, Heiko Hubertus [Wettbewerb, 2000]: Sparkassen im Spannungsfeld zwischen öffentlichem Auftrag und kreditwirtschaftlichem Wettbewerb: eine Untersuchung am Beispiel des niedersächsischen Sparkassenrechts, zugl. Diss. Univ. Osnabrück, 2000, Baden-Baden 2000.

Böhmann, Kirsten [Privatisierungsdruck, 2001]: Privatisierungsdruck des Europarechts, Stuttgart 2001.

Boland, Tobias [Unternehmensfinanzierung, 2009]: Die Auswirkungen der Finanzkrise auf die Unternehmensfinanzierung und das Kreditvergabeverhalten deutscher Banken – Eine Ursachen-Wirkungsanalyse, in: *Elschen, R./Lieven, T. (Hrsg.):* Der Werdegang der Krise. Von der Subprime- zur Systemkrise, Wiesbaden 2009, S. 67–95.

Bös, Dieter [Privatization, 1991]: Privatization. A theoretical treatment, New York 1991.

Bowmann, Axel [Sparkassenprivatisierungsverbot, 2010]: Sparkassenprivatisierungsverbot durch den Landessparkassengesetzgeber, zugl. Diss. Univ. Berlin, 2009, Hamburg 2010 (Schriftenreihe Studien zur Rechtswissenschaft, Bd. 249).

Braun, Martin [Eine sozialgeschichtliche Betrachtung, 2011]: Die Validierung der Sparkassenidee. Eine sozialgeschichtliche Betrachtung, zugl. Diss. Univ. Nitra, 2010, Marburg 2011 (Reihe Sozialwissenschaften, Bd. 48).

Bremus, Franziska/Lambert, Claudia [Bankenregulierung, 2014]: Bankenunion und Bankenregulierung: Stabilität des Bankensektors in Europa, in: *Deutsches Institut für Wirtschaftsforschung e. V. (Hrsg.):* DIW Wochenbericht, 26/2014, Berlin 2014, S. 614–625.

Bresler, Natalia [Sparkassen, 2007]: Effizienz von Sparkassen und Sparkassenfusionen. Eine empirische Untersuchung, zugl. Diss. Univ. Bayreuth, 2007, Hamburg 2007 (Schriftenreihe der Forschungsstelle für Bankrecht und Bankpolitik an der Universität Bayreuth, Bd. 7).

Bretschneider, Michael/Göbel, Barbara [Grundsatzprogramme, 1976]: Kommunalpolitische Grundsatzprogramme der Parteien: Textsammlung und Synopse, Berlin 1976.

Brost, Marc [Volks- und Raiffeisenbanken, 2001]: Das Ende der Gutbanken. Die Volks- und Raiffeisenbanken sind in der Klemme: Wer braucht sie noch?, in: Die Zeit vom 08.02.2001, S. 22.

Bruckner, Bernulf/Jakob, Robert [Mergers & Acquisitions, 2001]: Mergers & Acquisitions in Banken. Die Entwicklungen im deutschsprachigen Europa zur Jahrtausendwende, Hamburg 2001.

Brunner, Allan/Decressin, Jörg/Hardy, Daniel/Kudela, Beata [Banking System, 2004]: Germany's Three-Pillar Banking System – Cross-Country Perspectives in Europe, Washington DC 2004.

Buchhaas, Dorothee [Volkspartei, 1981]: Die Volkspartei. Programmatische Entwicklung der CDU 1950–1973, zugl. Diss. Univ. Köln, 1980, Düsseldorf 1981 (Beiträge zur Geschichte des Parlamentarismus und der politischen Parteien, Bd. 68).

Buchwaldt, Horst/Littmann, Annette [Berliner Besonderheiten, 1989]: Berliner Besonderheiten, in: Wirtschaftswoche, Nr. 41, S. 290–291.

Bullmann, Till [Liberalisierungspolitik, 2007]: Liberalisierungspolitik in der Bundesrepublik Deutschland – Politische Determinanten der Liberalisierung in den Sektoren Telekommunikation und Elektrizität, Diss. Univ. Heidelberg, 2007.

Bund der Steuerzahler e. V. (Hrsg.) [Entstaatlichung, 1976]: Entstaatlichung – Tendenzwende in Sicht, in: Der Steuerzahler, Heft 2, 1976, S. 19.

Bundeskartellamt (Hrsg.) [Beschluss, 2010]: Beschluss. Fusionskontrollverfahren – Verfügung gemäß § 40 Abs. 2 GWB, URL: http://www.bundeskartellamt.de/wDeutsch/down-load/pdf/Fusion/Fusion10/B04-045-10-oeffentliche_Fassung.pdf, abgerufen am 21.12.2012.

Bundesministerium der Finanzen (Hrsg.) [Stellungnahme, 1975]: Stellungnahme des Bundesministeriums der Finanzen zum Gutachten „Lage und Entwicklung der Staatsfinanzen in der Bundesrepublik Deutschland", in: Bulletin der Bundesregierung, Nr. 103, 16.08.1975.

Bundesregierung (Hrsg.) [Beteiligungspolitik, 1985]: Gesamtkonzept für die Privatisierungs- und Beteiligungspolitik des Bundes, in: Bulletin der Bundesregierung, Nr. 34 vom 28.03.1985.

Bundesregierung (Hrsg.) [Privatisierungspolitik, 1990]: Gesamtkonzept für die Privatisierungs- und Beteiligungspolitik des Bundes, in: Bulletin der Bundesregierung, Nr. 141 vom 05.12.1990.

Bundesregierung (Hrsg.) [Einigung, 2002]: Einigung mit der EU-Kommission über die Zukunft der Sparkassen und Landesbanken, URL: http://archiv.

bundesregierung.de/bpaexport/artikel/27/70827/multi.htm, abgerufen am 28.08.2009.

Bundesregierung (Hrsg.) [Deutscher Städtetag, 2009]: Rede von Bundeskanzlerin Dr. Angela Merkel auf der 35. ordentlichen Hautversammlung des Deutschen Städtetages, am 13.05.2009 in Bochum, in: Bulletin der Bundesregierung, Nr. 58-2 vom 15.05.2009.

Bundesregierung (Hrsg.) [Wirtschaft, 2009]: Rede von Bundeskanzlerin Dr. Angela Merkel auf der Veranstaltung „Mitteldeutsche Wirtschaft im Dialog“ am 03.07.2009 in Halle an der Saale, in: Bulletin der Bundesregierung, Nr. 81-3 vom 04.07.2009.

Bundesverband deutscher Banken e. V. (Hrsg.) [Banken, 2004]: Banken 2004 – Fakten, Meinungen, Perspektiven, Berlin 2004.

Bundesverband deutscher Banken e. V. (Hrsg.) [Bankenmarktreformen, 2008]: Bankenmarktreformen – Novellierung des NRW-Sparkassengesetzes, URL: http://www.bankenverband.de/themen/fachinformationen/bankenmarktreformen/novellierung-des-nrw-sparkassengesetzes, abgerufen am 28.09.2010.

Bundesverband deutscher Banken e. V. (Hrsg.) [Marktanteile, 2008]: Marktanteile der Bankengruppen, URL: http://bankenverband.de/downloads/022009/ta0902-vw-793markt-bgr.pdf, abgerufen am 31.08.2013.

Bundesverband deutscher Banken e. V. (Hrsg.) [Bankengewerbe, 2009]: Überblick über das Bankengewerbe in der Europäischen Union, Berlin 2009.

Bundesverband deutscher Banken e. V. (Hrsg.) [Verband, 2010]: Verband – Mitglieder, URL: http://www.bankenverband.de/bundesverband-deutscher-banken/mitglieder, abgerufen am 28.09.2010.

Bundesverband deutscher Banken e. V. (Hrsg.) [Wer stabile Banken will, muss mehr Europa wollen, 2014]: Bankenverband – Presse-Infos, URL: https://bankenverband.de/ newsroom/ presse-infos/wer-stabile-banken-will-muss-mehr-europa-wollen -verband -der -privaten -banken -ruft -mitarbeiter -und -kunden -zur -teilnahme-an-der-europawahl-auf/, abgerufen am 30.04.2015.

Bundesverband deutscher Banken e. V. (Hrsg.) [Stellungnahme, 2014]: Stellungnahme des Bankenverbands zum XX. Hauptgutachten der Monopolkommission 2012/2013 „Eine Wettbewerbsordnung für die Finanzmärkte“, URL: https://ban-kenverband.de/ fachthemen/ weitere - regulierungsthemen/ stellungnahme-zum-xx-hauptgutachten-der-monopolkommission-20122013/, abgerufen am 30.04.2015.

Bundesverband deutscher Banken e. V. (Hrsg.) [Digitalisierung der Finanzbranche, 2015]: Antworten des Bankenverbands auf die Fragen des Ausschusses Digitale Agenda für das Fachgespräch „Digitalisierung der Finanzbranche“, 11. November 2015, Berlin.

Bundesverband deutscher Banken e. V. (Hrsg.) [Aufbau, 2016]: Bankenverband – Aufbau, URL: https://bankenverband.de/ueber-uns/aufbau/, abgerufen am 04.04.2016.

Bundesverband Öffentlicher Banken Deutschlands, VÖB, e. V. (Hrsg.) [Verbandsbericht, 1985]: Verbandsbericht 1984, Bonn 1985.

Bundesverband Öffentlicher Banken Deutschlands, VÖB, e. V. (Hrsg.) [Jahresbericht, 1993]: Jahresbericht 1992, Bonn 1993.

Bundesverband Öffentlicher Banken Deutschlands, VÖB, e. V. (Hrsg.) [Garantien, 2002]: Verständigung mit der EU-Kommission über staatliche Garantien deutscher Förderbanken, URL: http://www.voeb.de/de/themen/foerdergeschaeft/eu_wettbewerbsrecht_artikel, abgerufen am 12.06.2009.

Bundesverband Öffentlicher Banken Deutschlands, VÖB, e. V. (Hrsg.) [Regulierungsvorhaben, 2014]: Positionspapier – Zusammenwirken von Regulierungsvorhaben, URL: https://bankenverband.de/media/files/DK-PP_24112014.pdf, abgerufen am 30.04.2015.

Burger, Reiner [Volksentscheid, 2001]: Der erste Volksentscheid im Osten, in: FAZ vom 20.10.2001, S. 4.

Burhop, Carsten [Banking Crises, 2009]: Banking Crises in Germany: 1873–1974, in: *Der Wissenschaftliche Beirat des Instituts für bankhistorische Forschung e. V. (Hrsg.):* Die internationale Finanzkrise: Was an ihr ist neu, was alt? Worauf muss in Zukunft geachtet werden?, 31. Symposium des Instituts für bankhistorische Forschung e. V. am 10. Juni 2009 in der Hauptverwaltung Frankfurt am Main der Deutschen Bundesbank, Stuttgart 2009, S. 73–88.

Busch, Andreas [Bankenregulierung, 2003]: Staat und Globalisierung. Das Politikfeld Bankenregulierung im internationalen Vergleich, Wiesbaden 2003.

Büschgen, Hans E. [Bankbetriebslehre, 1994]: Bankbetriebslehre. Bankgeschäfte und Bankmanagement, Wiesbaden 1994.

Büschgen, Hans E./Börner, Christoph, J. [Bankbetriebslehre, 2003]: Bankbetriebslehre, 4., neu bearb. und erw. Aufl., Stuttgart 2003.

Busse, Caspar [BayernLB, 2001]: BayernLB kann sich Börsengang vorstellen, in: Handelsblatt vom 15.10.2001, S. 31.

Caspari, Ingo [Privatisierungen, 2009]: Positionen zu Privatisierungen. Wissenschaftliche und politische Einstellungen und ihre Bedeutung für das kommunale Handeln, Frankfurt am Main 2009 (Europäische Hochschulschriften, Reihe V, Volks- und Betriebswirtschaft, Bd. 3323).

Cecchetti, Stephen G./Kohler, Marion/Upper, Christian [Financial Crises, 2009]: Financial Crises and Economic Activity, in: National Bureau of Economic Research, Working Paper No. 15379, Cambridge, Massachusetts 2009.

Christen, Ulf B. [Beteiligungen, 2010]: Gesetzentwurf – Landesregierung will Beteiligungen ermöglichen. Kiel bietet Sparkassen zum Verkauf an, in: Hamburger Abendblatt vom 11.02.2010, S. 22.

Clausen, Harald [Gemeinden, 1964]: Der Einfluß der Gemeinden auf die kommunalen Sparkasse, Berlin 1964.

Claussen, Bernd [Sparkassen, 1990]: Teilprivatisierung kommunaler Sparkassen? – Ökonomische und rechtliche Rahmenbedingungen für eine Beteiligung Privater an den kommunalen Kreditinstituten, Baden-Baden 1990.

Cox, Helmut [Sparkassen, 1994]: Kommunale Sparkassen privatisieren? Bemerkungen aus ordnungs- und wettbewerbspolitischer Sicht, in: Kredit und Kapital, 27. Jg., 1994, S. 235–267.

Creutzbrug, Dieter [Banken, 2010]: Ver.di will Banken zu neuer Strategie bringen, URL: http://www.handelsblatt.com/politik/deutschland/tarifverhandlungen-verdi-will-banken-zu-neuer-strategie-bringen;2523571, abgerufen am 10.06.2010.

Creutzbrug, Dieter [Ver.di, 2010]: Ver.di will Bankberater vor Vertriebsdruck schützen, URL: http://www.handelsblatt.com/unternehmen/banken-versicherungen/tarifgespraeche-verdi-will-bankberater-vor-vertriebsdruck-schuetzen;2597025, abgerufen am 10.06.2010.

Czada, Peter/Tolksdorf, Michael/Yenal, Alparslan [Wirtschaftspolitik, 1987]: Wirtschaftspolitik: Aktuelle Problemfelder, Berlin 1987.

Czada, Roland [Politikfeldanalyse, 1998]: Neuere Entwicklungen in der Politikfeldanalyse, in: *Alemann, U. von/Czada, R. (Hrsg.):* Kongressbeiträge zur politischen Soziologie, Politischen Ökonomie und Politikfeldanalyse, Heft 39, 1998, S. 47–65.

Dagott, Marc-Philipp [Sparkassen und Genossenschaftsbanken, 2002]: Transsektorale Unternehmensverbindungen zwischen Sparkassen und Genossenschaftsbanken, Diss. Univ. Lüneburg, 2002.

Dannenberg, Marius [Bankmanagement, 2001]: Strategisches Bankmanagement: Die Bewältigung von Komplexität, Dynamik und Unsicherheit im Kreditgewerbe, Wiesbaden 2001.

Deckwirth, Christina [Europa drängt auf Privatisierung, 2008]: Europa drängt auf Privatisierung, in: *Hans Böckler Stiftung (Hrsg.):* Böckler Impuls, 18/2008, URL: http://www.boeckler.de/22126_22129.htm, abgerufen am 04.04.2015.

Deckwirth, Christina [Vom Binnenmarkt zum Weltmarkt, 2008]: Vom Binnenmarkt zum Weltmarkt: die Liberalisierung und Globalisierung des europäischen Dienstleistungssektors, Diss. Univ. Marburg, 2008.

Deggerich, Markus [Finanzsenator, 2001]: Berliner Finanzsenator gesucht: Der sinkende Stern der Annette Fugmann-Heesing, URL: http://www.spiegel.de/politik/deutschland/0,1518,139332,00.html, abgerufen am 01.06.2010.

Deimer, Josef [Öffentlicher Dienst, 1977]: Bestandsaufnahme des öffentlichen Dienstes, gemessen an den Erfordernissen kommunaler Praxis, Redemanuskript, später veröffentlicht in: Bayerischer Städteverband (Hrsg.): Sparmaßnahmen der Städte. Rationalisierung –Privatisierung, München 1977.

Deppe, Hans-Dieter [Bankbetriebliches Wachstum, 1969]: Bankbetriebliches Wachstum – Funktionalzusammenhänge und Operations Research in Kreditinstituten, Stuttgart 1969.

Deppe, Hans-Dieter [Bankbetriebslehre, 1978]: Eine Konzeption wissenschaftlicher Bankbetriebslehre in drei Doppelstunden, in: *Deppe, H.-D. (Hrsg.):* Bankbetriebliches Lesebuch: Ludwig Mülhaupt zum 65. Geburtstag, Stuttgart 1978, S. 3–98.

Der Niedersächsische Minister für Wirtschaft und Verkehr (Hrsg.) [Privatisierung]: Überlegungen zur Privatisierung in Niedersachsen, 20.07.1979.

Detterbeck, Steffen [Öffentliches Recht, 2000]: Öffentliches Recht für Wirtschaftswissenschaftler: Staatsrecht, Verwaltungsrecht, Europarecht mit Übungsfällen, München 2000.

Deutsche Bundesbank (Hrsg.) [Monatsbericht Mai, 1991]: Monatsberichte der Deutschen Bundesbank Mai 1991, Frankfurt am Main 1991.

Deutsche Bundesbank (Hrsg.) [Kreditinstitute, 2009]: Die Ertragslage der deutschen Kreditinstitute im Jahr 2008, in: Monatsbericht, September 2009, Frankfurt am Main 2009.

Deutsche Bundesbank (Hrsg.) [Chronik, 2009]: Chronik der Finanzkrise, in: Finanzstabilitätsbericht, November 2009, Frankfurt am Main 2009.

Deutsche Bundesbank (Hrsg.) [Monatsbericht August, 2013]: Monatsbericht August 2013, Frankfurt am Main 2013.

Deutsche Bundesbank (Hrsg.) [Monatsberichte ab 1949 bis heute, 2015]: Monatsberichte ab 1949 bis heute, URL: http://www.bundesbank.de/Navigation/DE/Veroeffentlichungen/Monatsberichte/monatsberichte.html, abgerufen am 27.07.2015.

Deutsche Bundesbank (Hrsg.) [Bankstellenstatistik, 2015]: Bankstellenstatistik 2015 – Bestand an Kreditinstituten Ende des Jahres 2015, URL: http://www.bundesbank.de/Redaktion/DE/Downloads/Aufgaben/Bankenaufsicht/Dokumentationen/bankstellenstatistik_2015.pdf?_blob=publicationFile, abgerufen am 14.04.2016.

Deutsche Bundesbank (Hrsg.) [Bankstellenentwicklung im Jahr 2015]: Bankstellenentwicklung im Jahr 2015, URL: http://www.bundesbank.de/Redaktion/

DE/Pressemitteilungen/BBK/2016/2016_04_13_bankstellenbericht_anlage.pdf?_blob=publicationFile, abgerufen am 14.04.2016.

Deutscher Gewerkschaftsbund (Hrsg.) [Grundsätze, 1949]: Grundsätze, Richtlinien, Forderungen und Entschließungen des DGB-Gründungskongresses von 1949, Düsseldorf o. J.

Deutscher Gewerkschaftsbund (Hrsg.) [Grundsatzprogramm, 1963]: Grundsatzprogramm des Deutschen Gewerkschaftsbundes, Düsseldorf 1963.

Deutscher Gewerkschaftsbund (Hrsg.) [Grundsatzprogramm, 1981]: Grundsatzprogramm des Deutschen Gewerkschaftsbundes, Düsseldorf 1981.

Deutsches Institut für Wirtschaftsforschung e. V. (Hrsg.) [DDR-Wirtschaft, 1984]: Handbuch. DDR-Wirtschaft, aktualisierte und erw. Neuausgabe, Hamburg 1984.

Deutsches Institut für Wirtschaftsforschung e. V. (Hrsg.) [Gutachten, 2004]: Gutachten – Untersuchung der Grundlagen und Entwicklungsperspektiven des Bankensektors in Deutschland (Dreisäulensystem), Berlin 2004.

Deutsche Jungdemokraten (Hrsg.) [Reform, 1976]: Reform der öffentlichen Verwaltung, Beschlüsse der Bundesdelegiertenkonferenz 1976, Wiesbaden 1976.

Deutscher Landkreistag (Hrsg.) [Beurteilung, 1976]: Kreise für die differenzierte Beurteilung der Privatisierung öffentlicher Aufgaben, in: Saarländische Kommunalzeitschrift, Nr. 12, S. 321.

Deutscher Sparkassen- und Giroverband e. V. (Hrsg.) [Stabilität, 1992]: Für Stabilität und Wettbewerbs in Europa, Deutscher Sparkassentag 1992, Stuttgart 1992.

Deutscher Sparkassen- und Giroverband e. V. (Hrsg.) [Wandel, 1992]: Ostdeutsche Wirtschaft im Wandel: Bestandsaufnahme und Perspektiven eines Aufholprozesses, Stuttgart 1992.

Deutscher Sparkassen- und Giroverband e. V. (Hrsg.) [Region, 1995]: Verantwortung in Gesellschaft und Region, Stuttgart 1995.

Deutscher Sparkassen- und Giroverband e. V. (Hrsg.) [Fakten, 2006]: Fakten, Analysen, Positionen. Der Name „Sparkasse" steht für eine besondere Geschäftsphilosophie, Nr. 29, Berlin 2006.

Deutscher Sparkassen- und Giroverband e. V. (Hrsg.) [Verbundzusammenarbeit, 2006]: „Gut, wenn sich Kompetenzen ergänzen". 5-Punkte-Erklärung der deutschen Sparkassen und Landesbanken zur Verbundzusammenarbeit und zum künftigen Marktauftritt – „Berliner Erklärung", URL: http://www.sparkassen-finanzgruppe-ht.de/finanzgruppe/finanzgruppe/downloads/Berliner_Erklaerung.pdf, abgerufen am 06.12.2009.

Deutscher Sparkassen- und Giroverband e. V. (Hrsg.) [Pressemitteilung, 2012]: Festakt zum Präsidentenwechsel, Pressemitteilung, 22.05.2012.

Deutscher Sparkassen- und Giroverband e. V. (Hrsg.) [Rede, 2013]: Rede der Bundeskanzlerin Dr. Angela Merkel, URL: http://www.dsgv.de/de/presse/termine/sparkassentag_2013/tag_2/130425_01_Angela_Merkel.html, abgerufen am 31.07.2013.

Deutscher Sparkassen- und Giroverband e. V. (Hrsg.) [ZEW-Gutachten, 2013] ZEW-Gutachten untermauert Zusammenhang von Stabilität und Geschäftsmodell in der Kreditwirtschaft. Aktueller Standpunkt. Informationen aus der Sparkassen-Finanzgruppe 2013–02, URL: http://www.dsgv.de/_download_gallery/Stellungnahmen/130710_A.S_ZEW_Gutachten.pdf, abgerufen am 06.02.2015.

Deutscher Sparkassen- und Giroverband e. V. (Hrsg.) [Positionsbestimmungen der Sparkassen und Landesbanken, 2014]: Positionsbestimmungen der Sparkassen und Landesbanken anlässlich der Europawahl 2014, URL: http://www.dsgv.de/_download_gallery/Stellungnahmen/Positionspapie_Sieben_Schwerpunkte_Europawahlen.pdf, abgerufen am 06.02.2015.

Deutscher Sparkassen- und Giroverband e. V. (Hrsg.) [Sparkassen-Finanzgruppe, 2016]: Die Sparkassen-Finanzgruppe, URL: http://www.dsgv.de/de/sparkassen-finanzgruppe/index.html, abgerufen am 04.04.2016.

Deutscher Sparkassen- und Giroverband e. V. (Hrsg.) [Organisation, 2016]: Organisation, URL: http://www.dsgv.de/de/sparkassen-finanzgruppe/index.html, abgerufen am 04.04.2016.

Deutscher Sparkassen- und Giroverband e. V. (Hrsg.) [Sparkassen, 2016]: Sparkassen, URL: http://www.dsgv.de/de/sparkassen-finanzgruppe/organisation/sparkassen.html, abgerufen am 04.04.2016.

Deutscher Städtetag (Hrsg.) [Privatisierung, 1976]: Privatisierung öffentlicher Aufgaben, Köln 1976 (Deutscher Städtetag, Reihe A, Beiträge zur Kommunalpolitik, Heft 2).

Deutscher Städtetag (Hrsg.) [Sparkassen, 2006]: Kommunen fordern Bund und Länder im Namensstreit um die Sparkassen zur Standhaftigkeit auf, URL: http://www.staedtetag.de/10/presseecke/pressedienst/artikel/2006/11/08/00417, abgerufen am 04.12.2009.

Deutscher Städtetag (Hrsg.) [Beschluss, 2007]: Sparkassen und Landesbanken. Beschluss des Präsidiums des Deutschen Städtetages vom 24.10.2007, URL: http://www.staedtetag.de/10/presseecke/dst_beschluesse/artikel/2007/10/24/00204, abgerufen am 04.12.2009.

Deutscher Städtetag (Hrsg.) [Entschließungen, 2009]: Entschließungen des Gesamtvorstandes der Bundesvereinigung der kommunalen Spitzenverbände, 52. Sitzung am 06. Oktober 2009 in Berlin, URL: http://www.staedtetag.de/10/wir/spitzenverbaende/zusatzfenster23.html, abgerufen am 04.12.2009.

Deutscher Städtetag (Hrsg.) [Beschluss, 2009]: Sparkassen und Landesbanken. Beschluss des Hauptausschusses des Deutschen Städtetages vom 12.05.2009, URL: http://www.staedtetag.de/presse/beschluesse/058417/index.html, abgerufen am 10.01.2016.

Deutscher Städtetag (Hrsg.) [Beitrag, 2011]: Die Sparkassen – ein stabiler und zuverlässiger Partner der Städte. Beitrag von Oberbürgermeister Christian Ude, Präsident des Deutschen Städtetages, für die Sonderbeilage „Sparkassen und Region" der Sparkassenzeitung vom 18.07.2011, URL: http://www.staedtetag.de/imperia/md/content/dst/gastbeitrag_ude_sparkassenzeitung_juli_2007.pdf, abgerufen am 10.01.2016.

Deutscher Städtetag (Hrsg.) [Beschluss, 2011]: Konsolidierung im Landesbankensektors – insb. WestLB AG. Beschluss des Präsidiums des Deutschen Städtetages vom 22.03.2011, URL: http://www.staedtetag.de/presse/beschluesse/057775/index.html, abgerufen am 10.01.2016.

Deutscher Städtetag (Hrsg.) [Sparkassen, 2013]: Strategische Partnerschaft von Sparkassen und Städten in Europa. Vorwort für die Zeitschrift Kommunalwirtschaft, Sonderausgabe Sparkassen im kommunalen Raum 2013 vom 07.08.2013, URL: http://www.staedtetag.de/imperia/md/content/dst/internet/fachinformationen/2013/vorwort_kommunalwirtschaft_sparkassen_2013.pdf, abgerufen am 10.01.2016.

Deutscher Städte- und Gemeindebund e. V. (Hrsg.) [Pressemitteilung, 1992]: Pressemitteilung, 27.07.1992.

Deutscher Städte- und Gemeindebund e. V. (Hrsg.) [Pressemitteilung, 2008]: Pressemitteilung, 27.11.2008.

Dietl, Christopher J. [Privatisierung, 2010]: Das Ende der Anstaltslast und Gewährträgerhaftung – Materielle Privatisierung der öffentlich-rechtlichen Sparkassen und Landesbanken (unter besonderer Berücksichtigung des Holdings- und Stiftungskonzeptes), zugl. Diss. Univ. Regensburg, 2009, Duisburg/Köln 2010.

Dohms, Heinz-Roger [Das Volksbank-Geheimnis, 2016]: Das Volksbank-Geheimnis, in: Capital, 02/2016, S. 100–104.

Dollinger, Werner [Beteiligungspolitik, 1980]: Grundsätze der CDU/CSU für die öffentliche Beteiligungspolitik, in: Zeitschrift für öffentliche und gemeinwirtschaftliche Unternehmen, Jahresregister Bd. 3, Baden-Baden 1980, S. 457–464.

Donges, Juergen B./Eekhoff, Johann/Möschel, Wernhard/Neumann, Manfred J. M./Sievert, Olaf [Privatisierung, 2001]: Privatisierung von Landesbanken und Sparkassen, Bad Homburg 2001 (Schriftenreihe des Frankfurter Instituts – Stiftung Marktwirtschaft und Politik, Bd. 38).

Dörre, Klaus/Riexinger, Bernd/Wendl, Michael/Wild, Werner [Gewerkschaft, 1999]: Eine neue Gewerkschaft? Zur Fusion von hbv, IG Medien, DPG, ÖTV und DAG, in: Supplement der Zeitschrift Sozialismus, Nr. 11, 1999, S. 1–53.

Dose, Nicolai [Policy-Design, 2008]: Problemorientierte staatliche Steuerung: Ansatz für ein reflektiertes Policy-Design, zugl.: Univ. Habilitationsschrift 2006/2007, Baden-Baden 2008.

Drost, Frank, M. [Sparkassen, 2009]: Schleswig-Holstein stärkt Sparkassen, in: Handelsblatt vom 19.10.2009, S. 25.

Drost, Frank, M. [Sparkassengesetz, 2010]: Kieler Regierung reformiert Sparkassengesetz, in: Handelsblatt vom 01.02.2010, S. 39.

Drost, Frank, M. [Freiheit, 2010]: Schleswig-Holstein spielt mit der Freiheit der Sparkassen, in: Handelsblatt vom 22.04.2010, S. 37.

Drost, Frank, M. [Kreditwirtschaft, 2010]: Trügerische Idylle an der Küste. Schleswig-Holstein ächzt unter den Lasten seiner Kreditwirtschaft. Die HSH Nordbank musste massiv unterstützt werden. Die beiden größten Sparkassen sind in einer Schieflage, in: Handelsblatt vom 29.04.2010, S. 40.

Drost, Frank, M. [Sparkassengesetz, 2010]: Zoff um Sparkassengesetz, in: Handelsblatt vom 01.06.2010, S. 36.

Drost, Frank, M./Osman, Yasmin [Sparkassen-Finanzgruppe, 2010]: Kampf der Giganten. Neidisch schaut die mächtige Sparkassen-Finanzgruppe auf den konkurrierenden Finanzverbund. Im genossenschaftlichen Bankenverband klappt die Konsolidierung besser, in: Handelsblatt vom 08.03.2010, S. 38.

Drost, Frank, M./Köhler, Peter/Ludwig, Thomas [Landesbanken, 2010]: Neue Optionen für die Landesbanken, URL: http://www.handelsblatt.com/unternehmen/banken-versicherungen/fusionen-neue-optionen-fuer-die-landesbanken;2663436, abgerufen am 29.09.2010.

Dullien, Sebastian/Hardenberg, Christiane von [Deregulierung in der öffentlichen Debatte in Deutschland, 2009]: Deregulierung in der öffentlichen Debatte in Deutschland, Studie im Auftrag der Hans-Böckler-Stiftung, Düsseldorf 2009 (Institut für Makroökonomie und Konjunkturforschung, Studies 02/2009).

Dülp, Heinrich [Organverfassung, 1982]: Organverfassung, in: HWS, Bd. 3, Stuttgart 1982, S. 266–274.

Egle, Christoph/Ostheim, Tobias/Zohlnhöfer, Reimut [Das rot-grüne Projekt, 2003]: Einführung: Eine Topographie des rot-grünen Projekts, in: *Egle, C./Ostheim, T./Zohlnhöfer, R. (Hrsg.):* Das rot-grüne Projekt: Eine Bilanz der Regierung Schröder 1998–2002, Wiesbaden 2003, S. 9–25.

Ehlers, Dirk [Privatrechtsform, 1984]: Verwaltung in Privatrechtsform, Berlin 1984 (Schriften zum Öffentlichen Recht, Bd. 464).

Ehlers, Dirk [Kommunalwirtschaft, 1998]: Rechtsprobleme der Kommunalwirtschaft, in: DVBl., 113. Jg., Nr. 10, S. 497–507.

Eichel, Hans [Bund, 2000]: Der Bund und seine Unternehmen: Perspektiven und Aufgaben im alten und neuen Jahrhundert, in: Zeitschrift für das gesamte Kreditwesen, Heft 6, 2000, S. 274–277.

Eichfelder, Sebastian [Bankgesellschaft Berlin, 2008]: Die Gründung der Bankgesellschaft Berlin 1988–1996, in: Betriebswirtschaftliche Reihe, Diskussionsbeiträge des Fachbereichs Wirtschaftswissenschaft der Freien Universität, 2008/1, S. 1–36.

Eichhorn, Peter/Loesch, Achim von [Privatisierung, 1989]: Privatisierung, in: *Chmielewicz, K./Eichhorn, P. (Hrsg.):* Handwörterbuch der Öffentlichen Betriebswirtschaft, Stuttgart 1989, S. 1302–1314.

Eifelkreis Bitburg-Prüm und Landkreis Vulkaneifel (Hrsg.) [Vereinbarung, 2008]: Vereinbarung, URL: http://www.cdu-bitburg-pruem.de/fusionvereinbarung.pdf, abgerufen am 18.09.2009.

Eith, Ulrich/Kießling, Andreas et al. [Bundesländerstudien, 2008]: Bundesländerstudien, in: *Jun, U./Niedermayer, O. (Hrsg.):* Parteien und Parteisysteme in den deutschen Ländern, Wiesbaden 2008, S. 103–408.

Endlein, Axel [Zweckverband, 1999]: Der Zweckverband – eine bewährte Form kommunaler Aufgabenwahrnehmungen in besonders gelagerten Fällen großräumiger Problemlagen, in: *Wissenschaftsförderung der Sparkassenorganisation e. V. (Hrsg.):* Der Zweckverband als Organisationsform kommunaler Sparkassen: rechtliche Grundlagen, geschäftspolitische Bedeutung, historische Erfahrungen am Beispiel der Kreissparkasse Köln, Stuttgart 1999, S. 10–28.

Engels, Andreas [Landesbanken, 2010]: Landesbanken zwischen Marktsteuerung und Marktwirtschaft. Staatliche Präsenz im Bankenwesen in Zeiten der Finanzmarktkrise, Baden-Baden 2010.

Europäische Kommission (Hrsg.) [Binnenmarkt, 1985]: Vollendung des Binnenmarktes. Weißbuch der Kommission an den Europäischen Rat, URL: http://europa.eu/documents/comm/white_papers/pdf/com1985_0310_f_de.pdf, abgerufen am 12.01.2010.

Europäische Kommission (Hrsg.) [Solvabilität II-Richtlinie, 2009]: Endgültige Fassung der Solvabilität II-Richtlinie, URL: http://ec.europa.eu/internal_market/insurance/solvency/index_de.htm#november2009, abgerufen am 06.12.2009.

European Savings Banks Group (Hrsg.) [ESBG Members, 2010]: ESBG Members, URL: http://www.esbg.eu/template/content.aspx?id=300, abgerufen am 03.06.2010.

Ewers, Hans-Jürgen [Deregulierung, 1994]: Privatisierung und Deregulierung bei den Eisenbahnen. Das Beispiel der Deutschen Bundesbahn und der Deutschen

Reichsbahn, in: *Siebeck, P. (Hrsg.):* Jahrbuch für Neue Politische Ökonomie, Bd. 13, Tübingen 1994, S. 178–208.

Exner, Ulrich [Ministerpräsident, 2012]: Tränenreicher Abschied eines Ministerpräsidenten, URL: http://www.welt.de/politik/wahl/schleswig-holstein-wahl/article106227111/Traenen-reicher-Abschied-eines-Ministerpraesidenten.html, abgerufen am 03.06.2013.

Fedders, Dirk [Volksentscheid, 2001]: Volksentscheid über Sachsen-Finanzverband, in: Zeitschrift für das gesamte Kreditwesen, Heft 10, 2001, S. 546–548.

Fett, Torsten [Öffentlich-rechtliche Anstalten, 2000]: Öffentlich-rechtliche Anstalten als abhängige Konzernunternehmen: dargestellt unter besonderer Berücksichtigung des „Berliner Modells" zur Konzernierung der Landesbank Berlin, zugl. Diss. Univ. Berlin, 2000, Berlin 2000 (Schriften des Instituts für deutsches und internationales Recht des Spar-, Giro- und Kreditwesen an der Johannes Gutenberg-Universität Mainz, Untersuchungen über das Spar-, Giro- und Kreditwesen, Abteilung B: Rechtswissenschaft, Bd. 133).

Finzel, Frank/Thuy, Peter [Privatisierung, 1996]: Privatisierung der Sparkassen – tagespolitische Modeerscheinung oder ordnungspolitische Notwendigkeit?, in: Jahrbuch für die Ordnung von Wirtschaft und Gesellschaft, 47. Jg., 1996, S. 241–261.

Fischer, Holger [Konzeption, 1990]: Die wirtschaftspolitische Konzeption der Sozialdemokratischen Partei Deutschlands, Diss. Univ. Kassel, 1990.

Fischer, Reinfried [Privatisierung, 1992]: Sparkassenstruktur und Privatisierung, in: Sparkasse, 109 Jg., 1992, S. 567–572.

Fischer, Reinfried [Bezeichnung, 2004]: § 40 Bezeichnung „Sparkasse", in: *Boos, K.-H./Fischer, R./Schulte-Mattler, H. (Hrsg.):* Kreditwesengesetz – Kommentar zu KWG und Ausführungsvorschriften, 2. Aufl., München 2004, S. 1116–1123.

Fischer-Abt, Stefanie [Sparkassen nach niedersächsischem Recht, 1997]: Die öffentliche Aufgabe der Sparkassen nach niedersächsischem Recht, Diss. Univ. Osnabrück, 1997.

Frankfurter Institut für wirtschaftspolitische Forschung e. V. (Hrsg.) [Privatisierung, 1993]: Privatisierung auch im Westen, Bad Homburg 1993.

Frankfurter Sparkasse (Hrsg.) [Geschichte, 2015]: Eine 190-jährige Geschichte, URL: https://www.frankfurter-sparkasse.de/ihre_sparkasse/Historie/Contentseite_12/index.php?n=%2Fihre_sparkasse%2FHistorie%2FContentseite_12%2F, abgerufen am 20.06.2015.

Freiberger, Thorsten [Programmatik, 2002]: Die wirtschaftspolitische Programmatik der Freien Demokratischen Partei auf Bundesebene 1982–1998 und ihr Einsatz als Planungsinstrument in der Wirtschaftspolitik, zugl. Diss. Univ.

Berlin, 2001, Frankfurt am Main 2002 (Europäische Hochschulschriften, Reihe 31, Politikwissenschaft, Bd. 443).

Freie Demokratische Partei [Leitlinien, 1993]: Leitlinien liberaler Kommunalpolitik der Freien Demokratischen Partei, beschlossen vom Bundeshauptausschuss in Jena am 06. März 1993, URL: http://www.freiheit.org/files/288/1993_Leitlinien_Kommunalpolitik.pdf, abgerufen am 06.03.2009.

Friesen, Alexander von [Haftungszusagen, 1998]: Staatliche Haftungszusagen für öffentliche Kreditinstitute aus europäischer Sicht, Stuttgart 1998.

Fritsch, Michael/Wein, Thomas/Ewers, Hans-Jürgen [Wirtschaftspolitik, 1999]: Marktversagen und Wirtschaftspolitik, 3., völlig überarb. und erw. Aufl., München 1999.

Fuest, Winfried/Kroker, Rolf [Privatisierung, 1981]: Privatisierung öffentlicher Aufgaben, in: *Institut der Deutschen Wirtschaft (Hrsg.):* Beiträge zur Wirtschafts- und Sozialpolitik, Bd. 89, Heft 2, Köln 1981.

Funke, Norbert [Zukunft, 2000]: Die Zukunft der europäischen Bankenlandschaft, in: *Löchel, Horst (Hrsg.):* Finanzmärkte in Euroland, Funktionsbedingungen und Perspektiven, Frankfurt am Main 2000, S. 49–68.

Furtner, Franz [Energiepolitik, 2007]: Effizientere Energiepolitik und regionale Elektrizitätsversorgung durch die EU-Elektrizitätsrichtlinien 1996. Politikfeldanalyse der europäischen, deutschen und bayerischen Energiepolitik und Elektrizitätswirtschaft im Zusammenhang mit der Entstehung und Umsetzung der EU-Richtlinie 96 sowie der Veränderung der Effizienz in der traditionellen Elektrizitätsversorgung unter supranationalem EU-Einfluß, Diss. Univ. Eichstätt-Ingolstadt, 2007.

Gathmann, Florian/Medick, Veit [Ministerpräsidentin, 2010]: NRW-Regierungschefin Kraft. Ministerpräsidentin mit Makel, URL: http://www.spiegel.de/politik/deutschland/0,1518,706534,00.html, abgerufen am 14.07.2010.

Geiger, Walter [Sparkassenorganisation, 1982]: Sparkassenorganisation, in: HWS, Bd. 4, Stuttgart 182, S. 119–128.

Geinitz, Christian [SachsenLB, 2008]: SachsenLB heißt jetzt Sachsen Bank, URL: http://www.faz.net/s/RubD16E1F55D21144C4AE3F9DDF52B6E1D9/Doc~EE8B5A1103928420B8A4CC95ED254C440~ATpl~Ecommon~Scontent.html, abgerufen am 18.09.2009.

George, Alexander L./Bennett, Andrew [Social sciences, 2005]: Case studies and theory development in the social sciences, Cambridge, Massachusetts 2005.

Gerlach, Rolf/Gondring, Hanspeter [Sparkassenpolitik, 1994]: Sparkassenpolitik – Umfeld und Perspektiven, Stuttgart 1994.

Gesellschaft für öffentliche Wirtschaft e. V. (Hrsg.) [Privatisierungsdogma, 1994]: Privatisierungsdogma widerspricht sozialer Marktwirtschaft. Stellungnahme des Wissenschaftlichen Beirats der Gesellschaft für öffentliche Wirtschaft, Berlin 1994 (Beiträge zur öffentlichen Wirtschaft, Heft 13).

Gesellschaft für öffentliche Wirtschaft e. V. (Hrsg.) [Sparkassen, 1998]: Sparkassen und Landesbanken in der Wettbewerbs- und Privatisierungsdiskussion: Stellungnahme des Wissenschaftlichen Beirats der Gesellschaft für öffentliche Wirtschaft, Berlin 1998 (Reihe: Beiträge zur öffentlichen Wirtschaft, Heft 17).

Gesellschaft für öffentliche Wirtschaft und Gemeinwirtschaft (Hrsg.) [Privatisierung, 1976]: Erklärung des Vorstandes zur Frage der Privatisierung öffentlicher Unternehmen, in: Öffentliche Wirtschaft und Gemeinwirtschaft, Heft 1, 1976, S. 11.

Goldbach, Roman/Zimmermann, Hubert [Reform Process, 2015]: Germany in the Context of the Multilevel Reform Process, in: *Mayntz, R. (Hrsg.):* Negotiated Reform. The Multilevel-Governance of Financial Regulation, Frankfurt am Main 2015, S. 139–161 (Publication Series of the Max-Planck-Institute for the Study of Societies, Cologne, Germany, Vol. 85).

Görlitz, Axel/Burth, Hans-Peter [Politische Steuerung, 1998]: Politische Steuerung, 2. Aufl., Opladen 1998.

Grabbe, Jürgen [Verfassungsrechtliche Grenzen, 1979]: Verfassungsrechtliche Grenzen der Privatisierung kommunaler Aufgaben, Berlin 1979.

Graf Lambsdorff, Otto [Marktwirtschaft, 1975]: Verbesserung der Marktwirtschaft, in: liberal, Nr. 6, S. 445 f.

Graf Lambsdorff, Otto [Landesbanken, 1993]: Private Landesbanken und Sparkassen, in: FAZ vom 23.08.1993, S. 11.

Greven, Michael T./Prätorius, Rainer/Schiller, Theo [Sozialstaat, 1980]: Sozialstaat und Sozialpolitik. Krise und Perspektiven, Neuwied/Darmstadt 1980 (Demokratie und Rechtsstaat. Kritische Abhandlungen zur Rechtsstaatlichkeit in der Bundesrepublik, Bd. 51).

Griesel, Harald [Bankbetriebslehre, 1978]: Funktionsweise und charakteristische Merkmale des Bankenwettbewerbs als Gegenstand wissenschaftlicher Bankbetriebslehre, in: *Deppe, H.-D. (Hrsg.):* Bankbetriebliches Lesebuch: Ludwig Mülhaupt zum 65. Geburtstag, Stuttgart 1978, S. 581–61.

Gromoll, Bernhard [Privatisierung, 1982]: Rechtliche Grenzen der Privatisierung öffentlicher Aufgaben: untersucht am Beispiel kommunaler Dienstleistungen, München 1982.

Grossekettler, Heinz [Deregulierung, 1993]: Privatisierung, Deregulierung und Entbürokratisierung: Zeichen des Zeitgeistes oder ordnungspolitische Aufgabe?, in: *Meffert, H./Wagner, H./Backhaus, K. (Hrsg.):* Wissenschaftliche Gesellschaft für Marketing und Unternehmensführung e. V., Arbeitspapier Nr. 80, S. 1–53.

Gubitz, Benjamin [Einfluss von Politik, 2012]: Das Ende des Landesbankensektors. Der Einfluss von Politik, Management und Sparkassen, zugl.: Diss. Univ. Erlangen-Nürnberg, 2012, Wiesbaden 2013.

Güde, Udo [Geschäftspolitik der Sparkassen, 1995]: Geschäftspolitik der Sparkassen: Grundlagen und aktuelle Probleme, 6., neu bearb. und erw. Aufl., Stuttgart 1995.

Gunkel, Jochen [Bankenwettbewerb, 1996]: Die Chancen der Kreditgenossenschaften im Bankenwettbewerb in den neuen Bundesländern und in Osteuropa, Diss. Univ. Marburg, 1996.

Haas, Günter [Stammkapitalbildung, 1999]: Die Stammkapitalbildung öffnet neue Horizonte – was daraus wird, muss man sehen, in: Zeitschrift für das gesamte Kreditwesen, Heft 15, 1999, S. 770–775.

Hackbarth, Heinz [Privatisieren, 1975]: Die Zeche zahlen wir alle. Gewinne privatisieren, Verluste sozialisieren, in: *Landesbezirk Berlin der Gewerkschaft ÖTV (Hrsg.)*: ÖTV-Dialog, 9/1975, S. 2–4.

Hafke, Heinz Christian [Sparkassen, 1988]: „Freie" und öffentlich-rechtliche Sparkassen, in: Zeitschrift für das gesamte Kreditwesen, Heft 41, 1988, S. 174–180.

Hagedorn, Dittmer [Subprime-Krise, 2007]: Die Subprime-Krise und ihre Folgen. Turbulenzen an den Finanzmärkten, in: die bank, Nr. 12, 2007, S. 20–26.

Hahn, Oswald [Bankwirtschaft, 1981]: Struktur der Bankwirtschaft, Bd. 1, Banktypologie und Universalbanken, Berlin 1981.

Hahn, Oswald [Privatisierungsdiskussion, 1992]: Die Privatisierungsdiskussion geht weiter, in: Zeitschrift für das gesamte Kreditwesen, Heft 12, 1992, S. 517.

Hahn, Oswald [Banken, 1992]: Öffentliche Banken, Ihre Zukunft, in: Zeitschrift für das gesamte Kreditwesen, Heft 7, 1992, S. 267 f.

Hamburger Sparkasse (Hrsg.) [Zukunft, 2002]: 175 Jahre Haspa – Für Ihre Zukunft, Hamburg 2002.

Hamer, Eberhard [Sparkassen, 1985]: Warum nicht Sparkassen privatisieren?, in: FAZ vom 28.08.1985, S. 6.

Hamer, Eberhard/Gebhardt, Rainer [Privatisierungspraxis, 1992]: Privatisierungspraxis: Hilfe zur Umstellung von Staats- auf Privatwirtschaft, 2., vollst. überarb. Aufl., Essen 1992 (Schriftenreihe des Mittelstandsinstituts Niedersachsen, Bd. 26).

Handke, Stefan/Zimmermann, Hubert [German Financial Regulation, 2012]: Institutional Change in German Financial Regulation, in: *Mayntz, R. (Hrsg.)*: Crisis Control. Institutional Change in Financial Market Regulation, Frankfurt am Main 2012, S. 119–142 (Schriften aus dem Max-Planck-Institut für Gesellschaftsforschung Köln, Bd. 75).

Handschuh, Georg Andreas [Der öffentliche Auftrag, 2010]: Der öffentliche Auftrag der sächsischen Sparkassen. Von der Inpflichtnahme Privater über die Reglementierung als öffentliche Aufgabe bis zur Geschäftstätigkeit nach eigentümergeprägten Oberzielen, zugl. Diss. Technische Univ. Chemnitz, 2007, Baden-Baden 2010 (Kommunalrecht - Kommunalverwaltung, Bd. 56).

Hartwig, Richard [Verwaltungsräte, 2009]: Was ist neu für Verwaltungsräte? Aufsichtsrechtliche Antworten auf die Finanzmarktkrise, Stuttgart 2009.

Haspa Finanzholding (Hrsg.) [Geschichte, 2003]: Geschichte der Haspa Finanzholding, URL: http://www.haspa-finanzholding.de/Haspa/Finanzholding/Geschichte/Geschichte.html, abgerufen am 03.04.2009.

Hauschildt, Jürgen [Zielsysteme, 1977]: Zielsysteme, in: *Grochla, E. (Hrsg.):* Handwörterbuch der Organisation, 2. Aufl., Stuttgart 1980, Sp. 2419–2430.

Hauser, Dirk [Kommunen, 2004]: Wirtschaftliche Betätigung von Kommunen: Beschränkungen durch Verfassung, Gemeindeordnung und Wettbewerbsrecht, Diss. Univ. Tübingen, 2004.

Heck, Hein [Stoltenberg, 1986]: Soll Stoltenberg auch bei Mercedes einsteigen?, in: Die Welt vom 05.12.1986, S. 2.

Hedrich, Carl-Christoph [Sparkassen, 1993]: Die Privatisierung der Sparkassen: Ein Beitrag zu den institutionellen Problemen der Deregulierung, zugl. Diss. Univ. Hohenheim, 1992, Baden-Baden 1993.

Heimann, Siegfried [Sozialdemokratie, 1993]: Die Sozialdemokratie: Forschungsstand und offene Fragen, in: *Niedermayer, O./Stöss, R. (Hrsg.):* Stand und Perspektiven der Parteienforschung in Deutschland, Opladen 1993, S. 147–186 (Schriften des Zentralinstituts für sozialwissenschaftliche Forschung der Freien Universität Berlin, Bd. 71).

Heinen, Edmund [Zielsystem, 1976]: Grundlagen betriebswirtschaftlicher Entscheidungen - Das Zielsystem der Unternehmung, 3. Aufl., Wiesbaden 1976.

Heinrich, Daniel [Varieties of Capitalism und Innovationssysteme, 2011]: Varieties of Capitalism und Innovationssysteme - Nationale Muster institutioneller Strategien im Kontext der Globalisierung, Diss. Univ. Bochum, 2011.

Heise, Arne [Ökonomie, 2009]: Makroökonomische Weichenstellungen nach der Krise. Ökonomie für Wirtschaft und Gesellschaft, in: *Haubner, D./Mezger, E./Schwengel, H. (Hrsg.):* Reformpolitik für das Modell Deutschland, Marburg 2009, S. 137–157.

Heitmüller, Hans-Michael [Bankengeschäfte, 1993]: Soll der Staat Bankgeschäfte betreiben?, in: Zeitschrift für das gesamte Kreditwesen, Heft 15, 1993, S. 698–699.

Helm, Thorsten Matthias [Privatisierung, 1999]: Rechtspflicht zur Privatisierung: Privatisierungsgebote im deutschen und europäischen Recht, zugl. Diss. Univ. Heidelberg, 1998, Baden-Baden 1999.

Henze, Werner/Schmidt, Hans [Geschichte, 1972]: Grundriß für die Sparkassenarbeit, Teil 1, Grundzüge der Geschichte des Sparkassenwesens, Stuttgart 1972.

Henneke, Hans-Günter [Verfassung und Organisation, 2010]: Kommunale Sparkassen – Verfassung und Organisation, Wiesbaden 2010.

Henning, Ottfried [Privatisierung, 1993]: Rede von O. Henning zur Privatisierung – Vorsitzender der CDU-Fraktion im Landtag von Schleswig-Holstein, 26.08.1993, S. 4 des Redemanuskriptes.

Herlt, Rudolf [Sparkasse, 1977]: 150 Jahre Hamburger Sparkasse, Hamburg 1977.

Hessischer Sparkassen- und Giroverband (Hrsg.) [Sparkassenpolitik, 1988]: Grundfragen der Sparkassenpolitik. Vorträge anläßlich der Perspektiven-Tagung 1988, Teil 1, Frankfurt 1988.

Hibbs, Douglas A. [Policy parties, 1977]: Political Parties and Macroeconomic Policy, in: American Political Science Review, Vol. 71, No. 4, S. 1467–1487.

Hibbs, Douglas A. [Partisan theory, 1992]: Partisan theory after fifteen years, in: European Journal of Political Economy, Vol. 8, No. 3, S. 361–373.

Himmelmann, Gerhard [Privatisierungsdiskussion, 1988]: Politische Bestimmungsmerkmale der Privatisierungsdiskussion in der Bundesrepublik Deutschland, in: *Brede, H. (Hrsg.):* Privatisierung und die Zukunft der öffentlichen Wirtschaft, Baden-Baden 1988, S. 107–126.

Hirche, Kurt [Volksaktie, 1961]: Das Experiment Volksaktie, Köln 1961.

Hirsch, Burkhard [Herausforderung, 1976]: Eine Herausforderung an uns alle. Zur Erbringung des Finanzausgleichgesetzes 1976, in: *Landesregierung von Nordrhein-Westfalen (Hrsg.):* Dokumente und Meinungen, Nr. 1, S. 10 f.

Hirschberger, Winfried [Stammkapital, 1999]: Stammkapital für Sparkassen – eine Vorbereitung der Trennung von Kommune und Sparkasse?, in: Zeitschrift für das gesamte Kreditwesen, Heft 15, 1999, S. 776–777.

Hoffmann, Josef [Sparkasseneinheit, 1931]: Deutsche Sparkasseneinheit: Geschichte, Aufbau, Leistungen des zentralen Sparkassenverbandes, Berlin 1931.

Hoffmann, Josef [Flurbereinigungsgutachten, 1964]: Ein Flurbereinigungsgutachten auf dem Rücken der Sparkassen, in: Sparkasse, 81. Jg., 1964, S. 295–304.

Hoffmann, Jürgen [Bündnis 90/Die Grünen, 1994]: Bündnis 90/Die Grünen: Ein schwieriges Bündnis in der Bewährungsprobe, in: *Konrad-Adenauer-Stiftung (Hrsg.)*: Bereich Forschung und Beratung, interne Studien, Nr. 86, Sankt Augustin 1994.

Hofmann, Johannes/Wittmann, Stefan [Fusionen, 2004]: Fusionen zwischen Genossenschaftsbanken und Sparkassen – Utopie oder sinnvolle Strategie?, in: Zeitschrift für das gesamte Genossenschaftswesen, 2004, S. 179–188.

Hofmann, Siegfried [Landesbeteiligungen, 1986]: Landesbeteiligungen VII/ Rheinland-Pfalz: Der Anteil an der Landesbank belastet die Landesfinanzen. Über die Privatisierung der Moselbahn läßt Ministerpräsident Vogel derzeit verhandeln, in: Handelsblatt vom 05.05.1986, S. 22.

Hofmann, Thomas [Bankensektor, 2006]: Der öffentliche Bankensektor Deutschlands im Umbruch: Aktuelle Entwicklungen und Zukunftsperspektiven, Hamburg 2006 (Schriftenreihe Finanzmanagement, Bd. 34).

Hofmeister, Helma [Sparkassenfusion, 2010]: Sparkassenfusion: Zerstörtes Vertrauen, URL: http://spdnet.sozi.info/bawue/KA-Land/ettlingen/index.php?nr=37585, abgerufen am 21.12.2012.

Höhnen, Wilfried [Vermögenspolitische Gesetze, 1968]: Die vermögenspolitischen Gesetze und Maßnahmen in der Bundesrepublik Deutschland: Entwicklung, Ergebnisse und kritische Beurteilung, zugl. Diss. Univ. Köln, 1966, Köln 1968.

Holtmann, Claus Friedrich [Sparkassen, 2011]: Kommunen und Sparkassen gemeinsam für die Region, in: Zeitschrift für das gesamte Kreditwesen, Heft 17, 2011, S. 880–882.

Horn, Hans-Detlef [Sparkassen, 1999]: Sparkassen privatisieren? Anmerkungen zum (bayerischen) Stand der Dinge, in: Sparkasse, 116. Jg., S. 187–189.

Issing, Otmar [Regulierung, 1987]: Staatliche Regulierungen: Marktversagen versus Staatsversagen, in: Volkswirtschaftliche Korrespondenz der Adolf-Weber-Stiftung, Frankfurt am Main, Nr. 1, München 1987, S. 1.

Jäckel, Harald [Sparkassenfusion, 2008]: Grünes Licht von Schwarz und Rot. Sparkassenfusion, URL: http://www.frankenpost.de/nachrichten/regional/ofrbay/art2389,938717, abgerufen am 03.06.2010.

Jäger, Wolfgang [Prozeß, 1998]: Die Überwindung der Teilung. Der innerdeutsche Prozeß der Vereinigung 1989/90, Stuttgart 1998.

Janning, Frank/Toens, Katrin [Policy-Forschung, 2008]: Die Zukunft der Policy-Forschung. Theorien, Methoden, Anwendungen, Wiesbaden 2008.

Jenkins-Smith, Hank C./Clair, Gilbert, K. St. [Politics, 1993]: The Politics of Offshore Energy: Empirically Testing the Advocacy Coalition Framework, in: *Sabatier, P. A./Jenkins-Smith, H. C. (Hrsg.):* Policy Change and Learning: An Advocacy Coalition Approach, Boulder 1993, S. 149–176.

Jessberger, Pascal [Auswirkungen von Basel III, 2013]: Auswirkungen von Basel III auf Risikomanagement und Risikocontrolling: Chancen, Risiken, Schlussfolgerungen für mittelständische Banken, Wiesbaden 2013.

Jorde, Thomas, R. [Transferbegleitung, 1999]: Transferbegleitung auf dem Weg in die Private Public Partnership. Schwerpunkte aus zivil- und steuerrechtlicher Sicht, in: Betriebs-Berater, 54. Jg., 1999, S. 2162–2167.

Kaltefleiter, Werner [Produktivität, 1975]: Die Produktivität ist miserabel, in: Wirtschaftswoche, 29. Jg., Heft 37, 05.09.1975.

Kämmerer, Jörn Axel [Privatisierung, 2001]: Privatisierung: Typologie – Determinanten – Rechtspraxis – Folgen, Tübingen 2001.

Karl-Bräuer-Institut des Bundes der Steuerzahler e. V. (Hrsg.) [Sparkassen, 1994]: Privatisierung von Sparkassen und Landesbanken, Wiesbaden 1994.

Karry, Heinz-Herbert [Banken, 1976]: Banken und Marktwirtschaft – Thesen eines F.D.P.-Arbeitskreises, überreicht von Heinz-Herbert Karry, Minister für Wirtschaft und Technik des Landes Hessen am 14. September 1976.

Kaschuba, Wolfgang [Staatlichkeit, 1988]: Fortschrittsuntertanen? Historische Dimensionen „moderner“ deutscher Staatlichkeit, in: *Schmid, T. (Hrsg.):* Entstaatlichung. Neue Perspektiven auf das Gemeinwesen, Berlin 1988, S. 7–25.

Kessler, Helmut [Sparkassenorganisation, 1988]: Strukturfragen der Sparkassenorganisation, in: Sparkasse, 105. Jg., 1988, S. 346–352.

Keßler, Klaus Ulrich [Sparkassenfusionen, 1996]: Sparkassenfusionen: eine Konzeption für die systemorientierte Analyse von Betriebsgrößeneffekten in der Bankwirtschaft, zugl. Diss. Univ. Köln, 1995, Berlin 1996 (Untersuchungen über das Spar-, Giro- und Kreditwesen, Abteilung A: Wirtschaftswissenschaft, Bd. 159).

Kirchhof, Ferdinand/Henneke, Hans-Günter [Entwicklungsperspektiven, 2000]: Entwicklungsperspektiven kommunaler Sparkassen in Deutschland, Stuttgart u. a. 2000 (Schriften zum deutschen und europäischen Kommunalrecht, Bd. 12).

Kirsch, Guy [Deregulierungsdebatte, 1988]: Die Deregulierungsdebatte. Anmerkungen zu einem bornierten Streit, in: *Schmid, Th. (Hrsg.):* Entstaatlichung. Neue Perspektiven auf das Gemeinwesen, Berlin 1988, S. 38–50.

Klein, Jochen [Sparkassenwesen, 2003]: Das Sparkassenwesen in Deutschland und Frankreich: Entwicklungen, aktuelle Rechtsstrukturen und Möglichkeiten einer Annäherung, zugl. Diss. Univ. Köln, 2001/2002, Berlin 2003 (Untersuchungen über das Spar-, Giro- und Kreditwesen, Abteilung B: Rechtswissenschaft, Bd. 147).

Klein, Mikko [Privatisierung, 2003]: Die Privatisierung der Sparkassen und Landesbanken – Begründungen, Probleme und Möglichkeiten aus ökonomischer und rechtlicher Perspektive, Frankfurt am Main 2003.

Klemper, Klaus [Sparkasse, 1989]: „Die Fusion von Berliner Sparkasse ist eine große Chance“, in: FAZ vom 30.09.1989, S. 14.

Knauss, Fritz [Privatisierungspolitik, 1988]: Privatisierungspolitik in der Bundesrepublik Deutschland, Palingen/Köln 1988 (Beiträge zur Wirtschafts- und Sozialpolitik, Bd. 160).

Knauss, Fritz [Privatisierung, 1990]: Privatisierung in der Bundesrepublik Deutschland 1983–1990: Bilanz und Perspektive, Köln 1990 (Beiträge zur Wirtschafts- und Sozialpolitik, Bd. 183).

Koch, Thorsten [Sparkassen, 2004]: Kommunale Finanzkrise und Verkauf kommunaler Sparkassen, in: Neue Zeitschrift für Verwaltungsrecht, 23. Jg., 2004, S. 578–580.

Koenig, Christian [Landesbanken, 1997]: Sicher sind die Landesbanken vor der EU-Beihilfenaufsicht nicht, in: FAZ vom 27.06.1997, S. 18.

Kohlhof, Joachim/Wilke, Doreen [Privatisierung, 1997]: Perspektiven zur Privatisierung öffentlich-rechtlicher Sparkassen, Idstein 1997.

Konrad, Hans-Martin [Privatisierung, 1968]: Privatisierung öffentlicher Unternehmen, in: Die Öffentliche Wirtschaft, Bd. 17, Heft 1, 1968, S. 41–47.

Kopitzsch, Franklin [Sparkassenrealität, 1984]: Sparkassenrealität und Sozietätsbewegungen im Zeitalter der Aufklärung, in: *Pix, M./Wysocki, J. (Hrsg.):* Historische Marktanalyse. Frühe Sparkassenidee: Utopie und Realität, Neustadt an der Aisch 1984, S. 123–156 (Sparkassen in der Geschichte, Heft 2).

Körnert, Jan [Bankensystem, 1998]: Dominoeffekte im Bankensystem – Theorien und Evidenz, Berlin 1998.

Körnert, Jan [Regulierungsansätze, 2000]: Theorien über Dominoeffekte im Bankensystem – Darstellung, Kritik und Regulierungsansätze, in: *Holst, J./Willkens, M. (Hrsg.):* Finanzielle Märkte und Banken – Innovative Entwicklungen am Beginn des 21. Jahrhunderts, Wolfgang Brenner zum 60. Geburtstag, Berlin 2000, S. 365–399.

Koschnik, Hans [Profit, 1976]: Es geht allein um den Profit, in: ÖTV-Magazin, Heft 1, 1976, S. 8.

Kraft, Ernst T. [Verwaltungsgesellschaftsrecht, 1982]: Das Verwaltungsgesellschaftsrecht – Zur Verpflichtung kommunaler Körperschaften, auf ihre Privatgesellschaften einzuwirken, zugl. Diss. Univ. Augsburg, 1981, Frankfurt am Main 1982 (Europäische Hochschulschriften, Reihe 2, Rechtswissenschaft, Bd. 288).

Kraft, Sabine/Obermann, Gabriel [Privatisierungen, 1990]: Privatisierungen öffentlicher Unternehmen in Europa, in: *Schnieder, F./Hofreither, M. F. (Hrsg.):* Privatisierung und Deregulierung öffentlicher Unternehmen in westeuropäischen Ländern. Erste Erfahrungen und Analysen, Wien 1990, S. 57–129.

Krahnen, Jan Pieter/Schmidt, Reinhard H. [Financial system, 2004]: The German financial system, Oxford 2004.

Krakowski, Michael [Regulierung, 1988]: Theoretische Grundlagen der Regulierung, in: *Krakowski, M. (Hrsg.):* Regulierung in der Bundesrepublik Deutschland. Die Ausnahmebereiche des Gesetzes gegen Wettbewerbsbeschränkungen, Hamburg 1988.

Kroker, Rolf [Deregulierung, 1985]: Deregulierung und Entbürokratisierung, Köln 1985 (Beiträge zur Wirtschafts- und Sozialpolitik, Reihe 130).

Kronberger Kreis (Hrsg.) [Privatisierung, 1994]: Privatisierung auch im Westen, Frankfurt 1994 (Schriftenreihe des Frankfurter Instituts für wirtschaftspolitische Forschung e. V., Nr. 26).

Kropp, Sabine [Politikverflechtung, 2007]: Kooperativer Föderalismus und Politikverflechtung, Hagen 2007.

Kruber, Klaus-Peter [Gewerkschaften, 2008]: Gewerkschaften und Arbeitgeberverbände – Interessengruppen am Arbeitsmarkt und in der Wirtschaftspolitik, in: *May, H. (Hrsg.):* Handbuch zur ökonomischen Bildung, 9., völlig überarb. und aktualisierte Aufl., Oldenburg 2008, S. 163–179.

Kunz, Rainer/Maier, Herbert/Stammen, Theo [Programme, 1979]: Programme der politischen Parteien in der Bundesrepublik Deutschland, Bd. I und II, 3., bearb. Aufl., München 1979.

Kurze, Thomas [Eigenkapitalausstattung, 1977]: Probleme und Verbesserungsmöglichkeiten der Eigenkapitalausstattung kommunaler Sparkassen, Aachen 1977.

Landesbank Baden-Württemberg [SachsenLB, 2007]: LBBW übernimmt SachsenLB, URL: http://www.lbbw.de/lbbwde/1000009518-s1048-de.html, abgerufen am 18.09.2009.

Landkreistag Nordrhein-Westfalen (Hrsg.) [Kommunalbereich, 1976]: Gegen Privatisierung im Kommunalbereich, in: Informationen der sozialdemokratischen Gemeinschaft für Kommunalpolitik, Nr. 1, S. 4.

Lang, Jürgen P. [Wandel, 2008]: Wandel und Beharrung: SED und PDS, in: *Bundeszentrale für politische Bildung (Hrsg.):* Politik und Zeitgeschichte, 47/2008, 17.11.2008, S. 34–39.

Lasswell, Harold D. [politics, 1965]: Language politics: studies in quantitative semantics, 2. Druck, Cambridge, Massachusetts 1965.

Laudenbach, Hans-Jörg [Sparkassen, 1994]: Organisationsform Aktiengesellschaft für kommunale Sparkassen – (k)eine Alternative zur Lösung der Eigenkapitalprobleme bei öffentlich-rechtlichen Sparkassen, Heidelberg 1994.

Lederer, Klaus [Privatisierung, 2006]: Privatisierung der Berliner Sparkasse?, in: rls Standpunkte, Nr. 5, 2006, S. 1–12.

Lehmann, Marcus [Strategieformulierung, 1999]: Strategieformulierung im Bankgeschäft, in: die bank, Nr. 5, 1999, S. 305–309.

Leminsky, Gerhard/Otto, Bernd [Deutscher Gewerkschaftsbund, 1984]: Politik und Programmatik des Deutschen Gewerkschaftsbundes, 2., völlig überarb. Aufl., Köln 1984.

Leopold, David/Stears, Marc [Political theory, 2008]: Political theory: methods and approaches, Oxford u. a. 2008.

Lepper, Markus [Ausschüttung, 2003]: Die Verwendung und insbesondere die Ausschüttung von Sparkassengewinnen, zugl. Diss. Univ. Düsseldorf, 2002, Baden-Baden 2003 (Düsseldorfer rechtswissenschaftliche Schriften, Bd. 21).

Lerner, Daniel [Social sciences, 1973]: The human meaning of social sciences, Gloucester, Massachusetts 1973.

Loesch, Achim von [Privatisierung, 1987]: Privatisierung öffentlicher Unternehmen, 2., verb. und erw. Aufl., Baden-Baden 1987.

Loesch, Achim von [Vermögenspolitik, 1988]: Die Privatisierung mittels Volksaktien im Rahmen der Vermögenspolitik 1959 bis 1965, in: *Brede, H. (Hrsg.):* Privatisierung und die Zukunft der öffentlichen Wirtschaft, Baden-Baden 1988, S. 127–157.

Lösche, Peter [Parteien, 1994]: Kleine Geschichte der deutschen Parteien, 2. Aufl., Stuttgart u. a. 1994.

Ludwig, Thomas [Sparkasse, 2010]: Sparkasse Köln-Bonn darf sich umbauen, URL: http://www.handelsblatt.com/unternehmen/banken-versicherungen/sparkasse-koeln-bonn-darf-sich-umbauen;2663714, abgerufen am 30.09.2010.

Lütke-Uhlenbrock, Christian [Sparkassen, 2006]: Bewertung öffentlich-rechtlicher Sparkassen, zugl. Diss. Univ. Oldenburg, 2006, Wiesbaden 2007.

Luttmer, Nina [Sparkassenrecht, 2005]: Hessens CDU fordert neues Sparkassenrecht, in: Financial Times Deutschland vom 06.06.2005, S. 4.

Lütz, Susanne [Politische Regulierung, 2000]: Die politische Regulierung globaler Finanzrisiken, in: *Czada, R./Lütz, S. (Hrsg.):* Die politische Konstitution von Märkten, Wiesbaden 2000, S. 250–264.

Lütz, Susanne [Regulative Politik, 2002]: Der Staat und die Globalisierung von Finanzmärkten. Regulative Politik in Deutschland, Großbritannien und den USA, Frankfurt am Main/New York 2002.

Lütz, Susanne [Regulierung, 2004]: Von der Infrastruktur zum Markt? Der deutsche Finanzsektor zwischen Regulierung und Deregulierung, in: *Benz, A./ Lütz, S./Simonis, G. (Hrsg.):* Polis, Nr. 59, 2004, S. 7–25.

Lützenkirchen, Bernd [Sparkassen, 1989]: Unterschiede zwischen öffentlich-rechtlichen und freien Sparkassen vor dem Hintergrund des Frankfurter Zusammenschlusses, in: Zeitschrift für öffentliche und gemeinwirtschaftliche Unternehmen, 12. Jg., 1989, S. 222–228.

Machura, Stefan [Öffentliche Unternehmen, 2001]: Öffentliche Unternehmen zwischen Markt und Politik. „Was begrenzt, begründet auch“: Bedarfswirtschaftlichkeit und Ziele kommunaler Unternehmen, in: *Edeling, T./Jann, W./ Wagner, D./Reichard, C. (Hrsg.):* Öffentliche Unternehmen. Entstaatlichung und Privatisierung?, Opladen 2001, S. 95–112 (Schriftenreihe Interdisziplinäre Organisations- und Verwaltungsforschung, Bd. 6).

Machura, Stefan [Politik, 2005]: Politik und Verwaltung, Wiesbaden 2005.

Mählmann, Peter [Hamburger Sparkassen, 1975]: Motive und Probleme der Fusion der beiden Hamburger Sparkassen, Nr. 6 der grünen Reihe im März 1975, Hamburg 1975.

Mählmann, Peter [Freie Sparkassen, 1982]: Freie Sparkassen, in: *Deutscher Sparkassenverlag (Hrsg.):* Handwörterbuch der Sparkassen, Bd. 2, Stuttgart 1982, S. 141–144.

Mai, Christine [Landesbanken-Streit, 2005]: EU-Wettbewerbskommissarin bleibt im Landesbanken-Streit hart, in: Financial Times Deutschland vom 26.01.2005, S. 20.

Marjanović, Velibor [Fusionen, 2006]: Effizienz intersektoraler Fusionen im deutschen Geschäftsbankensystem. Modellbildung und ökonomische Analyse der Nutzenwirkung am Beispiel öffentlich-rechtlicher Sparkassen, zugl. Diss. Univ. Bayreuth, 2006, Hamburg 2006 (Schriftenreihe der Forschungsstelle für Bankrecht und Bankpolitik an der Universität Bayreuth).

Marten, Ingo [Strategieprozesse, 2000]: Strategieprozesse in dynamischen komplexen Umfeldern. Dargestellt am Beispiel einer globalen Universalbank, Bern 2000.

Mauerer, Anton [Sparkassen, 1998]: Ausschüttung bei Sparkassen? Zur Diskussion um die Ausschüttung von Sparkassengewinnen, in: Zeitschrift für das gesamte Kreditwesen, Heft 17, 1998, S. 947–950.

Maurer, Hartmut [Staatsfunktionen, 2005]: Grundlagen, Verfassungsorgane, Staatsfunktionen, 4., überarb. und erg. Aufl., München 2005.

Maurer, Ursula [Privatisierungen, 1995]: Bei Privatisierungen spielt Bayern eine Vorreiterrolle, in: Handelsblatt vom 01.03.1995, S. 6.

Mayer, Matija Denise [Bankmanagement, 1998]: Bankmanagement in den neuen Bundesländern. Eine vergleichende empirische Untersuchung von ost- und westdeutschen Kreditinstituten unter besonderer Berücksichtigung von Führung und Bankmarketing, zugl. Diss. Univ. Rostock, 1998, Frankfurt am Main u. a. 1998 (Europäische Hochschulschriften, Reihe 5, Volks- und Betriebswirtschaft, Bd. 2335).

Mayntz, Renate [Financial Market Regulation, 2012]: Crisis Control. Institutional Change in Financial Market Regulation, Frankfurt am Main 2012 (Schriften aus dem Max-Planck-Institut für Gesellschaftsforschung Köln, Bd. 75).

Mayntz, Renate (Hrsg.) [Financial Regulation, 2015]: Negotiated Reform. The Multilevel-Governance of Financial Regulation, Frankfurt am Main 2015 (Publication Series of the Max-Planck-Institute for the Study of Societies, Cologne, Germany, Vol. 85).

Mehr Demokratie e. V. (Hrsg.) [1. Volksentscheid-Ranking, 2003]: 1. Volksentscheid-Ranking. Die direktdemokratischen Verfahren der Länder und Gemeinden im Vergleich, Stand: Herbst 2003, Berlin 2003.

Mendner, Jürgen H./Sauerborn, Werner/Möller, Dorothee [Privatisierung, 1983]: Privatisierung – Angriff auf den Sozialstaat, in: *Hauptvorstand der Gewerkschaft Öffentliche Dienste, Transport und Verkehr (Hrsg.):* Zur Privatisierung öffentlicher Dienstleistungen, Nr. 13, 1983.

Mentré, Paul [Crise financière, 2009]: L'Allemagne et la France face à la crise financière. Rapport présenté par un groupe de travail du Conseil d'analyse économique francoallemand, Paris 2009.

Michopoulos, Alexa [DSGV, 2003]: DSGV: Stralsund wird von den privaten Banken missbraucht, URL: http://www.bankfachklasse.de/Aktuell/Nachrichten/200/1694/DSG-V-Stralsund-wird-von-privaten-Banken-missbraucht.html, abgerufen am 17.09.2009.

Mikdashi, Zuhayr [Financial Intermediation, 2001]: Whither Financial Intermediation? Managerial and Regulatory Issues, in: *Mikdashi, Z. (Hrsg.):* Financial Intermediation in the 21st Century, Basingstoke/Hampshire/New York, 2001, S. 249–307.

Milbradt, Georg H. [Sächsische Verbundlösung, 1999]: Sächsische Verbundlösung – Konzept für eine sichere Zukunft in Sachsen, in: Wertpapier-Mitteilungen, Nr. 23, S. 1164–1165.

Mittelstandsvereinigung der CDU/CSU (Hrsg.) [Zukunft, 1988]: Mittelstand ist Zukunft, Bonn 1988.

Mittler, Gernot [Sparkassen, 2006]: Wider die Privatisierung von Sparkassen – Ein Plädoyer für Wettbewerb und sozialen Zusammenhalt, in: ifo-Schnelldienst, Nr. 11, 2006, S. 7–11.

Monopolkommission [Hauptgutachten, 2000]: Wettbewerbspolitik in Netzstrukturen: Hauptband – Hauptgutachten 1998/1999, Baden-Baden 2000.

Monopolkommission [Hauptgutachten, 2014]: XX. Hauptgutachten 2012/2013: Eine Wettbewerbsordnung für die Finanzmärkte, URL: http://www.monopolkommission.de/images/PDF/HG/HG20/HG_XX_gesamt.pdf, abgerufen am 02.05.2015.

Monstadt, Jochen/Schlippenbach, Ulrike von [Privatisierung, 2005]: Privatisierung und Kommerzialisierung als Herausforderung regionaler Infrastruktur, URL: http://www.edoc.difu.de/edoc.php?id=8C3I45LS, abgerufen am 01.06.2010.

Moormann, Jürgen/Hillesheimer, Martin/Metzler, Christian/Zahn, Christian M. [Wertschöpfungsmanagement, 2006]: Wertschöpfungsmanagement in Banken, 2., überarb. und erw. Aufl., Frankfurt am Main 2006.

Möschel, Wernhard [Sparkassen, 1993]: Privatisierung der Sparkassen – Zu den jüngsten Vorschlägen der Monopolkommission, in: Wertpapiermitteilungen, 47. Jg., 1993, S. 93–99.

Möschel, Wernhard [Privatisierung, 1993]: Privatisierung als ordnungspolitische Aufgabe – Zu den jüngsten Vorschlägen der Monopolkommission, in: *Ipsen, J. (Hrsg.):* Sparkassen im Wandel, 3. Bad Iburger Gespräche, Symposium des Institutes für Kommunalrecht der Universität Osnabrück am 21.10.1992, 1993, S. 117–132 (Osnabrücker rechtswissenschaftliche Abhandlungen, Bd. 39).

Möschel, Wernhard [Wandel, 2010]: Bankenrecht im Wandel, Baden-Baden 2010 (Wirtschaftsrecht und Wirtschaftspolitik, Bd. 239).

Mülhaupt, Ludwig [Banken, 1980]: Einführung in die Betriebswirtschaftslehre der Banken: Struktur und Grundprobleme des Bankbetriebes und des Bankwesens in der Bundesrepublik Deutschland, 3. Aufl., Wiesbaden 1980.

Mülhaupt, Ludwig/Dolff, Peter [Sparkassenbetrieb, 1981]: Zielsystem im Sparkassenbetrieb, in: *Deppe, H.-D. (Hrsg.):* Texte zur wissenschaftlichen Bankbetriebslehre II, Göttingen 1981, S. 675–700.

Mura, Jürgen [Sparkassengeschichte, 1987]: Entwicklungslinien der deutschen Sparkassengeschichte, Stuttgart 1987.

Mußler, Hanno [Sparkassenkraft bündeln, 2016]: Sparkassenkraft bündeln, in: FAZ vom 13.04.2016, S. 22.

Mußler, Hanno/Peitsmeier, Henning [Fusion, 2010]: WestLB und BayernLB loten Fusion aus, URL: http://www.faz.net/s/RubD16E1F55D21144C4AE3F9DD-F52B6E1D9/Doc~E05E2ECDC63CC4A919E9D438DDC84FFC4~ATpl~Ecommon~Scontent.html, abgerufen am 21.09.2010.

Nastansky, Andreas/Strohe, Hans Gerhard [Ursachen, 2009]: Die Ursachen der Finanz- und Bankenkrise im Lichte der Statistik, in: Statistische Diskussionsbeiträge der Universität Potsdam, Wirtschafts- und Sozialwissenschaftliche Fakultät, Nr. 35, S. 1–13.

Neisen, Martin/Schulte-Mattler, Hermann [Neuer Baseler Standard, 2016]: Neuer Baseler Standard für Marktrisiken (Teil 1), in: die bank, Nr. 4, 2016, S. 9–19.

Neubauer, Günter [Regulierung, 1988]: Regulierung und Deregulierung im Gesundheitswesen der Bundesrepublik Deutschland, in: *Thiemeyer, T. (Hrsg.):*

Regulierung und Deregulierung im Bereich der Sozialpolitik, Berlin 1988, S. 9–45 (Schriften des Vereins für Sozialpolitik, Gesellschaft für Wirtschafts- und Sozialwissenschaften, Neue Folge Bd. 177).

Neuberger, Doris/Schindler, Michael [Öffentlicher Auftrag, 2001]: Nutzen und Kosten des öffentlichen Auftrags bei Sparkassen und Landesbanken, in: *Eichhorn, P. von/Kirchhoff, U. (Hrsg.):* Öffentliche Banken, Baden-Baden 2001, S. 86–117 (Zeitschrift für öffentliche und gemeinwirtschaftliche Unternehmen, Beiheft 27).

Neumann, Franz, L. [Gewerkschaften, 1978]: Die Gewerkschaften in der Demokratie und in der Diktatur, in: *Söllner A. (Hrsg.):* Wirtschaft, Staat, Demokratie: Aufsätze 1930–1954, Frankfurt am Main 1978, S. 145–222.

Neumann, Peter [Entwicklung der Rechtsprechung, 2002]: Die Entwicklung der Rechtsprechung zu Volksbegehren und Volksentscheid nach der Deutschen Einheit, in: *Schiller, T./Mittendorf, V. (Hrsg.):* Direkte Demokratie. Forschung und Perspektiven, Wiesbaden 2002, S. 115–152.

Nierhaus, Michael/Stern, Klaus [Regionalprinzip, 1992]: Regionalprinzip und Sparkassenhoheit im europäischen Bankenbinnenmarkt, Frankfurt am Main 1992.

Niggemeyer, Jörg [Sparkassenfusionen, 2006]: Rechtsfragen bei Sparkassenfusionen, in: *Oebbecke, J./Ehlers, M./Klein, M./Theurl, T./Diemert, D. (Hrsg.):* Perspektiven für Sparkassen und Genossenschaftsbanken. Wissenschaftliche Fachtagung des Freiherr-vom-Stein-Instituts und des Instituts für Genossenschaftswesen der Universität Münster am 17. Oktober 2005 in Münster, Stuttgart 2006, S. 31–44 (Schriftenreihe des Freiherr-vom-Stein-Institutes, Bd. 56).

Noack, Harald/Schrooten, Mechthild [Landesbanken, 2009]: Die Zukunft der Landesbanken – Zwischen Konsolidierung und neuem Geschäftsmodell, in: *Abteilung Wirtschafts- und Sozialpolitik der Friedrich-Ebert-Stiftung (Hrsg.):* Kurzgutachten im Auftrag der Friedrich-Ebert-Stiftung, Dezember 2009, S. 1–35.

Nowak, Meik [Partizipationsformen, 2008]: Partizipationsformen in der kommunalen Wirtschaftsförderung am Beispiel der Lokalen Agenda 21 in Deutschland und Südafrika, Diss. Univ. Bochum, 2008.

o. V. [Staat, 1975]: Stoppt endlich den Staat, in: Wirtschaftswoche, Nr. 32, 1975, S. 12 ff.

o. V. [Reprivatisierung, 1975]: Heubl fordert Reprivatisierung, in: FAZ vom 20.03.1975, S. 2.

o. V. [Unternehmer Staat, 1975]: Unternehmer Staat: zu teuer, in: Der Spiegel vom 29.09.1975, S. 22.

o. V. [Sparkassen-Reform, 1976]: Sparkassen-Reform. Nachdenken unter Strafe gestellt, in: Wirtschaftswoche, Nr. 39, 1976, S. 25 f.

o. V. [Bürger, 1976]: Was dem Bürger nützt, in: Der Deutsche Beamte, Heft 9, 1976, S. 168.

o. V. [Privatisiert, 1976]: CDU: Vieles kann privatisiert werden, in: Handelsblatt vom 06./07.02.1976, S. 2.

o. V. [Mitbestimmung, 1976]: Mitbestimmung entzweit Sozialausschüsse und Wirtschaftsrat, in: Frankfurter Rundschau vom 09.02.1976, S. 3.

o. V. [Verstaatlichung, 1976]: Zauberwort Verstaatlichung. Vor der Vorlage einer ersten Bestandsaufnahme über Möglichkeiten und Grenzen, in: Bayerische Staatszeitung vom 04.05.1976, S. 3.

o. V. [Römerkoalition, 1976]: Römerkoalition ist vorerst gescheitert, in: FR vom 05.05.1976, S. 1.

o. V. [Freie Demokratische Partei, 1976]: FDP will Bürger an Sparkassen beteiligen, in: Handelsblatt vom 16.09.1976, S. 3.

o. V. [Teilprivatisierung, 1976]: Gegen Teilprivatisierung, in: FAZ vom 17.09.1976, S. 16.

o. V. [Landesgirokasse, 1986]: Landesgirokasse will Viererlösung oder Teilprivatisierung, in: FAZ vom 21.03.1986, S. 16.

o. V. [Privatisierung, 1987]: BW-Bank/Privatisierung. Späth stellt Weichen für eine Allfinanz-Gruppe, in: Handelsblatt vom 07.10.1987, S. 12.

o. V. [Bürgersparkasse, 1988]: In Frankfurt soll eine Bürgersparkasse entstehen, in: Handelsblatt vom 25.02.1988, S. 2.

o. V. [Quellensteuer, 1988]: Quellensteuer verunsichert die Sparer, in: FAZ vom 12.03.1988, S. 18.

o. V. [Koalitionsbeschlüsse, 1988]: FDP/Koalitionsbeschlüsse zur Privatisierung verwirklichen. Strauß soll Widerstand aufgeben, in: Handelsblatt vom 02.08.1988, S. 1.

o. V. [Änderung, 1988]: Moser fordert Änderung des Sparkassengesetzes, in: Handelsblatt vom 20.12.1988, S. 6.

o. V. [Berliner Sparkasse, 1989]: Berliner Sparkasse hat Fusion nicht nötig, in: Handelsblatt vom 10.03.1989, S. 12.

o. V. [Weberbank, 1989]: Berliner Sparkasse steigt bei Weberbank ein, in: Süddeutsche Zeitung vom 27.06.1989, S. 23.

o. V. [Kooperation, 1989]: Sparkassen antworten mit Kooperation, in: Börsen-Zeitung vom 12.09.1989, S. 9.

o. V. [Wachstum, 1989]: Überregionales Wachstum angepeilt, in: Börsen-Zeitung vom 12.09.1989, S. 9.

o. V. [Fusion, 1989]: Berliner Sparkasse hält eine Fusion mit der Berliner Bank für wünschenswert, in: Handelsblatt vom 19.09.1989, S. 9.

o. V. [Berlin, 1989]: In Berlin Fusion von Bank und Sparkasse möglich, in: Börsen-Zeitung vom 19.09.1989, S. 3.

o. V. [Rot-grüner Senat, 1989]: Zündstoff für rot-grünen Senat? Sparkasse und Berliner Bank wollen fusionieren/Senat will darüber „gründlich nachdenken", in: die tageszeitung vom 19.09.1989, S. 19.

o. V. [Teilprivatisierung, 1989]: DSL Bank/Teilprivatisierung – Festlegung des Kaufpreises am 02. Oktober, in: Handelsblatt vom 30.09.1989, S. 15.

o. V. [Fusion, 1989]: Fusion der Berliner Bank mit Sparkasse befürwortet, in: Börsen-Zeitung vom 21.10.1989, S. 5.

o. V. [Logik, 1990]: „Fusion der Logik" hat sich festgefahren, in: Börsen-Zeitung vom 21.10.1989, S. 5.

o. V. [CSU gegen Privatisierung, 1993]: CSU gegen Privatisierung am falschen Platz, in: Süddeutsche Zeitung vom 10.03.1993, S. 53.

o. V. [Wettbewerb, 1993]: Privatisierung der Institute schwächt den Wettbewerb, in: Handelsblatt vom 06.04.1993, S. 11.

o. V. [Beteiligungen, 1993]: Staat soll Beteiligungen an Landesbanken, Versicherungen und Sparkassen aufgeben, in: Handelsblatt vom 30.04.1993, S. 4.

o. V. [Freie Demokratische Partei, 1993]: FDP will Landesbank privatisieren. Sparkassen als AG/Bayerisches Finanzministerium blockt ab, in: Süddeutsche Zeitung vom 21.06.1993, S. 20.

o. V. [Landesbanken, 1993]: Landesbanken versus Sparkassen, in: FAZ vom 17.07.1993, S. 9.

o. V. [Verfehlt, 1993]: „Verfehlt und dilettantisch", in: Süddeutsche Zeitung vom 11./12.09.1993, S. 50.

o. V. [Private Engagements, 1994]: Berlin will private Engagements noch stärker fördern. Pieroth drängt auf einen Rückzug des Landes aus der Wirtschaft, in: FAZ vom 31.10.1994, S. 15.

o. V. [Beteiligungsabbau, 1995]: Beteiligungsabbau des Landes Berlin geht möglicherweise zügiger, in: FAZ vom 25.11.1995, S. 21.

o. V. [Regulierungsflut, 1997]: Freie Sparkassen kritisieren die staatliche Regulierungsflut, in: FAZ vom 26.09.1997, S. 30.

o. V. [Leitlinien, 1998]: Leitlinien der Sparkassen-Finanzgruppe für den Wettbewerb der Zukunft, in: Sparkasse, 115. Jg., S. 281–283.

o. V. [Banken, 1999]: Kampagne der Sparkassen gegen die Banken, in: Handelsblatt vom 05.08.1999, S. 1.

o. V. [Zukunftsfonds, 2000]: Empfehlungen zum Zukunftsfonds, URL: http://www.berlinews.de/archiv/1011.shtml, abgerufen am 01.06.2010.

o. V. [Auflösung, 2001]: Redaktionsgespräch mit Thomas de Maizière. „Die Annahme des Gesetzentwurfs bewirkt nicht automatisch die Auflösung des Finanzverbandes.", in: Zeitschrift für das gesamte Kreditwesen, Heft 22, 2001, S. 1272–1273.

o. V. [Sparkassenstruktur, 2001]: Sachsen streitet weiter um die Sparkassenstruktur, URL: http://www.welt.de/print-welt/article482909/Sachsen_streitet_weiter_um_die_Sparkassenstruktur.html, abgerufen am 10.04.2010.

o. V. [Sachsen, 2001]: Sachsen setzt auf Haftungsverbund, in: FAZ vom 20.07.2001, S. 18.

o. V. [Sparkassengesetz, 2001]: Sachsen entscheiden über ein neues Sparkassengesetz, in: FAZ vom 18.10.2001, S. 29.

o. V. [Neuordnung von Sparkassen-Landschaft, 2001]: Sachsen gegen Neuordnung von Sparkassen-Landschaft, URL: http://www.handelsblatt.com/archiv/die-wahlbeteiligung-von-25-9undnbsp-sachsen-gegen-neuordnung-von-sparkassen-landschaft/2109796.html, abgerufen am 10.04.2010.

o. V. [BayernLB, 2001]: BayernLB vertieft Partnerschaft CDC, in: FAZ vom 24.10.2001, S. 25.

o. V. [Fusionen, 2002]: Posch drängt Sparkassen zu Fusionen, in: FAZ vom 26.04.2002, S. 26.

o. V. [Stralsund, 2003]: Die Schlacht um Stralsund, URL: http://www.manager-magazin.de/unternehmen/artikel/0,2828,277830,00.html, abgerufen am 17.09.2009.

o. V. [Stadtsparkasse Stralsund, 2003]: Verkauf der Stadtsparkasse Stralsund wird vorbereitet, URL: http://www.wiwo.de/unternehmen-maerkte/verkauf-der-stadtsparkasse-stralsund-wird-vorbereitet-334665, abgerufen am 17.09.2009.

o. V. [Hamburgische Landesbank, 2003]: Hamburgische Landesbank, Girozentrale, URL: http://eurlex.europa.eu/LexUriServ/LexUriServ.do?uri=OJ:C:2003:081:0024:0032:EN:PDF, abgerufen am 03.04.2009.

o. V. [Sparkassen-Fusion, 2004]: Sparkassen-Fusion: Politiker befürchten Mogelpackung, URL: http://www.ka-news.de/region/karlsruhe/Sparkassen-Fusion-Politiker-befuerchten-Mogelpackung;art6066,389735, abgerufen am 03.06.2010.

o. V. [Sparkassenverkauf, 2004]: Sparkassenverkauf in Stralsund wird gestoppt, URL: http://www.handelsblatt.com/unternehmen/banken-versicherungen/sparkassenverkauf-in-stralsund-wird-gestoppt;717017, abgerufen am 17.09.2009.

o. V. [Helaba, 2005]: Helaba verfolgt mit dem Kauf der Fraspa eine Vorwärtsstrategie, URL: http://www.fazfinance.net/Aktuell/Boerse-und-Anlage/Helaba-verfolgt-mit-dem-Kauf-der-Fraspa-eine-Vorwaertsstrategie-1800.html, abgerufen am 10.04.2010.

o. V. [Sparkassengesetz, 2006]: Sparkassengesetz – Städte und Gemeinden gegen Reform, in: FR, 24.01.2006, S. 1.

o. V. [WestLB-HSH-Anteil, 2006]: WestLB-HSH-Anteil kann an Flowers verkauft werden, in: FR vom 30.09.2006, S. 11.

o. V. [Reformgesetz, 2007]: Kritik am Reformgesetz – Sparkassenverband unzufrieden, in: FR vom 31.03.2007, S. 4.

o. V. [Übernahme, 2007]: Übernahme wegen US-Finanzkrise. SachsenLB wird noch heute verkauft, URL: http://www.spiegel.de/wirtschaft/0,1518,502069,00.html, abgerufen am 21.09.2010.

o. V. [SachsenLB, 2007]: Zusammenbruch der SachsenLB abgewendet, URL: http://www.merkur-online.de/nachrichten/wirtschaft/zusammenbruch-sachsen-abgewendet-343232.html, abgerufen am 21.08.2011.

o. V. [Fusion, 2008]: Ein sinnvolle Größe. Fraktion für Fusion, URL: http://www.volksfreund.de/nachrichten/region/bitburg/aktuell/Heute-in-der-Bitburger-Zeitung-Eine-sinnvolle-Gr-246-223-e-Fraktion-f-252-r-Fusion;art752,1707752, abgerufen am 18.09.2009.

o. V. [SachsenLB, 2008]: Ministerpräsident Milbradt tritt zurück, URL: http://www.focus.de/politik/deutschland/sachsen-ministerpraesident-milbradt-tritt-zurueck_aid_294950.html, abgerufen am 21.08.2011.

o. V. [Sparkassen-Chef, 2009]: Walter Schubert: Hartnäckiger Sparkassen-Chef, URL: http://www.handelsblatt.com/unternehmen/banken-versicherungen/walter-schubert-hartnaeckiger-sparkassen-chef;2282220, abgerufen am 12.01.2010.

o. V. [Fusion, 2009]: Fusion der Sparkasse Harburg-Buxtehude und Lüneburg, URL: http://www.abendblatt.de/region/norddeutschland/article996279/Fusion-der-Sparkasse-Harburg-Buxtehude-und-Lueneburg.html, abgerufen am 03.06.2010.

o. V. [Sparkassenfusion, 2009]: Sparkassenfusion wird besiegelt, URL: http://www.kanal-8.de/default.aspx?ID=4406&showNews=483672, abgerufen am 03.06.2010.

o. V. [Übernahme, 2009]: Übernahme. Deutsche Bank besiegelt Kauf von Sal. Oppenheim, URL: http://www.faz.net/s/RubD16E1F55D21144C4AE3F9DD-F52B6E1D9/Doc~E5F5BF288621B446B99BDF07E3E10C936~ATpl~Ecommon~Scontent.html, abgerufen am 21.09.2010.

o. V. [Drei-Säulen-System, 2009]: Das robuste Drei-Säulen-System des deutschen Bankensektors, URL: http://www.net-tribune.de/nt/node/13252/news/Das-robuste-Drei-Saeulen-System-des-deutschen-Bankensektors/site/1, abgerufen am 26.09.2010.

o. V. [Volksbanken, 2009]: Finanzkrise – Auch die Volksbanken leiden, URL: http://www.focus.de/finanzen/banken/finanzkrise-auch-die-volksbanken-leiden_aid_38 3871.html, abgerufen am 26.09.2010.

o. V. [DZ Bank, 2009]: Milliarden Verluste – DZ Bank braucht frisches Kapital, URL: http://www.spiegel.de/wirtschaft/0,1518,602456,00.html, abgerufen am 26.09.2010.

o. V. [Reform, 2010]: Sparkassengesetz: Reform ist auf dem Weg, in: Kieler Nachrichten vom 02.02.2010, S. 7.

o. V. [Koalition, 2010]: Kieler Koalition bereitet Haspa den Wachstumspfad, in: FAZ vom 08.02.2010, S. 12.

o. V. [Sparkassengesetz, 2010]: Große Bedenken gegen Sparkassengesetz, in: Lübecker Nachrichten vom 11.02.2010, S. 10.

o. V. [Liberalen, 2010]: Sparkassengesetz – Die Liberalen fordern, die Genossen warnen, in: Norderstedter Zeitung vom 16.02.2010, S. 2.

o. V. [Personalrat, 2010]: Personalrat der Sparkasse übt Kritik an neuem Gesetz, in: Ahrensburger Zeitung vom 22.02.2010, S. 1.

o. V. [Landtag, 2010]: Neues Sparkassengesetz bleibt im Landtag umstritten, in: Die Welt vom 26.02.2010, S. 8.

o. V. [Sparkassen-Fusion, 2010]: Sparkassen-Fusion. Sparkasse Karlsruhe und Ettlingen fusionieren, URL: http://nordbaden.business-on.de/sparkasse-ettlingen-fusion-region-karlsruhe-_id552.html, abgerufen am 21.12.2012.

o. V. [Sparkassenfusion, 2010]: Gericht lehnt Eilantrag gegen Sparkassenfusion ab, URL: http://www.boersennews.de/nachrichten/artikel/roundup-gericht-lehnt-eilantrag-gegen-sparkassenfusion-ab/155122227, abgerufen am 21.12.2012.

o. V. [Sparkasse, 2010]: Informationen aus der öffentlichen Trägerversammlung der Sparkasse Ettlingen, URL: http://cms.ettlingen.de/servlet/PB/menu/1337138_l1/index.html, abgerufen am 21.12.2012.

o. V. [Trägerversammlung, 2010]: Nur die Trägerversammlung entscheidet, URL: http://www.weka.de/kommunalverwaltung/26.10.2010-Nur-die-Traegerversammlung-entscheidet.html, abgerufen am 21.12.2012.

o. V. [Wirtschaft, 2010]: Wirtschaft: Sparkassenfusion sichert Zukunft, URL: http://www1.karlsruhe.de/Aktuell/Stadtzeitung10/sz1703.htm, abgerufen am 21.12.2012.

o. V. [Kieler Sparkassengesetz, 2010]: Kieler Sparkassengesetz schürt Angst vor der Haspa, in: Die Welt vom 19.06.2010, S. 7.

o. V. [Beteiligungen, 2010]: Schleswig-Holstein öffnet Sparkassen für Beteiligungen, in: FAZ vom 19.06.2010, S. 15.

o. V. [Schleswig-Holstein, 2010]: Haspa kann in Schleswig-Holstein expandieren, in: Handelsblatt vom 21.06.2010, S. 34.

o. V. [Neues Sparkassengesetz, 2010]: Neues Sparkassengesetz für Schleswig-Holstein, in: Financial Times Deutschland vom 21.06.2010, S. 18.

o. V. [Koalitionsvertrag, 2010]: SPD stimmt geschlossen für Koalitionsvertrag, URL: http://www.faz.net/s/RubB4238231944B4B06816C99862ED4A164/Doc~E2D7AFE0E059647CC99E76C681ECD19BD~ATpl~Ecommon~Scontent.html, abgerufen am 10.07.2010.

o. V. [BayernLB, 2010]: Roundup 2: Gebeutelte BayernLB will sich mit WestLB trauen, URL: http://www.finanzen100.de/nachrichten/roundup-2-gebeutelte-bayernlb-will-sich-mit-westlb-trauen_H1491746218_1-1-6759162881519148751, abgerufen am 21.09.2010.

o. V. [Basel-III-Kapitalregeln – Ausnahmen für Sparkassen, 2014]: Basel-III-Kapitalregeln – Ausnahmen für Sparkassen und Volksbanken, URL: http://www.handelsblatt.com/unternehmen/banken/basel-iii-kapitalregeln-ausnahmen-fuer-sparkassen-und-volksbanken/9302964.html, abgerufen am 11.01.2014.

o. V. [Kein Ende im Ausschüttungsstreit, 2016]: Kein Ende im Ausschüttungsstreit. Düsseldorfer OB Geisel lehnt Kompromissvorschlag der Stadtsparkasse ab – Ball liegt jetzt bei der Aufsicht, in: Börsen-Zeitung vom 16.01.2016, S. 4.

o. V. [Bankenkrise in Italien, 2016]: Bankenkrise in Italien, in: FAZ vom 20.01.2016, S. 21.

o. V. [Keine Bewegung im Ausschüttungsstreit, 2016]: Keine Bewegung im Ausschüttungsstreit. Stadtsparkasse Düsseldorf hält an Kompromissvorschlag fest – Ergebnis bleibt 2015 auf hohem Niveau, in: Börsen-Zeitung vom 24.02.2016, S. 4.

o. V. [Sparkassen, 2016]: Die Sparkassen bekommen ein neues Machtzentrum, in: FAZ vom 25.04.2016, S. 19.

Oberndorfer, Peter [Deregulierung, 1992]: Deregulierung. Forschungsprojekt der Rudolf-Trauner-Stiftung, Bd. 1, Linz 1992.

Oebbecke, Janbernd [Eigenkapitalausstattung, 1980]: Rechtsfragen der Eigenkapitalausstattung der kommunalen Sparkassen, Siegburg 1980 (Schriften zum deutschen Kommunalrecht, Bd. 20).

Olson, Mancur [Logik, 2004]: Die Logik des kollektiven Handelns: Kollektivgüter und die Theorie der Gruppen, 5., durchgesehene Aufl., Tübingen 2004.

Ostdeutscher Sparkassenverband [Mitgliedssparkassen, 2013]: Die Mitgliedssparkassen des OSV, URL: http://www.osv-online.de/verband/mitgliedssparkassen.html, abgerufen am 31.07.2013.

Palmen, Hans-Richard [Öffentlicher Auftrag, 1999]: Zwischen öffentlichem Auftrag und Wettbewerb, in: Zeitschrift für das gesamte Kreditwesen, Heft 15, 1999, S. 778–781.

Partei des Demokratischen Sozialismus [Materialien, 1990]: Materialien. Außerordentlicher Parteitag der SED/PDS. Partei des Demokratischen Sozialismus 8./9. und 16./17. Dezember 1989, Berlin 1990.

Pautsch, Arne [Privatisierung, 2003]: Privatisierung des öffentlichen Bankensektors – Eine Untersuchung zur Rolle des Staates in der Kreditwirtschaft unter Berücksichtigung aktueller Entwicklungen im nationalen und europäischen Recht, zugl. Diss. Univ. Göttingen, 2002, München 2003 (Münchner Juristische Beiträge, Bd. 35).

Peters, Maren [Weberbank, 2009]: Wechsel bei der Weberbank, URL: http://www.pnn.de/wirtschaft/182000, abgerufen am 12.01.2010.

Pfaff, Christina [Firmenkundengeschäft, 2003]: Neuausrichtung des Firmenkundengeschäfts öffentlich-rechtlicher Kreditinstitute unter dem Einfluß von Basel II, Aachen 2003 (Berliner Schriften zur anwendungsorientierten Bankbetriebslehre, Bd. 2).

Pirkl, Fritz [Privatisierung, 1976]: Beitrag zum Forum des Manager Magazins zur Privatisierung, in: Manager Magazin, Heft 12, 1976, S. 169 f.

Pix, Manfred [Bayerische Sparkassengeschichte, 1994]: Bericht über das 15. Symposium Bayerische Sparkassengeschichte, „Geldverleihen und Schulden machen“, in: *Pix, Manfred (Hrsg.):* Daseinsvorsorge und Kreditvergabe vom 17. bis zum 20. Jahrhundert, Bd. 8, 1994, S. 177–180.

Plaschnick, Björn [Bank Runs, 2009]: On the Nature of Fundamental-based and Panic-based Bank Runs. An Analysis of the Origins of Bank Runs, zugl. Diss. Univ. Bielefeld, 2009, Hamburg 2010 (Schriftenreihe Volkswirtschaftliche Forschungsergebnisse, Bd. 160).

Pletsch, Peter [DGB, 1998]: Streit in der Einheit? Aufgabenbegrenzung zwischen DGB und Mitgliedsgewerkschaften, in: *Alemann, U. von/Schmid, J. (Hrsg.):* Die Gewerkschaft ÖTV: Reformen im Dickicht gewerkschaftlicher Organisationspolitik, Baden-Baden 1998, S. 265–273.

Pohl, Hans [Sparkassenorganisation, 2000]: Die Institute der Sparkassenorganisation als Wettbewerber im deutschen Bankensystem, in: *Wissenschaftsförderung der Sparkassenorganisation e. V., Bonn (Hrsg.):* Sparkassenhistorisches Symposium 1999. Die Sparkassenorganisation in Wirtschaft, Gesellschaft und Region – historische Aspekte und Zukunftsperspektiven, Stuttgart 2000, S. 19–51 (Sparkassen in der Geschichte, Abteilung 1: Dokumentation, Bd. 20).

Popien, Matthias [Gesetzesnovelle, 2010]: Gesetzesnovelle – Kiel will Verkauf der regionalen Geldinstitute möglich machen. Ist das Sparkassen-System in Gefahr?, in: Norderstedter Zeitung vom 15.02.2010, S. 3.

Popitz, Johannes [Finanzausgleich, 1932]: Der künftige Finanzausgleich zwischen Reich, Ländern und Gemeinden. Gutachten, erstattet der Studiengesellschaft für den Finanzausgleich, Berlin 1932.

Poullain, Ludwig [Staatstätigkeit, 1976]: „Korrektur der Staatstätigkeit", in: Handelsblatt vom 02.02.1976, S. 13.

Preißinger, Eberhard [Öffentliche Unternehmen, 1990]: Die Privilegierung öffentlicher Unternehmen, Diss. Univ. Bayreuth, 1990.

Priewasser, Erich [Bankbetriebslehre, 2001]: Bankbetriebslehre, 7., erw. und vollst. überarb. Aufl., München/Wien 2001.

Prittwitz, Volker von [Politikfeldanalyse, 1994]: Politikfeldanalyse, Opladen 1994.

Purbach, Volker [Sparkassen, 1994]: Die Auswirkungen des Binnenmarktes auf die Sparkassen und ihre öffentlich-rechtliche Verankerung – Privatisierung der Sparkassen, Diss. Univ. Würzburg, 1994.

Püttner, Günter [Rechtliche Rahmenbedingungen, 1988]: Rechtliche Rahmenbedingungen der Privatisierung, in: *Brede, H. (Hrsg.):* Privatisierung und die Zukunft der öffentlichen Wirtschaft, Baden-Baden 1988, S. 257–265.

Püttner, Günter [Verwaltungslehre, 2007]: Verwaltungslehre: ein Studienbuch, 4. Aufl., München 2007.

Quast, Fabian Alexander [Private als Sparkassenträger, 2008]: Private als Sparkassenträger: zur Verfassungskonformität des sog. Berliner Sparkassenmodells, zugl. Diss. Humboldt-Univ. Berlin, 2008, Berlin 2010 (Schriften zum öffentlichen Recht, Bd. 1154).

Radelli, Claudio M. [Europeanization, 2000]: Whither Europeanization? Concept stretching and substantive change, URL: http://eiop.or.at/eiop/pdf/2000-008.pdf, abgerufen am 17.11.2010.

Rechlin, Sandra [Kommunen, 2004]: Die deutschen Kommunen im Mehrebenensystem der Europäischen Union – Betroffene Objekte oder aktive Subjekte?, in: Veröffentlichung der Abteilung Zivilgesellschaft und transnationale Netzwerke des Forschungsschwerpunkts Zivilgesellschaft, Konflikte und Demokratie des Wissenschaftszentrums Berlin für Sozialforschung, Discussion Paper Nr. SP IV 04-101, Berlin 2004.

Rehm, Hannes/Matern-Rehm, Sigrid [Kommunalfinanzen, 2010]: Kommunalfinanzen, Wiesbaden 2010.

Reichel, Richard [Kreditgenossenschaften, 2011]: Der Beitrag der Kreditgenossenschaften zur Finanzstabilität, in: Zeitschrift für das gesamte Kreditwesen, Heft 18, 2011, S. 959–962.

Reimann, Winfried [Öffentliche Banken, 1992]: Öffentliche Banken in der Zeit: ein Verband wird fünfundsiebzig, Bonn 1992.

Reinartz, Ingomar [Partei Programme, 1978]: Partei Programme, 2. Aufl., München 1978.

Rheinischer Sparkassen- und Giroverband (Hrsg.) [Informationen, 2008]: Informationen zum Entwurf des Sparkassengesetzes NRW, URL: http://www.karl-schultheis.de/db/docs/doc_20308_2008101415542.pdf, abgerufen am 21.08.2011.

Rheinland-Pfalz Bank (Hrsg.) [Statut, 2008]: Statut der Rheinland-Pfalz Bank – Mainz – Fassung: 1. Juli 2008, URL: http://www.rlp-bank.de/imperia/md/content/rlp/rechtliche_hinweise/Statut_RLP-Bank_deutsch_1.7.08.pdf, abgerufen am 10.04.2010.

Richter, Peter [Ökonomisierung, 2009]: Ökonomisierung als gesellschaftliche Entdifferenzierung. Eine Soziologie zum Wandel des öffentlichen Sektors, Konstanz 2009.

Romeike, Frank [Subprime-Krise, 2010]: Chronologie der Subprime-Krise, in: *Romeike, F. (Hrsg.):* Die Bankenkrise. Ursachen und Folgen im Risikomanagement, Köln 2010, S. 13–57.

Röper, Burkhardt [Wettbewerbsfunktion, 1973]: Die Wettbewerbsfunktion der deutschen Sparkassen und das Subsidiaritätsprinzip, Berlin 1973.

Ropp, Nina von der [CDU, 1993]: CDU macht Dampf, in: Handelsblatt vom 12.05.1993, S. 2.

Sabatier, Paul A. [Advocacy-Koalitionen, 1993]: Advocacy-Koalitionen, Policy-Wandel und Policy-Lernen: Eine Alternative zur Phasenheuristik, in: *Héritier, A. (Hrsg.):* Policy-Analyse. Kritik und Neuorientierung, Politische Vierteljahresschriften, Sonderheft Nr. 24, 1993, S. 116–148.

Sabatier, Paul A. [Advocacy Coalition, 1998]: The Advocacy Coalition Framework: Revisions and Relevance for Europe, in: Journal of European Public Policy, Vol. 5, 1998, S. 98–130.

Sabatier, Paul, A. (Hrsg.) [Theories, 1999]: Theories of the Policy Process, Boulder u. a. 1999.

Sabatier, Paul A. (Hrsg.) [Theories, 2007]: Theories of the Policy Process, 2. Aufl., Boulder u. a. 2007.

Sabatier, Paul A./Brasher, Anne M. [Coalitions, 1993]: From Vague Consensus to Clearly Differentiated Coalitions: Environmental Policy at Lake Tahoe, 1964–1985, in: *Sabatier, P. A./Jenkins-Smith, H. C. (Hrsg.):* Policy-Change and Learning: An Advocacy Coalition Approach, Boulder 1993, S. 177–208.

Sabatier, Paul A./Jenkins-Smith, Hank C. [Advocacy Coalition, 1999]: The Advocacy Coalition Framework: An Assessment, in: *Sabatier, P. A. (Hrsg.):* Theories of the Policy Process, Boulder u. a., 1999, S. 117–166.

Sabatier, Paul A./Weible, Christopher M. [Advocacy Coalition, 2007]: The Advocacy Coalition Framework. Innovations and Clarifications, in: *Sabatier, P. A. (Hrsg.):* Theories of the Policy Process, 2. Aufl., Boulder u. a., 2007, S. 189–220.

Sachsen-Finanzgruppe (Hrsg.) [Verbundinstitute, 2016]: Die Verbundinstitute der SFG, URL: http://www.sachsen-finanzgruppe.de/sfg/verbundinstitute, abgerufen am 04.04.2016.

Sachverständigenrat zur Begutachtung der gesamtwirtschaftlichen Entwicklung (Hrsg.) [Aufschwung, 1975]: Jahresgutachten 1975/76. „Vor dem Aufschwung“, Stuttgart/Mainz 1975.

Sachverständigenrat zur Begutachtung der gesamtwirtschaftlichen Entwicklung (Hrsg.) [Wachstumsorientierung, 1992]: Jahresgutachten 1992/93. „Für Wachstumsorientierung – gegen lebenden Verteilungsstreit“, Wiesbaden 1992.

Sachverständigenrat zur Begutachtung der gesamtwirtschaftlichen Entwicklung (Hrsg.) [Antriebskräfte, 1993]: Jahresgutachten 1993/94. „Zeit zum Handeln – Antriebskräfte stärken“, Wiesbaden 1993.

Sachverständigenrat zur Begutachtung der gesamtwirtschaftlichen Entwicklung (Hrsg.) [Inland, 2004]: Jahresgutachten 2004/05. „Erfolge im Ausland – Herausforderungen im Inland“, Wiesbaden 2004.

Sachverständigenrat zur Begutachtung der gesamtwirtschaftlichen Entwicklung (Hrsg.) [Finanzsystem, 2008]: Das deutsche Finanzsystem. Effizienz steigern – Stabilität erhöhen. Expertise im Auftrag der Bundesregierung, Wiesbaden 2008.

Sachverständigenrat zur Begutachtung der gesamtwirtschaftlichen Entwicklung (Hrsg.) [Zukunft, 2009]: Jahresgutachten 2009/10. „Die Zukunft nicht aufs Spiel setzen“, Wiesbaden 2009.

Schäfer, Cornelia [Europäisches Gemeinschaftsrecht, 2004]: Einwirkungen des Europäischen Gemeinschaftsrechts auf das deutsche Steuerrecht durch Maßnahmen der Harmonisierung und die Rechtsprechung des EuGH, Diss. Univ. Konstanz, 2004.

Schäfer, Dorothea [Finanzmärkte, 2009]: Finanzmärkte im Umbruch: Krise und Neugestaltung, in: *Deutsches Institut für Wirtschaftsforschung e. V. (Hrsg.):* Vierteljahresheft zur Wirtschaftsforschung 2009, Berlin 2009, S. 5–13.

Scharpf, Fritz W. [Interaktionsformen, 2000]: Interaktionsformen. Akteurzentrierter Institutionalismus in der Politikfeldforschung, Opladen 2000.

Scheike, Alexander [Privatisierung, 2004]: Rechtliche Voraussetzungen für die materielle Privatisierung kommunaler Sparkassen – Eine Untersuchung unter besonderer Berücksichtigung der Rechtsform der eingetragenen Genossenschaft, zugl. Diss. Univ. Osnabrück, 2004, Frankfurt am Main 2004 (Europäische Hochschulschriften, Reihe II, Rechtswissenschaft, Bd. 3903).

Scherf, Harald [Wirtschaftspolitik, 1986]: Enttäuschte Hoffnungen – vergebene Chancen: die Wirtschaftspolitik der Sozial-Liberalen Koalition 1969–1982, Göttingen 1986.

Schermer, Gerlinde [Privatisierungspolitik, 2002]: Privatisieren – Strangulieren. Zur Bilanz der Privatisierungspolitik, URL: http://www.volksbegehren-soziales-berlin.de/files/Bilanz_der_Privatisierungen.pdf, abgerufen am 01.06.2010.

Schick, Gerhard/Sing, Elmar [Wirtschaftspolitik, 2005]: Werteorientierung und Unternehmertum – Überlegungen zu einer Grünen Wirtschaftspolitik, Berlin 2005.

Schiller, Theo [FDP-Forschung, 1993]: Stand, Defizite und Perspektiven der FDP-Forschung, in: *Niedermayer, O./Stöss, R. (Hrsg.):* Stand und Perspektiven der Parteienforschung in Deutschland, Opladen 1993, S. 119–146 (Schriften des Zentralinstituts für sozialwissenschaftliche Forschung der Freien Universität Berlin, Bd. 71).

Schleberger, Erwin [Privatisierung, 1976]: Die Zauberformel Privatisierung, in: Städtetag, Heft 3, 1976, S. 121.

Schlierbach, Helmut [Sparkassenrecht, 1985]: Das Sparkassenrecht in der Bundesrepublik Deutschland und in Berlin West, 2., neu bearb. Aufl., Stuttgart 1985.

Schlierbach, Helmut [Sparkassenrecht, 2003]: Das Sparkassenrecht in der Bundesrepublik Deutschland, 5., neu bearb. und aktualisierte Aufl., Stuttgart 2003.

Schmehrer, Bernhard [Kommunalpolitik, 1990]: Freizeitvereine und Eliten in der Kommunalpolitik: am Beispiel der Stadt Dürkheim, zugl. Diss. Univ. Kaiserslautern, 1990, Ammersbek bei Hamburg 1990 (Wissenschaftliche Beiträge aus europäischen Hochschulen, Reihe 05, Philosophie und Sozialwissenschaft, Bd. 4).

Schmeisser, Wilhelm/Geißler, Jörg André/Schütz, Kerstin [Finanzdienstleistungsmärkte, 2008]: Zum Wandel der Finanzdienstleistungsmärkte: dargestellt anhand ausgewählter Bankinstrumente und Finanzdienstleistungsinnovationen, München 2008 (Finanzwirtschaft, Finanzdienstleistungen, empirische Wirtschaftsforschung, Bd. 9).

Schmid, Klaus-Peter [Sachsenbank, 2000]: Sachsenbank? Nein Danke! Warum sich Sachsens Sparkassen den Gelüsten ihres Finanzministers verweigern, URL: http://www.zeit.de/2000/01/Sachsenbank_Nein_danke_/komplettansicht, abgerufen am 10.04.2010.

Schmidhuber, Heinrich [Sparkassenstrukturen, 1998]: Überlegungen zu künftigen Sparkassenstrukturen, in: Sparkasse, 115. Jg., S. 586–587.

Schmidt, Manfred G. [Public policy, 1996]: When parties matter: A review of the possibilities and limits of partisan influence on public policy, in: European Journal of Political Science, Vol. 30, No. 2, S. 155–183.

Schmidt, Manfred G. [Policy-Analyse, 1997]: Teil VIII: Policy-Analyse, in: *Mohr, A. (Hrsg.):* Grundzüge der Politikwissenschaft, 2. Aufl., München/Wien 1997.

Schmidt, Manfred G. [Demokratietheorien, 2010]: Demokratietheorien. Eine Einführung, 5. Aufl., Wiesbaden 2010.

Schmidt, Reinhard H. [Banken, 2011]: Ein Plädoyer für Banken-Vielfalt, in: FAZ vom 27.05.2011, S. 25.

Schmidt, Werner [Neuordnung, 2000]: Neues rheinland-pfälzisches Sparkassenrecht: Der erste Schritt für ein Zukunftsmodell?, in: *Oebbecke, J./Bauer, J./ Pünder, H. (Hrsg.):* Perspektiven der kommunalen Sparkassen: Symposium des Freiherr-vom-Stein-Instituts am 24. Februar 2000, Stuttgart u. a. 2000, S. 89–96.

Schmitt-Vockenhausen, Hermann [Stellungnahme, 1975]: Stellungnahme des Präsidenten des Deutschen Städte- und Gemeindeverbundes, in: Städte- und Gemeindebund, Heft 9, 1975, S. 249.

Schmitt-Wellbrock, Wolfgang [Freie Sparkassen, 1979]: Freie Sparkassen und Regionalprinzip. Zugleich ein Beitrag zur Rechtstellung der Freien Sparkassen als freigemeinwirtschaftliche Unternehmen, Berlin 1979 (Untersuchungen über das Spar-, Giro- und Kreditwesen, Abteilung B: Rechtswissenschaft, Schriften des Instituts für internationales Recht des Spar-, Giro- und Kreditwesens an der Universität Mainz, Bd. 20).

Schnabel, Isabel [Financial Crises, 2009]: Lessons from Financial Crises – Historical Perspectives and Theoretical Concepts, in: *Der Wissenschaftliche Beirat des Instituts für bankhistorische Forschung e. V. (Hrsg.):* Die internationale Finanzkrise: Was an ihr ist neu, was alt? Worauf muss in Zukunft geachtet werden?, 31. Symposium des Instituts für bankhistorische Forschung e. V. am 10. Juni 2009 in der Hauptverwaltung Frankfurt am Main der Deutschen Bundesbank, Stuttgart 2009, S. 89–98.

Schneider, Michael [SPD und Gewerkschaften, 1994]: SPD und Gewerkschaften – Zur Geschichte eines Bündnisses. Darstellung und Dokumentation, Bonn 1994.

Schneider, Volker/Janning, Frank [Politikfeldanalyse, 2006]: Politikfeldanalyse: Akteure, Diskurse und Netzwerke in der öffentlichen Politik, Wiesbaden 2006.

Schneider, Volker/Tenbücken, Marc [Privatisierung, 2004]: Der Staat auf dem Rückzug. Die Privatisierung öffentlicher Infrastrukturen, Frankfurt am Main 2004.

Schneider, Volker/Fink, Simon/Tenbücken, Marc [Privatization, 2005]: Buying out the state. A comparative perspective on the privatization of infrastructures, in: Comparative Political Studies, Vol. 38, No. 6, S. 704–727.

Schooner, Heidi Mandanis/Taylor, Michael [Global bank regulation, 2010]: Global bank regulation: Principles and policies, Amsterdam 2010.

Schorner, Florian [Privatisierung, 2008]: Privatisierung kommunaler Sparkassen: aktuelle Entwicklungen in historischem und internationalem Kontext, zugl. Diss. Univ. Regensburg, 2007, Hamburg 2008.

Schreiber, Meike [Ende der Kleinstaaterei, 2015]: Ende der Kleinstaaterei. Immer mehr Sparkassen und Volksbanken fusionieren. Allein können sie die wachsenden Anforderungen der Regulierungsbehörden nicht stemmen, URL: http://www.sueddeutsche.de/wirtschaft/fusionen-ende-der-kleinstaaterei-1.2796835, abgerufen am 05.04.2016.

Schreiber, Meike [Sparkasse gegen Bürgermeister, 2015]: Sparkasse gegen Bürgermeister, in: Süddeutsche Zeitung vom 16.06.2015, S. 22.

Schröder, Gerhard [Sparkassentag, 1995]: Grußwort zum deutschen Sparkassentag 1995 in Hannover, in: *Deutscher Sparkassen- und Giroverband e. V. (Hrsg.):* Verantwortung in Gesellschaft und Region, Stuttgart 1995, S. 21–31.

Schroeder, Wolfgang [Sozialdemokratie, 2005]: Sozialdemokratie und gewerkschaftliche Organisation, in: *Hitzel-Cassagnes, T./Schmidt, T. (Hrsg.):* Demokratie in Europa und europäische Demokratien: Festschrift für Heidrun Abromeit, Wiesbaden 2005, S. 56–90.

Schubert, Klaus [Akteur, 2010]: Akteur, in: *Nohlen, D./Schultze, R. (Hrsg.):* Lexikon der Politikwissenschaft, Bd. 1, 4., aktualisierte und erw. Aufl., München 2010, S. 8–9.

Schubert, Klaus/Bandelow, Nils C. [Politikfeldanalyse, 2003]: Lehrbuch der Politikfeldanalyse, München/Wien 2003.

Schuchard, Helga [Reizwort, 1975]: Ein neues Reizwort geht um, in: Liberale Zeitung, Nr. 26–27, S. 1 ff.

Schulte, Christoph [GRÜNEN, 1984]: Die Herkunft der GRÜNEN: Ursachen, Voraussetzungen und Entstehung einer Bewegung, in: *Gotto, K./Veen, H.-J. (Hrsg.):* Die Grünen – Partei wider Willen, Mainz 1984, S. 11–36 (Studien zur politischen Bildung, Bd. 9).

Schulte, Ewald B. [Komplett-Privatisierung, 1997]: Berliner Finanzsenatorin für Komplett-Privatisierung, in: Berliner Zeitung vom 02.10.1997, S. 1.

Schulz, Christoph [Verbundstrategie, 2004]: Die Verbundstrategie der Sparkassen als Wettbewerbsvorteil zu Konzernbanken, in: *Tietmeyer, H./Heinke, E./Rolfes, B. (Hrsg.):* Der deutsche Bankenmarkt – unfähig zur Konsolidierung? Beiträge des Duisburger Banken-Symposiums, Wiesbaden 2004, S. 89–110.

Schulz, Günther [Sparkassen, 2001]: Die deutschen Sparkassen zwischen Staat und Markt – The German savings banks between state and market, in: *Wissenschaftsförderung der Sparkassen-Finanzgruppe e. V., Bonn (Hrsg.):* Europäisches Kolloquium für Sparkassengeschichte 2001. Sparkassen zwischen Staat und Markt – Savings Banks between State and Market, Stuttgart 2001, S. 77–96 (Sparkassen in der Geschichte, Abteilung 1: Dokumentation, Bd. 23).

Schuppert, Gunnar Folke [Staatswissenschaft, 2003]: Staatswissenschaft, Baden-Baden, 2003.

Schwaldt, Norbert [Sparkasse, 2004]: Linz am Rhein trennt sich legal von seiner Sparkasse, URL: http://www.welt.de/print-welt/article290671/Linz_am_Rhein_trennt_sich_legal_von_seiner_Sparkasse.html, abgerufen am 18.09.2009.

Seidel, Max/Pfitzner, Johannes [Sparkassenwesen, 1916]: Das Sparkassenwesen, in: *Bernatzik, E./Philippovich, E. von (Hrsg.):* Wiener Staatswissenschaftliche Studien, Bd. 13, Heft 3, Wien/Leipzig 1916, S. 205–322.

Seifert, Ekkehard [Bankwesen, 1984]: Privilegierung und Regulierung im Bankwesen: Ein Beitrag zur ordnungspolitischen Problematik branchenorientierter Strukturpolitik, Baden-Baden 1984.

Seikel, Daniel [Liberalisierung, 2013]: Der Kampf um öffentlich-rechtliche Banken: Wie die Europäische Kommission Liberalisierung durchsetzt, Frankfurt am Main 2013.

Semler, Johannes/Stengel, Arndt [Umwandlungsgesetz, 2003]: Umwandlungsgesetz, München 2003.

Senator für Wirtschaft und Technologie des Landes Berlin et al. (Hrsg.) [Wirtschaft, 1994]: Die Wirtschaft der neuen Bundesländer: Daten, Fakten, Perspektiven, Ausgabe 1994, Wiesbaden 1994.

Sieben, Günter [Bewertung, 1968]: Bewertung von Erfolgseinheiten, unveröffentlichte Habilitationsschrift, Köln 1968.

Sieben, Günter/Schildbach, Thomas [Entscheidungstheorie, 1994]: Betriebswirtschaftliche Entscheidungstheorie, 4. Aufl., Düsseldorf 1994.

Siebert, Horst [Sparkassen, 1993]: Sparkassen sind kein Tafelsilber, in: Handelsblatt vom 09.03.1993, S. 2.

Siegmund, Uwe [Privatisierungstheorien, 1997]: Warum Privatisierung? Eine Dogmengeschichte der Privatisierungstheorien, in: *Institut für Weltwirtschaft* (Hrsg.): Arbeitspapier, Nr. 785, Kiel 1997, S. 1–67.

Soell, Hartmut/Kempter, Klaus [Arbeiterbewegung, 2000]: Die Arbeiterbewegung in Zeiten sozialdemokratischer Regierungsmacht, in: Gewerkschaftliche Monatshefte, Nr. 51, 2000, S. 27–32.

Sparkassen Harburg-Buxtehude (Hrsg.) [Geschäftsentwicklung, 2010]: Bilanzpressekonferenz zur Geschäftsentwicklung 2009 der Sparkasse Harburg-Buxtehude am 28. Januar 2010, URL: https://www.sparkasse-harburg-buxtehude.de/module/ueber_uns/pressecenter/upload/2010_jahrespressekonferenz_2009.pdf?IFLBSERVERID=IF@@022@@ IF, abgerufen am 03.06.2010.

Sparkassen Harburg-Buxtehude (Hrsg.) [Sparkasse, 2010]: Meine Sparkasse – Offenlegungsbericht, URL: https://www.sparkasse-harburg-buxtehude.de/meine_sparkasse/module/recht/offenlegungsbericht/offenlegungsbericht_sparkasse/index.php?IFLBSERVERID=IF@@022@@IF, abgerufen am 03.06.2010.

Sparkassen- und Giroverband Hessen-Thüringen (Hrsg.) [100 Jahre Sparkassenverbandsarbeit, 1994]: 100 Jahre Sparkassenverbandsarbeit in Hessen: Vom Interessenvertreter zum modernen Dienstleister, Frankfurt am Main/Erfurt 1994.

Sparkassen- und Giroverband Hessen-Thüringen (Hrsg.) [S-Finanzgruppe Hessen-Thüringen, 1994]: Die S-Finanzgruppe Hessen-Thüringen. Teil I: Hintergrund und Verlauf ihrer Entstehung, Frankfurt am Main/Erfurt 1994.

Sparkassenverband Westfalen-Lippe (Hrsg.) [Sparkassen, 2010]: Künftige NRW-Regierungsparteien werten Sparkassen als „unverzichtbar", URL: https://www.svwl.eu/uploads/media/Pressemitteilung_Koalitionsvertrag_SVWL_20710.pdf, abgerufen am 21.08.2011.

Spary, Peter/Lehnen, Hans-Dieter [Mittelstands- und Wirtschaftsvereinigung, 1996]: Geschichte der Mittelstands- und Wirtschaftsvereinigung der CDU/CSU, URL: http://mit.sinnovo.net/pdf/Geschichte_der_MIT.pdf, abgerufen am 01.06.2010.

Spath, Dieter/Bauer, Wilhelm/Praeg, Claus-Peter/Vocke, Christian [Bank und Zukunft]: Bank und Zukunft 2012. Wachstum durch Wandel – Transformation durch kundenfokussierte Innovationsstrategien, Stuttgart 2012.

Stade, Bodo [Sparkassen-Gesetz, 2010]: Schwarz-Gelb setzt sich durch: Zweimal 48 zu 47. Beitragsfreies Kita-Jahr trotz Bedenken abgeschafft – Sparkassen-Gesetz beschlossen, in: Kieler Nachrichten vom 19.06.2010, S. 32.

Stadt Leipzig – Amt für Statistik und Wahlen [Volksentscheid in Sachsen, 2001]: Volksentscheid in Sachsen am 21. Oktober 2001 – amtliche Ergebnisse – 10/01, in: Leipziger Statistik und Stadtforschung, Leipzig 2001, S. 1–23.

Statistisches Bundesamt Deutschland [Kommunen, 2009]: Deutliches Defizit der Kommunen im ersten bis dritten Quartal 2009, in: *Statistisches Bundesamt Wiesbaden (Hrsg.):* Pressemitteilung, Nr. 505 vom 22.12.2009, URL: http://www.destatis.de/jetspeed/portal/cms/Sites/destatis/Internet/DE/Presse/pm/2009/12/PD09__505__71137.psml, abgerufen am 23.03.2010.

Statistisches Bundesamt Deutschland [Finanzen, 2010]: Öffentliche Finanzen, in: *Statistisches Bundesamt Wiesbaden (Hrsg.):* URL: http://www.destatis.de/jetspeed/portal/cms/Sittes/destatis/Internet/DE/Navigation/Statistiken/FinanzenSteuern/OeffentlicheHaushalte/OeffentlicheFinanzen.psml, abgerufen am 23.03.2010.

Statistisches Bundesamt Deutschland [Schulden, 2010]: Öffentliche Schulden 2009 um 7,1 % auf 1,69 Billionen Euro gestiegen, in: *Statistisches Bundesamt Wiesbaden (Hrsg.):* Pressemitteilung, Nr. 95 vom 11.03.2010, URL: http://www.destatis.de/jetspeed/portal/cms/Sites/destatis/Internet/DE/Presse/pm/2010/03/PD10__095__713,templateId=renderPrint.psml, abgerufen am 23.03.2010.

Statistisches Bundesamt Deutschland [Überschuss, 2013]: Kommunen erzielten im Jahr 2012 einen Überschuss von 0,9 Milliarden Euro, in: *Statistisches Bundesamt Wiesbaden (Hrsg.):* URL: https://www.destatis.de/DE/PresseService/Presse/Pressemitteilungen/2013/03/PD13_113_71137.html, abgerufen am 21.07.2013.

Staudte, Wolfgang [Umbruch, 1999]: Banken im Umbruch, in: Der Handel, 7, 1999, S. 64–65.

Steffen, Karl-Heinz [Kommunen, 2001]: Das wirtschaftliche Handeln der Kommunen auf dem Prüfstand: exemplarische Überlegungen und Analysen zur Optimierung der Ökonomie des kommunalen Sektors in der Bundesrepublik Deutschland, München u. a. 2001.

Stein, Ekkehart/Frank, Götz [Staatsrecht, 2004]: Staatsrecht, 19., neubearb. Aufl., Tübingen 2004.

Steiner, Jürgen [Bankenmarkt, 1994]: Bankenmarkt und Wirtschaftsordnung: Sparkassen und Landesbanken in der Privatisierungsdiskussion, Frankfurt am Main 1994.

Steinhauser, Gabriele/Stevens, Laura [Sparkassen, 2013]: Sparkassen lassen in Europa die Muskeln spielen, URL: http://www.welt.de/wall-street-journal/article121762225/Sparkassen-mutieren-zu-schwarzen-System-Loechern.html, abgerufen am 16.11.2013.

Stiele, Mike [Bankensektor, 2008]: Wettbewerb im Bankensektor. Eine Untersuchung unter besonderer Berücksichtigung des Wettbewerbsverhaltens der Sparkassen, zugl. Diss. Univ. Magdeburg, 2008, Wiesbaden 2008.

Stolzenburg, Günter E. H. [Sparkassenwesen, 1956]: Die rechtliche Sonderstellung der Freien Sparkassen im deutschen Sparkassenwesen, Hamburg 1956.

Streuber, Hans Otto [Sparkassenrecht, 2000]: Neues rheinland-pfälzisches Sparkassenrecht: Der erste Schritt für ein Zukunftsmodell?, in: *Oebbecke, J./Bauer, J./Pünder, H. (Hrsg.):* Perspektiven der kommunalen Sparkassen: Symposium des Freiherr-vom-Stein-Instituts am 24. Februar 2000, Stuttgart u. a. 2000, S. 97–108.

Strube, Hartmut/Fandel, Stefanie [Verbraucherschutz, 2010]: Verbraucherschutz bei Finanzdienstleistungen, Frankfurt am Main 2010.

Studienkommission (Hrsg.) [Kreditwirtschaft, 1979]: Grundsatzfragen der Kreditwirtschaft, Bonn 1979 (Schriftenreihe des Bundesministeriums der Finanzen, Heft 28).

Stützel, Wolfgang [Bankpolitik, 1964]: Bankpolitik – heute und morgen, Frankfurt am Main 1964.

Thiel, Eberhard [Staat, 1975]: Mehr oder weniger Staat?, in: Wirtschaftsdienst, 55. Jg., Heft 11, 1975, S. 554–556.

Thiemeyer, Theo [Privatisierung, 1986]: Privatisierung. Zur Vielfalt der Verwendungsweisen des Wortes in einer internationalen wirtschaftstheoretischen Diskussion, in: Annalen der Gemeinwirtschaft, 55. Jg., Heft 2, 04–06/1986, S. 141–152.

Thies, Ove [Sparkassen, 1972]: Die Sparkassen in der EWG und im europäischen Gemeinschaftsrecht, Diss. Univ. Hamburg, 1972.

Thode, Bernd [Neuordnung, 1998]: Sächsische Verbundlösung – Neuordnung der Sparkassen, der Landesbank Sachsen Girozentrale und der Sächsischen Aufbaubank im Freistaat Sachsen, in: Finanzwirtschaft – Zeitschrift zum Haushalts-, Finanz- und Steuerrecht der öffentlichen Verwaltung, Heft 12, 1998, S. 274–280.

Thode, Bernd [Verfassungsgerichtshof, 2000]: Verfassungsgerichtshof: Sachsen-Finanzverband verfassungsmäßig – Selbstverwaltungsrecht und Zuordnung des Vermögens kommunaler Sparkassen, in: Zeitschrift für das gesamte Kreditwesen, Heft 24, 2000, S. 1429–1433.

Tofaute, Hartmut [Privatisierung, 1976]: Gesellschaftliche und ökonomische Aspekte der Privatisierung unter besonderer Berücksichtigung gewerkschaftlicher Gesichtspunkte, in: *Wirtschafts- und Sozialwissenschaftliche Institut (Hrsg.):* Mitteilungen, Heft 7, 1976, S. 370–392.

Trende, Adolf [Sparkassen, 1957]: Geschichte der deutschen Sparkassen bis zum Anfang des 20. Jahrhunderts, Stuttgart 1957.

Trusen, Winfried [Öffentliche Banken, 1975]: Die Anfänge öffentlicher Banken und das Zinsproblem, in: *Lutter, M. (Hrsg.):* Recht und Wirtschaft in Geschichte und Gegenwart, Festschrift für Johannes Bärmann zum 70. Geburtstag, München 1975, S. 113–131.

Tsebelis, George [Political systems, 1995]: Decision making in political systems: Veto Players in Presidentialism, Parliamentarism, Multicameralism and Multipartyism, in: British Journal of Political Science, Vol. 25, 1995, S. 289–325.

Tsebelis, George [Veto Players, 2002]: Veto Players: how political institutions work, New York 2002.

Tufte, Edward R. [Political control, 1978]: Political control of the economy, 2. Druck, Princeton 1978.

Übelhör, Matthias/Warns, Christian [Basel II, 2004]: Basel II. Auswirkungen auf die Finanzierung. Unternehmen und Banken im Strukturwandel, Heidenau 2004.

Ullrich, Klaus [Sparkassenorganisation, 1991]: Die deutsche Sparkassenorganisation, in: *Deutscher Sparkassen- und Giroverband e. V. (Hrsg.):* Sparkassen-Kunden-Service, Stuttgart 1991.

Verband Deutscher Freier Öffentlicher Sparkassen [Mitglieder, 2015]: Ordentliche Mitglieder, URL: http://www.verband-freier-sparkassen.de, abgerufen am 25.04.2015.

ver.di – Vereinte Dienstleistungsgewerkschaft (Hrsg.) [Novellierung, 2006]: ver.di lehnt Novellierung des hessischen Sparkassengesetzes ab, URL: http://www.verdi.de/presse/pressemitteilungen/++co++591e9f6e-e716-11da-42b1-000e0c672486, abgerufen am 21.08.2011.

ver.di – Vereinte Dienstleistungsgewerkschaft (Hrsg.) [Forderungen, 2008]: ver.di: Forderungen des Sachverständigenrates zerstören das Sparkassensystem, URL: http://www.verdi.de/presse/pressemitteilungen/++co++273f297e-3c77-11dd-63c3-0019b9e321e1, abgerufen am 21.08.2011.

ver.di – Vereinte Dienstleistungsgewerkschaft (Hrsg.) [Sparkassen, 2010]: Kommunale Sparkassen, URL: http://fidi-nrw.verdi.de/sparten/sparkassen/sparkassengesetz_nrw, abgerufen am 08.03.2010.

ver.di – Vereinte Dienstleistungsgewerkschaft (Hrsg.) [Gründung, 2010]: ver.di-Gründung: Aus 5 wird 1 – So fing alles an mit ver.di, URL: http://geschichte.verdi.de/aus5, abgerufen, am 08.03.2010.

Verheugen, Günter [Programm der Liberalen, 1979]: Das Programm der Liberalen: zehn Jahre Programmarbeit der F. D. P., Baden-Baden 1979 (Schriften der Friedrich-Naumann-Stiftung: Liberale in Programm und Praxis).

VKU Verband kommunaler Unternehmen e. V. (Hrsg.) [Privatisierung, 1975]: Gegen eine Privatisierung kommunaler Versorgungsunternehmen, in: VKU-Nachrichtendienst, Sonderausgabe vom 24.10.1975, S. 3.

Völmicke, Christine [Privatisierung, 1996]: Privatisierung öffentlicher Leistungen in Deutschland: Potential, Umsetzung, Auswirkungen, zugl. Diss. Univ. Fribourg, 1995, Frankfurt am Main u. a. 1996.

Vonderheid, Ulrich [Privatisierung, 1991]: Grenzen der Privatisierung der Sparkassen, in: Zeitschrift für öffentliche und gemeinnützige Unternehmen, Bd. 14, Heft 3, 1991, S. 269–281.

Wächter, Klaus [Sparkasse, 1998]: Nie war es schöner, Sparkasse zu sein, in: Zeitschrift für das gesamte Kreditwesen, Heft 23, 1998, S. 1307–1312.

Wagenknecht, Sahra [Banken, 2010]: Banken gehören in öffentliche Hand!, URL: http://www.die-linke.de/index.php?id=181&tx_ttnews[tt_news]=12249&tx_ttnews[backPid]=154&no_cache=1, abgerufen am 01.06.2010.

Wanner, Claudia [Sparkassen-Streit, 2003]: Sparkassen-Streit im Osten spitzt sich zu, in: Financial Times Deutschland vom 05.12.2003, S. 19.

Weber, Manfred/Brehe, Mathias [Subprime-Krise, 2009]: Stabilität und Effizienz des deutschen Bankensektors im Lichte der Subprime-Krise, in: *Deutsches Institut für Wirtschaftsforschung Berlin (Hrsg.):* Vierteljahresheft zur Wirtschaftsforschung 2009, Berlin 2009, S. 96–113.

Weber, Walter [Entwicklung, 1985]: Die Entwicklung der Sparkassen zu selbständigen Anstalten des öffentlichen Rechts – Ein Beitrag zur Entwicklung des Anstaltsbegriffs im 19. Jahrhundert, Frankfurt am Main 1985.

Wehber, Thorsten [Gewährträgerhaftung, 2005]: Gewährträgerhaftung und Anstaltslast – ein historischer Rückblick, in: Zeitschrift für das gesamte Kreditwesen, Heft 14, 2005, S. 752–755.

Weides, Peter [Kommunalrecht, 1984]: Zur Eigenständigkeit des Sparkassenrechts gegenüber dem Kommunalrecht, in: Zeitschrift für öffentliches Recht und Verwaltungswissenschaft, 37. Jg., 1984, S. 41–51.

Weisser, Gerhard [Gewerkschaftsunternehmen, 1973]: Die öffentlichen Aufgaben der Gewerkschaftsunternehmen und das Verhältnis zwischen den Gewerkschaftsunternehmen und sonstigen gemeinwirtschaftlichen Unternehmen, in: *Wirtschafts- und Sozialwissenschaftliches Institut (Hrsg.):* Mitteilungen, Heft 2, 1973, S. 58–62.

Weizsäcker, Richard von [Solidarität, 1986]: Bewährung der Solidarität – Zur Rolle der Gewerkschaften in Gesellschaft und Staat, Ansprache des Bundespräsidenten bei der Eröffnung des 13. Ordentlichen DGB-Bundeskongresses in Hamburg am 25. Mai 1986, in: Gewerkschaftliche Monatshefte, Ausgabe 6/1986, S. 321–333.

Westle, Bettina [Methoden, 2009]: Methoden der Politikwissenschaft, in: *Gellner, Winand (Hrsg.):* Studienkurs Politikwissenschaft, Baden-Baden 2009.

Wiesel, Ernst [Wettbewerbsrechts, 2002]: Sparkassen und Landesbanken auf dem Prüfstand des europäischen Wettbewerbsrechts, in: Zeitschrift für Bankrecht und Bankwirtschaft, Heft 4, S. 288–299.

Wilke, Ott [Sparkasse, 1988]: Der Weg zur bürgerlichen Sparkasse, in: Börsen-Zeitung vom 17.03.1988, S. 5–6.

Windisch, Rupert [Privatisierung, 1987]: Privatisierung natürlicher Monopole im Bereich von Bahn, Post und Telekommunikation, Tübingen 1987.

Winkler, Heinrich August [Entstaatlichung, 1976]: Privatinitiative oder totaler Staat. Möglichkeiten zur Entstaatlichung von öffentlichen Aufgaben, in: Union-Informationsdienst, Dokumentation, Nr. 7, 1976, S. 27 ff.

Wissenschaftlicher Beirat beim Bundesministerium der Finanzen (Hrsg.) [Gutachten, 1975]: Zur Lage und Entwicklung der Staatsfinanzen in der Bundesrepublik Deutschland, Gutachten, in: Bulletin des Presse- und Informationsamtes der Bundesregierung, Nr. 103, 16.08.1975.

Wissenschaftlicher Beirat beim Bundesministerium für Wirtschaft (Hrsg.) [Stellungnahme, 1976]: Kosten und Preise öffentlicher Unternehmen, Stellungnahme, in: Bulletin des Presse- und Informationsamtes der Bundesregierung, Nr. 4, 08.01.1976.

Wissenschaftliche Beirat der Gesellschaft für öffentliche Wirtschaft (Hrsg.) [Stellungnahme, 1961/62]: Stellungnahme zur Privatisierung öffentlicher Unternehmen, in: Die öffentliche Wirtschaft, 10./11. Jg., 1961/62, S. 145–148.

Witt, Cirsten [Sparkassen, 2006]: Bewertung von öffentlich-rechtlichen Sparkassen im Rahmen einer Privatisierungsentscheidung, zugl. Diss. Univ. Greifswald, 2005, Wiesbaden 2006.

Witte, Jürgen/Rafiopoor, Parwäz [Privatisierung, 2003]: Privatisierung öffentlich-rechtlicher Kreditinstitute, in: Wertpapiermitteilungen, 57. Jg., 2003, S. 1885–1891.

Wittmann, Antje [Verbundorganisation, 2006]: Die Verbundorganisation der Sparkassen-Finanzgruppe, in: *Oebbecke, J./Ehlers, M. et al. (Hrsg.)*: Perspektiven für Sparkassen und Genossenschaftsbanken. Wissenschaftliche Fachtagung des Freiherr-vom-Stein-Instituts und des Instituts für Genossenschaftswesen der Universität Münster am 17. Oktober 2005 in Münster, Stuttgart 2006, S. 57–68 (Schriftenreihe des Freiherr-vom-Stein-Institutes, Bd. 56).

Wolff, Hans J./Bachof, Otto/Stober, Rolf [Verwaltungsrecht, 2004]: Verwaltungsrecht, Bd. 3, 5. Aufl., München 2004.

World Savings Banks Institute [History, 2010]: History, URL: http://www.wsbi.org/template/content.aspx?id=244, abgerufen am 03.06.2010.

Württembergischer Sparkassen- und Giroverband (Hrsg.) [WSGV, 1986]: WSGV 100 Jahre. Impressionen, Stuttgart 1986.

Zawaltka-Gerlach, Ulrich [Berlin, 2010]: Jetzt knallhart weiter sparen. Wie Ex-Finanzsenatoren Berlin heute aus der Schuldenklemme bringen würden? In seltener Einigkeit- und ohne Kompromisse, URL: http://www.tagesspiegel.de/berlin/landespolitik/jetzt-knallhart-weiter-sparen/1808904.html, abgerufen am 01.06.2010.

Zellner, Theo [Sparkassen, 2011]: Redaktionsgespräch mit Theo Zellner. „In ihrer Gesamtheit sind Sparkassen unbedingt systemrelevant", in: Zeitschrift für das gesamte Kreditwesen, Heft 17, 2011, S. 868–872.

Zeuner, Bodo [Arbeiterbewegung, 1999]: Der Bruch der Sozialdemokraten mit der Arbeiterbewegung – Die Konsequenzen für die Gewerkschaften, in: *Dörre, K./Panitch, L./Zeuner, B. et al. (Hrsg.):* Die Strategie der „Neuen Mitte": verabschiedet sich die moderne Sozialdemokratie als Reformpartei?, Hamburg 1999, S. 131–147.

Ziebandt, Hans [Privatunternehmer, 1975]: Privatunternehmer als Wunderwaffe? in: *Landesbezirk Berlin der Gewerkschaft ÖTV (Hrsg.):* ÖTV-Dialog, Nr. 9, 1975, S. 6–9.

Zimmermann, Horst [Kommunalfinanzen, 2009]: Kommunalfinanzen. Eine Einführung in die finanzwissenschaftliche Analyse der kommunalen Finanzwirtschaft, in: Schriften zur öffentlichen Verwaltung und öffentlichen Wirtschaft, 2., überarb. Aufl., Berlin 2009.

Zimmermann, Horst/Henke, Klaus-Dirk/Broer, Michael [Finanzwissenschaft, 2009]: Finanzwissenschaft. Eine Einführung in die Lehre von der öffentlichen Finanzwirtschaft, 10., überarb. und erg. Aufl., München 2009.

Zippelius, Reinhold/Würtenberger, Thomas [Staatsrecht, 2005]: Deutsches Staatsrecht: ein Studienbuch, 31. Aufl. des von Theodor Maunz begründeten Werkes, München 2005.

Zohlnhöfer, Reimut [Wirtschaftspolitik, 2001]: Rückzug des Staates auf den Kern seiner Aufgaben? Eine Analyse der Wirtschaftspolitik in der Bundesrepublik Deutschland seit 1982, in: *Schmidt, M. G. (Hrsg.):* Wohlfahrtsstaatliche Politik: Institutionen, politischer Prozess und Leistungsprofil, Opladen 2001, S. 227–261.

Zohlnhöfer, Reimut [Staatstätigkeit, 2003]: Der Einfluss von Parteien und Institutionen auf die Staatstätigkeit, in: *Obinger, H./Siegel, N. A./Zohlnhöfer, R. (Hrsg.):* Politische Ökonomie. Demokratie und wirtschaftliche Leistungsfähigkeit, Opladen, S. 47–80.

Zohlnhöfer, Reimut [Finanzpolitik, 2003]: Rot-grüne Finanzpolitik zwischen traditioneller Sozialdemokratie und neuer Mitte, in: *Egle, C./Ostheim, T./Zohlnhöfer, R. (Hrsg.):* Das rot-grüne Projekt: Eine Bilanz der Regierung Schröder 1998–2002, Wiesbaden 2003, S. 193–214.

Zolleis, Udo [CDU, 2008]: Die CDU. Das politische Leitbild im Wandel der Zeit, Wiesbaden 2008.

www.ingramcontent.com/pod-product-compliance
Ingram Content Group UK Ltd.
Pitfield, Milton Keynes, MK11 3LW, UK
UKHW021826290926
8980IPUK00004B/286

9 783631 716649